U0883073

舰船隐身技术

（第二版）

朱英富　张国良　编著

HEUP 哈尔滨工程大学出版社

内容简介

本书阐述了舰船物理场(电磁场、声场、红外场、磁场、电场、水压场、尾流场)的基本理论;物理场的特性和分析计算方法;物理场控制技术及测试方法等。全书既系统介绍了现代舰船的雷达隐身、声隐身、红外隐身、磁场隐身、电场隐身、水压场隐身、尾流场隐身,又突出了舰船雷达隐身、声隐身和红外隐身,使读者对现代舰船的隐身技术在全面了解的基础上又能掌握重点。本书以舰船为背景,注重理论及工程应用。

本书可作为船舶类相关专业硕士、博士研究生以及本科高年级学生参考书,也可供部队、院校、厂所等从事隐身技术工作有关人员参考。

图书在版编目(CIP)数据

舰船隐身技术/朱英富,张国良编著. —2 版. —哈尔滨:哈尔滨工程大学出版社,2015. 3
ISBN 978 - 7 - 5661 - 0980 - 4

Ⅰ. ①舰… Ⅱ. ①朱… ②张… Ⅲ. ①军用船 - 隐身技术 Ⅳ. ①U674. 7

中国版本图书馆 CIP 数据核字(2015)第 035294 号

出版发行 哈尔滨工程大学出版社
社　　址 哈尔滨市南岗区东大直街 124 号
邮政编码 150001
发行电话 0451 - 82519328
传　　真 0451 - 82519699
经　　销 新华书店
印　　刷 哈尔滨市石桥印务有限公司
开　　本 787mm × 1 092mm 1/16
印　　张 32. 5
字　　数 850 千字
版　　次 2003 年 9 月第 1 版 2015 年 4 月第 2 版
印　　次 2015 年 4 月第 2 次印刷
定　　价 160. 00 元
http://press. hrbeu. edu. cn
E-mail:heupress@ hrbeu. edu. cn

再 版 序

自本书2003年9月出版以来的十年中，舰船隐身技术得到了较快的发展。在理论研究、仿真计算、试验检测、工程应用等领域也取得了卓有成效的业绩。但是由于舰船隐身技术的复杂性和艰巨性，仍有很多问题尚待探索与解决，十年来人们对舰船隐身的投入，也有许多方面值得研究与总结，鉴于上述进行本书修订再版是适时而又必要的。本书修订再版在保持章节基本不变情况下，力求内容丰富而又有新意。全书保留磁场隐身、水压场隐身、尾流场隐身章节又增加电场隐身章节，仍然突出雷达隐身、声隐身、红外隐身方面的内容。

主副编按照本书修订再版依据、修订再版原则、参加修订再版人员的分工和职责、初步安排、若干建议等编写舰船隐身技术修订再版说明，统一操作、统一实施。本书修订再版的原则：一是由于某些原因造成的疏漏和不足进行更正。二是慎定新增内容，对已应用确有效果的内容编入章节中，对发展趋向内容编入引言中。修订者通过收集2000年以后本章相关的国内外文献资料，通过分析后确定新增内容。三是本书原参编者继续完成修订再版工作，若由于某些原因不能参加，由参编者推荐与主副编协商解决。

按本书原参编者承担的章节进行各章的修订与校对，并分工如下：Ⅰ部分中的第1章由朱英富修订、王荣成校对，第2、5章由王荣成、王硕威修订、宋冬安校对，第3、4、6章由宋冬安修订、王荣成校对；Ⅱ部分中的第7、8章由张国良修订、孙光甦校对，第9章由孙光甦修订、张国良校对，第10、13章由邵汉林修订、张国良校对，第11、14章由马远清修订、胡孝华校对，第12章由马建忠修订、邵汉林校对，第15章由邵汉林修订、马建忠校对；Ⅲ部分中的第16章由张国良修订、孙光甦校对，第17章由孙光甦修订、张国良校对，第18章由马建忠修订、邵汉林校对，第19章由邵汉林修订、马建忠校对，新增第20章由郑军林编制、唐剑飞校对。本书的内容简介、前言、目录、参考文献由张国良修订，并负责编写“再版序”和进行各章修订稿统稿后形成全书修订再版稿。全书修订再版稿最后由朱英富、张国良总校和审定。

在全书修订再版过程中，得到了七〇一所吴晓光所长、孙光甦副所长，人事处处长胡勇、原副处长谢平、王允明，情报室杨龙主任，声隐身室朱显明主任等的关心支持。按朱英富意见，由张国良承接出版社委托的本书修订任务，并负责组织实施和提交修订再版稿。张国良在七〇一所42年的工作生涯，为本书修订任务的完成打下良好基础。特别是1975年负责筹建的七〇一所四室总体噪声控制组（现隐身科）和1985年负责筹建的七〇一所噪声振动试验研究室（现声隐身室）为本书的编著和修订提供了强有力的技术支持。2007年至今受聘于海军×××总师办专家，也为本书修订任务的圆满完成提供了重要保障。为此要特别感谢海军×××总师办朱石坚总师、何其伟主任、翁雪涛副主任、楼京俊教授等。与此同时,七〇一所情报室张潜为本书收集和翻译相关文献资料,声隐身室张青青为本书修订再版承担了具体事务性工作,海军×××总师办蒋再彩为本书修订再版稿有关部分的打印和协助各章修订再版稿的统稿而付出了辛勤劳动。在此对所有关心和支持本书修订再版的领导与相关人员表示诚挚的谢意。

在现代舰船设计中"隐身"已作为舰船的重要性能,大力促进舰船隐身技术的发展,提高舰船隐身水平仍是当务之急,仍需努力奋斗,愿本书再作贡献。虽然本书经过修订,但书中难免有疏漏和不当之处,敬请读者批评指正。

《舰船隐身技术》修订再版组

2013 年 6 月

第一版前言

随着现代探测设备和武器(导弹、鱼雷、水雷)向高精度、远距离的发展,舰船的暴露和被命中概率大幅提高,生存力和战斗力受到严重威胁。从隐形飞机的诞生和战斗中所发挥作用而受到启迪,舰船隐身开始受到重视,并且世界上相继出现隐身舰、安静型潜艇,从舰船性能方面以提高其隐蔽性,同时增加防护和对抗能力。舰船隐身技术就是为了降低舰船的暴露率和敌方武器命中率,提高本舰对目标的发现、跟踪距离和打击力,从而采取多种技术和措施,以减小舰船物理场特征信号。

本书以舰船为背景,阐述了舰船物理场(电磁场、声场、红外场、磁场、水压场、尾流场)的基本理论;物理场特性和分析计算方法;物理场控制技术及测试方法等。由朱英富、张国良提出本书总体构架,全书分Ⅰ、Ⅱ、Ⅲ三部分共19章。Ⅰ. 舰船雷达隐身技术(共6章);Ⅱ. 舰船声隐身技术(共9章);Ⅲ. 舰船其他物理场(红外场、磁场、水压场、尾流场)隐身技术(共4章)。全书突出雷达隐身、声隐身和红外隐身方面的内容。根据编著者的专业和特长分工如下:Ⅰ部分中的第1章由朱英富编著,第2、5章由王荣成编著,第3、4、6章由宋东安编著;Ⅱ部分中的第7、8章由张国良编著,第9章由孙光甦编著,第10、13章由朱显明编著,第11、14章由原春晖编著,第12章由马建忠编著,第15章由邵汉林编著;Ⅲ部分中的第16章由张国良编著,第17章由孙光甦编著,第18章由马建忠编著,第19章由邵汉林编著。各章完成初稿后分别进行校稿,并由朱英富、张国良组织编著者进行全书统稿和修改。本书稿通过王荣成、孙光甦初审后,最后由朱英富、张国良审定。

由于隐身技术是近代才发展起来的新兴学科,还处于工程应用的初级阶段,因此,在理论研究、分析计算、试验检测和工程应用等方面还有待进一步深入探索。编著者希望本书能引起读者对舰船隐身技术的关注,并促进我国隐身技术的发展。书中难免有不当之处,诚恳希望读者不吝批评、指正。

编著者

2003年6月

目　　录

I　舰船雷达隐身技术

Ⅱ 舰船声隐身技术

Ⅲ　舰船其他物理场隐身技术

I

舰船雷达隐身技术

第 1 章　概　　论

1.1　概　　述

1.1.1　引言

舰船隐身性是当今各海军大国普遍关注的大问题。对于一艘在海上执行任务的舰艇来说，暴露于开阔的海面，就会面对着来自空中、海上、水下多方面的攻击。虽然舰上配备了各种防御武器，但还不足以最有效地防御精确武器的打击。随着当代电子技术、武器装备的飞跃发展，雷达等探测设备的探测距离、精度等性能达到了相当高的程度，导弹武器的制导技术也使武器命中率达到了极为精确的程度。

水面舰艇被发现和命中的概率不断地增大，使其在海上作战中更易遭受到攻击。因此，近年来各国海军对舰艇的雷达隐身提出了迫切的要求，并作为舰艇的一项重要的战术、技术指标。一艘隐身性设计良好的舰艇能有效降低被敌方雷达发现和被敌方武器击中的概率，并能在海战中争取到足够的准备时间进行对敌反击。雷达隐身设计主要是通过各种措施来降低舰艇的雷达信号特征值——雷达截面积，以达到“隐蔽”的目的。舰艇雷达隐身技术近几年发展很快，并在舰艇中得到了大量的应用，航空、航天等领域的雷达隐身技术发展成果，也在舰艇领域中得以越来越多的借鉴。但由于舰艇是一个外形复杂的大电尺寸的结构物，所以它的雷达隐身设计和隐身技术的应用就显得更为复杂和困难。此外，未来反隐身技术的发展，也对舰艇的隐身技术提出了挑战。

1.1.2　舰船雷达隐身技术应用的进展

第二次世界大战期间，雷达的出现给战争的进程带来了重大的变化，而雷达隐身技术相应地伴随着雷达的应用而出现。第二次世界大战中，德国潜艇为了减少被盟国空军战机的发现距离，在潜艇通气管上安装了雷达吸波材料，这可以说是舰艇应用雷达隐身技术的先例。第二次世界大战后，雷达隐身技术在航空中的应用较多，如 20 世纪 50 年代中期的美国 U－2 高空侦察机，20 世纪 60 年代的 SR－71 高空侦察机。美国 F－117A 隐身战机的研制成功，大大促进了武器装备的隐身技术的应用和发展，使隐身技术在空军、陆军和海军武器装备中得到了普遍应用，并成为其重要的设计内容。

20 世纪 80 年代，英国在 23 型护卫舰设计中首次采用了雷达隐身技术，主要通过在舰艇上层建筑采用侧壁倾斜 7°、减少角反射的影响等措施以减小舰的雷达截面积。美国在 20 世纪 80 年代中期开发了以小水线面双体船型为基础的隐身试验艇“海影”号(Sea Shadow)。瑞典海军于 1991 年开始用隐身试验艇“斯米杰”号(Smyge)进行各种试验。法国海军成功地研制了排水量为 3 600 吨“拉斐特”级(La Fayatte)隐身护卫舰。据报道其雷达截面积仅相当于一艘 500 吨的巡逻艇的雷达截面积。此后，瑞典于 1996 年底开始建造一艘低可探测性的轻型护卫舰 YS－

2000 型“维斯比”号(Visby)。它同“斯米杰”号一样是用纤维增强塑料建造,使用了频率选择表面和雷达吸波材料。该舰的特点是应用了许多低可探测性的技术,包括低雷达截面积、红外、水下声压、水动压力等特征信号。德国布朗·沃斯(Brown Voss)公司推出的MEKO系列新一代隐身舰中的4 000 吨级的 MEKO A – 200 型,其雷达截面积只相当于一艘常规高速攻击艇。

舰艇甲板面上众多的天线对雷达隐身有着重要的影响,各国海军在这方面也做了不懈的努力。美国海军在 DD963“斯普鲁恩斯”(Spruance)级的“瑞德福特”(Arthur W Radford)号上改装了先进的混合式复合材料结构桅(后桅),称为“先进封闭式桅杆/传感器系统”。其中部采用了选频结构材料,只允许己方传感器频率通过,且损失很小。英国的沃·桑(Vosper Thornycroft)公司开始着手“海幽灵”Ⅱ(Sea Wraith)的研制,他把所有的通信天线及附件都隐藏于一个截头锥体形的后桅中。

英国宇航系统公司进行了新的舰艇桅杆隐身技术研究,这种技术使远程雷达以及许多大功率传感器和通信天线有效组合,使它们之间的干扰降低到最低。这种天线桅杆已安装到英国的新一代45 型驱逐舰上。这种新桅杆在钢结构外附有先进的纤维增强型塑性复合嵌板,其上有雷达吸波层,传感器采用可互换的模块安装在桅杆内。

20 世纪 90 年代起,无论是大国海军,还是中小国家都对舰艇减小雷达信号特征值越来越重视,都把减小雷达截面积作为一个重要指标来要求,并在设计中采取各种措施来实现这一目标。

1.2 有关物理知识

1.2.1 雷达工作频率

1979 年国际无线电波管理会议采用 A,B,C,D… 字母来对雷达的频段(波段)进行划分(如下表),已为世界各国所采用。

波　段	频率范围	波　段	频率范围
A	0 MHz ~ 250 MHz	G	4 GHz ~ 6 GHz
B	250 MHz ~ 500 MHz	H	6 GHz ~ 8 GHz
C	500 MHz ~ 1 GHz	I	8 GHz ~ 10 GHz
D	1 GHz ~ 2 GHz	J	10 GHz ~ 20 GHz
E	2 GHz ~ 3 GHz	K	20 GHz ~ 40 GHz
F	3 GHz ~ 4 GHz	L	40 GHz ~ 60 GHz
		M	60 GHz ~ 100 GHz

美国在二次世界大战中,为了保密也将雷达波段用字母表示。1976 年,美国电机电子工程师协会所规定的波段(如下表),目前仍被广泛地使用。

波　段	频率范围	波　段	频率范围
HF	3 MHz ~ 30 MHz	X	8 GHz ~ 13 GHz
VHF	30 MHz ~ 300 MHz	Ku	13 GHz ~ 18 GHz
UHF	300 MHz ~ 1 GHz	K	18 GHz ~ 27 GHz
L	1 GHz ~ 2 GHz	Ka	27 GHz ~ 40 GHz
S	2 GHz ~ 4 GHz	毫米波	40 GHz ~ 300 GHz
C	4 GHz ~ 8 GHz		

国际电信联盟对频段作如下表的划分：

波段	波长	频段	频率范围
短波	100 m ~ 10 m	HF(高频)	3 MHz ~ 30 MHz
米波	10 m ~ 1 m	VHF(甚高频)	30 MHz ~ 300 MHz
分米波	100 cm ~ 10 cm	UHF(特高频)	300 MHz ~ 3 GHz
厘米波	10 cm ~ 1 cm	SHF(超高频)	3 GHz ~ 30 GHz
毫米波	10 mm ~ 1 mm	EHF(极高频)	30 GHz ~ 300 GHz

3 MHz ~ 30 MHz 的 HF 雷达主要用于超视距警戒，其电磁波可沿地面传播，也可经电离层反射传播。

30 MHz 以上至 2 GHz(如 VHF，UHF；L；A，B，C，D) 的雷达主要用于超远程警戒；空中交通管制常用 D 波段。

S 波段或 E，F 波段雷达常用于中程警戒，远程气象以及机场交通管制。

C 波段或 G，H 波段雷达多用于精密监视雷达、跟踪雷达、气象雷达等。

X 波段或 I 波段雷达用于中近程武器火控雷达、对海搜索雷达、导航雷达、机载搜索、跟踪雷达、气象雷达以及交通管制。

Ku，K，Ka 波段或 J，K 波段主要用于近程搜索、跟踪以及导弹的控制和末制导。X 波段的高频段也可用于此目的。

毫米波雷达或 L，M 波段(40 ~ 100 GHz) 用于低仰角跟踪、导弹末制导、宽带高分辨率雷达。

1.2.2　雷达方程

雷达方程是雷达最大作用距离和雷达系统各参数之间的关系，在自由空间的脉冲雷达方程的基本形式为：

$$R_{\max} = \left(\frac{P_t G^2 \lambda^2 \sigma}{(4\pi)^3 P_r}\right)^{1/4} \tag{1-1}$$

式中，$R_{\max}$ 是雷达最大作用距离；P_t 是雷达发射机输出的脉冲功率；G 是雷达天线增益；λ 是雷达工作波长；σ 是目标有效散射面积(雷达截面积)；P_r 是雷达接收的回波功率。

在实际应用雷达方程时，也常用以下形式方程：

$$R_{max} = \left[\frac{P_t A_e^2 \sigma}{4\pi\lambda^2 kTBF_n (S_o/N_o)_{min} L}\right]^{1/4} \tag{1-2}$$

式中,A_e 是雷达天线有效面积,又称天线孔径;k 是玻耳兹曼常数;T 是标准室温;B 是雷达接收机的噪声带宽;F_n 是雷达接收机的噪声系数;$(S_o/N_o)_{min}$ 是雷达接收机输出的最小信噪比;L 是雷达的内部和外部损失。

雷达作用距离同雷达天线孔径 A_e 和平均发射功率 P 有以下关系:

$$R_{max}^4 \propto A_e P \tag{1-3}$$

所以雷达的孔径和发射功率的积越大,则雷达的作用距离就越大。舰载对海雷达会受到由海浪引起的海杂波的影响;大气中的雾和雨滴会使雷达发出的电磁波衰减,且雨滴还会产生干扰信号。

1.2.3　雷达截面积

雷达截面积(Radar Cross Section——RCS)即目标有效散射截面积是在给定方向上返回的散射功率的一种量度。通常用符号 σ 来表示,其理论定义式为:

$$\sigma = 4\pi \lim_{R\to\infty} R^2 \frac{|\boldsymbol{E}^s|^2}{|\boldsymbol{E}^i|^2} = 4\pi \lim_{R\to\infty} R^2 \frac{|\boldsymbol{H}^s|^2}{|\boldsymbol{H}^i|^2} \tag{1-4}$$

式中,$\boldsymbol{E}^s$、$\boldsymbol{H}^s$ 分别为散射电场和磁场,$\boldsymbol{E}^i$、$\boldsymbol{H}^i$ 则分别为入射电场和磁场。

在实际应用中,也可用式(1-1)给出的雷达方程来求得目标的雷达截面积,即:

$$\sigma = \frac{(4\pi)^3 P_r R_{max}^4}{P_t G^2 \lambda^2} \tag{1-5}$$

显然,只要测出 P_r 值,就可以由上式计算出雷达截面积。在实际情况中,由于目标相对于雷达是不断运动的,雷达对目标的视角也就不断变化,所以对于某一目标来说,不能得出一个固定的雷达截面积。因此,对目标的雷达截面积常用不同视角的平均值或中值作为单值来表示,也有用95%以上的观察时间都超过的值作为单值来表示。

RCS的单位通常用平方米(m^2)表示,但由于RCS值的动态范围很大,在实际应用中通常采用分贝值(dB_{sm})表示,即:

$$\sigma(dB_{sm}) = 10\lg(\sigma) \tag{1-6}$$

式中,右边 σ 的单位是 m^2。下表给出了两种单位雷达截面积的某些数值对照。

RCS(m^2)	RCS(dB_{sm})	RCS(m^2)	RCS(dB_{sm})
0.01	-20	2.0	3
0.02	-17	5.0	7
0.1	-10	10.0	10
1.0	0	100	20

1.2.4　雷达波散射机理

雷达波电磁能量在传播途径中遇到金属障碍物就会发生散射,散射强度和方向同雷达波能量和障碍物的特性密切相关。障碍物的几何形状、尺度与波长之比、材料的电特性等都对雷达波的散射有影响。障碍物对雷达波的散射主要有以下五种方式。

1.2.4.1　镜面反射

目标的镜面反射可以在表面法向产生较强的雷达回波，其分布的角域范围决定于表面的形状和尺寸。图 1－1 为平面镜反射的示意图。平面相对波长的尺寸越大，反射波的每个波瓣的波束角就越小，同样整个波瓣角度也越小。水面舰艇舰体结构上有许多大平面，对于大平面，雷达波反射能量集中在一个极小角度的空间范围内。因此，如雷达入射波束来自水平方向，则只要将这些大平面从垂直面略倾斜一个角度，就能使反射的能量不再返回到雷达接收机。

平滑曲面也会产生镜面反射。当雷达波的入射方向与曲面上某点（或线）的法线平行（即垂直入射）时，在该点（或线）就会产生后向镜面反射。如果雷达波不在曲面的某点（或线）垂直入射，则镜面反射主波瓣就不会在入射反方向上。对平板而言，只在很小角度范围内存在强的镜面散射问题，但曲面会在很大的视角上存在强的镜面散射问题。

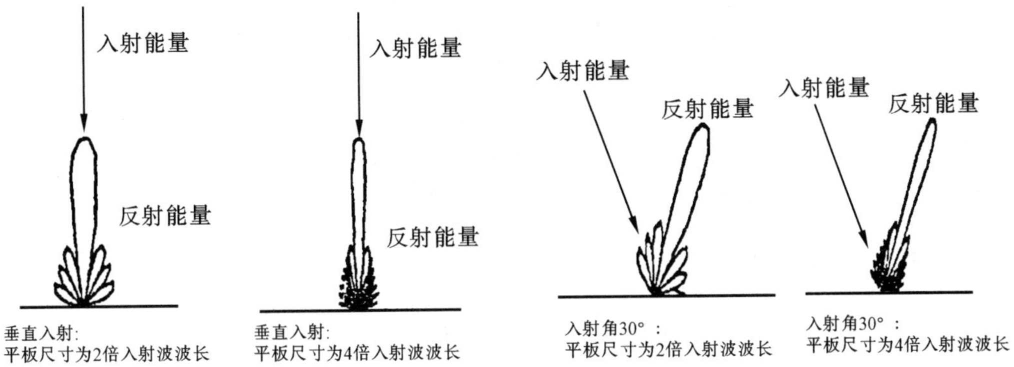

图 1－1　平板电导体表面的散射

1.2.4.2　角形结构反射

相邻的平面可以形成多次反射路径，从而在较大的视角范围内产生显著的后向散射。由两个或三个相互正交的平面构成的散射面称之为角反射体，它是最强的散射源，因为它可使雷达波束经过两次或三次反射后沿着入射波方向反射回去见图 1－2。

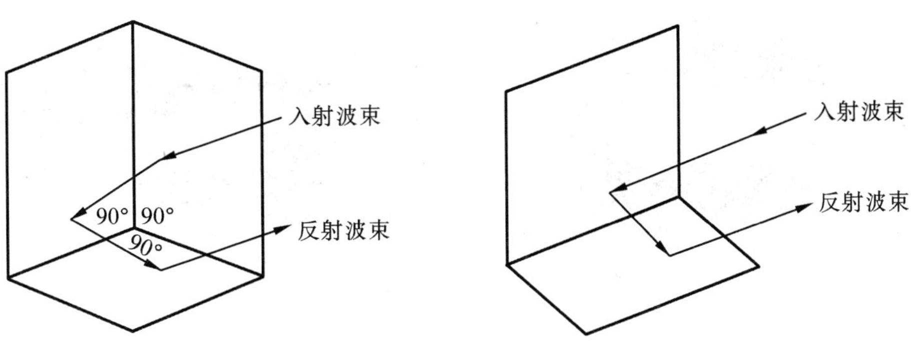

图 1－2　直角双面体和三面体反射路径

1.2.4.3　空腔结构反射

空腔结构是使雷达入射波在腔内经过多次反射后从原入射波方向反射回去。这种多路径散射源在一个较宽的角度范围内,其反向散射能保持在较高的反射能量级上,因此要给予特别关注。舰船上的进气口、排气口、舷窗、开口等都是多次反射的散射源,可产生很大的雷达截面积。

1.2.4.4　边缘和尖端绕射

当散射面的尺寸近于或小于波长时,主要的散射机理是绕射。物体的边缘和尖端的不连续性使雷达入射波产生绕射,即在入射波照射不到的阴暗区域中某个方向上散射,这为双(多)基地雷达提供了雷达截面。尖劈的边缘散射就是一个示例,如果入射雷达波的方向垂直于尖劈的边缘,则其反射的主波瓣在大角度范围内可被雷达侦收到。

1.2.4.5　表面行波反向散射

入射到绕射源上的能量可能来自于直接照射,或者来源于表面波。表面波是沿着表面或边缘传播的。它产生于雷达波的明亮区,在入射波相对于反射体小掠角时产生。它能从照射目标的近端到远端聚集起来,在物体远端边缘突然中断时反射回来。

当镜面反射和主要绕射反射源消失后,表面行波的影响在减少 RCS 的设计中就变得非常重要。减小和抑制表面行波可采用消除物体后端边缘的不连续性。如使表面行波在尾端被吸收或使它流经一个光滑终端体也可消除表面行波。

1.2.5　雷达隐身

隐身技术是通过控制和降低装备本身的特征信号,从而使其难以被发现和识别的技术。雷达隐身主要是控制和降低雷达特征信号,即缩减雷达截面积。使舰船的雷达截面积降低到与海面杂波一样大小是最理想的,这样,舰船的雷达特征信号就淹没在海洋环境中,反舰导弹的雷达末制导就不可能捕获或鉴别目标,但要实现这一点,经济上是不可承受的。图 1-3 给出了某护卫舰在方位面的雷达截面积曲线,由图可见经过隐身设计后,该舰的 RCS 在整个方位面都有较明显的改善。雷达隐身设计可通过多种技术措施来实现,但主要是外形技术和吸波材料。

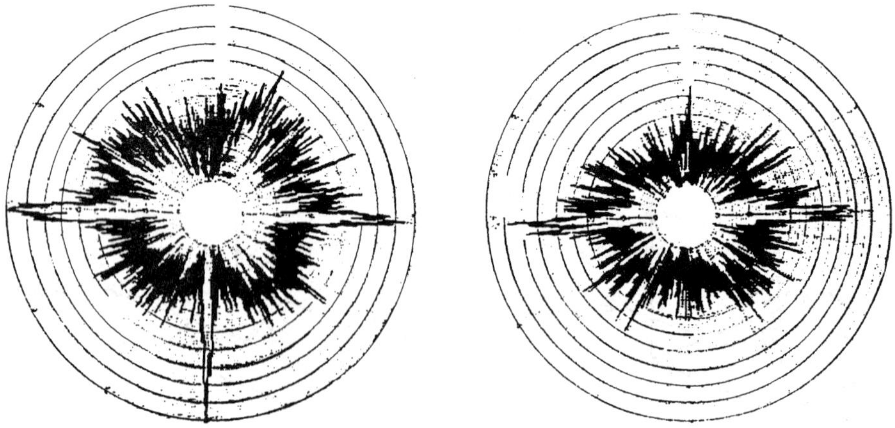

(a)　　　　(b)

图 1-3　某护卫舰在方位面的雷达截面积曲线

(a) 隐身设计前;(b) 隐身设计后

1.2.5.1　外形技术

外形技术是在舰体外形设计中利用不同外形的物体具有不同的雷达散射特性的原理，通过舰艇各部位的外形设计，以减小舰船受威胁方向的截面积。图1－4为外形技术在隐身设计中作用的示意图。由图可见，当舰体外形为垂直面时，强的反射雷达波将沿入射波的反方向返回而被雷达探测到；当舰体外形为斜直面时强的反射雷达波将偏离入射波的方向，这样就达到了隐身目的。

外形技术适应的频段较宽，效果好，又不需要维护保养，因此在舰船雷达隐身设计中作为首要手段。

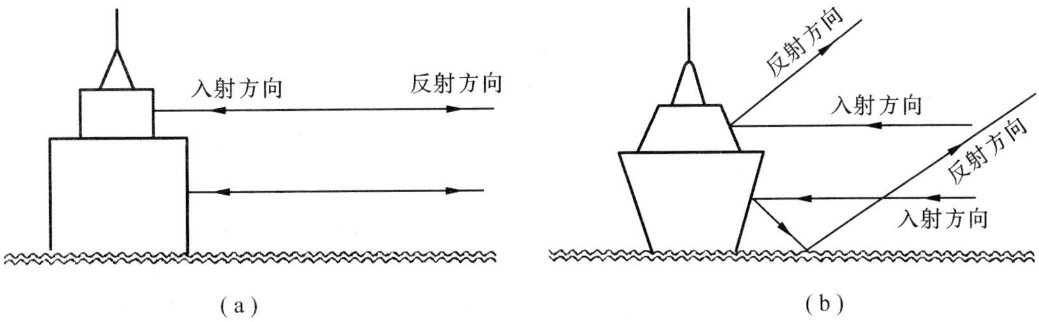

图1－4　外形技术在隐身设计中的作用

1.2.5.2　吸波材料

减小目标在雷达方向回波的方法之一是吸收入射的电磁波能量，通过吸收以减少由目标反射的有效能量。作为实际应用于舰船的吸波材料应该具有吸收频带宽和重量轻的特点，能满足舰艇在海上航行时承受的日晒、风雨、盐雾、振动等恶劣环境考验，并且要具有良好的施工工艺特性。图1－5给出了吸波涂料工作原理示意图。目前使用的吸波材料主要有两类：吸波涂料和结构型吸波材料。

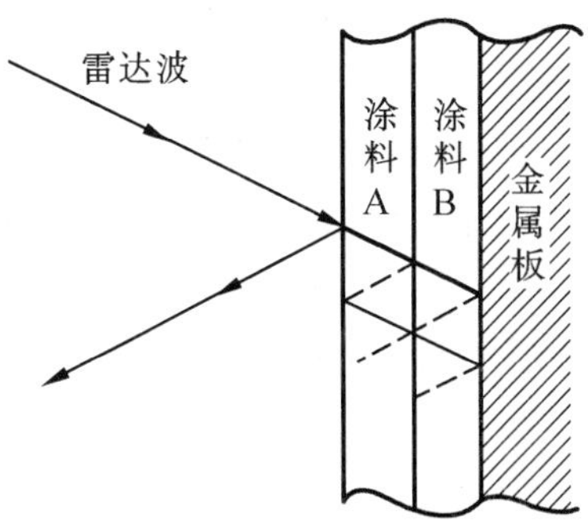

图1－5　吸波涂料工作原理示意图

按照雷达隐身需要，应采用在宽频带内能充分吸收电磁波的材料，因此吸波涂料大多以铁氧体粉末作为吸波剂。如用铁氧体粉末和四氧化三铁粉末相混合，分散在氯化橡胶、氯磺化聚乙烯橡胶之类的聚合材料中，制成吸波涂料。

结构型吸波材料由吸波材料同非金属基复合材料组合而成，具有优良的吸波性能，且重量轻、强度高。吸波效果较好的材料有高模量有机纤维和塑料。如瑞典“维斯比”级艇船体使用碳纤维增强塑料（CFRP）。

非金属合成材料的隐形功能是不言而喻的，但在许多情况下，这些材料在燃烧时会发出有毒的气体，对舰上人员的安全性带来危害。

吸波材料的研究主要是不断提高它的吸波性能和环境适应性以及拓宽材料的吸波频段。目前的发展方向是开发具有吸收频带宽、兼容性好、质量轻且厚度薄的纳米吸收剂，具有独特吸波效能的稀土材料型吸收剂,具有自适应、自调整功能的智能吸波材料,既能吸波又有较强承载能力的结构型复合材料。

1.2.5.3 等离子隐身技术

等离子体使反射的电磁波失去原有的频率和相位特性,从而使对方雷达截获的反射信号完全丧失入射波的特性。目标物周围的普通气体在受到外界高能作用后,变成由大量自由电子、正电离子和部分中性原子组成的新气体,即所谓的物质第四态——等离子态。当入射雷达波的频率高于目标物等离子的本底频率时,高频雷达波信号进入等离子体,通过波与带电粒子的相互作用,把波的能量转移到等离子体的带电离子上,从而减少反射回对方雷达的电磁波信号。当入射雷达波的频率低于目标物等离子的本底频率时,电磁波进入等离子体后会发生方向偏折,并绕过等离子体,这样也就绕过被等离子体包围的目标物。

等离子体隐身技术具有较好的雷达隐身效果,但对于舰艇这样的大尺度目标物,理论上讲可将等离子体覆盖整个目标物以达到全面隐身,但工程实施上不太现实。较为合适的做法是将其应用于舰艇上的局部强反射区域,并结合其他雷达隐身手段,提高综合效果。

1.2.5.4 主动反雷达隐身技术

(1) 电子对抗技术。它是一种采用有源干扰或无源干扰的方式来规避对方雷达探测的一种主动干扰技术,它是一种积极主动的雷达隐身技术。有源干扰是利用发射机发射某种波形的干扰信号,以扰乱或欺骗对方雷达,无源干扰是利用能反射电磁波的材料形成干扰,如目前广泛使用的各种箔条、角反射器等。箔条撒布在空中,形成具有一定雷达截面积的干扰屏幕,以掩盖真实目标或诱惑对方雷达对目标的跟踪。

(2) 雷达波散射对消技术。它是利用雷达波的矢量叠加特性,人为产生一个与目标散射场同频率、同幅度、同极化、反相位的电磁场,两个场相互抵消,从而减少对方探测雷达接收的反射波电磁场强度,降低其探测效果。该技术又分为主动对消和被动对消,目前各国海军正在不断探索中。

(3) 低截获概率雷达技术。这是一种既能探测和跟踪目标,但又不能被对方截获的雷达,是一种研制难度非常大的新体制雷达,几乎集中了当代雷达的所有新技术。目前只有在少量机载雷达系统中有所应用,如美国 F/A-22 的 AN/APG-77 火控雷达系统等。而舰用低截获概率雷达尚处于研发阶段。

1.3 舰船雷达隐身的功能

1.3.1 舰船在海上面临的威胁态势

现代海战是多方位的立体战争,威胁来自太空、空中、陆地、海面和水下。从水面舰船的雷达隐身角度来看,所面临的探测威胁主要有以下几个方面:侦察卫星、机载预警与控制系统型侦察飞机、陆基超视距雷达侦察、舰载探测器、机载探测/射击控制装置(如战斗轰炸机、直升机、导弹末制导雷达等)的战术探测器等。

现代舰艇一般都装备多种不同性能和用途的雷达,主要有在尽可能远的距离上发现目标的远程警戒雷达,其特点是作用距离远但精度不一定很高;能对目标进行跟踪以实现准确射击的火控雷达;能对海面及低空目标进行搜索的搜索雷达;能引导导弹准确攻击的照射雷达或导弹攻击专用的攻击雷达；保障本舰安全航行的导航雷达；引导直升机归航的直升机引导雷达等。对舰船构成探测威胁的主要是舰载警戒雷达、搜索雷达、火控雷达和攻击雷达。

敌方的探测器是从不同的角度来探测舰船的。机载探测装置主要是从较高的俯仰角观察到舰船，而导弹的末制导雷达和舰载探测器主要是从几乎成水平的方向观察到舰船的舰体。

各类探测器是在不同的频带内工作。据统计，舰船所面对的频段主要是在 2 ~ 10 GHz，但导弹末制导还有向更高频段发展的趋势。

舰船面临的武器威胁主要是机载炸弹、炮弹、导弹（空舰导弹、舰舰导弹）以及其他武器。

机载炸弹是当目标被发现后，飞机携带炸弹飞临目标上空，实现空投的武器。命中目标的概率与飞行员的熟练程度有关。激光制导炸弹等的出现对目标的威胁大增，但舰艇的本身防空武器对飞机也同样构成相当大的威胁。

舰炮武器在传统的海战中曾是打击敌舰的重要武器，但其不足是远距离对海打击命中概率相对较低，威力受到一定的制约。激光制导炮弹的出现使舰炮的威力得以倍增。

导弹武器是对舰船最具威胁的武器。第二次世界大战以后，导弹武器得到了快速的发展。通过对早期导弹的不断改进，现代导弹的制导精度和爆炸威力大大增强。制导方式已发展到雷达制导、电视制导、复合制导等多种方式，波段也从厘米波段发展到毫米波段。GPS 技术、地形匹配技术等也已结合到导弹的制导中去。爆炸方式也从直接命中等单一体制发展到无线电近炸、指令爆炸、感应爆炸等方式。对舰船来说，反舰导弹的末制导雷达是导弹精确命中舰船目标的关键设备，这也同雷达技术密切相关。

1.3.2 舰船雷达隐身的效用

舰船雷达隐身通过减小雷达截面积来达到以下效果：

1.3.2.1 延迟敌方雷达的探测，或使其对目标识别变得困难，从而使我舰在被敌舰发现前有足够的时间来对敌目标进行探测、分析、判断和决策，增加了战斗准备时间，赢得主动。

由式(1 - 5) 可知，雷达截面积同雷达的最大作用距离的四次方成正比。因此，要使被探测到的距离减少一半，就需要把雷达截面积缩到 1/16。如果一条舰的雷达隐身设计指标为雷达截面积缩减 10 倍，则就意味着使敌方探测我舰距离缩短 44%，这对作战使用有十分重大的意义。以对海作战为例，我舰与敌舰均以 18 节航速相向而行，假设我方看到敌舰为 41 km，由于我舰的雷达隐身设计，装有相类似雷达的敌舰的探测距离就缩短 44%，即为 23 km，即我舰比敌舰早发现约 18 km。以双方相对速度为 66.6 km/h（约 1.1 km/min）计，早发现 18 km，这相当于赢得约 16 min 的时间，这足以供作战准备使用。

1.3.2.2 防止被反舰导弹末制导雷达锁定或减少其锁定距离，从而减少舰被导弹击中的概率。一般说，反舰导弹末制导雷达开机约在距被攻击舰船 8 ~ 12 km 处。假设导弹飞行速度为 300 m/s，从末制导雷达开机到导弹飞临目标尚有 26.7 ~ 40 s 的时间。舰艇雷达截面积小，导弹末制导雷达开机后，较难于马上捕获目标，且有利于被攻击舰及时组织电子对抗手段进行有源干扰和无源干扰，或组织近程防御系统反击，致使导弹攻击失效。

1.3.2.3 提高无源干扰的电子对抗能力。对于无源干扰来讲，缩减雷达截面积本身就是一种无源措施。在实施箔条干扰时,由于被攻击舰的低雷达截面积值,则施放的箔条形成的假目标的雷达截面积就相对变大,足够量的箔条云面积,能使导弹误入箔条云假目标的概率增大,从而提高了舰的生存能力。

1.3.2.4　对于如导弹艇之类的高速攻击艇,因其本身目标就小,再采用了雷达截面积缩减技术,就可使其成为几乎难以被探测到的目标,这就大大提高了高速攻击艇的突袭能力。

1.3.3　雷达隐身技术在舰船设计中应用

舰船的特征信号有雷达截面积,红外线特征信号,磁性、光学、空气辐射噪声、水下辐射噪声、航行时的水压、尾迹及其他信号特征。在舰船隐身性设计的考虑中,这些都是不可避免的因素。但是在舰船总体设计中为保证舰船本身的作战能力的发挥会对隐身设计带来不少制约因素,因此,在设计中一定要综合权衡,并对这些特征信号的特征因素的防护措施给予充分考虑。

不同的舰船担负着不同的使命任务,其作战功能要求和自身防护能力要求亦不尽相同。对于一条确定使命任务的舰艇来说,其雷达隐身设计到什么样的程度,是舰艇总体设计中需反复权衡的。设计师既要在舰体结构外形、舰面设备布局、吸波材料应用等方面尽力减小雷达截面积,同时又必须考虑舱容的有效利用、设备及电子武器装备的性能发挥、工艺上的可行性、经济性等诸多方面的因素,以达到综合性能兼优。

降低雷达信号特征在总体设计的初期就应展开,整个舰船的外形、船体、上层建筑、桅杆和烟囱都应设计成具备较小的雷达截面积。经精心的外形技术处理的雷达截面积比按常规设计的舰船的雷达截面积可低一量级。但是一艘总体隐身设计良好的舰船,其实际上的雷达截面积可能很大,这是因为舰面大量的小型非隐形部件(设备)给弄糟了。舰面上的各类武器、传感器、甲板机械、小艇、栏杆、甲板突出物等未经隐身设计都会对雷达截面积产生很大的影响,舷窗、开口等产生的空腔效应也会带来很大危害。一个设计得很好的船体其雷达截面积可能只占全舰雷达截面积的极小一部分,而极大部分是由上述这些非隐形部件所造成的。因此,设备本身的隐形设计也极为重要,必须作为一个重要内容加以控制。对于那些未作隐形设计的部件(设备)来说,也可以采取位置选择、遮挡、屏蔽、涂敷吸波材料等措施来加以改善。

第 2 章　舰船雷达特性

2.1　引　　言

雷达是现代化舰艇探测确定目标的重要装置，它利用无线电波来发现目标。利用目标对电磁波的反射而发现目标的雷达，叫做一次雷达。通过对询问信号的应答而发现目标的雷达，叫做二次雷达。而用目标自身的电磁辐射来发现目标的雷达，叫做被动雷达。目前舰船上一次雷达是使用最多的一种雷达，但二次雷达、被动雷达也有装备。

雷达除了能发现目标以外，还能够测量目标的坐标和运动参数，识别目标的类型，对目标进行跟踪。现代的雷达，随着环境和目标状态的变化，能够自动调整本身的性能参数，保持最佳的工作状态。

由于能更早地发现目标，提供充足的预警时间，在第二次世界大战期间，雷达得到了迅速的发展，成为很重要的军事装备。第二次世界大战以后，雷达在理论上和技术上不断地得到提高和创新，性能更加完善，应用日益广泛。在现代战争中，几乎大部分的新式武器都是利用雷达来实现控制的。在民用和科学研究方面，例如空中交通管制、气象观测、射电天文、地形测绘和卫星跟踪等，也广泛地使用了雷达。

2.2　雷达的工作原理

雷达最基本的功能是发现目标，获得目标的位置参数。最基本的雷达包括三个部分：发射机、接收机和天线。当发射机通过发射天线把能量辐射出去后，电磁波遇到目标时一小部分高频能量被目标反射回来，到达接收天线，进入接收机。雷达操纵人员可以通过接收机的输出来判断目标是否存在。实际使用的雷达，大多是按一定的周期重复地发射高频能量。

设 R 是雷达站到目标的直线距离。电磁波离开天线到达目标，被目标反射又回到天线，所用的时间为 t_R，那么，在 t_R 这段时间内，电磁波所走的距离是 $2R$。用 c 代表电磁波在自由空间传播的速度，$c = 3 \times 10^8 \mathrm{m/s}$。电磁波在空气中的传播速度和在自由空间的传播速度是很接近的，因此，我们可以认为 $2R = ct_R$，于是得到：

$$R = \frac{1}{2}ct_R \tag{2-1}$$

这是雷达测量目标距离的基本公式。

从上式知道，只要测出时间 t_R，就可以计算出目标的距离。用电子的方法，很容易测量 t_R，例如用一个计数器，在雷达发射脉冲时开始计数，接收到目标回波时立即读出所计的数，就能得到 t_R 的值。

脉冲雷达发射电磁波，是按重复周期 T_r 反复进行的。当 $t_R < T_r$ 时，t_R 的测量是直接的，不会引起别的问题。如果 $t_R > T_r$，那么回波信号将出现在第二个发射脉冲之后，或者在更多个发射脉冲之后。这样，测量 t_R 的值将产生混淆的现象。所以，通常的脉冲雷达，重复周期 T_r

与雷达的最大作用距离 $R_{\max}$ 要满足以下的关系：

$$R_{\max} \leqslant \frac{1}{2}cT_r \tag{2-2}$$

这就保证 $t_R < T_r$。但有的雷达，为了达到其他的目的，$R_{\max}$ 和 T_r 不服从所规定的关系，允许 $t_R > T_r$，这就要采用特殊的方法来解决测距的模糊问题。

雷达对目标角坐标的测量，是利用天线的方向性来实现的。常见的天线方向图，它有一对称的轴，沿轴的方向辐射最强，因此，当目标正好处在这轴线上时，它从雷达接收到的能量最大，反射回来的回波也最强，如果目标偏离波瓣的轴线较远，就不能收到雷达的回波。所以，利用这样的天线方向图，在空间按一定的规律运动，同时观察接收机输出的回波强度。显然，只有当天线方向图的轴线对准目标时，回波才最强，在其他的角位置上，目标的回波弱，或者消失，这样就可以确定目标的角位置。

除了距离和角度以外，雷达还能够直接测量目标的径向速度，这是利用一种物理现象，即多普勒效应来完成的。

2.3 雷达基本单元

任何能观察目标的雷达系统都必须包括至少四个基本组成部分。它们是发射机、天线、接收机和显示器。发射机产生高频信号，这一信号通过天线发射，发射的电磁波一部分被目标散射到接收天线所在的方向，并被收集起来送往接收机。显示器将目标信息传递到雷达操作者。这样完成了雷达的基本功能。现代雷达通常还包括可提高雷达性能的先进信号处理机。不过，这样的信号处理机也可以合并到接收机或显示器分系统中。

2.3.1 发射机

舰船的主动雷达必须有产生射频 RF 信号的发射机，发射机结构的选择是由雷达的应用要求所决定的。功率电平(峰值和平均值)，相干还是不相干工作，占空系数，尺寸和重量①限制，频率要求等都是在发射机设计中必须考虑的因素。

发射机技术也受具体器材的影响，在第二次世界大战中，微波雷达的出现是发明空腔谐振磁控管的直接结果。在高功率行波管得到发展之前，不可能采用先进的相干雷达技术。目前，固态源的现代的发射机技术已使人们可以考虑采用低于 S 波段的特大型相控阵雷达。

雷达发射机类型和源的选择取决于需要的功率、可容许的成本和具体应用。需要的输出功率通常直接由功率振荡器给出，磁控管就是这种器件的重要例子。目前已可以制造出超过 10 MW 输出功率的脉冲磁控管。磁控管只需要十分简单的调制器，并且非常有效和相对便宜。磁控管的缺点是占空系数低，带宽窄和相干工作困难。

相干雷达往往利用主振功率放大器(MOPA) 电路来完成，主振荡器往往由晶体控制以提供最大的频率稳定性。行波管(TWT) 放大器通常用来作为 MOPA 电路中的低功率或中功率放大器。末级放大则利用高功率 TWT 交叉场放大器(CFA) 或速调管。MOPA 发射机的主要优点是相干信号的产生和信号设计和编码中的灵活性。与磁控管发射机比较，其缺点是

① 本书中之重量均指质量。

尺寸、重量、成本和发射机的复杂性等。

2.3.2 天线

雷达天线的基本任务是耦合自由空间和雷达传输线之间的能量。其中发射天线是把来自发射的 RF 能量转换成所需形状的波束辐射到希望的空间范围内。接收天线接收从特定方向来的电磁能量并传送到接收机。发射天线和接收天线可共用一副天线。这时,必须在发射机和接收机之间加上一个天线收发转换开关来开关天线,以保护接收机不受本雷达自己发射的脉冲损害。

雷达天线已有很多种形式。目前舰船上搜索雷达天线常用切割天线、赋形抛物面天线或相控阵天线,炮瞄雷达天线常用卡塞格伦天线,导航雷达常用裂缝天线。

传统的低频搜索天线往往利用大型偶极子阵列提供一个大口径以得到满意的角分辨力,但最近利用相控阵进行搜索和跟踪组合已经开始在舰船上广泛地应用。相控阵提供了波束快速电扫描、高功率容量和辐射方向图的适当控制等优点。然而,其高成本和系统复杂的缺点也十分明显。相控阵中的辐射单元通常是波导,波导裂缝或偶极子等。波束扫描是通过在频率扫描阵列中改变发射机频率(这一技术往往被用于方位机械扫描和仰角电扫描的阵列中);或利用相移器去改变阵列各单元间的相对相位来实现;在一些现代固态发射机中则可控制每一单元各个发射模件的振幅和相位。

无论采用什么方法来获得所需天线方向图,总是天线口径尺寸和照射方式的函数。波瓣宽度和增益则必须根据可允许的副瓣电平折中选择。

2.3.3 接收机

雷达接收机的目的是接收雷达回波的 RF 能量,并把它处理成为适合于所用显示器的形式。雷达接收机就其复杂性来说,可以是从简单的晶体检波器直到带有低温冷却的低噪声 RF 前置放大器的多次变频超外差式接收机。

普通的接收机是一次变频的超外差式系统,包括天线收发转换开关、RF 放大器、混频器、IF 放大器、检波器等。RF 放大器被当作输入级,混频器通常充当第一级。在非相干系统中,通常利用反射式速调管或固态源作本机振荡器。相干系统中,用一稳定的本机振荡器(STALO) 锁定主振荡器。混频器(也称第一检波器) 将 RF 转换到中频(IF),以便于进一步放大和处理。IF 的选择以信号带宽和进一步的处理的需要为依据。

超外差式接收机在雷达应用中的优点是在 IF 放大和滤波比在 RF 更容易实现。因为 RF 带宽通常是很宽的,而 IF 带宽则通常规定了雷达接收机的噪声带宽。如果使用匹配滤波器接收机,则通常也是在 IF 上实现的。自动频率控制(AFC),瞬时自动增益控制(IAGG),或灵敏度时间控制(STS) 一般也是在中频实现的,它们是为防止近距离杂波使显示器饱和而经常利用的方法。

第二检测器和视频放大器通常构成接收机的末级。第二检波器从载波中提取视频调制信号。利用视频放大器提供一个足够的信号电平去激励所选择的显示器。

2.3.4 显示器

大多数雷达的显示器是一个阴极射线管(CRT),它显示目标在某一坐标系统中的位置。

为实现在有两个基本参量可以控制 CRT 上的信息显示,即电子射束偏转和射速强度。对于偏转调制的显示器(例如 A 型显示器,它显示接收的信号电平(垂直轴)对时间(水平轴)的关系曲线),由电子束横跨显像管时的偏转来显示目标。对于振幅调制显示器(例如平面位置显示器,PPI),由显像管表面上的发光点来指示目标,而无目标区则仍然是黑暗的。

2.4 雷达类型

舰船雷达被用于警戒、预警、武器控制和情报工作。在雷达技术的进展中,军事应用是一个强大的推动力。

2.4.1 雷达分类

雷达分类的目的是为了便于研究各种类型雷达的共性和特殊性。分类的方法有:按雷达所担负的战术任务;按雷达使用的环境条件;按雷达采用的特殊技术;按雷达的工作波段;按雷达发现和测定目标所利用的能源等。下面主要介绍的舰用雷达是按战术任务进行分类。

1. 警戒雷达 —— 其主要任务是发现远距离的目标如飞机、舰艇和导弹,测定它们的位置,并及时把情报送达战斗部队。超远程警戒雷达的作用距离达数千公里,它是专门用来探测洲际导弹和空间飞行器等目标。

2. 引导指挥雷达 —— 又称监视雷达。它用来引导我机进入空域,使我机占据有利阵位并对敌机实施攻击。对这种雷达的要求是:能对多批次目标同时检测;能同时测定目标的三个坐标;测量精度和分辨力较高。航空母舰和机场的空中交通管制雷达就属此种类型。为火控雷达指示目标的目标分配雷达也属此类。当目标为水面目标时,或火控雷达自己具有仰角搜索能力时,也可只提供距离和方位这两个坐标。

3. 测高雷达 —— 也称为三坐标雷达,这种雷达的波束扁平,在空中作俯仰扫描,利用最大回波法测定目标的仰角,从而测得目标高度,它可以与普通两坐标雷达结合以提供三个坐标数据。随着飞机飞行速度的增加和出现多层次、大批量的空袭,这种方式已远远不能满足现代战争的需要。它的缺点是数据率低,方位分辨力低。

4. 炮瞄雷达 —— 也叫火炮控制雷达。这是一种精确度很高,并且具有自动跟踪目标能力的雷达。它跟踪上目标后能连续向射击指挥仪输送目标的坐标数据,供火炮射击用。通常它的精度高,跟踪系统反应快。

探测水面目标用的炮瞄雷达和探测空中目标用的炮瞄雷达略有不同。由于水面目标运动较慢,只需两个坐标参数,而且炮弹爆炸时激起的水柱的雷达回波是很容易测得的,故而雷达波束除了对目标进行跟踪之外,还在目标区进行快速扫描,构成目标区的一幅平面图像,以便同时测定弹着点水柱与目标的偏差,从而校正射击要素。

5. 制导雷达 —— 制导雷达和炮瞄雷达二者统称火控雷达,同属精密跟踪雷达,所不同的是制导雷达用于控制己方导弹准确地飞向目标。利用雷达控制导弹飞行的方法很多,较常见的有驾束制导、指令制导和全程末制导等方法。

驾束制导是将导弹射入雷达天线的圆锥扫描波束中去,雷达始终跟踪目标,而导弹根据偏离波束轴线而感受到偏差信号，自动修正航向，保持沿轴线飞向目标。

指令制导是由雷达同时测定目标和导弹的坐标数据，经计算机运算后以指令方式控制导弹飞向目标。制导雷达可以是两部精密跟踪雷达分别跟踪目标和导弹，也可以像对海校射雷达一样，令波束在空中作小范围的方位和仰角快速扫描，在导弹进入扫描区后，便可用一部雷达完成同时跟踪目标和导弹的任务。

全程末制导由一部目标跟踪雷达和一部目标照射雷达来完成。导弹上装置的接收机收到由目标反射的照射雷达信号，便能根据此信号修正航向飞向目标。

6. 导航雷达 —— 舰船导航雷达主要用于保障舰船在江河海洋航行时的安全，防止碰撞，并根据地物目标测定船位，进行导航，以及在能见度不良的情况下进出港口时观测航道。通常它的距离分辨力和方位分辨力很高，最小作用距离在 30 米左右。显示器大多数能进行真运动显示，并进行避碰、潮流测算等导航作业。舰船上载有直升飞机时，均设有供引导直升飞机返航着舰用的导航雷达。直升飞机在远处时，由舰上引导指挥雷达领航；当直升飞机飞抵舰船上空进入引导指挥雷达的近距离盲区时，则由导航雷达继续引导到着陆甲板上方，由飞行员依靠视力观察来操纵直升飞机着舰。对这种雷达的要求比对舰船导航雷达的要求更高，不但要求距离与方位分辨力更高，而且希望最小作用距离更小，并要求有很高的数据率以适应飞机高速、快变的特点。

7. 气象雷达 —— 气象雷达分测风和测雨两种。前者用测定探空气球位置的方法，获得高空风速、风向的数据。通常探空气球上装有应答机，转发它所收到的雷达信号以加大作用距离。后者用来观测积雨云层或雨区，以便了解邻近地区的天气情况。气象雷达用来提供气象情报，保证我机战斗和训练飞行及舰艇出航的安全。

8. 敌我识别器 —— 安装在军舰、地面或飞机上。当己方军舰或地面上的雷达发现飞机或军舰目标时，询问器就发出询问信号。己方飞机或军舰上的应答器接收到该信号，经放大后送到译码器进行解码；一旦确认是己方询问信号后，应答器就发射一个加密的回答信号。若是敌方或密码不符的询问信号，则不予回答。己方军舰或地面上的询问器接收到这些回答信号后，由译码器对密码进行识别，并送出相应的标志符号到显示器中。这时在飞机或军舰回波脉冲旁边就出现特定的回答标志符号，对目标的识别即告完成。

9. 着陆雷达 —— 即进场控制雷达，架设在机场跑道旁边或航空母舰甲板上（又称着舰雷达）。它可以提供飞机相对跑道的精确距离、仰角和方位角，保证飞机在机上仪器的协同下，按正确的下滑角下降着陆。

2.4.2　连续波雷达

1903 年首次演示的最简单的雷达形式是连续波（CW）雷达。未调制的 CW 雷达不能提供距离信息，然而，CW 系统在雷达历史上具有重要意义，而且一直用于警戒测速雷达并在无回波暗室中作测试用雷达。没有距离信息可以通过调制 CW 信号从而提供一个“定时标记”来克服。频率和相位编码是在调制 CW 雷达中常用的两门技术。

频率调制的连续波（FM - CW）雷达连续改变发射机信号的频率并根据瞬时的发射信号和接收信号之间的频率差来测量距离。典型的调制方式包括三角形、锯齿形和正弦形。FM - CW 目前的应用包括高度表、跟踪雷达和高分辨力测试系统。

提供定时标记的另一种方法是 CW 信号的相位编码，不管是二进制编码还是多相编码都可采用。

2.4.3 脉冲雷达

上面提到为获得距离信息需要将发射信号编码以便测量从某一参考时刻起到信号从目标返回而被接收的时刻为止其间所经历的时间,可在 CW 系统中采用频率编码和相位编码。但最普遍的编码技术是在脉冲雷达中使用的振幅调制,一个定时装置(时钟) 去触发发射机并同时打开显示器的距离波门。发射的脉冲离开天线以光速传播,当脉冲抵达目标时被反射,一部分能量回到雷达并被检测和显示。目标的距离 R 由双程的传播时间 Δt 和光速 c 给出。

雷达按某一脉冲重复频率(PRF) 发射一个连续的脉冲串。如果前一个脉冲的回波是在下一个发射脉冲之后才被接收到,则这个回波将会被误认为是来自很短距离处的目标,于是就产生距离模糊。因为搜索雷达的主要任务是提供目标的距离和角坐标信息,故距离模糊是不希望有的。此外,距离模糊的目标将在较短的距离上被显示,因此可能被近距离杂乱回波所淹没。雷达能测量的最大的非模糊距离由下式给出:

$$R = \frac{c}{2f_r} \tag{2-3}$$

式中 f_r 是脉冲重复频率(Hz)。

除了宽广的作战用途外,脉冲雷达还常常用作野外情况和室外测试场的测试雷达。脉冲雷达的一个主要优点是能选录特殊距离范围内的回波,来自其他距离范围内的不希望的信号则可以根据它们的到达时间来鉴别。简单的脉冲雷达用于室内测试较困难,因为短的距离要求非常短的接收机恢复时间。

2.4.4 脉冲压缩

在某种意义上,简单的脉冲雷达提供 CW 信号的幅度编码以实现距离鉴别。提供的距离分辨力是脉冲宽度的函数,并由下式给出:

$$\Delta R = \frac{c\tau}{2} \tag{2-4}$$

式中 τ 是脉冲宽度。

对于给定的非模糊距离和给定的峰值功率,短脉冲意味着平均功率低,因此在噪声中探测距离短。为克服这一困难,在保持高的平均功率时又提供较好的距离分辨力,一个方法是进一步对这些脉冲编码,有许多种方法被用来实现这种所谓的脉冲压缩。

脉冲压缩的最普通的方法之一是当脉冲被发射时,应用一线性频率扫描成“线性调频脉冲”。其他的脉冲压缩的方法包括内部脉冲相位编码和频率步进(用于测试系统)。频率步进系统可在非常宽的总带宽上提取数据从而获得相当高的分辨力。

2.4.5 动目标显示和脉冲多普勒雷达

利用目标径向运动所引起的多普勒频移可以从固定目标和杂散背景回波中识别出运动目标,MTI 和脉冲多普勒系统就利用了这种多普勒识别。距离模糊而速度不模糊的多普勒雷达称为脉冲多普勒雷达,而距离不模糊的雷达被称为 MTI 系统。

多普勒雷达的主要要求是相干接收机。这意味着本机振荡器与发射机脉冲相位相干,这样才能确定多普勒频移,通常利用主振功率放大器(MOPA)来得到相干。也可以利用相干接收系统来得到,它将相干本机振荡器(COHO)的相位锁定到磁控管的输出脉冲上。

实现 MTI 的一个简单的方法是利用延迟线对消器。延迟线对消器最简单的形式是使用单个延迟线和单个环,相干的视频信号被分割,一半信号被延迟一个脉冲重复周期,并从非延迟信号中减去。固定距离的目标不会经受到逐个脉冲之间的相位移。相反,来自运动目标的回波由于距离的改变将引起相位移不能对消。延迟线对消器的缺点是在脉冲之间 360° 相移的径向速度(称盲速度)也将被对消掉。结果由:

$$V_n = \frac{n\lambda f_r}{2} \quad (n = 1,2,3,\cdots) \tag{2-5}$$

给出的速度将无输出。另外,除了盲速度间中点的那些速度之外,对于所有的速度,经过对消都会招致一些信号耗损。

现代的脉冲多普勒系统,工作在足够高的PRF,因而在感兴趣的速度范围内盲速度被消除,它通常利用数字式处理机而不是延迟线对消器。通常,发射的一个脉冲波群(一般至少八个脉冲),并且回波在接收机信号处理机中进行傅里叶变换。快速傅里叶变换(FFT)的输出提供随频率而变化的信号电平,并提供目标与杂波之间的识别。

2.4.6　相控阵雷达

这是一种性能优异的多功能扫描雷达,它所采用的相控阵天线一般是由上千个天线辐射单元组成的阵列,用控制阵列中每个辐射单元的馈电相位来改变天线阵面的相位分布。从而无须转动天线座就可以使天线波束灵活地快速扫描。计算机根据雷达战术使命所需要的天线波束形状和数量,分别计算出相控阵天线中各辐射单元所连接的移相器的移相值,用波束控制器确定各移相状态,形成所需天线波束并指向规定的方向或按一定的方式进行扫描。接收的回波信号经过数据处理机转换为数字信号。它除了具有普通雷达的数据处理功能以外,还要按照目标的位置及其运动情况确定每个天线波束下一步应在什么时刻指向什么方向,以便实现雷达的搜索、跟踪和其他功能。

一维线性相控阵天线相控扫描的原理如下:天线波束的空间方向要垂直于相位波前,设阵列由 n 个相同的辐射单元组成,相邻单元之间的间隔是 S,相邻单元之间的相位差为 $\Delta\phi$,也就是各移相器的相移值分别为 $m\Delta\phi, m = 0,1,2,\cdots,(n-1)$,则:

$$\Delta\phi = (2\pi S/\lambda)\sin\theta \tag{2-6}$$

式中 λ 为波长。因此,以一定规律改变 $\Delta\phi$ 值就可以使天线波束在空间按同样规律进行扫描。

实际的相控阵天线是二维平面天线阵,在互相垂直的两个方向对各辐射单元的移相器进行类似的控制,就能使天线波束在空间指定的立体角,例如 90° × 90° 的范围内实现扫描。

相控阵雷达的结构、性能和成本在很大程度上决定于所采用的移相器。目前主要是利用铁氧体移相器和 PIN 二极管移相器,改变波束位置一般只需要几微秒。

铁氧体移相器是利用铁氧体的磁化特性,外加激励脉冲电流来改变其磁化状态,从而呈现不同的移相值。其主要缺点是性能稳定性较差,大多用于功率较高而要求不太精密的雷达中。PIN 二极管移相器是利用 PIN 二极管的导通和截止使微波能量的传输长度改变而呈现不同的移相状态。为便于计算机控制,通常都采用数学式移相器,它由多位二进制移相器组成,例如四位移相器,使各移相器分别移相 180°、90°、45° 和 22.5°,就能产生 $2^4 = 16$ 种移相状态。位数的多少要根据整个系统的要求加以选择。

相控阵雷达由中心计算机控制,不但可以灵活地改变天线波束的数目和形状,而且可以按照战场的电子环境方便地改变雷达的其余诸参数,因而具有适应性。波束控制的灵活性使雷达既能对许多目标实现边扫描边跟踪,又能对付高度机动的快速目标。由于用一部雷达可以完成多部雷达的功能,所以有可能在电子设备密集的舰船上减少雷达装备的数量从而降低各种设备之间的电磁干扰。这种雷达天线是固定的,天线阵由大量相同的辐射单元组成,这样在设计上可以降低单个辐射单元的功率而仍能使总辐射功率足够高,且个别单元的故障对整个雷达的性能不产生很大的影响,这就提高了可靠性。由于相控阵雷达具有上述特点,在舰艇装备中得到了越来越广泛的应用。

2.4.7　频扫雷达

这种雷达利用改变天线系统馈电微波能量频率的方法使波前的空间位置相应改变,从而实现波束扫描。

以一维线性天线阵为例,阵列由 n 个相同的辐射单元组成,相邻单元之间的距离为 d,各单元通过耦合器与馈线相连。发射机的微波能量沿馈线首先馈给单元 1,并经过自由空间行程 $d\sin\theta$ 到达;能量同时继续沿馈线经行程 l 馈给单元 2。因为沿这两条途径到达波前的相位延迟是相等的,所以有下列关系式:

$$\frac{2\pi}{\lambda}d\sin\theta = \frac{2\pi l}{\lambda_\theta} - 2\pi n \tag{2-7}$$

式中 λ 为自由空间中的波长;λ_θ 是传输线内的波长;n 为整数。可见改变频率 f(也就是改变波长)时,代表波前的空间方向角 θ 也随之改变,从而实现波束扫描。公式还表明,当 l/d 增大时,θ 角随波长的变化也越快。因此通常都将各辐射单元之间的馈线做成慢波结构,称为蛇形线。实际应用时可在方位和仰角上同时进行二维电扫描,也可以仅在仰角上电扫描,方位上仍进行机械旋转扫描。

2.4.8　捷变频雷达

捷变频雷达的工作频率以随机方式或按一定规律在较宽的频段上于发射脉冲之间(或脉组之间)作较大频距的跳变。频率捷变不仅是对抗有源干扰的重要措施,同时也能在许多方面改善雷达的工作性能。如:消除同频段邻近雷达之间的相互干扰;对海浪杂波和其他分布杂波有抑制能力;提高雷达作用距离;改善角分辨力和距离分辨力;提高雷达跟踪精度;消除二次或多次环绕回波。

2.4.8.1　用快速调谐磁控管实现捷变频

可以用作快速调谐的磁控管主要有两类:一类是旋转调谐磁控管,另一类是快速调谐同轴磁控管。它们都属非相参系统,具有易于实现、成本低廉、利于改装现有雷达等优点。

旋转调谐磁控管工作原理是快速旋转腔体上的调谐盘或齿状圆盘,通过变化腔体参数实现快速变频。本振频率对磁控管频率的同步是由两个跟踪状态实现的。一个为"冷跟踪",利用磁控管在谐振点有能量吸收现象,用一个闭环使本振频率跟踪磁控管未发射时的自然频率,即"冷频"。另一个为"热跟踪",利用通常的自频控环路使本振频率跟踪磁控管发射时的频率,即"热频"。在磁控管发射时,应将本振频率比热频抬高一个雷达中频,并保持到回波信号接收结束。

2.4.8.2　快速调谐同轴磁控管频率捷变

这种同轴磁控管由电动机带动旋转凸轮，使调谐活塞上下快速运动，从而改变腔体尺寸及其调谐频率。这种同轴磁控管带有一个分解器，它可以精确地指示调谐位置，通过读数电路产生精确的与瞬时频偏成比例的模拟电压。本振频率对磁控管频率的同步由粗调（预调）和轴调（精调）两个步骤完成。粗调是指在磁控管振荡之前由磁控管频偏指示电压直接对本振频率预先调整。细调是指在磁控管振荡后对本振频率的精确调整，可做开环细调，也可做自频控闭环细调。

2.4.8.3　用频率合成器实现频率捷变

这是一种多级放大式全相参体制雷达，它的优点是：

1. 可以精确而灵活地控制频率跳变；

2. 频率合成器可以确保足够高的频率与相控稳定，并容易与其他技术体制兼容（诸如动目标显示、脉冲多普勒等）；

3. 接收与发射是全相参的，利用设计最佳波形和信号信息处理。

这种捷变频体制缺点是技术较复杂、成本较高、体积与重量较大。

多级放大式全相参捷变频雷达的核心是具有捷变频能力的频率合成器。程序控制部件根据需要选择与确定发射频率及本振频率。频率合成器完成发射频率、本振频率以及整个雷达系统定时信号的综合。多级放大式发射机能完成高质量的脉冲调制和强功率射频放大。

2.4.9　毫米波雷达

目前舰用雷达的工作频率大部分属于分米和厘米波段，但是近来毫米波雷达已经受到极大重视。毫米波雷达的波长约 1 ～ 10 mm。由于波长很短。在设计和使用上都具有一些新特点。

毫米波系统最突出的特点就是体积小、重量轻和角分辨力高。因为天线的波束宽度与工作波长成正比，所以在天线尺寸一定的情况下，毫米波天线波束要窄得多。例如，同一天线在 S 波段波长等于 10 cm 时波束宽度为 3°，而在毫米波段波长等于 5 mm 时波束宽度只有 0.15°，从而使角分辨力大为提高。这就使毫米波雷达具有较强的成像能力，同时也提高了抗海浪杂波干扰、多路径传播干扰和人为电子干扰的能力。对于测量运动目标多普勒频移的雷达，由于该频移与波长成反比，所以在毫米波段可以产生更大的频移，使它具有很高的目标速度分辨力。

当然由于波长短和波束窄在使用上也带来一些问题。除了要考虑电波传播衰减大和射频部件结构复杂等因素以外，还应该考虑波束变窄后使毫米波雷达本身对目标的搜索和捕获变得更加困难，因而不得不与其他宽波束雷达配合使用。

早期毫米波雷达未能得到广泛应用的另一因素是受到毫米波器件性能的限制。经过多年来在器件和工艺方面的巨大努力，这一问题基本上得到解决。在大功率源方面，除不断改善磁控管、行波管等的性能以外，还研制了新型功率管，特别是大功率回旋管，一般可达到几百千瓦以上，其效率则高达 30%。在毫米波固体器件方面也取得了可观的进展。通过各种功率组合技术，也已制成功率为几十瓦以上的毫米波发射机。其他如毫米波放大，混频和传输器件也都取得很大成就，从而将毫米波雷达推进到实用阶段。

毫米波系统已经在搜索雷达、跟踪雷达、大地测绘、导航、气象、导弹跟踪和制导等多方面投入使用。特别是在近程防御系统中,毫米波雷达在火力控制中具有精确低角跟踪的功能,是比较理想的。双频率跟踪雷达由一部厘米波雷达(例如 *X* 波段)和一部毫米波雷达(例如 *Ka* 波段)联合组成。利用大功率宽波束的 *X* 波段雷达进行目标搜索和捕获,利用小功率窄波束的 *Ka* 波段雷达进行目标精密跟踪。整个雷达系统由电子计算机统一控制,所测出的精确目标数据用于驱动火炮或导弹系统。

2.4.10 参数管理自适应雷达

参数管理自适应技术体制主要是为了抗干扰,它使雷达能适应外界干扰环境的变化而自动地控制其电路特性,包括对有关的参数(如工作频率、天线方向图、发射功率、脉冲重复频率等)进行管理。

采用自适应天线技术,就是为了在干扰环境下改善天线输出的信/杂比,使得在干扰方向上天线输出信号为零或最小,而在所期望的目标方向上天线输出信号最强,并能随着干扰的变化而自动地适应,保持在最佳状态。

采用自适应跳频技术,一方面使雷达的工作频率在较宽的频带上捷变,迫使干扰机能量扩散在整个频带上,从而降低其有效干扰功率;另一方面,通过检测干扰机的频谱,控制雷达下一次发射频率在干扰机频谱的某个“空档”内工作,从而提高雷达对目标的发现概率和增大在干扰环境下雷达的作用距离。

其他还有自适应动目标显示处理技术,它能随着干扰杂波频谱的不同而改变其响应特性,使改善因子性能最佳;又如自适应门限控制电路,它能自动地根据周围杂波强度,调整雷达检测门限,使得雷达输出虚警率降低。

总之,过去的雷达参数大都是固定的,而自适应雷达的各种参数,包括波束形状、扫描速率、频率、功率、信号处理等等都可以变化,而且是可控制的。这就要求雷达采用数字计算机控制,以适应干扰环境的变化速度。所以参数管理自适应雷达是未来雷达的一个发展方向。

2.5 雷达检测

2.5.1 检测过程

雷达的回波信号经过中频放大级的匹配滤波和放大以后,送到检波器进行检波。通常的检波器,只取出中频信号的包络,得到雷达视频信号。有的雷达需要保留相位信息,则需要采取特殊的措施。信号检测通常就在视频进行,它的基本过程如图 2 - 1 所示。图 2 - 1(a)为人工检测,它是把检波以后的视频信号经过放大,直接送给显示器。观察人员按照显示器的图像,来判断是否有目标存在。老的雷达用的就是这种方法。图 2 - 1(b)为自动检测,它和图 2 - 1(a)不同,它是把视频信号先进行分层,然后积累,最后和选定的门限电压进行比较,以检测目标。用这样的结构,可以自动地完成检测的任务。新的雷达采用这种方法,以数字电路来实现。图中的分层电路,是把输入的视频信号按幅度分成若干层,也叫量化。最简单也是最常用的是二分层。就是用一个比较电平和输入的视频电压比较,凡是没有超过比较电平的信号，统统不要；凡是超过比较电平的信号，予以录用，并进行整形，积累器是利用天线波瓣扫过目标的时候，可以收到多个回波脉冲而完成的，它用来提高发现目标的可能性和可靠性。实际上显示器的荧光屏和人的眼睛都具有积累的作用，所以人工检测时也存在积累的过程。自动检测时，积累的任务通常采用逻辑电路来完成。经过积累以后，再通过判定电路，以判断是否出现目标。

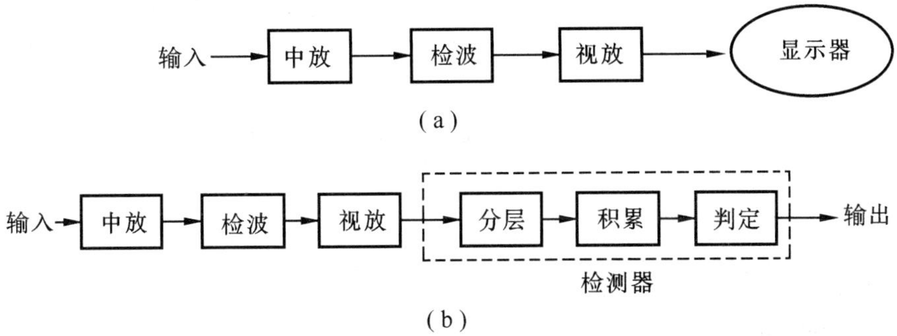

图2-1　信号检测的两种方式

由于信号总是伴随着噪声一起出现的，所以，无论是人工检测，还是自动检测，判定有没有目标，就不是绝对的，而只能是相对的，也就是说，目标的发现，以概率的大小来度量。有目标存在，检测器判定有目标，这种事件发生的概率叫做发现概率；没有目标也判定有目标，则这种情况叫虚警概率。

2.5.2　积累对发现性能的影响

积累可以有效地降低接收机所需的输出信噪比，对雷达的性能有明显的改善。积累可以在检波前进行，也可以在检波后进行。检波前进行积累，为了得到良好的效果，要求信号保持一定的相位关系，叫做相干积累。中频信号经过一般的检波器检波，只保留幅度信息，所以不要求信号保持一定的相位关系，叫做非相干积累，它的积累效果比相干积累要差一点，但由于技术上容易实现，所以应用较多。

假设有 n 个脉冲信号，它们的信噪比都一样，在检波前经过相干积累以后，如果积累器是理想的，没有损失，则功率信噪比将是积累前的 n 倍。同样 n 个脉冲信号，在检波后用理想的非相干积累器进行积累，信噪比也会增大，但达不到 n 倍，这是由于检波引起了损失。但是，检波前的积累由于要求信号要保持一定的相位关系，对发射机和接收机的要求较高；为了在中频实现积累，中频积累器的带宽必须很窄（通常选为目标照射时间的倒数，一般只有几十赫），而动目标回波的多普勒频移往往比这一带宽大得多，因此，必须用多路滤波器才能实现积累，这些缺点，大大地限制了检波前积累的应用。

检波后的积累对信噪比将引起损失，为了表明检波后积累的效率，规定了一个衡量的准则。假设有 n 个振幅相同的回波信号，对于其中单个脉冲来说，为了达到所需的发现概率，应当具有的信噪比为 $(S/N)_1$；把 n 个脉冲积累起来，达到同样的发现概率，每个脉冲的信噪比可降低到 $(S/N)_n$，定义检波后的积累效率为：

$$E(n) = \frac{(S/N)_1}{n(S/N)_n} \tag{2-8}$$

对于理想的相干积累,$E(n)=1$,对于一般的积累器,$E(n)<1$。

2.5.3 检测器工作原理

在图2-1中,已经给出了检测器的组成,包括信号的分层、积累和判定。通用的二分层是一个比较电路,这就是设置一个比较电平,输入电压和它进行比较,超过的有输出,不超过的没有输出,用一个差分放大器就能够完成这一任务。积累和判定电路,要按照目标的发现准则来设计,目前都用数字逻辑电路来组成。

2.6 舰船雷达的特征

2.6.1 雷达方程的几种形式

雷达是舰船上用来发现目标的主要设备,可以说现代战舰如果没有雷达就不能真正完成舰艇的使命。而雷达方程体现了雷达的基本特征,因此,有必要研究雷达的几种方程形式。

2.6.1.1 用平均功率来表示的雷达方程

在雷达技术中,设 τ 是脉冲宽度,T_r 是重复周期,P_t 是脉冲功率,则平均功率为:

$$P_{av}=\frac{P_t\tau}{T_r}=P_t\tau F_r \tag{2-9}$$

式中,F_r 是 T_r 的倒数,即脉冲重复频率。通常把 τ/T_r 或 τF_r 叫做脉冲雷达的工作比,工作比也可以用 P_{av}/P_t 来表示。因此有:

$$R_{\max}^4=\frac{P_{av}G^2\lambda^2\sigma nE(n)}{(4\pi)^3kT(\tau\Delta f)F\left(\frac{S_0}{N_0}\right)_{\min}F_rL} \tag{2-10}$$

式中,n 表示能够接收到的回波总数,$E(n)$ 表示积累效率,而$\frac{P_{av}}{F_r}=P_{av}T_r=E$,则:

$$R_{\max}^4=\frac{EG^2\lambda^2\sigma nE(n)}{(4\pi)^3kT(\tau\Delta f)F\left(\frac{S_0}{N_0}\right)_{\min}L} \tag{2-11}$$

由式(2-11)可知,作用距离取决于雷达照射目标时的总能量 nE,总的照射能量越大,作用距离就越远。由于增大发射机的脉冲功率比较困难,我们可以在不增大脉冲功率的条件下,用其他的办法,增大发射信号的能量,以达到同样的目的。例如增大脉冲宽度,增大发射的能量,以达到最大的作用距离。

2.6.1.2 搜索雷达方程

搜索雷达工作时,设整个搜索空域的立体角为 Ω,波束的立体角为 Δ,扫描整个空域所需的时间为 T_f,对一个点目标的照射时间为 T_d,则有:

$$\frac{T_d}{T_f}=\frac{\Delta}{\Omega} \tag{2-12}$$

波束的立体角 Δ 近似地有:

$$\Delta = \frac{4\pi}{G} \tag{2-13}$$

从而

$$\frac{G}{4\pi} = \frac{T_f}{\Omega T_d} \tag{2-14}$$

$$R_{\max}^4 = (P_{av}G)\frac{T_f}{\Omega}\frac{\sigma\lambda^2 nE(n)}{(4\pi)^2 kT(\tau\Delta f)F\left(\frac{S_0}{N_0}\right)_{\min}F_rT_dL} \tag{2-15}$$

由于 $n = F_rT_d$,并且考虑到天线的增益与有效孔径 A 以及波长 λ 之间的关系有:

$$R_{\max}^4 = (P_{av}A)\frac{T_f}{\Omega}\frac{\sigma E(n)}{4\pi kT(\tau\Delta f)F\left(\frac{S_0}{N_0}\right)_{\min}L} \tag{2-16}$$

对于大多数搜索雷达有 $\tau\Delta f = 1$,则

$$R_{\max}^4 = (P_{av}A)\frac{T_f}{\Omega}\frac{\sigma E(n)}{4\pi kTF\left(\frac{S_0}{N_0}\right)_{1,\min}L} \tag{2-17}$$

在上式中,工作波长 λ 不再在方程中出现。需注意乘积 $P_{av}A$ 对于实际的雷达来说是受限制的,不能任意增大。

2.6.1.3　跟踪雷达方程

跟踪雷达的任务主要不是发现目标而是对目标实施跟踪。因此,它要求信噪比尽可能大以外,同时要求天线的增益尽可能大,以便得到高的测角精度。其有:

$$\left(\frac{S_0}{N_0}\right)G_r = P_{av}A_r^2G_t\frac{\sigma nE(n)}{4\pi kT(\tau\Delta f)FF_rL\lambda^2R^4} \tag{2-18}$$

这一点表明,在对点目标进行跟踪时,信号噪声比 S_0/N_0 与接收天线增益 G_r 的乘积 $(S_0/N_0)G_r$,除了与发射功率有关以外,还与接收天线的有效面积和发射天线的增益有关。

2.6.1.4　二次雷达方程

二次雷达系统中,信号的传输是单程的,当发射信号为 P_t,发射天线的方向系数为 D_t,在距离为 R 处的功率密度是:

$$P_1 = \frac{P_t}{4\pi R^2}D_t \tag{2-19}$$

设接收天线的有效面积为 A_r,则接收到的功率将是:

$$P_r = \frac{P_tD_tA_r}{4\pi R^2} \tag{2-20}$$

因 $A_r = \lambda^2G_r/4\pi$ 和 $G_t \approx D_t$,则:

$$P_r = \frac{P_tG_tG_r\lambda^2}{(4\pi R)^2} \tag{2-21}$$

从而得到作用距离为:

$$R = \sqrt{\frac{P_tG_tG_r\lambda^2}{(4\pi)^2P_R}} \tag{2-22}$$

从上面的方程中,可以看出在二次雷达中,所需功率和天线的尺寸都可以比一次雷达的要小得多。

2.6.2 目标雷达截面积起伏的相关性

如果要精确地描述目标截面积的起伏，则必须找出它的概率密度函数和相关特性。但大多数目标非常复杂，只能用一个比较接近而又合理的数学模型来描述。目前最常用的是施威林所提出的模型，他把目标截面积的起伏分成四种不同的情况。

1. 第一种情况。目标的回波强度(与雷达截面积成正比)在同一次波瓣扫描的时间内保持不变，但与下次扫描的回波强度彼此不相关。这一假设中不计入天线波瓣的形状所引起的回波强度的不均匀。这时，目标的雷达截面积 σ 的概率分布是：

$$P(\sigma) = \frac{1}{\bar{\sigma}}\exp\left(-\frac{\sigma}{\bar{\sigma}}\right), \sigma \geqslant 0 \tag{2-23}$$

式中，$\bar{\sigma}$ 是 σ 的平均值。回波功率的分布与此相同，只要把 σ 换成功率 P，$\bar{\sigma}$ 换成 $\bar{P}$ 就行了。

2. 第二种情况。σ 的概率密度函数仍然如上式所示，但起伏较快，在同一扫描期间，每个回波脉冲的强度是变化的，互不相关，这叫做脉冲到脉冲起伏。

3. 第三种情况。仍然是扫描到扫描起伏，但概率密度函数是：

$$P(\sigma) = \frac{4\sigma}{\bar{\sigma}^2}\exp\left(-\frac{2\sigma}{\bar{\sigma}}\right), \sigma \geqslant 0 \tag{2-24}$$

4. 第四种情况。σ 的概率密度函数同上式，但属于脉冲到脉冲起伏。

第一种和第二种情况表示的目标，表示散射体数量很多，但雷达截面积大体上相同。实用上当散射体的数目达到四个或五个以后，它们合成的雷达截面积的概率密度，就很接近了。尺寸远大于波长的目标，它的截面积起伏也可适用这两种情况。这两种情况基本上适用于大多数雷达目标。

第三和第四种情况适用于目标由一个大反射体和许多小的反射体组成，或者由一个大反射体组成而方向变化很小的场合。

2.6.3 舰船雷达的特点

2.6.3.1 舰船雷达的对海作用

舰船上的雷达应当能够满足全方位的探测要求，以能对付来自各个方面的威胁。由于空中的背景与其他的基本相同，因此，这里着重阐述舰船雷达对海面目标的作用。舰船雷达的重要功能之一是探测海上目标。由于存在海面反射的传播途径，所以在探测海面目标时要考虑海洋环境的特点。

雷达对海作用距离中工作波长是最重要的因素。如果雷达的任务主要是观测海面目标或超低空飞行器，那么以3 cm或2 cm波段为宜，由于大气衰减的急剧增加，所以更短的波长需要付出很大代价，因而目前较为少见。

其次，是天线架设高度。在不影响雷达技术参数和不必付出代价的前提下，它能够轻而易举地增加对低空目标的探测距离。天线高度加倍，作用距离可加大约40%。

还可以看出，发射机功率和接收机灵敏度是相对次要的参数。单纯靠增大发射机功率或提高接收机灵敏度是解决不了所有问题的。

此外需要说明的是：一部雷达对海面目标的探测距离明显小于自由空间的探测距离，这是因为地球曲面造成海面反射波发散，从而进一步降低了反射波的强度；而海浪高度又造成海面各个局部的反射波之间的行程差，这也使得反射波总的强度变弱。因此可得出结论：与直射波强度相比较，海面反射波强度经常产生被显著减弱的情况。

还有一种异常情况，当海面出现超折射现象时，大气波导造成厘米波雷达发射信号的异乎寻常的传播条件，雷达可以探测出在遥远距离处的目标信号。

2.6.3.2　运动显示

一般舰用雷达的平面显示器的扫描中心（即扫描线起点）处于荧光屏的中心，代表本舰位置。在停泊时，周围的固定目标相应出现在荧光屏上。活动目标的方位和距离在荧光屏上将作相应的显示。一旦本舰向前航行，则固定目标的运动速度等于本舰航速，其运动方向与本舰航向相反。活动目标的航迹为目标自身的速度和附加速度的矢量和（附加速度的量值等于本舰航速，方向和本舰航向相反）。这种显示器称为相对运动显示器，在其画面上的目标动静不分、真实方向不明。

为了克服相对运动显示器的动静不分、方向不明的缺点，应当使固定目标静止不动，而代表本舰位置的扫描中心点却以 $\boldsymbol{V}_0$ 速度在运动，活动目标也以其真实的航向和航速反映在画面上，达到了动静分明的目的。当采用特长余辉的显像管时，还可留下各次扫描的位置余辉，形成目标的航迹。这时，画面上的固定目标是轮廓清晰、静止不动的回波，而活动目标都在移动。这种显示器给使用者带来极大的方便，它在指挥员使用的战术态势显示方面有突出的优点。

2.6.3.3　海浪干扰

前面提到，当雷达波照射到海面上时，海浪也能反射电磁波，这些波被天线接收后，在显示器荧光屏上就出现不均匀闪烁斑点，这就是海浪干扰，也称海面杂波干扰。对架设在舰船较高部位的搜索雷达来说，海浪干扰是比较大的，可能会影响近距离小目标的检测。

消除海浪干扰大致可从如下三个方面考虑。

1. 频率

即根据信号和杂波所具有的频谱不同来设法改善信杂比。可使用脉冲多普勒、动目标显示或使用恒虚警率接收机等。一般海浪杂波视频的能量成分偏于较低频率，其大小与使用的脉冲宽度有关，一般为发射脉冲频谱的十分之一左右。因此，可采用滤波的办法来实现。

2. 时间

依据统计上的信号和杂波的性质不同而设法改善信杂比；采用时间增益控制电路来消除海浪干扰。

3. 空间

其特点是使杂波功率较小。其通常采用两种方法：

一种是缩小杂波截面；另一种是利用目标和杂波的物理形状和性质的差别（单独使用时不能收到较好的效果）。

2.6.3.4　电磁兼容性

由于现代舰艇功能日益强大，电子设备也越来越多。因此，舰艇上的电磁兼容性问题十分突出，成为舰艇现代化的一个重要指标。

对于雷达而言，他们之间的兼容性对舰艇来说是至关重要的，如对空警戒雷达的工作波段有的在米波段，而通信机的波段也恰好在此附近，如果二者工作频率相距太近，则雷达工作时将可能干扰通信机的工作，或者通信机将干扰雷达的工作。

各型雷达同时工作时，它们相互之间也可能造成干扰。如果雷达侦察机不与本舰雷达协同工作,那么首先被侦察到的是本舰的电子设备,这将严重扰乱侦察机的正常工作。特别是随着相控阵雷达逐渐得到应用,由于其大功率、高增益、高灵敏度的工作特点,易于对其他设备之间相互造成干扰。

因此,要求各种电子设备必须具有很强的抗干扰能力,能在严酷的干扰的环境条件下完成其战术使命,同时在船体布置时又必须尽量减低各种组合干扰产生的可能性。例如:各种天线主波束在高度上分层安置;舰上电网要有有效的去耦滤波能力;各设备要协同动作,如雷达间采用同步触发并给侦察机提供消隐信号等。这些都是降低设备间电磁干扰的有效措施。另外,对自己发射信号的纯洁度也必须引起高度重视,如果发射信号寄生杂波多,即使只是1%,但由于雷达总功率很大,杂波的绝对值仍然可观。舰艇的电磁兼容性已经成为现代舰艇设计中不可缺少的一个环节。

第3章 雷达散射截面计算

3.1 基本概念

本节将简要介绍一些与RCS有关的基本概念，掌握这些基本概念对我们客观理解目标的RCS是极有帮助的。

3.1.1 散射场

由RCS的定义式(1-4)可知，RCS理论分析计算的核心是求解目标对入射电磁波的散射场。一般入射目标的电磁波是已知的，在理论分析时，常设入射波为平面波，因此一旦求得了散射场，代入式(1-4)就可求得该目标的RCS。散射的物理含义是，在外界电磁波的照射下，目标因感应电流和电荷而再辐射的现象。散射场一般包含了目标的几何和物理特性。因此通过对目标的散射场进行测量，并进行分析处理就可获得目标的RCS。实际上，在目标所处的媒质空间中，入射场$\boldsymbol{E}^i$和散射场$\boldsymbol{E}^s$共存而形成总场$\boldsymbol{E}$。它们三者有以下简单关系：

$$\boldsymbol{E} = \boldsymbol{E}^i + \boldsymbol{E}^s \tag{3-1}$$

近区散射场$\boldsymbol{E}^s$的计算是比较复杂的，在分析目标的RCS时，主要关心远场区的散射场计算，这样可在一些远场条件的假设下，简化计算。在以后几节中，我们要介绍一些分析计算目标RCS的方法，这些方法的不同点主要体现在分析计算目标散射场的方法不同。

3.1.2 散射方向图

散射方向图是目标RCS测试中常用的概念，在实际情况中，目标在空间各方向上的散射是不均匀的。目标的这种散射特性可以用目标的散射方向图来描述：

$$F(\theta,\psi,\theta',\psi') = \frac{|E^s(\theta,\psi)|^2}{|E^i(\theta',\psi')|^2} \quad (R\to\infty) \tag{3-2}$$

式中，$E^s(\theta,\psi)$为远场区散射场，$E^i(\theta',\psi')$为目标面上的入射场。θ,ψ(或θ',ψ')分别为方位角和俯仰角，在单基地雷达测量时，$\theta=\theta',\psi=\psi'$，由散射截面的定义可知，散射截面$\sigma$与散射方向图$F(\cdot)$的关系为：

$$\sigma(\theta,\psi,\theta',\psi') = 4\pi R^2 F(\theta,\psi,\theta',\psi') \quad (R\to\infty) \tag{3-3}$$

由于式(3-2)中的$E^i(\cdot)$很难测出，因此式(3-2)[或式(3-3)]是一个理论上的定义式，在实际应用中，是利用由雷达方程导出的散射截面$\sigma(\cdot)$的定义式：

$$\sigma(\theta,\psi,\theta',\psi') = \frac{(4\pi)^3 R_1^2 R_2^2 P_r(\theta,\psi)}{G_t G_r P_o(\theta',\psi')\lambda^2} \tag{3-4}$$

式中，$P_0(\cdot)$为发射天线的输入功率；$P_r(\cdot)$为接收到的目标散射功率；G_t为发射天线在目标方向上的增益；G_r为接收天线在目标方向上的增益；R_1为目标距发射天线的距离；R_2为目标距离接收天线的距离。在单基地雷达测量时，$G_t=G_r$；$R_1=R_2$，这时式(3-4)可简化为：

$$\sigma(\theta,\psi) = \frac{(4\pi)^3 R^4}{G^2\lambda^2} \cdot \frac{P_r(\theta,\psi)}{P_o(\theta,\psi)} \tag{3-5}$$

在实际测量中,常把式(3-4)[或式(3-5)]定义的散射截面$\sigma(\cdot)$称为散射方向图,当固定某一方向(即θ和ψ固定),就可由式(3-4)[或式(3-5)]求出该方向上目标的散射截面。

3.1.3 目标的前向散射与后向散射

图3-1给出了目标双基站散射示意图,当$\theta = 0°$时,称为目标的后向散射,当$\theta = 180°$时,称为目标的前向散射。当$0° < \theta < 180°$时称为目标的双基站散射。通常,目标的前向散射大于后向散射。在微波段(目标的尺寸$L \gg \lambda$),前向散射雷达截面积正比于目标的投影面积。目标的双基站散射随散射方向的变化很小,因此除了很窄的一个前向部分外,双基站散射都和后向散射差不多。

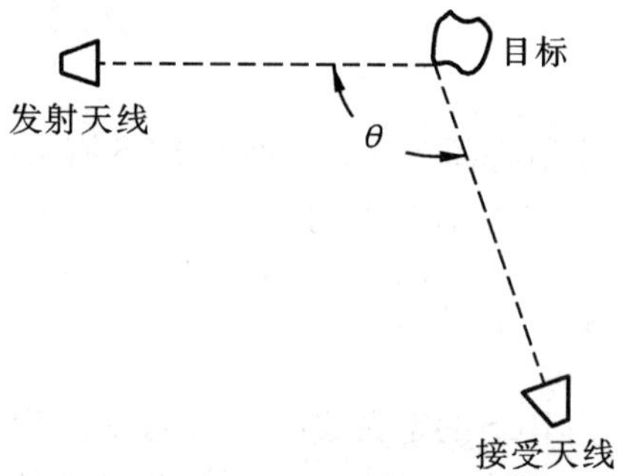

图3-1 目标的双基站散射示意图

3.1.4 散射矩阵

目标的雷达截面积决定于目标的形状和材料、目标的视角、雷达频率以及发射和接收天线的极化。在一特定方向角上用单一频率观察一确定目标时,雷达截面积就决定于极化。一般而言,目标的散射波中会部分地改变入射波的极化方向。目标的这种多极化特性可以用极化散射矩阵$\boldsymbol{S}$来描述,一旦该矩阵内所有元素的相位和幅度都确定了,目标的散射特性也就确定了。当发射和接收天线采用不同的极化时,$\boldsymbol{S}$、$\boldsymbol{E}^s$和$\boldsymbol{E}^i$三者关系定义如下:

$$\begin{bmatrix} E_h^s \\ E_v^s \end{bmatrix} = \begin{bmatrix} S_{hh} & S_{vh} \\ S_{hv} & S_{vv} \end{bmatrix} \begin{bmatrix} E_h^i \\ E_v^i \end{bmatrix} \tag{3-6}$$

式(3-6)中的下标"h,v"分别表示水平极化和垂直极化,S_{jk}($j,k = h$或v)为复数,它表示观测的k极化散射波E_k^s与j极化入射波E_j^i的比,即

$$S_{jk} = \frac{E_k^s}{E_j^k} \quad (j,k = h \text{ 或 } v) \tag{3-7}$$

由目标的散射截面的定义式可知,S_{jk}与雷达截面有如下关系:

$$S_{jk} = \frac{1}{\sqrt{4\pi R^2}} \sqrt{\sigma_{jk}} \tag{3-8}$$

我们把式(3-8)中的σ_{jk}看作复数,它包含幅度和相位信息。因此散射矩阵$\boldsymbol{S}$中的4个复元素具有8个量,即4个幅度量和4个相位量,它们决定了散射矩阵的特性,对于后向散射有$S_{vh} = S_{hv}$。

3.1.5 散射中心

散射中心概念在数学上的描述是,在高频近似的条件下,散射场的积分方程中被积函数的鞍点、奇点和端点对积分的贡献是主要的。这些特殊点就对应于散射体上一些不连续点。因此从几何意义上讲,目标的散射中心是与目标上一些不连续的点(或线)相对应。散射

中心是几何绕射理论中一个最重要的概念。该理论认为散射体上各个散射中心上的矢量场相加就形成该散射体的散射场。散射中心概念的引入，解决了几何光学无法解决的散射问题中的波动性，解释了散射方向图中急剧起伏的曲线图形。在这里需说明，目标的散射中心与目标的强反射是两个不同的概念，应注意区别。

3.1.6　散射场的相干性与非相干性

由散射中心概念可知，目标的总散射场可由各个独立散射中心的散射场叠加而得。假设入射到每个散射中心的电磁波是由同一源产生（即相干波入射），那么各散射场之间具有相干性。如果忽略各散射中心相互间的多次散射和遮挡效应，则由 N 个散射中心组合体（目标）产生的雷达截面可由相对相位求和法给出其相关叠加结果：

$$\sigma = \left| \sum_{i=1}^{N} \sqrt{\sigma_i} e^{j2kR_i} \right|^2 \tag{3-9}$$

式中，$\sqrt{\sigma_i}$ 表示各散射中心的复数散射截面，$2R_i$ 是从雷达到该散射中心的双程距离。在实际中，设计师们常常关心目标的 RCS 在某个方向上的最大值，即：

$$\sigma_{\max} = \left| \sum_{i=1}^{N} \sqrt{\sigma_i} \right|^2 \tag{3-10}$$

式（3－10）表示的是 N 个散射中心的 RCS 相关最大值。同时也关心在某个扇形范围内（例如 5°）RCS 的平均值。此时常用随机相位求和法给出其非相关叠加的结果，即各散射中心 RCS 的代数和：

$$\sigma = \sum_{i=1}^{N} \sigma_i \tag{3-11}$$

3.2　雷达截面积的预计方法

3.2.1　引言

从理论上分析研究目标的 RCS 是目前不可少的一个重要方法。该方法不仅用于一些不能直接有效进行测量的目标 RCS 的预估，而且还可指导对实验数据的分析。目标 RCS 的理论核心是电磁散射理论，其中最有代表性的是金属球的散射问题的求解，称之为经典解法。经典解法是通过将目标的边界条件代入麦克斯韦方程组求得场的严格级数解，其主要采用的数理方法是分离变量法。该法适用于目标的几何形状与某一可分离的坐标面相吻合的情况。类似的情况主要包括球体、回转椭圆体、圆环以及半无限的表面（如半平面、锥体、抛物体）等。

另一种求解散射问题的精确解法是积分方程法，该方法的主要思想是任何物体对入射平面波的散射可用物体表面电磁场的各矢量积和垂直于该表面的一个单位矢量的积分来描述，该方法的主要表示形式是 Chu－Stratton 积分方程，它是将矢量格林定理与麦克斯韦方程组相结合的产物。从理论上说，当目标体表面的电磁场分布（或等效的面电流和介质极化）已知时，利用 Chu－Stratton 积分方程推导出相应的散射问题的积分方程。但实际情况是目标体面上的电流分布是未知的，因此通常采用数值解法求解积分方程。目前常用矩量法

(MOM)求解积分方程。由于计算机存储量和速度的限制,这种方法常用于低频区和谐振区的目标。

在后面讨论中可以看到,被称之为精确解法的经典解法和积分方程在实际工程中很少应用,这主要是两个方面的原因:一是目标的几何形体复杂;二是常常是在高频区研究目标的 RCS。因此在具体工程中,常用近似理论来预计目标的 RCS。目前比较成熟的近似理论主要有几何光学法、几何绕射法、物理光学法、物理绕射法和等效电磁流法等。最简单的方法是几何光学,它是以射线理论为基础的。射线法能表示能量流动的方向,但是,不能区别极化效应和散射问题中的波动性质。因此不能描述绝大多数目标后向散射方向图中随方向角产生的急剧起伏特征。

另一种较简单的方法是物理光学,该法最初是用于分析面天线辐射问题。此法假定,在目标的照射部位上每点的局部电流密度和在一无限大相切平面上该点流过的电流密度相同。该理论进一步假设,物体任一部位的几何阴影在该阴影部位上产生的电流为零。虽然第一个假定忽略了物体邻近部位上电流分布之间的相互作用,而第二个假定是不符实际的,但是它们使预测的雷达截面积和角度关系中出现的干涉现象前进了一大步。物理光学对于需要精确说明极化,特别是去极化效应的应用是无效的。

几何绕射理论是考虑了绕射的几何光学。这个技术兼有射线理论中固有的简单性和对波长和相位的考虑。最主要的是明确认为积分和被积函数(目标表面位置的振荡函数)的对消特性。这种相位的对消性抑制了来自目标整个部分的辐射(但邻近几何不连续点除外)贡献。这就引入了散射中心的概念,并且将它们定位在不连续点上(或靠近不连续点)。在这些散射中心上的矢量场的相加就形成目标的散射。由于将散射都集中在各个散射中心上,因此就能够考虑每个散射中心二次辐射的极化特征,从而在计算结果中保持极化关系。

掌握了几何绕射理论的核心思想对理解物理绕射理论是非常有帮助的,两种方法都是通过确定边缘绕射系数的方法来预测散射场。但两种获取绕射系数的方法不同,绕射系数之间也不相同。这些差异在后面具体讨论时可进一步认识到。等效电磁流法是为了解决几何绕射理论在焦散区的困难而发展起来的。

本节在介绍上述计算方法时,将注重于基本概念、基本思路和主要结果(或公式)的介绍,有些公式的具体推导可参阅相应的参考文献。

3.2.2 经典解法

3.2.2.1 电磁场波动方程的定解问题

经典解法是从电磁场的波动方程入手的。在无源区域时,谐电磁波满足下列形式的波动方程:

$$\nabla^2 \boldsymbol{F} + k^2 \boldsymbol{F} = 0 \tag{3-12}$$

式中,$\boldsymbol{F}$ 代表电场或磁场。式(3-12)可由麦克斯韦方程组导出。它是一个矢量形式的二阶偏微分方程。式中的矢量场的三个直角坐标分量也必须满足波动方程。如用 V 代表任意一个分量,就可获得一个标量形式的二阶偏微分方程:

$$\nabla^2 V + k^2 V = 0 \tag{3-13}$$

在数学上把式(3-13)称之为齐次亥姆霍兹方程。在这里我们已经把电磁场问题转化成一个求解二阶偏微分方程的数学问题。式(3-13)是一种泛定的数学物理方程,在应用求解具体问题时,还要知道具体问题中的定解条件,在电磁场波动问题中主要是边界条件,这些边界条件具有以下形式：

$$V = 0 \tag{3-14}$$

$$\frac{\partial V}{\partial n} = 0 \tag{3-15}$$

式中 n 是目标表面上的法向坐标，在电磁场散射问题中，式(3 - 14) 称为软边界条件，其对应于电($\boldsymbol{E}$) 极化波入射的情况，这时在良导体表面上电场的切向分量为零；式(3 - 15) 称为硬边界条件，其对应磁($\boldsymbol{H}$) 极化波入射的情况，这时在良导体表面上磁场的切向分量的梯度为零。这样由式(3 - 13) 和式(3 - 14) 或式(3 - 15) 共同构成了电磁场波动方程的定解问题。

3.2.2.2　求解方法

求解电磁场波动方程(3 - 13) 的方法在一般的数学物理方法教科书中都有详细介绍，主要是分离变数法和积分方程法(该方法在下文还要介绍)。而作为电磁散射问题的经典解法是采用分离变数法。但该方法有两个局限性，第一，分离变量法只能在一些特殊的坐标系中采用，即，目标体的平面可由该坐标系的坐标来描述。例如，柱坐标适应于圆柱体。一般对三维的标量波动方程只有在十一个坐标系(直角、圆柱、椭圆柱、抛物圆柱、球、长椭圆旋转、扁椭圆旋转、抛物线旋转、抛物体、椭球、圆锥等坐标系) 下才能分离变数。第二，在所选坐标系中，函数 V 可以分离地表示为其他三个函数的乘积：

$$V(u_1, u_2, u_3) = V_1(u_1)V_2(u_2)V_3(u_3) \tag{3-16}$$

式中，u_1, u_2, u_3 分别代表三个坐标。用分离变数法求解式(3 - 13) 时，必须引入一对分离常数。分离常数可以是离散值，也可以表示为一个连续谱，它们需通过相应的边界条件式(3 - 14) 或式(3 - 15) 来确定。

另外，用分离变量法得到的解一般是无穷级数。不过，在具体问题中，我们希望级数里只有前若干项较为重要，后面的项则迅速减小而可以略去。但这是有条件的，例如，在求解金属球体对平面波散射问题时，其解是由连带勒让德多项式构成的级数解。当球体的电尺寸较小时，只需截取级数解的前几项就可满足了；但当球体的电尺寸较大时，则所需截取的级数项会增多，级数收敛越来越慢。一般当物体尺寸远大于(10 ~ 20)λ 时，问题的级数解只有理论意义，而不具有实用性。以上简述了经典解法的基本思想和主要求解方法，该方法主要用于求解圆球、圆柱导体等经典的散射问题。

3.2.2.3　金属球体和圆柱体的散射问题

金属球体和圆柱体的散射是经典散射问题，虽然运用现代的高频方法也可求解此问题，但人们还是更注重它们的经典解，因为经典解不仅能描述高频散射特性，而且还可描述低频散射特性。

在任意一个二维坐标系中，我们可以根据平行于物体轴线(通常是 z 坐标) 的是电场还是磁场来区分两种不同的情况，通常称为电($\boldsymbol{E}$) 极化和磁($\boldsymbol{H}$) 极化。在所有二维问题中，最容易得到结果是无限长理想导电圆柱的散射，对上述两种极化其散射场可表示为：

$$E^s = -\sum_{n=0}^{\infty} \varepsilon_n (-1)^n \frac{\boldsymbol{J}_n(ka)}{\boldsymbol{H}_n^{(1)}(ka)} \boldsymbol{H}_n^{(1)}(k\rho)\cos n\varphi \tag{3-17}$$

$$H^s = -\sum_{n=0}^{\infty} \varepsilon_n (-1)^n \frac{\boldsymbol{J}'_n(ka)}{\boldsymbol{H}^{(1)\prime}_n(ka)} \boldsymbol{H}_n^{(1)}(k\rho)\cos n\varphi \tag{3-18}$$

式中符号“′” 表示对宗量的一阶导数，而

$$\varepsilon_n = \begin{cases} 1 & n = 0 \\ 2 & n \neq 0 \end{cases} \tag{3-19}$$

汉克尔函数 $\boldsymbol{H}_n^{(1)}$ 是第一类贝塞尔函数 $\boldsymbol{J}_n$ 和第二类贝塞尔函数 $\boldsymbol{Y}_n$ 的线性组合：

$$\boldsymbol{H}_n^{(1)}(ka) = \boldsymbol{J}_n(ka) + \mathrm{j}\boldsymbol{Y}_n(ka) \tag{3-20}$$

以上各式中，a 是圆柱半径，ρ 是圆柱的轴到散射场观察点的距离，φ 是入射方向与散射方向在圆柱轴上所形成的双站角，公式中的汉克尔函数代表一个向外传播的波。

式(3-17)和式(3-18)的散射场还应满足所谓的“辐射条件”，即散射场将随着距离的增大而衰减。这就是说，在距离有限散射体无穷远处，三维散射波必须球面发散，即在散射场的表达式中应包含因子 $\mathrm{e}^{\mathrm{j}kR}/R$；二维散射波必须柱面发散，即散射场包含因子 $\mathrm{e}^{\mathrm{j}kR}/\sqrt{R}$，这里 R 为从散射体到场点的距离。事实上，在 RCS 的理论定义式中，要求 $R\to\infty$，在上述问题中，当 $k\rho$ 很大时，大宗量的汉克函数随 $(k\rho)^{-1/2}$ 衰减。对于两种极化情形，圆柱的单位长度的雷达截面(或散射宽度)为：

$$\sigma'_e = \frac{2\lambda}{\pi}\left|\sum_{n=0}^{\infty}\varepsilon_n(-1)^n\frac{\boldsymbol{J}_n(ka)}{\boldsymbol{H}_n^{(1)}(ka)}\cos n\varphi\right|^2 \tag{3-21}$$

$$\sigma'_s = \frac{2\lambda}{\pi}\left|\sum_{n=0}^{\infty}\varepsilon_n(-1)^n\frac{\boldsymbol{J}'_n(ka)}{\boldsymbol{H}^{(1)\prime}_n(ka)}\cos n\varphi\right|^2 \tag{3-22}$$

令 $\varphi=0$ 则很容易得到其后向散射宽度，图 3-2 表示由严格解求得的法向入射时有限长圆柱体的后向 RCS 随圆柱半径的变化，图中 l 为圆柱长度。

金属球体是最简单的三维散射体，其散射场必须表示为 θ 和 φ 的函数，这里 θ 是入射方向和散射方向对球心所形成的双站角，而 φ 是散射平面(由入射方向和散射方向组成)和极化平面(由入射电场和入射方向组成)间的夹角，其散射几何关系如图 3-3 所示。散射场分量是：

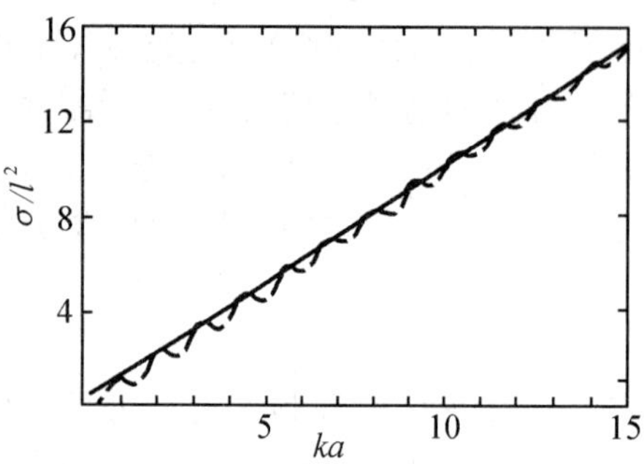

图 3-2　由严格(二维)解求得的有限长圆柱体的后向 RCS(实线为 *E* 极化，虚线为 *H* 极化)

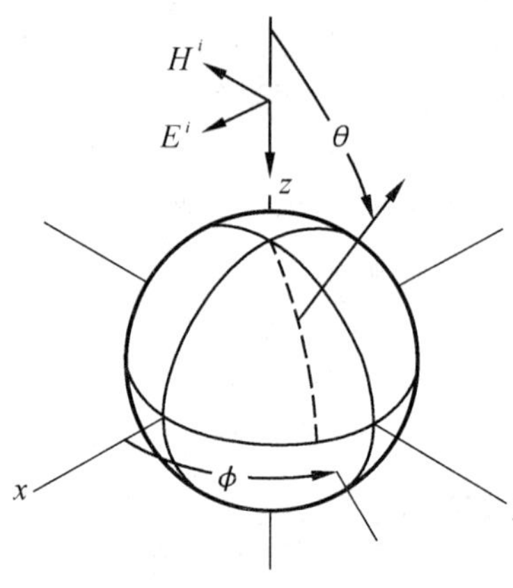

图 3-3　球的极坐标散射几何关系

$$E_\theta^s = \frac{-\mathrm{j}\mathrm{e}^{\mathrm{j}ka}\cos\varphi}{kr}\sum_{n=1}^{\infty}(-1)^n\frac{2n+1}{n(n+1)}\times\left[b_n\frac{\partial P_n^1(\cos\theta)}{\partial\theta} - a_n\frac{P_n^1(\cos\theta)}{\sin\theta}\right] \tag{3-23}$$

$$E_\varphi^s = \frac{\mathrm{j}\mathrm{e}^{\mathrm{j}ka}\sin\varphi}{kr}\sum_{n=1}^{\infty}(-1)^n\frac{2n+1}{n(n+1)}\times\left[b_n\frac{P_n^1(\cos\theta)}{\sin\theta} - a_n\frac{\partial P_n^1(\cos\theta)}{\partial\theta}\right] \tag{3-24}$$

式中，r 是球心到观察点的距离，a 是球半径，$\boldsymbol{P}_n^1(\cos\theta)$ 是 n 阶第一类连带勒让德函数，广义的函数定义为：

$$P_n^m(x) = \frac{(1-x^2)^{m/2}}{2^n n!} \cdot \frac{\mathrm{d}^{n+m}(x^2-1)^n}{\mathrm{d}x^{n+m}} \tag{3-25}$$

因此，$P_n^1(\cos\theta)$ 的前三阶有如下值：

$$\begin{cases} P_0^1(\cos\theta) = 0 \\ P_1^1(\cos\theta) = \sin\theta \\ P_2^1(\cos\theta) = \dfrac{3}{2}\sin 2\theta \end{cases} \tag{3-26}$$

系数为

$$a_n = \frac{\mathrm{j}_n(ka)}{h_n^{(1)}(ka)} \tag{3-27}$$

$$b_n = \frac{ka\mathrm{j}_{n-1}(ka) - n\mathrm{j}_n(ka)}{kah_{n-1}^{(1)}(ka) - nh_n^{(1)}(ka)} \tag{3-28}$$

式中，$\boldsymbol{h}_n^{(1)}(x) = \mathrm{j}_n(x) + \mathrm{j}\boldsymbol{y}_n(x)$，而 $\mathrm{j}_n(x)$ 和 $\boldsymbol{y}_n(x)$ 分别是第一类和第二类球贝塞尔函数，它们是普通的半奇阶贝塞尔函数，其前两对为

$$\begin{cases} \mathrm{j}_0(x) = \dfrac{\sin x}{x} & y_0(x) = -\dfrac{\cos x}{x} \\ \mathrm{j}_1(x) = \dfrac{1}{x}\left(\dfrac{\sin x}{x} - \cos x\right) & y_1(x) = -\dfrac{1}{x}\left(\dfrac{\cos x}{x} + \sin x\right) \end{cases} \tag{3-29}$$

在后向散射时，E_φ^s 为零，故雷达截面为

$$\sigma = \frac{\lambda^2}{\pi}\left|\sum_{n=1}^{\infty}(-1)^n\left(n+\frac{1}{2}\right)(b_n - a_n)\right|^2 \tag{3-30}$$

图 4－1 就是用这个表达式计算的结果。

3.2.3　积分方程法

3.2.3.1　电磁场矢量波动方程求解

电磁场积分方程是在求解简谐电磁场矢量波方程时导出的。对麦克斯韦方程组作矢量运算可得非齐次亥姆霍兹方程(矢量形式)：

$$\nabla\times\nabla\times\boldsymbol{E} - k^2\boldsymbol{E} = -\mathrm{j}\omega\mu\boldsymbol{J} - \nabla\times\boldsymbol{J}_m \tag{3-31}$$

$$\nabla\times\nabla\times\boldsymbol{H} - k^2\boldsymbol{H} = -\mathrm{j}\omega\varepsilon\boldsymbol{J}_m + \nabla\times\boldsymbol{J} \tag{3-32}$$

式中，$\boldsymbol{J}$ 和 $\boldsymbol{J}_m$ 分别是区域 V 内的电流源和磁流源。运用矢量格林公式可给出式(3－31)和式(3－32)的积分解：

$$\boldsymbol{E} = -\int_v\left(\mathrm{j}\omega\mu\boldsymbol{\psi}\boldsymbol{J} + \boldsymbol{J}_m\times\nabla\boldsymbol{\psi} - \frac{\rho}{\varepsilon}\nabla\boldsymbol{\psi}\right)\mathrm{d}V - \oint_S\left[-\mathrm{j}\omega\mu\boldsymbol{\psi}(\hat{n}\times\boldsymbol{H}) + (n\times\boldsymbol{E})\times\nabla\boldsymbol{\psi} + (\hat{n}\cdot\boldsymbol{E})\nabla\boldsymbol{\psi}\right]\mathrm{d}S \tag{3-33}$$

$$\boldsymbol{H} = -\int_v\left(\mathrm{j}\omega\varepsilon\boldsymbol{\psi}\boldsymbol{J}_m - \boldsymbol{J}\times\nabla\boldsymbol{\psi} - \frac{\rho_m}{\mu}\nabla\boldsymbol{\psi}\right)\mathrm{d}V - \oint_S\left[\mathrm{j}\omega\varepsilon\boldsymbol{\psi}(n\times\boldsymbol{E}) + (n\times\boldsymbol{H})\times\nabla\boldsymbol{\psi} + (n\cdot\boldsymbol{H})\nabla\boldsymbol{\psi}\right]\mathrm{d}S \tag{3-34}$$

式中 ρ 和 ρ_m 分别为区域 V 内的电荷源和磁荷源。S 面是包围区域 V 的闭合面，$\hat{n}$ 为面 S 上向外的法向单位矢量，$\boldsymbol{\psi}$ 是自由空间格林函数。由以上两式可见，在区域 V 内某 P 点处的场

$(\boldsymbol{E},\boldsymbol{H})$ 是由两部分贡献的，体积分代表 V 内的源在 P 点产生的场；面积分代表 V 外的源在 V 内 P 点所产生的场。式(3 - 33) 和式(3 - 34) 也称为 Chu - Stratton 积分方程，它们是导出散射、衍射等许多种不同问题的积分方程的基础。下面我们从两个极端来理解这两式的物理含义。先假设一种情况，在区域 V 内有电磁源存在(即，$\boldsymbol{J},\boldsymbol{J}_m,\rho,\rho_m$ 等不全为零)，并将区域 V 扩展到无穷大时，在区域 V 内仍没有其他金属物和介质物，那么两式中的 S 面只是区域 V 在无穷远处的外表面，这时两式中的面积分为零，区域 V 内任意一点 P 的场来自于两式中对电磁源的体积分。再假设另一种情况，在区域 V 内没有电磁源存在(即，$\boldsymbol{J},\boldsymbol{J}_m,\rho,\rho_m$ 等都等于零)。电磁源只存在于区域 V 之外，V 的闭合表面为 S，这时两式中的体积分为零。区域 V 内任意一点 P 的场来自于两式中的面积分。显然，S 面上的场 $(\boldsymbol{E},\boldsymbol{H})$ 是由区域 V 之外的电磁源产生的。由此可见式(3 - 33) 和式(3 - 34) 中的体积分代表了电磁源的贡献；面积分代表了散射场的贡献，而后者是我们所关心的。

3.2.3.2 散射问题中的积分方程

在散射问题中设区域 V 内无源，在 V 内有表面为 S 的散射体，将 V 的外表面 S_1 扩展到远处取作半径十分大的球面，并将式(3 - 33) 和式(3 - 34) 中的 $\hat{n}$ 换成 $-\hat{n}$，式(3 - 33) 和式(3 - 34) 可简写为只有散射场 $\boldsymbol{E}^S$、$\boldsymbol{H}^s$ 的形式：

$$\boldsymbol{E}^s = \oint_{S+S_1} [-\mathrm{j}\omega\mu(\hat{n}\times\boldsymbol{H})\boldsymbol{\psi} + (\hat{n}\times\boldsymbol{E})\times\nabla\boldsymbol{\psi} + (\hat{n}\cdot\boldsymbol{E})\nabla\boldsymbol{\psi}]\mathrm{d}S \tag{3-35}$$

$$\boldsymbol{H}^S = \oint_{S+S_1} [\mathrm{j}\omega\varepsilon(\hat{n}\times\boldsymbol{E})\boldsymbol{\psi} + (\hat{n}\times\boldsymbol{H})\times\nabla\boldsymbol{\psi} + (\hat{n}\cdot\boldsymbol{H})\nabla\boldsymbol{\psi}]\mathrm{d}S \tag{3-36}$$

注意，在式(3 - 35) 和式(3 - 36) 中，积分号内的场是总电场 $\boldsymbol{E}$ 和总磁场 $\boldsymbol{H}$[见式(3 - 1) 式] 在面 $S+S_1$ 上的切向或法向分量，这些分量可认为在面 $S+S_1$ 上的等效电流、磁流及电荷、磁荷：

$$\begin{cases} \boldsymbol{J} = \hat{n}\times\boldsymbol{H}(\text{电流}) \\ \boldsymbol{J}_m = -\hat{n}\times\boldsymbol{E}(\text{磁流}) \\ \rho = \varepsilon\hat{n}\cdot\boldsymbol{E}(\text{电荷}) \\ \rho^* = \mu\hat{n}\cdot\boldsymbol{H}(\text{磁荷}) \end{cases} \tag{3-37}$$

如果我们只考虑散射体的散射，可认为面 $S_1\to\infty$，这时式(3 - 35) 和式(3 - 36) 的面积分只在面 S 上进行，当散射体是电介质、磁体等非导体时，式(3 - 37) 中给出的等效量都要考虑。如果散射体为理想导体时，电场的切向分量和磁场的法向分量为零，即 $\boldsymbol{J}_m = 0$；$\rho^* = 0$，这样，式(3 - 35) 和式(3 - 36) 可简化为：

$$\boldsymbol{E}^S = \int_S [-\mathrm{j}\omega\mu(\hat{n}\times\boldsymbol{H})\boldsymbol{\psi} + (\hat{n}\cdot\boldsymbol{E})\nabla\boldsymbol{\psi}]\mathrm{d}S \tag{3-38}$$

$$\boldsymbol{H}^S = \int_S (\hat{n}\times\boldsymbol{H})\times\nabla\boldsymbol{\psi}\mathrm{d}S \tag{3-39}$$

这就是我们熟知的电磁场积分方程，分别记为 EFIE 和 MFIE。电场积分方程表明，散射场 $\boldsymbol{E}^S$ 是由电流 $(\hat{n}\times\boldsymbol{H})$ 和电荷 $(\hat{n}\cdot\boldsymbol{E} = \rho/\varepsilon)$ 引起的，磁场积分方程则表示散射场 $\boldsymbol{H}^S$ 仅由电流产生。严格讲，式(3 - 38) 和式(3 - 39) 只适应平面波照射时的散射问题，因此上述假设区域 V 的外表面 $S_1\to\infty$，这就意味着电磁源在无穷远处。在具体问题中，一般电磁源与散射体相距较远，即满足所谓的远场条件。

下面讨论 FEIE 和 MFIE 中的格林函数。物理上，三维格林函数代表一个向外的标量球面波，其强度反比于到源的距离：

$$\psi = \frac{e^{jkR}}{4\pi R} \tag{3-40}$$

式中，R 是从源点(初始坐标 x',y',z') 到观察点(次级坐标 x,y,z) 的距离：

$$R = [(x-x')^2 + (y-y')^2 + (z-z')^2]^{1/2} \tag{3-41}$$

由于梯度的方向是函数变化率最大的方向，因此格林函数的梯度是一个向外的矢量球面波：

$$\nabla \psi = (1 + jkR)\frac{e^{jkR}}{4\pi R^2}\hat{R} = (1 + jkR)\psi\hat{R}/R \tag{3-42}$$

它的矢量方向是从每一个基源向外的径向方向。由上式可见，在近区($k\hat{R} \ll 1$)，$\nabla\psi$ 随距离的平方成反比衰减，而在远区($k\hat{R} \gg 1$)，则 $\nabla\psi$ 与 ψ 一样随距离的一次方成反比，此时 $\nabla\psi = jk\psi\hat{R}$。

格林函数 ψ 及其梯度 $\nabla\psi$ 在数学上等价于惠更斯子波源。即是说，每个单元表面的电流、磁流或电荷、磁荷都作为惠更斯子波源与散射场有关，而总场则是对所有这样的表面源简单的求和(积分)。惠更斯子波源的图解如图 3－4 所示，图中粗箭头分别表示入射平面波及其在一个平表面上引起的散射波。每一个子波源都有一个与入射波激励时间函数相应的半径，由子波之和所得到的散射波有两部分，一部分是镜面反射波，其反射角等于入射角；另一部分是一个向前传播的散射波，它与入射波方向相同，但相位相反。结果，当前向散射波与入射波相加时，就会在平面的背面产生一个阴影，即总场为零。

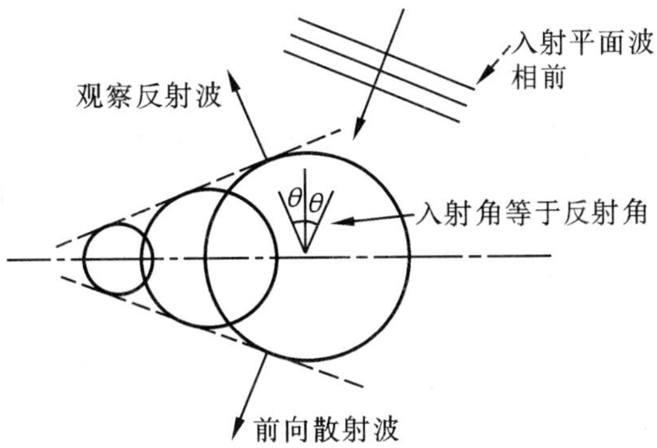

图 3－4　惠更斯子波源波前结构

需要注意，当源点与场点重合时，由于 $R = 0$，ψ 和 $\nabla\psi$ 均为无限大，所以此时格林函数的定义无效。但是，在格林函数代表一个“自身”项的意义下，仍可对其进行定义。对电磁流元和电磁荷元的自身项，可由麦克斯韦方程组根据单元环(线)和单元盒(体)上旋度和散度公式的积分形式而导出，其结果是：

$$\begin{cases} (\hat{n} \times \boldsymbol{H})_{self} = \dfrac{1}{2}\bar{J} \\ (\hat{n} \times \boldsymbol{E})_{self} = -\dfrac{1}{2}\boldsymbol{J}_m \\ (\hat{n} \times \boldsymbol{E})_{self} = \dfrac{\rho}{2\varepsilon} \\ (\hat{n} \times \boldsymbol{H})_{self} = \dfrac{\rho^*}{2\mu} \end{cases} \tag{3-43}$$

式中，$\boldsymbol{E}$ 和 $\boldsymbol{H}$ 分别是由电流密度 $\bar{J}$、磁流密度 $\boldsymbol{J}_m$、电荷密度 ρ 和磁荷密度 ρ^* 在表面上产生的总电场和总磁场。当场积分方程包括源点和场点相重合的那些空间位置时，我们必须明确地写出自身项，并规定表面积分不包括引起麻烦的自身区，这种积分称为主值积分。

3.2.3.3 积分方程的求解形式

式(3－38)和式(3－39)给出了理想导体散射场($\boldsymbol{E}^s,\boldsymbol{H}^s$)与理想导体上总电磁场($\boldsymbol{E}$,$\boldsymbol{H}$)的关系,它可定性地去理解一些散射问题,但还不能用于精确求解,这是因为在总电磁场($\boldsymbol{E},\boldsymbol{H}$)中,不仅含有入射场($\boldsymbol{E}^i,\boldsymbol{H}^i$),还含有散射场($\boldsymbol{E}^s,\boldsymbol{H}^s$),但我们注意到总电磁场($\boldsymbol{E},\boldsymbol{H}$)是在理想导体表面上的场值。因此我们可从边界条件出发来讨论上述问题。

首先根据电荷守恒的连续性方程,可将金属表面电荷密度表示为表面电流密度:

$$\hat{n}\cdot\boldsymbol{E}=\frac{\rho}{\varepsilon}=-\frac{\mathrm{j}}{\omega\varepsilon}\nabla\cdot\boldsymbol{J}\tag{3-44}$$

这说明电荷既不能产生也不能消失,某处的电荷密度必须随该处电流的流入或流出而变化。

我们知道总电磁场($\boldsymbol{E},\boldsymbol{H}$)与入射场($\boldsymbol{E}^i,\boldsymbol{H}^i$)和散射场($\boldsymbol{E}^s,\boldsymbol{H}^s$)之间有如下关系:

$$\boldsymbol{E}=\boldsymbol{E}^i+\boldsymbol{E}^s\tag{3-45}$$

$$\boldsymbol{H}=\boldsymbol{H}^i+\boldsymbol{H}^s\tag{3-46}$$

这个关系式在散射体表面也是成立的,运用理想导体上的边界条件可知:

$$\hat{n}\times\boldsymbol{E}=\hat{n}\times(\boldsymbol{E}^i+\boldsymbol{E}^s)=0\tag{3-47}$$

$$\hat{n}\times\boldsymbol{H}=\hat{n}\times(\boldsymbol{H}^i+\boldsymbol{H}^s)=\boldsymbol{J}\tag{3-48}$$

或写为:

$$\hat{n}\times\boldsymbol{E}^i=-\hat{n}\times\boldsymbol{E}^s\tag{3-49}$$

$$\hat{n}\times\boldsymbol{H}^i=\boldsymbol{J}-\hat{n}\times\boldsymbol{H}^s\tag{3-50}$$

将式(3－38)和式(3－39)用于散射体表面S上时,S面上的面积分会出现奇异性。因此需将奇异点从面积分中分离出来。具体做法是用一个半径为ε表面为A的小球将奇异点包围起来,讨论式(3－38)和式(3－39)用于小球面时,在$\varepsilon\to0$的行为,这时有:

$$\lim_{\varepsilon\to0}\int_A[-\mathrm{j}\omega\mu(\hat{n}\times\boldsymbol{H})\boldsymbol{\psi}+(\hat{n}\cdot\boldsymbol{E})\nabla\boldsymbol{\psi}]\mathrm{d}S=\boldsymbol{E}\tag{3-51}$$

$$\lim_{\varepsilon\to0}\int_A(\hat{n}\times\boldsymbol{H})\times\nabla\boldsymbol{\psi}\mathrm{d}S=\boldsymbol{H}\tag{3-52}$$

因此,将式(3－38)和式(3－39)用于散射体表面S上时,应为:

$$\boldsymbol{E}^S=\boldsymbol{E}+f[-\mathrm{j}\omega\mu(\hat{n}\times\boldsymbol{H})\boldsymbol{\psi}+(\hat{n}\cdot\boldsymbol{E})\nabla\boldsymbol{\psi}]\mathrm{d}S\tag{3-53}$$

$$\boldsymbol{H}^s=\boldsymbol{H}+f(\hat{n}\times\boldsymbol{H})\times\nabla\boldsymbol{\psi}\mathrm{d}S\tag{3-54}$$

式(3－53)和式(3－54)中的积分不包括奇异点,称为主值积分,其表示方法是在普通积分符号上加一横杠。式(3－53)和式(3－54)中出现的电磁场都是面S上的。用分别叉乘该二式并运用式(3－43)式的关系式有:

$$\hat{n}\times\boldsymbol{E}^s=\boldsymbol{J}_m+\hat{n}\times f[-\mathrm{j}\omega\mu(\hat{n}\times\boldsymbol{H})\boldsymbol{\psi}+(\hat{n}\cdot\boldsymbol{E}\ \nabla\boldsymbol{\psi})]\mathrm{d}S\tag{3-55}$$

$$\hat{n}\times\boldsymbol{H}^s=\boldsymbol{J}+\hat{n}\times f(\hat{n}\times\boldsymbol{H})\times\nabla\boldsymbol{\psi}\mathrm{d}S\tag{3-56}$$

将理想导体上的边界条件式(3－47)、式(3－48)和式(3－44)代入式(3－55)和式(3－56)中,并运用式(3－49)和式(3－50)可得:

$$\hat{n}\times\boldsymbol{E}^i=\hat{n}\times f[\mathrm{j}\omega\mu\boldsymbol{J}\boldsymbol{\psi}+\frac{\mathrm{j}}{\omega\varepsilon}(\nabla\cdot\boldsymbol{J})\nabla\boldsymbol{\psi}]\mathrm{d}S\tag{3-57}$$

$$\hat{n}\times\boldsymbol{H}^i=\boldsymbol{J}-\hat{n}\times f\boldsymbol{J}\times\nabla\boldsymbol{\psi}\mathrm{d}S\tag{3-58}$$

以上二式左边为已知的入射场,而右边唯一的未知量为表面电流$\boldsymbol{J}$。在式(3－57)中,未知电流仅出现在积分号之内,称为第一类积分方程;而在式(3－58)中,既单独出现,同时又在积分号内出现，称为第二类积分方程。式(3 - 57) 和式(3 - 58) 就是积分方程的求解形式。一旦 S 面上的电流 $\boldsymbol{J}$ 求出，代入式(3 - 38) 或式(3 - 39) 式中，就可求出空间任意一点(不在 S 面上) 处的散射场($\boldsymbol{E}^s$, $\boldsymbol{H}^s$)。

3.2.3.4　EFIE 和 MFIE 具体应用的讨论

从理论上说，选取式(3 - 57) 和式(3 - 58) 中任何一个都可求解导体的散射问题，但在具体应用时还是有所选择。一般说来，对于细柱形导体的散射问题宜采用电场积分方程(EFIE)，而对于大尺寸的光滑表面导体的散射问题则宜采用磁场积分方程(MFIE)。MFIE 中被积函数较简单，仅含有一项。当用矩量法求解磁场积分方程时需将 S 面分成 N 个面积元，为提高计算精度需尽可能将面积元分得小，所导致的矩阵方程式的非对角矩阵元也随之减小，而方程式中的单独项 $\boldsymbol{J}$ 对应于矩阵的对角项。因此随着非对角矩阵元的减小矩阵将趋于对角化，这对于矩阵方程的数值求解(主要计算量为求逆矩阵) 是有利的。在 EFIE 中由于不含单独项 $\boldsymbol{J}$ 而不能产生所需的对角矩阵元，随着面积元的细分和相应地非对角矩阵元的减小将使得矩阵方程的求解变得困难。所以对于大尺寸的光滑导体面的散射问题的计算选择磁场积分方程较为适合。另一方面，对于细柱形导体的散射问题导体上的面电流 $\boldsymbol{J}_0$ 是近轴向的，$\nabla\boldsymbol{\psi}$ 的主要分量也是近轴向的，$\boldsymbol{J}_0$ 与 $\nabla\boldsymbol{\psi}$ 之间的夹角很小，使得 $\boldsymbol{J}\times\nabla\boldsymbol{\psi}$ 的计算有较大的误差，磁场积分方程面积分的被积函数仅有这样的一项，故不适合于细柱形导体散射问题的计算。在 EFIE 中被积函数虽有两项，但都不是 $\boldsymbol{J}_0\times\nabla\boldsymbol{\psi}$ 类型的项，故不存在上述困难。事实上，对于细柱形导体的散射问题由电场积分方程出发在同样的近似下可以导出 Pock - lington 积分方程。

以上我们是立足于矩量法求解来讨论 EFIE 和 MFIE 的适用性的。当频率比较高时，或者说散射体的电长度远大于波长时，矩量法不再具有实用性，这时需采用其他方法求解式(3 - 38) 和式(3 - 39)。这些内容在后文中介绍物理光学法时再讨论。

3.2.3.5　积分方程的低频求解

以上讨论可知，散射场可通过对散射体表面电流积分获得，而式(3 - 57) 和式(3 - 58) 给出了求解散射体面电流的积分计算公式。在该积分公式中，未知矢量 $\boldsymbol{J}$ 出现在被积函数中，因此不宜直接求积。一般常用矩量法求解。该法可在保证计算精度的前提下，将积分方程转化为便于数值计算的线性方程组。因此该方法的核心是线性代数中的矩阵运算。下面简介该方法的求解主要思路。

首先，将未知表面电流 $\boldsymbol{J}$ 展开为：

$$\boldsymbol{J} = \sum_{i=1}^{\infty}\left[a_i\boldsymbol{f}_i(t) + b_i\boldsymbol{g}_i(t)\right] \tag{3 - 59}$$

式中，a_i 和 b_i 是包含振幅和相位的复数未知电流系数，$\boldsymbol{f}_i(t)$ 和 $\boldsymbol{g}_i(T)$ 是已知展开函数，又称基函数。在选择基函数时，应尽量应用有关未知函数的先验知识，使所选的基函数尽可能接近未知函数的真解，且满足边界条件。例如在求解细导线圆环的散射问题时，宜选择正弦函数为基函数。式(3 - 59) 是二维表面的展开，对于导线或一维的情况只需一维展开就可。另外在具体运算时，应将式(3 - 59) 中的无限求和改为有限的 N 项求和。N 不宜取得过大，否则转换后得到的线性方程组的个数也过大，或者说要进行 N^2 数量级的求解矩阵方程的运算。因此当 N 很大时，该方法将受到计算的运算时间和储存量的限制。经验表明，N 的大小约与 $(kl)^2$ 成比例，其中 $k = 2\pi/\lambda$，l 为散射体的特征尺寸。这说明，矩量法仅适用于求解低频区或谐振区内的散射问题。

在矩量法中,常常把积分方程表示为算子方程,这样可简化求解过程中繁多的数学符号,使求解思路更清晰。下面我们先定义两个线性算子:

$$L_E(\boldsymbol{J}) = \hat{n} \times \int[\mathrm{j}\omega\mu\boldsymbol{J}\boldsymbol{\psi} + \frac{1}{\mathrm{j}\omega\varepsilon}(\nabla\cdot\boldsymbol{J})\nabla\boldsymbol{\psi}]\mathrm{d}S \quad (3-60)$$

$$L_H(\boldsymbol{J}) = \frac{1}{2}\boldsymbol{J} - \hat{n} \times \int\boldsymbol{J} \times \nabla\boldsymbol{\psi}\mathrm{d}S \quad (3-61)$$

式中,$L_E(\boldsymbol{J})$ 和 $L_H(\boldsymbol{J})$ 分别称为电场算子和磁场算子,这样就可把式(3-57)和式(3-58)写成算子方程形式:

$$L_E(\boldsymbol{J}) = \hat{n} \times \boldsymbol{E}^i \quad (3-62)$$

$$L_H(\boldsymbol{J}) = \hat{n} \times \boldsymbol{H}^i \quad (3-63)$$

下面要做的工作是将上述算子方程化为矩阵方程。不失一般性,我们以式(3-61)来说明这一过程。将式(3-59)代入式(3-61)中,并注意到未知系数是常数,因而可从积分号内提出,因此

$$L_H(\boldsymbol{J}) = \sum_{i=1}^{N} a_i L_H(\boldsymbol{f}_i) \quad (3-64)$$

注意,在上式中,我们已把求和取为 N 项,且只保留了 $\boldsymbol{f}_i(t)$ 分量。右边的积分化为对每一小面元求积分。将式(3-64)代入式(3-63)中得:

$$\sum_{i=1}^{N} a_i L_H(\boldsymbol{f}_i) = \hat{n} \times \boldsymbol{H}^i \quad (3-65)$$

需说明,式(3-64)和式(3-65)实际上是一个逼近相等的关系。下面我们引入数学上广义内积的概念。两个矢量函数 $\boldsymbol{f}$ 和 $\boldsymbol{\omega}$ 的内积定义为:

$$<\boldsymbol{f},\boldsymbol{\omega}> = \int\boldsymbol{f}\cdot\boldsymbol{\omega}\mathrm{d}S \quad (3-66)$$

内积是一个标量,若 $\boldsymbol{f}$ 与 $\boldsymbol{\omega}$ 正交,则

$$<\boldsymbol{f},\boldsymbol{\omega}> = 0 \quad (3-67)$$

选择一组矢量权函数 $\boldsymbol{\omega}_\mathrm{j}$,($\mathrm{j} = 1,2,\cdots,N$) 点乘式(3-65)两端,并求内积得:

$$\sum_{i=1}^{N} a_i <\boldsymbol{\omega}_\mathrm{j}, L_H(\boldsymbol{f}_i)> = <\boldsymbol{\omega}_\mathrm{j}, \hat{n} \times \boldsymbol{H}> \quad (\mathrm{j} = 1,2,\cdots,N) \quad (3-68)$$

在式(3-68)中,左边和右边的内积都是可计算的已知量,并简记为:

$$Z_{\mathrm{ij}} = <\boldsymbol{\omega}_\mathrm{j}, L_H(\boldsymbol{f}_i)> \quad (3-69)$$

$$H_\mathrm{j}^i = <\boldsymbol{\omega}_\mathrm{j}, \hat{n} \times \boldsymbol{H}^i> \quad (3-70)$$

这样式(3-68)式可写成:

$$\sum_{i=1}^{N} a_i Z_{\mathrm{ij}} = H_\mathrm{j}^i \quad (\mathrm{j} = 1,2,\cdots,N) \quad (3-71)$$

用矩阵表示为:

$$[\boldsymbol{Z}][\boldsymbol{a}] = [\boldsymbol{H}] \quad (3-72)$$

式中,$[\boldsymbol{Z}]$ 是一个 N 阶矩阵,其阵元可按式(3-70)求得,$[\boldsymbol{a}]$ 是具有 N 个阵元的列矩阵,$[\boldsymbol{H}]$ 是一个具有 N 个阵元的列矩阵,其阵元可按式(3-70)计算,如果矩阵 $[\boldsymbol{Z}]$ 是非奇异的,则其逆矩阵 $[\boldsymbol{Z}]^{-1}$ 存在,则可求出 $[\boldsymbol{a}]$:

$$[\boldsymbol{a}] = [\boldsymbol{Z}]^{-1}[\boldsymbol{H}] \quad (3-73)$$

以上讨论每一步的物理意义和数学概念都是很清楚的。矩阵 $[\boldsymbol{Z}]$ 的元素表示散射表面每一

部分与其他各部分之间的相互电作用。第 ij 个矩阵元素是第 j 个表面元上的单位电流在第 i 个表面元上所产生的场值。由于矩阵元素是对单位电流而言的，所以矩阵及其元素与物体的实际电激励无关。简言之，矩阵是表示物体与其自身相互电作用的量值，因此它是物体形状及频率的函数。

对每一小面元来说，未知电流系数是常数，可以将其移出积分号外，并构成了未知表面电流的列矩阵。式(3－73)右边的激励矩阵是为便于求解而设的扰动函数，其元素是权函数 $\boldsymbol{\omega}$ 与入射场的积分。在物理上，这个积分又一次表示了入射场在每一小面元上如何变化的一个有限值。有时，我们称激励矢量为电压矢量，特别是在应用 EFIE 时，所用的激励是入射电场。

为了更清楚地了解矩阵方程的物理意义，我们只需考察一下表达式(3－68)中的第 j 行，它表示了入射场在第 j 个小面元上的场加上其他所有面元在第 j 个小面元上的场。右端的项表示激励场，而左端的各项则表示其他每个小面元(其电流为 a_i)在第 j 个小面元上的场。第 j 项是自身项，它表示第 j 个小面元的电流在第 j 个小面元上所产生的场。

综上所述可知用矩量法求解未知电流密度的步骤是：

(1) 用一组带有未知数的基函数来表示未知电流；

(2) 规定加权函数或检验函数；

(3) 明确规定互作用矩阵元素；

(4) 对矩阵求逆。

3.2.3.6　远区散射场

为了计算目标(良导体)的散射场，可将式(3－38)和式(3－39)中的积分号内的电磁量$(\boldsymbol{E},\boldsymbol{H})$用目标表面上的电流 $\boldsymbol{J}$ 来表示，并注意运用式(3－43)：

$$\boldsymbol{E}^s = \int_s \left[-\mathrm{j}\omega\mu \boldsymbol{J}\boldsymbol{\psi} - \frac{\mathrm{j}}{\omega\varepsilon} \nabla\cdot \boldsymbol{J} \ \nabla\boldsymbol{\psi} \right] \mathrm{d}s \tag{3-74}$$

$$\boldsymbol{H}^s = \int_s \boldsymbol{J} \times \nabla\boldsymbol{\psi} \mathrm{d}s \tag{3-75}$$

一旦求得目标表面上的激励电流 $\boldsymbol{J}$，就可运用上两式计算该目标的散射场。在 RCS 分析计算中，通常是考虑目标的远区散射场。在远区，散射场可视为平面波，因此在远区，$\boldsymbol{E}^s$ 和 $\boldsymbol{H}^s$ 以及波的传播方向等三者互相垂直，即：$\boldsymbol{S} = \boldsymbol{E}^s \times \boldsymbol{H}^s$($\boldsymbol{S}$ 为波印亭矢量，其方向为波的传播方向)，并且有：

$$\frac{E^s}{H^s} = \frac{1}{\varepsilon_0 c} = \mu_0 c = \sqrt{\frac{\mu_0}{\varepsilon_0}} = 377(\Omega) \tag{3-76}$$

由此可见，只需计算出 $\boldsymbol{E}^s$ 或 $\boldsymbol{H}^s$ 两者之一即可。在远场区，在 EFIE 和 MFIE 中运用场格林函数梯度可得到：

$$\boldsymbol{E}^s = \frac{-\mathrm{j}\omega\mu}{4\pi R} \mathrm{e}^{\mathrm{j}kR} \int_s \left[\boldsymbol{J} - (\boldsymbol{J}\cdot\hat{R})\hat{R} \right] \exp(-\mathrm{j}kr) \mathrm{d}s \tag{3-77}$$

$$\boldsymbol{H}^s = \frac{\mathrm{j}\omega\varepsilon}{4\pi R} \mathrm{e}^{\mathrm{j}kR} \int_s \sqrt{\frac{\mu}{\varepsilon}} (\boldsymbol{J} \times \bar{R}) \exp(-\mathrm{j}kr) \mathrm{d}s \tag{3-78}$$

式中，R 是局部源点到切点的距离，r 是导体表面坐标，因为在远场 E^s 和 H^s 有式(3－76)关系式，因此选择式(3－77)或式(3－78)进行计算 $\boldsymbol{E}^s$ 或 $\boldsymbol{H}^s$ 都可以。观察式(3－77)、式(3－78)式，可以帮助我们理解作为电流源函数的远区场。我们已经知道，使基源与观察点的场相联系的格林函数具有球面波的特性。然而,由单元电流产生的远场图形很像一个汽车轮胎,沿电流单元矢量方向的场为零。从远区磁场表达式可看出,$\boldsymbol{H}^s$ 是电流源 $\boldsymbol{J}$ 与 $\nabla\boldsymbol{\psi}$ 的径向矢量的叉乘,这就形成一个矢量 $\boldsymbol{H}$ 的车胎图形,$\boldsymbol{H}$ 矢量与径向垂直,这正是向外传播的波所需要的。从远区电场的表达式可看出,$\boldsymbol{E}^s$ 是标量格林函数与电流元 $\boldsymbol{J}$ 的横向分量之积,即 $\boldsymbol{J}$ 的径向分量按矢量减法去掉了,对远区 $\boldsymbol{E}^s$ 没有贡献。当远场点沿着电流 $\boldsymbol{J}$ 方向时,$\boldsymbol{J}$ 完全是径向的,所以沿该方向电流对远场没有贡献,这就又产生一个车胎形场图。由于只有横向分量才对远场有贡献,所以 $\boldsymbol{E}^s$ 的矢量方向也是与径向垂直的。对所有基本源 $\boldsymbol{J}$ 所产生的净场进行积分的过程,构成了对所有这些电流元求相位及矢量的和。

3.2.4 几何光学法

几何光学法(GO)是一种高频近似方法,这种方法用于计算电磁场的散射问题是电磁场理论中的一种零波长近似法。该方法可以分析研究电磁波的直射、反射和折射现象,其特点是概念清楚,计算简明,避免了繁杂的场积分计算。该方法中许多基本理论和分析方法也是几何绕射理论的基础。以下主要讨论电磁场的光学近似、几何光学的基本原理、几何光学分析方法以及高频电磁场的几何光学求解。

3.2.4.1 电磁场的光学近似

当电磁波的波长很短,媒质的空间变化较缓慢时,我们就可以假定:在局部区域中电磁波场的性质就和它在均匀媒质中的性质一样。这样就可以在局部上把电磁波的波阵面(简称波面)看成和平面波的波面一样。因此,在高频条件下可以假设:

$$\boldsymbol{E} = \boldsymbol{E}_0\exp(-\mathrm{j}k_0\Phi) \quad \boldsymbol{H} = \boldsymbol{H}_0\exp(-\mathrm{j}k_0\Phi) \tag{3-79}$$

式中 $\Phi = \Phi(x,y,z)$ 为程函数,是空间位置的实函数;$k_0 = \omega/c = 2\pi/\lambda_0$ 是真空中的传播常数;λ_0 是真空中的波长;c 是真空中的光速。$\boldsymbol{E}_0 = \boldsymbol{E}_0(x,y,z)$ 和 $\boldsymbol{H}_0 = \boldsymbol{H}_0(x,y,z)$ 也是空间位置的函数。它们可能是复数,但其相位应与位置无关。函数 Φ 是一个确定等相位面的特征函数。

把式(3-79)代入无源区的麦克斯韦方程可得:

$$\nabla\Phi\times\boldsymbol{H}_0 + c\varepsilon\boldsymbol{E}_0 = \frac{1}{\mathrm{j}k_0}(\nabla\times\boldsymbol{H}_0) \tag{3-80}$$

$$\nabla\Phi\times\boldsymbol{E}_0 - c\mu\boldsymbol{H}_0 = \frac{1}{\mathrm{j}k_0}(\nabla\times\boldsymbol{E}_0) \tag{3-81}$$

$$\boldsymbol{E}_0\cdot\nabla\Phi = \frac{1}{\mathrm{j}k_0}\left(\frac{\nabla\varepsilon}{\varepsilon}\cdot\boldsymbol{E}_0 + \nabla\cdot\boldsymbol{E}_0\right) \tag{3-82}$$

$$\boldsymbol{H}_0\cdot\nabla\Phi = \frac{1}{\mathrm{j}k_0}\left(\frac{\nabla\mu}{\mu}\cdot\boldsymbol{H}_0 + \nabla\cdot\boldsymbol{H}_0\right) \tag{3-83}$$

当 $\boldsymbol{E}_0$ 和 $\boldsymbol{H}_0$ 在空间中变化很慢,则 $\nabla\times\boldsymbol{E}_0$, $\nabla\cdot\boldsymbol{E}_0$, $\nabla\times\boldsymbol{H}_0$, $\nabla\cdot\boldsymbol{H}_0$ 均为有限值,而且媒质参数 ε 和 μ 在一个波长范围内变化很小,即

$$\frac{1}{\varepsilon}|\nabla\varepsilon|\lambda_0 \ll 1, \frac{1}{\mu}|\nabla\mu|\lambda_0 \ll 1$$

于是当 $\lambda_0\to 0$ 或 $k_0\to\infty$ 时,我们得到了在几何光学近似条件下的电磁场方程:

$$\nabla\Phi\times\boldsymbol{H}_0 + c\varepsilon\boldsymbol{E}_0 = 0 \tag{3-84}$$

$$\nabla\Phi\times\boldsymbol{E}_0 - c\mu\boldsymbol{H}_0 = 0 \tag{3-85}$$

$$\boldsymbol{E}_0 \cdot \nabla \boldsymbol{\Phi} = 0 \tag{3-86}$$

$$\boldsymbol{H}_0 \cdot \nabla \boldsymbol{\Phi} = 0 \tag{3-87}$$

在实际情况中,电磁波的波长 λ_0 不可能趋近于 0。一般认为当 $\sqrt{\rho} \gg \sqrt{\lambda_0}$ 或 $\sqrt{\rho} \geqslant 100\sqrt{\lambda_0}$ 时(注:ρ 是镜面反射点的曲率半径),就可用几何光学法来分析研究电磁波的散射现象。

由以上分析可以看出,在几何光学近似的条件下,空间各点的电磁场是局部的平面电磁波。当式(3-80)~式(3-83)右边各项不能略去时,式(3-84)~式(3-87)就不成立,几何光学近似自然也不能成立。例如,在射线的焦散线附近,程函 $\boldsymbol{\Phi}$ 的变化剧烈,$\nabla\boldsymbol{\Phi}$ 取很大的值;在几何阴影边界附近,$\boldsymbol{E}_0$ 和 $\boldsymbol{H}_0$ 变化剧烈,式(3-84)~式(3-87)都不成立,因此在这两个区域中几何光学近似不成立。

利用光学近似的电磁方程,还可导出几何光学中的一个基本方程——程函方程。由式(3-85)解出 $\boldsymbol{H}_0$ 再代入式(3-84),得

$$\nabla \boldsymbol{\Phi} \times (\nabla \boldsymbol{\Phi} \times \boldsymbol{E}_0) + n^2 \boldsymbol{E}_0 = 0 \tag{3-88}$$

式中,$n = c\sqrt{\varepsilon\mu}$ 是媒质的折射率。

因为

$$\nabla \boldsymbol{\Phi} \times (\nabla \boldsymbol{\Phi} \times \boldsymbol{E}_0) = (\boldsymbol{E}_0 \cdot \nabla \boldsymbol{\Phi})\nabla \boldsymbol{\Phi} - (\nabla \boldsymbol{\Phi})^2 \boldsymbol{E}_0$$

并利用式(3-86)式即得

$$[n^2 - (\nabla \boldsymbol{\Phi})^2]\boldsymbol{E}_0 = 0 \tag{3-89}$$

为使 $\boldsymbol{E}_0$ 有非零解,必须有:

$$(\nabla \boldsymbol{\Phi})^2 = n^2 \tag{3-90}$$

或写为:

$$\left(\frac{\partial \Phi}{\partial x}\right)^2 + \left(\frac{\partial \Phi}{\partial y}\right)^2 + \left(\frac{\partial \Phi}{\partial z}\right)^2 = n^2(x,y,z) \tag{3-91}$$

式(3-90)或式(3-91)称为程函方程。由此方程可以求出程函或相位函数 $\boldsymbol{\Phi}(x,y,z)$。在费马原理中,也用到程函方程。

3.2.4.2　几何光学的基本原理

在光学近似条件下研究电磁波,需要掌握几何光学中的基本原理和定律。

(1) 费马原理

先引入光程长度或光程的概念。所谓光程就是沿曲线 c 从 A 到 B 点之间的积分 $\int_c n\mathrm{d}s$。这里 $n = n(x,y,z)$ 是媒质的折射率。光程一般与所选的路程 c 有关。如 c 是一条射线,由于 $n = |\nabla \boldsymbol{\Phi}|$,故此时有:

$$\int_c n\mathrm{d}s = \boldsymbol{\Phi}(B) - \boldsymbol{\Phi}(A) \tag{3-92}$$

因而在两个波面之间沿任何一条射线的光程都是相等的。

费马原理指出:A 与 B 两点间射线的实际轨迹就是对于微小的光程变化取驻定值的曲线。或者说,两点间的射线就是使光程 $\int_c n\mathrm{d}s$ 取极值的曲线。所谓取极值,一般是取极小值,但有时也可能取极大值或稳定值。例如当反射体是凹曲面时就是极大值。在数学上将费马原理所确定的光线路径条件记为光程 AB 的变分为零:

$$\delta \boldsymbol{\Phi} = \delta \int_A^B n\mathrm{d}s = 0 \tag{3-93}$$

式中,变分符号 δ 是微分符号 d 在无限多个独立变量的推广。式(3 - 93) 的几何含意是积分路径是沿曲线 C 从 A 积分到 B。如果在 C 的近邻有另一条曲线 C'(如图3 - 5 中的虚线) 也通过 A、B 两点,并设沿路径 $AC'B$ 的总光程为 Φ。如果 ACB 是光线从 A 点到 B 点实际通过的路径,则根据费马原理,对于所有像 $AC'B$ 这样的邻近路径而言,Φ 或者比所有的 Φ' 都小,或者比所有的 Φ' 都大,或者与所有的 Φ' 都相等。

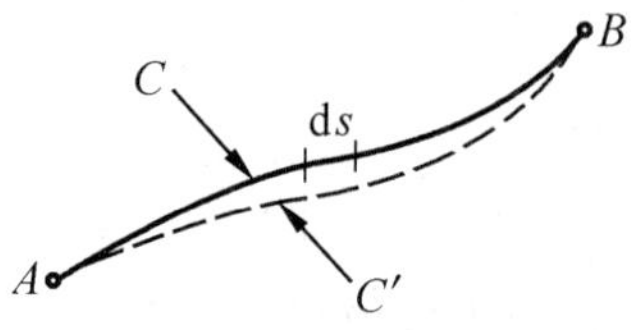

图3 - 5 从 A 点到 B 点的路径示意图

费马原理对于确定复杂传播条件下(如不均匀媒质或分层媒质中) 的光线轨迹或射线路径十分有用。对于均匀媒质这一最简单情况,由于 n 为常数,光程的极值条件等于几何路径的极值条件,而两点之间的直线路径最短,由此可直接得出光在均匀媒质中沿直线传播的结论。

(2) 反射定律和折射定律

光线在两种均匀媒质的分界面上会出现反射光线和折射光线,它们遵循几何光学反射定律和折射定律,又称为斯耐尔定律。该定律包括如下三方面的内容:

a. 反射线、折射线和入射线均位于由入射线和界面法线所确定的入射平面内;

b. 反射线、折射线与入射线分别位于法线的两侧;

c. 由法线分别与入射线、反射线和折射线构成的入射角 θ_1、反射角 θ'_1 和折射角 θ_2 满足:

$$n_1\sin\theta_1 = n_1\sin\theta'_1 = n_2\sin\theta_2 \tag{3-94}$$

式中 n_1 和 n_2 分别是媒质1 和媒质2 的折射率。式(3 - 94) 表明,反射角与入射角相等,而折射角的正弦则与折射率成反比。

事实上,反射定律和折射定律可以由费马原理导出。它们在光学和光学近似电磁场中被广泛用来确定射线的轨迹,从而避免了求解由费马原理给出的变分方程。

(3) 几何光学强度定律

假定有一组射线围成图3 - 6 所示的一个射线管。因为几何光学认为光能量是沿射线传播的,因此在射线管侧壁上没有能量流出或流入。这样,进入射线管一个端面的能量必须全部从另一个端流出,于是可得出几何光学强度定律的数学表达式:

$$\boldsymbol{S}_1 \cdot d\boldsymbol{\sigma}_1 = \boldsymbol{S}_2 \cdot d\boldsymbol{\sigma}_2 \tag{3-95}$$

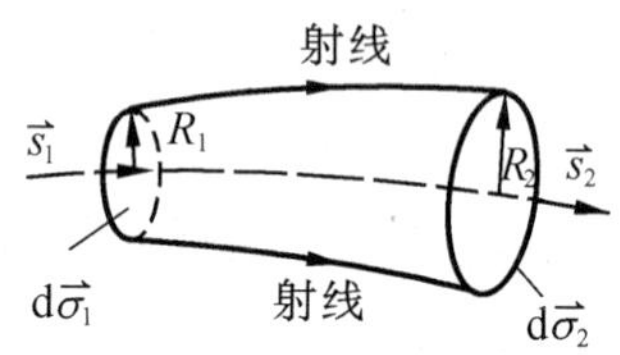

图3 - 6 几何光学射线管

式中,$\boldsymbol{S}_1$ 和 $\boldsymbol{S}_2$ 表示射线管两端面上的坡印亭矢量,$d\boldsymbol{\sigma}_1$ 和 $d\boldsymbol{\sigma}_2$ 表示两端面的面积矢量,其方向沿端面的法线方向。式(3 - 95) 表明了射线管内的能量守恒原理,它是计算几何光学场强的基础。

3.2.4.3 高频电磁场的几何光学求解

在几何光学中,主要是用射线追迹的方法来研究光在传播过程中强度和相位的变化。该方法把电磁波的入射场、反射场、折射场和绕射场都视为射线。这样就可用射线管中能量守恒来决定射线上各点之间的幅度,并用传播常数乘距离(或射线长度) 来决定其相位。下面我们主要讨论射线上场的一般表达式。

设 s 表示射线上的距离,u 表示射线上一点 s 的场,$s = 0$ 的一点作为参考点,则

$$u = A(s)e^{-jks} \tag{3-96}$$

其中 $A(0) = A_0 e^{-j\Phi_0}$，Φ_0 是场在 $s = 0$ 点的相位，A_0 是场在该点的振幅。场沿着射线方向传播，Φ_0 是一个常数，因而射线上的相位随着 s 的增加按 $\Phi_0 + ks$ 变化，如图 3－7 所示。

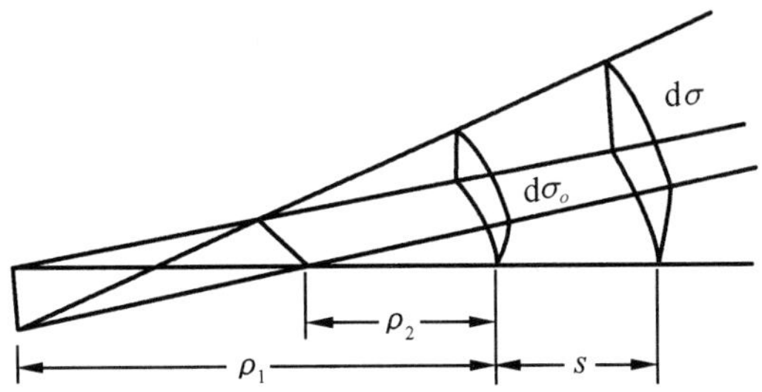

图 3－7　均匀媒质中的射线管

设当 $s = 0$ 时，波面为 $d\sigma_0$，波传播 s 距离后，由于象散波面为 $d\sigma$；ρ_1 和 ρ_2 分别是 $d\sigma_0$ 面上两个正交的主曲率半径。这时射线上场的幅度变化可从射线管中能量守恒定律来确定。这就是说，经过射线管每一横截面的功率都是一样的。即 $A^2 d\sigma = A_0^2 d\sigma_0$，由几何知识可得：

$$\frac{d\sigma_0}{d\sigma} = \frac{\rho_1\rho_2}{(\rho_1 + s)(\rho_2 + s)} \tag{3-97}$$

故

$$\frac{A}{A_0} = \left[\frac{\rho_1\rho_2}{(\rho_1 + s)(\rho_2 + s)}\right]^{\frac{1}{2}} \tag{3-98}$$

其中 A 是 $A(s)$ 的振幅，即 $A(s) = Ae^{-j\Phi_0}$。因此，由式(3－96)和式(3－98)可得：

$$u = A(s)e^{jks} = Ae^{-j(ks+\Phi_0)} = A_0\left[\frac{\rho_1\rho_2}{(\rho_1 + s)(\rho_2 + s)}\right]^{\frac{1}{2}} e^{-j(ks+\Phi_0)} \tag{3-99}$$

式(3－99)就是均匀媒质射线上场的一般表达式，式中根号部分称为扩散因子，下面分几种情况讨论扩散因子。

(1) 当 $\rho_1 = \rho_2 = \infty$ 时，扩散因子为：

$$\sqrt{\frac{\rho_1\rho_2}{(\rho_1 + s)(\rho_2 + s)}} = 1 \tag{3-100}$$

这说明场的传播是平面波。场强不随 s 而变化。

(2) 当 $\rho_1 = \rho_2 = \rho$ 时，扩散因子为：

$$\sqrt{\frac{\rho_1\rho_2}{(\rho_1 + s)(\rho_2 + s)}} = \frac{\rho}{(\rho + s)} \tag{3-101}$$

这说明场的传播是球面波。当 s 很大时，场强随着 s^{-1} 减小。

(3) 当 $\rho_1 = \rho$；$\rho_2 = \infty$ 时，扩散因子为：

$$\sqrt{\frac{\rho_1\rho_2}{(\rho_1 + s)(\rho_2 + s)}} = \sqrt{\frac{\rho}{(\rho + s)}} \tag{3-102}$$

这说明场的传播是柱面波。当 s 很大时，场强随着 $s^{-1/2}$ 减小。

(4) 当 $s = -\rho_1$ 或 $s = \rho_2$ 时，扩散因子为无穷大，这对用式(3－99)得出的场是无穷大。这样的场点、线或面称为散焦点、线或面。显然在这些散焦处，几何光学法失效。因此，散焦处的场须用其他方法计算。

式(3－99)可以用来在已知射线上一点的场强时求射线上另一点的场强。严格地说，所得结果是近似的，但当几何光学近似的条件成立时，几何光学射线场的表示式对工程应用来说是相当精确的。

式(3－99)是几何光学射线场的基本表示式,它适用于在自由空间传播的射线,也适用于经过物体反射后的射线,而且也适用于由绕射点发出的绕射射线。

事实上,几何绕射理论中许多基本概念和分析方法都来源于几何光学,因此要掌握好几何光学中的基本知识。对我们学好几何绕射理论是极有帮助的。

3.2.4.4 双重弯曲物体的 RCS 计算

下面我们利用式(3－99)来导出具有双重弯曲表面的光滑物体的雷达截面表示式。

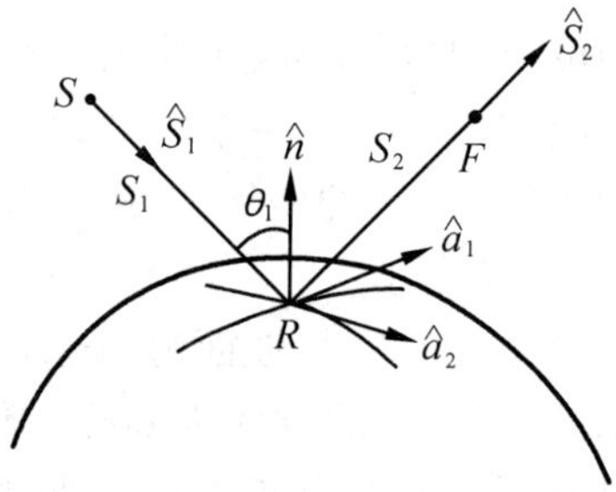

图3－8 双弯曲表面的反射

如图3－8所示,假设从源点S出发的球面波射线在凸曲面上R点处反射,在场点F处的反射场可由式(3－99)给出:

$$u^r(F)=u^r(R)\sqrt{\frac{\rho_1^r\rho_2^r}{(\rho_1^r+s_2)(\rho_2^r+s_2)}}\mathrm{e}^{\mathrm{j}ks_2}=u^i(R)R_{\perp,/\!/}\sqrt{\frac{\rho_1^r\rho_2^r}{(\rho_1^r+s_2)(\rho_2^r+s_2)}}\mathrm{e}^{\mathrm{j}ks_2} \tag{3-103}$$

式中,上标"r"代表反射波;"i"代表入射波。并假设$\Phi_0=0$。$u^i(R)$和$u^r(R)$分别表示R点处的入射场和反射场;$u^r(F)$表示F点处的场。s_2为从反射点R到场点F的距离。$R_{\perp,/\!/}$为正交或平行极化波的反射系数,可由平面波的反射公式给出,对于金属有$|R|=1$;ρ_1^r和ρ_2^r表示反射波前的两个主曲率半径,在球面波入射的情况下,它们与入射波前的主曲率半径ρ_1^i、ρ_2^i及曲面的主曲率半径ρ_1、ρ_2有如下关系:

$$\frac{1}{\rho_{1,2}^r}=\frac{1}{\rho_{1,2}^i}+\frac{1}{\rho_0\cos\theta_1}\pm\sqrt{\frac{1}{\rho_0^2\cos^2\theta_1}-\frac{4}{\rho_1\rho_2}} \tag{3-104}$$

$$\frac{1}{\rho_0}=\frac{\sin^2\varphi_1}{\rho_1}+\frac{\sin^2\varphi_2}{\rho_2} \tag{3-105}$$

式中,θ_1为入射角,φ_1和φ_2是入射线$\hat{s}_1$与曲面两个主方向$\hat{a}_1$和$\hat{a}_2$的夹角,见图3－8。

对于单站雷达截面计算,反射线应与入射线平行,即表面法线指向来波方向的点才是后向镜面反射点,此时$\theta_1=0°$,$\varphi_1=\varphi_2=90°$,由式(3－104)和式(3－105)可得$1/\rho_{1,2}^r=1/\rho_{1,2}^i+2/\rho_{1,2}$;又因为雷达距目标无限远,$\rho_{1,2}^i\to\infty$,故可得$\rho_{1,2}^r=\rho_{1,2}/2$,代入式(3－103)可得反射场振幅为:

$$|u^r(F)|=|u^i(R)|\sqrt{\frac{\frac{\rho_1}{2}\frac{\rho_2}{2}}{\left(\frac{\rho_1}{2}+s_2\right)\left(\frac{\rho_1}{2}+s_2\right)}} \tag{3-106}$$

将上式代入雷达截面表达式可得:

$$\sigma=\lim_{s_2\to\infty}4\pi s_2^2\left[\frac{\frac{\rho_1}{2}\frac{\rho_2}{2}}{\left(\frac{\rho_1}{2}+s_2\right)\left(\frac{\rho_1}{2}+s_2\right)}\right]=\pi\rho_1\rho_2 \tag{3-107}$$

需要注意,这个非常简单的表达式表明,双重弯曲物体在光学区的雷达截面与入射波频率无关。对于非常简单的金属球体散射,其 RCS 就简化成球的投影面积πa^2(a为球的半径)。式(3－107)的结果也适用于双站散射。对于金属球,双站 RCS 与双站角大小无关,但对于一般的旋转体,因为随着散射方向的移动,镜面反射点会在物体表面移动,使反射点处的曲率半径变化,因而其双站 RCS 将随双站角而变化。

式(3 - 107) 中所用的曲率半径必须是镜面反射点的值,因此在实际计算过程中必须要解决镜面反射点的识别问题。对于形状相对任意的物体,这并不总是一件简单的任务,即使对于旋转体这样的简单结构,我们也可能得到一个 4 次方程,求解后会得到 4 个根,但其中只有一个根才是所希望的解,在选择这个特定解之前,所有的 4 个解都必须找出来,并加以判断和选择。总之,识别镜面反射点总是应用几何光学理论的一个必要步骤。

简单的几何光学理论有一些严重的缺点。首先,从式(3 - 107) 可以看出,RCS 决定于镜面点处的曲率半径,所以对平板或单弯曲表面,该式预示了一个无限大的结果,因为此时表面的一个或两个曲率半径为无限大。利用下一节的物理光学法可以解决这一问题。其次,几何光学法要求散射体表面光滑,即曲率半径,因此对于棱边、拐角、尖顶等因表面不连续,不能用几何光学处理,而只能用几何绕射理论来分析。第三,在焦散区或源区,射线管截面积变为零,由几何光学计算的场变为无限大,因此在这些区域不能应用几何光学。

3.2.5　物理光学法

物理光学法(PO) 又称为物理光学近似或面电流积分法。该方法最早是用于面天线的辐射问题。该方法先用几何光学场求出照射面上的电流分布,而后对该电流分布进行积分来计算散射场。这样就克服了几何光学法中平表面和单弯曲表面的 RCS 出现无穷大的问题。又因为感应场保持有限,则散射场也同样有限,这样就不会出现在焦散区场为无穷大的问题。

物理光学法的基本公式是 Chu - Stratton 积分方程。前文我们讨论了 Chu - Stratton 积分方程在低频情况下的应用,并介绍了用矩量法(MOM) 去求解导体上的电流分布。物理光学法是一种高频方法,它在处理导体(或散射体) 上的感应电流时不同于 MOM。物理光学法认为不必考虑整个散射体上的电流分布,而只需考虑散射体上那些被称为“散射中心” 处的电流分布,并根据高频场的局部性原理,忽略了各部分感应电流之间的相互作用(在 MOM 中考虑了这种相互作用),而仅根据入射场独立地近似确定散射体上的感应电流。

考虑一个良导体在电磁波照射下的散射问题,见图 3 - 9,在观察点 P_0 处总电磁场为:

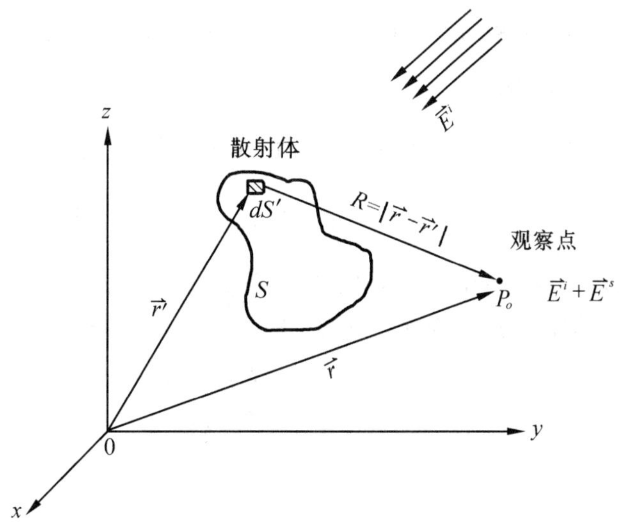

图 3 - 9　散射体 S 的电磁散射坐标系

$$\boldsymbol{E} = \boldsymbol{E}^i + \boldsymbol{E}^s \tag{3-108}$$

$$\boldsymbol{H} = \boldsymbol{H}^i + \boldsymbol{H}^s \tag{3-109}$$

上式中的入射场$\boldsymbol{E}^i$,$\boldsymbol{H}^i$一般用光学方法计算,散射场$\boldsymbol{E}^s$,$\boldsymbol{H}^s$则需对散射体S进行面积分而求得,即:

$$\boldsymbol{E}^s = \oint_s [-\mathrm{j}\omega\mu(\hat{n}\times\boldsymbol{H})\boldsymbol{\psi} + (\hat{n}\times\boldsymbol{E})\times\nabla\boldsymbol{\psi} + (\hat{n}\cdot\boldsymbol{E})\nabla\boldsymbol{\psi}]\mathrm{d}s \qquad (3-110)$$

$$\boldsymbol{H}^s = \oint_s [\mathrm{j}\omega\mu(\hat{n}\times\boldsymbol{E})\boldsymbol{\psi} + (\hat{n}\times\boldsymbol{H})\times\nabla\boldsymbol{\psi} + (\hat{n}\cdot\boldsymbol{H})\nabla\boldsymbol{\psi}]\mathrm{d}s \qquad (3-111)$$

式中,$\hat{n}$为散射体表面法向单位矢量,运用式(3 - 44)可将式(3 - 110)写成

$$\boldsymbol{E}^s = \oint_s [-\mathrm{j}\omega\mu(\hat{n}\times\boldsymbol{H})\boldsymbol{\psi} + (\hat{n}\times\boldsymbol{E})\times\nabla\boldsymbol{\psi} - \frac{\mathrm{j}}{\omega\varepsilon}\nabla\cdot(\hat{n}\times\boldsymbol{H})\nabla\boldsymbol{\psi}]\mathrm{d}s \qquad (3-112)$$

一般由式(3 - 110)、式(3 - 111)和式(3 - 112)给出的积分计算比较困难,在具体问题常采用两种近似处理,即远场近似和切平面近似,运用格林函数梯度的远场近似可将式(3 - 112)和式(3 - 111)写成:

$$\boldsymbol{E}^s = \oint_s \left\{-\mathrm{j}\omega\mu(\hat{n}\times\boldsymbol{H}) + \mathrm{j}k(\hat{n}\times\boldsymbol{E})\times\hat{R} + \frac{\mathrm{j}k^2}{\omega\varepsilon}[(\hat{n}\times\boldsymbol{H})\cdot\hat{R}]\hat{R}\right\}\boldsymbol{\psi}\mathrm{d}s \qquad (3-113)$$

$$\boldsymbol{H}^s = \oint_s [-\mathrm{j}\omega\mu(\hat{n}\times\boldsymbol{E}) + \mathrm{j}k(\hat{n}\times\boldsymbol{H})\times\hat{R} + \mathrm{j}k(\hat{n}\cdot\boldsymbol{H})\hat{R}]\boldsymbol{\psi}\mathrm{d}s \qquad (3-114)$$

式中,$\hat{R}$为R的单位矢量,R的含义见图3 - 9。实际上$\hat{R}$与散射方向一致。上述积分对一个封闭的散射表面是正确的,但如表面不封闭,则必须考虑环绕开口面边缘的线积分。但在远场近似下,上述积分区域S只是散射体表面受照射部分。

利用切平面近似可以对式(3 - 113)和式(3 - 114)的被积函数进行简化处理。切平面近似是物理光学法中的一个基本假设,即假定表面电流的值等于在积分面元ds处物体为理想光滑无限大相切平面上的电流。如果散射体S为理想导体,总场的切向分量为:

$$\hat{n}\times\boldsymbol{E} = 0 \qquad (3-115)$$

$$\hat{n}\times\boldsymbol{H} = 2\hat{n}\times\boldsymbol{H}^i \qquad (3-116)$$

将式(3 - 115)和式(3 - 116)代入式(3 - 113)和式(3 - 114),并注意:$k = 2\pi/\lambda = \omega/c = \omega\sqrt{\mu\varepsilon}$可得:

$$\boldsymbol{E}^s = -\mathrm{j}kZ\mu\int_s \{(2\hat{n}\times\boldsymbol{H}^i) - [(2\hat{n}\times\boldsymbol{H}^i)\cdot\hat{R}]\hat{R}\}\boldsymbol{\psi}\mathrm{d}s \qquad (3-117)$$

$$\boldsymbol{H}^s = \mathrm{j}k\int_s [(2\hat{n}\times\boldsymbol{H}^i)\times\hat{R}]\boldsymbol{\psi}\mathrm{d}s \qquad (3-118)$$

式中,$Z = \sqrt{\mu/\varepsilon}$为波阻抗。按图3 - 9,对上式的格林函数进行讨论,在图中,$\boldsymbol{r}'$为散射单元ds的位置坐标,$\boldsymbol{r}$为观察点的位置坐标,并且$R = |\boldsymbol{r}-\boldsymbol{r}'|$。在远场近似下有:

$$R = |\boldsymbol{r}-\boldsymbol{r}'| \approx r - \boldsymbol{r}'\cdot\hat{R} \qquad (3-119)$$

因此在远场条件下,格林函数可以写成:

$$\boldsymbol{\psi} = \frac{1}{4\pi r}\exp[\mathrm{j}k(r-\boldsymbol{r}'\cdot\hat{R})] \qquad (3-120)$$

将式(3 - 120)代入式(3 - 117)和式(3 - 118)得:

$$\boldsymbol{E}^s = \frac{-\mathrm{j}kZ}{4\pi r}\mathrm{e}^{\mathrm{j}kr}\int_s \{(2\hat{n}\times\boldsymbol{H}^i) - [(2\hat{n}\times\boldsymbol{H}^i)\cdot\hat{R}]\hat{R}\}\exp[-\mathrm{j}k(\boldsymbol{r}'\cdot\hat{R})]\mathrm{d}s \qquad (3-121)$$

$$\boldsymbol{H}^s = \frac{\mathrm{j}k}{4\pi r}\mathrm{e}^{\mathrm{j}kr}\int_s [(2\hat{n}\times\boldsymbol{H}^i)\times\hat{R}]\exp[-\mathrm{j}k(\boldsymbol{r}'\cdot\hat{R})]\mathrm{d}s \qquad (3-122)$$

实际上，由式(3 − 77)和式(3 − 78)，利用光学方法也可求出式(3 − 121)和式(3 − 122)，即：

$$\boldsymbol{J}\approx\boldsymbol{J}' = \begin{cases}2\hat{n}\times\boldsymbol{H}^i & (\text{照明区})\\ 0 & (\text{非照明区})\end{cases} \qquad (3-123)$$

将式(3 − 123)代入式(3 − 77)和式(3 − 78)即得式(3 − 121)和式(3 − 122)。

在高频区计算复杂目标的散射时，必须计算很多不同部件的散射场，然后在平方之前相干叠加以便得到部件的散射功率。这样就保持了目标上各散射部件之间的相对相位关系，从而正确地表示了干涉效应。因此可将 RCS 重新定义为如下复数量：

$$\sqrt{\sigma} = \lim_{r\to\infty}2\sqrt{\pi}r\frac{\boldsymbol{E}^s\cdot\hat{e}_r}{E_0^i}\exp(-\mathrm{j}kr) \qquad (3-124)$$

式中 E_0^i 为入射电场强度，$\hat{e}_r$ 表示接收装置电极化方向的单位矢量，它是考虑了接收器读出的信号正比于沿接收器极化方向的散射分量。而指数 $\mathrm{e}^{-\mathrm{j}kr}$ 则可以去掉由 RCS 的路径相位所确定和任何依赖关系。式(3 − 124)中的 $\sqrt{\sigma}$ 与 σ 的定义有所不同，后者是只表示振幅的纯实数，而前者则是复数，同时包括了振幅和相位的信息。

将式(3 − 121)代入式(3 − 124)，并注意 $E^i = ZH^i$，$\hat{e}_R\cdot\hat{R}=0$ 得

$$\sqrt{\sigma} = \frac{\mathrm{j}k}{\sqrt{\pi}}\int_s \hat{n}\cdot(\hat{e}_r\times\hat{h}^i)\exp[\mathrm{j}k\boldsymbol{r}'\cdot(\hat{i}-\hat{R})]\mathrm{d}s \qquad (3-125)$$

式中，$\hat{h}_i$ 是入射磁场 $\boldsymbol{H}^i$ 的单位方向矢量。$\boldsymbol{H}^i$ 的相位是 $\mathrm{e}^{\mathrm{j}kr'\hat{i}}$。$\hat{i}$ 为入射波单位矢量。式(3 − 125)就是 RCS 平方根的物理光学表达式。这个积分实际上只有在少数情况才能严格计算，其中包括平板、圆柱、球和轴向入射的球冠。下面我们讨论式(3 − 125)的积分计算。

3.2.5.1　驻相法

物理光学法的关键是要进行式(3 − 125)的积分。在以后的讨论中会看到，除了平板的情况外，即使对圆柱、球这样简单的形体，式(3 − 125)的积分也是比较困难的。一般常采用驻相法来求解式(3 − 125)。实际上，用积分方程法求解散射体的散射问题时，常需要计算具有以下形式的积分：

$$I(k) = \iint_s f(x,y)\exp\{\mathrm{j}kg(x,y)\}\mathrm{d}x\mathrm{d}y \qquad (3-126)$$

式中 S 是等效源分布所在的曲面，$f(x,y)$ 和 $g(x,y)$ 是实变数的函数，k 一般是复数，但为了简化推导过程，将先假设它是实数，只在必要时，即为了使积分收敛，才令 k 有一个小虚部。这一假设是符合实际的，因为对于今后要遇到的大多数实际问题来说，媒质是弱损耗的，即 $\arg k\approx 0$。通常 $f(x,y)$ 和 $g(x,y)$ 的形式比较复杂，一般难以通过直接积分求得 $I(k)$ 的解析解，因而不得不用数值积分法求解。但当 k 很大且 $f(x,y)$ 和 $g(x,y)$ 满足一定条件时，就可以用比较简便的方法对 $I(k)$ 进行渐近计算。驻相位法就是对这种形式的积分进行渐近计算的一种有效方法。

为了简化分析，我们考虑一维源分布的电磁场，式(3 − 126)可简化为：

$$I(k) = \int_a^b f(x)\exp[\mathrm{j}kg(x)]\mathrm{d}x \qquad (3-127)$$

式中，k 是媒质的波数，在有耗媒质中，k 是复数，即 $k=\omega\sqrt{\tilde{\varepsilon}\mu}$，其中 $\tilde{\varepsilon}$ 是媒质的复介电常数；$\tilde{\varepsilon}=\omega-\mathrm{j}\sigma/\omega$；$\mu$ 是媒质的磁导率；σ 是电导率；ω 是角频率。于是：

$$k = k' - \mathrm{j}k''$$
$$\mathrm{e}^{\mathrm{j}kg(x)} = \mathrm{e}^{\mathrm{j}k'g(x)}\mathrm{e}^{-k''g(x)}$$

式(3-127)可以进行渐近计算的条件是:k 很大,$g(x)$ 在积分区间$[a,b]$中的某点 x_0 有极值;$f(x)$ 在$[a,b]$区间是平滑变化的;当 k 趋于无穷大时,$I(k)$ 趋于零。

如果把积分区间$[a,b]$分为 N 段,则式(3-127)的积分可以看成是下列求和式在 $N\to\infty$ 时的极限,即

$$I(k) \approx \sum_{i=1}^{N} f(x_i)\mathrm{e}^{\mathrm{j}kg(x_i)}\Delta x_i \tag{3-128}$$

$I(k)$ 也可以看成是 N 个矢量之和,其中 $f(x_i)\Delta x_i$ 是第 i 个矢量的长度,$kg(x_i)$ 是第 i 个矢量与第一个矢量的相位差。于是 $I(k)$ 的大小就可以用通常的矢量叠加作图法来估算。当 k 不大时,各相邻矢量之间的夹角不大,矢量叠加图的形状像一条渐变曲线,因此合成矢量 $I(k)$ 比较大,如图3-10(a)所示。当 k 很大时,各相邻矢量之间的夹角也很大,矢量叠加图像一条缠紧的螺旋线,因此合成矢量 $I(k)$ 接近于零,见图3-10(b)。

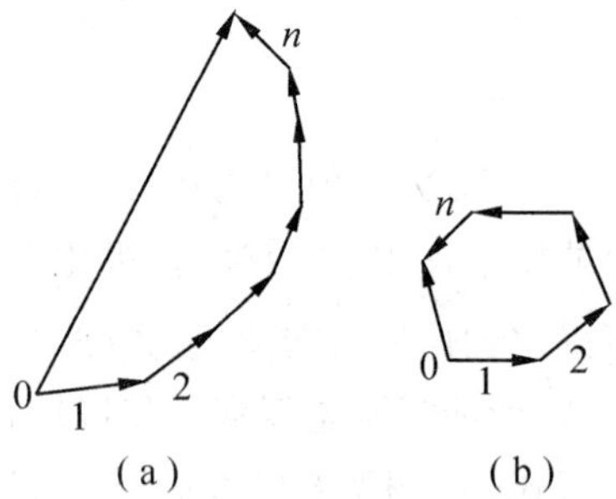

图3-10 式(3-128)的矢量叠加图

根据以上分析,当 k 很大时可以预计式(3-127)的积分结果将趋于零。但当在$[a,b]$区间的 x_0 处有极值时,$g(x)$ 在此点的一阶导数 $g'(x_0)=0$。因此,尽管 k 很大,在 x_0 点的邻域相位变化仍很缓慢。于是在 x_0 点邻域中各元段矢量的叠加将取图3-10(a)而不是图3-10(b)形式。也就是说,x_0 点邻域对积分有主要贡献,而$[a,b]$区间其他区段对积分的贡献接近于零,因而当 k 很大时,x_0 点邻域的积分值就近似等于整个积分之值。由 $g'(x_0)=0$ 确定的 x_0 点称为驻定相位点,简称驻相点。这种对积分进行近似计算的方法称为驻定相位法,简称驻相法。

当 $g'(x_0)=0$ 而 $g''(x_0)\neq 0$ 时,x_0 是一阶驻相点,这就是通常的极值点;当 $g'(x_0)=0$ 且 $g''(x_0)=0$,但 $g'''(x_0)\neq 0$ 时,x_0 是二阶驻相点,这是一种拐点。还可以有更高阶的驻相点;如当 $g'(x_0)=0$,$g''(x_0)=0$,且 $g'''(x_0)=0$,但 $g''''(x_0)\neq 0$ 时,x_0 为三阶驻相点。在大多数实际问题中考虑到二阶驻相点就够了。式(3-127)的积分可以改写为:

$$\begin{aligned} I(k) &= \int_{-\infty}^{\infty} f(x)\mathrm{e}^{\mathrm{j}kg(x)}\mathrm{d}x - \int_{b}^{\infty} f(x)\mathrm{e}^{\mathrm{j}kg(x)}\mathrm{d}x - \int_{-\infty}^{a} f(x)\mathrm{e}^{\mathrm{j}kg(x)}\mathrm{d}x \\ &= I_0 - I[b,\infty] - I[-\infty,a] \end{aligned} \tag{3-129}$$

可见 $I(k)$ 包含两种类型的积分:一种是无穷积分,另一种是一个积分限是有限值的积分。当驻相点远离积分端点时,式(3-129)中 $I[b,\infty]$ 和 $I[-\infty,a]$ 这两部分积分对 $I(k)$ 的贡献很小,可以忽略不计,因而可以近似地把 $I(k)$ 的积分上、下限分别延伸至 $\pm\infty$ 而不致产生显著的误差,即

$$I(k) = \int_{a}^{b} f(x)\mathrm{e}^{\mathrm{j}kg(x)}\mathrm{d}x \approx \int_{-\infty}^{\infty} f(x)\mathrm{e}^{\mathrm{j}kg(x)}\mathrm{d}x = I_0 \tag{3-130}$$

可见,在这种情况下,式(3-127)的积分渐近计算就归结为求无穷积分 I_0。

设 x_0 是一阶驻相点,即 $g'(x_0)=0$,$g''(x_0)\neq 0$。在 x_0 的邻域把 $g(x)$ 展成泰勒级数:

$$g(x) = g(x_0) + (x-x_0)g'(x_0) + \frac{1}{2}(x-x_0)^2 g''(x_0) + \cdots \tag{3-131}$$

令 $s = x - x_0$,计及 $g'(x_0) = 0$ 并只保留前两个非零项,则:

$$g(x) \approx g(x_0) + \frac{1}{2}s^2 g''(x_0) \tag{3-132}$$

把上式代入式(3－130)中,并考虑到 $f(x)$ 是慢变函数,在 x_0 附近可令 $f(x) = f(x_0)$,则得:

$$I_0 = f(x_0)\exp[jkg(x_0)]\int_{-\infty}^{\infty}\exp\left[jkg''(x_0)\frac{s^2}{2}\right]ds \tag{3-133}$$

已知:

$$\int_{-\infty}^{\infty}\exp(j\alpha t^2)dt = \sqrt{\frac{\pi}{|\alpha|}}\exp\left[j\frac{\pi}{4}\cdot \mathrm{sgn}(\alpha)\right] \tag{3-134}$$

式中,

$$\mathrm{sgn}(\alpha) = \begin{cases} 1 & \alpha > 0 \\ -1 & \alpha < 0 \end{cases}$$

令 $t^2 = s^2, \alpha = \frac{1}{2}kg''(x_0)$,运用式(3－134),则式(3－133)的积分为:

$$I_0 \approx f(x_0)\exp[jkg(x_0)]\sqrt{\frac{2\pi}{k|g''(x_0)|}}\exp\left\{j\frac{\pi}{4}\mathrm{sgn}[g''(x_0)]\right\} \tag{3-135}$$

当积分区间 $[a,b]$ 内有两个或两个以上的一阶驻相点,且每个驻相点相互独立时,应对每个驻相点按式(3－134)计算,并将计算结果相加求得总积分 I_0。如果 x_0 是二阶驻相点[即 $g''(x_0) = 0$]时,则考虑泰勒展开式(3－131)中的第三阶[假设 $g'''(x_0) \neq 0$]。需说明,当驻相点靠近积分区间的端点;或各驻相点相靠较近时,就不能按式(3－135)计算。而应重新讨论式(3－129)。例如考虑驻相点 x_0 靠近积分端点 $[a,b]$,在这种情况下驻相点所靠近的那一端点对积分的贡献就不可忽略了,而另一端点对积分的贡献则仍可忽略,因而仍可把它扩展到无穷大。如驻相点靠近积分下端点 a,则

$$I(k)\int_a^b f(x)e^{jkg(x)}dx \approx \int_a^{\infty} f(x)e^{jkg(x)}dx \tag{3-136}$$

如驻相点靠近积分上端点 b,则

$$\begin{aligned} I(k) &= \int_a^b f(x)e^{jkg(x)}dx \approx \int_{-\infty}^{\infty} f(x)e^{jkg(x)}dx - \int_b^{\infty} f(x)e^{jkg(x)}dx \\ &= I_0 - \int_b^{\infty} f(x)e^{jkg(x)}dx \end{aligned} \tag{3-137}$$

可见无论在那一种情况下,都必须计算下列形式的积分:

$$I_a = \int_a^{\infty} f(x)e^{jkg(x)}dx \tag{3-138}$$

当 $a - x_0 > 0$ 时,即驻相点 x_0 在积分端点之外,式(3－138)的积分结果为:

$$I_a \approx f(a)e^{jkg(a) \mp jv^2}\sqrt{\frac{2}{k|g''(a)|}}F_{\pm}(v) \tag{3-139}$$

当 $a - x_0 < 0$ 时,即驻相点 x_0 在积分端点之内,式(3－138)的积分结果为:

$$I_a \approx I_0 - f(a)e^{jkg(a) \mp jv^2}\sqrt{\frac{2}{k|g''(a)|}}F_{\pm}(v) \tag{3-140}$$

上两式中指数取“－”时;对应 $g''(a) > 0$;取“＋”时;对应 $g''(a) < 0$,式中 $v = |g'(a)|\sqrt{\frac{k}{2|g''(a)|}}$,$F_{\pm}(v)$,为费涅尔积分:

$$F_{\pm}(v) = \int_v^{\infty} e^{\pm jt^2} dt \tag{3-141}$$

该积分在后文讨论几何绕射理论和物理绕射理论时再详细讨论。

3.2.5.2 矩形平板的 RCS 计算

如图 3-11 所示一个长为 L,宽为 W 的矩形导体平板。为了用式(3-125)计算其的 RCS,需要把图 3-11 所示的坐标变量与式(3-125)的积分变量对应起来。显然,对平板而言,式(3-125)的积分中只有相位项随平板表面而变化,即:

$$\boldsymbol{r}' = \boldsymbol{r}_0 + x'\hat{x}' + y'\hat{y}' \tag{3-142}$$

式中,$\boldsymbol{r}_0$ 为平板中心(或 $x'y'z'$ 坐标原点)在全局坐标系(见图 3-9 中 xyz 坐标系)的位置矢量,$\hat{x}'$,$\hat{y}'$ 为 $x'y'z'$ 坐标中 x' 方向和 y' 方向的单位矢量。将式(3-142)代入式(3-125)中进行积分运算可得:

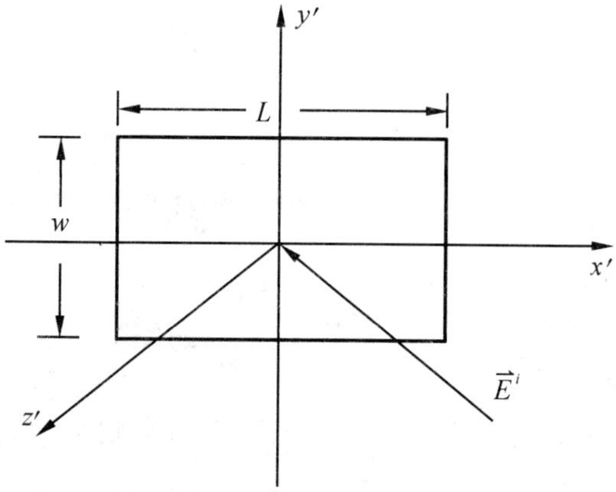

图 3-11 矩形平板坐标示意图

$$\sqrt{\sigma} = -\mathrm{j}\frac{kLW}{\sqrt{\pi}}\hat{n}\cdot(\hat{e}_R\times\hat{h}^i)\exp(-\mathrm{j}k\bar{r}_0\cdot\hat{R})\cdot$$

$$\frac{\sin\left[\frac{1}{2}kL\hat{x}'\cdot(\hat{i}-\hat{R})\right]}{\frac{1}{2}kL\hat{x}'\cdot(\hat{i}-\hat{R})}\cdot\frac{\sin\left[\frac{1}{2}kW\hat{y}'\cdot(\hat{i}-\hat{R})\right]}{\frac{1}{2}kW\hat{y}'\cdot(\hat{i}-\hat{R})} \tag{3-143}$$

注意这个结果正是均匀照射矩形口径的 $\sin x/x$ 函数特性。式(3-143)是一个双站的结果。对于单站而言,$\hat{i}=-\hat{R}$,设 θ 为入射角,即入射线与平板法线 $\hat{n}$ 的夹角,ψ 为方位角,即入射线在平板上投影与 x' 轴的夹角,因此:

$$\hat{x}'\cdot(\hat{i}-\hat{R}) = -2\sin\theta\cos\theta \tag{3-144}$$

$$\hat{y}'\cdot(\hat{i}-\hat{R}) = -2\sin\theta\sin\psi \tag{3-145}$$

$$\hat{n}\cdot(\hat{e}_R\times\hat{h}^i) = \cos\theta \tag{3-146}$$

将以上三式代入式(3-143)中,并进行平方可得矩形平板单站的 RCS:

$$\sigma = \frac{4\pi(WL)^2}{\lambda^2}\cos^2\theta\left[\frac{\sin(kL\sin\theta\cos\psi)}{kL\sin\theta\cos\psi}\right]^2\left[\frac{\sin(kW\sin\theta\sin\psi)}{kW\sin\theta\sin\psi}\right]^2 \tag{3-147}$$

对于入射电场与入射面正交和平行两种极化情况,式(3-147)都适用。当 $\theta=0$ 时,可得到矩形平板的最大后向 RCS:

$$\sigma = \frac{4\pi A^2}{\lambda^2} \tag{3-148}$$

式中,$A = W\cdot L$ 为平板的面积。

关于平板的双站 RCS 可见图 3-12,图中示出了以倾斜角照射的一块平板的双站散射图。注意有两个突出的波瓣,一个正好是在前向散射方向,另一个则在镜面反射方向。这两个波瓣的振幅相等,这种情况只出现于像平板这样的平面结构。事实上,对于任何障碍物,前向散射波瓣的强度都正比于障碍物的投影面积,而对于平板,镜面反射波瓣的强度也正比于投影面积，因此两个波瓣振幅相等。但是对于其他形状的散射体，如果有镜面反射波瓣的话，它也比平板反射弱，比前向散射弱。

图 3-13 说明在各种入射角时平板的双站散射，图中为清楚起见已将前向散射波瓣去掉了。注意主瓣总是以镜面反射方向为中心，并且镜面反射波瓣的强度是随着平板在镜面反射方向上投影的减小而减小的。

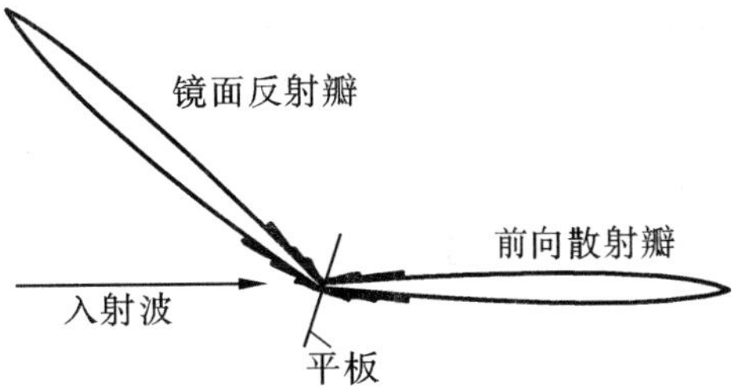

图 3-12　平板的双站散射波瓣图

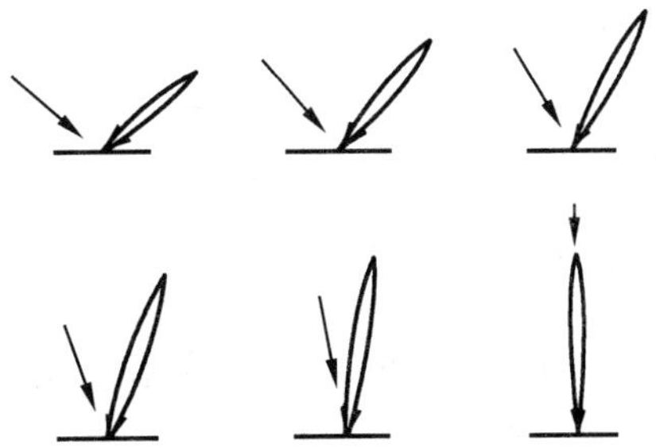

图 3-13　平板的散射主瓣总是以镜面方向为中心

了解平板的散射特性很重要，因为许多任意形状的散射体，其表面可用许多平板来模拟。也可以把任何大的光滑表面划分为若干个边靠边放置的三角形小平板来逼近。一般而言，对于任意的多边形平板，式(3-125)的面积分可以很容易变换成围线积分，并得到如下表达式：

$$\sqrt{\sigma}=-\frac{\hat{n}\cdot(\hat{e}_R\times\boldsymbol{h}^i)}{\sqrt{\pi}T}\mathrm{e}^{\mathrm{j}k\boldsymbol{r}_0\cdot\hat{\omega}}\sum_{m=1}^{M}(\hat{p}\cdot\boldsymbol{a}_m)\mathrm{e}^{\mathrm{j}k\boldsymbol{r}_m\cdot\hat{\omega}}\frac{\sin(\frac{1}{2}k\boldsymbol{a}_m\cdot\hat{\omega})}{\frac{1}{2}k\boldsymbol{a}_m\cdot\hat{\omega}}\tag{3-149}$$

式中，σ 为平板的双站 RCS；$\boldsymbol{r}_0$ 是在平板上或平板附近一源点的位置矢量；$\hat{\omega}=\hat{i}-\hat{R}$；$\boldsymbol{a}_m$ 是描述平板第 m 个边缘的长度和取向的矢量；$\boldsymbol{r}_m$ 是第 m 个边缘中点的位置矢量；T 是在平板平面上的投影长度；$\hat{p}=\hat{n}\times\hat{\omega}/|\hat{n}\times\hat{\omega}|$ 是平板平面上垂直于板面的单位矢量；M 为平板边缘的数目。

由式(3-149)可见，任意多边形平板的 RCS 是由若干 $\sin x/x$ 波瓣图组成的，它们的每一个都对应于一个边缘，并且当因子 $T=0$ 时表达式出现奇异性。这就意味着，在平板平面上没有$(\hat{i}-\hat{R})$的分量，这说明$(\hat{i}-\hat{R})$的方向与 $\hat{n}$(或 $-\hat{n}$)的方向一致，这时，式(3-149)中的 $\sin x/x\rightarrow 1$；$\hat{p}=0$，式(3-149)变成了求“0/0”的极限。可以证明，当 $T=0$ 时，式(3-149)式变为

$$\sqrt{\sigma}=-\frac{\mathrm{j}kA}{\sqrt{\pi}}\hat{n}\cdot(\hat{e}_r\times\hat{h}^i)\mathrm{e}^{\mathrm{j}k\boldsymbol{r}_0\cdot\hat{\omega}}\tag{3-150}$$

式中，A 为平板的面积。对于单站情况，上式就变为熟知的最大回波表达式(3-148)。

3.2.5.3　圆柱体的 RCS 计算

如图 3-14 所示一个长为 L，半径为 a 的圆柱体，在用式(3-125)计算其 RCS 之前，将式(3-125)换为圆柱坐标系。其积分面元为：

$$\mathrm{d}s=a\mathrm{d}\varphi\mathrm{d}z\tag{3-150}$$

圆柱体表面位置矢量 $\boldsymbol{r}'$ 为：

$$\boldsymbol{r}' = \boldsymbol{r}_0 + a\hat{\rho} + z\hat{z} \tag{3-151}$$

式中 $\boldsymbol{r}_0$ 的含义同式(3－136)，$\hat{\rho}$、$\hat{z}$ 分别为 ρ 方向和 z 方向的单位矢量，且 $\hat{\rho}=\hat{n}$，$\hat{n}$ 为圆柱表面外法线单位矢量。设入射平面波方向与 x' 轴平行，因此只需计算圆柱曲面的散射。实际上，圆柱两个端帽的散射可视为平板进行计算。

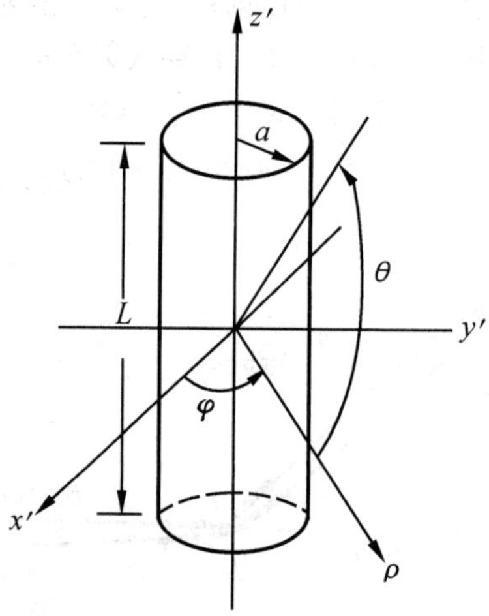

图 3－14　圆柱体坐标示意图

将式(3－150)和式(3－151)代入式(3－125)可得：

$$\sqrt{\sigma} = -\mathrm{j}\frac{ka}{\sqrt{\pi}}I_Z I_\varphi \exp[\mathrm{j}k\boldsymbol{r}_0\cdot(\hat{i}-\hat{s})] \tag{3-152}$$

式中，I_Z、I_φ 分别称为轴向积分和圆周积分：

$$I_Z = \int_{-L/2}^{L/2}\exp[\mathrm{j}kz\hat{z}\cdot(\hat{i}-\hat{s})]\mathrm{d}z \tag{3-153}$$

$$I_\varphi = \int_{-\pi/2}^{\pi/2}\hat{n}\cdot(\hat{e}_r\times\hat{h}^i)\exp[\mathrm{j}ka\hat{n}\cdot(\hat{i}-\hat{s})]\mathrm{d}\varphi \tag{3-154}$$

式(3－153)较易计算，其结果是：

$$I_Z = \frac{L\sin[\frac{1}{2}kL\hat{z}\cdot(\hat{i}-\hat{s})]}{\frac{1}{2}kL\hat{z}\cdot(\hat{i}-\hat{s})} \tag{3-155}$$

式(3－154)的积分限$[-\frac{\pi}{2},\frac{\pi}{2}]$是由入射波照射在圆柱侧面上形成的阴影边界。可以用 φ 角表示圆柱表面的外法线 $\hat{n}$：

$$\hat{n} = \hat{x}'\cos\varphi + \hat{y}'\sin\varphi \tag{3-156}$$

式中的 φ 角见图3－14，将式(3－156)代入式(3－154)进行积分运算是不易的，通常用驻相法来计算式(3－154)，令：$f(\varphi)=\hat{n}\cdot(\hat{e}_r\times\hat{h}^i)$；$g(\varphi)=a\hat{n}\cdot(\hat{i}-\hat{s})$，$g''(\varphi)=-a\hat{n}\cdot(\hat{i}-\hat{s})$，设 $\varphi=\varphi_0$ 为驻相点，利用式(3－135)可得：

$$I_\varphi = \hat{n}_0\cdot(\hat{e}_R\times\hat{h}^i)\mathrm{e}^{\mathrm{j}a\hat{n}_0\cdot(\hat{i}-\hat{s})}\mathrm{e}^{-\mathrm{j}\frac{\pi}{4}}\left[\frac{2\pi}{ak\hat{n}_0\cdot(\hat{e}_r\times\hat{h}^i)}\right]^{\frac{1}{2}} \tag{3-157}$$

式中 $\hat{n}_0$ 是把 $\varphi=\varphi_0$ 代入式(3－156)所得的结果。将式(3－155)和式(3－157)代入式(3－152)可得圆柱的双站散射公式：

$$\sqrt{\sigma} = -\mathrm{j}L\left[\frac{2ka}{\hat{n}_0\cdot(\hat{i}-\hat{s})}\right]^{\frac{1}{2}}\cdot\frac{\sin\left[\frac{1}{2}kL\hat{z}\cdot(\hat{i}-\hat{s})\right]}{\frac{1}{2}kL\hat{z}\cdot(\hat{i}-\hat{s})}\cdot$$

$$\hat{n}_0\cdot(\hat{e}_R\times\hat{h}^i)\mathrm{e}^{\mathrm{j}k\bar{r}_0\cdot(\hat{i}-\hat{s})}\cdot\mathrm{e}^{\mathrm{j}a\hat{n}_0\cdot(\hat{i}-\hat{s})}\cdot\mathrm{e}^{-\mathrm{j}\frac{\pi}{4}} \tag{3-158}$$

对于后向散射，散射方向指向入射的反方向，即有：$\hat{i}-\hat{s}=2\hat{i}$，并且 $\hat{e}_r\times\hat{h}^i=-\hat{i}$，将这些代入式(3－158)可得：

$$\sqrt{\sigma} = \mathrm{j}L\sqrt{ka}\cdot\frac{\sin(kL\hat{z}\cdot\hat{i})}{kL\hat{z}\cdot\hat{i}}\cdot\sqrt{\hat{n}\cdot\hat{i}}\cdot\mathrm{e}^{\mathrm{j}2k\hat{i}\cdot(a\hat{n}_0+\bar{R}_0)}\cdot\mathrm{e}^{-\mathrm{j}\frac{\pi}{4}} \tag{3-159}$$

对上式取模再平方就可得到长度为 L,半径为 a 的圆柱体单站 RCS 计算公式:

$$\sigma = kaL^2\cos\theta\left|\frac{\sin(kL\sin\theta)}{L\sin\theta}\right|^2 \tag{3-160}$$

式中,θ 为观察方向与 $x'oy'$ 平面的夹角(见图 3 - 14)。式(3 - 160)说明圆柱的 RCS 与 φ 角无关,当 $\theta = 0$ 时,则得到圆柱体最大的 RCS:

$$\sigma = kaL^2 = \frac{2\pi aL^2}{\lambda} \tag{3-161}$$

3.2.5.4　球体的 RCS 计算

运用式(3 - 125)计算球体的双站 RCS 是比较困难的,但对球体后向散射这一特殊情况可以用式(3 - 125)来计算。在图 3 - 15 所示的坐标系中给出了一个半径为 a 的球体。入射波沿 $-\hat{z}$ 方向。对后向散射有:$\hat{i}-\hat{s}=2\hat{i}$,$\hat{e}_r\times\hat{h}^i=-\hat{i}=\hat{z}$,将这些代入式(3 - 125),并将两边平方得:

$$\sigma = \frac{4\pi}{\lambda^2}\left|\int_s(\hat{n}\cdot\hat{z})\mathrm{e}^{\mathrm{j}2k\hat{R}\cdot\hat{i}}\mathrm{d}s\right|^2 \tag{3-162}$$

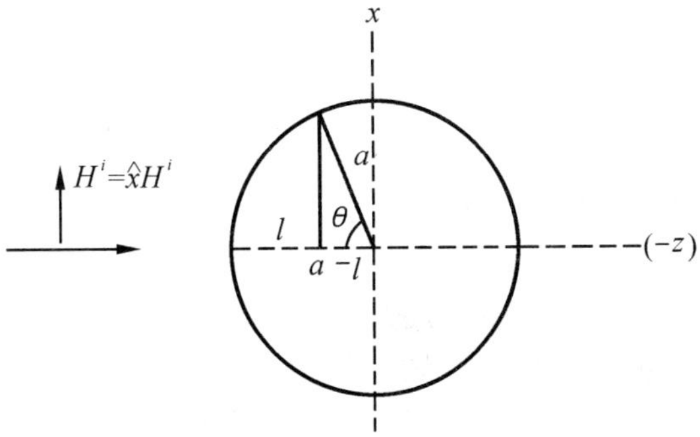

图 3 - 15　球体坐标示意图

由图 3 - 15 可知:

$$\hat{n}\cdot\hat{z} = \cos\theta = \frac{a-l}{a} \tag{3-163}$$

$$\mathrm{d}s = a^2\sin\theta\mathrm{d}\theta\mathrm{d}\varphi \tag{3-164}$$

式中,$\mathrm{d}\varphi$ 积分限为$[-\pi,\pi]$。由式(3 - 163)可得:

$$\mathrm{d}l = a\sin\theta\cdot\mathrm{d}\theta \tag{3-165}$$

则

$$\mathrm{d}s = a\mathrm{d}l\mathrm{d}\varphi \tag{3-166}$$

又注意到:

$$\hat{R}'\cdot\hat{i} = -\hat{R}'\cdot\hat{z} = -(a-l) \tag{3-167}$$

将式(3 - 163)、式(3 - 166)和式(3 - 167)代入式(3 - 162),并对 φ 角积分得:

$$\sigma = \frac{4\pi}{\lambda^2}\left|2\pi\mathrm{e}^{-\mathrm{j}2ka}\int_0^a(a-l)\mathrm{e}^{\mathrm{j}2kl}\mathrm{d}l\right|^2 \tag{3-168}$$

对上式积分并进行运算整理可得:

$$\sigma = \frac{4\pi}{\lambda^2}\left|\frac{a\lambda}{\mathrm{j}2}\left[\left(1+\frac{1}{\mathrm{j}2ka}\right)\mathrm{e}^{-\mathrm{j}2ka}-\frac{1}{\mathrm{j}2ka}\right]\right|^2 = \pi a^2\left|\left(1+\frac{1}{\mathrm{j}2ka}\right)\mathrm{e}^{-\mathrm{j}2ka}-\frac{1}{\mathrm{j}2ka}\right|^2 \tag{3-169}$$

需说明,式(3 - 169)中平方项内由两部分组成,第一部分是由球体的正面产生的,第二部分$(\mathrm{j}2ka)^{-1}$是由于在球体阴影边界上($\theta = \pi/2$)假定电流不连续而引起,其相位和阴影边界的位置相对应。实际上球体上的感应电流在阴影边界处应是连续的,并不是突然下降至零,因此应将第二部分视为人为虚构而舍去。事实上,我们用物理光学法去分析任何问题时,都会因假设感应电流的不连续性而对散射场做出错误的贡献。

将式(3 - 169)中的第二部分舍去后可写成:

$$\sigma = \pi a^2 \left| \left(1 + \frac{1}{\mathrm{j}2ka}\right) \mathrm{e}^{\mathrm{j}2ka} \right|^2 \tag{3-170}$$

显然,当 $ka \to \infty$(或 $\lambda \to 0$)时,式(3-170)的极限是 πa^2,这正是几何光学的结果。式(3-170)定量地说明了,在高频近似的条件下,几何光学近似和物理光学近似是不同的。几何光学近似要求 $\lambda \to 0$,或者必须有 $\sqrt{p} \gg \sqrt{\lambda}$(或 $\sqrt{p} \geqslant 100\sqrt{\lambda}$),而物理光学近似要求 $p^2 \gg \lambda^2$(或 $p^2 \geqslant 100\lambda^2$)。

为了更深入理解式(3-170),我们把电磁场用($-\mathrm{j}k$)倒数幂的渐近级数表示为:

$$\boldsymbol{E}(\boldsymbol{r}) = \mathrm{e}^{-\mathrm{j}k\Phi(r)} \sum_{m=0}^{\infty} (-\mathrm{j}k)^{-m} \boldsymbol{E}_m(\boldsymbol{r}) \tag{3-171}$$

$$\boldsymbol{H}(\boldsymbol{r}) = \mathrm{e}^{-\mathrm{j}k\Phi(r)} \sum_{m=0}^{\infty} (-\mathrm{j}k)^{-m} \boldsymbol{H}_m(\boldsymbol{r}) \tag{3-172}$$

式中,$\boldsymbol{\Phi}(r)$ 为程函数或相位函数。式(3-171)和式(3-172)称为伦贝格-克兰(Luneberg-Kline)展开。其中第一项($m=0$)称为几何光学项。我们可以把式(3-170)理解为将散射场按伦贝格-克兰展开后,在 k 很大的情况下只取前两项的结果。

由上述分析可知,只要假设散射面上的感应电流合理并应与实际的电流分布非常接近。那么物理光学法就可给出一个比较精确的结果。在散射面上的感应场(或感应电流)是未知时,通常用几何光学法求得。然而在某些情况下,几何光学法不能给出较准确的感应电流分布,例如在边角附近(此处的切平面不能确定)。

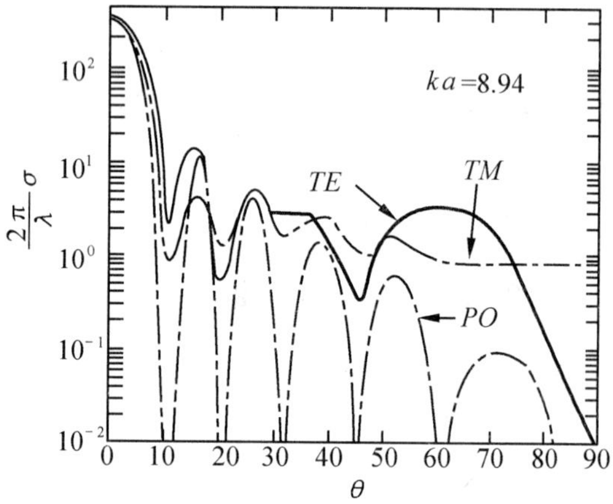

图 3-16 宽度为 a 的带状导体的物理光学散射

图 3-16 给出了一个宽为 a 的无限长带状导体的 $k\sigma$ 随后向散射角 θ 变化的方向图,$k\sigma$ 的值分别用物理光学法和精确方法计算。图中的 TE 表示入射波的电场(E_i)与带边垂直;TM 表示入射波的电场(E_i)与带边平行。由图可见,当 θ 角偏离垂直于带面时,两种计算方法得出的结果偏差逐渐变大,要消除这种偏差需在物理光学法中的感应电流加上一个考虑边角效应的附加电流项。这就是后文要讨论的物理绕射理论,但在此之前先讨论几何绕射理论。

3.2.6 几何绕射理论

当散射体具有小曲率半径的边缘、拐角、尖端等几何形状时,这些部位的散射特性不能用上述的几何光学和物理光学理论来分析,应采用几何绕射理论(GTD)来分析计算。该理论是在几何光学的基础上发展起来的,也是一种射线理论。该理论最主要的是引入了绕射线和绕射系数等概念,它与几何光学中的反射线和反射系数一样重要。实际上,用几何绕射理论分析散射体的散射特性时,主要是考虑散射体的反射线和反射系数以及绕射线和绕射系数。前者在几何光学法中已经讨论过了,下面主要讨论绕射线和绕射系数。

3.2.6.1　绕射线

当入射线射到散射体边界面的边缘、拐角、尖端或掠过这些边界表面时(见图3－17)就会产生绕射线。在远离绕射体的地方,绕射线与普通射线没有区别。

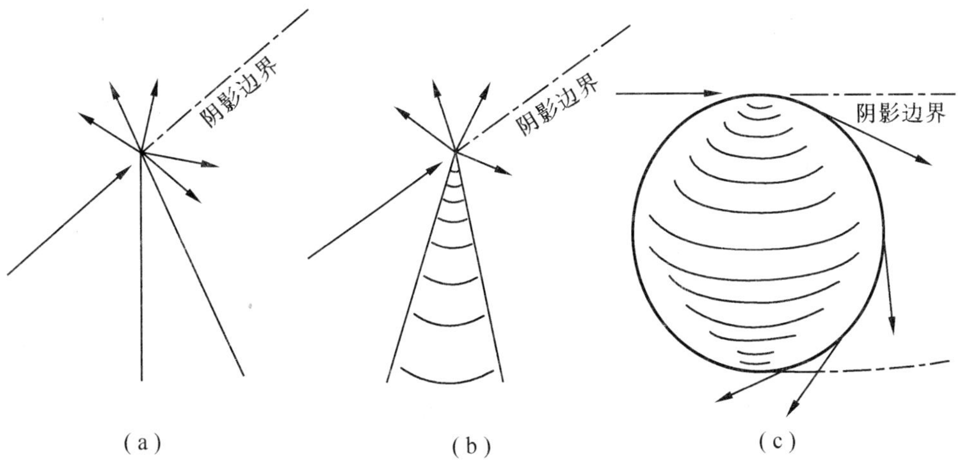

图 3－17　绕射线例子

绕射场是沿绕射射线传播的,这种射线的轨迹可以用广义的费马原理确定。所谓广义的费马原理就是把费马原理推广到包含物体边缘上的点,并认为绕射射线也是沿使费马积分取极值的路程行进的。

绕射波的波前可由绕射线来定义,用惠更斯子波的方法也可以决定它们。绕射波的相函数在波前上是常数,且满足程函数方程(3－90)。因此几何光学的基本原理都可以推广到几何绕射理论中去。这就是说可以用几何光学强度定律(3－95)来计算绕射线上的场强;而沿绕射线路程的相位迟延就等于媒质中的波数和路程的乘积。由图3－17可见,绕射线的一部分可以进入散射体的阴影区,另一部分可射入散射体的照明区。因此借助绕射线的概念就可分析计算散射体阴影区的散射场以及照明区几何光学失效区域的散射场。

在几何光学中可以用一个通用的反射定律来描述反射线的传播特性;但对绕射线的特性不能这样认为,而是对不同的几何结构产生的绕射现象用不同的绕射定律来描述。

(1) 边缘绕射定律

边缘绕射定律是由凯勒(Keller)首先提出的,该定律认为,边缘绕射射线与边缘的夹角等于相应的入射线与边缘的夹角。入射线与绕射线分别位于在绕射点与边缘垂直的平面的两侧或在一个平面上。一条入射线将激起无穷多条绕射射线,它们都位于一个以绕射点为顶点的圆锥面上。圆锥轴就是绕射点的边缘的切线,圆锥的半顶角就等于入射线与边缘切线的夹角,如图3－18(a)所示。当入射线与边缘垂直时,圆锥面退化为与边缘垂直的平面圆盘,如图3－18(b)所示。边缘绕射在许多的绕射问题中都会出现,对其的研究也比较多、比较全,并给出了其绕射系数的计算公式。

(2) 尖端绕射定律

尖端绕射射线就是从源点 S 经过尖端到达场点的射线见图3－17(b),尖端可能是圆锥的顶点,也可能是90°拐角的顶点。只要尖端没有被绕射物体所遮挡,则尖端绕射线总是存

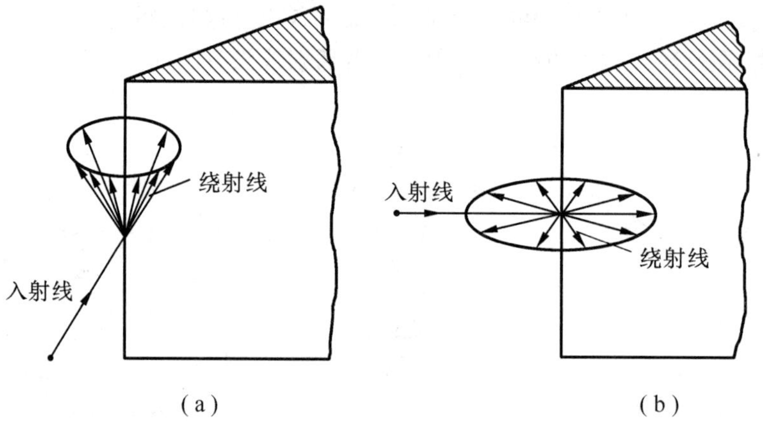

图3－18 边缘绕射

在的。由尖端发出的绕射线可以是任意方向的,因此一根入射线可以激起无穷多根尖端绕射射线,它们将以尖端为中心沿径向向四面八方发出。相应的绕射波阵面是以尖端为中心的球面。以上的说明可以称之为尖端绕射定律。要导出尖端绕射场的一般性渐近表示式是很困难的,因此至今还没有求得尖端绕射场的绕射系数。

(3)曲面绕射定律

当有射线向光滑的理想导电曲面掠入射,即沿其阴影边界入射时,它将分为两部分:一部分入射能量将按几何光学定律继续照直前进,另一部分入射能量则沿着物体的表面传播,即成为表面射线。表面射线在传播时将不断沿其切向发出绕射射线,如图3－19所示。由广义的费马原理可知,对于在阴影区的场点 P,入射线和绕射线是分别和表面上的 Q_1 和 Q_2 点相切的,而表面射线则是沿 Q_1 和 Q_2 两点间的最短路程行进的。因为表面射线是沿曲面传播的,所以它一般是曲线,这是和边缘绕射射线和尖顶绕射射线不同之处。可以证明,在曲面上一定区域内,两点之间只有一条曲线能使两点间的光程为最小值,这条特定的曲线称为短程线。以上对表面绕射射线的说明可以称之为曲面绕射定律。

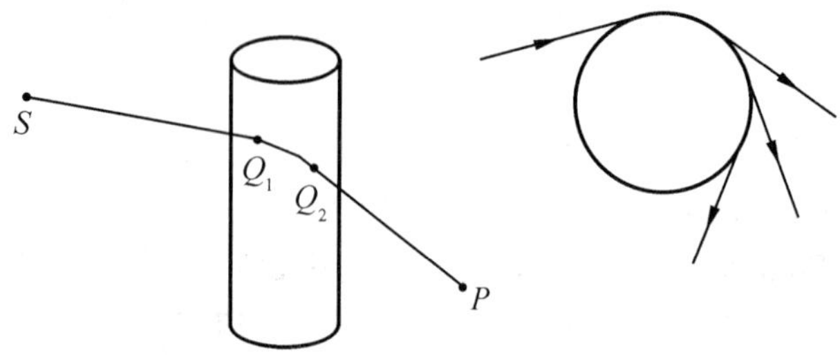

图3－19 表面绕射射线

因为表面射线在沿曲面传播时不断沿切向发出绕射射线,所以它的能量衰减得很快。通常它是按指数规律衰减的,因此表面绕射场一般比边缘绕射场弱。表面射线又称为爬行波,理论上它要环绕封闭曲面“爬行”无穷多次,实际上因为它的能量衰减得很快,因此环绕封闭曲面(例如圆柱面或球面)一周以上的射线可以不必考虑。

以上讨论了三种绕射线(或场),在这三种绕射场中,边缘绕射场较强,由于尖端绕射场的幅度与距离的一次方成反比(球面波),因此其绕射场比边缘绕射场衰减得快,加之其绕射系数比较难求,常常忽略尖端绕射场的贡献。曲面绕射场一般按指数律衰减,比尖端绕射弱,但对其可以进行计算,因此在许多涉及曲面绕射的问题中还是计入其贡献。

3.2.6.2　绕射系数

绕射线是几何绕射理论的几何(或射线)描述;而绕射系数则是量的描述,借助几何光学的理论,可以直接写出绕射场的一般计算公式:

$$\boldsymbol{E}^d(s) = \boldsymbol{E}^i(0) \cdot \overline{\overline{D}} A(s) e^{-jks} \tag{3-173}$$

式中,$\boldsymbol{E}^d(s)$ 为观察点处的绕射场强矢量;s 是沿绕射射线从绕射点到远场观察点的距离;$\boldsymbol{E}^i(0)$ 是绕射点处的入射波场强矢量(含振幅和相位);$\overline{\overline{D}}$ 称为并矢绕射系数;$A(s)$ 是绕射场的扩散因子,它描述了绕射射线管的横截面在传播过程中的变化。一般 $\boldsymbol{E}^i(0)$ 是已知的,$A(s)$ 可用绕射追迹方法求出,因此一旦求得绕射系数 $\overline{\overline{D}}$ 就可用式(3-173)来确定绕射场强 $\boldsymbol{E}^d(s)$。

不同的绕射结构(边缘、尖端)有不同的绕射系数,而求解绕射系数是比较困难的。与几何光学中高频假设一样,即绕射是一种高频情况下的局部现象。只有绕射点附近的情况对绕射系数的值有影响。因此,绕射系数决定于入射线和绕射线的方向、波长、绕射点的几何形状和其附近媒质的性质以及入射波的极化等。这就为我们求解绕射系数提供了理论依据。我们可对一些较简单散射体进行严格求解,并从严格解中分离出散射场的解,并与式(3-173)比较而定出绕射系数,这就使得几何绕射理论具有充分的数学根据。当然,也可以对一些典型问题做实验来求得绕射系数的数值。然而到目前为止,几何绕射理论所依据的已有严格解的典型问题并不多,主要是平面波在理想导电劈(半平面是劈角等于零时特例)上的绕射和平面波在理想导电圆柱体上的散射,而前者主要用于确定边缘绕射系数,后者主要用于对曲面绕射的分析。

本章将主要讨论边缘绕射现象和边缘绕射系数,这是因为边缘绕射产生的后向散射比其他情况的绕射要强。曲面绕射由于在传播过程中按指数律衰减,因此对后向散射的贡献较小,但在考虑前向散射问题时不能忽略曲面绕射。

3.2.6.3　几何绕射理论

在介绍几何绕射理论之前我们先讨论边缘绕射问题。无限半平面对一平面波的边缘绕射是一个经典问题,该问题早在 1896 年由索莫菲(Sommerfeld)给出了严格解。这个解包含着入射和反射平面波再加上一个第三波——称为绕射波。这个问题的求解过程比较复杂,在此不细讨论。但为了对边缘绕射问题有一个简单的认识,我们来简单讨论图 3-20 给出的边缘绕射问题。

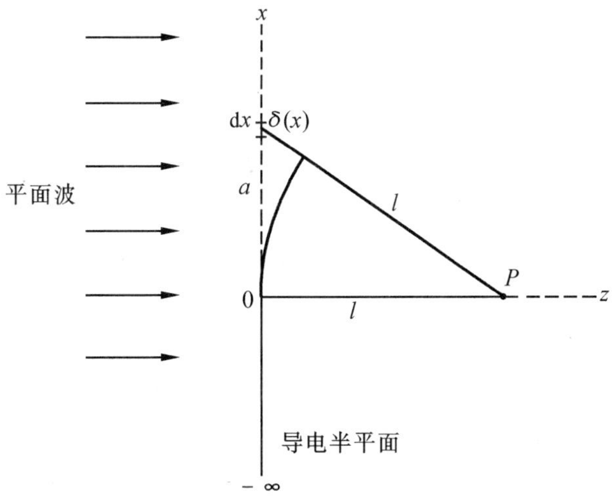

图 3-20　平面波经无限大导电半平面的绕射

首先用几何光学来分析这个经典问题得到的结果是场在阴影边界处出现阶梯式的不连续(见图 3-21)。然而,实际的物理现象在阴影边界处并不像图 3-21 所示的那样不连续,这说明几何光学在处理这些问题的局限性。事实上只有考虑边缘处的绕射线才能保证场在跨越阴影边界处的连续性。为了简便,我们用惠更斯原理来讨论这个问题中$z>0$区域的场,为此,我们将$z=0$处每一点的平面波波前视为一个新的源,并由其再辐射柱面波,假设每点$\mathrm{d}x$辐射的柱面波在$P(z)$点产生的场为$\mathrm{d}E$;那么所有点在$P(z)$点处产生的场为:

$$E(p)=\int_{x=a}^{x=\infty}\mathrm{d}E \tag{3-174}$$

式中的$\mathrm{d}E$是由平行于y轴线源产生的柱面波,因此$\mathrm{d}E$可表示为:

$$\mathrm{d}E=\frac{C}{\sqrt{1+\delta(x)}}\mathrm{e}^{-\mathrm{j}k[l+\delta(x)]}\mathrm{d}x \tag{3-175}$$

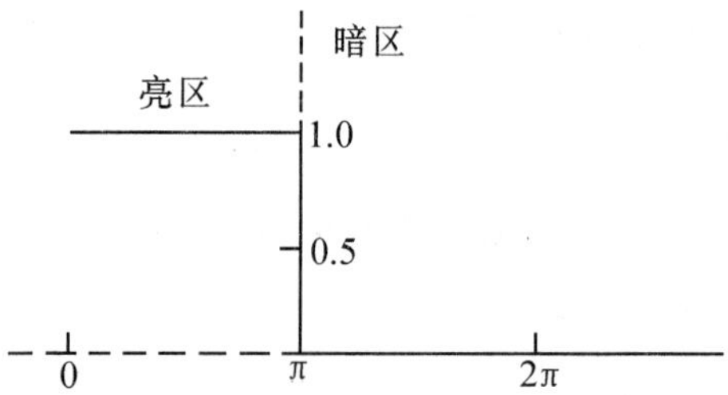

图 3-21　几何光学在阴影边界处的不连续性示意图

式中,C为常数,当$[l+\delta(x)]\gg\lambda$和$l\gg\delta(x)$时,上式可写为:

$$\mathrm{d}E=\frac{C}{\sqrt{l}}\mathrm{e}^{-\mathrm{j}k[l+\delta(x)]}\mathrm{d}x \tag{3-176}$$

将上式代入式(3-174)中,并考虑$x=a$至$x=x_0$的积分:

$$E(p)=\frac{C}{\sqrt{l}}\mathrm{e}^{\mathrm{j}kl}\int_a^{x_0}\mathrm{e}^{-\mathrm{j}k\delta(x)}\mathrm{d}x \tag{3-177}$$

利用简单的几何知识,可求得,当$l\gg\delta(x)$时,$\delta(x)\approx x^2/2l$,再作代换$r^2=2/\lambda l$;$u=rx$,并代入式(3-177)得:

$$E(p)=C\frac{\sqrt{\lambda}}{2}\mathrm{e}^{-\mathrm{j}kl}\int_{ra}^{rx_0}\mathrm{e}^{-\mathrm{j}\frac{\pi}{2}u^2}\mathrm{d}u \tag{3-178}$$

当$x_0\to\infty$时,式(3-178)就是标准的费涅尔(Fresnel)积分。该积分可用计算机计算,也可通过查曲颈螺旋线来计算。现在我们来确定式(3-178)中的系数C,为此,令$x_0\to\infty$;$a\to-\infty$,这相应于没有导电平板的情况,因此有:

$$E(p)=C\frac{\sqrt{\lambda}}{2}\mathrm{e}^{-\mathrm{j}kl}\int_{-\infty}^{\infty}\mathrm{e}^{-\mathrm{j}\frac{\pi}{2}u^2}\mathrm{d}u=C\frac{\sqrt{\lambda}}{2}\cdot\sqrt{2}\mathrm{e}^{-\mathrm{j}\frac{\pi}{4}}\cdot\mathrm{e}^{-\mathrm{j}kl} \tag{3-179}$$

显然,在无导电平板时,$z>0$空间任意一处(包括p点)的场为:

$$E(p)=E_0\mathrm{e}^{-\mathrm{j}kl} \tag{3-180}$$

由式(3-179)和式(3-180)可定出系数C为:

$$C=\frac{E_0\sqrt{2}}{\sqrt{\lambda}}\mathrm{e}^{\mathrm{j}\frac{\pi}{4}} \tag{3-181}$$

将上式代入式(3-178),并令$x_0\to\infty$,得:

$$E(p)\approx\frac{E_0\mathrm{e}^{\mathrm{j}\frac{\pi}{4}}}{\sqrt{2}}\mathrm{e}^{\mathrm{j}kl}\int_{ra}^{\infty}\mathrm{e}^{\mathrm{j}\frac{\pi}{2}u^2}\mathrm{d}u \tag{3-182}$$

注意上式是近似结果(由于$x_0\to\infty$)。式(3-182)的积分值与ra有关,为了保证计算精度达到要求,必须$l\gg\lambda$和$l\gg\delta(x)$。以上仅是简单的讨论。从这些讨论中,可见在分析边缘绕射时,很自然要涉及费涅尔积分。图3-22给出了在阴影边界附近处绕射场变化示意图。由图可见,在阴影边界处,场的相对值是0.5;在亮区,场值出现振荡,这是由于绕射场与入射场相干涉的结果;而在暗区,没有入射场而只有绕射场,因此没有振荡。式(3-182)是一个总场表达式;它包括了入射场、反射场和绕射场。显然,很难从式(3-182)中区分出这三种场。

因此，下面将对这三种场的贡献进行定性讨论。

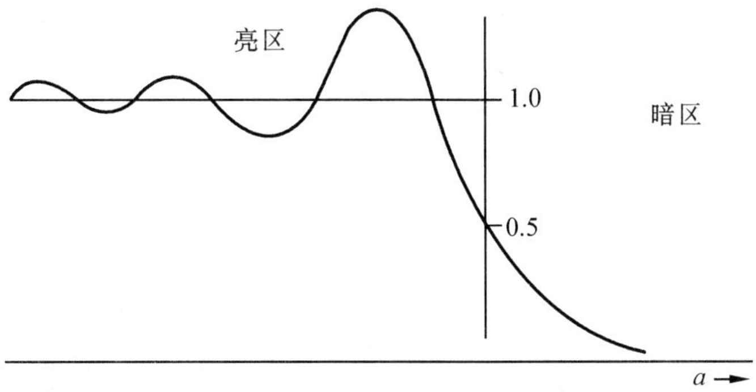

图 3 – 22　在阴影边界附近处绕射场变化示意图

我们先定义两个阴影边界，即入射场阴影边界和反射场阴影边界（见图3 – 23）。这两个边界的作用是将空间分成三个区域：区域 1 包括入射线、反射线和绕射线；区域 2 包括入射线和绕射线；区域 3 只有绕射线。为了讨论方便，我们将这三个区域中任意一处的场用下式表示：

$$E(s,\Phi \pm \Phi') = \pm U^r(s,\Phi + \Phi') + U^i(s,\Phi - \Phi') \tag{3-183}$$

式中，Φ' 为入射线与半平面的夹角；Φ 为绕射线与半平面的夹角；$U^r(\cdot)$ 表示反射场；$U^i(\cdot)$ 表示入射场；s 为从绕射边缘到场点的距离；式中的“±”符号与入射场的极化有关，当入射场垂直（或平行）于绕射边缘时，就相应取正（或负）号。$E(s,\Phi \pm \Phi')$ 应满足标量波动方程和相应的边界条件。当导电半平面扩展为无穷大时，式（3 – 183）中的 $U^r(\cdot)$ 项就代表几何光学中的反射场；但在图 3 – 23 所示的情况下，$U^r(\cdot)$ 将由两部分组成，即几何光学反射场和绕射场。同理，式（3 – 183）中的 $U^i(\cdot)$ 也是由两部分组成，即几何光学入射场和绕射场，它们分别表示为：

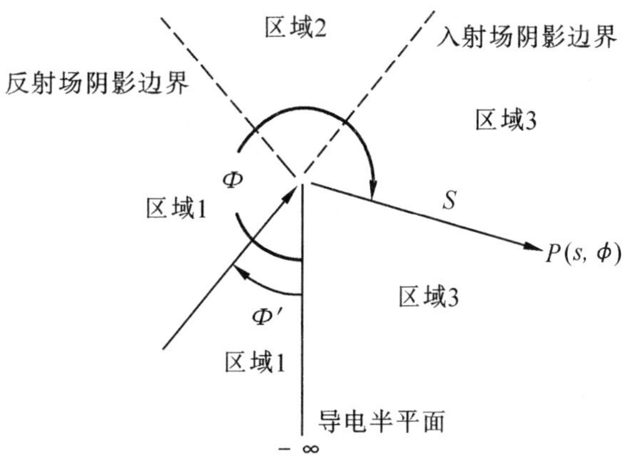

图 3 – 23　阴影边界划分示意图

$$U^r(s,\Phi + \Phi') = U^r_*(s,\Phi + \Phi') + U^r_B(s,\Phi + \Phi') \tag{3-184}$$

$$U^i(s,\Phi - \Phi') = U^i_*(s,\Phi - \Phi') + U^i_B(s,\Phi - \Phi') \tag{3-185}$$

式中，$U_*(\cdot)$ 表示几何光学场；U_B 表示绕射场。因此式（3 – 183）由四部分组成。由于有了式（3 – 184）和式（3 – 185）的关系式。就保证了场在两个阴影边界处的连续性。这可通过几何关系来说明。根据图 3 – 24 的几何关系可以得出几何光学的反射线可由下式给出：

$$U^r_*(s,\Phi + \Phi') = e^{jks\cos(\Phi+\Phi')}$$

$$(0 < \Phi < \pi - \Phi',\text{区域 1}) \tag{3-186}$$

式中的相位参考是选在半平面的边缘，并采用柱坐标系，坐标系的 z 轴与半平面的边缘共

线。同理入射线可由下式给出:

$$U_*^i(s,\Phi-\Phi') = e^{jks\cos(\Phi-\Phi')}$$
$$(0 < \Phi < \pi + \Phi', 区域1和2) \tag{3-187}$$

由式(3-186)和式(3-187)可知,几何光学的反射场只存在于 $0 < \Phi < \pi - \Phi'$ 空间;几何光学入射场只存在 $0 < \Phi < \pi + \Phi'$ 空间,当 Φ 为其他值时,$U_*^i = U_*^r = 0$。或者说,只有区域1存在反射场;而区域2和3没有反射场;区域1和2有入射场,而区域3没有入射场。显然只有绕射场才能弥补几何光学场的不连续性。图3-25给出了一个无限大半平面的散射场随 Φ 角变化的曲线;图中的实线表示总场;虚线表示绕射场。入射线与平面的夹角 $\Phi' = 75°$。由图可见当 $\Phi \geq 255°$(或 $\Phi \geq \Phi' + 180°$)时,总场就是绕射场,这样就保证了总场在入射场阴影边界($\Phi = 255°$)处的连续性,此处绕射场的值为0.5(注:入射场的值为1)。当 $105° < \Phi < 255°$ 时,总场出现振荡,这是由于入射场与绕射场干涉的结果。当 $\Phi = 105°$ 时,绕射场的值为0.5,并且总场在跨越反射场阴影边界时是连续的,当 $\Phi < 105°$,总场出现了幅度较大的振荡(几乎在0与2之间振荡),这主要是区域1中的入射波和反射波相干而形成了驻波(也有绕射波的贡献但很小)。图3-26给出了同一个问题(即图3-24所示)在时域内在平板附近区域总场的分布,平面波的入射角 $\Phi' = 75°$,该分布图是采用有限差分时域(FDTD)法求得的。该图形效果类似于在某时刻的快拍照片。图中的"白色"区代表某一瞬间的"0"场强,从图中可以看出阴影边界和反射场的迹象:当 $\Phi > 255°$ 时,场较弱;$\Phi < 105°$ 时,出现干涉方向图,

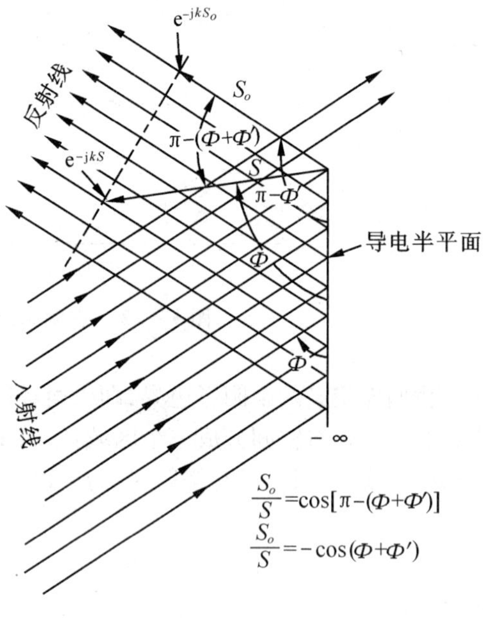

图3-24 入射线与反射线几何关系图

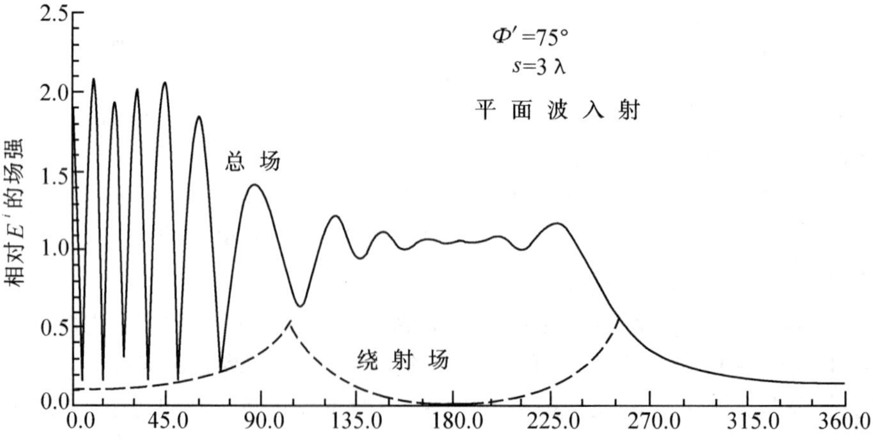

图3-25 平面波向导电半平面入射时总场和绕射场的方向图

从干涉方向图可看到在垂直和平行平面的两个方向上出现了驻波。这是因为入射角 $\Phi' \neq 90°$ 所致。

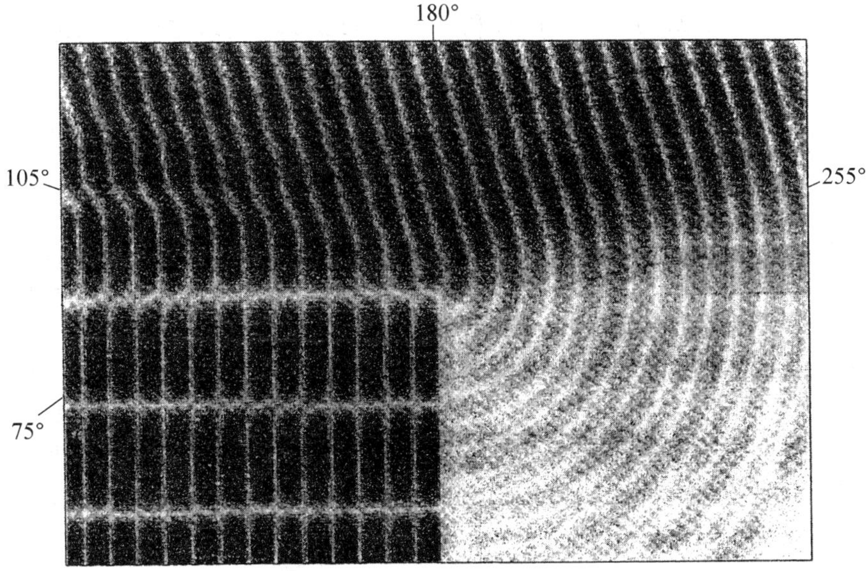

图 3－26　用 FDTD 法计算得出平面波入射平板在某一瞬间场强分布图

对绕射场的 U_B 进行数理分析在过去几十年里一直是一热门研究课题。并且绝大多数研究都是以索莫菲的经典研究结果为基础的。对由图 3－27 所示的绕射问题，索莫菲给出了绕射场 U_B 的数学表达式：

$$U_B(s,\Phi^{\pm}) = -e^{j\frac{\pi}{4}}\sqrt{\frac{2}{\pi\alpha}} \cdot e^{jks\cos\Phi^{\pm}}\cos\frac{\Phi^{\pm}}{2}\int_{\sqrt{aks}}^{\infty} e^{j\tau^2}d\tau \tag{3-188}$$

式中，$\Phi^{\pm} = \Phi \pm \Phi'$；$\alpha = 1 + \cos\Phi^{\pm}$。上式在形式上与式(3－178)有些相似。索莫菲还研究了平面波入射到一个内角为 $(2-n)\pi(0 < n \leq 2)$ 的尖劈上的绕射场(见图 3－27)，得到绕射场 U_B 的表达式为：

$$U_B(s,\Phi^{\pm}) = \frac{e^{-j(ks-\frac{\pi}{4})}}{\sqrt{2\pi ks}} \cdot \frac{\frac{1}{n}\sin\left(\frac{\pi}{n}\right)}{\cos\frac{\pi}{n} - \cos\left(\frac{\Phi_{\pm}}{n}\right)} \tag{3-189}$$

上式是绕射场围道积分的渐近计算结果的表达式，该式在非常接近阴影边界区域时，场出现无限大。我们把靠近阴影边界的区域称为过渡区。显然式(3－189)在过渡区外有效，即要求：

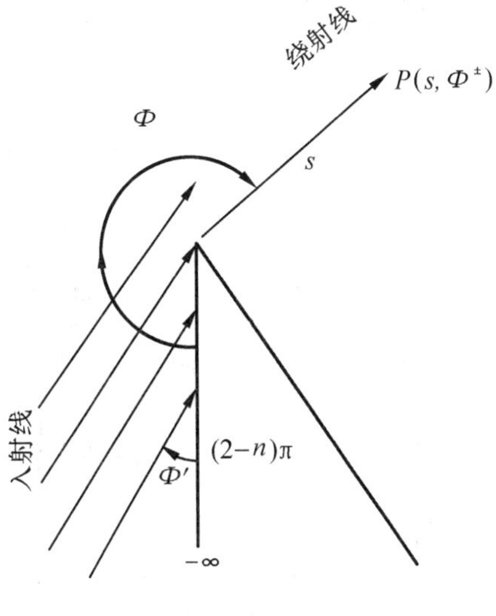

图 3－27　尖劈的绕射

$$ks\left(\cos\frac{\pi}{n}-\cos\frac{\Phi_{\pm}}{n}\right)^2\gg 1 \tag{3-190}$$

上式一般在$ks(1+\cos\Phi^{\pm})$很大时才能满足,这意味着场的观察点与绕射边缘和距离必须是大的电距离(以波长为单位)。1938 年,保利(Pauli) 对索莫菲的研究结果式(3 - 188) 进行了改进,得到了索莫菲围道积分的级数解:

$$U_B(s,\Phi^{\pm}) = \frac{2e^{j\frac{\pi}{4}}}{n\sqrt{\pi}}\frac{\sin(\pi/n)}{\cos(\pi/n)-\cos(\Phi^{\pm}/n)}\left|\cos\frac{\Phi^{\pm}}{2}\right|\cdot e^{jks\cos\Phi^{\pm}}\int_{\sqrt{aks}}^{\infty}e^{-j\tau^2}d\tau \tag{3-191}$$

上式比式(3 - 188) 要精确,并且可以计算过渡区域的场;但该式计算较复杂。当$n=2$时,即半平面的绕射,式(3 - 191) 中的高阶项恒等于零;该式简化为式(3 - 188)。需说明,保利给出的式(3 - 191) 是将索莫菲的研究成果首次用于实际计算。

以上是对平面波在理想导电劈上的绕射进行了讨论,并给出了索莫菲和保利对这个经典问题的研究结果。讨论时回避了复杂的数学分析的推导,采用较为简单和直观的几何分析法,使我们对这个经典绕射问题有一个感性的认识,但以上内容并不是现代版的几何绕射理论。1953 年,凯勒在此基础上建立了现代版的几何绕射理论。凯勒理论的基本假设是:

(1) 绕射场沿射线传播;这些射线路径包括边界面上的点。这些射线路径遵守费马原理,即最短光程原理;

(2) 在高频时,绕射像反射一样是一个局部现象,它决定于边界表面的几何形状和绕射点附近的入射场;

(3) 由于绕射波沿射线传播,因此射线束中的能量守恒,相位延迟等于波数k乘以沿射线的路程。

该理论导出的基本算式是式(3 - 173),其核心是绕射系数。为了讨论方便,将式(3 - 173) 写成标量形式:

$$E^d(s) = E^i(0)DA(s)e^{-jks} \tag{3-192}$$

式中各量的含意同式(3 - 173),并令$E^i(0)=1$;对于边缘绕射$A(s)=1/\sqrt{s}$,上式可写成:

$$E^d(p) = D\cdot\frac{1}{\sqrt{s}}e^{-jks} \tag{3-193}$$

式中的绕射系数是根据索莫菲的研究结果而求得的。例如,平面波在半平面的绕射场由式(3 - 188) 给出,当k值很大(或$\lambda\to\infty$) 时,可求得式(3 - 188) 的渐近解:

$$U_B\approx-\frac{e^{-j(ks-\frac{\pi}{4})}}{2\sqrt{2\pi ks}}\left[\sec\frac{1}{2}(\Phi-\Phi')\mp\sec\frac{1}{2}(\Phi+\Phi')\right] \tag{3-194}$$

比较式(3 - 193) 和式(3 - 194),可以得出半平面对平面波的绕射系数:

$$D=-\frac{e^{j\frac{\pi}{4}}}{2\sqrt{2\pi k}}\left[\sec\frac{1}{2}(\Phi-\Phi')\mp\sec\frac{1}{2}(\Phi+\Phi')\right] \tag{3-195}$$

应该注意,由于式(3 - 194) 是忽略了绕射场的高次项的结果,事实上,这些高次项远小于由式(3 - 194) 给出的第一项。因此,几何绕射理论虽有严格的数学根据,但它是近似的。

当用尖劈代替半平面且劈内角为$(2-n)\pi$时,将式(3 - 193) 与式(3 - 189) 比较可得到平面波入射时尖劈绕射系数:

$$D = \frac{e^{j\frac{\pi}{4}}\sin\frac{\pi}{n}}{n\sqrt{2\pi k}}\left[\left(\cos\frac{\pi}{n} - \cos\frac{\Phi - \Phi'}{n}\right)^{-1} \mp \left(\cos\frac{\pi}{n} - \cos\frac{\Phi + \Phi'}{n}\right)^{-1}\right] \quad (3-196)$$

显然,当 $n = 2$,尖劈内角 $(2 - n)\pi = 0$ 时,上式就化为式(3 - 195)。要注意,式(3 - 195)和式(3 - 196)中的"-"号表示入射波电矢量与边缘平行;"+"表示入射波磁矢量与边缘平行。前者称为电极化边缘绕射系数(或硬边缘绕射系数),记为 D^e;后者称为磁极化边缘绕射系数(或软边缘绕射系数),记为 D^m。一般入射平面波可由电极化平面波和磁极化平面波组合而成,这时相应的绕射场为:

$$E_z^d = D^e E_z^i \frac{e^{-jks}}{\sqrt{s}} \quad (3-197)$$

$$H_z^d = D^m H_z^i \frac{e^{-jks}}{\sqrt{s}} \quad (3-198)$$

上式中的下标"z"表示场的 z 分量;选择柱坐标系,并且 z 轴与边缘共线。将上两式合并写成一个矩阵方程如下:

$$\begin{bmatrix} E_z^d \\ H_z^d \end{bmatrix} = \begin{bmatrix} D^e & 0 \\ 0 & D^m \end{bmatrix}\begin{bmatrix} E_z^i \\ H_z^i \end{bmatrix}\frac{e^{-jks}}{\sqrt{s}} \quad (3-199)$$

式中的右边第一个矩阵称为边缘绕射系数矩阵或简称为边缘绕射矩阵。

以上我们对尖劈的绕射系数进行了讨论,并得出了式(3 - 195)和式(3 - 196)给出的计算边缘绕射系数的公式,对这两式的应用说明如下:

(1) 从式(3 - 195)和式(3 - 196)的推导可见,它们只有适用于过渡区外的远区场;

(2) 上述两式虽然是在平面波入射条件下导出的;但式中并不含与入射波形式有关的因子,因此它们也适用于入射波为球面波、圆面波和锥面波的情况;

(3) 以上讨论认为入射波为垂直入射,当入射波为斜入射时,斜入射角为 θ;那么应将上述两式除以 $\sin\theta$,即

$$D = -\frac{e^{j\frac{\pi}{4}}}{2\sqrt{\pi k}\sin\theta}\left[\sec\frac{1}{2}(\Phi - \Phi') \mp \sec\frac{1}{2}(\Phi + \Phi')\right] \quad (3-200)$$

$$D = -\frac{e^{j\frac{\pi}{4}}\sin\frac{\pi}{n}}{n\sqrt{\pi k}\sin\theta}\left[\left(\cos\frac{\pi}{n} - \cos\frac{\Phi - \Phi'}{n}\right)^{-1} \mp \left(\cos\frac{\pi}{n} - \cos\frac{\Phi + \Phi'}{n}\right)^{-1}\right]$$

(3 - 201)

(4) 如果绕射边缘不是直的,而是曲边缘。这时边缘的曲率半径不是无限大,则绕射波波阵面的曲率半径将与入射波的不同,并与绕射点的曲率半径有关,但这时的绕射系数与上述两式相同,这是因为,在高频局部性假设下,曲边缘上的每一点附近都在局部上可以看成是无限长直边缘的一部分,且任意入射场在局部上可以认为是平面波。

3.2.6.4　一致性几何绕射理论(UTD)

实验证明,运用式(3 - 195)和式(3 - 196)给出的绕射系数在计算散射体的边缘绕射场时可以有很高的精度;但也存在一些限制,例如在过渡区以及计算场点离绕射点较近的情况下,就不能采用上述绕射系数来计算绕射场。在这些情况下,要采用一致性几何绕射理论(UTD)。该理论采用了几何绕射理论中所有的基本假设。一致性几何绕射理论是基于孔荣杰(Kouyoumjian)和帕萨克(Pathak)大量的研究工作上。

1967 年,孔荣杰等学者对保利的工作[即式(3 - 191)]进行了推广,将式中的绕射函数 U_B 表示成 $U_B(L,\Phi^{\pm})$;此处的 L 是比式(3 - 185)中 s 更广义的距离参数;而 $\Phi^{\pm}$ 的含义不变。L 随入射波的形式不同而变:

$$L = \begin{cases} s \cdot \sin^2\theta & \text{平面波} \\ \dfrac{\rho'\rho}{\rho + \rho'} & \text{柱面波} \\ \dfrac{s's\sin^2\theta}{s + s'} & \text{锥面波和球面波} \end{cases} \tag{3-202}$$

式中 θ 为入射线与绕射边缘之间的夹角,它等于绕射角;s' 和 s 分别是由源点和场点到边缘上绕射点的距离;ρ' 是垂直入射($\theta = \pi/2$)时柱面波的曲率半径;ρ 是由场点到劈边缘的垂直距离。距离参数 L 是通过分析总场,即几何光学场(入射场和反射场)与绕射场之和在阴影或反射面边界必须连续这一事实而求出的。孔荣杰等学者导出劈的一致性绕射系数为:

$$D^{e,m} = \frac{e^{-j\frac{\pi}{4}}}{2n\sqrt{2\pi k}\sin\theta}\left\{\left[\cot\frac{\pi+\Phi^-}{2n}F(kLA^+(\Phi^-)) + \cot\frac{\pi-\Phi^-}{2n}F(kLA^-(\Phi^-))\right] \mp \left[\cot\frac{\pi+\Phi^+}{2n}F(kLA^+(\Phi^+)) + \cot\frac{\pi-\Phi^+}{2n}F(kLA^-(\Phi^+))\right]\right\} \tag{3-203}$$

式中 θ 角含意同式(3 - 202);$\Phi^{\mp} = \Phi \mp \Phi'$,$F(\cdot)$ 称为过渡函数,它的定义为:

$$F(x) = 2j\left|\sqrt{x}\right|e^{jx}\int_{|\sqrt{x}|}^{\infty} e^{-j\tau^2}d\tau \tag{3-204}$$

$F(x)$ 的振幅和相位变化曲线见图3 - 28,由图可见当 $x > 3$ 时;接近于1,这种情况是对应于过渡区外的远区,因此可以认为在过渡区外 $F(x) \approx 1$;这时式(3 - 203)可简化为式(3 - 196)。当 x 很小时,$F(x) \approx 0$;这种情况是对应于过渡区内,这时式(3 - 203)中四个 cot 函数之一可能出现不连续性(或无限大),但此时 $F(x)$ 与 cot 函数的乘积可取有限值。例如,在 $\Phi^+ = \Phi + \Phi' = \pi$ 的反射边界上,式(3 - 203)的前三项是连续的,而第四项的 cot 函数出现无限大,但此时 $kLA(\Phi^+) \to 0$;$F(klA^-(\Phi^+)) \to 0$;这样就保证了第四项的乘积有限。通过以上分析可知,一致性几何绕射理论通过在绕射系数 $D^{e,m}$[即式(3 - 203)]中引入过渡函数 $F(x)$,修正了几何绕射理论中绕射系数的非一致性,从而得到了绕射场的一致性解。同时,我们也认识到费涅尔积分在绕射系数中的重要性。

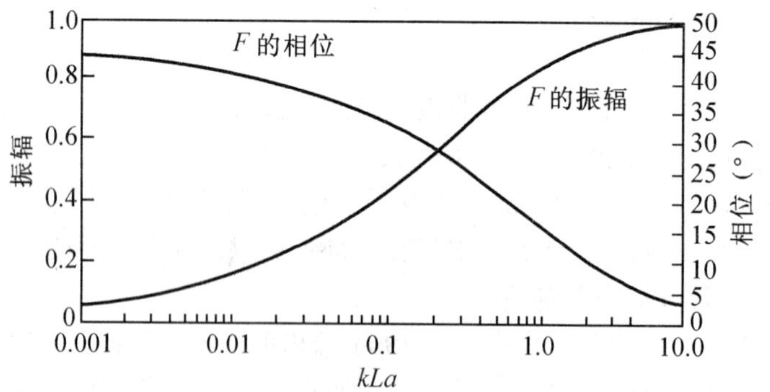

图 3 - 28 过渡函数 $F(\sqrt{kLa})$ 的振幅和相位变化曲线

在式(3 - 203) 中过渡函数 F 中的 $A^{+}(\Phi^{\pm})$ 和 $A^{-}(\Phi^{\pm})$ 的定义是:

$$A^{\pm}(\Phi^{\pm}) = 1 + \cos(2\pi nN^{\pm} - \Phi^{\pm}) = 2\cos^2 \frac{1}{2}(2\pi nN^{\pm} - \Phi^{\pm}) \qquad (3-205)$$

上式中的 $N^{\pm}$ 是满足下列方程的最小整数:

$$2\pi nN^{+} - \Phi^{\mp} = \pi \qquad (3-206)$$

$$2\pi nN^{-} - \Phi^{\mp} = -\pi \qquad (3-207)$$

显然,N^{+} 和 N^{-} 都各有两个值。对于外边缘绕射时($1 < n \leqslant 2$),$N^{+} = 0$ 或1;$N^{-} = -1,0$ 或1。$A^{\pm}(\Phi^{\pm})$ 是场点和阴影边界间角距离的度量。

当半平面绕射时,$n = 2, N^{\pm} = 0$,这时式(3 - 205) 为:

$$A^{\pm}(\Phi^{\pm}) = 2\cos^2 \frac{\Phi^{\pm}}{2} \qquad (3-208)$$

这样式(3 - 203) 中前两项中的过渡函数 F 相等;后两项中的过渡函数也相等,利用三角函数公式换算可将式(3 - 203) 变为:

$$D^{e,m} = \frac{e^{-j\frac{\pi}{4}}}{2n\sqrt{2\pi k}\sin\theta}\left\{\frac{F[kLA(\Phi^{-})]}{\cos\frac{\Phi^{-}}{2}} \mp \frac{F[kLA(\Phi^{+})]}{\cos\frac{\Phi^{+}}{2}}\right\} \qquad (3-209)$$

3.2.6.5　等效电、磁流概念

几何绕射理论另一个主要缺点是不能计算焦散区的场。这一缺点是由几何光学产生的。因为式(3 - 173) 中的扩散因子 $A(s)$ 是采用几何光学法求出的,其一般表达式见式(3 - 98),当 $s = -\rho_1$ 或 $s = -\rho_2$ 时,$A(s) \to \infty$。场变为无穷大,在实际问题中常常会遇到边缘绕射射线的焦散,例如,当圆盘、圆锥底部以及圆对称抛物面被置于其轴上的馈源或被沿其轴向入射平面波照射时,这些圆形边缘的前后轴向就是边缘绕射线的焦散。在这些焦散处式(3 - 173) 失效。另一方面,几何绕射理论和一致性绕射理论只能计算那些满足绕射定理的绕射场,而不能计算其以外的绕射场。为了解决上述问题,引入了等效电、磁流概念,从以下讨论可知,这些所谓的电、磁流的幅值和相位是由光劈绕射这一典型问题决定的。

考虑图 3 - 27 所示的尖劈散射现象,边缘的绕射场分别用等效的二维线电流源 I^e 或线磁流源 I^m 来取代。这些线电、磁流源沿尖劈的边缘分布。可通过调整等效电流 I^e 或磁流 I^m 的大小使它们的辐射场与相应的边界条件下的边缘绕射场相等的方法,求得等效电流 I^e 或磁流 I^m 的表达式。

设沿尖劈边缘(Z 轴) 放置一线电流源 I^e,其标量波动方程的解为:

$$V = \frac{I^e}{4j}H_0^{(2)}(ks) \qquad (3-210)$$

式中 $H_0^{(2)}(\cdot)$ 是第二类汉克尔函数;s 为线电流源至场点的距离。辐射电场的 z 分量为:

$$E_z = -\frac{k^2 I^e}{2\omega\varepsilon}H_0^{(2)}(ks) \qquad (3-211)$$

当 ks 很大时(远场区),可采用 $H_0^{(2)}(ks)$ 大宗量渐近式,即:

$$E_z = I^e \eta k \frac{e^{j\frac{\pi}{4}}}{2\sqrt{2\pi ks}}e^{-jks} \qquad (3-212)$$

上式表示了一个向外传播的柱面波。如果将上述讨论中的 I^e 换成 I^m,在 ks 很大时,同理可得辐射磁场的 z 分量为:

$$H_z = -\frac{k}{\eta} I^m \frac{e^{j\frac{\pi}{4}}}{2\sqrt{2\pi ks}} \cdot e^{-jks} \tag{3-213}$$

因为现在研究的是个二维劈绕射问题,我们也可以用劈绕射理论分别求出电极化和磁极化情况下的边缘绕射场,即:

$$E_z = D^e(L,\Phi,\Phi')E_z^i \frac{e^{-jks}}{\sqrt{s}} \tag{3-214}$$

$$H_z = D^m(L,\Phi,\Phi')H_z^i \frac{e^{-jks}}{\sqrt{s}} \tag{3-215}$$

式中 $D^e(L,\Phi,\Phi')$ 和 $D^m(L,\Phi,\Phi')$ 分别为电极化(软边界)和磁极化(硬边界)情况下的一致性绕射系数式(3-203)。因为利用等效电磁流法一般都是为了求出远离入射和反射影界的远区绕射场,所以只需要用过渡区外远区绕射场的绕射系数式(3-201)就够了,此时绕射系数中不含过渡函数,并可分别记为 $D^e(\Phi,\Phi',\pi/2)$ 和 $D^m(\Phi,\Phi',\pi/2)$。显然,式(3-212)与式(3-214)应相等;式(3-213)与式(3-215)应相等,因此可求出等效电、磁流的表达式:

$$I^e = \frac{-2j}{\eta k} E_z^i D^e(\Phi,\Phi',\frac{\pi}{2})\sqrt{2\pi k}\, e^{j\frac{\pi}{4}} \tag{3-216}$$

$$I^m = \frac{2j\eta}{k} H_z^i D^m(\Phi,\Phi',\frac{\pi}{2})\sqrt{2\pi k}\, e^{j\frac{\pi}{4}} \tag{3-217}$$

上式给出的电、磁流并非实际的物理量;仅仅是为了便于计算绕射场而引入的等效电、磁流。这些电、磁流的值随场点(即 Φ 的值)不同而不同。如果假设尖劈是有限的,即 $-l/2 \leqslant z \leqslant l/2$。那么其等效的电、磁流也是有限的,当入射波垂直入射尖劈($\theta = \pi/2$)时,由等效电、磁流源产生的远区绕射场分别为:

$$E_{e\alpha} = \frac{j\omega\mu\sin\alpha}{4\pi s} e^{-jks}\int_{-l/2}^{l/2} I^e e^{jkz'\cos\alpha} dz' \tag{3-218}$$

$$E_\alpha^m = \frac{j\omega\mu\sin\alpha}{4\pi s} e^{-jks}\int_{-l/2}^{l/2} I^m e^{jkz'\cos\alpha} dz' \tag{3-219}$$

式中,s 为柱坐标原点至场点的距离;α 为 s 与 z 轴的夹角。因为 I^e 和 I^m 与 z' 无关,可移出积分号外,因此式(3-218)和式(3-219)的积分容易计算,其结果可化为 $\sin x/x$ 的一般形式,其中 $x = \frac{1}{2}kl\cos\alpha$。

对于斜入射的情况,$\theta \neq \pi/2$,可用类似的步骤求得等效边缘电、磁流:

$$I^e = \frac{j\sqrt{8\pi k}}{\eta k} e^{-j\frac{\pi}{4}} E_z^i D^e(\Phi,\Phi',\theta)e^{jkl\cos\theta} \tag{3-220}$$

$$I^m = \frac{j\eta\sqrt{8\pi k}}{k} e^{-j\frac{\pi}{4}} E_z^i D^m(\Phi,\Phi',\theta)e^{jkl\cos\theta} \tag{3-221}$$

上两式中均含有计及斜入射时产生的行波型相位因子。在导出式(3-220)和式(3-221)时忽略了 $z = \pm l/2$ 处两端点的影响。如果要考虑末端效应,则等效电、磁流应由式(3-220)或式(3-221)加上由末端引起的反射电流。但在分析前向散射问题时,可以不考虑反射电流效应;即使在后向散射问题中,当边缘长 $l >> \lambda$ 时,这种末端反射效应可以忽略。

等效电、磁流概念的引入是借助了绕射理论中的局部性原理。对于曲边缘,须进一步引申该原理,即认为曲边缘上每一点的作用就像是与此点相切的无穷长直边缘上的一个很小段元一样,因此可以像直边缘一样求出该点的等效电、磁流。另外,当入射波的极化是任意时,必须同时考虑等效电流和等效磁流来计算总绕射场。

3.2.7　物理绕射理论

物理绕射理论(PTD)是物理光学理论的改进和发展,该理论中的一些基本公式是尤费赛夫(Ufimtsev)在研究良导体平板边缘散射时导出的。他与凯勒在同期各自提出了两个相互独立的理论:物理绕射理论和几何绕射理论。这两个理论都是以索莫菲和保利的研究成果为基础的。

尤费赛夫将物理光学中散射体表面电流称之为均匀电流;他假设还存在一种称之为非均匀电流,该电流的作用是弥补均匀电流的不足之处。尤费赛夫并没有导出非均匀电流的计算表达式,而只给出了由这种电流产生的场的表达式。他从尖劈散射总场中减去物理光学的场,并认为剩下的场是由非均匀电流产生的。为了说明这个问题,将总场写成:

$$\boldsymbol{E} = \boldsymbol{E}_g^r + \boldsymbol{E}^d \tag{3-222}$$

式中,$\boldsymbol{E}_g^r$ 为几何光学的反射场;$\boldsymbol{E}^d$ 为几何绕射理论中的绕射场。由物理光学电流(或均匀电流)产生的场 $\boldsymbol{E}_p$ 可近似写成:

$$\boldsymbol{E}_p \approx \boldsymbol{E}_p^r + \boldsymbol{E}_p^d \tag{3-223}$$

式中,$\boldsymbol{E}_p^d$ 为物理光学绕射场(不是总的绕射场),它是由于均匀电流在半平面边缘不连续而产生的(见图 3-29),$\boldsymbol{E}_p^r$ 是对均匀电流进行积分而求得的物理光学反射场,它在理论上等于 $\boldsymbol{E}_g^r$,但两者表达式不同。

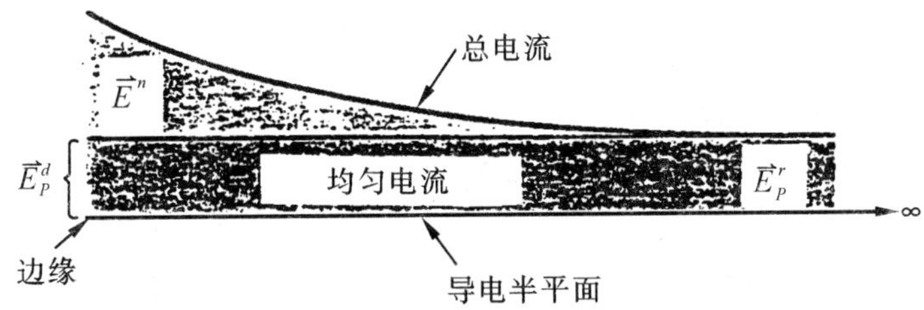

图 3-29　PTD 电流分布示意图

(图中给出相应电流产生的场)

将式(3-222)减去式(3-223)得:

$$\boldsymbol{E} - \boldsymbol{E}_p = \boldsymbol{E}^d - \boldsymbol{E}_p^d \tag{3-224}$$

式中,$\boldsymbol{E} - \boldsymbol{E}_p$ 可认为是由非均匀电流产生的场记为 $\boldsymbol{E}_n$。将均匀电流产生的场记为 $\boldsymbol{E}^u$,因此物理绕射理论可把总场 $\boldsymbol{E}$ 写成:

$$\boldsymbol{E} = \boldsymbol{E}^u + \boldsymbol{E}^n \tag{3-225}$$

以上讨论可见,$\boldsymbol{E}^n$ 并不全由均匀电流在边缘处不连续而产生,而且还与几何绕射理论中的绕射场 $\boldsymbol{E}_p^d$ 有关。这种讨论暗示着物理绕射理论与几何绕射理论之间存在某种联系,这一点在以下的讨论中会明确看到。类似于几何绕射理论,我们按垂直极化和水平极化分别写出 $\boldsymbol{E}^n$ 的表达式:

$$\boldsymbol{E}_{/\!/}^{n} = \boldsymbol{E}^{i} f' \frac{\mathrm{e}^{\mathrm{j}(k\rho+\frac{\pi}{4})}}{\sqrt{2\pi k\rho}} \tag{3-226}$$

$$\boldsymbol{E}_{\perp}^{n} = \boldsymbol{H}^{i} g' \frac{\mathrm{e}^{\mathrm{j}(k\rho+\frac{\pi}{4})}}{\sqrt{2\pi k\rho}} \tag{3-227}$$

式中,$\boldsymbol{E}_{/\!/}^{n}$ 相应于入射电场 $\boldsymbol{E}^{i}$ 与边缘平行;$\boldsymbol{E}_{\perp}^{n}$ 相应于 $\boldsymbol{E}^{i}$ 与边缘垂直($\boldsymbol{H}^{i}$ 与边缘平行),上式中的 f' 和 g' 是:$f' = f - f_0$;$g' = g - g_0$。而且:

$$\begin{Bmatrix} f \\ g \end{Bmatrix} = \frac{1}{n}\sin\frac{\pi}{n}\left[\left(\cos\frac{\pi}{n} - \cos\frac{\Phi^{-}}{n}\right)^{-1} \mp \left(\cos\frac{\pi}{n} - \cos\frac{\Phi^{+}}{n}\right)^{-1}\right] \tag{3-228}$$

$$f_0 = \begin{cases} f_a & 0 < \Phi' \leqslant \pi - \Phi_i \\ f_a + f_b & \pi - \Phi_i \leqslant \Phi' \leqslant \pi \\ f_b & \pi < \Phi' < 2\pi - \Phi_i \end{cases} \tag{3-229}$$

$$g_0 = \begin{cases} g_a & 0 < \Phi' \leqslant \pi - \Phi_i \\ g_a + g_b & \pi - \Phi_i \leqslant \Phi' \leqslant \pi \\ g_b & \pi < \Phi' < 2\pi - \Phi_i \end{cases} \tag{3-230}$$

$$\begin{Bmatrix} f_a \\ g_a \end{Bmatrix} = \begin{Bmatrix} \sin\Phi' \\ -\sin\Phi \end{Bmatrix}(\cos\Phi + \cos\Phi')^{-1} \tag{3-231}$$

$$\begin{Bmatrix} f_b \\ g_b \end{Bmatrix} = \begin{Bmatrix} \sin(2\pi - \Phi_i - \Phi') \\ -\sin(2\pi - \Phi_i - \Phi) \end{Bmatrix}[\cos(2\pi - \Phi_i - \Phi) + \cos(2\pi - \Phi_i - \Phi')]^{-1} \tag{3-232}$$

式中的 Φ、Φ' 和 $\Phi^{\pm}$ 的含义同式(3-188),$\Phi_i = (2-n)\pi$ 为尖劈的内角,下标“a”表示 A 面被照射;“b”表示 B 面被照射(见图 3-30)。显然式(3-228)与几何绕射理论中的绕射系数相对应。f 和 g 在反射和阴影边界处趋于 ∞;但 f' 和 g' 确保持有限,这是因为 f 和 g 的奇异性被 f_0 和 g_0 的奇异性相消了。f_0 和 g_0 是物理光学绕射系数。其表达式可用驻相法求端点的贡献来导出。为此,考虑图 3-30 所示的 TE 平面波照射在尖劈的 A 面,A 面上感应的磁场为[见式(3-187)]:

$$\boldsymbol{H}^{i} = \hat{z} H_0 \mathrm{e}^{\mathrm{j}ks\cos(\Phi-\Phi')} \tag{3-233}$$

A 面上的均匀电流为:

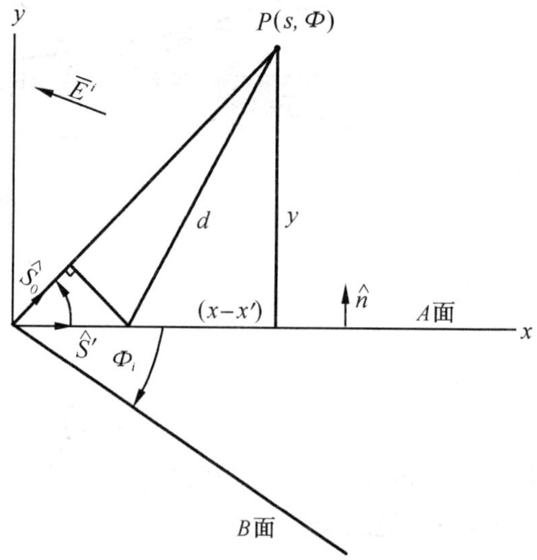

图 3-30 TE 平面波入射在尖劈的 A 面

$$\boldsymbol{J}_p = 2\hat{n} \times \boldsymbol{H}^{i}\Big|_{s=x',\Phi=0} = 2(\hat{y}\times\hat{z})\boldsymbol{H}^{i}\mathrm{e}^{\mathrm{j}kx'\cos\Phi'} = 2\hat{x}H_0\mathrm{e}^{\mathrm{j}kx'\cos\Phi'} \tag{3-234}$$

对二维尖劈的矢量势 $\boldsymbol{A}$ 是:

$$\boldsymbol{A}=\mu\int_0^{\infty}\boldsymbol{J}_p\frac{1}{4\mathrm{j}}H_0^{(2)}(k|\hat{s}_0-\hat{s}'|)\mathrm{d}x' \tag{3-235}$$

采用汉克函数 $H_0^{(2)}(\cdot)$ 大宗量渐近式,上式为:

$$\boldsymbol{A}\approx\mu\frac{2H^i}{4\mathrm{j}}\hat{x}\int_0^{\infty}\mathrm{e}^{\mathrm{j}kx'\cos\Phi'}\sqrt{\frac{2\mathrm{j}}{\pi k|\hat{s}_0-\hat{s}'|}}\mathrm{e}^{\mathrm{j}k|\hat{s}_0-\hat{s}'|}\mathrm{d}x' \tag{3-236}$$

由图 3 - 30 的几何关系可知:

$$|\hat{s}_0-\hat{s}'|\approx s_0-\hat{s}\cdot\hat{s}'=s_0-x'\cos\Phi \tag{3-237}$$

因此在远场近似的条件下,式(3 - 236) 可简化为:

$$\boldsymbol{A}\approx\mu\frac{\boldsymbol{H}^i}{2\mathrm{j}}\hat{x}\sqrt{\frac{2\mathrm{j}}{\pi ks_0}}\int_0^{\infty}\mathrm{e}^{-\mathrm{j}ks_0}\mathrm{e}^{\mathrm{j}kx'(\cos\Phi'+\cos\Phi)}\mathrm{d}x' \tag{3-238}$$

我们只考虑式(3 - 238) 的积分部分,并注意图 3 - 30 中的 $d\approx s_0-x'\cos\Phi$,可得以下积分:

$$I=\int_0^{\infty}\mathrm{e}^{\mathrm{j}k(x'\cos\Phi'-d)}\mathrm{d}x'\approx I_0+I_b \tag{3-239}$$

式中,I_0 是驻相点的贡献;I_b 是电流在端点不连续的贡献。前者可用式(3 - 135) 计算,而后者不能用式(3 - 135) 进行计算,而应采用下式:

$$I_b=-\frac{1}{\mathrm{j}k}\cdot\frac{f(0)}{g'(0)}\mathrm{e}^{\mathrm{j}kg(0)} \tag{3-240}$$

式中,$f(0)=1$;$g(0)=-d\Big|_{x'=0}=-s_0$。$g'(0)$ 可按下述求得:

$$g(x')=x'\cos\Phi'-d \tag{3-241}$$

$$d=[(x-x')^2+y^2]^{1/2} \tag{3-242}$$

$$d'=-\frac{(x-x')}{d} \tag{3-243}$$

$$g'(x')=\cos\Phi'-d'=\cos\Phi'+\frac{x-x'}{d} \tag{3-244}$$

$$g'(0)=\cos\Phi'+\frac{x}{s_0}=\cos\Phi'+\cos\Phi \tag{3-245}$$

这样式(3 - 240) 的积分结果为:

$$I_b=-\frac{1}{\mathrm{j}k}\cdot\frac{1}{\cos\Phi'+\cos\Phi}\mathrm{e}^{-\mathrm{j}ks_0} \tag{3-246}$$

这样端点对 $\boldsymbol{A}$ 的贡献为:

$$\boldsymbol{A}_{\perp}^{e}=-\mu\frac{\boldsymbol{H}^i\hat{x}}{\sqrt{2\pi\mathrm{j}ks_0}}\mathrm{e}^{\mathrm{j}ks_0}\frac{1}{\mathrm{j}k}\cdot(\cos\Phi'+\cos\Phi)^{-1} \tag{3-247}$$

因为 $\boldsymbol{E}_{\perp}^{e}=-\mathrm{j}\omega\boldsymbol{A}_{\perp}^{e}$,$\eta H^i=E^i$ 则:

$$\boldsymbol{E}_{\perp}^{e}=\boldsymbol{E}^i\frac{\hat{x}}{\sqrt{2\pi\mathrm{j}ks_0}}(\cos\Phi'+\cos\Phi)^{-1}\mathrm{e}^{-\mathrm{j}ks_0} \tag{3-248}$$

相应的磁场 $\boldsymbol{H}_{\perp}^{e}$ 为:

$$\begin{aligned}\boldsymbol{H}_{\perp}^{e}&=(\hat{s}_0\times\hat{x})\boldsymbol{H}^i\frac{1}{\sqrt{2\pi\mathrm{j}ks_0}}(\cos\Phi'+\cos\Phi)^{-1}\mathrm{e}^{-\mathrm{j}ks_0}\\&=-\boldsymbol{H}^i\frac{\sin\Phi}{\sqrt{2\pi\mathrm{j}ks_0}}(\cos\Phi'+\cos\Phi)^{-1}\mathrm{e}^{-\mathrm{j}ks_0}\hat{z}=\boldsymbol{H}_p^d\hat{z}\end{aligned} \tag{3-249}$$

将式(3 - 248) 和式(3 - 249) 与式(3 - 226) 至式(3 - 232) 对比分析,就可看出f_0 和g_0 的物理含意。我们把f' 和g' 称为物理光学绕射系数,它与GTD 绕射系数一样都是来自于半无限大尖劈的解,两者的区别是,GTD 绕射系数固有地包括了表面和边缘二者的贡献;而PTD 绕射系数则包含了边缘的贡献,因此还须采用物理光学或其他方法计算表面的贡献。在过渡区内,GTD 绕射系数变为无限大,但PTD 绕射系数保持有限。须说明,由于GTD 和PTD 二者都是基于二维尖劈问题的严格解,因此两者只能用于计算满足绕射定理方向的散射场。

下面我们用PTD 方法来分析如图3 - 30 所示的二维尖劈散射问题,设入射电场与边缘垂直(或与边缘平行),并照射在A 面上。我们应记住物理光学(PO) 的场是对表面(A 面) 上的电流进行积分而求得的,并根据场点的位置不同,积分的计算结果可以是驻相点的贡献,端点(或边缘$x = 0$,另一个端点在$x = \infty$ 远处,其贡献小可以忽略不计) 处的贡献或者两者共同的贡献。如果在计入非均电流的贡献,就形成了PTD。PTD 方法认为总场$\boldsymbol{E}_t$ 可写成:

$$\boldsymbol{E}_t = \boldsymbol{E}^i + \boldsymbol{E}^u + \boldsymbol{E}^n \tag{3-250}$$

将上式各量展开:

$$\boldsymbol{E}_t = \boldsymbol{E}_i + \boldsymbol{E}_p + (\boldsymbol{E}^d - \boldsymbol{E}_p^d) = \boldsymbol{E}_i + (\boldsymbol{E}_p^r + \boldsymbol{E}_p^d) + (\boldsymbol{E}^d - \boldsymbol{E}_p^e) \tag{3-251}$$

如果$\boldsymbol{E}_p^r = \boldsymbol{E}_g^r$,上式变为:

$$\boldsymbol{E}_t = \boldsymbol{E}_i + \boldsymbol{E}_g^r + \boldsymbol{E}^d \tag{3-252}$$

上式正是GTD 给出的总场$\boldsymbol{E}_t$ 的表达式,式(3 - 250) 至式(3 - 252) 中各量的含意同式(3 - 222) 至式(3 - 225)。当场点P 位于区域1(见图3 - 31) 时,式(3 - 251) 中各量对$\boldsymbol{E}_t$ 都有贡献;$\boldsymbol{E}_i$ 是已知;$\boldsymbol{E}_p^r$ 是驻相点的贡献可由式(3 - 135) 计算;$\boldsymbol{E}_p^d$ 是端点($x = 0$) 的贡献可由式(3 - 240) 计算;$\boldsymbol{E}^n$(或$\boldsymbol{E}^d - \boldsymbol{E}_p^d$) 是非均匀电流的贡献,可由式(3 - 227) 计算,见图3 - 31(a)。当场点P 在反射面边界附近时(见图3 - 31(b));驻相点和端点靠近(或重合),$\boldsymbol{E}_p^r$ 和$\boldsymbol{E}_p^d$ 的贡献应视为一个整体来考虑,即$\boldsymbol{E}^u$ 的贡献。其中所涉及的积分应按式(3 - 139) 或式(3 - 140) 计算。

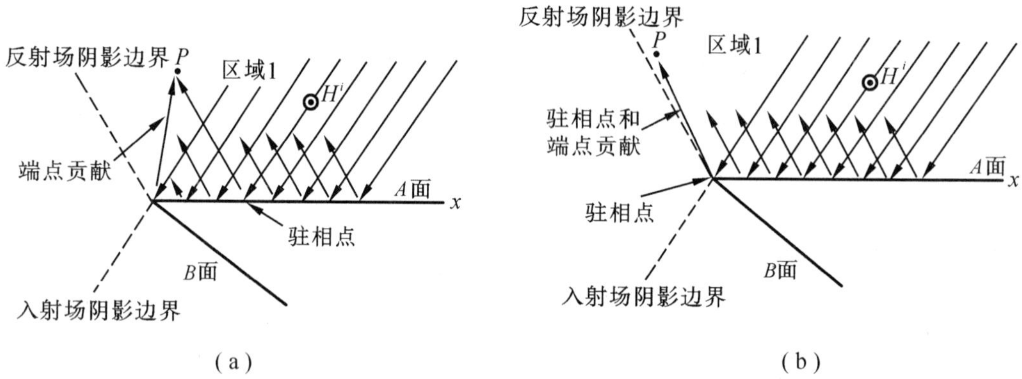

图3 - 31 P 点在区域1

(a)P 点远离过渡区;(b)P 点靠近过渡区

当P 点在区域2 时,见图3 - 32。除$\boldsymbol{E}_p^r$ 外,式(3 - 251) 中所有量对$\boldsymbol{E}_t$ 都有贡献,$\boldsymbol{E}^u$(或$\boldsymbol{E}_p^d$) 在跨过反射面阴影边界时保持连续;$\boldsymbol{E}^n$ 也保持连续,因此总场$\boldsymbol{E}_t$ 跨过反射面阴影边界时也保持连续。当P 点在区域3 时,见图3 - 33,式(3 - 250) 中所有量对$\boldsymbol{E}_t$ 都有贡献。当P 点从区域2 过渡到区域3 时,$\boldsymbol{E}^n$ 显然是连续的;$\boldsymbol{E}_i$ 和$\boldsymbol{E}^u$ 也保持连续,因此$\boldsymbol{E}_t$ 保持连续,当P

点远离入射场阴影边界时，从理论上讲，$\boldsymbol{E}_i$ 被 $\boldsymbol{E}_p^r$ 相抵消，这时由式(3－251)可知；$\boldsymbol{E}_t=\boldsymbol{E}^d$。这就是说在这区域内，只有几何绕射理论的绕射场 $\boldsymbol{E}^d$。

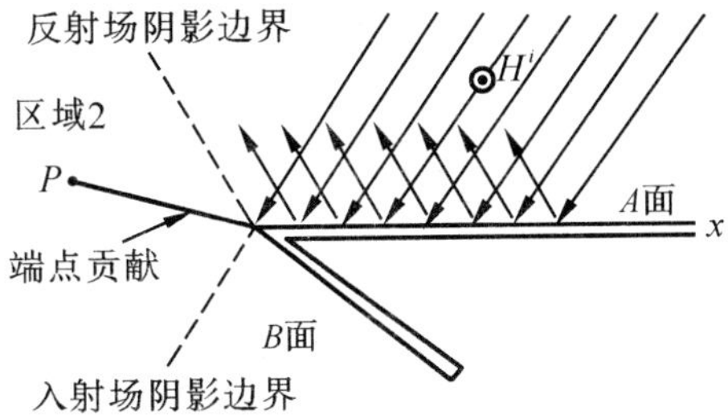

图 3－32　P 点在区域 2

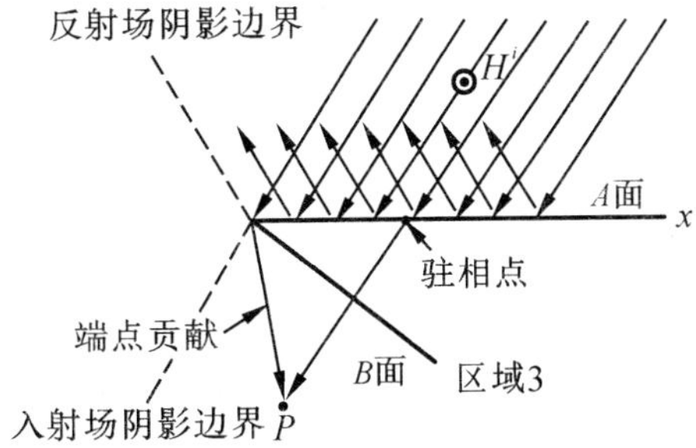

图 3－33　P 点在区域 3

第 4 章　特殊几何体的散射特征

4.1　简单几何体的散射特征

4.1.1　引言

人们对物体散射特性的研究是从一些简单几何体开始的，这些基础性的研究包括理论和实验两个方面。本章主要讨论一些常见几何体和复合体散射特征的实验和理论曲线，以增长读者对物体散射的感性知识。在学习这一章时要注意，物体的特征与散射特性的关系，做到通过散射曲线可近似了解散射体的几何形状，反之亦然。下面对简单几何体的讨论是从那些基本上是平滑的几何体（球体、回转椭圆体和橄榄体）着手，而后到那些呈现锐利边缘（平板、锥体、圆柱体和截锥体）的几何体。这种次序安排有助于我们认识平滑与锐边几何体之间散射现象的基本区别。基本的线状散射体（诸如直线和线环）也包括在简单几何体一类中。

4.1.2　球体

球体是一种可以用分离变量法作精确计算的最简单的目标。球体电磁散射方面的文献是很多的，且现在已经详细知道了球体表面电流的分布和球体邻近的散射场。这里的讨论将限于雷达的后向散射。

良好导电球体的单站雷达截面积是各向同性的；它与观察方向无关。它对发射和接收天线平行极化的极化方向也是不敏感的。图 4－1 表示雷达截面积随球体圆周对波长之比 $2\pi a/\lambda$ 的变化，其中 a 为球的半径。注意，实际的雷达截面积 σ 已用球体的投射面积归一化。

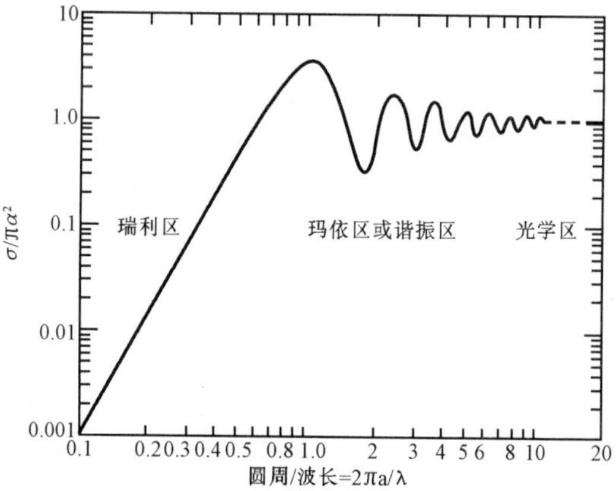

图 4－1　球体的雷达截面积

a = 半径，λ = 波长

图4－1将球体的散射分成三个不同性质的区域。在瑞利区（低频区）内，圆周小于一个波长，雷达截面积按波长的四次方成反比地变化。这一特性称之为瑞利特性。它是那些最大尺寸比一个波长小得多的任何几何体所具有的特性。此外，在瑞利区雷达截面积与几何体体积平方成正比，其比例系数与物体的形状和相对于入射波极化的方向有关。

当球体周长（$2\pi a$）相对波长增加时，其截面积曲线中出现了振荡，这种振荡随着 $2\pi a/\lambda$

的增加很快地阻尼，并在 $\sigma/\pi a^2=1$ 的平均值附近变化。这些振荡显著的区域（$1<2\pi a/\lambda<10$）称作玛依区，以纪念早期的研究工作者玛依（Mie），他在 1908 年作了大量的球体散射的分析。这个区也称作谐振区。振荡特性是由下列两种波产生的干涉所形成的：即来自球体照射部分的反射回波和在球体背面向雷达方向传播的按指数衰减的波（也称爬行波）。由于后者的能量损失正比于在球背部传播的路程，当球体越大时，其越弱。因此，当球的电尺寸增大时，干涉现象逐渐减弱，并过渡到高频区。

高频区（$2\pi a/\lambda>10$）也称为光学区，在这个区域，雷达截面积稳定在等于球体投射面积的反射值。良好导电球体的高频区数值，不管是由精确理论确定的，还是由几何绕射理论、物理光学或简单的几何光学研究的，都是 πa^2。所以，从雷达截面积的观点来看，良好导电球体是一个不寻常的特性很好的目标。

球体的双站散射除了前向外，几乎是全方向的，这可能是在 RCS 测试中用球体作为定标标准的一个缺点，应在测试定标时注意这一点。尽管如此，由于人们对球体的雷达散射截面了解的很多，其高频散射截面易于计算，因此在许多 RCS 测试中常采用球体作为定标物。

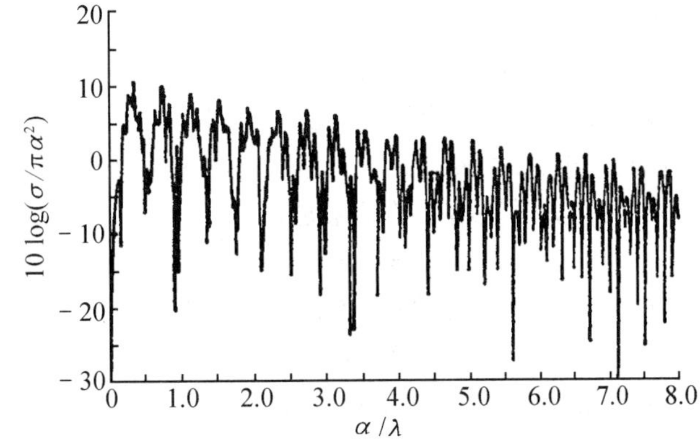

图 4-2　$n=2.5+j0.01$ 的有损耗介质球体的雷达截面积

人们除了对金属球体的散射特性进行研究外，还对介质球体的散射特性进行了研究。图 4-2 给出了折射系数 $n=2.5+j0.01$ 的实心介质球体的精确数据，将这些数据与图 4-1 的数据比较可发现，入射的电磁场在介质内部产生的反射在建立介质球体雷达截面积中起了重要作用。图 4-3 表示第二种情况，即一个金属球体涂上一层薄的介质外壳。半径 a 等于金属球体的外径加上介质层；厚度 δ 代表介质外壳占这个球体半径的那一部分。图中给出的结果是相对介电常数 $\varepsilon_1=2.56$ 和厚度 $\delta=0.05a$ 的情况。这里清楚地表明，它与金属球体明显的简单特性有巨大的差别。因为介质外壳的介电常数和厚度影响了反射波和爬行波的作用，所以目标的雷达截面积表现出与这些参量有明显的关系。

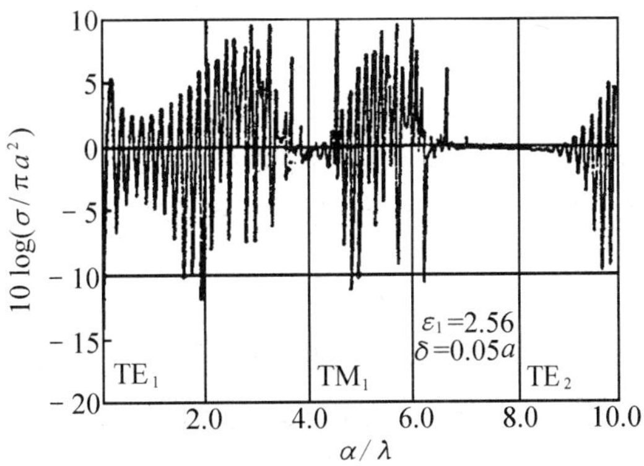

图 4-3　具有介质外壳的导电球体的雷达截面积（增量为 a/λ 的 0.02）

4.1.3　旋转椭圆体

一个旋转椭圆体（也称扁椭球体）是通过一个椭圆绕其主轴（b 轴）旋转而形成的（见图

4－4)。图4－5表示在入射波平行于旋转椭圆体的对称轴时旋转椭圆体的雷达截面积。这是平行极化的结果;对于这个特定的方向,散射与极化角没有关系。那些单独的点是测量值。连续曲线代表在旋转椭圆体的前面和后面这样两个散射中心的一个简单理论模型。它们各自的雷达截面积等于经典的几何光学值 $\sigma_0 = \pi b^4/a^2$(a 和 b 分别为长半轴和短半轴),并且具有相当于电磁波沿椭圆表面以自由空间速度传播的相位差。图4－5相干曲线的波峰和波谷(注:图中没有给出)是由于爬行波的回波(也许还有行波的回波)与旋转椭圆体近端顶部的镜面回波同相或反相叠加而产生的。旋转椭圆体属于表面平滑几何体,当其几何尺寸相对波长而言很大时,通常采用几何光学法就能获得满意的结果。几何光学法给出的结果是:

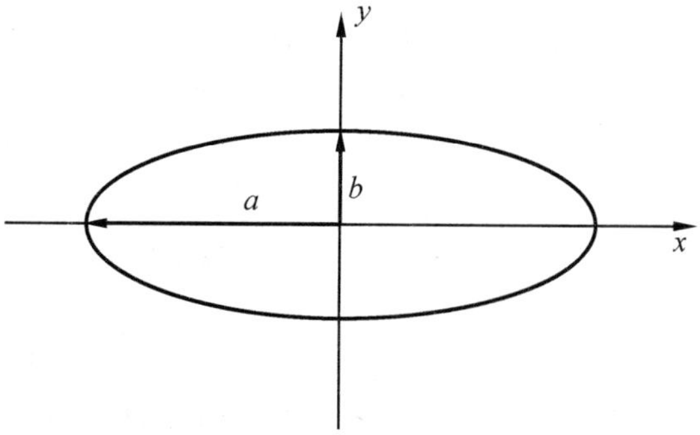

图4－4　旋转椭圆体剖面图

$$\sigma = \pi\rho_1\rho_2 \tag{4-1}$$

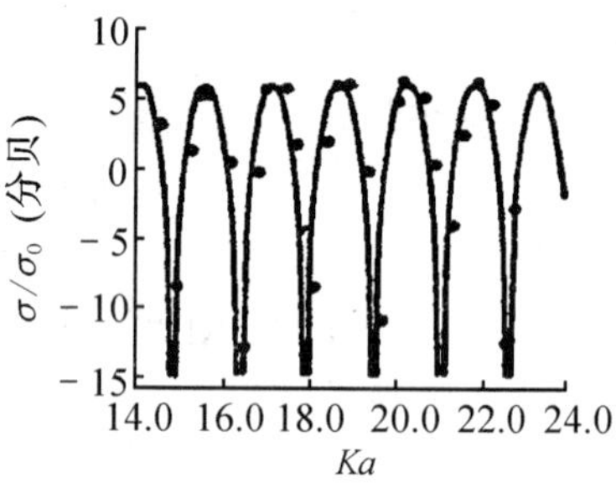

图4－5　一个10∶1金属旋转椭圆体的轴向雷达截面积
实线:理论值;点:实验值。
$k = 2\pi/\lambda$

式中,ρ_1、ρ_2 分别是旋转椭圆体在镜面点处的两个主曲率半径。这里镜面点是指该点的外法线严格指向雷达照射方向。ρ_1、ρ_2 分别是在两个相互垂直的平面上测得的,这两个平面包含垂直于镜面点的外法线。在镜面点处的可由下式计算:

$$\rho_1 = -\frac{a^2b^2}{(a^2\cos^2\alpha + b^2\sin^2\alpha)^{3/2}} \tag{4-2}$$

$$\rho_2 = -\frac{b^2}{(a^2\cos^2\alpha + b^2\sin^2\alpha)^{1/2}} \tag{4-3}$$

式中,a 和 b 分别为旋转椭圆体的长、短半轴。α 是从长轴顶端入射算起的方向角。把这些值代入式(4－1),再把结果用投影面积 πb^2 归一化,我们得到:

$$\frac{\sigma}{\pi b^2} = \left(\frac{ab}{a^2\cos^2\alpha + b^2\sin^2\alpha}\right)^2 \tag{4-4}$$

图4－6给出了三种不同长短轴比的旋转椭球体的 σ 随方向角 α 的变化曲线。由图可见,长短轴比越大,图中曲线起伏也越大。事实上,从顶部($\alpha = 0°$)到侧面峰($\alpha = 90°$)的幅度比是按$(a/b)^4$变化。显然,当顶部的曲率半径小于一个波长时,式(4－4)给出的简单结果失效。即使曲率半径 ρ_1、ρ_2 足够大,式(4－1)也没有考虑感应的表面行波的贡献。有文献证明了感应的表面行波的贡献能比几何光学给出的顶部回波大三个数量级。

4.1.4　橄榄体

橄榄体是一段圆弧绕其弦旋转而成的轴向对称体。图4－7给出了以 R_1 为半径的圆弧旋转而成的橄榄体。其雷达截面积数据表示于图4－8。这些水平极化的数据表示雷达截面积(相对于一平方波长的分贝数)和方向角的关系。图4－8所示的理论数据是以对一个长而细的橄榄体上的爬行波的分析为基础的。橄榄体属表面平滑几何体，但其在两端（$\alpha = 0°$ 或 180°）各有一点不平滑。

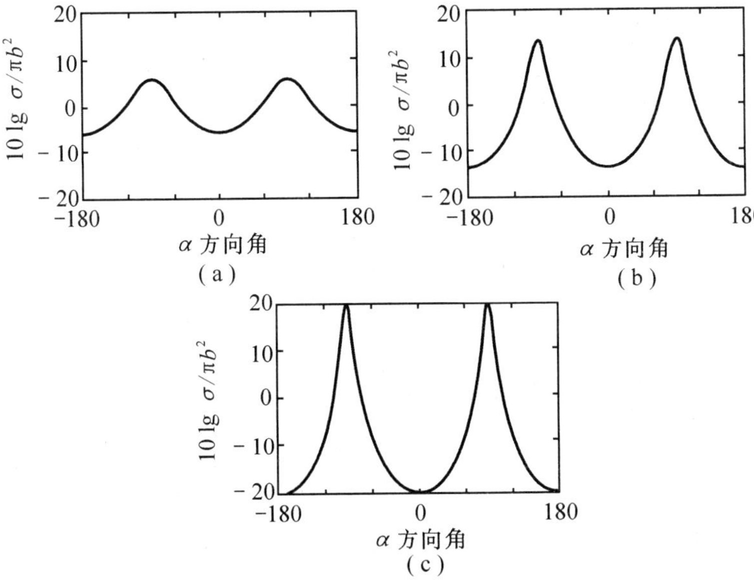

图 4 – 6　高频区旋转椭圆体单站 RCS 的方向图

(a)$a/b = 2:1$;(b)$a/b = 5:1$;(c)$a/b = 10:1$

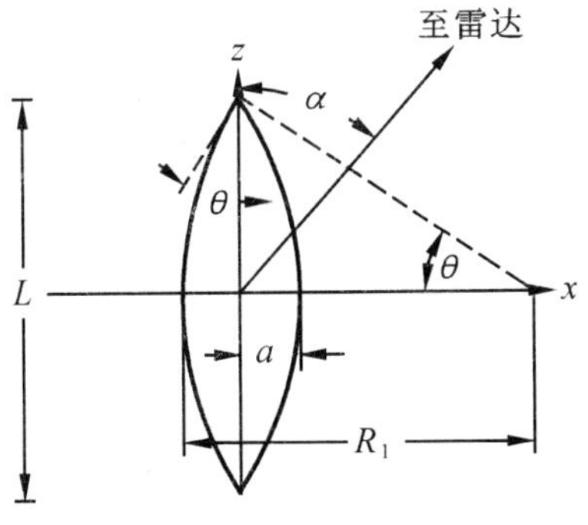

图 4 – 7　橄榄体：几何定义

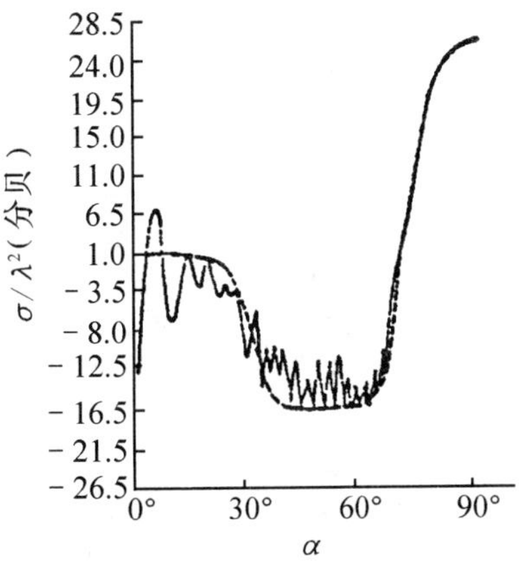

图 4 – 8　对于橄榄体的雷达截面积与方向角 α 的函数关系
$2\alpha = 29.2°$，$L/\lambda = 32$，水平极化
实线：实验值；虚线：理论值

4.1.5　锥体

图 4 – 9 和图 4 – 10 给出了两种不同几何尺寸（分别标在图上）的金属直角圆锥体的雷达截面积数据曲线。图中以短的垂直杆形式表示实验数据。每根杆的长度表示实验数据的

不确定性(约 2 dB)。以点形式表示用几何绕射理论的计算值。由图可见,从锥顶方向($\alpha=0°$) 观测时,金属圆锥的单站 RCS 基本上是来自锥底边缘的绕射,而锥顶的绕射则很弱。当观测角增加时,锥的斜边将产生强的镜面反射尖峰(图 4-9,$\alpha=75°$;图 4-10,$\alpha=96°$)。

锥体是一个简单形状,对它的散射特性作了大量的分析研究。其 RCS 主要来自于其斜边的镜面反射和锥底边缘的绕射贡献。图 4-9 和图 4-10 所示计算数据是以几何绕射理论为基础的,用单一绕射项描述来自锥体底部两端的两个散射中心的回波。计算的和测到的雷达截面积,除了用垂直极化观察锥体前视方向 30° 以内有较大差异外,其他都相符合。

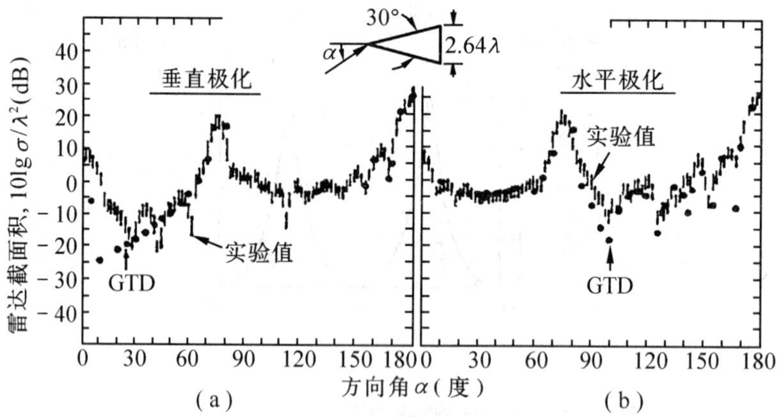

(a) (b)

图 4-9 半角为 15° 的锥体的雷达截面积

(a) 垂直极化;(b) 水平极化

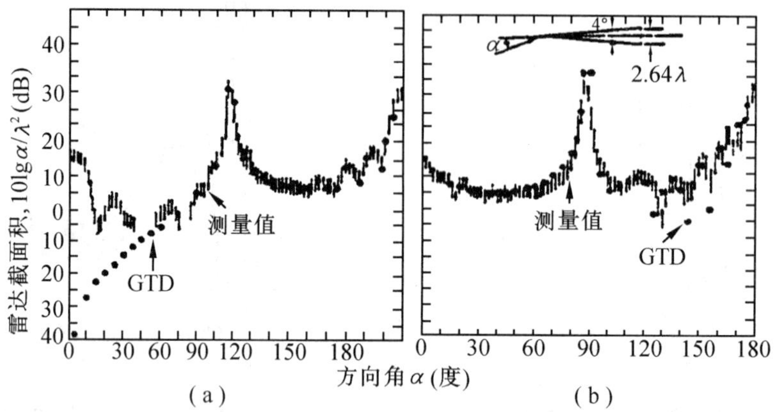

(a) (b)

图 4-10 锥体半角为 4° 的雷达截面积

(a) 垂直极化;(b) 水平极化

4.1.6 圆柱体

图 4-11 和图 4-12 表示长的(约 25λ) 金属直角圆柱体的雷达截面积数据曲线。横坐标代表环绕垂直于圆柱体对称轴的一个轴旋转的方向角 α,可从左侧的宽边(90°) 到右侧的轴(0°) 进行读数;纵坐标是相对于一平方米的分贝数。工作波长为 0. 339 时。图 4-11 表

示主平面(垂直和水平极化)截面积值。图4－12表示对一个相似的(虽然略大些的)圆柱体的观测结果,但是发射天线极化(γ_t)与主平面成45°。在图4－12上面的曲线中,接收天线的极化与发射天线的平行,如同图4－11的两根曲线一样。在下面的曲线中,接收天线的极化已从发射面转了90°(“正交”)。用几何绕射理论计算的结果也示于图4－11和图4－12;在波瓣结构和极化关系上与测量值一致是显而易见的。

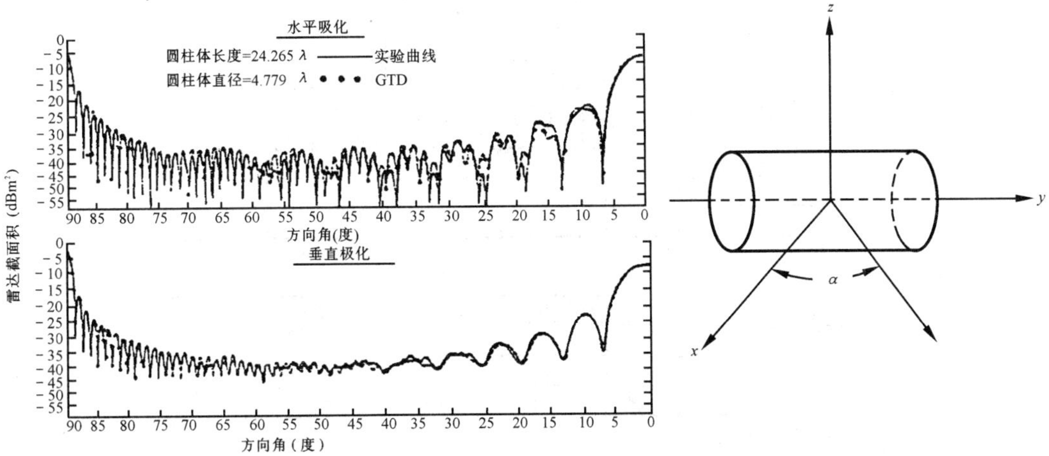

图4－11　直角圆柱体在垂直和水平极化时的雷达截面积

纵坐标是相对于1平方米的截面积分贝数

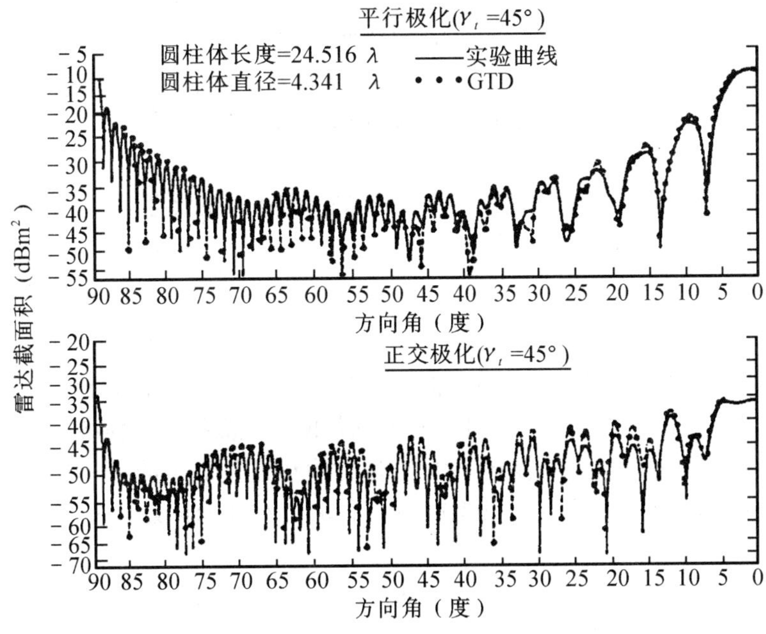

图4－12　直角圆柱体在平行和正交极化时的雷达截面积

图4－13表示绕其一条边旋转的有限矩形柱体之雷达截面积的数据曲线。在同一图中还对实验数据(λ = 0.334时)和几何绕射理论计算作了比较,二者吻合的较好。

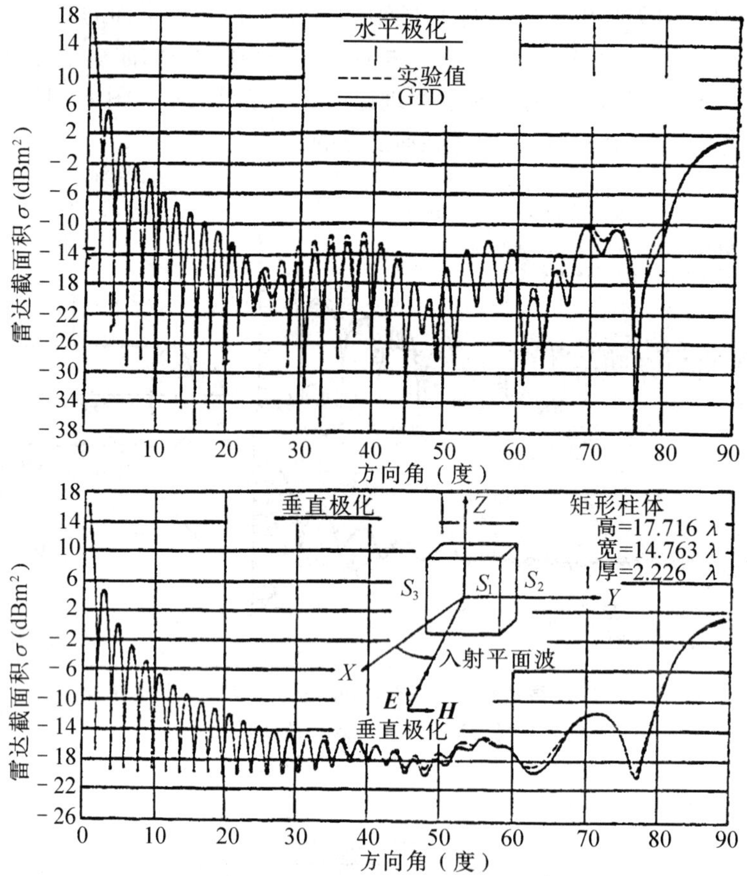

图4-13 有限矩形柱体的雷达截面积
纵坐标为相对于1平方米截面积分贝数

在用几何绕射理论分析计算圆柱体和矩形柱的 RCS 时,主要考虑该几何体被照射边上的三个散射中心的一次绕射项的贡献。

4.1.7 截锥体

截锥体是用两个垂直于直角锥体对称轴的平行平面切割该直角锥体而成,也称圆台体。图4-14和图4-15给出了某截锥体雷达截面积的实验数据和几何绕射理论(仅考虑单一绕射项)之值曲线。可以看到二者十分吻合。散射模型还是简单的,采用四个处于锐角度区域内被照射到的散射中心。当其中某个散射中心消失在几何阴影区时可以不管它。入射电磁波波长 $\lambda = 0.339$ 吋。

将图4-14和图4-15与图4-9和图4-10相比较,可见,截锥体与锥体的散射特性相似。只是截锥体多了一个圆边缘的绕射贡献。

4.1.8 平板

平板(包括矩形和圆形)是一个较简单的几何体,对其散射特性也做了大量的实验和理

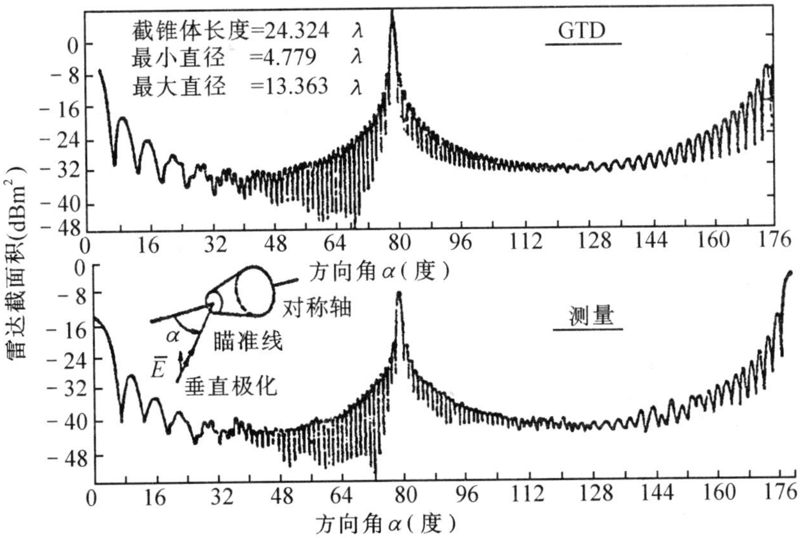

图 4 - 14　截锥体的雷达截面积,垂直极化

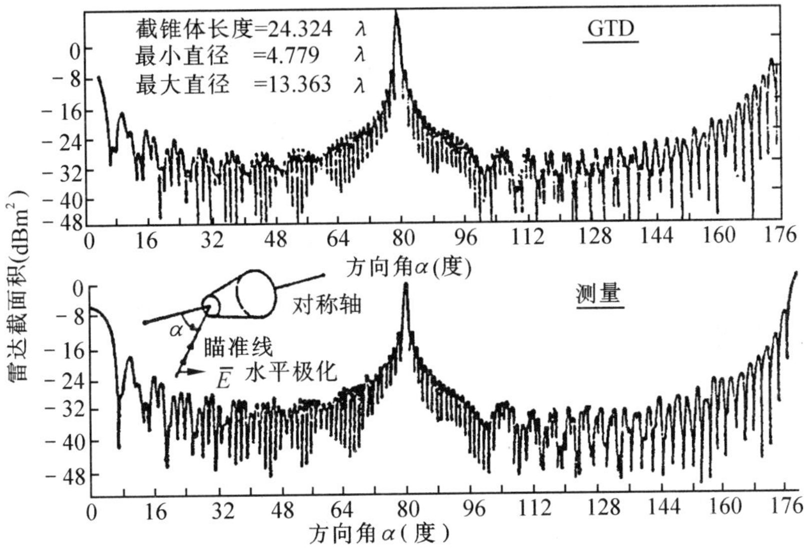

图 4 - 15　截锥体的雷达截面积,水平极化

论研究。最早是将平板等效成雷达天线的口径面来研究其散射特性,采用的方法是物理光学法。进一步的研究是采用几何绕射理论分析平板的边缘绕射。在这些研究中,最经典的研究结果是由图 4 - 16 给出的矩形平板的理论计算值和实验值。该矩形平板为正方形,边长约 5λ(λ = 1. 28 吋)。图中的方向角是以平板中心法线与雷达瞄准线连线为基准线计起。平板绕垂直于雷达瞄准线之垂直轴旋转形成了(水平) 主平面内的方向关系。从图中可看到物理光学理论提供了估算接近镜面反射的截面积值的精确方法,但无法考虑极化关系和非镜面反射区中截面积和方向角曲线的详细形状。而几何绕射理论的计算值,除了边缘方向(α = 90°) 以外,都与测量数据一致。目标具有位于平板垂直边上的两个散射中心,极化关系与这两个中心之间的耦合有关。

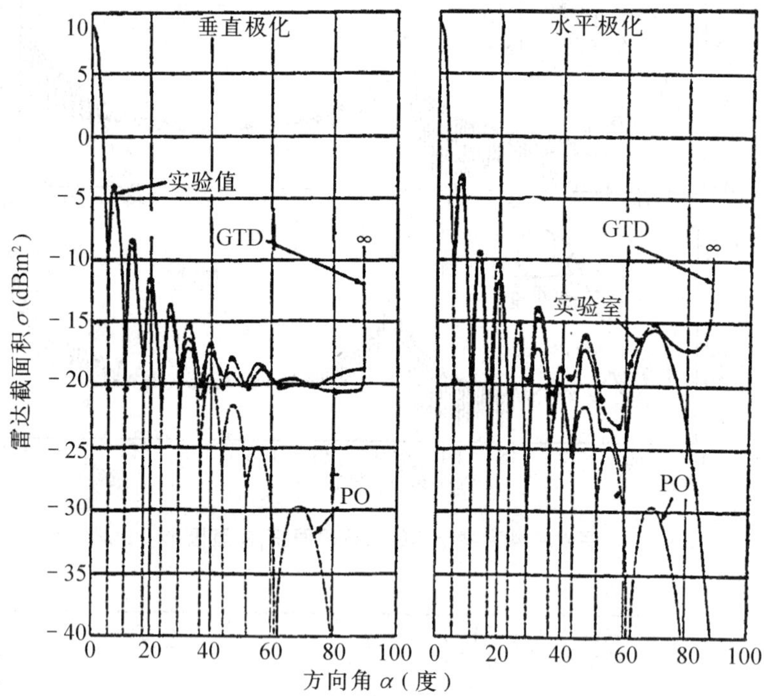

图 4 – 16 一块 5λ × 5λ 平板的雷达截面积，λ = 1.28 英寸

图 4 – 17 代表一个圆盘雷达截面积的方向和极化关系。方向关系与对圆锥体用的那种关系相同(圆盘可以设想为具有 90° 半圆锥角的锥体)。由图可见，在引起反射散射的方向(或镜面方向)区内几何绕射理论和测量之间的一致性良好。但在接近边缘的方向时这种一致性变差，这是因为采用了与极化无关的理论形式。

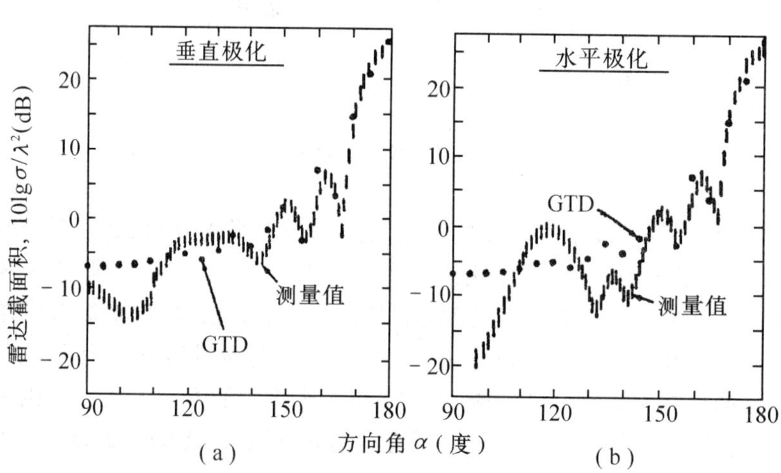

图 4 – 17 圆盘的雷达截面积。$ka = 8.28$，a = 半径，$k = 2\pi/\lambda$

(a) 垂直极化；(b) 水平极化

4.1.9　金属线

研究金属线的 RCS 是具有实际意义的，在天线反射体的设计中以及用于迷惑或扰乱的箔丝设计都是以金属线的散射特性为基础的。理想的金属线可视为一维的，即长度。因此其上的感应电流只沿着长度方向分布。当入射电场垂直于金属线时，线上不产生感应电流，而当电场位于由入射线与金属轴构成的平面时，线上则会产生感应电流，当入射电场与金属线轴平行时，线上的感应电流最强。图 4 - 18 给出了一根半径为 a 和有限长度为 $2h$ 的细金属线的雷达截面积的理论和实验值。理论值是通过计算线体上电流的近似分布而得出的。应用这个分布的第一项来计算后向散射，对长度不超过一个波长的线的分析是精确的。要注意图 4 - 18 给出的是低频散射结果，当 $2h$ 接近半波长时，金属线的 RCS 出现最大值。

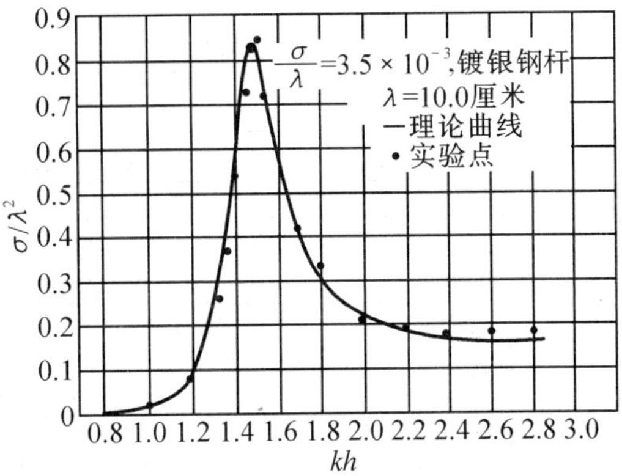

图 4 - 18　一根长度为 $2h$、半径为 a 的金属杆的雷达截面积。$k = 2\pi/\lambda$

4.1.10　圆环

设构成圆环的金属丝本身半径为 ρ，构成圆环的半径为 a，当 $a \gg \rho$ 时，就可认为圆环是由金属线构成。对金属线圆环的散射特性可进行精确分析求解，其结果可作为一般圆环解的极限（$a/\rho \to \infty$）情况。图 4 - 19 给出了一个线半径为 ρ，环半径为 a 的圆环散射方向图的理论和测量曲线。可以看到两者吻合较好。这些数据是在垂直极化情况下获得的，此时入射电场 E 矢量平行于圆环旋转轴。图中的理论数据是对圆环上电流分布的积分方程应用数值方法获得的。这说明这种理论能够有效地估算圆环低频散射的方向和频率关系。

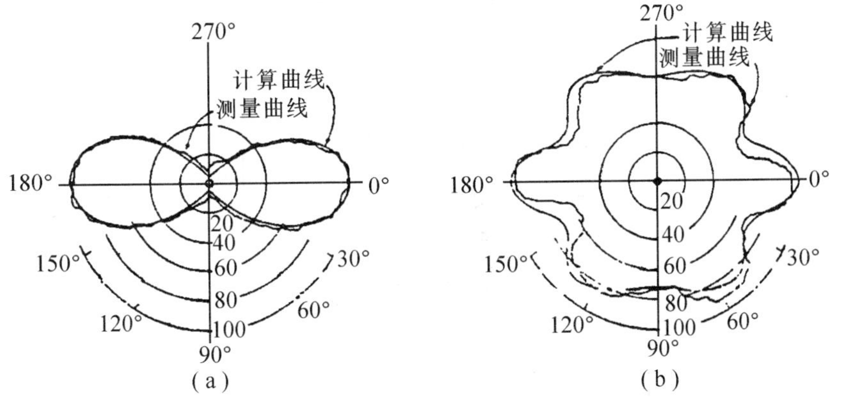

图 4 - 19　垂直极化时圆环散射场的幅度

(a) $ka = 1.5, a/\rho = 16.8$；(b) $ka = 2.0, a/\rho = 18.3$

图 4 - 20 给出了平面波正面入射时，圆环的正向 RCS 与圆环半径（以波长计）的关系曲线，图中的理论值是采用变分法求得的。

图 4－21 给出了平面波侧向入射时,圆环的侧向 RCS 与圆环半径(以波长计)的关系曲线,图中的理论值是采用矩量法求得。

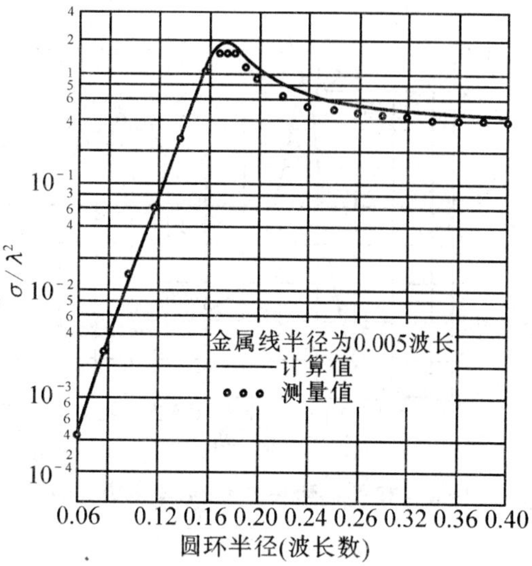

图 4－20 在正面方向上细圆环的雷达截面积

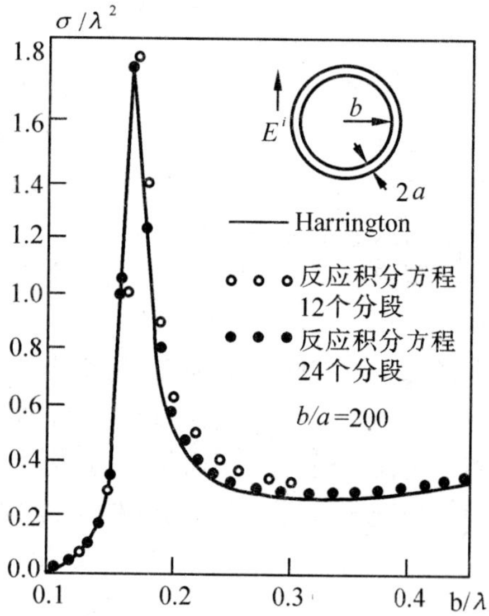

图 4－21 圆环侧向雷达目标散射面积

图 4－22 给出了一个边长为 L 的方形环侧向 RCS 与边长(以波长计)的函数关系。

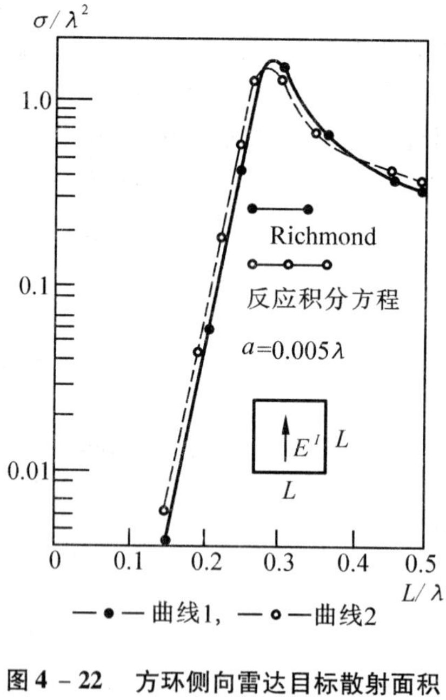

图 4－22 方环侧向雷达目标散射面积

以上我们对金属线和圆环的低频散射进行了讨论,而没有讨论其高频散射特性。这是因为在高频时,目标的 RCS 与其投影面积成正比,因此在高频时金属线和金属线圆环的电磁散射显著低于其低频时的散射。

4.2　简单复合体的散射特征

4.2.1　引言

具备 4.1 的基本知识,对我们讨论复合体的散射特征是很有帮助的。可以预期复合体散射特性的理论分析计算要比简单几何形体的要难,尽管复合体是由一些简单几何体构造而成。但借用"散射中心"的概念来分析讨论复合体的散射特性,会使分析问题的思路简洁清晰。特别是在一个简单几何体上对散射中心的成功处理的经验可以用于复合体目标上相类似散射中心的散射估算。在下面的讨论中,我们要注意将某个复合体的散射特征与构成其一些简单几何体的散射特征相对比,这样可加深对这个问题的认识和理解。

4.2.2　锥 - 球体

锥 - 球体是由一个球体(无球冠)与一锥体底面相连而形成的一个复合体,也称为球面锥体。由于这种旋转复合体的 RCS 较小而引人注意。显然,球面锥体散射特性是由球体和锥体两种散射特性综合而成。两者的贡献大小将随观测角(或方向角)而变化。借用散射中心的概念来讨论球面锥体的散射可知,锥顶处和锥 - 球连接处都是散射中心,而前者在半圆锥角很小时,其回波很小而忽略。此外,锥体和球体还存在强的镜面反射以及爬行波产生的弱散射。因此球面锥体在某个方向上的散射是上述散射源的矢量叠加。由于定量分析的复杂性,球面锥体的 RCS 的分析计算只限于向锥体尖顶直接照射的轴向方向。

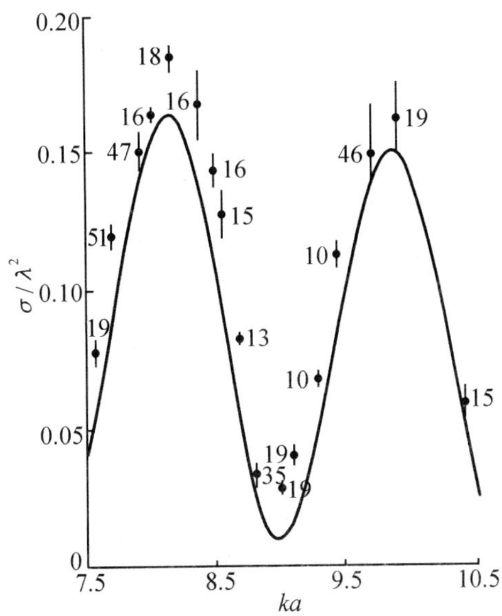

图 4 - 23　当轴向观察一个 25° 锥 - 球体时的雷达截面积。底半径 = 4.519 厘米。数字表示测量次数,并示出了它的平均值和标准偏离值。实线为理论值

图 4 - 23 给出了一个 25° 锥 - 球体的前视后向 RCS 随 ka(a 为锥底面半径)变化的理论和实验曲线。其中的理论曲线采用了两种分析方法而获得,对锥体尖顶和锥 - 球连接处的散射回波采用物理光学计算;对经球体部分的爬行波的贡献是通过对球体散射结果进行分析修正而求得。由图可见,理论值与实际值在变化趋势上比较吻合。

4.2.3　球 - 锥 - 球体

球 - 锥 - 球体是由两个半径分别为 a 和 b 的两个球体(无球冠)与一个截锥体(或圆台体)组成的旋转复合体,其剖面示意图见图 4 - 24,显然该复合体的两个连接处是散射中心,产生绕射现象,两个球体和截锥体的表面在不同的视角方向上会产生强的镜面反射,同时在复合体表面还存在爬行波。

图4－24表示从尾部轴向入射于一个球－锥－球体RCS的理论和实验值,这些以大球半径(从瑞利区到光学区)作为函数的雷达截面积,是通过散射积分方程的矩阵解(矩量法)算出来的。当球－锥－球体的周线小于20个波长时,这个方法是可行的。将图4－24与图4－1比较可见,两者在瑞利区和光学区的变化规律比较一致,而在谐振区,虽然两者都出现振荡,但规律不一致。

图4－25给出了在垂直极化入射情况下,一个 $ka = 1.5(a/\lambda = 0.24)$ 的球－锥－球体的RCS随方向角变化的理论和实验曲线,将此图与图4－14相比较可见,两者都有三个峰值,而且峰值出现的规律也一样,但前者的峰较"胖",峰谷较"窄",这主要是当方向角变化时,由两个球体产生的镜面反射在同相时相加,反相时相减而造成的(当然,两个连接处的散射也有一定贡献)。

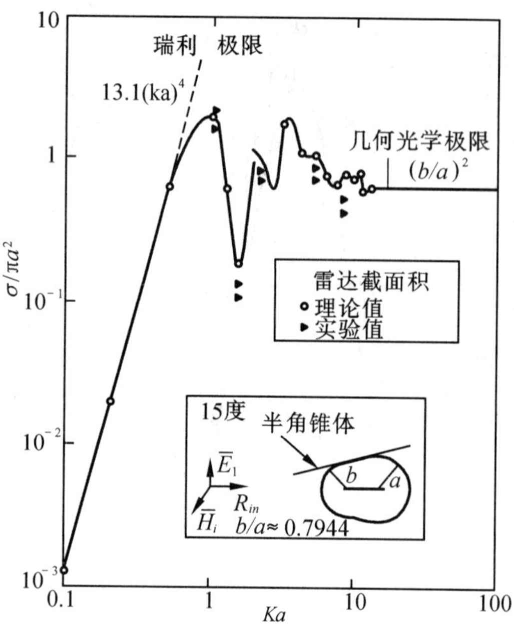

图4－24 从尾部入射在一个具有球体半径比为 $b/a \approx 0.7944$ 的球－锥－球体时,计算的与测得的雷达截面积

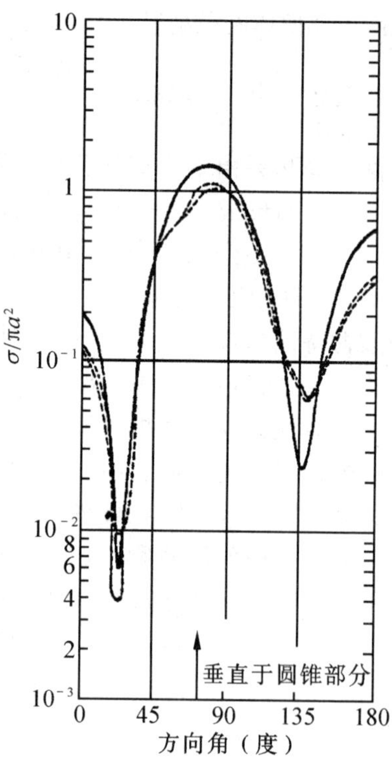

图4－25 E 平行入射极化的(在这种情况下无正交极化回波)球－锥－球体对方向角的计算(实线)和测量(虚线)所得的雷达截面积。$ka = 1.5$,末端入射在小的球体上定为0°。镜面反射方向相当于75°

4.2.4 截锥－圆柱体

截锥－圆柱体是将一个截锥体与一个圆柱体相连接而得到的旋转复合体,其连接方式的剖面图示于图4－26中,图中在6个不连续点处分别标记了 $S_1 \sim S_6$;它代表6个散射中心,显然,截锥体和圆柱体未连接底面和各自的侧面都会产生较强的镜面反射。

图4－26给出了在水平极化入射情况下,一个截锥－圆柱体的双站RCS随方向角 Φ 变

化的理论和实验曲线，可以看出两者吻合较好。将此图与图 4 - 11 和图 4 - 15 比较可见，图 4 - 26 中当方向角 α 为 80° ~ 90° 时的 RCS 峰值主要是由截锥体的镜面反射造成的。

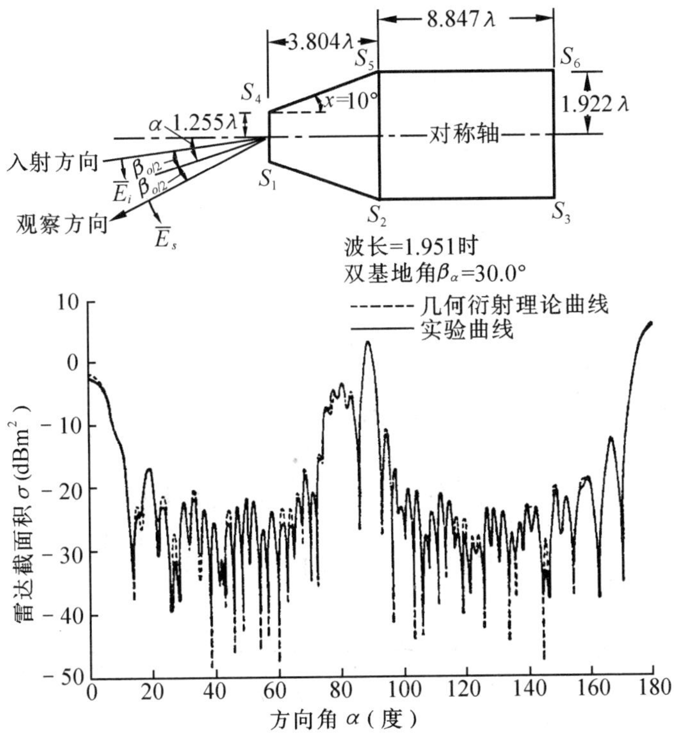

图 4 - 26　截锥 - 圆柱体在双基地角为 30° 时的雷达截面积。水平极化

4.2.5　圆柱 - 喇叭体

该旋转复合体是将一个圆柱体与一个截锥体的小底面相连接而成，由于其形像喇叭，固称为圆柱 - 喇叭体，其剖面图形示于图4 - 27 中，由于该复合体与前面讨论的截锥 - 圆柱体相类似，讨论和分析的方法也相同。但应注意，当喇叭口角度（图中的 x）较大时，由截锥体侧面与圆柱体侧面构成的凹边形可能会产生强的双重反射效应。这仅用散射中心概念是很难分析的。当喇叭口角度较小时，则产生双重反射效应的可能较小，这时，可借助散射中心概念来分析。

图 4 - 27 给出了在水平极化入射情况下，一个圆柱 - 喇叭体的双基站 RCS 随方向角 α 变化的理论和实验曲线，图中的理论值是用几何绕射理论（或散射中心概念）求得的，可见两者吻合得较好。

4.2.6　双面角反射器

将两块金属平板的边缘以直角相连就构成了双面角反射器（见图 4 - 28）。它可产生双重反射效应，在入射波的反方向产生很强的反射波。这可用几何光学中的射线追迹原理来说明，当两块板的交线垂直于入射波方向时，由于镜面反射效应，使得入射到一块板上的波反射到另一块板上并从该板向入射波方向回射 。因此，在这个方向上双面角反射器表现出

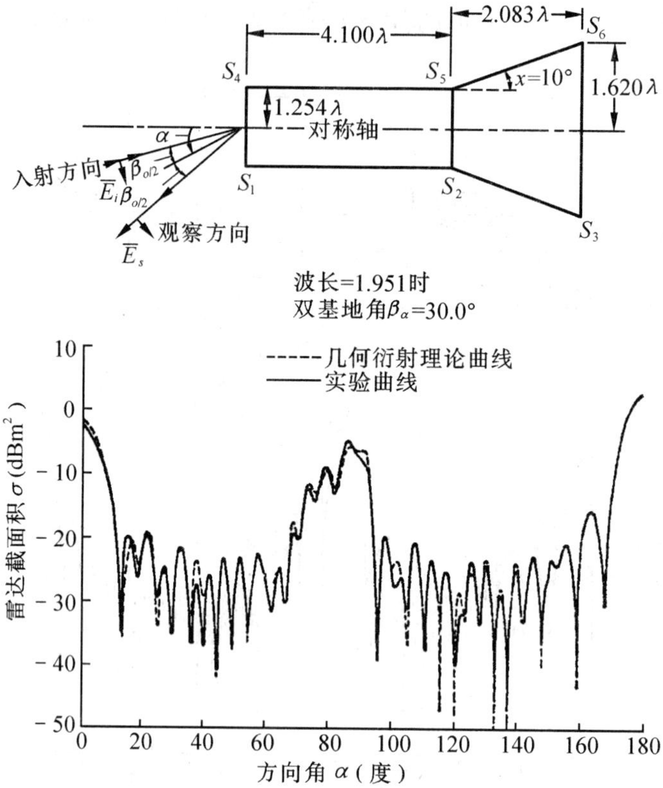

图4-27 圆柱-喇叭体对双基地角为30°时的雷达截面积。水平极化

一个较大的RCS。由于双面角反射器这一散射特性,因而在RCS测试中常用其作为定标物体,但在隐身设计方面应避免出现。

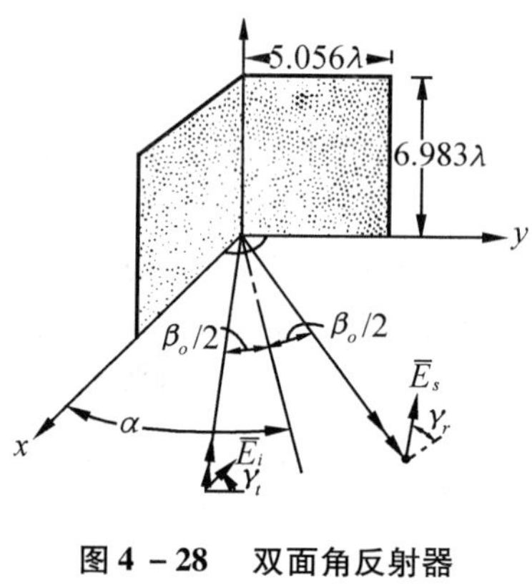

图4-28 双面角反射器

采用物理光学法可以成功地估算双面体的最大RCS,但该方法不能提供详细的RCS与方向、极化以及双站的关系。此外,双面体边缘的绕射贡献也无法考虑(一般采用相应的物理绕射理论来求解)。如果用两块耦合的矩形平板来说明双面体的散射现象,那么可采用几何绕射理论来分析。图4-29和图4-30给出了图4-28所示双面体结构的RCS理论和实验曲线。图4-29给出了垂直极化($\gamma_t=\gamma_r=90°$)和水平极化($\gamma_t=\gamma_r=0°$)时的结果。由图可见,当方向角很小(接近零)时,RCS出现一个峰值,这显然是由双面体的一面而产生的。当方向角在45°附近时,RCS出现一个宽峰,其与双面体的双重反射现象有关。图4-30给出了平行极化($\gamma_t=\gamma_r=45°$)和正交极化($\gamma_t=45°$;$\gamma_r=-45°$)时的结果,这时收发天线的朝向与水平面的夹角在0°~90°之间,由图可见,对于平行极化而言,双面体不存在双重反射效应,而只有类似于平板的一次反射作用,但在正交极化情况下,出现了相反的散射特性,这主要是入射波电场在金属平板上出现反相而造成的。

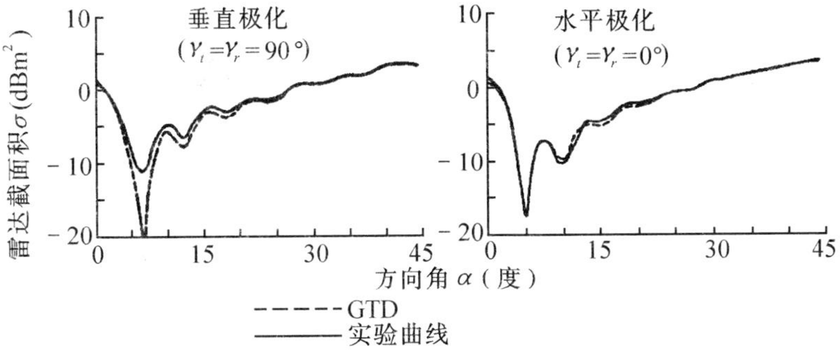

图 4 - 29　双面角反射器在垂直和水平极化时的单基地(β_a = 0°)雷达截面积 λ = 0.339

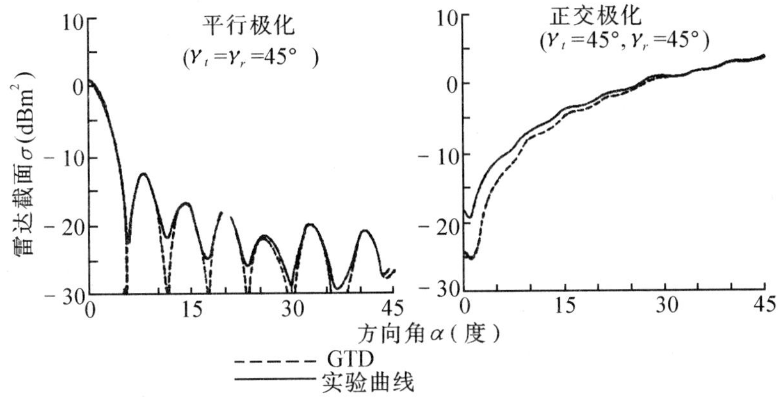

图 4 - 30　和图 8 - 41 相同，但为平行和正交极化

以上讨论的是两金属板间的夹角为 90° 的情况，当夹角改变时，其散射特性也会改变。图 4 - 31 给出在入射角 α = 45° 情况下，双面体（由两块边为 a 的正边形的金属板构成）的 RCS 与其夹角的关系曲线。图中标注 1、2、3 和 4 波峰分别对应于一次、两次、三次和四次的镜面反射结果，从图中可见，由于双面体的夹角不同，散射会出现波峰和波谷，这就提示我们在舰船、飞机和坦克等目标的外形结构设计中，要采用相应于图 4 - 31 中 RCS 出现波谷处的非直角结构。相反当将双面体用作 RCS 测量中的定标物时，要采用图中 RCS 出现波峰时的一些特殊角。若保证双面体 RCS 的测量值不低于理论值 3 dB；其加工误差应小于 1° ~ 2°。

4.2.7　三面角反射器

在双面角反射器的基础上，加上第三块金属板并与其他两块正交就构成了一个三面角反射器，见图 4 - 32。这种结构会产生三重反射效应，即入射波经三个面镜面反射后沿入射波反向回来。三面角反射器的特殊结构会在相对于三面对称轴的仰角(Φ) 和方位角(θ) 等两个方向角很宽的范围内产生强的 RCS。图 4 - 33 给出了图 4 - 32 中几何体的回波随仰角(Φ) 和方位角(θ) 变化的实验曲线，图中当方位角(θ) 较大时，出现的回波峰是由于三面角反射器中两个面产生的双重反射而造成的。

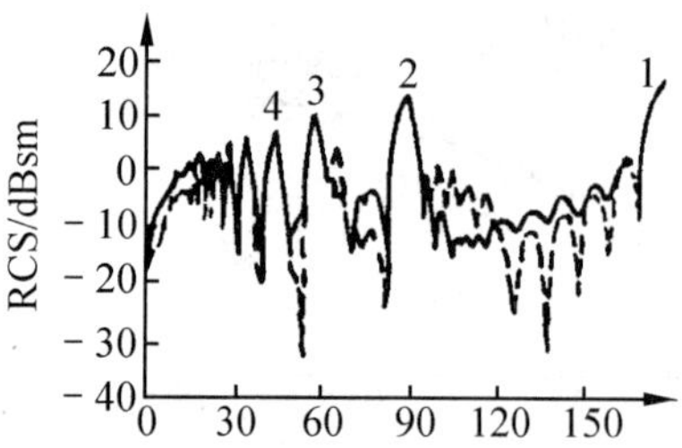

图4-31 两面角 RCS 与夹角 $2a$ 的关系

(——垂直极化,┈┈水平极化)

($a = 5.6088\lambda$;$f = 9.4\text{GHz}$)

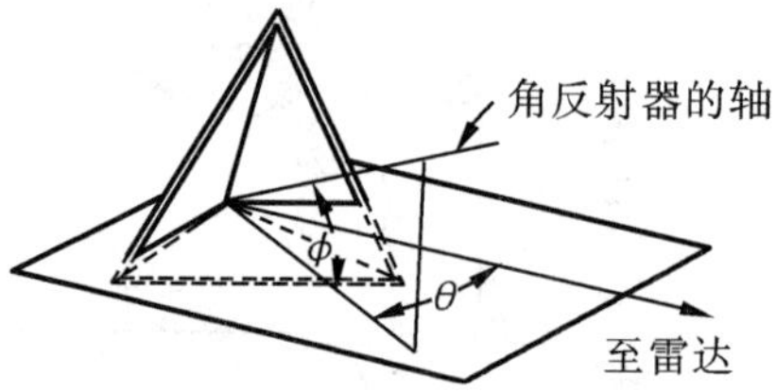

图4-32 描述三角形三面角反射器雷达截面积的坐标系统

分析讨论三面角反射器反射过程的简单方法是采用几何光学法中的射线追迹原理。在对称轴方向上的最大 RCS 可用下式计算:

$$\sigma = 4\pi \frac{(0.289l^2)^2}{\lambda^2} \quad (4-5)$$

上式是对平板公式进行修正而得出的。式中 l 是三面角反射器每边的长度,系数 0.289 是在考虑了完全参与三重反射过程的那部分三面体投影面积后而得到的。三面角反射器多用作 RCS 测量中的定标物。

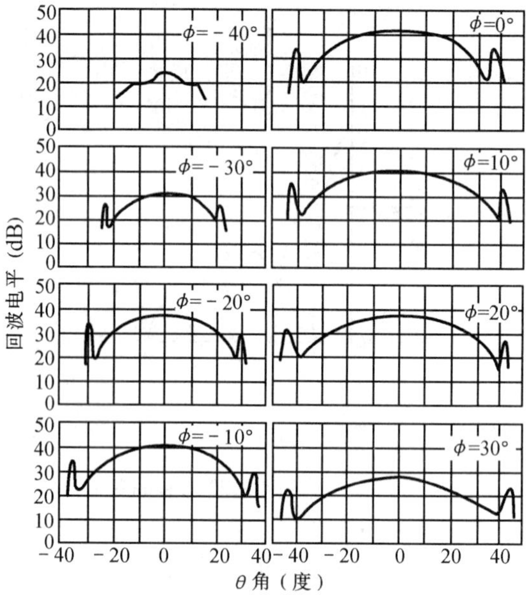

图4-33 三角形三面反射器的回波响应图

孔径边缘 = 24;λ = 1.25 厘米

4.2.8 腔体

在讨论了双面角反射器和三面角反射器的散射特性后,有助于我们认识腔体的散射特性(实际上,三面角反射器就是一个简单的腔体)。腔体的散射主要来自于入射波在腔体内表面间经过多次的反射或绕射后,某些散射能量从腔体口出来而返回到入射方向去。由于腔体的结构尺寸一般是远大于入射的雷达波长,因此腔体是一种强回波散射结构。

图4-34 和图4-35 给出了方形腔体后向散射的 RCS 与方向角之间的理论和实验曲线,图中的方向角是从腔体口面法向轴计起。由图可见,(1) 当腔体的深度不同,而其他尺寸和形状相同时,其散射特性也不同;(2) 实验测得的 RCS 最大值出现在方向角为 16° 处(垂直极化)和22° 处(水平极化);(3) 当方向角较大时,理论值普遍小于实验值。图4-36 和图4-37 给出了圆形腔体后向散射的 RCS 与方向角之间的理论和实验曲线,其表现出的散射特性与方形腔体基本相同。但其大的 RCS 值只有在垂直极化情况下才可能出现在偏离轴的方向上。

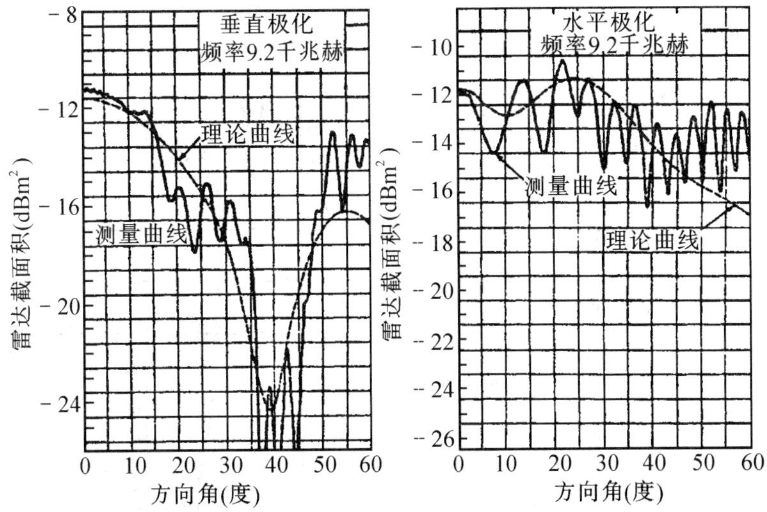

图 4 - 34　方腔体边长为 1.75λ × 1.75λ,深为 8.283λ 的雷达截面积

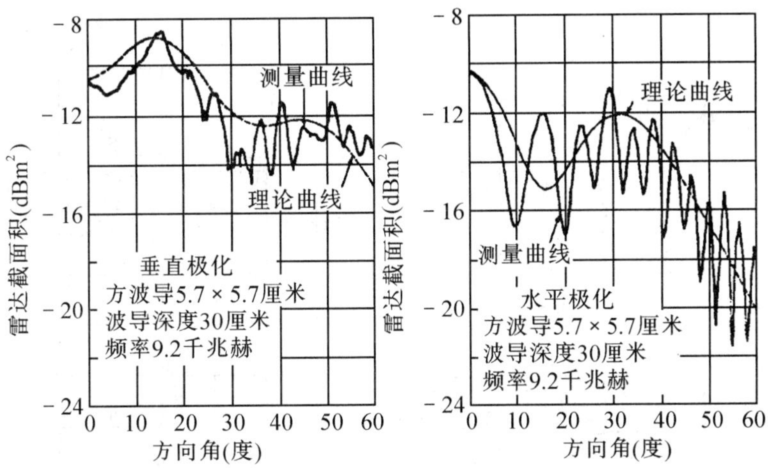

图 4 - 35　方腔体长为 1.75λ × 1.75λ,深为 9.202λ 的雷达截面积

图 4 - 34 ~ 图 4 - 37 中的理论曲线是采用导波模式法分析得出的。该方法将腔体视为波导,当入射到腔体口面处的均匀平面波与腔体发生耦合时,将激励起向腔体内部(或终端)传播和截止的导波模式。对于给定的腔体(或波导)尺寸,这些模式的传播特性或截止衰减特性可由导波场论解析给出其闭合形式的解。当波导的长度远大于波长时,各种截止的凋落模式可以忽略不计。而各种传播模式在经过均匀段和不均匀段传播时,会有一部分能量因反射从腔口向外辐射而构成腔体反射场 E^r 的一部分,其余能量则继续往波导腔终端传播,直到经终端反射后从腔口处散射而构成 E^r 的另一部分。由于该理论没有考虑腔体口面边缘的绕射效应。所以,该理论只给出了 RCS 与方向角的粗略关系,而没有显示出与测量数据相一致的精细结构。各种数值结果和实验结果表明,在腔体的强散射方向上,边缘绕射场远小于腔内的反射场;只有在其弱散射方向上绕射场的作用才明显。

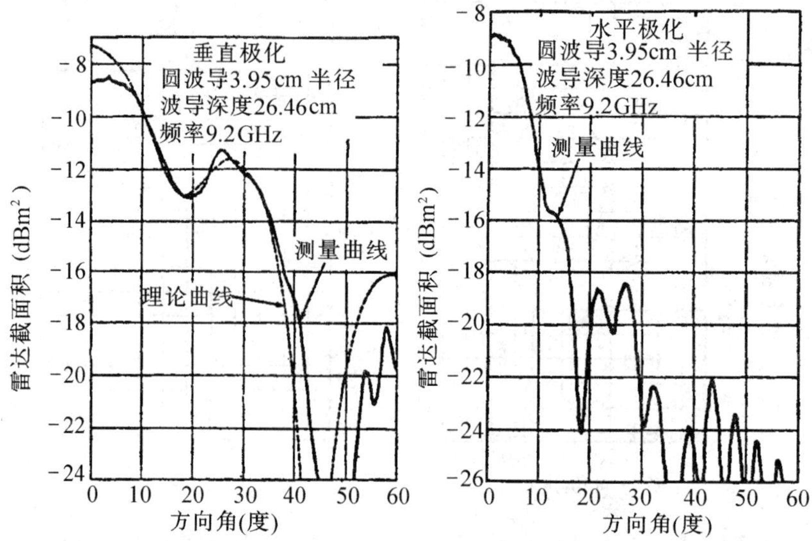

图 4 - 36　8.125λ 深的圆腔体的雷达截面积

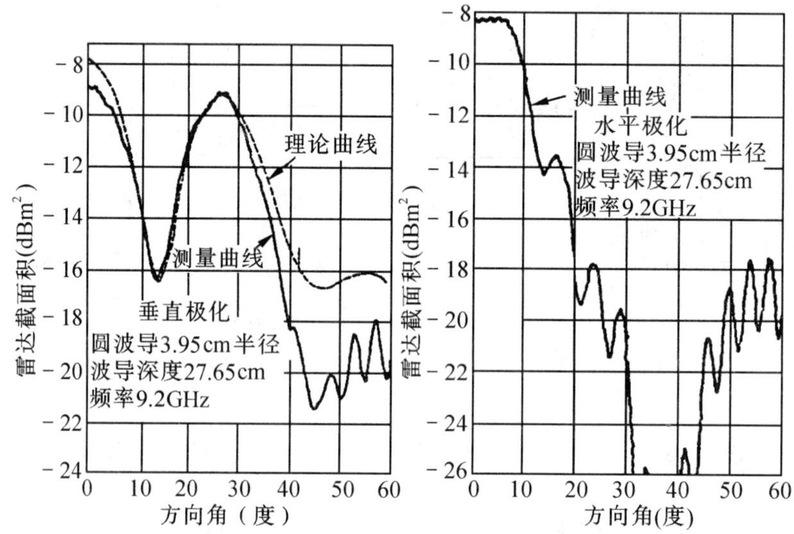

图 4 - 37　8.490λ 深的圆腔体的雷达截面积

4.3　散射形状的分类

前两节我们对一些简单几何体和复合体的讨论侧重于其 RCS 与方向角的关系曲线(或散射方向图)。从这些图中可很直观地看到一个几何体在哪个方向角上 RCS 大;哪个方向角上 RCS 小;不同的几何体其散射特性也大不一样等等。我们还注意到表面比较平滑的几何体,其 RCS 曲线的变化也比较平滑;而当几何体上有锐利边缘(一些表面不连续的点和线)

时，其RCS曲线的变化会出现较急剧的“振荡”。而且当几何体上锐利边缘越多时，其RCS曲线“振荡”越平凡。出现这种现象的原因是，表面平滑的几何体在某个方向角上的散射贡献只有一个镜像点（或面）；而有锐利边缘的几何体在某个方向角上的散射贡献是有锐利边缘几何体上的镜面反射和边缘的绕射矢量叠加。显然，由于波长很小，因此方向角小的变化，也会引起这些回波在相位上出现同相或反相，从而使其RCS曲线出现“振荡”。此外，RCS曲线还向我们提示，物体的镜面反射一般远大于其边缘的绕射，即使对一个复杂的物体而言也是这样。掌握这些知识对我们定性分析一个大型物体（如：舰船、飞机等）的散射特性是有很大的帮助的。

本节主要讨论一些常见几何体的RCS与频率f和几何尺寸L的关系，并给出一些计算RCS最大值的计算公式（这些公式一般可用几何光学法或物理光学法得出）。表4－1给出了一些几何体的分类，该分类是按其散射强度由强到弱排列，因此最强的散射体是列在表的上方。下面我们将按这个秩序进行讨论。

表4－1　散射体形状的分类

几何形状	名称	频率依赖关系	尺寸依赖关系	公式	备注
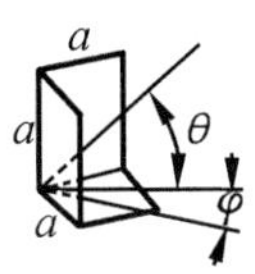	方形三面角反射器	f^2	L^4	最大值（$\varphi=0°,\theta=45°$） $\sigma=\dfrac{12\pi a^4}{\lambda^2}$	回波最强，强RCS源于三次反射
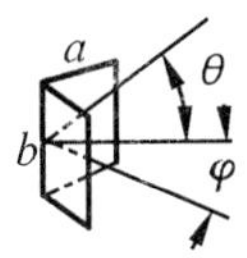	矩形两面角反射器	f^2	L^4	最大值（$\varphi=\theta=0°$） $\sigma=\dfrac{8\pi a^2b^2}{\lambda^2}$	回波次强，强RCS源于二次反射，改变回波逐渐减弱，改变θ时RCS减小更快
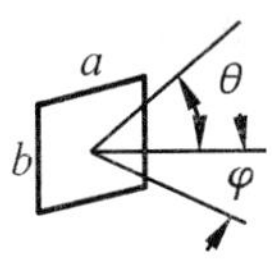	平板	f^2	L^4	最大值（$\varphi=\theta=0°$） $\sigma=\dfrac{4\pi a^2b^2}{\lambda^2}$	回波第三强，强RCS源于直接的镜面反射，偏离法向入射时回波急剧减小
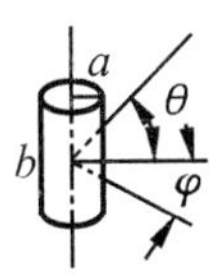	圆柱	f^1	L^3	最大值（$\theta=0°$） $\sigma=\dfrac{2\pi ab^2}{\lambda}$	较强回波源于镜面反射，RCS与方位角无关，随视角θ增大而急剧减小
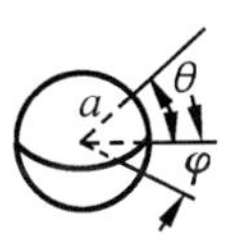	球	f^0	L^2	最大值 $\sigma=\pi a^2$	较强回波源于镜面反射，RCS与和θ无关

表 4 - 1(续)

几何形状	名称	频率依赖关系	尺寸依赖关系	公式	备注
	直边缘垂直入射	f^0	L^2	$f(\theta,\theta_{int})L^2$ θ— 视角; θ_{int}— 边缘的二面角	两维曲面机理在曲面曲率半径趋于0时的极限情形,是飞行器强而窄的RCS峰的常见原因
	曲边缘垂直入射	f^{-1}	L^1	$f(\theta,\theta_{int})a\lambda/2$ 曲率半径 $a \geqslant \lambda$, 函数 f 同上	三维曲面机理当主曲率半径趋于0时的极限情况
	尖顶	f^{-2}	L^0	$\lambda^2 g(\alpha,\beta,\theta,\varphi)$ α,β— 尖顶的内角; θ,φ— 视角	上面的机理当 a 趋于0时的极限情况,$\alpha=\beta$时尖顶变成了圆锥,$\alpha=0$时尖顶变成薄片或机翼的角
	垂直入射时沿直线的不连续性	f^{-2}	L^0	$\frac{\lambda^2}{64\pi^3}\left(\frac{L}{a}\right)^2\left[1+\left(\frac{\mathrm{d}y}{\mathrm{d}x}\right)^2\right]^{-3/2}$ L/a— 表面跃变的倒数; $\mathrm{d}y/\mathrm{d}x$— 表面的斜率	弱散射机理,在球锥、球柱的鼻锥RCS中起决定作用
	曲边缘曲率不连续性	f^{-3}	L^{-1}	$f(\theta,\varphi)\,\frac{\lambda^3 b}{a^2}\left[1+\left(\frac{\mathrm{d}y}{\mathrm{d}x}\right)^2\right]^{-3/2}$ $f(\theta,\varphi)$— 视角的函数。边缘曲率半径 $b \geqslant \lambda$	行波后向散射最重要的机理,依赖关系决定于所考虑的维数
	沿一条边的曲率不连续性	f^{-4}	L^{-2}	$g(\theta,\varphi)\,\frac{\lambda^4}{a^2}\left[1+\left(\frac{\mathrm{d}y}{\mathrm{d}x}\right)^2\right]^{-3/2}$ $g(\theta,\varphi)$— 视角的函数	行波后向散射最重要的机理,依赖关系决定于所考虑的维数

第一个是角反射器(包括方形三面角和矩形两面角)。由上一节讨论可知,其强的回波来源于构成角反射器的三个或两个相互垂直的平面间的多次反射,入射到这些凹形结构上的射线在很宽的视角范围内被反射回入射方向。角反射器可装在遥控无人驾驶飞机、靶机、靶舰、雷达诱饵、民用小船上,以增加雷达系统的探测能力,易于被雷达系统跟踪。扩展到光学领域,小的角反射器阵列也可装入自行车反射器、汽车尾灯、公路信号灯以及高速公路标志,以增强反射效果。角反射器的回波强度随入射波频率的平方增加。而与几何尺寸存在四次方的依从关系。需注意这里给出的方形三面角反射器的RCS计算公式与式(4-5)在系数

上不同,这是由于前者三个面是正方形,而后者三面为三角形。

平板、圆柱和球是三个常见简单几何体。从表4－1可见,它们的散射强度依次减小,这与它们表面曲率的大小有关,这三种几何体主要的(或强的)散射机理都是物体表面镜面反射,平板整个面都是镜面点;圆柱只有一条亮线;而球形(双弯曲表面)的镜面只是一个点,从形体上看,平板、圆柱和球分别是平坦的、单弯曲的和双弯曲的物体,其RCS与频率的关系分别为f^2、f^1和f^0,而对物体尺寸的关系则分别为L^4、L^3和L^2。这些依赖关系是对物体镜面取向而言的。

当表面曲率半径之一趋于零时,就形成了一条边缘,根据另一个曲率半径为无限大、有限大和零,分别对应于表4－1中的直边缘、曲边缘和尖顶。这些部位主要是产生绕射效应,但在特殊情况下也存在有“镜面”条件,即边缘的取向必须使其上一点的外法线正好指向雷达。直边缘的整条边都是亮点,而曲边缘则只能有一个亮点。尖顶所代表的点表示了球的半径为零这一极限情况。

表4－1最后给出了三种表面曲率不连续的几何体,这可理解为这些几何形体的某种取向不能使其任何表面部分的外法线指向雷达,即不存在“镜面”条件。正是这种非镜面条件使其RCS值很小。

上述知识为减小复杂物体的RCS提供了正确依据。显然最理想的情况是使物体仅具有边缘和顶点而无表面,但这样的物体并不存在,因此最实际的选择是调整物体的取向,使其没有表面和边缘的法线指向雷达,这就要求在目标设计时预先知道威胁雷达的来波方向,以及入射波的其他参数。

本章所讨论的内容对目标(如舰船、飞机、坦克等)设计师是非常有用的。由第3章可知,计算一个稍为复杂目标的RCS是比较困难的。若仅知道一些计算方法或原理是很难完成的。对一个设计师来说,他不可能将主要精力放在这复杂的计算上,通常是借用他人的分析计算结果进行目标的隐身设计。若设计师们具备上述知识就可在设计中灵活应用,并可据此制定一些基本的设计原则,特别是在目标的初期设计阶段,采用上述知识进行设计,可以减少一些复杂的理论计算,并可对目标的RCS进行简单地估算。

第5章　舰船雷达散射截面控制

5.1　概　　述

从一般意义上讲,舰船雷达隐身技术应包括雷达散射截面减缩技术和电子干扰技术。但从狭义上讲,也可把雷达散射截面减缩技术称为雷达隐身技术。当雷达系统一定时,目标的 RCS 取决于目标的外形和目标材料的电磁特性。雷达截面的减缩是一种折中的研究。当目标表面被修改整形后,可获得雷达截面积的减缩,但目标的雷达截面积在一个观察方向上的减小常伴随着在另一个观察方向上的增加。然而,如果是采用雷达吸波材料方法,则通过材料中能量的吸收或耗散,就可以得到雷达截面积的减缩,同时在其他方向上的 RCS 电平保持相对不变。这看起来似乎是件很有益的事,但雷达吸波材料的使用是以增加重量、体积和将来的维护作为代价的,而且目前还没有一种理想的吸波材料,可以在所有频段达到理想的吸收效果。因此,每一种方法都包含了它自己的折中选择形式。

人们在分析、计算和测量大量目标 RCS 的基础上,逐渐摸索出一些行之有效的减缩目标 RCS 的措施,总结和归纳这些方法和措施,就可以形成雷达截面积的控制原则和方法。但不管采用哪种技术,雷达截面积的每一减小量都是以逐步增加代价而获得的,起始部分的减缩,其所花费的开销一般相对较小,以后的部分要高一些。再接下来的部分要更高一些。到达90% 以上的总减缩时,代价可能是让人无法接受的。做到何种程度,取决于许多因素,例如相对的效果,增加的费用和武器平台的战技要求等。

目前,进行雷达隐身主要采用以下几种技术:

1. 通过改变目标外形来降低目标的雷达截面积,称之为外形隐身技术;
2. 采用雷达吸波材料来降低目标的 RCS,称之材料隐身技术;
3. 电子对抗技术;
4. 阻抗加载技术。

因为阻抗加载技术目前还没普及应用,故本章介绍雷达隐身原则以后,主要介绍外形隐身技术,材料隐身技术和电子对抗技术。

5.2　雷达隐身考虑原则

5.2.1　一般要求

雷达隐身的关键是减少雷达截面积。而舰船的雷达截面积,可根据经验公式估算,也可根据某些舰船的实测推算或者实船测量。另外还可用船模预测和计算机进行理论计算。国外在20世纪80年代初根据下列经验公式估算常规舰船的雷达截面积:

$$\sigma = 52 \times f^{\frac{1}{2}} \times V^{\frac{2}{3}} \qquad (5-1)$$

其中，f 是以 MHz 为单位的雷达工作频率；V 是以千吨为单位的舰艇满载排水量。

在舰船隐身技术中，要遵循以外形隐身技术为主，材料隐身技术为辅的原则，也即首先应当考虑外形隐身技术，在外形技术不能达到或不便采用的地方，则用材料技术进行弥补。

5.2.2　外形设计

外形技术是通过改变舰船的外形来达到减少舰艇雷达截面积的目的。其途径就是通过改进舰船的外表面特征和形状，减小在某些方向上的 RCS 值。因此，修改各暴露在外的设备或部件的外形是必须面对的问题。通过对舰艇的具体的分析、必要的试验和具体舰艇的隐身实践，可归纳出以下的原则和要求。

5.2.2.1　外侧壁倾斜角度采用的原则和方法

根据平面的 RCS 特征分析，我们可以得到，通过改变舰船的外侧壁倾斜角度，可以减少在水平方向上的 RCS 值，其应当考虑以下内容。

1. 根据两个交面的长度和高度值估算。根据 E. F. 克拉特等著《雷达散射截面 - 预估、测量和减缩》介绍，如果一个舱壁高度比宽度小，例如高度（小面宽度）为 10 英寸（1 英寸 = 2.54 厘米），宽度可能整个上层建筑，要求所有高于 3 GHz 的频率上必须减少 10 dB，根据小面宽度与波长的比值，可以查曲线。作为例子，其说明了舱壁倾斜角度仅需要 1.35°，即可得到 10 dB 的衰减。当然，这里不考虑波束宽度和船的摇摆等。

2. 用理论计算和测试的经验，可根据金属板倾斜角度与 RCS 减少的关系，推算出相应倾斜的角度。根据有关实验情况表明，3° ~ 10° 的有关数据如下：

表 5 - 1　平板倾角变化

平板偏离法线角度	接收到的回波功率 （发射 2.1 W　f = 9.1 GHz）
3°	~ - 10 dB
5°	~ - 13 dB
7°	~ - 20 dB
10°	~ - 23 dB

3. 要考虑舰船摇摆情况

舰船在大海中摇摆与海况有关，四级海况下大型舰船一般有 2° ~ 6° 以上的摇摆。

4. 在减少 RCS 的前提下，尽量减少舰船舱室容量的损失，舷部舱壁做成倾斜后，给设备安装造成困难，尤其是较高机柜，只能向中线面靠，这样就减少了舱室的有效使用容积。因此倾斜角度不能过大。

5. 要考虑造船工艺的方便性，如较大的门、重的水密门，倾斜很大对施工不便，以后舰员开关门也不方便，有的要采用改边框结构形式以及涂吸波材料的办法来解决。

5.2.2.2　舷边连接

舷边圆弧连接和直角连接这两种方式均有实施的意义，已有不同的舰船分别采用。可根据圆弧连接和直角连接的特点按照舰船的实际考虑。需要注意的是圆弧连接中圆弧直径太大可能减少舱室容积，一般可取 200 ~ 400 mm 左右。

5.2.2.3 主船体水线面以上采取外倾

以前舰船的设计,这部分以考虑舰船总体性能为主,并要求与水下部分的线型光滑连接,其对舰船的 RCS 贡献也要充分重视。中部段和尾部段,可以比较平直,但实用上宜考虑外倾。

5.2.2.4 采用倾斜护墙遮挡

甲板上安装有许多复杂外形的金属构件,如武器发射装置、舾装设备、小艇、门、窗、走道等。虽然单个散射截面积不大,但由于散射以及相互间耦合影响,会使 RCS 值大大增加。可考虑在舷部增加倾斜护墙,且其局部可拆卸。

5.2.2.5 机库外形

机库后壁倾斜,机库大门尽量倾斜,其倾斜角度可相对较小。大门与后壁连接处平滑过渡,并可再涂覆吸波材料。

5.2.2.6 露天部位舾装设备的外形整形

导缆桩稍为向船中倾斜;救生阀两侧倾斜;绞车朝舷部的一面也稍作倾斜;机舱大通风口处应加装金属网;小艇吊杆可涂吸波材料等。对甲板上舾装件应尽量采用内藏式设计,对不能内藏设备考虑设置内倾式舷墙遮挡等措施。

5.2.2.8 减少角反射体

消灭形成角反射体的通道口和船体夹缝,各种面积较大的金属板避免形成角反射体。

5.2.2.9 舰面电子武器设备要求

尽量减少甲板面上外露的电子武器设备,将武器发射装置设计为垂直发射隐藏于甲板面下或可伸缩式;必须外露的设备采取加倾斜遮挡体等隐身措施,设备基座尽可能进行隐身化设计。

5.2.2.10 舰载天线隐身设计

尽量减少外露舰载天线数量,采用阵面化天线,与上层建筑进行共形一体化设计并倾斜安装,采用具有良好带外抑制能力的频率选择功能天线罩,减少非工作频段的腔体反射,提高隐身性能。

5.2.2.11 桅杆和烟囱的隐身设计

桅杆主要用于架设各类天线,如雷达、电子战、通信、敌我识别器等各种口径天线及传感器,需满足其安装需求,涉及强度、大小、形状等限制性条件,而大小、形状是影响隐身性能的重要因素。常规桁架式桅杆虽然其受风面积较小,但对于 RCS 来说不一定会小。对反射波,绕射波以及爬行波的综合效果计算则当相复杂。同时桅杆与舰体间还存在多次散射,对全舰雷达波散射截面影响较大,目前隐身舰船普遍采用综合集成桅杆隐身设计,设计成具有斜面整体桅杆。

为改进烟囱部 RCS 特性,可将烟囱采用规则形状并内倾,采用烟桅合一技术也是改善舰船 RCS 的一个好办法,比单独设置的烟囱具有更好的隐身效果。烟囱是否能与上层建筑或桅杆结合在一起,取决于上层建筑、桅杆的总体布置位置,主动力装置的选型和机舱排烟道的设计情况。

5.2.3 吸波材料的应用

从原理上讲,隐身材料最符合隐身要求,但其存在适用频段窄、吸收率有限、环境适应性差等局限性,且大面积使用会增加重量及经费,应与外形技术配合使用。舰艇上大面积涂覆吸波材料的办法可能不是最好办法，而且实施还要看舰艇大小，排水量的可能、经济费用等。实用的是在形状复杂、可能引起角反射体以及关键部位处涂覆，这就要求在总体方案上应当有所选择和优化。

5.2.3.1　材料的电磁特性

一般来说，介质材料的电特性和磁特性是用复介电常数 ε 和复磁导率 u 来表征。

$$\varepsilon = \varepsilon' + \mathrm{j}\varepsilon'', u = u' + \mathrm{j}u'' \tag{5-2}$$

通常用相对介电常数和相对磁导率来表征材料的电磁特性

$$\varepsilon_r = \varepsilon/\varepsilon_0 = \varepsilon'_r + \mathrm{j}\varepsilon''_r, u_r = u/u_0 = u'_r + \mathrm{j}u''_r \tag{5-3}$$

其中 ε_0 和 u_0 分别是自由空间的介电常数和磁导率。

复介电常数的实部 ε' 表示在电场作用下材料被极化的量度，复磁导率的实部 u' 表示在磁场作用下产生磁化程度的量度，而复介电常数的虚部 ε'' 则表示在外场作用下材料电偶矩产生重排而引起的损耗，复磁导率的虚部 u'' 表示在外场作用下材料磁偶矩产生重排而引起的损耗。这说明利用材料的 ε'' 和 u'' 能吸收电磁波，使电磁能转化为热能。材料的 ε''_r 和 u'' 能吸收电磁波，使电磁能转化为热能。材料的 ε''_r 和电导率 σ 有如下关系：

$$\varepsilon''_r = \sigma/\omega\varepsilon_0$$

式中 ω 是电磁波的角频率。

5.2.3.2　材料吸波的基本条件

材料要最大限度地吸收电磁波，其应当具备以下的性能：

1. 入射的电磁波到达吸波材料时，能最大限度地进入材料内部，而不是简单地产生表面反射。

2. 进入材料内的电磁波能迅速地几乎全部衰减。

我们已经知道，电磁波垂直入射到无限大介质平面时，其反射系数 R 为：

$$R = (Z - Z_0)/(Z + Z_0) \tag{5-4}$$

其中 Z_0 是自由空间的波阻抗，$Z_0 = \sqrt{u_0/\varepsilon_0}$。$Z$ 是材料的本征阻抗，$Z = \sqrt{u_0 u_r/\varepsilon_0\varepsilon_r}$ 代入可得：

$$R = \frac{\sqrt{u_r/\varepsilon_r} - 1}{\sqrt{u_r/\varepsilon_r} + 1} \tag{5-5}$$

要使 $R = 0$，则应有 $\sqrt{u_r/\varepsilon_r} = 1$，即材料的电磁参数有关系 $u_r = \varepsilon_r$ 时，入射的电磁波便不会在材料表面反射而全部进入材料。

电磁波进入材料后，因为只有材料的 ε_r 和 u_r 的虚部 ε''_r 和 u''_r 才会引起电磁能量的损耗，将电磁能转化为热能。所以，为使材料能有效地吸收电磁波，材料的电磁特性 ε_r 或 u_r 必须有较大的虚部。否则，即使材料满足 $u_r = \varepsilon_r$ 条件，但电磁波只是穿透过材料，并没有被损耗掉。

5.2.3.3　材料的类型

按吸收电磁波的方式，可分为谐振型吸波材料和吸收型吸波材料，而按其成型工艺和承载能力，可分为两种类型：涂敷型吸波材料和结构型吸波材料。

让能量进入吸波材料，再提供足够的损耗以在允许的吸波材料厚度内吸收掉这些能量，便可以得到令人满意的宽带雷达吸波材料性能。这两个要求常常是相互矛盾的。因为高损耗材料通常具有与自由空间阻抗截然不同的本征阻抗，因而可能导致较强反射。

有两个办法可以解决这个矛盾,但这两种方法都有各自的缺点。第一种方法是从吸收体前面开始逐渐加大损耗,这种方法常用于渐变电介质和几何过滤吸收体。然而,其得到的性能改善伴随着厚度的增加。通常为在频带内提供 20 dB 或更大的雷达截面积减少,这种吸收体的厚度将接近于频带低端频率下的半个波长。

第二种方法是使用具有高损耗但其本征阻抗接近自由空间阻抗值的材料,这意味着材料的 u 和 ε 值都很大。由于磁导率的高度谐振特性,许多实际磁性材料都只能在非常有限的频率范围内满足这些要求。以增加吸波材料的厚度和复杂性为代价,使用不同磁性材料的多层技术可以扩展带宽。

当需要非常宽的带宽时,综合利用磁性材料低频特性优点和渐变介质高频特性优点的混合技术是极富吸引力的。然而,尽管这样的混合能在适当的厚度内提供显著的工作性能,但是黏结问题、生产和维护的复杂性以及较高的成本却是这种设计的典型问题。

对于在特别关注的威胁范围内的应用来说,通常要进行各种努力对这个方向的舰船部位整形以尽可能地减少雷达截面积。这时,必须注意行波和边缘绕射引起的回波。为抑制这些效应所采取的措施不同于为减小镜面反射所采用的措施。

5.3 外形隐身技术

从数学分析上讲,舰船被发现概率的大小,主要取决于其信噪比 S/N 的值,其中 S 表示舰船本身的信号强度,N 是背景噪声或干扰信号的强度。显然,用隐身技术来降低舰船被发现的概率,存在两种不同的途径:一是增大 N 值,即增强背景噪声信号的强度;另一种是降低 S 值,即设法降低自身的目标特征信号强度,从根本上减少其被发现的概率。这两种方法已经形成了各自独立的学科。而降低 S 值方法主要是如何改善舰船自身的目标特性的问题,与舰船的设计、制造和使用密切相关。隐身设计是舰船设计的一个重要方面。在实际的舰船设计中,应兼顾总体性能、舱室容积、总布置要求等,使舰船的各项性能最优。

我们已经知道,目标的雷达回波的强弱是用雷达截面积来表示的,所以舰船的 RCS 分析、计算和测量便成了人们关注的焦点。通过对一些目标(如典型几何形体、典型单元等)的 RCS 分析、计算和测量,我们逐步掌握了一些能有效地控制和减缩 RCS 的方法措施。在我们舰船隐身设计实践中,提出了外形设计为主,吸波材料为辅的隐身设计原则。这里面包括了隐身设计时考虑的外形和材料两个方面。

当雷达系统一定时,目标的 RCS 取决于外形和材料的电磁特性。虽然有些目标具有相同的几何截面,但它们的 RCS 差别很大。例如,具有相同几何截面的平板、圆柱和圆球它们的 RCS 随方位的变化差别很大。圆柱的 RCS 在全方位都保持着较大的 RCS 值。球的 RCS 最小,但有的方向上比平板的 RCS 大。由此可见,利用目标外形的变化可有效地减缩它的 RCS 值。

外形技术应当考虑舰船的总体布置,合理地确定船体和上层建筑,减少散射源。因为舰船是一个极复杂的电特大尺寸目标,由许多部件组成。在雷达波的照射下,每个部件都会产生散射波,有的部件可能同时产生散射机理不同的散射源,形成更多个散射源。减少其数量使得易于减少和降低 RCS 值,并易于控制。目标外形的完整性对 RCS 有着不可忽视的影响。

另外,要实现对主要散射源的控制,需将强散射源变为弱散射源。这可以通过外形技术来实现,必须要消除角反射器效应。外形技术要根据具体的对象做具体的分析,在设计和研究中应当优先考虑。

5.3.1　主船体部分

5.3.1.1　一般特点

船体是舰船的主要结构，按常规的舰船设计方式，其分成水下部分和水上部分两个部分，是支撑整艘舰船的重要组成部分。图 5 – 1 所示为阿利 · 伯克级驱逐舰的外形。

图 5 – 1　阿利 · 伯克级驱逐舰

一般舰船的船体部分，其变化规律均为前尖后宽，以利减少阻力提高速度。前面变化较快，后面则趋于平缓。这种趋于平坦的变化，对于在舰船上布置两套或两套以上的桨轴推进系统是十分必要的，并且还提供了相对较为宽余的舱室空间，尤为可贵的是为舰船上设置直升机起降平台提供了可供选择的场所。

但相对平缓的舰体外板形状的变化，对雷达波的探测而言，相当于提供一个类似法向入射并引起法向反射的平面板。由于船体部分对舰船的总体性能影响较大，不能采用简单的大倾角方法。并且还要考虑以下因素：

1. 船体形状会影响航海性能；对船的快速性、耐波性、稳性和操纵性等都有重大的影响；

2. 需满足总布置的要求：总布置需要一定的甲板面积、舱室空间来有效地布置各种设备、工作场所、生活空间、液体载荷等；

3. 要考虑合理的结构，达到施工、修理的方便。

考虑到船体设计水线以下部分对舰船的 RCS 贡献相对较小，目前我们主要着眼于水线以上部分的修改。考虑到原有船型的继承性以及船体部分所影响到的几个因素，比较可行方案是船体外舷先外倾，至水线以上 1 ～ 2 m 处再内倾。这样做的优点是舱室容积基本变化不大，并且折线在主船体较低位置处，内倾部分可和上层建筑的造型很好地结合起来，形成良好的整体效应。其存在的不足是在折线及折线以下部分同海面形成一定角度，需通过吸波材料或其他办法加以克服。

5.3.1.2 主船体的 RCS 分布

常规舰船主船体的 RCS 分布,呈现比较明显的特征。它的反射峰值基本上出现在舰的正横方向,也即舰的左舷90°和右舷90°处,并且这个方向一般也是全舰最大值所在的方位,在艉部方向则与形状有很大关系,一般最大值也是在平板的法向方向。除此以外,船体的 *RCS* 值也呈波浪状起伏变化。图 5 - 2 所示为某船主船体中部一个区段的 RCS 分布曲线,基本上体现了上述特征。

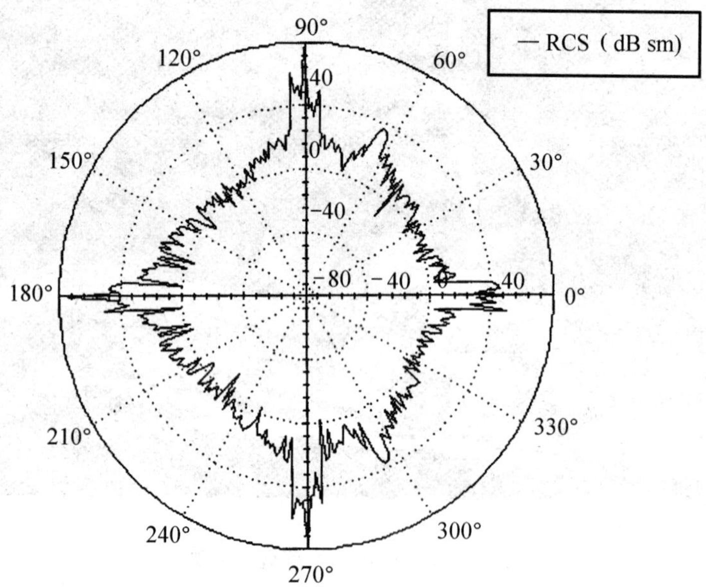

图 5 - 2 某船主船体中部一个区段的 RCS 分布曲线

船体的水下部分需考虑到航速等总体指标的要求。因此,如果船型不作大的变化,则其可变化的余地较小。因而,在某种程度上,也对船体水上部分的变化有了一定的制约。但还是可以做一些改进的。

5.3.1.3 主船体部分的控制

前面我们已经提出,一般舰船的船体部分其变化规律为前尖后宽,前面变化特快,后面则趋于平缓。这种相对平缓的变化,对舰艇相当于提供一个类似法向入射并引起法向反射的平板。船体部分对舰的总体性能影响较大,不能简单的采用某一办法。

在考虑主船体的外形控制时,应当考虑该舰的总体性能,包括前面提到的航速等因素。一般情况下,由于海水也存在电导率,因而,水线以下部分可以侧重考虑总体性能的需要。而水线以上部分,则除了考虑舰总体容积等因素外,适当考虑隐身性。设计时一般可采用外倾或者先外倾后内收的隐身方法,以将雷达回波改变原来的返回方向,减少被雷达发现的概率。改变了倾角后,原来水平入射的雷达波改为向海面反射或者向空中反射,使得返回雷达波的能量大大减少了。

5.3.2　上层建筑

5.3.2.1　一般特点

上层建筑所处的位置较高，对其采用隐身措施是比较有积极意义的。从分布上而言，舰船可分艏部上层建筑和艉部上层建筑，两部分也可合二为一。在上层建筑中，可根据设备情况和总布置要求分成若干层。这若干层的各舱室外壁外形可以是不一致的。或者说每艘舰船的各层上层建筑的外形可根据使命任务的不同而不同。传统的船舶设计中，驾驶室、海图室以及若干专业舱室、住舱等，这些舱室的外壁的形状大多为平板或曲面板。

5.3.2.2　RCS 的特点

由于上层建筑的上述特点，因此，常规舰船的上层建筑的 RCS 分布在每一个特定方向上，RCS 呈现平板的反射特性。其全向 RCS 分布图呈现四个峰值，并且分别出现在舰船的 0°、± 90°、180° 四个特征角上，四个主峰间，呈现若干次峰，且他们是逐步下降，其最大值所在位置与平板的法线一致，且幅值大小与平板的面积大小有关。图 5 – 3 是某舰一段上层建筑的 RCS 分布计算图。

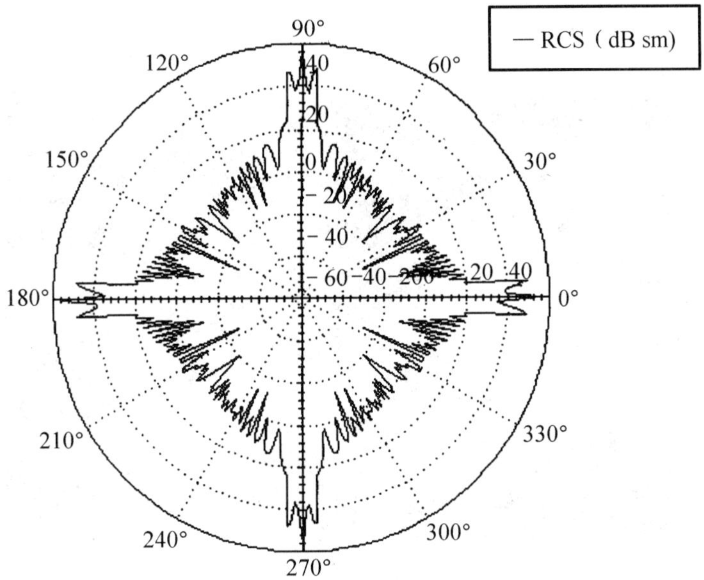

图 5 – 3　某舰一段上层建筑的 RCS 计算曲线

5.3.2.3　RCS 的控制

常规舰船的上层建筑大量由平板等构成。在隐身设计时应当按先消除角反射体，后清理与海平面直角的平面原则，消除强反射，然后再处理各个部位的细节。处理时要充分考虑倾角与舱室容积的关系。并且上层建筑各主要部分应充分考虑到以下情况。

1. 要考虑舰船摇摆情况。
2. 在减少 RCS 的前提下，尽量减少舰船舱室容量的损失。
3. 要考虑造船工艺的方便性。
4. 舷边光滑连接：目前有两种方式，即折角连接和圆弧连接。圆弧连接与折角连接相比,外形较为美观,而且对入射波的绕射值相对较小,应力较为均匀。但圆弧直径太大减少舱室的容积,如太小施工也困难。折角连接可较好地控制雷达的反射方向。

5. 机库外形:机库的外壁做成倾斜,机库大门也尽量倾斜。大门与壁的连接要光顺平滑。

6. 减少角反射体:消灭形成的角反射体、外露的通道口和船体夹缝,减少不光顺的连接。

7. 减少腔体效应:传统舰船上设置了很多舷窗,在驾驶室设置了较大的观察窗。这些窗采用的一般玻璃对电磁波是“透明”的。如果不对其采取措施,则易产生腔体效应,有较大的反射。可采用带金属膜的透明屏蔽玻璃来取代普通玻璃,提高隐身性。

5.3.3 桅杆和烟囱

5.3.3.1 一般特点

桅杆是舰船的一个独有产物,桅杆的形状是多姿多态的。从目前的情况看,常用的桅杆形式有桁架式桅、筒形桅、塔式桅等。三脚、四脚桁架桅虽然其受风面积较小,但对 RCS 来说不一定会小。从减少 RCS 值的角度出发,桅杆可采用塔式桅等较好的桅杆。图5 -4 所示的桅杆是隐身性能较好的塔式桅。

图5 -4

烟囱也是每条舰船所必需的。无论是蒸汽动力还是燃气动力,均有烟囱。为改进烟囱部分的雷达特性,可将烟囱采用规则形状并内倾,也可采用舷侧排气或者水下排气技术。采用烟桅合一技术也是改善舰船 RCS 的一个好办法。

5.3.3.2 RCS 的特点

常规舰船上的烟囱的 RCS 分布,在船的正横方向(±90°) 上,有两个 RCS 的极大值,在尾向 180 ±30 ℃ 处,有两个次峰,总体呈现前向较小,艉向较大,而两侧则是最大。详见图 5 -5。

图5 -6 给出了某常规三脚桅(计算时已经作了简化) 的雷达截面积计算结果,由图可见,三角桅呈现多峰的特征。除七个主峰值外,还有两个次峰值。其余方位的 RCS 值则都比较小。因此,需要采用其他形式的桅杆以控制主峰的方位和数量。

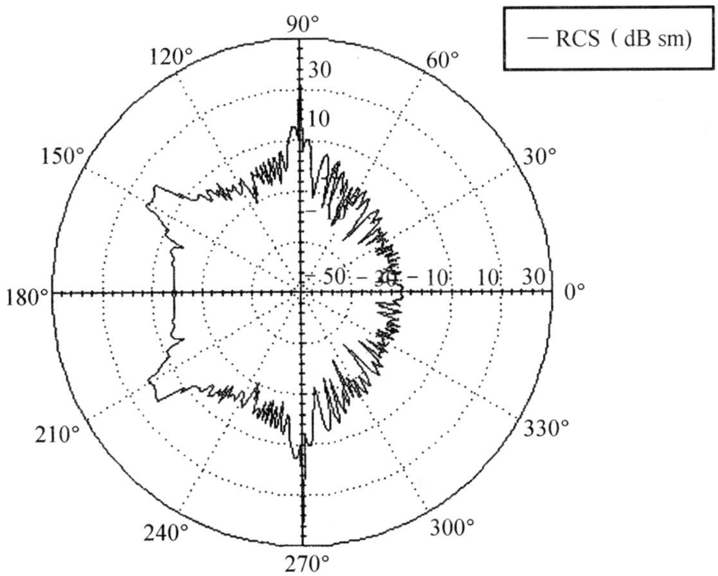

图5-5 常规舰船烟囱的RCS特征曲线

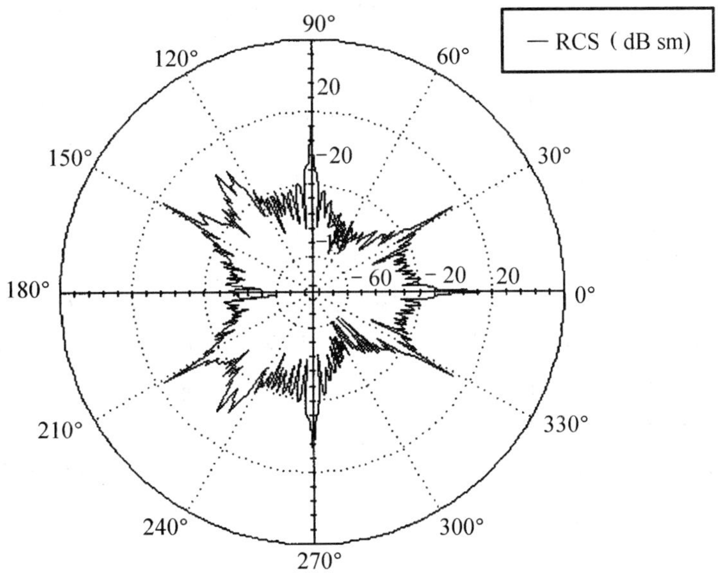

图5-6 某常规三脚桅RCS计算曲线

5.3.4 舾装及设备

在舰船上还有大量的而且是必需的舾装设备，这些设备本身可能几何尺寸并不大，但是如果没有妥善处理，也会形成比较大的雷达截面积。例如舰船上的系缆桩、栏杆等，这些也会产生一定的雷达回波,可采用内藏式及设置内倾式舷墙等方式加以改进。

5.3.5 电子武器设备

电子武备也是舰船上不可缺少的设备。尤其是现代战舰,电子设备和武器设备更是不可或缺的主要装备。随着现代技术的发展,导弹已经成为主要的打击武器,但无论是回转式发射装置还是固定式发射装置,现有的导弹部位雷达截面积均比较大,如果不采取措施处理,其可能会形成一个很强的雷达反射亮点。

舰艇雷达波隐身设计中,应尽可能减少甲板面上外露的武器装备和设备,随着现代技术的发展,舰载导弹垂直发射技术日益成熟。将发射装置设计成垂直发射隐藏于甲板面以下,从雷达隐身技术的角度来看,应用垂直发射技术后的导弹发射装置,其雷达隐身性可大大提高。对于甲板面上外露的武器装备和设备应加强隐身优化设计,考虑舰体平台设备布置的前提下,进行外形、基座整形。

嵌入式阵面天线的使用对消除传统分离设备的结构外形散射、耦合散射等有所改善,但阵面天线如果不进行隐身设计,自身也会产生较严重的散射。除将阵面天线与上层建筑进行共面一体化设计和倾斜布置外,在满足天线性能的同时,应采用具备良好带外抑制特性的频率选择功能天线罩,减少非工作频段的腔体反射、角反射效应,以提高天线隐身性能。

5.4 材料隐身技术

上面我们提到,目前舰船雷达隐身的原则是外形技术为主,吸波材料技术为辅。因此,在舰船总体设计时,我们总是优先考虑外形修正技术。然而,吸波材料技术是舰船隐身技术的一个重要方面,我们必须给以重视。

理想的雷达吸波材料应该具有“薄、轻、宽” 等特点,应当是厚度薄、重量轻、频带宽,坚固耐用和价格便宜。但是,上述几点本身也存在矛盾之处,让雷达能量进入雷达吸波材料,再让其在允许的厚度内产生足够的损耗或吸收掉这些雷达波能量,并得到令人满意的宽带雷达吸波性能。这两个要求常常就是相互矛盾。因为,高损耗(或高吸收) 材料通常具有与自由空间阻抗相差非常大的本征阻抗,因而将产生非常强的反射。

为了解决上述问题,人们考虑了一些办法。吸波材料本身虽然具有很高的损耗,但设法让其本征阻抗接近自由空间阻抗。这样,就不能只让材料的 μ 和 ε 的其中一个具有较高的数值,而要让它们二者同时都比较大。虽然单个的 μ 值或 ε 值也能起到吸波作用。采用的办法之一就是采用阻抗渐变的方法,以减少反射。目前常用的吸波材料为涂敷型吸波材料,但结构型吸波材料也在广泛研究中。

5.4.1 传播常数表达式

传播常数是电磁场理论中非常重要的一个参数,这里我们先介绍材料的基本参数,然后再说明传播常数的表达式,并得到穿透深度和阻抗的表达式,材料的基本特性可由其磁导率 μ 和介电常数 ε 来表征。

描述材料特征的另一个参数是传播常数

$$k = \beta - j\alpha$$

由

$$k^2 = \beta^2 - \alpha^2 - j2\alpha\beta = \omega^2 u(\varepsilon - j\frac{\sigma}{\omega})$$

得到

$$\beta^2 - \alpha^2 = \omega^2 u\varepsilon$$

$$\alpha \cdot \beta = \frac{1}{2}\omega u\sigma$$

可得

$$\beta = \omega\sqrt{u\varepsilon\left\{\frac{1}{2}\left[\sqrt{1 + (\frac{\sigma}{\omega\varepsilon})^2} + 1\right]\right\}^{\frac{1}{2}}} \tag{5-22}$$

$$\alpha = \omega\sqrt{u\varepsilon\left\{\frac{1}{2}\left[\sqrt{1 + (\frac{\sigma}{\omega\varepsilon})^2} - 1\right]\right\}^{\frac{1}{2}}} \tag{5-23}$$

在良导体的情况下，则有

$$\alpha = \beta = \sqrt{\frac{\omega u\sigma}{2}}$$

可见，在良导体中的电磁波中随着 σ、u 的增大和 ω 的升高衰减得更快。

其穿透深度则为

$$\delta = \sqrt{\frac{2}{\omega u_0\sigma}}$$

因而，电磁波的频率 f 越高，穿透深度 δ 越小，电导率 σ 越大，δ 越小，很显然理想导体的 $\delta = 0$。

若导电媒质是非良导体，则有

$$\beta \approx \omega\sqrt{u\varepsilon}$$

$$\alpha \approx \frac{\sigma}{2}\sqrt{\frac{u}{\varepsilon}}$$

可见，$\beta \gg \alpha$，所以衰减是很小的，且与频率无关。

电磁波入射到两种介质的界面上，计算反射系数和透射系数时常常遇到波阻抗 Z 这样一个参数，平面波的波阻抗 Z 为

$$Z = \frac{|E|}{|H|} = \sqrt{\frac{u}{\varepsilon}} = \frac{\omega u}{k} = \frac{k}{\omega\varepsilon} \tag{5-24}$$

对于导体，则有

$$Z \approx (1 + j)\sqrt{\frac{\omega u}{2\sigma}}$$

5.4.2　电磁波在介质分界面上的反射和折射

5.4.2.1　传输线上的输入阻抗

任一点的输入阻抗为

$$Z_{in} = Z_0\frac{Z_L + jZ_0\tan\beta d}{Z_0 + jZ_L\tan\beta d}$$

式中,Z_0 为传输线的特性阻抗,Z_L 为负载阻抗,d 为长度。由此可见,传输线上任意一点的输入阻抗与负载阻抗和位置有关。

5.4.2.2　电磁平面波的输入阻抗

采用等效传输线理论,电磁平面波在离开负载 l 处的输入阻抗为

$$Z_{in} = Z_0 \frac{Z_L\cos\beta l + \mathrm{j}Z_0\sin\beta l}{Z_0\cos\beta l + \mathrm{j}Z_L\sin\beta l} \tag{5-25}$$

式中,Z_0 是中介媒质的本征阻抗。

5.4.2.3　斯耐尔定律

当入射波照射到边界上时,一部分反射而另一部分透射,根据斯耐尔定律,反射角 θ_r 等于入射角 θ_i,而入射角 θ_i 与折射角 θ_t 则有关系式:

$$K_1\sin\theta_1 = K_2\sin\theta_2$$

式中　$K_1 = \omega u_1\varepsilon_1$;

$K_2 = \omega u_2\varepsilon_2$;

$u_1\varepsilon_1$ 表示入射介质的参数;

$u_2\varepsilon_2$ 表示折射介质的参数。

5.4.2.4　反射系数和折射系数

反射系数 $R = Er/Ei$;

折射系数 $T = Et/Ei$;

式中 Ei,Er,Et 分别表示入射场,反射场和折射场。

通过边界条件,可得

$$R = \frac{Z_2 - Z_1}{Z_2 + Z_1}$$

$$T = \frac{2Z_2}{Z_2 + Z_1}$$

从上式看到,为减少反射系数 R,两种介质的阻抗应接近。

5.4.2.5　多层吸波材料的组成

按照上述阻抗匹配理论,人们总可以找到一个合适尺寸的材料,吸收某一频率的电磁波,但这种材料的缺点就是仅在其频点有效。为弥补这种缺陷,人们自然而然地想到了与电路设计中的阻抗匹配方式相类似的多层吸波材料,并利用多次反射理论计算其电磁波吸收特性。实验表明,这种材料吸波频带宽,吸收率高,反射系数小,但缺点是体积较大,目前这种材料仍在某些合适的场合广泛使用,如微波暗室中的吸波尖劈等。

5.4.3　铁氧体的匹配频率

强磁性铁氧体可用作吸收物质,把均匀的铁氧体材料贴在导体板上,制成简单的单层结构,当入射的平面波垂直入射到这个单层结构时,仅在材料厚度为某一个数值 d,入射波的频率为 f 时才显出无反射特性,这个频率称为铁氧体的匹配频率。

5.4.4　涂敷型吸波材料

众所周知,铁氧体是电子学领域广泛应用的磁性材料,因为铁氧体有损耗,所以,在吸

波材料领域，它的使用范围比较广。从概念上讲，在损耗较小的特性频段内，铁氧体可用作线圈、变压器等的磁芯，在损耗大的频段可用作衰减体和吸收体，利用铁氧体的这种特性，再加上黏结剂等必要的成分，组成可以涂敷的吸波材料，是目前较常用的吸波材料之一，这种材料有施工方便、运输方便、易于调制，且可根据需要在比较大范围内方便涂刷等优点。

碳橡胶、碳化硅等因也具有损耗现象也可作为吸收使用。

在吸波涂料使用方面，采用外形技术以后，就应当考虑吸波材料的应用。在舰艇上，大面积涂覆吸波材料效果可能会比较好，但这种方法费效比不是最优。实用的方案应该是在其他方法达不到要求时，在可能形成的角反射体以及关键部位涂覆。

因为不能全舰全部涂敷吸波材料，通过对各个组成部分的分析，可对以下几种结构方式进行分析。

5.4.4.1　平板：借用天线技术中的术语，舰船经过整形后，为减少大的辐射瓣的个数，可采用主要由平面组成的光顺连接的形体。因而，处理好平板的吸波材料的应用问题，将对整个舰船的隐身性产生很大的影响。在考虑平板的方案时，采用整体涂敷吸波材料的办法可能比较简单，但需较多的经费支撑。因此，要考虑能用比较少的吸波材料并能达到相当水平的方案，具体可考虑分块涂敷、重点涂敷等办法。

5.4.4.2　折线：采用折角过渡的连接方式，必然会在两个平面的接合处产生明显的折线，需要涂敷吸波材料，以减少散射。

5.4.4.3　门、窗等结构：一些必须外露的门窗等结构，由于有框架等结构，并且和舱壁可能不在同一面上。这类结构数量较多，综合起来可能会形成较大的散射，因而要设法消除，如可采用隐身玻璃等办法。

5.4.4.4　桅杆、烟囱等：按照上述的讨论，桅杆和烟囱可考虑烟桅合一，无论是否合成，这类结构所出现的平面、折线等可采用上述方法予以消除。对于烟道口等可用格栅等办法，并在烟道内采取措施降低反射。烟囱处还要设法降温，采用稀释、喷淋等红外隐身措施。

5.4.5　结构型吸波材料

结构型吸波材料相比于涂敷型吸波材料，其电磁波吸收剂特别是吸收层有些是由碳化硅纤维组成，这种吸收剂在强度、耐热和耐化学腐蚀方面均比较好，其吸波能力较强、带宽也较大。

为达到较好的匹配效果和吸收效果，人们可以采用纤维和树脂复合材料，整体上重量轻、强度好，且吸收效果好。

结构型吸波材料因为价格等原因，常用于全舰主要散射部位等，因经费等原因，目前还不适宜大面积广泛使用。

5.4.6　隐身玻璃等其他材料

舰船由于作战航行的需要，应有不少的观察部位，而驾驶室是舰上重要的指挥、操纵部位之一，因而驾驶室上装设的矩形窗是舰艇进行观察和采光必须采用的重要设备。由于雷达波可通过装有普通玻璃的窗口进入驾驶室内，进入的雷达波经过驾驶室的舱壁及其内部设备多次反射后，又会经窗口反射出去，形成了舰船上雷达波的一个反射源。

因此，要重新设计隐身窗框，避免舰船的空腔效应。

隐身窗应能保证舰船驾驶室的正常采光和观察;有和舰船上层建筑围壁相同的抗冲击波能力;可避免和驾驶室舱壁等形成空腔而构成舰船反射雷达波的强反射源。

随着材料技术的不断发展,其他隐身材料也在不断研制和发展。如利用色散特性吸收电磁波能量的隐身材料;具有很好吸波特性的纳米隐身材料;具有轻质宽频带特性的导电高聚物材料;可选择吸波的选频材料,可具有感知功能、信号处理功能、自我指令并对信号作出最佳响应的新型智能型隐身材料等。总之,在不久的将来,新型吸波材料及其相关技术必定会有新的突破。

5.5 舰用电子对抗技术

5.5.1 概述

在隐身技术中包括了电子对抗,这是因为它对于从事 RCS 预估和控制的舰船工程师来说是十分重要的。雷达散射截面缩减(RCS*R*) 本身就是一种无源对抗,采取减缩措施后的目标可降到足够低的截面积,使其可隐藏在杂乱回波中而完全逃避探测。另一种情况,如果能探测到目标,则减少本身的 RCS 是有益的,因为电子对抗技术依赖于用较大的干扰信号使雷达受诱惑而离开真实目标。

电子对抗可以依靠许多方法。例如,通过一远距离的干扰机使雷达显示器饱和以便掩藏真正的目标,用箔条造成假目标,或利用一个欺骗性干扰机去破坏雷达对目标的跟踪等。利用箔条的目的是迫使跟踪雷达离开目标。但箔条通常使用在导弹攻击不能识别了的阶段,并且只需在导弹已不能回收的一段足够长的时间内破坏跟踪。显然,希望箔条的 RCS 幅度要远远超过目标的 RCS,以便使跟踪中心尽可能地远离目标。

欺骗性干扰机通常由干扰飞机运载,不能像释放箔条一样利用人为干扰与目标的空间分离来破坏雷达跟踪。另外,现代导弹具有自动寻的抗干扰手段,因此简单的阻塞干扰难以成功实现干扰。这样,欺骗干扰机必须产生一个信号,以使雷达以为该信号是真目标的信号。上述的对圆锥扫描雷达的一个成功的欺骗干扰技术是产生一个以圆锥扫描频率进行振幅调制的干扰信号。如果信号足够强,这样的信号将掩藏从目标来的信号,并产生一虚假误差信号而引起跟踪丢失。

所有这些干扰方法都要求干扰信号超过目标回波。干扰回波对正常雷达回波的关系的基本量度被称为干扰信号比(J/S)。其由下式给出:

$$\frac{J}{S}=\frac{4\pi P_J G_J R^2}{P_t G_t \sigma}\quad (\mathrm{W}) \tag{5-26}$$

式中,P_J 和 G_J 分别为干扰机的输出功率和天线增益;P_t 和 G_t 分别为对方雷达发射功率和天线增益;σ 为雷达探测到的 RCS 值。由上式可见,J/S 与 σ 成反比,σ 越小,干扰的效果越显著。因此,减小自身目标的 RCS 将有利于电子对抗。

RCS*R* 仅仅是为了减小目标 RCS 而保存自己的一种方法。情报、战术和对抗同样能在增加战斗使命有效性中起重要作用。因此,对 RCS*R* 的要求和 RCS*R* 的代价应当从综合的系统中来估计,而不能离开总体的需求和整体的情况。

5.5.2 基本组成和功能

现代的舰船都装备着多种多样的电子设备，如雷达、无线电通信、水声等等。只要破坏和干扰这些电子设备的正常工作，就完全可以使敌方没有“眼睛、耳朵、鼻子”，失去作战能力，这就是在现代战争中的电子战，其包括电子侦察、干扰和电子反侦察、反干扰两个方面。一般称为电子对抗。虽然，电子对抗不能给敌方人员和武器装备造成直接杀伤，但却能使我方及时掌握敌人的情况，判断它们的动向，并能采取适当的措施欺骗和扰乱对方的行动、破坏和影响其武器装备的效力。例如现代的导弹武器已经成为水面舰艇的主要威胁，舰用电子对抗就成为防御反舰导弹的一种重要手段。

不管是哪种类型的电子对抗，作为一个完整的对抗系统，总是由三部分组成的，即：传感器、计算中心和执行部分。现代舰船通常装备的雷达对抗系统的传感器就是雷达侦察机，计算中心是系统控制操作系统（或指控台），执行部分是雷达干扰设备（包括有源和无源）。其他对抗系统也类似如此。

雷达侦察机用来截获各种雷达信号，测量目标参数，判定威胁的类别和等级，给出周围环境的目标活动态势，为己方采取对抗行动提供依据，为选择正确的军事对策创造条件。平时还可用来搜集雷达技术情报等。

控制操作系统，根据侦察机送来的分析识别结果，对不同的威胁选取不同的干扰样式，按照实际的干扰效果自动更换干扰样式。另外，尚能控制干扰发射时机，并进行无源干扰发射要素的解算等。所以说控制操作部件是雷达对抗系统的核心，它既能控制处理由传感器来的信息，又能指挥控制执行元件的工作。它主要由一些微处理机和微计算机组成。重要辅助部件有显示设备等。

雷达干扰设备是按照控制操作系统的命令进行工作的。它能产生和发射各种特定形式的干扰信号；或者投入无源干扰物，用以扰乱和欺骗威胁目标，破坏它们的正常工作状态。有源和无源两种干扰方式可以单独使用，也可以同时结合使用。特别是结合使用时，其效果可能更加明显。

5.5.3 雷达侦察

现代的电磁环境是异常复杂密集的，据估计，目前的信号密度每秒几十万个脉冲，有时甚至高达百万个以上，其中有雷达信号、通信信号和其他各种无线电信号。这些信号又分属于敌、友、我三方。因此对于这样复杂而又密集的信号环境，侦察机必须具有很高的截获概率和分选处理能力，把真正的威胁信号分析识别出来，判断它们的类型和威胁等级。此外还应根据其数量、工作情况和分布状态等，区分目标的性质、类型和行动企图，以使我方采取相应的措施。

雷达侦察接收机的种类很多。按用途可分为：全景监视、威胁告警、引导干扰和情报搜集等。一般的侦察接收机基本上都由天线、接收电路和信号处理设备三部分组成。

采用旋转的定向天线时，还需要一套天线控制装置。

5.5.4 雷达干扰

雷达是靠接收无线电回波来工作的，它既能接收目标回波，也能接收电子干扰信号。人们也常常利用这一点对敌方的雷达施以各种形式的人为干扰来干扰敌雷达对目标的探测和定位。

对雷达的干扰,具体地说,主要是对它的接收显示系统和自动跟踪系统进行干扰。这可以通过以下方法来达到,即用噪声使雷达接收机饱和,使操作员不能发现目标,也不能对目标进行定位;或用人为的欺骗信号或假回波来欺骗操作员。前者叫作噪声干扰,后者叫作欺骗或迷惑干扰。

雷达干扰可分为有源干扰和无源干扰两类。无源干扰是利用能反射电磁波的材料所形成的干扰,如现在广泛使用的各种箔条和反射器等。箔条很轻,它们被散布在空中以后,能够在空中停留一段时间,形成干扰屏幕以掩盖真目标或诱惑雷达对目标的跟踪。也可以在被保护的目标的表面涂覆一层能吸收无线电波的材料,或者使某些反射波互相抵消,这就减弱了目标对无线电波的反射,从而使雷达难以探测回波。

有源干扰是利用无线电发射机发射某种波形的干扰信号,以扰乱和欺骗敌方雷达。干扰发射机有各种各样的构成形式,它们所发射的干扰波形也名目繁多,但它们不外乎是噪声干扰或欺骗干扰中的一种或是几种的组合。

5.5.5 通信对抗

通信对抗是电子对抗的一个重要方面,而且是较早采用的一种电子对抗方式。经过近几十年来的发展变化,通信对抗技术获得了很大的发展。从广义上讲,通信对抗应包括通信侦察和反侦察、通信干扰和反干扰以及摧毁与反摧毁等内容。但由于后者是使用硬武器来直接打击对方的通信设施并保护己方的通信设施的,它是一种“硬杀伤”手段,不属电子对抗的范围。

5.5.6 舰用电子对抗展望

舰船为了对付未来的威胁,不管是雷达对抗还是通信对抗都必须重视系统性能的研究和系统设计。实行综合化,即不仅要把侦察和干扰结合起来使用,而且还应该把其他一切必要的对抗措施都综合在一起,才能有效地发挥整个系统的特点,对抗各种末制导寻的武器和其他电子设备的工作。

在雷达对抗技术方面,鉴于各种新雷达体制的出现和雷达技术的迅猛发展,定将产生新一代的更为有效的电子对抗技术。如在侦察方面,声光和脉压接收机等新技术已逐渐成熟,并不断投入使用。侦察波段在不断扩大,还在向新的频段发展。毫米波雷达已经研制成功,其分辨力很高,非常适用于导弹的末制导,因此毫米波的对抗技术也是我们面临的新课题。

在干扰方面,瞬时波束控制,对逐个脉冲进行快速调制,脉冲重频跟踪等技术以及微机的应用都是近几年发展起来的,并且还在研究许多新的干扰方法和技术;可以预料,今后最新式的自适应综合性电子对抗系统将能够迅速截获各种威胁信号,及时而准确地分选识别它们。

在通信对抗方面,目前除了已采用的数字通信、微波中继通信和时分制多路通信外,还有下列几种新的体制或技术,即“快速通信、跳频通信、线性调频技术”等等。为了对抗这些新技术,应不断改进已有干扰方式和技术,采用新的快速跟踪干扰技术;继续完善自适应的通信干扰系统等。这些都是今后通信对抗的重要课题。

关于光电对抗，现在国外已有不少对付红外、激光、电视与可见光的对抗设备。利用光电探测器可以接收敌光电设备的红外与激光辐射，进行光电威胁告警；在无源干扰方面，金属箔条、角反射器和烟幕弹等可以用作各种诱饵。

随着空间技术的发展，卫星也成为军事上的重要工具。包括照相侦察卫星、通信卫星、导弹预警和海洋监视等卫星，也包括专门用于电子对抗的侦察和干扰卫星以及反卫星武器等。这表明外层空间的电子战也拉开了序幕。所以发展反抗卫星的对抗技术已是当务之急。

隐身技术的发展，给电子对抗这一学科又注入了新的内含。无论是作为一门单独的学科还是作为一个分支，电子对抗技术必将得到不断地发展，并且电子对抗作为舰船防御圈的一个不可缺少的组成部分，其地位和作用在不断提高和加强，已成为正在强劲发展的热门学科之一。

第6章　雷达散射截面测试技术

6.1　引　　言

对目标的 RCS 进行测试是分析研究的方法之一，它与理论分析一样重要，并且许多理论的正确与否通常是需经过实验测试的验证来判定的。当一个目标体复杂到难以准确分析计算时，也是通过目标的 RCS 测试来获得必要的数据。下面我们通过在分析研究像圆锥底部这样的散射现象的过程中来认识 RCS 测量发展和作用。

1960 年，凯勒采用几何绕射理论分析研究了圆锥的散射现象，第二年又对其进行了测量，结果表明：除了某些扇形区域外，这一理论可精确地预估圆锥体的 RCS。1965 年，Bechtel 在对圆锥的散射进行研究后指出凯勒 1960 年论文中的错误，并给出了理论修正结果。但比较修正公式的预估值与测试结果后发现，二者仍然不一致。1969 年 Bechtel 再次指出了这一问题。1973 年，Blore 根据钝头圆锥体的实验研究指出了理论的失效，但他既没有给出失效的原因，也没能提出可供应用的修正公式。Burnside 和 Peters 采用等效电流法来考虑圆锥底部的多重绕射，从而改进了对其 RCS 的估算，但他们的工作仅限于轴向入射情况，之后，Knott 和 Senior 把这些分析扩展到偏轴入射情况，并对一组圆锥体采取锥底粘贴和不粘贴吸收片的方法，测量其底部的特征散射。结果证明了跨过锥底的多重绕射效应的重要性，找到了解释圆锥底部绕射的一个较好方法。从凯勒的理论到 Knott 和 Senior 的测量所经历的 12 年时间里，通过对这样一个简单概念的探索促进了测量技术的发展。同时我们也看到了，RCS 测量技术在这一过程中所起的两个重要作用，一是了解圆锥体的基本散射现象指出理论的不足之处；二是获取跨过锥底散射的特征数据而使这一问题获得圆满解决。

目标的 RCS 测量在工程设计中也是很重要的。在一个目标或型号（例如，舰船、飞机等）的设计阶段，需要通过对其精确模型的测试来获取所需的 RCS 数据；当目标建造完工后也需要对其实际的 RCS 进行测试以检验目标的 RCS 设计是否满足规定的指标。这些工作仅靠理论上的分析评估是不够的，因为到目前为止，可用于目标 RCS 性能估算的方法都有其局限性。

6.2　RCS 测量的类型

目标的 RCS 测量分类是按照测试雷达脉冲宽度（长或短）和相干性（相干或不相干）进行的。RCS 测量可分为 4 种基本的类型，即普通型、高分辨力型、相干型和跳频相干型。

6.2.1　普通测量

在普通型 RCS 测量中，测试雷达的发射脉冲很宽，足以包括整个目标长度，故又称为长脉冲测量。这样的 RCS 测量特点等同于用连续波测量。事实上，在微波暗室内进行的 RCS 测量大多是连续波测量，这是因为微波暗室的反射会使脉冲雷达接收机的设计更加复杂化。长脉冲测量的特点是仅显示 RCS 的幅度。根据收发天线是否分开，这种测量又分为单站和双站 RCS 测量两种情况。单站 RCS 测量是目前应用最为广泛的测量类型，此时的测量结果给出目标 RCS 幅值随姿态角连续变化的关系。双站 RCS 测量结果则在给定入射方向时测量双站 RCS 幅度随双站角连续变化的关系。有些单站测试系统也采用收发分离而靠近的天线，但此时双站角很小，与单站测量结果没什么差别。一般目标的散射方向图是采用普通测量获得的。图 6 - 1 是采用该方法获得的一架中等尺寸螺旋桨推进器轰炸机的一个典型的雷达截面积图。图中采用极坐标表示，虽然不如直角坐标图那样适于详细的定量估算，但在波长与目标尺寸相比非常小的情况下，却能提供雷达截面积随方向角变化形式的良好的总概念。雷达截面积随方向角的急剧的起伏是这种比较大的目标的特征。为了提供一个易于说明的方向图，普遍采用中值，并在 10° 平均间隔内算出截面积的中值数据（中值即 50% 的值，有时也采用其他百分数）。

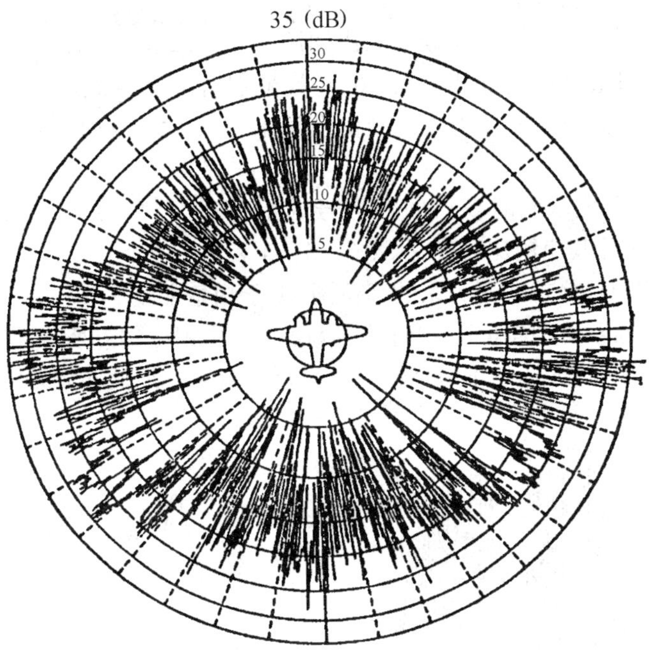

图 6 - 1　与方位角成函数关系的，在 10 厘米波长上实验测得的 B - 26 双引擎飞机之雷达截面积

6.2.2　高分辨力测量

进行高分辨力测量的雷达应具有很窄的脉冲宽度，使得测试场有足够的分辨力识别出目标上的关键散射点（或散射中心）。这种测量常用于需要将散射中心的影响分开研究的情况中，或者对目标进行特征值测量。另外，研究缩尺模型的高分辨力雷达相对于实尺的雷达来说，不仅要使波长按比例缩小，而且脉冲宽度也要按比例缩小，一般可采用宽带线性调频方法来满足要求。

与普通测量相比,高分辨力测量虽可获得目标更多的信息,但是,短脉冲测量对应于很宽的信号频谱,因此要求整个系统能宽带工作,这通常难以满足;此外,由于短脉冲系统要求附加的带宽,所以它的灵敏度比长脉冲系统低。和长脉冲测量一样,短脉冲系统也只能给出幅度信号。

图6－2给出了一架F－102飞机的玻璃纤维模型的雷达回波,测试雷达的分辨力约为15.24 cm。由图可见,在不同的位置上很明显有几个散射源。这些可以用模型内特定的特征来验证(或解释)。

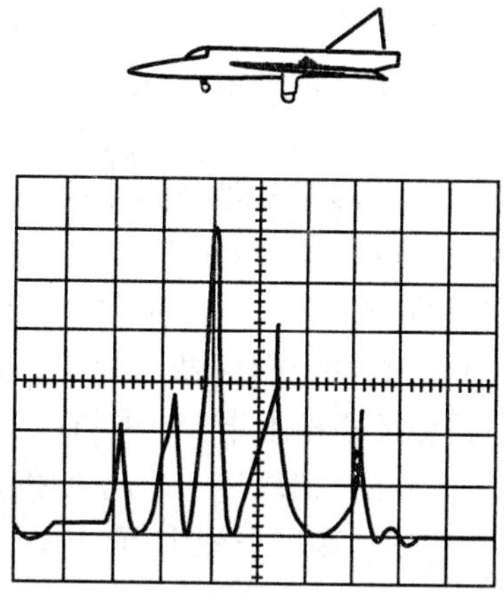

图6－2　从一架内有金属散射体的F－102玻璃纤维飞机模型得到的毫微秒脉冲回波,回波次序与各分离的散射体的尺寸和位置有关

自左至右:回波1,来自天线罩内的炮筒;回波2和3,来自机身内结构交叉支柱;回波4,来自主着落装置的支杆;回波5,来自机身内的控制电线机构

6.2.3　相干测量

相干测量系统能检测出接收信号的同相和90°相移(即I和Q)的分量,由I和Q分量就能算出回波信号的相角,因此这种测量可同时获得目标RCS(或散射场)的幅度和相位信息。但是,相干雷达测量设备比不相干雷达造价高。

由于相干雷达系统可同时获得回波信号的幅度和相对相位信息。因此其应用比较广泛。图6－3(a)表示典型的回波相位与目标视线角关系的相位图。由于相角在0 ～ 2π弧度间变化,所以相位图呈现"锯齿"形。通常可把相位图"伸直",以便计入总相位偏差所经历的完整的2π周期数,如图6－3(b)所示,该图的不对称性表明目标没有对称地放在旋转轴上。

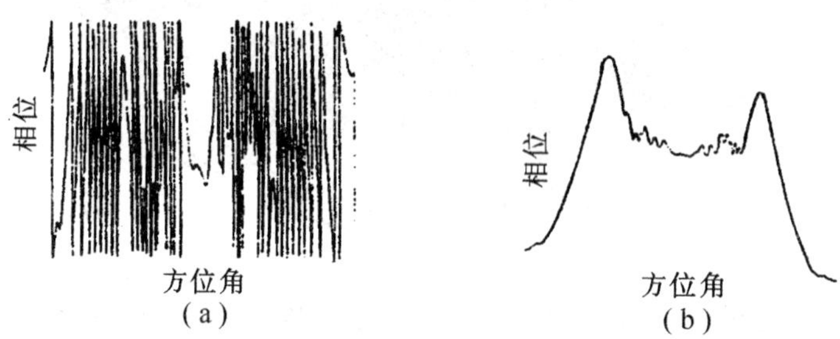

图6－3　目标相位图

(a)记录相位图;(b)用数据展开的相位图

图6－3的相位信息仅对取得特征数据和说明原因是有用的。如果对适当设计的雷达所收集到的相干数据进行处理,便可计算出目标的"闪烁"特性。所谓闪烁是指整个目标有效散射中心横向位置的起伏,它是由于各散射部件单独贡献相叠加的结果,因此视在散射中心有可能在实际目标之外。画出正比于相位变化的量与旋转角的依从关系,便可得到如图6－4所示的目标闪烁方向图。不过也不是必须采用相干雷达才能获得闪烁图,例如测量已知间距的一对天线接收信号间的相位差也同样能获得闪烁方向图。

相干雷达系统可以记录运动目标的多普勒特性。在接收机中进行相干检波后,中频信号必须与相干的中频参考信息进行比较，以便由正的多普勒频移中分离出负的频移。图 6 - 5 示出一个双发动机螺旋桨飞机的多普勒频谱。由图可见，主多普勒频率随视线角而变化，而且频谱线相对于主频率不对称。

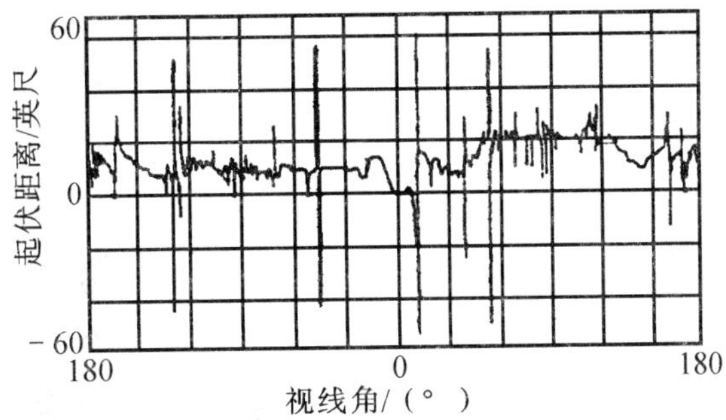

图 6 - 4　目标闪烁方向图

（装备有源前视雷达系统模拟器的 80M - 34A 目标靶机的无源闪烁图像）

6.2.4　跳频相干测量

这种测量方法是高分辨力和相干测量的综合。该方法十分类似于信号处理的合成频谱概念，它还采用了测量雷达的频率阶跃调制。当频率在几百兆赫带宽上相继跳过许多不同的数值时，通过记录在每个频率上这样测到的相位和幅度，有可能利用直接的傅里叶变换，从测得的窄带数据构成在此整个带宽上的等效短脉冲响应（阶跃频率法与线性调频法之间具有直接的类比性质，但是二者的设备却大不相同）。

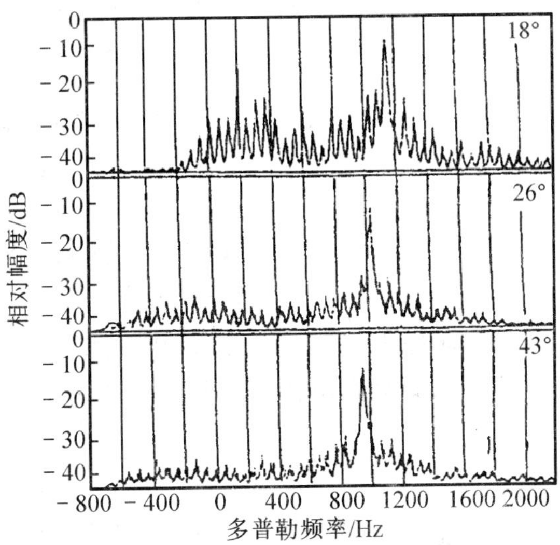

图 6 - 5　螺旋桨飞机的多普勒频谱

利用跳频相干测量，可以产生目标的雷达图像。图 6 - 6 给出这种雷达成像的一个例子。该图是根据以无人驾驶飞机的机头为视角中心的窄角扇面内所收集到的数据绘出的。成像雷达必须发射一个线性调频脉冲，在脉冲宽度范围内雷达频率线性扫过雷达的整个带宽（最好大于 1 GHz）。把采样的发射信号与接收信号混合，因而检波输出的频谱值就可以用来确定目标纵向范围内的独立散射体，其纵向距离分辨力与采用的频率间隔有关。

为了取得图 6 - 6 所示的二维成像结果，我们必须旋转目标，记录并处理所接收到的数据。过去常用光学处理方法解决这种二维傅里叶变换问题，而跳频技术的利用则使其有可能采用数字处理技术来达到相同的效果。这种成像雷达的横向距离分辨力与被处理数据之视线角扇面宽度有关。

由图 6 - 6 可以看出，无人驾驶飞机的引擎是一个最强的散射源，其次是机翼端上和机身后面尾翼上的发射架。注意，该图是以机头方向为视线中心的结果。当视线角改变时，可获得不同的雷达目标图像，各散射体的相对强度也会随视线角的不同而发生变化。

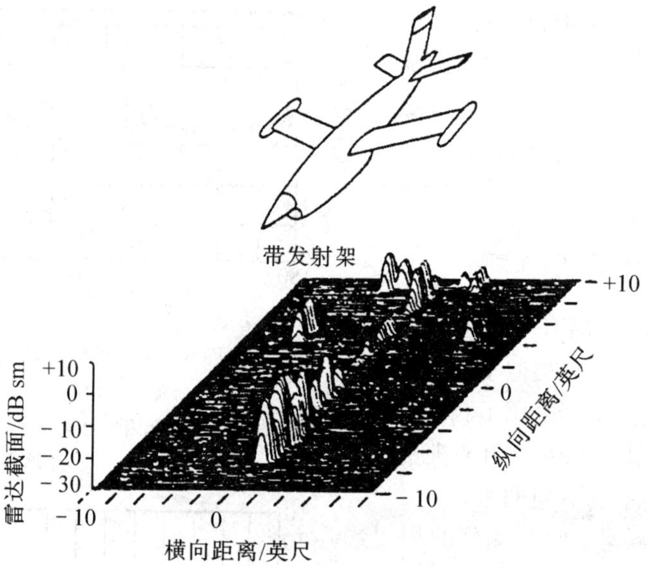

图6－6　在横向和纵向范围内的雷达成像

6.3　测量技术要求

本节要讨论的内容是进行目标 RCS 测试应具备的基本条件和技术要求，主要包括：远场测量条件、测试设备要求和模型测试中的缩比原理。

6.3.1　远场条件

从理论上讲，目标的 RCS 测量一般应在远场条件下进行，这里所指的远场条件含义为：照射在目标上的电磁波为平面波；而由目标反射回到接收天线处的电磁波也为平面波。这就意味着，测量天线与目标之间的距离为无穷大（与 RCS 理论定义式相一致）。然而在实际测量中，由于目标与测量雷达间的距离总是有限的，所以入射到目标上的电磁波几乎都是球面波，因此需要确定在什么样的距离条件下，球面波入射波前可以作为平面波前的一个足够好的近似，从而满足实际测量中的远场条件。

在实际的 RCS 测量中，一般被测目标的几何尺寸大于测量天线。因此为了讨论的方便，我们假设测量天线为点源辐射，目标是一直径为 D 的平面圆板，点源置于圆板的中心轴上，并相距 R。我们考察点源辐射的球面波波前与圆板中心点相切时，圆板上的相位分布情况。如图 6－7 所示，显然 R 越大，h 越小，圆板上的相位越接近均匀分布，即圆板中心与边缘的相位差越小。根据图 6－7 所示的几何关系，可求得用距离 R 和圆板直径 D 表示的

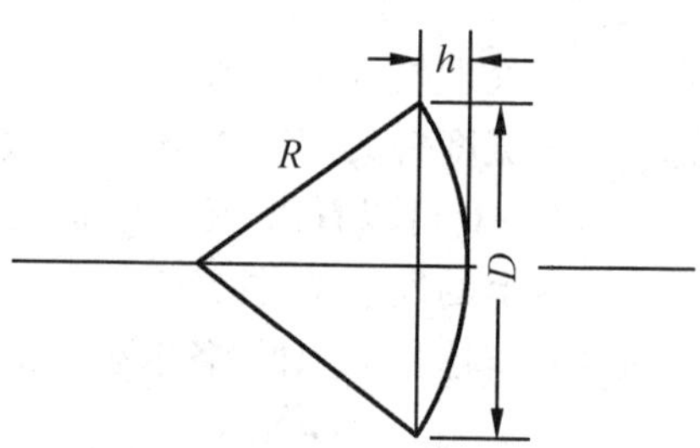

图6－7　球面波前在圆口径面上的相位偏移

最大距径差：

$$h = R\left[1 - \sqrt{1 - (\frac{D}{2R})^2}\right] \tag{6-1}$$

当 $2R \gg d$ 时，可得：

$$h \approx \frac{D^2}{8R} \tag{6-2}$$

这样，圆板中心与边缘处的相位差为 kh，一般认为当 $kh \leqslant \pi/8$ 弧度（即 $\lambda/16$）时，就可认为圆板上的相位近似为均匀分布，或者说入射波近似为平面波。由此可得到常用的 RCS 远场测量条件为：

$$R_0 \geqslant \frac{2D^2}{\lambda} \tag{6-3}$$

式中 R_0 为远场距离。需指出，式(6-3)虽在形式上与雷达天线远场距离的判据公式相同，但两者的含义并不相同，后者一般满足 $kh \leqslant \pi/8$ 这一条件；但前者在实际情况中并不一定满足。这是因为在实际测量时，目标的形状各异，并不能用圆板来等效。尽管如此，人们还是把式(6-3)作为保证 RCS 测量精度的远场标准。

当频率不是很高时，式(6-3)给出的条件一般可满足。但随着频率的升高，或者目标几何尺寸增大，目标的 RCS 测量将要受到测量设备灵敏度和测量场地等客观因素的影响，而且这些因素的影响与式(6-3)相矛盾。例如，要测量一个最大几何尺寸为 6 m 目标的 RCS，频率为 1GHz，距离 R 不能小于 240 m；当频率为 10 GHz 时，R 则不能小于 2 400 m。这时回波信号幅度将下降 40 dB。有时为保证足够的接收信号强度（或足够的信噪比），我们不得不选择较远场距离更小的测量距离。减小测量距离的主要影响是入射场的横向相位偏移和轴向振幅衰减（在下节讨论此问题）。对于很简单的目标，例如平板、圆柱体等，近场影响的主要特征表现为 RCS 方向图的零点被充填和主副瓣电平发生变化。图 6-8 表示 $5\lambda \times 5\lambda$ 平板的 RCS 分布。由图可见，当测试距离 R 从远场距离 R_0 减小到 $0.4\ R_0$ 时，对主瓣及近旁瓣结果影响已较大，主瓣峰值下降，第一副瓣电平上升，波瓣间零点充填已十分明显，但对远旁瓣影响则不大。当测量距离进一步缩短时，零点将完全消失，副瓣变成散射方向图中的台阶，主瓣幅度则明显减小。

对于较为复杂的大型目标，在 $R < R_0$ 的距离上测量所引起的误差相对较小。在高频时，目标各部分的散射能量几乎与其他部分的散射能量无关（高频场局部性原理），而各部分的散射能量通常又明显小于整个目标的散射能量。这时，对组合目标总体尺寸而言不满足远场条件的测试距离，可能对每个部件（例如头部、尾翼、进气道或目标的其他表面等）的特征尺寸满足远场条件，因此各部件的散射幅度大小，以及散射图的主瓣、副瓣和零点等，对测试距离并不敏感。在这种情况下，小于 R_0 的测试距离对 RCS 测量的主要影响是方向图的波瓣和零点略有变化，但对感兴趣的目标 RCS 最大峰值影响却很小。图 6-9 用实线、虚线和点画线分别示出平板、圆柱和平板-圆柱组合体的主瓣峰值

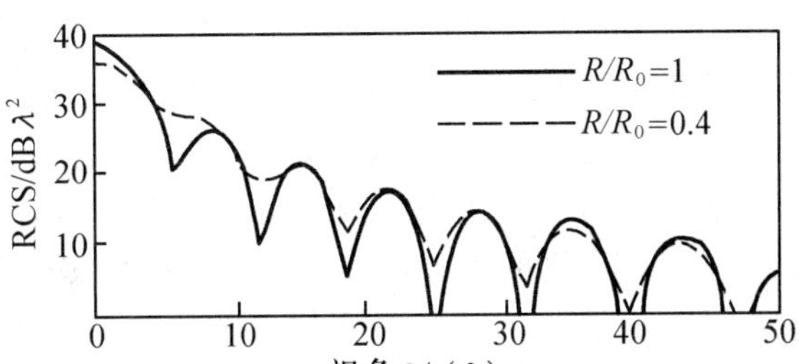

图 6-8　$5\lambda \times 5\lambda$ 平板的 RCS 方向图

RCS 随测试距离 R 的变化。由图可见,对平板、圆柱等简单目标,当 $R \geqslant 0.5 R_0$ 时,峰值 RCS 的误差 $\Delta\sigma$ 可达 1 dB;但一个圆柱体和两块平板组合成一个复合目标时,则只要 $R \geqslant 0.2 R_0$ 便可保证峰值 RCS 误差小于 1dB。因此,对大型复合目标而言,往往可在小于标准远场距离处进行测量而获得较为满意的结果。

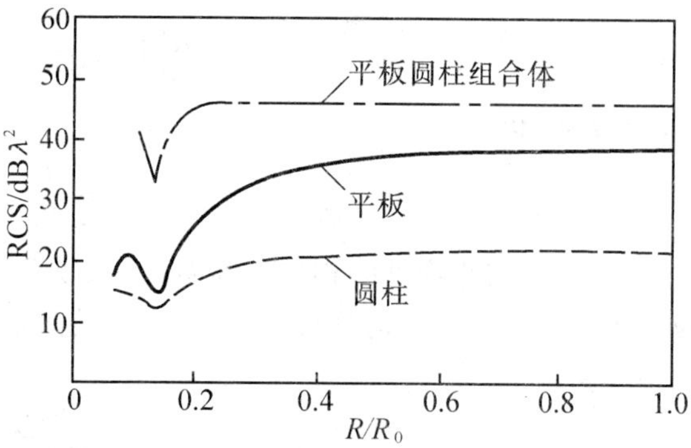

图 6-9 测量距离对目标峰值 RCS 的影响

按式(6-3)的要求进行 RCS 测量一般是在实验室条件下进行。这种情况所设计的实验方案常常是为检验某个新理论的正确性;或者对某一形状的几何体的散射进行精确测量。而在工程应用中,则更注重实际情况,例如,在现代舰船隐身设计和测量中,常以现代雷达可发现距离作为依据,有的还以威胁导弹可探测距离为设计依据。

6.3.2 测量设备和场地的要求

目标的 RCS 测量对测试设备有一定的要求,此处不讨论一般的要求,如频率、功率、动态范围等,而从减小测量误差角度来讨论这个问题。

首先,测试设备应具有较高的频率稳定度。这是因为许多目标,特别是体积上比波长大很多的那些目标,其 RCS 与测试频率有着十分明显的关系。在进行精确测量时,对频率稳定度有更高的要求。其次,测量设备应具有减小或消除来自背景干扰回波的功能。为此有多种技术可采用,其中最简单的是平衡电桥技术。

采用平衡电桥(双 T)技术的雷达系统,要求有一个十分稳定的连续波信号源,在无目标时的背景反射,靠从端接一个双 T 臂的可调负载阻抗将一个相等而相位相反的反射引入雷达而加以抵消。引入目标时就产生一个信号,理想情况是仅测量目标的截面积。实际上,目标的出现同样改变背景的雷达照射,所以背景抵消不再是完全的了。这样的误差决定于目标截面积的大小、背景(在抵消以前)的幅度,以及破坏原来抵消的程度。通常发现,假如雷达到目标的距离跟雷达到背景和目标到背景的距离相比很小的话,误差就很小;但当目标距离增加时(例如为了适应大的目标模型),误差可能变大。因此,简单的平衡电桥主要适于测量比较小的目标。

还有其他方法可用来消除背景的影响。例如使目标以恒定速度移动,以产生一个能与背景的信号相区别的多普勒信号。然而,绝大多数的方法是用距离分辨力将雷达观察限制于目标邻近区域。已有几个这种限制的方法,并采用不同程度的限制。这里可区分为二种情况:其一是距离波门法,此法中整个目标仅占距离波门的一部分;其二是分辨力法,此法中距离单元小于最大的目标尺寸。应当注意,这种区别是很重要的,因为在这两种情况下所测到的雷达截面积具有不同的意义和性质。前者测得的雷达截面积接近于经典的、理想化连续波的值;在任一目标方向上,目标上分离的散射中心按它们各自的相位和幅度叠加成一个数值,在改变方向角时就改变了相对相位,于是产生了明显的干涉现象。后者在用于比距离分辨单元大得多的目标时,分别得到来自各散射中心的反射,因此,前述与方向角有关的相位变化而产生的干涉现象就很不明显。

目标的极化特性通常是在两个正交的极化面上测量其雷达截面积，测量时发射和接收极化相同。有时，也进行发射和接收矢量正交（即正交极化）的测量。采用圆极化左 - 左、右 - 右 以及左 - 右旋转的极化矢量，也能完成同样的测量。因为雷达散射特性完全由散射矩阵表征。

当用两种不同的测试设备来测量同一目标的 RCS 时，两者应有良好的重复性。图6 - 10 和图6 - 11 给出了在相同频率上用两种完全不同的测量设备对同一个目标进行测量结果的比较。被测量的目标是一定程度上相当于一枚弹头鼻锥的圆锥体。由图可见，虽然截面积图形为频率和极化的函数，并具有明显的变化，但两种不同的测量设备的测试结果是很一致的。

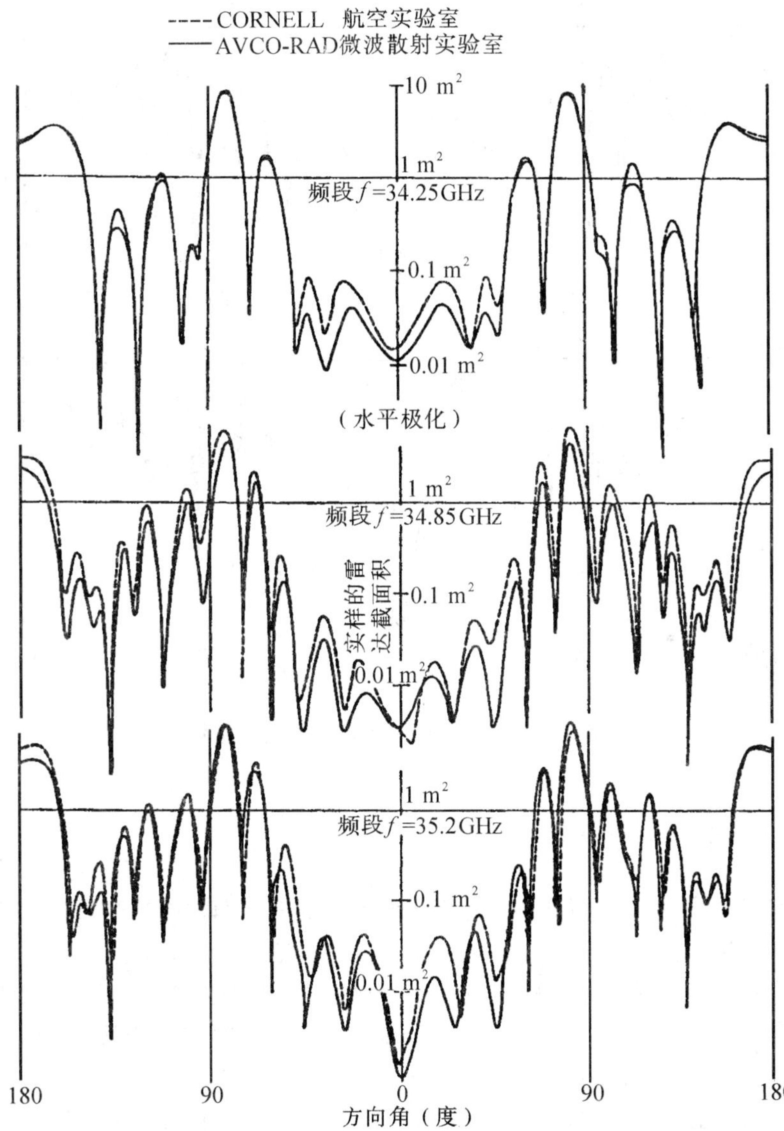

图 6 - 10　用两种方法测量弹道再入鼻锥体

（1）用 AVCO - RAD K_a 波段连续波电桥；（2）CAL K_a 波段 0.035 微秒脉冲雷达。水平极化

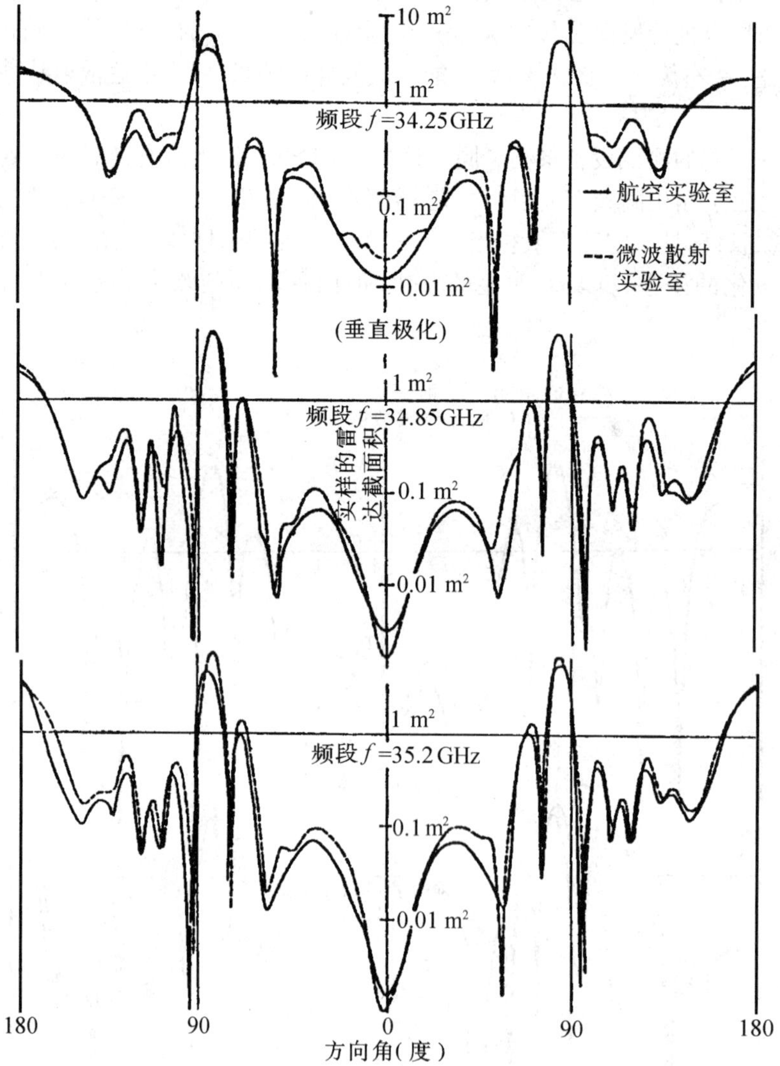

图 6 - 11　与图 6 - 10 同,但为垂直极化

6.3.3　模型测试中的缩比原理

用模型取代实尺目标的 RCS 测量是基于两方面的考虑,其一,被测目标尺寸太大,现有测试场地难以满足测试要求;其二,在工程实际中,常常在设计阶段就要考虑目标的 RCS 特性。而后一种情况,在现代军事目标的设计中普遍采用。这种方法是以缩比原理为基础的。由于该原理最早是用于天线设计中,因此在下面讨论时,还是保留“天线”这个主词。

天线的模型试验法理论最早是由 Sinclair 提出的,该理论的基础是麦克斯韦方程组,它对时间(决定电磁场的频率)和空间(决定天线几何结构)有对应的关系。事实上,天线许多特性都决定于电长度,而不是决定绝对尺寸。天线的电磁场满足麦克斯韦方程:

$$
\begin{cases}
\nabla \times \boldsymbol{E} + \mu \dfrac{\partial \boldsymbol{H}}{\partial t} = 0 & (6-4) \\
\nabla \times \boldsymbol{H} - \varepsilon \dfrac{\partial \boldsymbol{E}}{\partial t} - \sigma \boldsymbol{E} = 0 & (6-5)
\end{cases}
$$

式中，μ 为磁导率，ε 为介电常数，σ 为电导率，三者统称为介质参数。方程(6－4) 和(6－5) 是所有电磁现象的普遍形式，它说明空间每一点场矢量 $\boldsymbol{E}$ 和 $\boldsymbol{H}$ 的关系。对于具体的电磁过程，对上述方程求解，并根据边界条件算得积分常数，就可得到场的空间分布，相同的边界条件得到相同的场。所以模型和被研究天线而言，由于它们的几何尺寸和工作波长(或工作频率) 不同，它们的场也就不同，但由于它的几何形状相似，且工作波长是按同一比例变化，可以认为真实天线的场与模型天线的场是相似的。这种相似性可说明如下。

在方程(6－4) 和(6－5) 中矢量 $\boldsymbol{E}$ 和 $\boldsymbol{H}$，介质参数 ε、μ、σ，坐标 x、y、z 和时间 t 都是用的实用单位制(MKS 制)。原则上可以使用任何单位制，我们引入一新单位制，新单位制中场矢量 $\boldsymbol{E}_1$ 和 $\boldsymbol{H}_1$、介质参数 ε_1、μ_1、σ_1，坐标 x_1、y_1、z_1 和时间 t_1 与 MKS 制有如下关系：

$$
\begin{cases}
\boldsymbol{E} = \boldsymbol{E}_1 \\
\boldsymbol{H} = h\boldsymbol{H}_1 \\
\varepsilon = \varepsilon_M \varepsilon_1 \\
\mu = \mu_M \mu_1 \\
\sigma = \sigma_M \sigma_1 \\
t = t_M t_1 \\
x = M x_1 \\
y = M y_1 \\
z = M z_1
\end{cases} \tag{6-6}
$$

上式中的 e、h 分别为两种单位制中场强之间的比例系数。ε_M，μ_M，σ_M，t_M，M 分别为相应的比例系数。将式(6－6) 代入式(6－4) 和(6－5) 中并考虑到旋度的线性，于是有：

$$
\begin{cases}
\nabla \times \boldsymbol{E}_1 + \dfrac{\mu_M M h}{t_M e} \mu_1 \dfrac{\partial \boldsymbol{H}_1}{\partial t_1} = 0 & (6-7) \\
\nabla \times \boldsymbol{H}_1 - \dfrac{\varepsilon_M M e}{t_M h} \varepsilon_1 \dfrac{\partial \boldsymbol{E}_1}{\partial t_1} - \sigma_M \dfrac{e}{h} \sigma_1 \boldsymbol{E}_1 = 0 & (6-8)
\end{cases}
$$

令

$$
\frac{\mu_M M h}{t_M e} = \frac{\varepsilon_M M e}{t_M h} = \sigma_M M \frac{e}{h} = 1 \tag{6-9}
$$

则方程(6－7) 和(6－8) 可写成下列形式：

$$
\begin{cases}
\nabla \times \boldsymbol{E}_1 + \mu_1 \dfrac{\nabla \boldsymbol{H}_1}{\partial t} = 0 & (6-10) \\
\nabla \times \boldsymbol{H}_1 - \varepsilon_1 \dfrac{\partial \boldsymbol{E}_1}{\partial t} - \sigma_1 \boldsymbol{E}_1 = 0 & (6-11)
\end{cases}
$$

可见式(6－10) 和(6－11) 与式(6－4) 和(6－5) 除符号以外没有别的不同。如果我们用上述两组尺寸、介质参数、时空坐标分别表示待研究天线和模型天线的尺寸、参数和坐标，则它们的电磁场关系分别由式(6－4) 和(6－5) 以及式(6－10) 和(6－11) 表示，因为这两个式子相同，则在边界条件相同的情况下两个天线的场作为坐标和所给参数的函数有相同的形式,这就说明了天线及其模型的场的相似性。

这里所谓边界条件相同就是说用 MKS 制所表示的第一天线的尺寸、参数和坐标与用新单位制表示的第二天线的尺寸、参数、坐标之间的关系应满足式(6 - 9)。通常,天线和模型都是在空气中进行测量,即:$\varepsilon_M = \mu_M = 1$,场矢量在两种情况下采用相同单位制;即:$e = h$。这样式(6 - 9) 可简化为:

$$\frac{M}{t_M} = \sigma_M M = 1 \tag{6 - 12}$$

由上式可见,当天线尺寸减小 M 倍时,为了保证天线与模型两者的场相似,首先要把时间的单位减小 M 倍,对于谐振和振荡的馈源这就相当于振荡周期减小 M 倍,或频率增加 M 倍。其次,要把模型导体的电导率增加 M 倍,因此做模型试验时工作波长与天线尺寸按同一比例缩小。天线导体尺寸减小时,由于射频电磁场的趋肤效应,导体电导率的增加要比式(6 - 12) 所要求的缓慢得多。(约与$\sqrt{M}$ 成比例)。但我们知道,天线的有功电阻包括辐射电阻 R_r 和损耗电阻 R_j 两部分。而 R_r 与辐射能量有关,R_j 与损耗能量有关,电导率与损耗能量有关,所以当损耗能量远小于辐射能量时,从电磁场相似的观点来看电导率的变化实际上不起重要作用。因而在天线尺寸与工作波长成比例变化而天线导体电导率没有按同一比例增加的情况下,只有在模型和天线的损耗电阻与辐射电阻相比小到可以忽略的程度时,两者的电磁场才是相似。以上是以天线的模型试验出发的缩比原理,但此原理也可用于目标的模型 RCS 测试中。

需注意,在上面讨论只给出了实尺目标与模型的相似性。而在目标的 RCS 测量是绝对的。为此在模型的 RCS 测试中,采用定标方法测量出模型的 σ_M 绝对值;而后按下式换算出实尺目标 σ 的绝对值:

$$\sigma = M^2 \sigma_M \tag{6 - 13}$$

式中 M 为缩比系数。模型测量虽然有其长处,但也存在一些困难。例如,缩比后要求测量设备的频率过高而不易满足,模型加工精度要求高等都是我们需要考虑和解决的。

6.4 测量误差分析

目标的 RCS 测量,不论是在室外还是室内进行,都会受到测试条件和周围环境的影响。要提高测量精度,需要对测量当中可能出现的误差源进行分析并采取抑制或消除措施。另外,了解测量过程可能出现的误差有利于对测量结果的分析修正。本节主要讨论测量中常见误差。

6.4.1 非平面波照射的误差

一般当目标的 RCS 测量满足式(6 - 3) 的远场要求,由此产生的误差较小可以忽略。但在许多情况下,式(6 - 3) 的条件很难满足,这时非平面波照射目标可能是一个较大的测量误差,或者说,此时的测量结果与距离相关。

由式(6 - 3) 所确定的远场条件表面上只是与目标侧边上的相位均匀有关。实际还与目标径向的幅度梯度有关。我们希望在目标的测试区内场的幅度和相位尽量均匀,以减小非平面波照射的误差。当目标尺寸减小时,由式(6 - 3) 给出的远场距离会平方下降。似乎满足了相应的远场条件，但这时照射场沿目标的径向梯度可能会变大。例如，对一个 10 个波长的目标而言，由目标长度径向离开的两点之间的场幅度差将为 5%。这个径向梯度的影响足以改变目标 RCS 方向图深的零点。而且，在测量散射信号相位时，由于场的径向幅度梯度的影响，即使在略微改变产生零点的散射元分量的相对幅度，都可能在深的零点角附近产生一个 π 弧度的相位偏差。以上讨论有助于对式(6－3)的理解，特别是在测量小目标的RCS时，为了保证要求的测试精度，应该规定更严格的远场条件(例如，增加 D^2/λ 的倍数)。

6.4.2　支撑结构的误差

支撑结构误差一般出现在模型测试当中。支撑结构用来控制模型的位置和方向，它们通常是时间的函数。这种误差表现为一种背景噪声，它在距离(或时间)上同目标回波相同，采用距离波门法和分辨力法很难消除，这种误差的大小决定于目标和支撑结构两者散射的相对大小；当目标的 RCS 很小时，由此引起的误差可能很大。因此在目标的 RCS 测量中应尽量消除或抑制这类误差。通常采用低散射支撑结构来解决这个问题。目前常采用低密度泡沫支架，高强度非金属支撑线，涂覆吸收材料的塔架，空心固体塑料支架等 4 种。

在这 4 种支架中，第一种较为成功且使用广泛，而第 4 种则使用较少。它们都有其优点和局限性。当设计和使用得当时，泡沫塑料支架的背景反射小，但其承重力有限。用非金属线悬吊目标比泡沫塑料支架的背景反射还要小，但目标的方位角控制难以保证。金属塔架具有良好的荷载特性，但要求有特殊的配件才能把目标固定，因而目标必然会在固定点受到伤害；此外，涂覆吸波材料的金属支架会使目标与支架间的耦合增加，且造价也很高。塑料管支架通常仅能在窄频带内使用，此时塑料管的前面和后面的反射可能“调谐”到彼此对消；但在频带以外，其干扰回波可能和金属支架一样高。

泡沫塑料支架的雷达回波可能来自两个方面：一方面是来自支架表面的反射，另一方面来自无数细小的内部散射体(即单元结构)产生的“非相干”的体积回波。体积贡献在理论上与支架的形状无关，因此不能通过调整支架来减小。非相干回波的 RCS 理论上可表示为：

$$\sigma = \frac{\pi}{2}t^2k^4a\left|\varepsilon_r - 1\right|^2V \tag{6-14}$$

式中，t 是平均的单元壁厚；a 是平均的单元半径，V 是支架体积；ε_r 是制作泡沫塑料的介电常数。值得注意的是，理论上的非相干回波随雷达频率的 4 次方增加，表明单元体积的散射具有瑞利低频散射特征。

一些发泡塑料的特性如表 6－1 所示。其中可膨胀的小球形泡沫和 3 种聚苯乙烯泡沫是由聚苯乙烯聚合物做成的。可膨胀小球泡沫容易压制成复杂的形状，常用于产品防震包装，其介电常数 ε_r 与密度有关，密度愈低，ε_r 愈小。表中所列 3 种泡沫聚苯乙烯是道氏化学公司生产的绝缘材料，它们比可膨胀球形泡沫更重更硬，但这种大块的泡沫塑料产品不便于利用。聚氨酯泡沫的重量约为可膨胀小球泡沫重量的两倍，但它们的强度基本相同。聚氨酯泡沫的特点是具有更为细小的单元结构，且能被塑压成一块，免去了为制作一个支架而要将几块较小材料进行黏合的麻烦。

表 6-1 一些发泡塑料的特性

材料			可膨胀小球	泡沫聚苯乙烯 FB	泡沫聚苯乙烯 DB	泡沫聚苯乙烯 FR	泡沫聚氨酯
基本聚合物	形式		聚苯乙烯	聚苯乙烯	聚苯乙烯	聚苯乙烯	聚氨酯
	密度/磅·英尺$^{-3}$		66.50	66.50	66.50	66.50	70.00
	介电常数		2.55	2.55	2.55	2.55	2.06
发泡产品	微孔尺寸/英寸		0.125	0.025	0.057	0.011	0.019
	密度/磅·英尺$^{-3}$		1.150	1.760	1.800	1.970	2.040
	弹性系数/磅·英寸$^{-2}$		733	2061	1692	3000	710
非相干回波结果/dBsm·英尺$^{-3}$		理论	-25.8	-47.5	-35.8	-54.6	-50.4
		测量	-58.0	-56.7	-57.4	-60.1	-60.2

注:1 英尺 = 30.48 cm,1 英寸 = 2.54 cm,1 磅 = 0.45 kg。

图6-12示出由12英尺高,介电常数为1.04的圆锥形支架所产生的雷达回波的理论计算结果。支架材料为泡沫聚苯乙烯或泡沫聚氨酯。支架顶部直径为1英尺,底部直径为2英尺,因此支架外缘相对于垂直轴线倾斜角为2.4°。散射方向图中两个峰值位于 ±2.4° 处,它们是由于倾斜支架的前表面或后表面垂直于雷达瞄准线时的镜面反射所产生的。因为泡沫几乎是(但并不完全是)透明的,所以穿过前表面可以看到后表面,因而形成两个最大值约为 -12 dBsm 的峰值。对某些目标而言,这已是一个较大的干扰回波源。

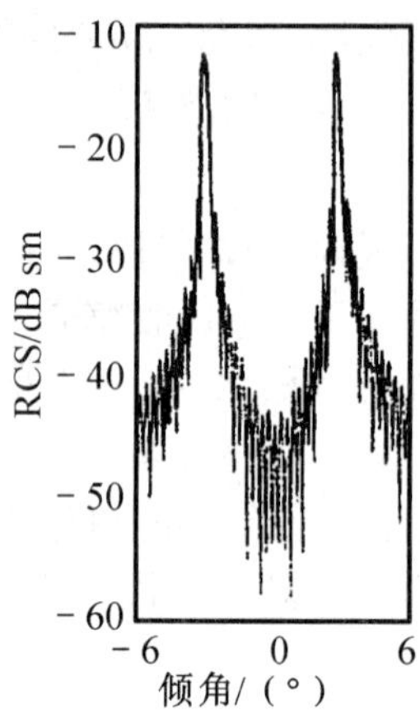

图6-12 12英尺高的圆锥形支架回波的计算值(f = 10 GHz)

图6-13是用图6-12相同尺寸制作的泡沫聚氨酯支架的测量散射图,该图是在美国加利福尼亚州麦克唐纳-道格拉斯微波测量研究所测得的。由图可见,测量结果与计算值基本上吻合。

因为圆锥形支架是圆对称的,所以对任意方位角都会产生支架表面的镜面反射。但如果支架截面是菱形的,如图6-14所示,则镜面反射将会被限制在4个窄的方位区域内。对于鼻锥方向RCS很小的目标进行测量时,这种支架是很有用的。如果把图6-14所示支架的一个棱边对着雷达,并将支架棱边倾斜一定的角度,则只会记录到非相干回波,此时图6-12和图6-13中圆锥支架中的两个最大值将不复存在。美国波音公司就常常使用这种菱形截面支架。

在泡沫支架设计中尚需要注意的是目标与支架接触面的大小。因为电磁波在泡沫材料中的传播速度比其在空气中的速度更慢,因而波的相位波前和幅度分布将发生畸变。为了减小目标附近入射场的畸变,应当把目标与支架的接触面减到最小。但是另一方面,从强度和安全性出发,这种"手指托架"式的支架只能适用于轻目标。

用吸波材料涂覆的金属塔架是20世纪70年代中期开始采用的新型目标支撑结构。塔架形状很像商用喷气飞机的机翼,如图6-15所示。它安装在一个埋入地下的重底座上,塔架具有锐利的前缘和后缘,且向雷达方向倾斜。倾斜边缘产生的回波很小(理论上是零),且倾斜角的选择应使塔架与地面间的相互作用最小。

为了保证适当的边缘朝向雷达,塔架做成固定的,而目标转台则安装在塔架顶部。但实际上为使转台镶嵌于目标之内,以便减小转台的干扰回波,就必须将目标开孔。开孔本身意味着目标(例如成品飞机或导弹)的破坏,并且开孔还可能改变目标的雷达特征,为此需要设计一些吸收体或特殊的屏蔽装置来隐蔽这个孔或抑制它的影响。塔架的荷载能力一般限于几千磅,因而成品飞行器仍然经常采用传统的泡沫支架测量。

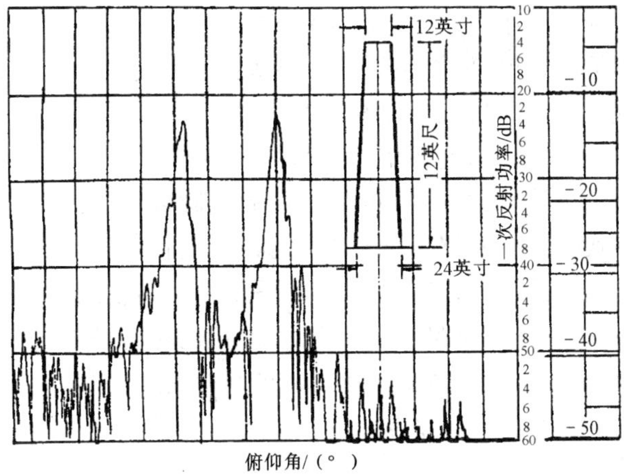

图 6-13　12 英尺高聚氨酯支架回波的测量方向图

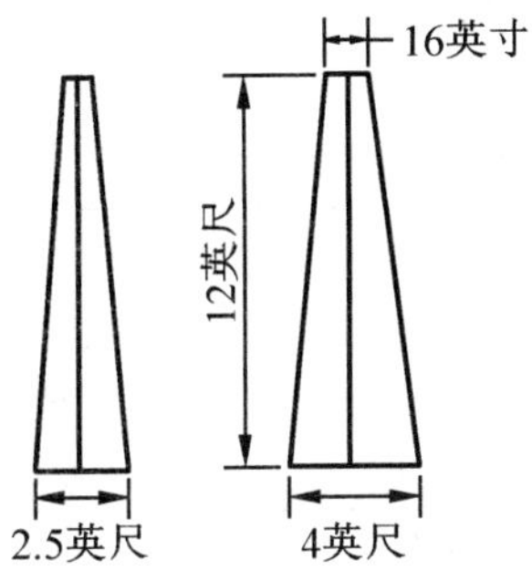

图 6-14　菱形截面支架

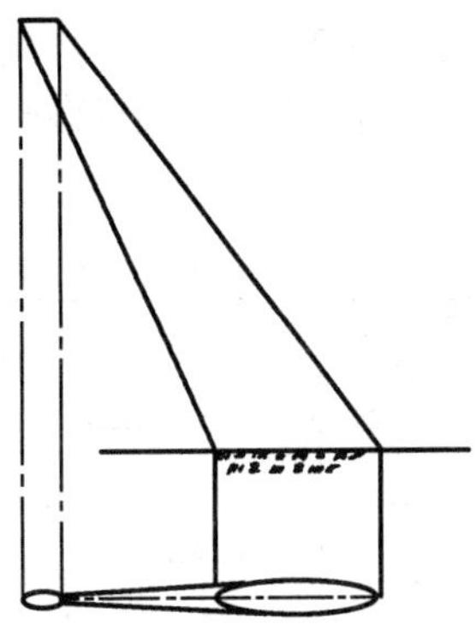
图 6-15　涂吸波材料的金属塔架

6.4.3　目标与地面的干涉产生的误差

在目标的 RCS 测试中,有一种由测量场地产生的误差称为背景效应,这种误差主要是场地内与被测试目标较近的物体(非测试架)产生的,可分为两类。一种是由这些物体直接的后向散射产生,它可通过在没有被测目标的情况下通过背景回波的测量来发现,但用这种简易的背景测量应对比全部测量数据以验证其可靠性。另一种是由被测目标经周围物体散射而产生的,称为双体耦合。这种误差源一般是与被测目标共存的。第一种可以通过清理测量场地来排除,后一种比较难消除,它主要表现为目标与地面的干涉。对一些目标而言,这种影响可能很大。图 6-16 给出了一个球体目标的多重散射

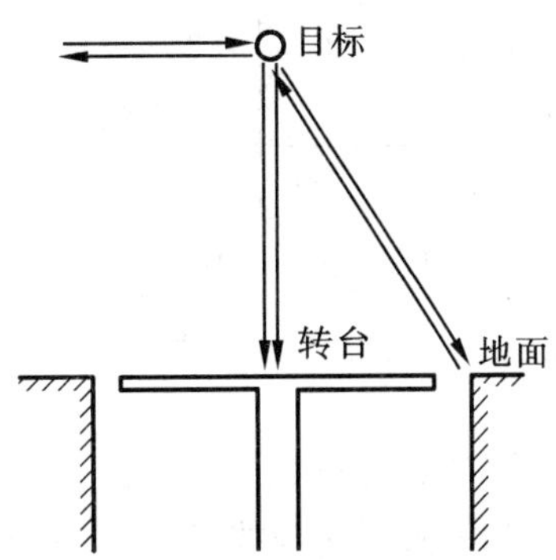

图 6-16　目标与转台、地面的干涉

现象。

为了减小目标与地面干涉的多径影响,最方便的办法是用雷达吸波材料覆盖转台和目标附近的地面。但由于吸波材料暴露于大气之中,且承受目标、支架、目标装卸人员等重压,因此对材料的机械性能要求亦很高。

消除目标与地面相互作用的另一种方法是采用短的雷达脉冲宽度,包括实际的短脉冲或借助于现代跳频技术综合而成的短脉冲。当目标离地面的高度比目标长度大许多时,采用"距离波门"技术,把目标最远部分回波以后的其他所有杂散回波人为地置零,达到时域滤波的目标,便可以消除目标与地面多重散射的影响。下面是说明这种方法的一个例子。

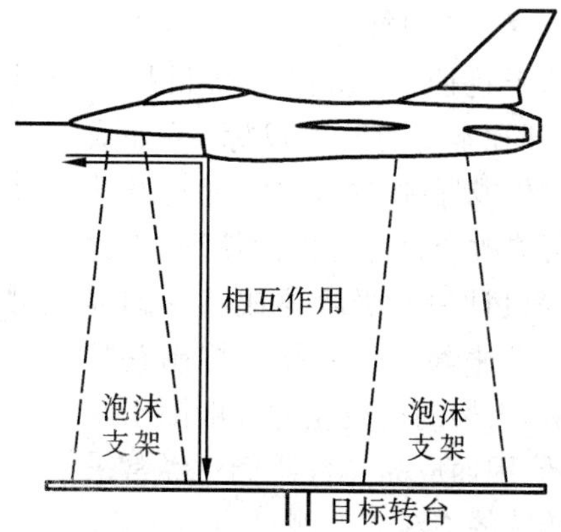

图 6 - 17 目标与转台间相互作用的说明

图 6 - 17 示出了一个安装在泡沫支架上的假想目标,这里仅示出了发动机舱与目标转台间的相互作用。除此之外,目标的净回波还包含目标其他部分的直接贡献。为了用数值表示,假定各种贡献的幅度如表 6 - 2 所示,表中还给出了各个散射体沿目标轴线的位置,且假定目标安装在离转台 40 英尺的高度上。

表 6 - 2 各散射体的幅度和位置(数值模拟用)

散射体序号 p	散射体名称	$\sqrt{\sigma_p}$ 幅度 /m	相对距离 R_p/ 英尺
1	鼻锥	0.5	20.0
2	坐舱盖前缘	3.0	27.3
3	发动机进气口	5.0	33.3
4	坐舱盖后缘	2.0	38.0
5	翼根前缘	4.0	41.7
6	翼根后缘	2.0	53.0
7	垂直安定面翼根 1	1.5	55.0
8	垂直安定面翼根 2	0.5	62.4
9	垂直安定面顶部	0.5	66.6
10	水平尾翼前缘	1.5	57.4
11	水平尾翼后缘	1.0	63.9
12	发动机舱与转台的相互作用	3.0	73.3

数值计算过程如下:

(1) 采用跳频技术,发射一个综合短脉冲,其有效脉冲宽度必须足够短(因此脉冲的带宽很大),以便能从干涉回波中分离出目标回波;

(2) 采用快速傅里叶变换(FFT) 把收到的回波变换成先前定义的时域信号;

(3) 把预定时间窗口外的所有信号置零，用波门滤掉相互作用的回波；

(4) 将选通回波反变换到频域。

目标的总回波可表示为各散射体贡献的相干和，因此利用式(3 - 9) 得：

$$\sqrt{\sigma} = \sum_{p=1}^{12} \sqrt{\sigma_p} e^{j2kR_p} \qquad (6-15)$$

式中，σ_p 是第 p 个散射体的 RCS，而 R_p 是该散射体在雷达瞄准线上的相对位置。现假设雷达在 8.73 ~ 11.29 GHz 的频率范围内，以 256 个 10 MHz 的相同间隔用跳频方法综合出短脉冲。在每个频率点上可用式(6 - 15) 计算总回波，且以频率为变量绘出回波图，如图 6 - 18 所示。这张频域回波图既不能清楚地显示出目标有多少个散射体，又不能显示目标各散射体在轴线上的分布情况。

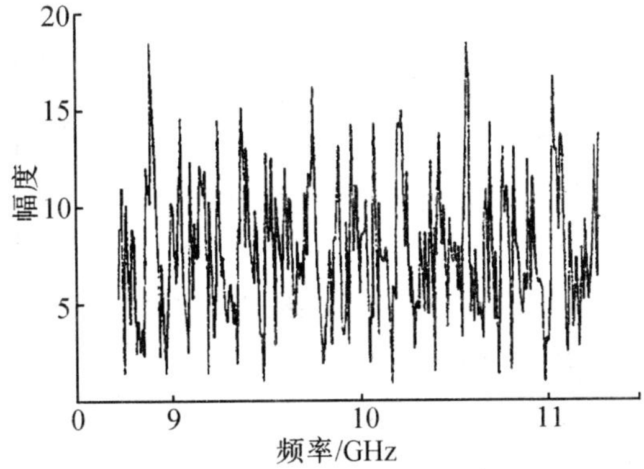

图 6 - 18　在 2.56 GHz 带宽内总的仿真目标回波

现采用 FFT 把图 6 - 18 的数据变换成时域，结果如图 6 - 19 所示，图中同时绘出了目标草图以便比较。由图可见，由于综合脉冲有足够的带宽，所以能分辨出所有的散射源。

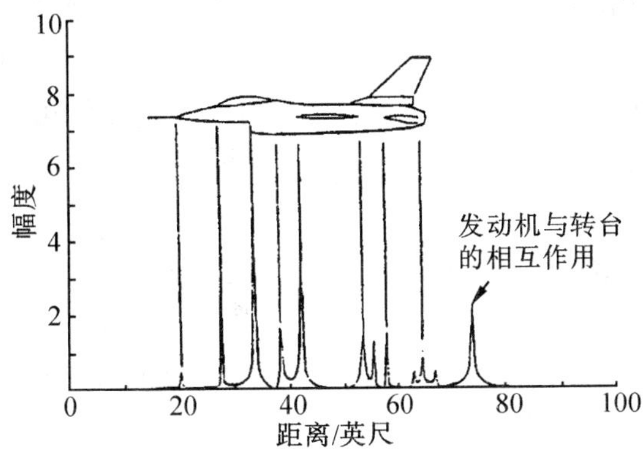

图 6 - 19　用 FFT 方法把数据变换成时域

图 6 - 19 中 72 英尺处的峰值代表了图 6 - 17 中所示发动机与转台间的相互作用。在 70 英尺以外把所有回波人为地置零，结果如图 6 - 20 所示，它已滤掉了相互作用的回波。再把这些已滤波的数据反变换到频域时，图 6 - 21 所示的频谱特性就完全不同于原来图 6 - 18 的频谱特性，此时回波幅度稍低一些，且总的起伏也略小一些。事实上，如果我们把表 6 - 2 中第 12 个表示相互作用的散射体略去，则图 6 - 21 就表示了此时的仿真数据。

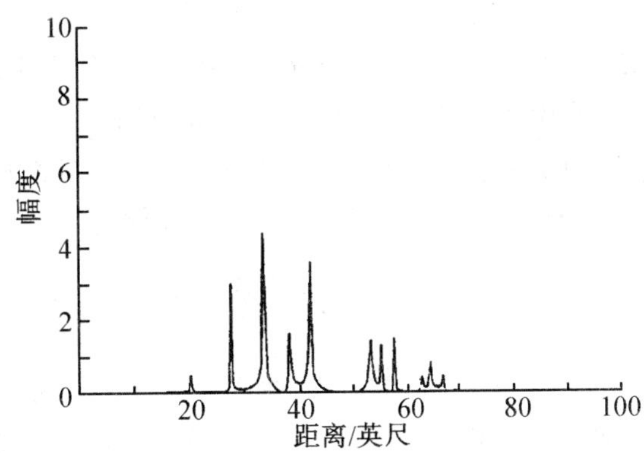

图 6 - 20　已滤掉发动机与转台间相互作用的时域数据

上述仿真例子表示这类采用综合宽带脉冲可能实现的操作和处理过程，但这里隐含着的要求是目标的安装高度要大于目标长度足够多，否则有可能在滤掉不希望的目标与转台间相互作用回波时，将某些固有的目标回波也一起滤掉。

6.4.4 背景噪声的影响

在目标的 RCS 测试中,还要注意背景噪声的影响。我们知道目标的回波信号幅度与测试距离的 4 次方成反比,在满足远场条件时回波幅度通常比较弱,特别是目标在弱反射方向时更是如此。这就要求测量设备具有足够的灵敏度(如提高发射功率、天线增益、接收机灵敏度以及测试频率稳定等),才能准确有效地从背景噪声中检测出目标自身的回波信号。

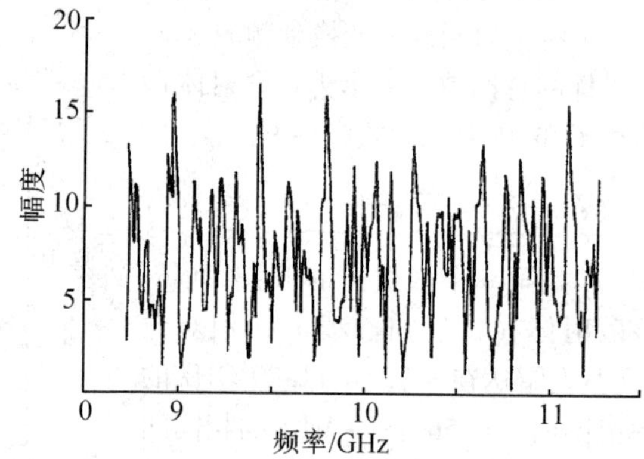

图 6-21 已滤掉发动机与转台间相互作用的频域数据

背景噪声包括目标以外所有可能进入测量设备的外界干扰信号,如目标支架和地面等杂波散射信号。背景噪声的影响很难消除,但要求它保持到一非常低的电平以满足测试精度。为了定量估算背景噪声电平大小对目标 RCS 测量精度的影响,假定目标和背景干扰引起的散射场均与接收天线的极化方向一致,则在接收天线处测得的总场 E_m 应为

$$E_m = E_t + E_b e^{j\Phi} \tag{6-16}$$

式中,E_t 和 E_b 分别表示目标散射场和背景噪声场;Φ 为二者之间的相位差。因为散射场的平方与目标 RCS 成正比,故由上式可得

$$\sqrt{\sigma_m} = \sqrt{\sigma_t} + \sqrt{\sigma_b}\cos\Phi \tag{6-17}$$

利用欧拉恒等式和余弦定理,可把上式变为

$$\sigma_m = \sigma_t + \sigma_b + 2\sqrt{\sigma_t\sigma_b}\cos\Phi \tag{6-18}$$

由于 $\cos\Phi$ 的变化范围是 $-1 \sim +1$,因此实测的目标雷达截面 σ_m 可在如下范围内变化:

$$\sigma_t + \sigma_b + 2\sqrt{\sigma_t\sigma_b} \geqslant \sigma_m \geqslant \sigma_t + \sigma_b - 2\sqrt{\sigma_t\sigma_b} \tag{6-19}$$

以信噪比 σ_t/σ_b 为变量,由上式可绘出 RCS 测量误差的上限和下限范围,如图 6-22 所示。由图可见,如果要求测量精度为 ±3 dB,则背景噪声 σ_b 应比目标回波 σ_t 低 10 dB;如果测量精度为 ±1 dB,则 σ_b 应比 σ_t 低 20 dB。可见要精确测量目标的雷达截面,必须严格控制背景噪声电平,以达到足够高的信噪比。

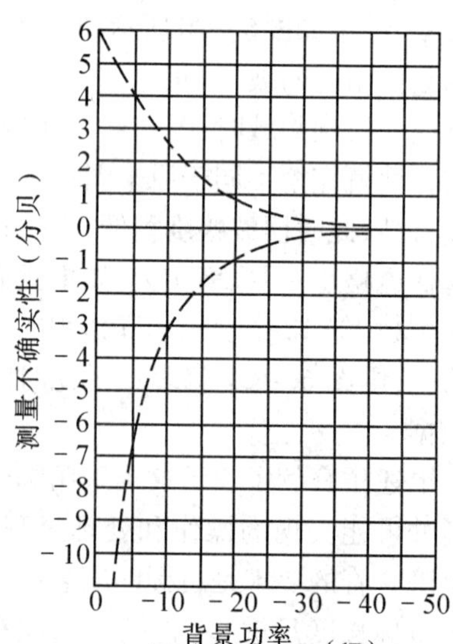

图 6-22 与背景功率和目标回波功率之比成函数关系的测量误差

6.4.5 测量数据的误差评估方法

以上我们主要讨论了 4 种主要的误差源对目标 RCS 测量的影响,它们不论是在室内还是在室外进行测量都可能出现,它们在一定程度上对目标 RCS 产生影响,因此有必要对测量数据进行评估,并通过评估来找出或判断出可能的误差源。一般而言,这样做是

比较困难的，但在有些情况下，有可能通过观察和分析目标 RCS 与方位角关系曲线，并与预期的特性偏离对比来判断误差的存在，并确定其误差源。例如，圆柱体和平板在足够的距离测量时反射峰的形状和宽度将会加宽，在极端情况下(近场时)，会分裂成具有中心最小值的两个峰。此外，用波长表示的目标之最大尺寸 D_{max}/λ 提供了一个系数，它可用来判定后向散射图中最窄的可能的波瓣宽度为 $\theta_0 = \lambda/4D_{max}$ 弧度。假如检查方向图发现任一波瓣窄于由此关系式计算出的宽度，那么便有理由怀疑，由于干扰效应、高的背景电平或可能是读错目标角位置而产生了误差。

如果怀疑支架引起干扰，那么，用不同的支架结构进行重复试验常常会发现方向图改变。背景误差可以通过改变测试距离来发现。不管在那一种情况下，经过重复试验，相符的那些方向图部分可以相信是有效的，而表示扰动的那些部分则要作进一步的研究。

在极少数的几种情况下，详细的散射图可充分确知，可以利用对这种已知的方向图的偏离来极精确地测定测量中的误差。在这个意义上，圆柱体、圆盘以及矩形平板可充当校准的基准目标。最后，测量设备能力的客观估价可以通过对用几个不同测试场地重复试验的数据比较来做出。这种试验是有意义的，因为各个测试场地为了减小测量误差采用了不同的技术，并且不会具有相同的缺点。

6.5 室外 RCS 测试

一些大型目标的 RCS 测试常常需要在室外进行，这时远场条件较易满足，并可采用常用的脉冲体制的雷达系统作为测试设备。在室外 RCS 测试场的建造和使用中需要解决一个主要问题，即如何控制和利用地面的影响。本节将对此问题进行详细的讨论，同时还介绍室外测量设备的特点以及天线方向性对测试的影响。

6.5.1 室外测量设备特点

室外测量可分为两种情况，一种称之为雷达靶场法，该法中的测试设备具有实验室性质，是为模型测量而设计的，测量设备具有雷达系统的基本功能，因此也称为雷达测量设备。另一种称之为现场雷达法，该法是在目标(如舰船、飞机、坦克等)实际运动时进行 RCS 测量，其测量设备可能就是一台实际的雷达系统，校准可以利用球形金属化气球，也可以利用雷达距离方程直接计算目标的 RCS。此外，为了获得作为时间函数的目标方向的精确数据，需对目标的运动状态(如航线和高度等)提出特殊和详细的要求。本节主要讨论雷达靶场法中的雷达测量设备。

图6-23给出了一个雷达测量设备应包含的各个基本单元方框图，可以看出它已具备雷达系统的主要功能。图中所示收发天线是分开的两副独立天线，但由于它们相距很近，对目标所张成的双站角很小，此时测试结果与单站情况并无明显差异。如果用同一副天线完成收发两项功能以实现严格的单站测量，则必须在接收机上安装保护器，以阻止发射机的高功率能量进入并烧毁接收机，同时还应以尽量小的传输损耗将天线接收到的回波信号送至接收机。

发射能量由可调谐的射频源产生，它们是具有几百毫瓦输出的低功率信号源。射频功率放大器(一般使用行波管放大器)将这个低电平信号放大到几千瓦的功率电平。行波管的栅极加有由输出方波的脉冲发生器产生的触发脉冲，使行波管在短时间内导通而形成高频发射脉冲。脉冲发生器通常具有可选择的脉冲宽度和脉冲重复频率。室外测试雷达的脉冲宽度典型值是 0.1 ~ 0.5μs,占空系数(脉冲持续时间与间歇时间之比)的数量级大约为 0.5%。如果需要更大的发射功率,可采用两级行波管放大,第一级为输出几百瓦的小功率放大器,第二级为输出几百千瓦的大功率放大器。有的室外测试场则直接采用磁控管来产生从几千瓦到几兆瓦的脉冲功率。

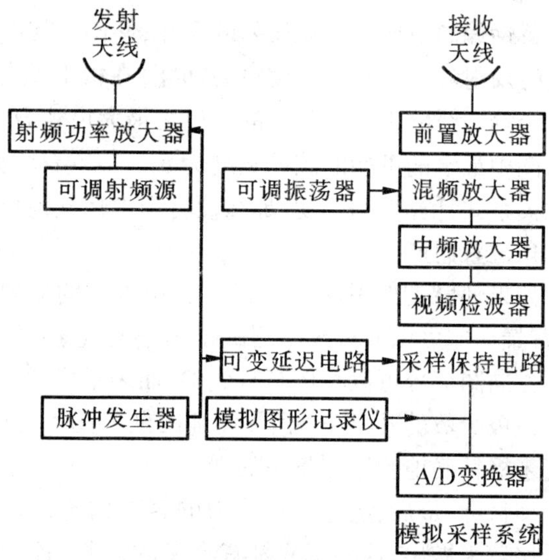

图 6 - 23 简单的幅度测量雷达框图

接收天线截取目标的回波信号,有时该信号电平要利用精密射频衰减器(图中未示出)来调整到对接收机灵敏度和动态范围内最有利的状况。目标回波信号(发射频率)与可调谐的本机振荡器信号同时进入混频放大器,并输出二者频率之差的中频信号。本振是低功率器件,一般输出不超过 10 mW。

图 6 - 23 中的本振和发射机的信号源是彼此独立而"自由振荡"的。对于相干雷达系统,二者必须同步,且一起锁定。实现同步有多种方法,其中之一是把这两个信号源与一个低频晶体振荡器一起锁定。第三个信号源也必须锁入系统,以提供参考的中频信号,并与回波中频信号进行比较以便从目标信号中提取相位信息。

中频放大器可以是线性的也可是对数式的,因此其输出和输入信号可按线性变化也可按对数式变化。对数放大器的动态范围可达60 ~ 70 dB。在有些测量系统中还包含有自动增益控制电路(图中未示出),该电路输出一个缓慢变化的低电平信号反馈到中频放大器中去,因而使中放输出一个相对恒定的信号电平。在这类系统中,记录的是自动增益控制偏压而不是中放输出电压。

视频检波器是中放单元的一个主要部件,它输出一个可记录的慢变化低电平直流电压。为了去掉检波信号中包含的地面反射干扰和其他非目标回波干扰,应在目标回波到达时间对视频输出信号采样,这一功能由采样保持电路完成。脉冲发生器的触发脉冲经过适当延迟后去触发采样保持电路,这个延迟的触发脉冲称为"距离波门"。距离波门的延迟时间应等于信号从发射天线到目标后再反射回雷达所需时间之和,以保持在适当的时间对视频信号采样。

采样保持电路保持一个与目标信号相对应的电压,直到为再次采样而输出的下一个触发脉冲到来为止。因此,采样保持输出信号是一个可以记录的慢变化直流电压,经适当放大和处理后可将其输出直接送入模拟的绘图记录仪中。记录纸的位置随安装在目标转台之转轴上的同步装置而移动,以使记录仪的曲线位置直接与目标的视线角相联系,这样就可绘出目标旋转时所测量到的散射方向图。

现代测试雷达基本装有数字式记录系统,此时必须用模数(A/D)变换器把采样保持电路的模拟输出变换成数字形式。A/D 变换器有多种形式,可根据分辨力和脉冲重复频率等若干因素来选择,其分辨力可从几比特到几十比特,要求提供的比特数愈多,则需求的时间愈长,但两个脉冲间的时间间隔应足以实现 A/D 变换。

实际的测试雷达系统可能更复杂,图6－23只给出了主要单元的框图。测试设备一经确定,便需要设计测试场地和安装各种测试设备,包括选择测试场的尺寸和测试距离;确定天线和目标的架设高度,以及其他参数;设计和制造目标支撑系统等。测试场建成后应检测目标附近的入射场结构,以确保场分布不均匀性小到可以接受的程度,否则需要调整天线和其他系统。同时还需要测量背景回波(大部分是由目标支架产生的),确定是否满足给定测量精度所需的信噪比,否则应调整支架或其他系统。在正式测量目标 RCS 之前,应对系统进行"定标"。然后移去定标目标并安装被测目标,旋转目标并记录下随视线角变化的数据。移去目标后再重新校正系统和校正背景信号。再次放上目标后进行"快速观测",考证数据的正确性,如果数据可用并和预期的一样,则可取出处理数据的实时图,进行下一次测量。

6.5.2　地面影响的分析

室外测试场地的地面需平整和夯实,或用沥青或混凝土筑成,在某个场地测试时,需对该场地的地面因素进行分析。地面的影响主要表现在对电磁波的反射(或散射)。图6－24给出了地面反射的几何关系。由于地面平整光滑,反射点的位置可由地面下的镜像天线求出。图中给出了 4 条不同路径传播的回波;即直射路径 ATA,"镜像"路径 APTPA,双向路径 ATPA 和 APTA。实际上,两条双向路径是双站回波,因为对目标的入射角和散射角是不同的。不过对多数测试场而言,天线高度 h_a 远小于测试距离 R,故其双站角 γ 是很小的。

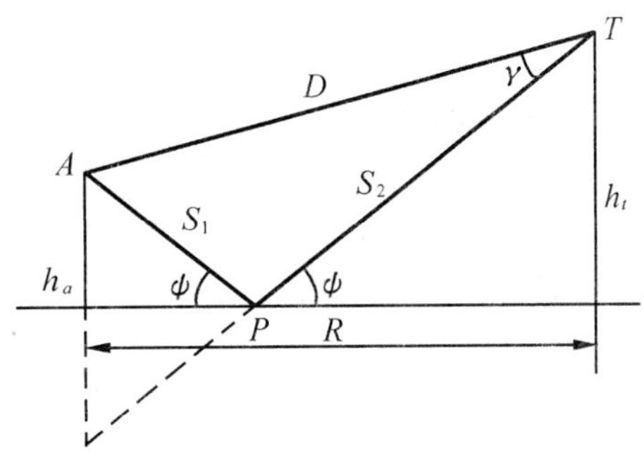

图6－24　地面反射的几何关系

(雷达天线在 A 点,目标在 T 点,P 为镜面反射点)

如果在垂直面内的双站角很小,则目标回波对直射波与非直射波到达角之差不敏感,这种情况意味着我们已假定天线在垂直面内是无方向性的。因为雷达截面与功率成正比,所以雷达截面的平方根将与接收场强成正比。因此可以写为:

$$\sqrt{\sigma} = \sqrt{\sigma_0}\mathrm{e}^{\mathrm{j}2kD} + 2p\mathrm{e}^{\mathrm{j}k(D+I)} + p^2\mathrm{e}^{\mathrm{j}2kI} \tag{6-20}$$

式中,σ_0 为自由空间中目标的 RCS;p 为地面的有效反射系数;D 为直达路径长度;$I = S_1 + S_2$ 为经地面反射的间接路径长度。上式中第一项是目标在自由空间产生的回波,它和没有地面时测得的结果一样。第三项是镜像回波,因为就雷达而言,该回波仿佛是从目标在地面下的镜像所发出的那样。由于该路径经两次地面反射,所以要乘以地面反射系数的平方。式中第二项称为双向回波,它仅涉及地面的单路反射电波,但因有两条传播路径,一路是另一路的逆回程,所以这项要乘以 2。

由于我们仅关心回波幅度,因此可把指数项 $\mathrm{e}^{\mathrm{j}kD}$ 从括号内移出,然后取式(6－20)的平方便可求出雷达截面:

$$\frac{\sigma}{\sigma_0} = \left|1 + p\mathrm{e}^{\mathrm{j}k(I-D)}\right|^4 \tag{6-21}$$

对理想导电地面,$p = -1$,式(6－21)简化为:

$$\frac{\sigma}{\sigma_0} = \{2\sin[k(I - D)/2]\}^4 \tag{6-22}$$

如果我们选择天线和目标的高度使式(6-22)最大,则接收到的功率将比目标在自由空间大16倍(12 dB),这是利用地面反射最有吸引力的原因之一。由于天线和目标高度的限制,我们几乎总是采用地面垂直干涉图的第一个最大值。

下面说明式(6-22)应用于测量的例子。当式中方括号内的电角度是π/2的奇数倍时,可出现最大值:

$$k(I - D)/2 = m\pi/2 \quad m = 1,3,5,\cdots \tag{6-23}$$

因此路径长度差是:

$$\delta = I - D = m\lambda/2 \tag{6-24}$$

由图6-24中的几何关系可得:

$$D = [(h_t - h_a)^2 + R^2]^{1/2} \approx R + \frac{(h_t - h_a)^2}{2R} \tag{6-25}$$

$$I = [(h_t + h_a)^2 + R^2]^{1/2} \approx R + \frac{(h_t + h_a)^2}{2R} \tag{6-26}$$

于是,路径长度差便是:

$$\delta = I - D \approx 2\frac{h_a h_t}{R} \tag{6-27}$$

当 $m = 1$(第一个最大值时),式(6-23)的要求近似为:

$$h_{a1}h_{t1} = \frac{R\lambda}{4} \tag{6-28}$$

上式便是利用地面影响的测试场普遍采用的经验公式。

天线和目标的架设高度与若干因素有关,比如天线架最大高度,目标的最大安装高度,能使用的现有支架或目标装卸设备的能力等。对于给定天线高度 h_a,假定目标为点散射体,用其可变化的垂直高度 h 代替式(6-27)中的 h_t,然后代入式(6-22),并考虑到式(6-28)的结果,便可得到用目标高度 h 表示的总接收信号:

$$\frac{\sigma}{\sigma_0} = \left[2\sin\left(\frac{\pi}{2}\cdot\frac{h}{h_t}\right)\right]^4 \tag{6-29}$$

图6-25示出了这种关系。图中纵坐标为目标对第一个最大值高度 h_t 的相对高度,横坐标为相对接收功率,以dB为单位。由图可见,σ/σ_0 随相对高度呈周期性变化,最大值为16倍(12 dB),最小值为零(-∞ dB)。

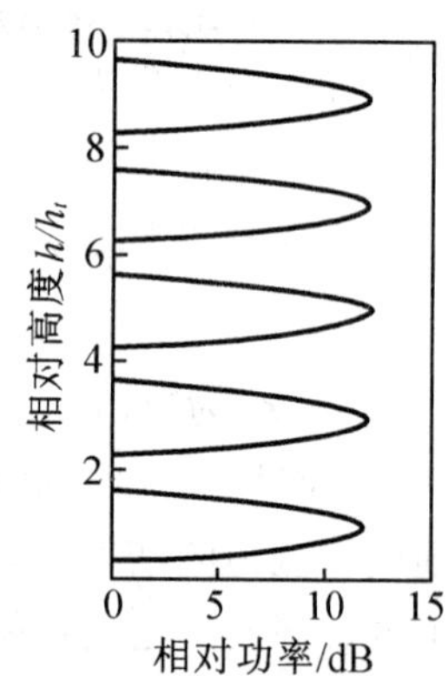

图6-25 接收功率与点散射体垂直高度的关系

上述公式推导中已假定地面为理想导电平面的全反射,即反射系数的模值是1,相角是180°。如果不是理想导电地面,则接收信号功率与目标高度的关系将发生变化。图6-26和图6-27分别给出了反射系数幅度和相位的影响。由图6-26可见,反射系数幅度的减小使接收总功率比自由空间时增大的程度减小,电压反射系数降低10%,地面的作用减小0.9 dB。由图6-27可见,当反射系数相角从180°逐渐减小时,垂直面内的干涉图第一峰值高度逐渐向上移,而峰值大小则没有变化。

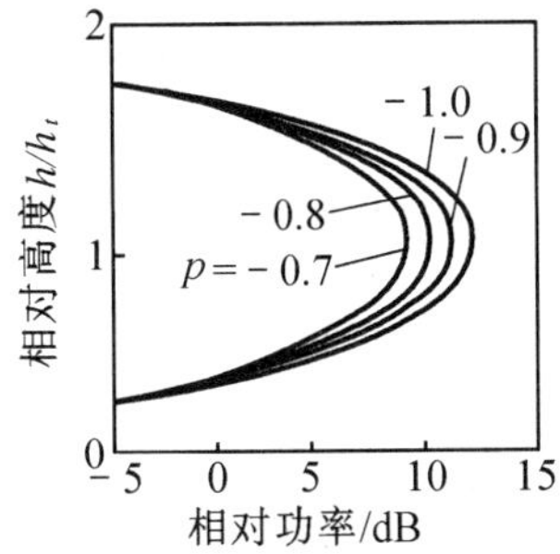

图 6−26　非全反射地面的影响

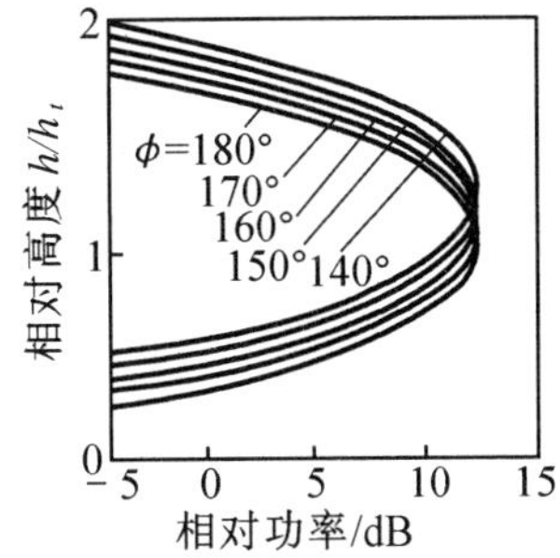

图 6−27　反射系数相角的影响

6.5.3　实际地面的反射系数

地面的反射系数与土壤的类型、湿度和粗糙度有关。粗糙表面向各个方向散射能量，地面愈粗糙，散射也愈强。能量的散射减小了在指定方向上的反射。因此，愈粗糙的地面，在 RCS 测量中其信号增强作用也愈小。为此，可用两个彼此独立的因子分别计入土壤性质和粗糙度对地面有效反射系数的影响：

$$p = Rp_s \tag{6-30}$$

式中，R 是由完全平整的介质表面给出的经典菲涅尔反射系数；而 p_s 则是考虑了因地表面的粗糙而使反射系数减小的粗糙因子。

菲涅尔反射系数决定于媒质参数和入射角，以及入射波电场是垂直还是平行于入射面。对于这里的实际应用，介质 1 是空气，$\mu_{r1} = \varepsilon_{r1} = 1$；介质 2 则是有损耗的地介质，$\mu_{r2} = 1$，$\tilde{\varepsilon}_r = \varepsilon'_r + j\varepsilon''_r$。于是对图 6−24 的几何关系，可把菲涅尔反射系数改写成为

$$R_h = \frac{\sin\psi - (\tilde{\varepsilon} - \cos^2\psi)^{1/2}}{\sin\psi + (\tilde{\varepsilon} - \cos^2\psi)^{1/2}} \tag{6-31}$$

$$R_v = \frac{\varepsilon_r\sin\psi - (\tilde{\varepsilon} - \cos^2\psi)^{1/2}}{\varepsilon_r\sin\psi + (\tilde{\varepsilon} - \cos^2\psi)^{1/2}} \tag{6-32}$$

式中，下标 h 和 v 分别表示入射波电场为水平极化和垂直极化(相对于地平面而言)；ψ 表示反射时的掠入角(见图 6−24)，它是入射角 θ 的余角。

图 6−28 给出了美国新墨西哥州立大学物理科学实验室在 1.5 GHz 上对某一测试场土壤复介电常数的实测结果，其中 $\tilde{\varepsilon} = 5.5 + j2.0$ 可能是水分含量为 12% 的土壤的典型值。在式(6−31) 和式(6−32) 中采用这个数值，我们可绘出菲涅尔反射系数的幅度和相位曲线，如图 6−29 所示。值得注意的是，与水平极化相比，垂直极化反射系数的幅度和相位随仰角的增加而下降要快得多。尽管如此，由于室外场测量中仰角很少超过 1°，因而反射系数的幅度保持在 0.95，而相位保持在 179° 以上，此时与理想情况差别不大。

地面粗糙度对有效反射系数的影响可用如下公式表示为

$$p_s = e^{-2(k\sigma_h\sin\psi)^2} \tag{6-33}$$

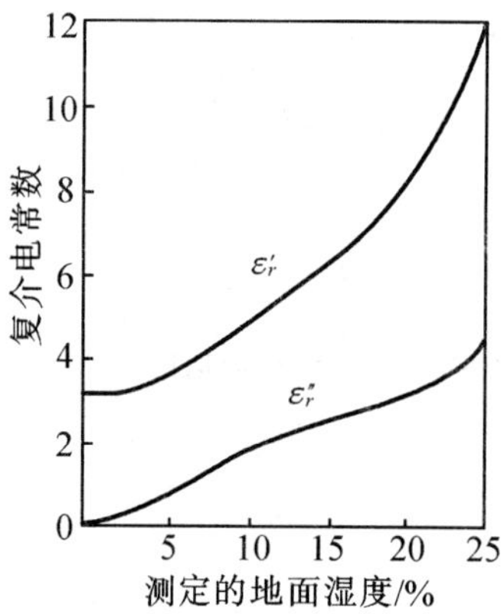

图6－28　某测试场土壤复介电常数测试值(f = 1.5 GHz)

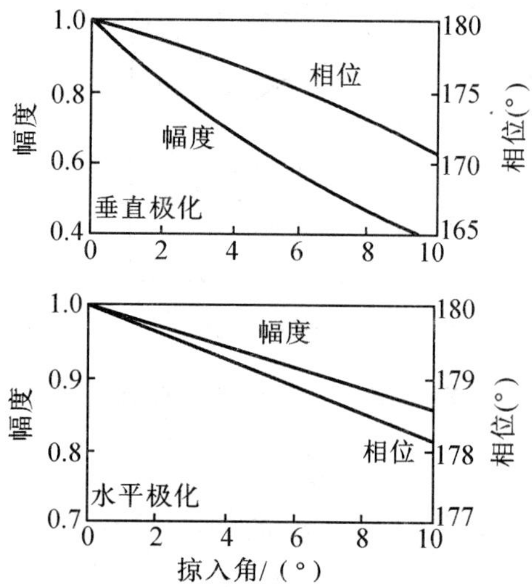

图6－29　小掠入角时菲涅尔反射系数的幅度和相位图($\tilde{\varepsilon}$ = 5.5 + j2.0)

式中,σ_h 表示地表面高度变化的均方根值。图6－30 给出了小掠入角时粗糙因子 p_s 的特性。一般,外场测试的掠入角均小于5°,且很普遍的情况是1°或更小。由图6－30可见,如果此时要求粗糙因子 $p_s \geqslant 0.91$,则表面粗糙度均方根值的上限可定为 $\sigma_h = 2\lambda$。如果在低频,尽管地面很粗糙,仍能给出良好的反射特性。例如 f = 1.5 GHz时,σ_h 的值为40 cm,可见允许地面相当粗糙。相反,在毫米波长时,这种要求就变成了几毫米,此时土壤地面已无法满足要求,必须筑成混凝土或沥青地面,否则粗糙地面的散射能量会造成对目标回波信号的干扰,并降低RCS测试的精度。因此,在毫米波段常常不是利用而是抑制或消除地面的反射。

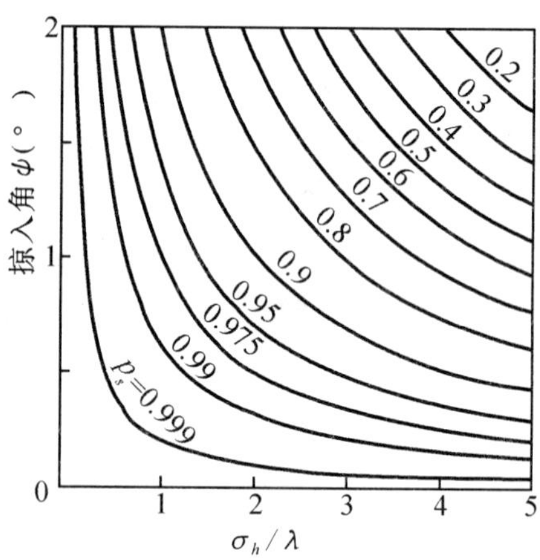

图6－30　小掠入角地表面的粗糙因子 p_s

6.5.4　地面影响的消除

消除地面影响有时比利用地面反射具有更大的优越性,这有以下多方面的原因。首先是可避免调整天线垂直高度的麻烦。由上面分析可知,天线高度、目标高度、距离及波长等都会影响垂直面干涉图第一波瓣的高度。为了利用地面的影响,目标必须对准这个波瓣。在实际测量中,距离和目标高度通常是固定不变的,但要求测试的频率却通常是可变的,至少要在频带内的几个频率点上进行测量,这就要求不断地调整安放天线的高度,对于连续扫频测量,这也是不可能实现的。如果取消了地面影响,则可避免这个麻烦。

另一方面,对短脉冲(宽带)测量,这种影响可能更厉害。如果发射脉冲的宽度假定是中心频率的 15%，则因为入射场图第一波瓣的高度直接随雷达频率变化，因此波瓣也将摆动 15%。如果目标所张的角已是第一波瓣的大部分，则对目标的照射情况将会严重变坏。此外，在毫米波段内，利用地面反射时对地表面的平滑度要求较高，一般较难实现，这时必须抑制地面的反射。

抑制地面反射的一种方法是建立反雷达杂波干扰屏障，图 6 - 31 示出了一种典型的装置。为了有效地消除地面镜像点的反射，通常需安装多个屏障。这种屏障是用金属薄片或金属栅条做成，并且为了减小向雷达的反向散射，可用吸波材料涂覆屏障的前面；为了抑制屏障上边缘对目标的绕射，可把屏障的上缘做成锯齿形。

另一种方法是在目标与雷达间建立一个三角形的护道，如图 6 - 32 所示。这种护道也可以是地面上的一座山峰，但为延缓风化，应该用沥青或混凝土进行加固。为减小棱边向目标反射，护道的顶角应是尖的，而不能是圆的。斜边应该很宽，以便能很好地把能量反射到目标区域的外面。典型护道高约 1.2 m，宽约 6 m。

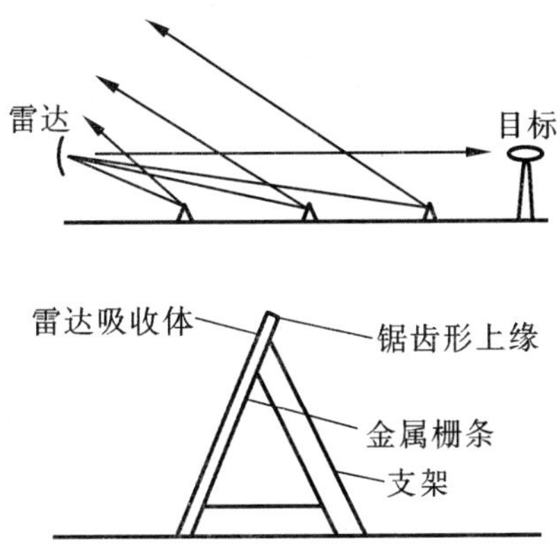

图 6 - 31　反雷达杂波干扰屏障

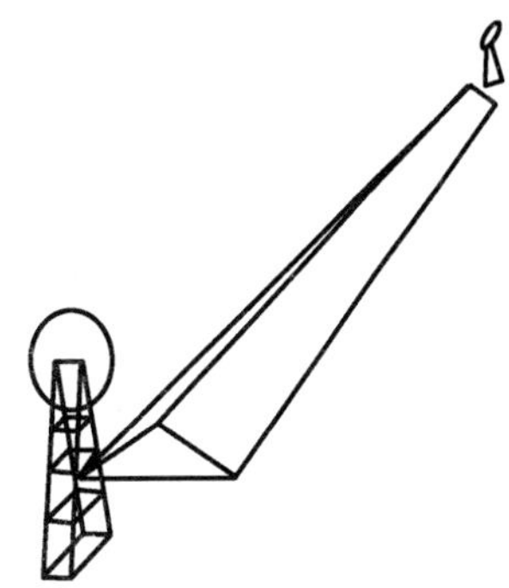

图 6 - 32　抑制地面反射的护道

在毫米波段，采用高增益天线或增大天线高度和目标高度，都可以减小对地面的照射，从而抑制地面的反射。

6.5.5　天线方向性的影响

在以上讨论中为了简化对非导电地面影响的讨论，假设天线是无方向性的，但实际测试的天线常常是有方向性的，有时为了提高测试系统的灵敏度，需采用高增益天线。这样就出现了由于天线尖锐方向性使目标获得不均匀照射的问题，同时也进一步降低地面的反射作用。对于天线而言，增益与其有效面积成正比；方向性与其几何尺寸成反比。因此在选择测试天线时要对这一对矛盾要求进行折中。

为了确定对目标有适当照射的天线尺寸，我们必须对天线的方向图作一些假设。一个较合理的假设是天线口径场的照射函数为余弦分布，因而天线的方向图是绕瞄准轴的一个旋转体图形。这种天线的方向性函数可表示为：

$$f(\Phi) = \frac{\cos(\frac{\pi}{2}\omega)}{1 - \omega^2} \tag{6-34}$$

式中参量：

$$\omega = 2d\sin\Phi/\lambda \tag{6-35}$$

这里 d 是天线的口径直径；Φ 是偏离瞄准轴的角度。功率方向图是式(6－34)的平方，而天线增益则是：

$$G = \eta\left[\frac{1}{2}kd\right]^2 \tag{6-36}$$

式中，η 是天线效率。这种天线的第一副瓣电平比主瓣低 23.5 dB。

实现精确测量的经验准则是从目标中心到边缘入射场幅度的降低不大于 0.5 dB，即 $f^2(\Phi) = 0.89$，将此值代入式(6－34)可解出所需参量 w，并由式(6－35)求得天线直径 d。遗憾的是，式(6－34)是一个超越方程，不能直接求得解析解，但可采用一个较为成功的近似解法或图解法。各种 f^2 值的解也摘录在表 6－3 中。利用式(6－35)和表 6－3 可进行经验估算。

表 6－3　式(6－34)的解

目标边缘照射幅度	降低参量 w 值
－0.10	0.221 78
－0.25	0.350 26
－0.50	0.494 38
－1.0	0.696 42
－2.0	0.977 09
－3.0	1.187 03
－4.0	1.359 40
－5.0	1.507 13
－∞	3.000 00

例如，先求出式(6－35)中的 $\sin\Phi$，为此假设目标横向尺寸为 D；天线至目标的距离为 R(见图 6－7)。则有：

$$\sin\Phi = \frac{D}{(4R^2 + D^2)^{1/2}} \tag{6-37}$$

将上式代入式(6－35)，并解出 d：

$$d = \frac{\lambda\omega}{2D}(4R^2 + D^2)^{1/2} \tag{6-38}$$

一般 $4R^2 \gg D^2$，则式(6－38)可简化为：

$$d \approx \frac{\lambda\omega}{D}R \tag{6-39}$$

设 $R = 2D^2/\lambda$(远场标准)代入式(6－39)得：

$$d \approx 2\omega D \tag{6-40}$$

按精确测量的经验准则可取表 6－3 中的 $\omega = 0.494\ 38$ 代入上式得：

$$d \approx D \tag{6-41}$$

这说明天线的最大尺寸 d 不能大于目标的最大横向尺寸 D，在实际测量中，一般选取 d 小于 D，这样可使目标获得较好的均匀照射，同时也易于对准目标，对于 ω 取其他值也可用式(6－40)进行估算。

另一方面,天线的方向性也影响地面反射波的幅度,因而对目标附近垂直面的场强亦有影响. 从天线角度来看,能量的发射和接收是沿着两个主要方向,即直射路径和非直射(地面反射) 路径。直观地看,天线电轴(主瓣指向) 应对准此两条路径方向的分角线方向,才能使两条路径到接收点有相同幅度的能量;但考虑到实际地面不是理想导体,反射波幅度将略小于直射波,因此应把天线对准比上述分角线方向略低的角度,方可使两路收到的能量相等。

现假定天线主瓣指向比角平分线方向降低一个角度 Φ_a,并设两条路径的夹角为 2β,如图 6 - 33 所示。按收发路径和天线电轴对式(6 - 20) 的三项进行加权,则该式变为:

$$\sqrt{\sigma} = \sqrt{\sigma_0}\left[f^2(\beta+\Phi_a)e^{j2kD} + 2pf(\beta+\Phi_a)f(\beta-\Phi_a)\cdot e^{jk(D+I)} + p^2f^2(\beta-\Phi_a)e^{j2kI}\right] \tag{6-42}$$

由于每项接收信号强度都与发射和接收方向图有关,因此各项都要乘以两个方向图因子。对第一或第三项,收发在同一方向,即$(\beta+\Phi_a)$ 或$(\beta-\Phi_a)$,根据天线互易原理,二者有相同的方向性函数值;对于第二项,发射和接收在不同方向,因而有不同的方向性函数值。

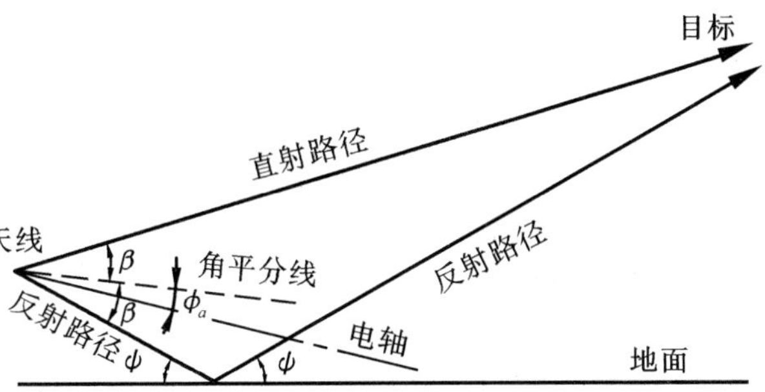

图 6 - 33　使条路径信号功率相等的示意图

考察式(6 - 42) 的括号内各项,它们本身是一个完全平方项,因此可简化为:

$$\frac{\sigma}{\sigma_0} = \left|f(\beta+\Phi_a) + pf(\beta-\varphi_a)e^{jk(I-D)}\right|^4 \tag{6-43}$$

式中第一项代表直射路径的总信号。如前所述,随着目标高度的变化,这两个分量可以彼此叠加而增强,也可以相互抵消而减弱。若想使两路信号功率相等,则 Φ_a 应满足

$$f(\beta+\Phi_a) = -pf(\beta-\Phi_a) \tag{6-44}$$

对于理想导电地面,$p=-1$,意味着 $\Phi_a=0$,即天线应指向两条路径的分角线。如果反射系数 $p\neq-1$,则式(6 - 44) 变成一个超越方程,只能用近似法或图解法求解,图 6 - 34 给出了一组这样的解。图中的横坐标为:

$$w_0 = 2\frac{d}{\lambda}\sin 2\beta \approx 4\beta d/\lambda \tag{6-45}$$

它是天线方向图对两条射线方向间的夹角所对应的电宽度。而纵坐标:

$$w_a = 2\frac{d}{\lambda}\sin\Phi_a \approx 2\Phi_a d/\lambda \tag{6-46}$$

则代表天线主瓣向下偏离直射线与反射线的夹角平分线的电距离。为了运用图 6 - 34 进行计算,必须先算出 w_0,选定与地面有效反射系数相对应的曲线,读出 w_a,再由式(6 - 46) 确定 Φ_a。下面举例说明。

假定测试目标尺寸 $L = 3$ m，雷达波长 $\lambda = 3$ cm，测试距离 $R = 1/2R_0 = 300$ m，抛物面天线直径 $d = 1.2$ m，目标支架高度 $h_t = 3.6$ m，由式(6－28)求得天线高度应为 $h_a = 0.625$ m，天线下缘正好略高出地面。对于这种几何关系，由 h_t 和 R_0 可求出直射线对水平的仰角为 0.57°(即 0.01 rad)，反射线的俯角为 0.81°(即 0.014 rad)，因此两路径张角 $2\beta = 0.024$ rad，再由式(6－45)可求出 $w_0 = 1.92$。在这个距离和频率上，为了防止出现不同的测量结果，假定地面反射系数 $p = -0.9$。先在图 6－34 上由 $w_0 = 1.92$ 和 $p = -0.9$ 可读出 $w_a = 0.11$，再由式(6－46)可算出 $\Phi_a = 0.08°$ 或 0.001 4 rad。因此，天线电轴应在角平分线下 0.08°；由于该角平分线位于(0.57° － 0.81°)/2 = －0.12°，故天线电轴应在水平面下 0.2°。这个角度太小了，实际上可把天线瞄准轴对准水平方向。

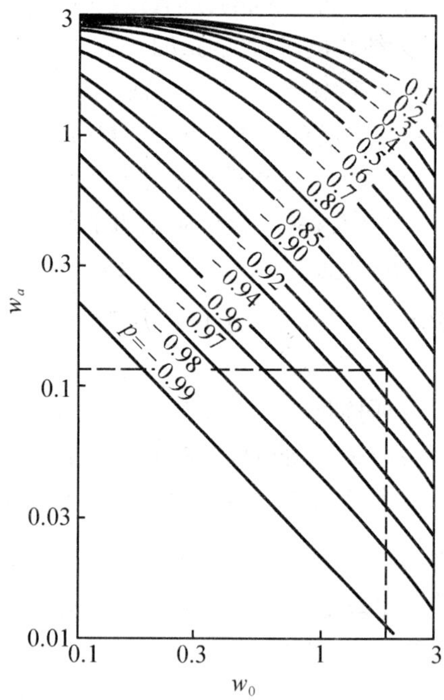

图 6－34 天线波瓣调准曲线

(虚线表示文中的例子)

考虑到天线的方向性后，即使是理想导电地面，其增益也小于理论上的 12 dB，且当天线高度按式(6－28)选择时，在垂直面内的干涉图第一波瓣位置也比预期的低，如图 6－35 所示。图中曲线 1 为无方向性天线干涉图，在 $h = h_t$ 时出现最大值 12 dB。曲线 2 为上述算例中的参数，即 $d = 1.2$ m，$\lambda = 3$ cm，$h_t = 3.6$ m，$R = 300$ m，天线对准水平面，所得地面增益仅为 8.7 dB。曲线 3 为该天线对准直射或反射方向的垂直面干涉图，地面增益仅 5.6 dB，且峰值出现于 $h = 0.85h_t$ 处。因此，天线的方向性迫使我们修改天线的高度，即选择较低的天线高度。图 6－36 示出不同天线高度的例子。最上面那条曲线的天线高度为"正常"值的 80%，该曲线的峰值位置与 $h = h_t$ 的情况很靠近，但峰值只有 7.3 dB，比 12 dB 理论值低 4.7 dB。随着天线高度增加，第一峰值位置逐渐降低，而峰值大小则逐渐增大。

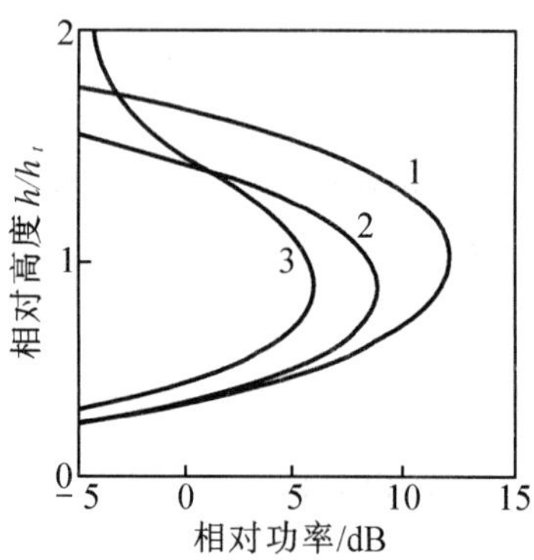

图 6－35 理想导电地面上的垂直面场分布图

1— 无方向性天线；2— 指向水平面的定向天线；3— 指向直射或反射方向的定向天线

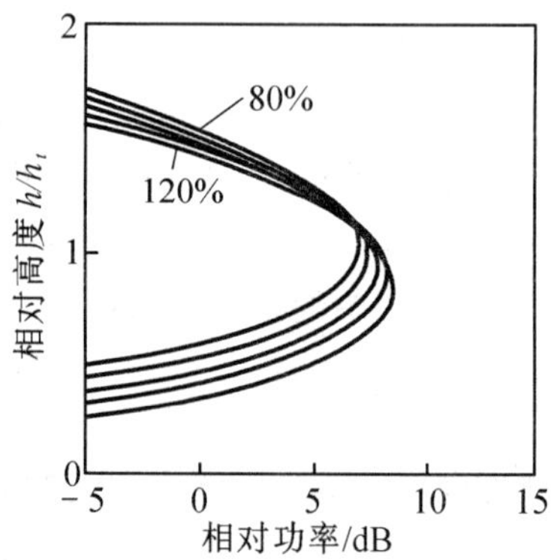

图 6－36 不同定向天线高度的垂直面干涉图

5 条曲线分别为按式(6－28)计算值的 80%，90%，100%，110% 和 120%

由以上讨论可知，在测量系统中的每一次调整（无论是天线高度，天线方向性或地面反射系数），都会降低利用地面的测试场性能。

6.6　室内 RCS 测量

对一些小目标的 RCS 测试可在微波暗室内进行。室内 RCS 测量可不受天气的影响，而且保密性也很好。室内测量保证精度的关键是有一个性能良好的微波暗室。减小墙壁反射效应主要采用贴粘吸波材料和结构设计，同时可采用适当的仪器来进一步抑制。本节主要讨论这方面内容。

6.6.1　暗室吸波材料

在室内进行 RCS 测试面临的主要问题是如何抑制来自室内墙壁及各种物体的反射波。在墙壁或其他物体上粘贴吸波材料来减小反射效应是目前大多数微波暗室常采用的方法。1943 年 Salisbury 提出了“电磁波吸收体”的概念——$\lambda/4$ 吸收层，它是一种谐振式的窄带吸收体，它的结构是在金属前方的低介电常数隔离层上放置一块电阻片，如图 6－37 所示。在对其性能进行分析时，我们假定无限薄的电阻片具有对自由空间归一化的电导 G，薄片与金属板相距为 d，其间的隔离层常为泡沫或蜂窝状介质结构，其相对介电常数约 1.03 ～ 1.1。为简化分析，假定隔离层 $\varepsilon_r = 1$。

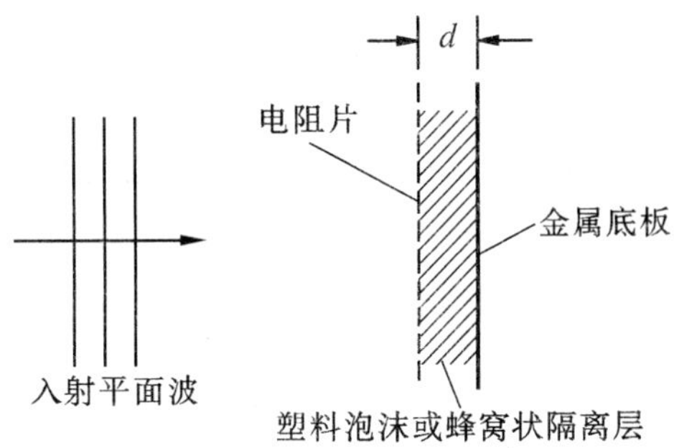

图 6－37　$\lambda/4$ 吸收层结构

$\lambda/4$ 吸收层的反射特性分析可利用平面波垂直入射在多层平板介质上的散射公式，当第一层（空气）和第二层（隔离层）的归一化导纳 $Y_1 = Y_2 = 1$ 时，$\lambda/4$ 层的反射波幅度可表示为：

$$E_r = \frac{1}{2}\mathrm{e}^{-\mathrm{j}kd}\left[-G\mathrm{e}^{-\mathrm{j}kd} - (2-G)\mathrm{e}^{\mathrm{j}kd}\right] \tag{6-47}$$

式中，$k = 2\pi/\lambda$ 是自由空间波数。由上式可知，欲使 $E_r = 0$（即理想吸收的无反射条件），则方括号内的两项必须等幅反相。由等幅条件可知，应有 $G = 1$，或等效地说，其未归一化电阻应为 377 Ω/m^2，此时式（6－47）变为：

$$E_r = -\mathrm{e}^{-\mathrm{j}kd}\frac{\mathrm{e}^{\mathrm{j}kd} + \mathrm{e}^{-\mathrm{j}kd}}{2} = -\mathrm{e}^{\mathrm{j}kd}\cos\frac{2\pi d}{\lambda} \tag{6-48}$$

条件 $E_r = 0$ 要求 $\cos(2\pi d/\lambda) = 0$，这意味着：

$$d = \frac{\lambda}{4} + n\frac{\lambda}{2} \quad n = 0,1,2,\cdots \tag{6-49}$$

因此，为了完全无反射，Salisbury 屏需要一块 377 Ω/m^2 的电阻片置于完全反射金属底板前方 $\lambda/4$ 奇数倍的地方。为了增加吸收材料的带宽，又发展了一种不导电纤维层，它是在橡胶内嵌入碳粒的混合物，厚度从 1 英寸到 6 英寸。这些纤维层能进行大量商品化生产，可以方便地安装在微暗室的墙壁上，但这种层状吸收体的反射对于 RCS 测量仍然有影响。

目前微波暗室墙壁广泛采用的是一种海绵状锥形吸收体。锥体概念最先由 Tiley 提出,但他所用的黏合剂太重而未获得实际应用。现在使用的海绵橡胶是一种较好的材料,它是将大块的聚氨酯用橡胶发泡。这种材料有一个开放的单元结构,其内部充满了无数互相连接的单元和通道,因而能像压缩的海绵在水中释放时一样大量吸收水分。这种泡沫橡胶很容易用热线切割成很多锯齿形的锥体,从而制成整体的半成品,然后再填入损耗物质。

损耗物质是碳的一种形式。为了使碳进入泡沫,需把压缩后的泡沫块放入悬浮有石墨的大溶液桶中。泡沫可以多次压缩和放松,最后再挤出大部分悬浮液,使在海绵结构中留下被吸入的碳粒。锥体晾干后,可涂上一种低反射率的涂料作为保护层。

锥形吸收体一般有一个方形基底,如图 6 - 38 所示。高频泡沫的基底边长约 5 cm,厚度约 10 cm;而使用频率较低的锥体高度则可超过 1 m。通常使用特殊的黏合剂把它们粘在暗室的墙上。暗室必须完全封闭在金属板或金属屏之内,暗室的门也必须装上射频密封圈,进入暗室的电源线、电缆及通信线也必须屏蔽。此外,微波暗室的设计对光线、冷热气通风及严格的防火措施等都有许多要求。

锥体设计是一种使锥体底部金属板处的短路值(零输入阻抗)与吸收体顶部输入阻抗(即自由空间波阻抗)相匹配的几何方法。为说明这种阻抗渐变关系,考虑锥体被某一平面横切后的情况,如图 6 - 39 所示。设该截面面积为 A,则有:

$$A(z) = \left(\frac{z}{h}\right)^2 A_0 \tag{6 - 50}$$

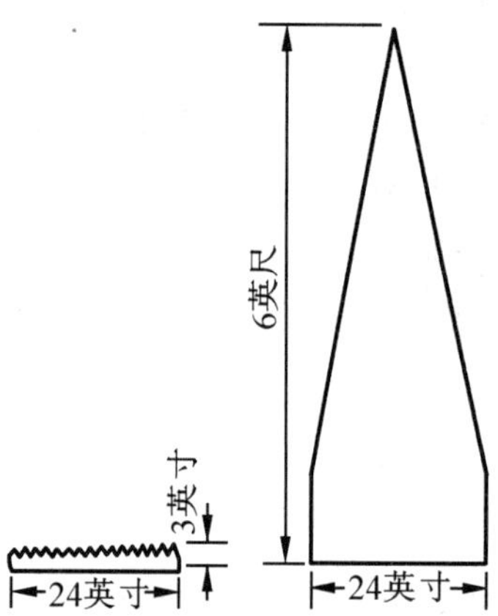

图 6 - 38 锥形吸收体中的某些极端形式

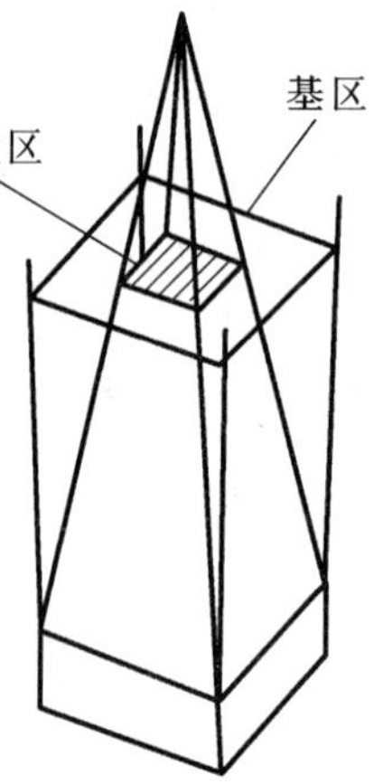

图 6 - 39 研究有损角锥体阻抗变化的几何图形

式中,h 是锥体部分的高度;z 是切点到顶点的距离;A_0 是基底面积。假定与特定位置 z 有关的净导纳按有无吸收体的面积加权,则有:

$$Y(z) = \frac{Y_0(A_0 - A) + GA}{A_0} \tag{6 - 51}$$

式中,Y 是净导纳值;Y_0 是自由空间的导纳值;G 是吸收体的电导。将式(6 - 50)代入式(6 - 51)得:

$$Y(z) = \left(1 - \frac{z}{h}\right)^2 Y_0 + \left(\frac{z}{h}\right)^2 G \tag{6 - 52}$$

当入射波在锥体之外时，导纳值为自由空间值。当波进入锥体后，导纳值随距离的平方增加。最后在锥体底部($z = h$) 处，导纳为材料的电导值 G_0 由于渗碳吸收体的电导足够高，G 接近于金属底板的电导。图 6 - 40 表示了归一化输入阻抗的一般曲线，它是式(6 - 52) 的倒数。

不管输入阻抗实际变化如何，入射波一旦进入顶点便呈现出指数衰减，图 6 - 41 表示在 18 英寸锥形吸收体锥面之间探测到的场分布。测量频率为 3 GHz($\lambda = 10$ cm)，横坐标 x/λ 为从锥底的凹点向外量得的距离。在离顶点 1.5λ 的距离内，入射场基本上保持不变。以后则以每波长 6 dB 的速度衰减。

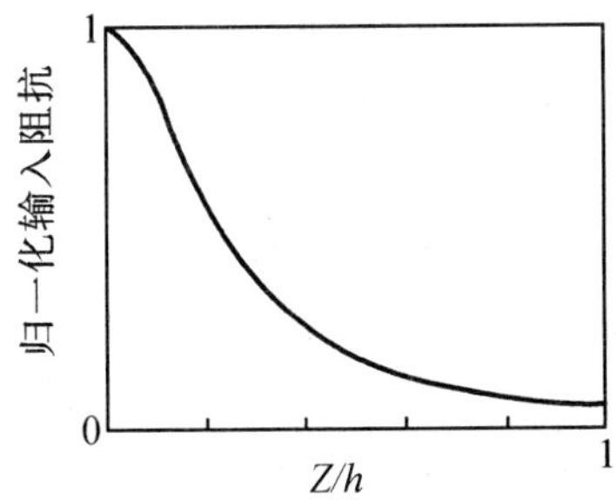

图 6 - 40　归一化阻抗与锥内到顶点距离的函数关系

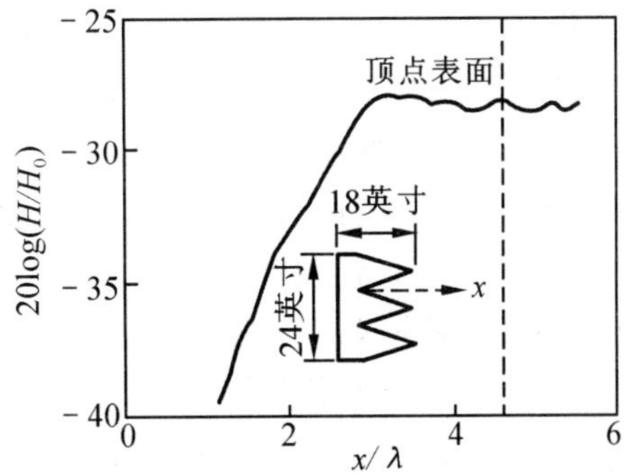

图 6 - 41　在一种锥形体吸收体锥面之间测量的场强

6.6.2　暗室结构

出现最早和应用最广的暗室形状是矩形的，因为这种形状的暗室容易建造。尽管微波暗室的墙壁已装有吸波材料，但仍可能像利用地面的室外测试场一样受到多径效应的影响，如图 6 - 42 所示。可能的 4 条反射路径包括地面、天花板和两个侧边墙壁，因而安放在这些部位的吸波材料应是高质量的。

早期抑制墙壁反射的办法是一种带波纹的设计，即在墙壁、天花板和地面的中点处做成纵向的折线形状，如图 6 - 43 所示。这些折线的作用同室外测试场消除地面影响的护道一样，能使其反射波不传向目标区域，而反射到其他方向去。墙壁反射扰动最小的"静区" 尺寸取决于尖顶高度相对于横向宽度的百分比。

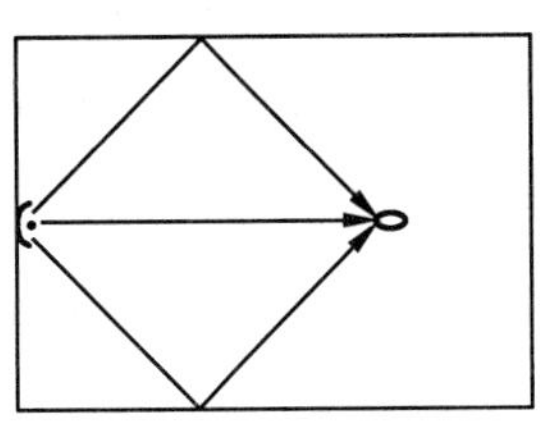

图 6 - 42　矩形微波暗室内的多路径照射

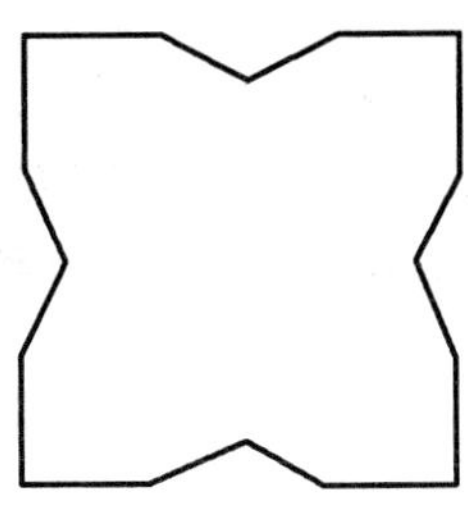

图 6 - 43　凹形墙暗室的横截面，反射要偏离目标区

最好的微波暗室形状是图6－44所示的锥形结构,它能有效地去掉产生镜面反射的两个墙边,因而优于一般的矩形暗室。锥形暗室的概念源于20世纪60年代,在用小喇叭作发射天线来探测暗室内部场强时,除发现锥形结构中的多径效应已基本消除外,还发现场强随距离的衰减 偏离了自由空间的值,呈现不规则性。后来发现这是由于锥形暗室顶点附近的多路径反射所致。由于处在暗室顶点的照射天线不是一个点源,而墙壁反射又十分靠近天线,因而在暗室轴线方向产生了一个干扰波,它的影响改变了辐射场的衰减速度。尽管如此,锥形暗室仍优于矩形,特别是当低频测量而不能使用高增益天线来减少边墙照射的情况。

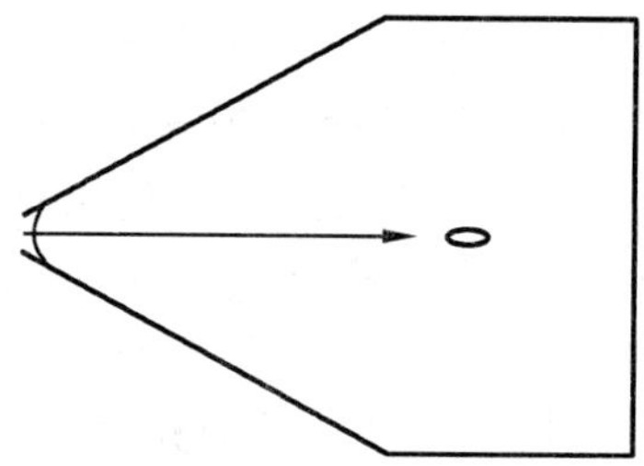

图6－44 锥形暗室结构,可减小边墙反射

对锥形微波暗室性能的研究表明,只要合理选择和布置吸波材料,在锥形微波暗室中可以进行从120 MHz到93 GHz的宽频带RCS特性测量。在毫米波段(例如93 GHz时的波长约为3.2 mm),暗室吸波材料的顶部尖端必须保留完好,否则此时材料的吸波性能将下降。

微波暗室的大小决定于实际需要与可能。位于美国休斯敦的NASA载人宇航飞船中心的锥形暗室,可能是世界上最大的暗室之一,该暗室长50余米,横截面积为16.8 m×16.8 m,其后墙是安装在铁轨上的,它可移开使较大的被测目标进入暗室,或对室外几百米处的目标进行RCS测量。

6.6.3 压缩场结构

在微波暗室内对较大目标进行RCS测试时,可采用压缩场技术。该技术是利用一种高频准光学装置(如透镜和反射镜)来校直天线辐射的波束,使之在一定范围内成为平面波,这样就可在通常标准远场距离的几分之一处进行RCS测试。采用微波透镜技术时,电磁波穿过透镜,天线与目标分置于透镜两侧;使用反射镜技术时,电磁波被反射,天线和目标须置于反射镜的同一侧。

6.6.3.1 透镜技术

透镜表面是按几何光学原理设计的,如果透镜的一个表面是入射波或出射波的等相表面,则称之为单面透镜。图6－45为这种透镜的剖面。为使从焦点F发出的球面波转换成沿z轴行进的平面波,透镜剖面必须满足下述等式:

$$r = \frac{(n-1)f}{n\cos\theta - 1} \tag{6-53}$$

式中n为透镜折射率;f为焦距;坐标原点位于焦点F。这样,对$n>1$,式(6－53)表示一离心率为n的双曲线;对$n<1$,则为椭圆曲线。一般在前一种情况是平凸透镜,而后者是平凹透镜。一个重要的设计参数是沿z轴方向测量的透镜的最大厚度。其值给定为:

$$t = -\frac{f}{n+1} + \left[\left(\frac{f}{n+1}\right)^2 + \frac{(D/2)^2}{n^2-1}\right]^{1/2} \quad 对\ n>1 \tag{6-54}$$

$$t = \frac{f}{n+1} - \left[\left(\frac{f}{n+1}\right)^2 - \frac{(D/2)^2}{1-n^2}\right]^{1/2} \quad 对\ n<1 \tag{6-55}$$

式中,D为透镜的口径直径。因此,当$n>1$时,t总是实数,亦即对任意口径尺寸D及任意焦距f,均可找到一透镜厚度t,使球面波转换成平面波。但对$n<1$,仅在:

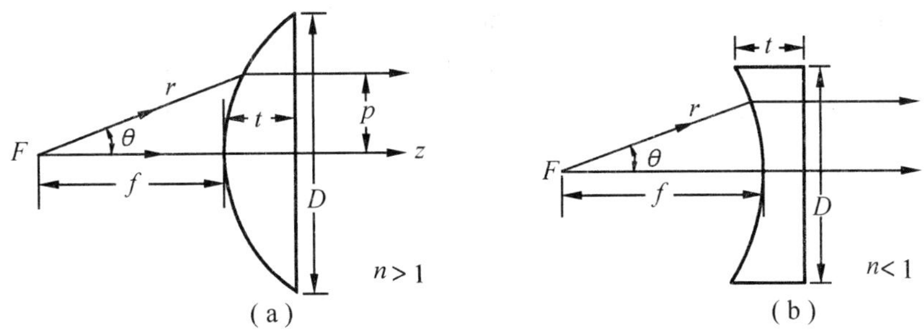

图 6 - 45　简单聚焦透镜的几何关系

(a) $n>1$;(b) $n<1$。

$$f > \frac{(1+n)D/2}{\sqrt{1-n^2}} \tag{6-56}$$

时,t 为实数。由于考虑了式(6 - 56),$n<1$ 的透镜常有很大的焦距。一般常采用 $n>1$ 的透镜——介质透镜。这种透镜的宽带一般不受限制,适用于 RCS 的宽频带测试。制作透镜的材料可采用泡沫聚苯乙烯或聚氨酯,透镜的直径可从 1 m 到 3 m。也可在泡沫塑料中加少量损耗物质,利用通过透镜的路径长度不同,达到校正幅度均匀分布的目的。

为便于加工,透镜的一个面通常是平面,另一个面则是旋转双曲面形的凸面,如图 6 - 46 所示。透镜凸面朝向源天线,平面朝向目标,这样可减小透镜表面反射波进入天线。双曲线的形状取决于透镜的焦距 f(从源到透镜顶点的距离) 和材料的折射率 n。

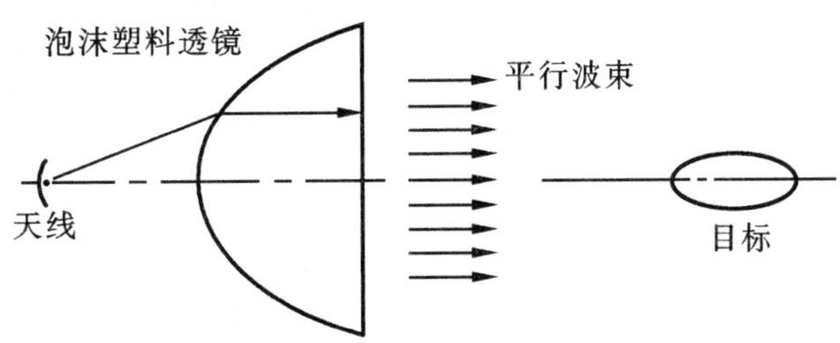

图 6 - 46　使用微波透镜的压缩场

6.6.3.2　反射镜技术

反射镜技术是利用抛物面天线的反射特性。在理想情况下,反射器表面假定是理想导体,当点馈源置于反射器的焦点 F 上时。由几何光学原理可以证明,自 F 入射到反射器上的球面波,经反射后变成沿着抛物面正轴方向传播的平面波,见图 6 - 47。

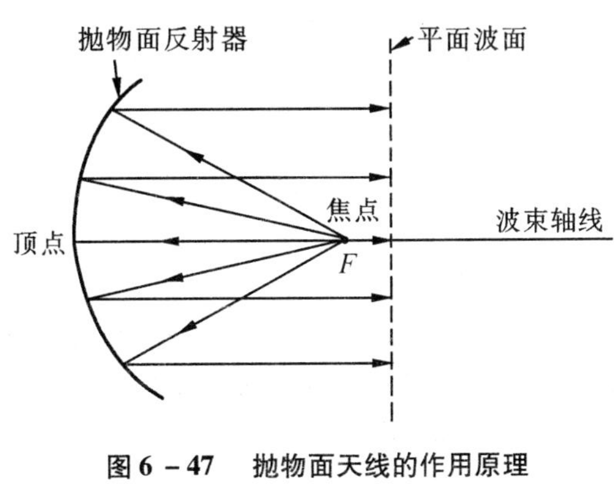

图 6 - 47　抛物面天线的作用原理

对于旋转抛物面,在直角坐标系中的方程可写为:

$$x^2 + y^2 = 4fz \tag{6-57}$$

其纵向剖面如图 6 - 47 所示。图中,f 为抛物面的焦距;F 为抛物面的焦点;ρ 表示从焦点到反射面的任一射线的距离;ψ 为从焦点到反射面的任一射线与抛物面轴线的夹角;ψ_0 为从焦点到反射面边缘的射线与抛物面轴线的夹角;$D = 2R$,为反射面的口径直径。

由图 6 - 47 可写出抛物面的极坐标方程:

$$2f = \rho + \cos\psi = \rho(1 + \cos\psi) \tag{6-58}$$

或

$$\rho = \frac{2f}{1 + \cos\psi} \tag{6-59}$$

由于

$$x = \rho\sin\psi = \frac{2f}{1 + \cos\psi}\sin\psi = 2f\tan\frac{\psi}{2} \tag{6-60}$$

当 $x = D/2 = R_0$ 时,$\psi = \psi_0$,代入上式可得:

$$\frac{f}{D} = \frac{1}{4}\cot\frac{\psi_0}{2} \tag{6-61}$$

或

$$\frac{R_0}{2f} = \tan\frac{\psi_0}{2} \tag{6-62}$$

f/D 称为旋转抛物面的焦径比,是描述抛物面特性的一个参量。用于压缩场测试的抛物面通常选用 f/D 较大的长焦距抛物面。

由图 6 - 48 可见,旋转抛物面顶点附近的反射波会直接进入馈源而形成干扰目标回波的杂波。因此,用于压缩场 RCS 测量的抛物面都只利用靠近旋转轴某一边的部分反射面,称为偏置抛物面,如图 6 - 49 所示。此时馈源喇叭仍置于抛物面的焦点处,但喇叭的轴线倾斜地对准切割抛物面的中心。经切割抛物面反射所产生的平面波照射到目标上,目标反射的能量以相反方向通过这些路径,并汇聚在馈源喇叭处,在这里被收集并输入雷达接收机。

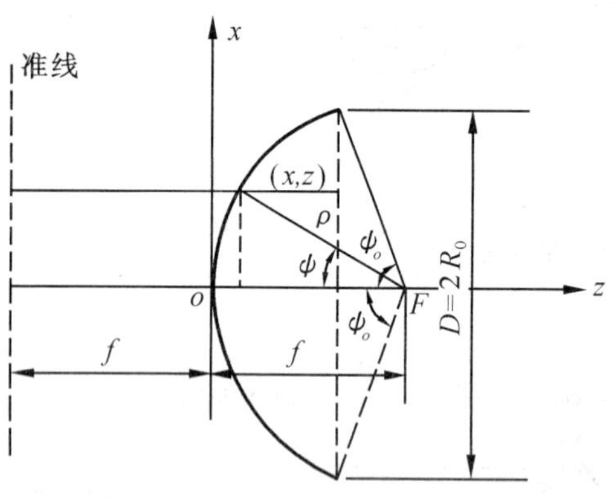

图 6 - 48 旋转抛物面的几何特性

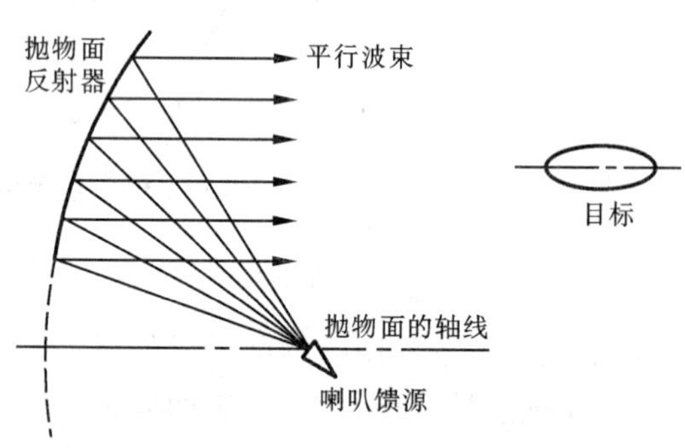

图 6 - 49 采用偏置抛物面反射器的压缩场

通常要在馈源喇叭附近安置有微波吸收材料的屏蔽板,以防止杂乱的反射波被直接接收。此外,压缩场的效能会因为反射器边缘的绕射而减低。为了减弱边缘的绕射,可将边缘做成锯齿形状,使各部分的绕射贡献互上抵消。图 6 - 50 示出了美国爱因德霍汝大学的压缩场室内 RCS 测量装置。

图 6－50　压缩场室内 RCS 测量装置

6.7　几种常用的测试方法

本节主要讨论几种常用的 RCS 测试方法以及相应测试装置，这些测试方法主要用于室内 RCS 测试。在室内测试通常采用相对测试，即先测目标的散射信号 E_{ts}，在测试状态不变的情况下，再测量已知目标的散射信号 E_{ss}，就能按下式求出目标的散射截面 σ_t：

$$\sigma_t = \left(\frac{E_{ts}}{E_{ss}}\right)^2 \sigma_s \tag{6-63}$$

式中，σ_s 为已知目标的 RCS，一般 σ_s 是由计算公式求出。常用的定标目标有金属球、金属板和角反射器，它们的 RCS 的计算公式在表 4－1 中已给出。

6.7.1　连续波法

连续波法是采用连续波雷达系统作为测试设备，该系统的特点是系统恢复时间短，设备费用低等。由于这种系统不能利用时间延迟特性的差异来隔离不希望的干扰杂波和有用的信号回波，因此需要加装特殊的置零环路，以便对消不希望的干扰杂波。图 6－51 的框图是连续波对消系统的一种形式。一部分发射信号经过精密的移相器和衰减器，使这一取样信号的相位和幅度可以任意调节。这一对消支路的信号输入到接收系统后，便可与各种干扰杂波对消，从而除去或减小从发射天线到接收天线的直接耦合波，以及来自暗室墙壁和目标支架的杂散反射波。因此，该系统首先应在没有目标的情况下进行调整，通过交替地微调衰减器和移相器，将进入接收机的信号调整为“零”。事实上，当接收到的只是极小的容许残余反射信号时，就可以放上目标进行测量。在进行测量的前后，都要对已知的定标物体（例如球、薄圆板或角反射器等）进行测量，以确定目标 RCS 的绝对值。连续波对消系统对发射频率的微小变化都是极为敏感的，这是因为各种杂散回波的路径可达到成百上千个波长，微小的频率漂移就可以引起总杂波相位的显著变化，使调零失效，因此要求有稳频工作的信号源。引起发射频率漂移的主要因素是环境温度。实验者发现，将常用的速调管发射源

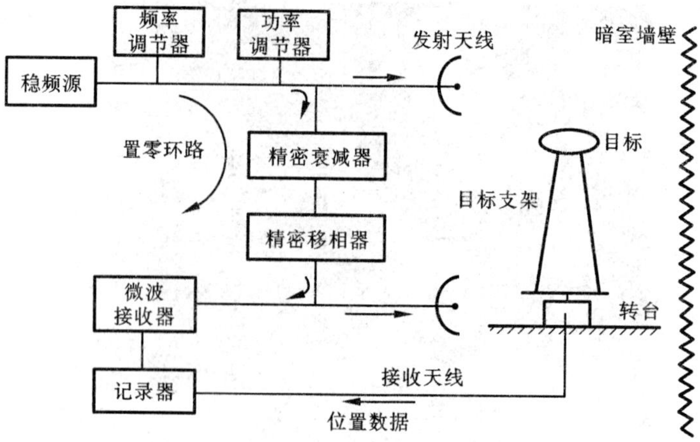

图 6－51　连续波对消系统框图

浸泡在温度恒定的油箱内,将有助于信号的频率稳定性,使之达到 $\Delta f/f \leqslant 10^{-7}$ 的量级,可满足对消系统短期稳定工作的要求。如果利用频率综合器作为发射源,在室内恒定温度下对晶体振荡器的调谐频率进行锁相,则可获得更高的频率稳定性。例如各种矢量或标量网络分析仪,其频率稳定度一般可达到 10^{-9} 量级。除温度外,系统的高灵敏性使得它对实验环境中一般的噪声和振动也很敏感。尽管如此,多年以来仍有不少实验室一直成功地使用着这种系统。只要细心操作,就可获得高质量的数据。

有时采用单一天线作发射和接收而不用两副天线,如图 6－52 所示。此时用魔 T 来阻止发射信号耦合进入接收机,同时也消除不需要的暗室干扰回波,其原理与图 6－51 所示系统略有不同。魔 T 把发射机的功率平分到天线和匹配负载上,由于负载不可能完全匹配,因此有一部分能量被反射从左边进入魔 T,通常就是利用这个反射信号来补偿背景信号的影响。即当测试区不设置目标或定标物体时,如果接收机有指示,表明有来自天线失配、暗室墙壁和目标支架的干扰回波从右边进入魔 T。这时可细心调节匹配支路中的波导调节器和可变衰减器改变反射波的相位和幅度使接收机指示为零。然后依次在目标支架上放置待测目标和定标物体,记录接收机相应的输出电压 V_t 和 V_s,就可由下式求出待测目标的 RCS:

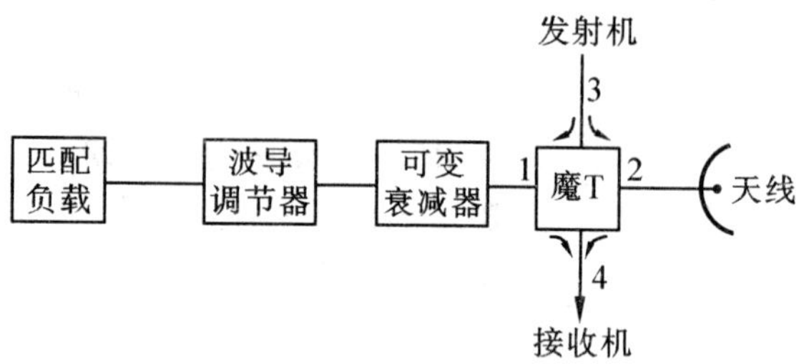

图 6－52　使用一副收发共用天线的连续波对消系统

$$\sigma_t = \left(\frac{V_t}{V_s}\right)^2 \sigma_s \tag{6-64}$$

该方法的灵敏度取决于魔 T 的隔离度,散射截面越小、测量精度越高,要求魔 T 的隔离也就要求越高。例如在背景电平为 25 dB 的测试环境下测量精度高于 0.5 dB,截面积有 35 dB 变化的目标散射特性,要求魔 T 的隔离度为 105 dB,信号源的频率稳定度应高于 10^{-7} 量级。

需要注意的是,射频连续波对消系统的信号频率或任何元件的有效反射系数稍有变化,补偿条件便会失效,目标 RCS 测量就会出现误差。因此,最要紧的是在证实了接收机调零条件已达到后,就立即进行目标 RCS 测量,因为对消系统维持调零条件的时间有时只有几分钟,当室内温度十分稳定,系统安装和调试非常细心时,调零维持时间可达30 min。对于一个良好的系统,残余杂波信号能控制在目标回波信号以下 30 ~ 40 dB 的水平。

6.7.2　调频连续波法

图6－53给出了采用调频连续波法测量目标RCS的装置方框图。其工作原理是,由调频信号源输出若干个离散频率"组合"。发射信号的一部分取样信号作为本振信号,并与接收天线接收的目标回波信号相混频。因为目标回波信号的延迟时间为 $\tau = 2R/C$(式中 R 是距离,C 是光速),在检测时,发射信号的频率略高于目标回波的频率。

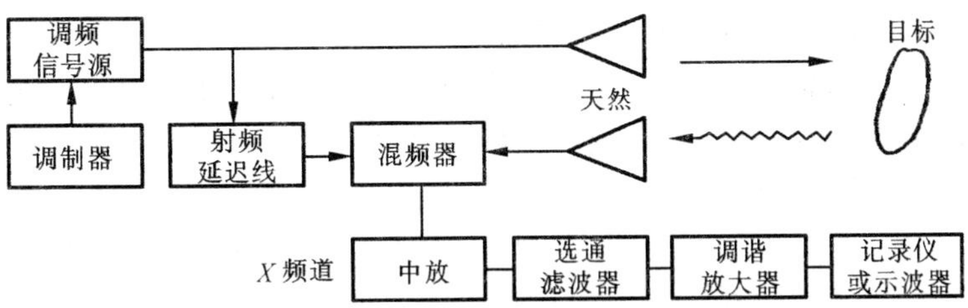

图 6 －53　调频连续波法

设在 t_0 时刻信号源输出信号的频率为:

$$f_t = f_0 + t_0 \frac{\mathrm{d}f}{\mathrm{d}t} \tag{6-65}$$

式中,$f_0 = f_{\min}$ 是扫描频带的最低频率,$\mathrm{d}f/\mathrm{d}t$ 是发射频率的变化率。t_0 时刻目标回波的频率为:

$$f_r = f_0 + (t_0 - \tau)\frac{\mathrm{d}f}{\mathrm{d}t} \tag{6-66}$$

将 f_t 和 f_r 混频后可检测到 f_t 与 f_r 的差频:

$$f_d = f_t - f_r = \tau \frac{\mathrm{d}f}{\mathrm{d}t} \tag{6-67}$$

将 $\tau = 2R/C$ 代入上式可得:

$$f_d = \frac{2R}{C} \cdot \frac{\mathrm{d}f}{\mathrm{d}t} \tag{6-68}$$

当调频信号源辐射的频率按线性变化时,$\mathrm{d}f/\mathrm{d}t$ = 常数,因此 f_d 是距离 R 的函数。显然由暗室后墙影响产生的干扰回波信号频率大于 f_d(因后墙距离大于目标距离),因而可通过一种低通滤波器来消除。这种滤波器有一个频率上限,包括后墙回波信号在内的所有高于此门限信号频率的干扰都能被抑制掉。

由式(6－68)可知,对点状散射体,检测信号频率 f_d 是一常数(因为 R 一定)。对于实际目标而言,通常有几个乃至几十个散射中心,因此检测信号是由许多频率组成的一个频谱。这个频谱以单个的散射体按距离划分,距离的分辨力反比于调频带宽 B:

$$\Delta R \approx \frac{C}{2B} \tag{6-69}$$

例如,对一个工作在 x 波段的测试系统,其线性调频带宽 $B = 4$ GHz($f_{min} = 8$ GHz, $f_{max} = 12$ GHz),那么该测试系统就能区分出距离只有 3.75 cm 的两个散射体。

6.7.3 多普勒位移法

当目标以速度 V_r,朝向或离开发射天线运动时,按照多普勒效应,目标散射的场将发生频漂,通常把这种频漂叫多普勒频率,其大小为:

$$f_d = \frac{2V_r}{c}f = \frac{2V_r}{\lambda} \tag{6-70}$$

式中,f,λ 分别是发射波的频率和波长,c 为光速。

多普勒位移法多用来测量模型目标的散射特性。图 6-54 给出了采用多普勒位移法测量雷达散射截面的装置方框图。为了校准反射电平,要把标准目标和待测目标安装在半径为 a 的圆旋转器边缘的两个对称位置上。调整发射天线,使它的最大辐射方向对准任意一个目标(如待测目标),零辐射方向对准另外一个目标(例如标准目标),用马达带动圆旋转器作圆周运动,使待测和标准目标交替朝向天线和背离天线运动,用换向器把待测和标准目标的信号分开。为了使模型目标的方向始终指向发射天线,模型目标除了绕圆旋转器作等速运动外,还必须以同样的速度反向自转。为了得到目标近似作直线运动时的信号,测量系统只应在 Δs 区段内(参看图 6-54)进行记录。为保证多普勒信号至少出现一个最大值,应使 Δs 略大于四分之一波长。假定旋转器每分钟转 N 圈,则最大多普勒频率为:

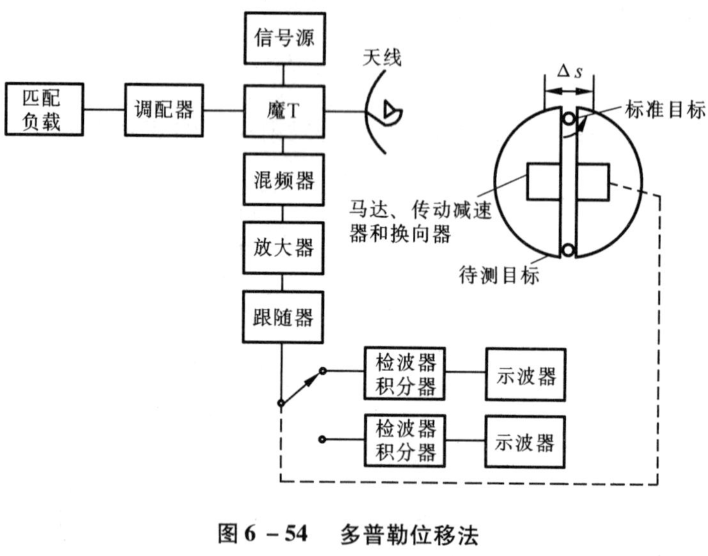

图 6-54 多普勒位移法

$$f_{dmax} = \frac{\pi a N}{15\lambda}(\text{Hz}) \tag{6-71}$$

把接收到的频率为($f + f_d$)的散射信号与从信号源漏泄过来的频率为 f 的信号进行混频,由于只把差出来的多普勒频率经过放大、检波,最后由电表指示,显然地面及周围环境等固定目标产生的反射信号不会被指示。

上面讨论的连续波法、调频连续波法和多普勒位移法虽然都是用比较法测量待测目标的散射截面,但补偿背景反射信号的方法却不同。连续波法是用魔 T 来调整匹配负载的幅度和相位;调频连续波法和多普勒位移法都是利用了调频法。不过前者是调制入射信号的频率,后者是利用多普勒效应调制散射信号的频率。

6.7.4　暗室后墙的影响及消除

暗室后墙虽置有吸波材料,但还是有弱的回波产生,当被测目标的几何尺寸大而 RCS 又很小时,这种回波的影响就变得显著。上面介绍的调频连续波法和多普勒位移法都是利用滤波方式来消除后墙的影响。而连续波法是依靠对消系统(或魔 T 法)来消除。事实上,在连续波法中,即使对消系统有很好的调零指示,也会出现测量数据的不准确情况,这是因为调零时没有目标,被抵消掉的波包含了整个后墙的反射波;当目标架上后,目标的影子映在后墙上,因而改变了后墙入射场的结构,也改变了后墙反射波的振幅和相位,使先前的调零失效而造成测量误差。

后墙上的入射场扰动是由于目标的前向散射,这种散射的强度与目标几何面积的平方成正比,因而这种扰动随尺寸增加而急剧增大。美国康耐尔航空实验室曾研究过这种效应,实验者通过在天线波束内前后移动金属小球的方法来间接测量暗室的背景电平。由于小球位置变化可使球的回波与残余的暗室回波分别达到同相或反相,因而接收信号的幅度差值可用来推算背景回波的大小。实验结果表明,当球的电气尺寸改变 10 dB 时,背景干扰回波电平可产生 24.1 dB 的变化(比理论上的 20 dB 变化略大一些),表明目标的前向散射的确是产生这种测量误差的一个重要原因。

对于常规目标,其 RCS 随目标尺寸的增大而增加,因而这种测量误差不明显,不易察觉到。但如果将目标安装在一个可以沿轴向前后移动的支架上,当目标信号与来自后墙的干扰信号交替地相互抵消和相互叠加时,总回波将经历一个周期性的变化。在 $\lambda/2$ 的距离内,信号变化完成一个周期,因此几个厘米的距离变化已足以估算这种测量误差。作为高精度 RCS 测量,要求这种信号变化的幅度不大于 0.5 dB。

为消除后墙干扰,曾做过许多实验,但成功者甚少。一种方法是用可移动的吸波材料板来减弱干扰,但这样做比较困难,且效果也有限,只能是一种补充手段。另一种方法是给后墙装上铰链或枢轴,使其能转到某个位置上时朝向雷达的散射为零。但散射特性取决于入射场在整个墙上的分布,而当目标安放后,这种分布将发生变化,很难达到消除后墙干扰的目的。另有一种方法则是完全移去后墙,而提供一个室外背景,这在休斯敦载人宇航中心的大型 NASA 暗室中已被采用,但也没有数据证明取消后墙能对测量环境有多大改善。抑制后墙干扰最有效的方法也许是采用尽可能完善的吸波材料装在后墙上,这取决于实验者对测量精度的要求和能够提供的财力。

6.7.5　回声室技术

6.7.5.1　回声室及其功能介绍

在俄罗斯某研究院采用水声技术对目标进行 RCS 测试,并把这套测试系统称之为回声室(echo - chamber)。它的构成见图 6 - 55。水池的内尺寸为 10 m × 5 m × 2 m(长 × 宽 × 高)。水池四壁和底部涂有吸声材料。测试时将被测目标反扣在水中。机械转动装置可控制被测目标在水池内做摆和直线运动;当目标是舰船模型时,还可模仿舰船的纵摇和横摇。造波器可在水池表面模拟海浪,海浪的大小由弦丝波记录仪控制。声呐基阵负责发射和接收声波能量,并可做垂直和水平运动。放大器将接收或发射的电信号放大。声呐脉冲持续时间控制可模拟实际雷达脉冲持续时间 2×10^{-6} s ~ 10 ns。控制声呐频率可模拟实际雷达频段 L、S、C 和 X 频段。圆锥扫描声呐可用单脉冲同时在水平和垂直平面对一个复杂目标的角噪声进行测量。相干声呐可确定目标各个可分辨部分反射的多普勒频谱信号。高分辨率声呐具有高灵敏度量程和角分辨率,可分辨实际情况中 1 × 1 m^2 至 20 × 20 m^2 的目标。

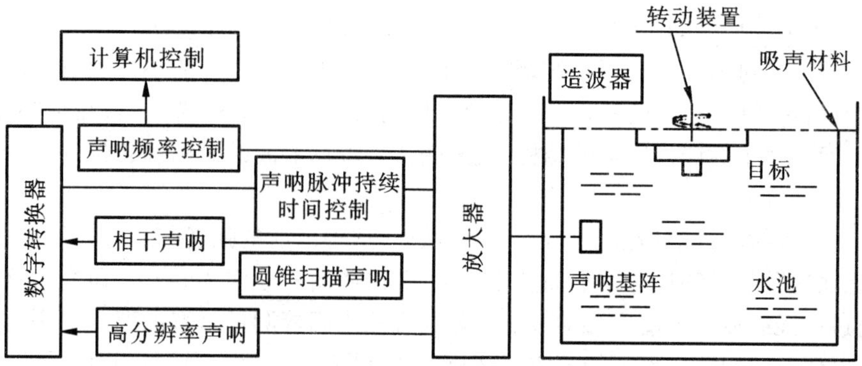

图 6 – 55 回声室的基本组成方框图

回声室主要是利用缩尺模型技术来测量舰船,低空飞行物,导弹、浮标以及海上舰船的雷达反射率,如果能模拟地面条件,也可测量地面物体(例如:坦克、装甲车等)的雷达反射率。自由空间飞行器的雷达反射率也可测量。对镜面雷达、进气口以及具有其他功能部件的反射也可模拟。在进行上述实验内容时,可以按下述不同工况进行。

1. 测量物体反射(RCS)时,测量天线的垂直角度变化为 0.5 ~ 70 度,可以检测舰船、飞机、卫星等不同的物体。

2. 对某一被测物体,可同时进行多频率(相应于实际的 L、S、C、X 频段)的 RCS 测试。

3. 可以模拟实际情况的雷达脉冲持续时间(10^{-6} s ~ 10 ns)进行 RCS 测量。

4. 可进行物体二维雷达成像测试,其分辨率可达到 1 × 1 m^2 或更好(相应于实际情况)。

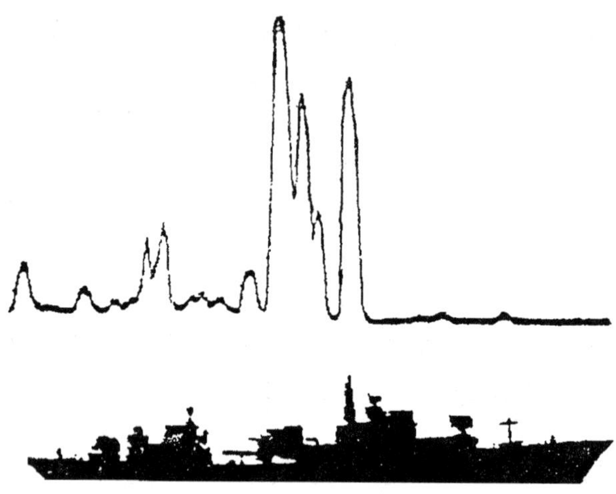

图 6 – 56 某舰的一维雷达成像曲线

图 6 – 56 和图 6 – 57 分别是由该方法测量出某两种不同舰船的一维雷达成像曲线和二维雷达成像图。由图 6 – 55 可见,各回波大小与舰船上层建筑的位置相对应,这样很容易找出产生强回波的位置,并进行隐身设计。图 6 – 57 中的分辨力相当于实尺情况下 10 × 10 m^2。

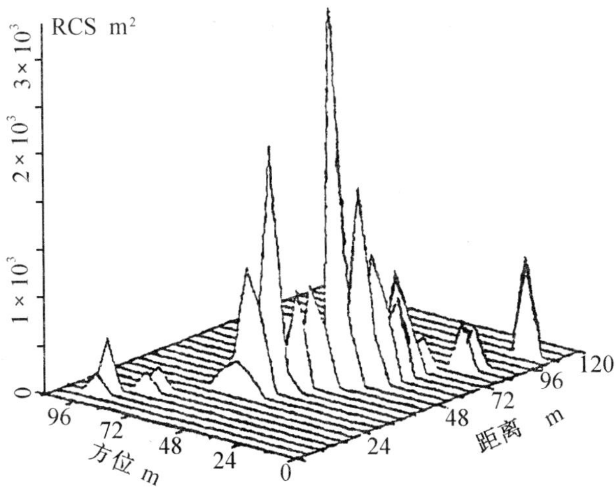

图 6－57　某舰二维雷达成像图

6.7.5.2　声波与电磁波的相似性分析

声波是纵波，电磁波是横波，两者各自都有其固有的许多特性，在此不易逐个分析。现就目标的 RCS 测试中的等效性问题，对两者的散射特性进行分析讨论，以便找出两者可以类比的关系。

抽象地讲，声波与电波在传播过程中，遇到物体都会产生散射现象，显然，由于两种波的性质不同，其各自产生散射的机理（制）也不一样，但两者所产生的散射波所遵循的规律（或定律）是否相似（或一致）是两者是否可类比的关键。为此我们将两者与散射有关的特性列在表 6－4 中。从表中可以看出，两者都遵循反射定律、绕射定律和折射定律，而且在分析方法上都采用几何射线方法。需说明，折射定律是描述波穿透物体内的传播规律，是物体对波能量的一种吸收。如果选用理想金属散射电磁波，选用刚性体散射声波，两种情况下，物体对波的吸收非常小。波的入射能量基本上按反射定律和绕射定律传播。通过以上对比分析，可以得出结论，如果用射线理论来描述声波与电磁波的散射现象时，两者有很好的相似性。

表 6－4　声波与电磁波散射特性对比

特性	声波	电磁波
几何光学原理	声线	射线
反射定理	遵循镜面反射定律，即入射角等于反射角	遵循镜面反射定律，即入射角等于反射角
绕射定理	遵循绕射定律，当散射物体尺寸与声波长可比拟时，产生散射现象	遵循绕射定律，当散射物体尺寸与电磁波长可比拟时，产生散射现象
折射定理	满足斯奈尔定律	满足斯奈尔定律

我们在分析某一物理现象时，常常要引入一些描述物理现象特征的物理量。对于不同的物理现象，这些物理量常常不同。但物理现象之间有类似性时，那么物理量之间也就有相

似性。从以上分析可知,声波和电磁波的传播特性较为相似。因此将两种视为波动现象时,那么与此有关的物理量也有相似之处,在分析方法上也有相同之处。事实上,在 B. H. 秋林著的《声波在海水中传播的基本现象》一书中,在分析物体对声波的散射时的数学物理模型与分析电磁场散射极为相似。表 6 - 5 仅举出几例。

表 6 - 5 声波与电磁波物理量之间的对应关系

声波	电磁波
设圆盘半径为 d,观察点的距离为 R,当 R 满足下式: $$R=\frac{2d^2}{\lambda} \quad \text{(a)}$$ 时,圆盘上点至 R 点处的最大程差小于 $\lambda/4$	设圆口径天线直径为 D,当观察的距离为 R 满足下式: $$R=\frac{2D^2}{\lambda} \quad \text{(a')}$$ 圆口径天线上点至 R 点处的最大程差小于 $\lambda/16$
圆盘声源辐射时的速度势函数: $$\varphi=\frac{As}{4\pi r}e^{-jkr} \quad \text{(b)}$$ $K=2\pi/\lambda$,A:为幅值系数。S:圆盘面积	电磁波点源辐射时的标量格林函数: $$G=\frac{1}{4\pi r}e^{-jkr} \quad \text{(b')}$$ $K=2\pi/\lambda$,(b') 为归一化形式
集中指数: $G=\frac{4\pi S}{\lambda^2}$ (c)	增益指数: $G=\frac{4\pi S}{\lambda^2}$ (c')
声强: $I=\frac{P_aG}{4\pi r^2}(\mathrm{W/m^2})$ (d) P_a:声辐射功率	功率密度: $P=\frac{P_aG}{4\pi r^2}(\mathrm{W/m^2})$ (d') P_a:电磁波辐射功率
反射声功率 P_r $$P_r=\frac{P_aG_a}{4\pi r^2}\cdot\frac{\sigma\mu^2}{4\pi r^2}\cdot S \quad \text{(e)}$$ σ:散射体的有效面积,与散射体的形状和它相对于入射波阵面的方向有关 S:有效接收面积,μ:反射指数。	雷达接收功率 P_r $$P_r=\frac{P_aG_a}{4\pi r^2}\cdot\frac{\sigma'}{4\pi r^2}\cdot S \quad \text{(e')}$$ σ':目标截面积;S:有效接收面积。
由式(c) 和式(e) 可得散射体的有效面积: $$\sigma=\frac{(4\pi)^3R^4P_r}{P_aG^2\lambda^2}(设\mu=1) \quad \text{(f)}$$	由式(c') 和式(e') 可得目标截面积: $$\sigma'=\frac{(4\pi)^3R^4P_r}{P_aG^2\lambda^2} \quad \text{(f')}$$

由表 6 - 5 可见,两种物理量之间的表述公式完全一样,而且公式中的符号含意也非常相似,特别是计算声场散射体有效面积的式(f) 与计算电磁 RCS 的式(f') 在形式和“内容”上完全一致,两者之间的关系可以表为:

$$\sigma=F\sigma' \tag{6-72}$$

式中 F 为无量纲系数。其可通过对比实验或理论分析来确定。在实验装置以及实验工况确定的情况下,F 将与声船模的材质有关。

回声室声呐频率为3 MHz、0.8 MHz和0.4 MHz,不失一般性我们取0.4 MHz进行讨论。

声在水中的速度为 1.5×10^3 m/s。那么根据：

$$\lambda=\frac{v}{f}=\frac{1.5\times10^3}{0.4\times10^6}=3.75\times10^{-3}\text{ m}=3.75\text{ mm} \tag{6-73}$$

即 0.4 MHz 的声波在水中波长为 3.75 mm。同理可得出，0.8 MHz 声呐水中波长为 1.875 mm；3 MHz 对应波长为 0.5 mm。前面已经讨论过，声波与电磁波有相同的散射特性，而且物体对声波和电磁波散射特性只与波长有关。以上计算了回声室中声呐设备的三个波长值。如果假设这三个波长值对应着电磁波，那么相应的电磁波频率可按下式求出：

$$f=\frac{300}{\lambda} \tag{6-74}$$

式中，λ：单位为 m；f：单位为 MHz，将 $\lambda=3.75$ mm，1.87 mm，0.5 mm 代入式(6－74)可求出相应的频率 $f=80$ GHz，160 GHz，600 GHz。这种类比说明，当声波与电磁波两者有相同的波长时，由于两种波速不同，使得两种波对应的频率也不相同。利用这种类比原理，并认为两种波的散射截面存在关系式(6－72)。那么我们可以认为，回声室用声呐技术进行目标 RCS 测试与用同一波长的电磁波进行 RCS 测试是等效的。从这种类比中我们获得的最大益处是，相当于我们大大地提高了电磁波测试仪器的工作频率（注：这样高频率的仪器，目前还很难做到），相应的船模尺寸也可以大大减小。例如：某船实长为 150 m，需测试其在 10 GHz 时的 RCS，利用缩比原理在回声室进行测试，那么船模长只有 2.5 m（注：船缩小了 60 倍，相当于测试频率提高了 60 倍）。

6.7.6　毫米波雷达系统

图 6－58 示出了美国波音军用飞机公司安装的一套毫米波测试系统，该系统用于缩比模型测量，可工作于 3 个毫米波段，即 8 mm（35 GHz）、5 mm（60 GHz）和 3 mm（95 GHz），射频源锁相于高稳定的低频石英振荡器，可保证常规的连续波对消系统正常工作。整个系统由控制室中的遥控台操纵调整。测试系统由 4 个主要部分组成，包括微波暗室、发射接收室、控制室和目标装卸机构。微波暗室为矩形，截面积为 4.88 m × 4.88 m，长约 40 m。暗室涂有 5 cm 厚的渗碳尿烷泡沫锥形吸波材料，这种材料经多次实验证明具有 －50 dB 或更小的反射率。

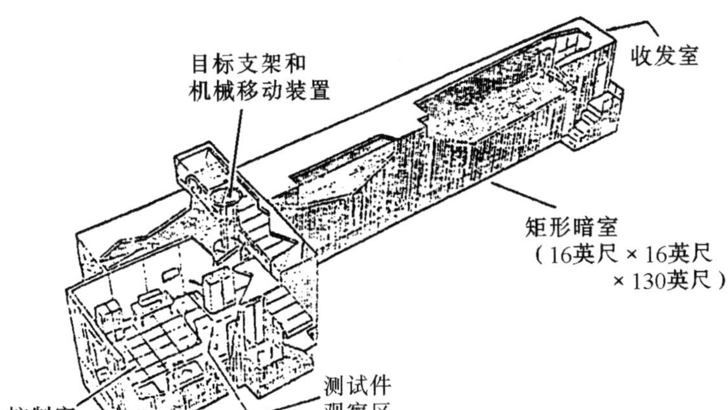

图 6－58　波音公司的毫米波测试系统

收发室主要布置有该系统的射频辐射和接收部分,天线通过收发室墙上的一个小孔对准微波暗室的纵向轴线,接收信号在收发室内被检测放大,视频输出信号则送到控制室进行绘图和数据记录。系统调谐、数据记录和处理,以及目标控制等全都在控制室内完成。

一组摄像机和监视器系统给实验人员提供了对目标姿态和运动的连续观察。由于该系统主要用于隐身飞机模型的 RCS 测试,因此该系统对目标的安装、支撑和移去采取了特殊措施。暗室分别在天花板和地板安装了一对联动的转台,沿每个转台的周线上安装了一组由步进电机驱动的小转筒,卷在转筒上的拉线从天花板上的转台拉伸到地板上的转台,而目标则用系于拉线上的吊线悬挂起来。目标的姿态可以通过在选定转筒上收放转筒线来调整。一旦目标安装在吊线上,则其动作可由计算机控制。

两个转台安装在一个传送机械上,它可将转台移出微波暗室,并送至控制室的工作台上。工作台的地板比暗室地板高一些,使模型处在便于人们工作的高度上。传送机械可在几分钟内把目标移出暗室,并用一个已知回波的试验目标(例如金属球)使定标简单化且易于进行。

目标与天线间的距离大约为 30 m,因而远场测量条件限制了被测目标的尺寸约在 30 cm 之内。为增大被测目标尺寸,可采用透镜来校直波束。初步研究表明,一个 3 m 直径的透镜可将满足远场条件的目标尺寸增大到 1.2 m。但应仔细地去掉透镜表面的反射波,否则它会干扰测量。

Ⅱ

舰船声隐身技术

II

第 7 章　舰船声隐身基础知识

7.1　名词术语、量和单位

7.1.1　名词术语

声波(sound wave)

弹性介质中传播的压力、应力、质点位移、质点速度等的变化或几种变化的综合。

声学(acoustics)

研究声波的产生、传播、接收和效应的科学。

可听声(audiblesound)

引起听觉的声波,可听声的频率范围大致为 20 Hz ~ 20 kHz。

超声(ultrasound)

频率高于可听声频率范围的声,其低频限大致为 20 kHz。

次声(infrasound)

频率低于可听声频率范围的声,其高频限大致为 20 Hz。

水声学(underwater acoustics)

研究水中声波的发生、传播、接收和效应的科学技术。

噪声(noise)

不需要的声音。是紊乱断续或统计上随机的声振荡。

白噪声(white noise)

用固定频带宽度测量时,频谱连续并且均匀的噪声。

粉红噪声(pink noise)

用正比于频率的频带宽度测量时,频谱连续并且均匀的噪声。

环境噪声(ambient noise)

在某一环境下总的噪声,并常由多个不同位置的声源产生。

背景噪声(background noise)

在发生、检查、测量或记录系统中与信号存在与否无关的一切干扰。

级(level)

在声学中一个量与同类基准量之比的对数。对数的底,基准量和级的类别应加注明,如声压级、声功率级等。对数的底以及任何比例常数用单位表示,如分贝、奈培等。

频带声压级(band sound pressure level)

指有限频带内的声压级。基准声压和频带宽度必须指明,如频带宽度为 1 倍频程时称为倍频带声压级。

频带声功率级(band sound power level)

指有限频带内的声功率级。基准声功率和频带宽度必需指明。常用基准声功率为 1 pW。

主频(basic frequency)

一个包括很多不同频率成分的复合信号中最主要信号的频率。

基频(fundmental frequency)

周期性振荡中与其周围相同的正弦式量的频率。

倍频程(octave)

两个基频相比为 2 的声或其他信号间的频程。

谐波(harmonic)

周期性振荡中,频率等于基频的整倍的正弦式量。例如,频率等于基频 2 倍的波称为二次谐波,3 倍的称为三次谐波。

混响(reverberation)

声源停止后,由于多次反射或散射而延续的声音。

横波(transverse wave)

介质中的质点都垂直于传播方向而运动的波。

纵波(longitudinal wave)

介质中的质点沿传播方向运动的波。

自由行波(free [progressive] wave)

在一个没有边界的、均匀而各向同性的介质中传播的波。

驻波(standing wave)

由于频率相同的同类自由行波互相干涉而形成的空间分布固定的周期波。驻波的特点是具有固定于空间的节或次节和腹。

[波] 腹(antinode)

驻波中某种声场特性的幅值为最大点、线或面。如声压腹、位移腹、质点速度腹等。

[波] 节(node)

驻波中某种声场特性基本为零的点、线或面。如声压节、位移节,质点速度节等。某种声场特性最小但不是零时称为次节(partial node)。

平面波(plane wave)

波阵面平行于与传播方向垂直的平面的波。

弯曲波(bending wave)

板或棒作弯曲运动而传播的横波。

柱面波(cylindrical wave)

波阵面为同轴柱面的波。

球面波(spherical wave)

波阵面为同心球面的波。

波阵面(wave front)

又称波前,是行波在同一时刻相位相同各点的轨迹。

压缩波(compressional wave)

弹性介质中使介质各部分改变体积而无转动的波。

表面波(surface [acoustic] wave) (SAW)

沿介质表面层传播,幅值随深度迅速减弱的波。

冲击波(shock wave)

冲击在介质中的传播，其特点是经过冲击面时，空气压力、密度和温度有显著的突然变化。

波法线(wave normal)

通过行波波阵面上某点的法线。

相速(phase velocity)

波上相位固定的一点沿传播方向的速度。

衍射(绕射)(diffraction)

由于介质中有障碍物或其他不连续性而引起的波阵面畸变(失真)。

反射([acoustic] reflection)

波阵面由两种介质间的表面返回的过程，向表面的入射角等于反射角。

折射([acoustic] refraction)

因介质中声速的空间变化而引起的声传播方向改变的过程。

干涉(wave interference)

频率相同或相近的声波相加时所得的现象，特点是某种特性的幅值与原有声波相比较具有不同的空间和时间分布。

散射([acoustic] scattering)

声波朝许多方向的不规则反射、折射或衍射。

频散([acoustic] dispersion)

声速随频率变化的现象。

声场(soundfield)

介质中有声波存在的区域。

自由场(free field)

均匀各向同性介质中，边界影响可以不计时的声场。

近场(near field)

自由场中，声源附近瞬时声压与瞬时质点速度不同相的声场。

远场(far field)

自由场中，离声源远处瞬时声压与瞬时质点速度同相的声场。

扩散场(diffusesound field)

能量密度均匀，在各个传播方向作无规分布的声场。

辐射阻抗(radiation impedance)

振动物体因辐射而产生的阻抗。

指向性图案(directivity pattern)

用图线描述，在通过声中心的指定平面内和频率固定时，换能器响应作为发射或入射声波方向的函数。

[有效]声中心(effective acoustic center)

声中心是在发声器上或附近的一个点，在远处观测时，好像声波是从该点发出的球面发散声波。

灵敏度(sensitivity)

又称响应，是换能器、仪器和系统输出端的指定量与输入端的另一指定量的比值。它也可以用分贝表示，但基准值必须说明。灵敏度或响应必须加前缀，以指明输出和输入究竟用的是哪种量。

动态范围(dynamic range)

为声接收用的电声换能器的过载声压级与等效噪声声压级之差。

空气声(air borne sound)

经过空气传播来的声音。

舰船舱室空气噪声(ship's internal airborne noise)

舰船中的噪声源辐射到舱室空气中的噪声。

舰船自噪声(ship's self noise)

安装在舰(艇)体上水听器接收到的噪声。

舰船辐射噪声(ship's radiated noise)

舰船辐射到水中的噪声。

舰船结构噪声(ship's structureborne noise)

舰船结构内存在的宽频带范围内的振动所产生的噪声。

舰船目标强度(ship's target strength)

距离目标等效声中心1米处由目标反射回来的声强与远处声源入射到目标上的声强之比的分贝值。

频谱(spectrum)

把时间函数的分量按幅值或相位表示为频率的函数的分布图形。根据声音性质不同,其声谱可能是线谱、连续谱或二者之和。

计权网络(weighting network)

声级的测量需要模拟人耳的等响特性,所以声级计内装有总频率响应与人耳的等响曲线相适应的电子[滤波器]网络。

脉冲声(impulsive sound)

短促的声音,由正弦波的短波列或爆炸声形成。

无规入射(random incidence)

大量入射波其大小和方向均作无规分布时的情况。

声吸收(sound absorption)

当声波通过介质或入射到介质表面上时,声能减少的过程。

质量定律(mass law)

决定墙或间壁隔声量的基本定律,即墙或间壁的隔声量与其单位面积的质量的以10为底的对数成正比。

稳态振动(steady - state vibration)

振动系统的物理量是周期量的状态。

瞬态振动(transient vibration)

由外加瞬态激励引起的振动。

受迫振动(forced vibration)

由外加激励强迫的振动,如外加激励为周期性和连续性的,受迫振动就是稳态振动。

随机振动(random vibration)

对某一给定瞬间其数量无法精确预测的振动。

简谐振动(sine vibration)

随时间作正弦函数的运动。

自由振动(free vibration)

受迫振动不存在时的振动。

自激振动(self - induced vibration(self - excited vibration))

在机械系统中来源于非振荡性激励在系统内转变为振荡性激励而产生的振动。

共振(resonance)

系统在受迫振动时,激励的任何微小频率变化都使响应减小的现象。

(注:响应可能是位移、速度或加速度,三种共振频率不同,有可能混淆时,应说明共振类别。)

反共振(antiresonance)

系统在受迫振动中,激励的任何微小频率变化都使响应增加的现象。

(注:响应可能是位移、速度或加速度,三种反共振频率不同,有可能混淆时,应说明共振类别。)

传递比,传递率(transmissibility)

振动系统在稳态受迫振动中,响应幅值与激励幅值的无量纲比值。传递比可以是力、位移、速度或加速度的比。

临界速度(critical speed)

相应于转动系统共振频率的速度。

阻尼(damping)

能量随时间或距离而损耗的现象。

阻尼系数(damping coefficient)

如某一个量是时间的函数:

$$F(t) = Ae^{-\sigma(t-t_0)}\sin[\omega(t-t_0)]$$

则其中 σ 量为阻尼系数。

临界阻尼(critical damping)

使一被移动的系统回复到原有位置而无振荡的最小阻尼。

阻尼比(damping ratio)

具有黏性阻尼的机械系统中,系统的实有阻尼与临界阻尼的比。

自由度(degree of freedom)

在任何时刻完全确定一个机械系统各个部分的位置所需要的最少数目的独立广义坐标数,它一般等于可能的独立广义位移数。

简正振动[方式],简正波(normal mode of vibration)

无阻尼系统的一种自由振动方式,系统的任何复合运动一般可分解为简正振动的和,简正振动的频率是简正频率(normal frequency)。

固有频率(natural frequency)

系统自由振动时的频率,在多自由度系统中,固有频率是简正振动的频率。

品质因数(quality factor, Q factor)

单自由度机械或电系统共振尖锐度或频率选择性的度量。

注:① 在机械系统中,这个值等于阻尼比倒数的一半。

② 这个值也称为共振放大倍数。

动力吸振器(dynamic vibration absorber, resonance damper, tuned damper)

把能量转移到调谐至振动频率的附加共振系统,以降低原系统振动的设备,附加系统的反作用力与原系统所受的力反相。

隔振([vibration] isolation)

利用弹性支撑使一系统降低对外加激励起响应的能力。在稳定状态,隔振用传递比的倒数表示。

隔振器(vibration isolator)

使系统与稳态激励隔离的弹性支撑。

机器平衡(balancing)

调整转子的质量平衡使其轴套或轴承所受振动力降低或受到控制的步骤。

[机械]冲击(mechanical shock)

机械系统中的一种瞬态运动,随之具有力、位移、速度或加速度的非周期性突然变化。

(注:突然变化的意义是变化时间甚快于系统固有振动的周期。)

冲击脉冲(shock pulse)

加速度在一短时间内由一恒值升起或衰变的重大扰动。冲击脉冲一般是把加速度作为时间的函数用图来表达。

(注:短时间的意义是甚短于固有周期的时间。)

冲击脉冲持续时间(duration of shock pulse)

脉冲的加速度由最大幅值的某一规定分数升起又衰变到同一值所需要的时间。规定分数应加说明。

(注:规定分数常取峰值的 1/10,或低 20 dB。)

脉冲上升时间(pulse rise time)

脉冲前沿自最大幅值的某一规定小分数至某一规定大分数所需要的时间。小分数、大分数应加说明。

(注:小分数、大分数常分别取为 1/10 和 9/10。)

速度冲击(velocity shock)

由于整个系统的速度作非振荡性的变化而形成的机械冲击。

冲击谱(shock spectrum(shock response spectrum))

一个单自由度系统在外加冲击作用下的最大响应作为某共振频率的函数。

(注:响应可以是绝对位移、相对位移、绝对速度、相对速度或加速度。)

隐身技术(stealthy technique)

减小目标的各种被探测特征,使敌探测设备难以发现或使其探测能力降低的综合技术。

声隐身技术(acoustic stealthy technique)

减小舰船辐射噪声和声波反射能力,以降低敌方声探测设备及声制导系统对舰船探测发现概率的反声探测技术。

水声对抗(underwater sound warfare)

使用专门的水声设备和器材,对敌方声探设备和声制导兵器进行侦察、干扰,削弱或破坏其有效使用,保障己方水声设备正常工作的各种战术措施的总称。

7.1.2　量和单位

量和单位如表 7 - 1 所示。

表 7 - 1　量和单位

量的名称	量的符号	定义	单位名称	单位符号
周期	T	重复现象每重复一次所需时间	秒	s
频率	$f,(\nu)$	$f = 1/T$	赫兹[兹]	Hz
频程		两个声或其他信号的频率间的距离以高频和低频两个频率之比的以 2 为底的对数表示	倍频程 octave	oct
角频率	ω	$\omega = 2\pi f$	每秒	s^{-1}
波长	λ	在周期波的传播方向上，在某一时间相位相同的两相邻点间的距离	米	m
波数	σ	$\sigma = 1/\lambda$	每米	m^{-1}
角波数	k	$k = 2\pi/\lambda$	每米	m^{-1}
密度	ρ	单位体积中介质的质量	千克每立方米	kg/m^3
静压	$p_s,(p_0)$	没有声波时介质中的压力	帕[斯卡] $1Pa = 1\ N/m^2$	Pa
瞬时声压	p	有声波时媒质中的瞬时总压力与静压的差	帕[斯卡]	Pa
(瞬时)[声] 质点位移	$\xi,(x)$	媒质中某一质点离没有声波时的位置的瞬时位移	米	m
(瞬时)[声] 质点速度	u,v	$u = \partial\xi/\partial t$	米每秒	m/s
(瞬时)[声] 质点加速度	a	$a = \partial U/\partial t$	米每二次方秒	m/s^2
(瞬时) 体积流量 (体积速度)	$U,q,(q_v)$	媒质中因声波存在而引起的体积流量	立方米每秒	m^3/s
声速，(相速) 群速	C C_g	声波在介质中传播速度 $C = W/K = \lambda f$ $C_g = dw/dk$	米每秒	m/s
声能密度	$(D),w,(e)$	某一给定体积中的平均声能除以该体积	焦[耳] 每立方米	J/m^3
声功率	W,P	声源在一个周期内，平均每单位时间内发射出的声能	瓦[特]	W
声强[度]	I,J	通过一与传播方向垂直的表面的声功率除以该表面的面积	瓦[特] 每平方米	W/m^2
声阻抗	Z_a	声压和体积流量的复数比	帕[斯卡] 秒每三次方米	$Pa\cdot s/m^3$
声阻	R_a	声阻抗的实数部分		
声抗	X_a	声阻抗的虚数部分		

表 7－1(续 1)

量的名称	量的符号	定义	单位名称	单位符号
声质量	M_a	惯性声抗除以角频率，它与介质的动能有关	千克 每四次方米	kg/m^4
声阻抗率	Z_s	某表面上的声压与质点速度的复数比	帕[斯卡] 秒每米	Pa · s/m
声压反射因数	γ_p	反射声压与入射声压之比		
声压透射因数	τ_p	透射声压与入射声压之比		
孔隙率	q	材料内部空隙的体积与材料所占总体积之比(通常用百分率表示)		
流阻	R_t	材料两边的压力差与气流的线速度之比	帕秒每米	Pa · s/m
衰变常数	K	一量 y 对时间的相对减低率 $k = \frac{1}{y}\frac{dy}{dt}$(只适于声压和质点速度)	每秒	s^{-1}
衰变率	K	一声学量的级对时间的相对减低率	贝[尔]每秒	B/s
混响时间	$T,(T_{60})$	在一房间中，当声音达到稳定状态后停止声源，其平均声能密度自原始值衰减至 10^{-6}(即 60dB)所需的时间	秒	s
隔声量， 传声损失	R	$R = 10\lg(1/\tau)$ 式中 τ 为透射因数	分贝	dB
吸声量	A	吸收因数乘以材料的面积	平方米	m^2
自由场 灵敏度	M	传声器或水听器的输出开路电压与未受干扰时的自由场声压之比值	伏每帕	V/Pa
声源强度	Qs	简单声源发出的正弦式波时的最大体积流量	立方米每秒	m^3/s
[声源] 指向性因数	R_θ	在声源某一辐射方向(或主轴)上远处一定点上某频率的声压平方，与通过该点和声源同心球面上同一频率的声压平方的平均值的比值	一(one)	1
[声源] 指向性指数	D_1	$D_1 = \lg R_\theta$ 式中 R_θ 为指向性因数	分贝	dB
[声学] 房间常数	R,R_r	$R = \alpha S/(1-\alpha)$ 式中 α 为平均吸收因数，S 为房间总表面积，αS 为房间总吸声量	平方米	m^2
[声学] 插入损失	D	在插入换能器、仪器或其他声学器件前输送到系统插入点处的声功率级和插入后输送到该点处的功率级之差	分贝	dB
[振动] 传递比	T_r	振动系统在稳态受迫振动中，某量的响应幅值与激励幅值之比	一(one)	1

表 7 - 1(续 2)

量的名称	量的符号	定义	单位名称	单位符号
[介质的声]特性阻抗	Z_c	对于一平面行波,介质中某点处的声压与质点速度的复数比(对于无损耗的介质 $Z_c = \rho c$)	帕[斯卡]秒每三次方米	$Pa \cdot s/m^3$
声导纳	Y_a	声阻抗的倒数(稳态下单频率的量)	三次方米每帕[斯卡]	$m^3/(Pa \cdot s)$
力	F	作用一物体上的合力,等于物体动量的变化率(通常指有效值)	牛顿	N
(瞬时)[振动]位移	d	物体相对于某一参考坐标的位置变化的矢量	米	m
[振动]速度	V	$V = \frac{\partial d}{\partial t}$	米每秒	m/s
(瞬时)[振动]加速度	a	$a = \frac{\partial v}{\partial t}$	米每二次方秒	m/s^2
力阻抗	Z_m	某表面(或某点)上的力与在此方向上该表面上的平均质点速度(或该点上的质点速度)的复数比	牛[顿]秒每米	$N \cdot s/m$
力阻	R_m	力阻抗的实数部分		
力抗	X_m	力阻抗的虚数部分		
声压级	L_p	声压与基准声压之比的常用对数乘以 20(基准声压空气中为 20 μPa;水中为 1 μPa)	分贝	dB
声强级	L_I	声强与基准声强之比的常用对数乘以 10(基准声强为 1 pW/m^2)		
声功率级	L_W	声功率与基准声功率之比的常用对数乘以 10(基准功率为 1pW)		
振动位移级	L_d	$L_d = 20\lg(d/d_0)$ $d_0 = 1$ pm	分贝	dB
振动速度级	L_v	$L_v = 20\lg(v/v_0)$ $v_0 = 1$ nm/s	分贝	dB
振动加速度级	L_a	$L_a = 20\lg(a/a_0)$ $a_0 = 1$ $\mu m/s^2$	分贝	dB
振动力级	L_F	$L_F = 20\lg(F/F_0)$ $F_0 = 1$ μN	分贝	dB
阻尼系数	δ	如果一个量是时间 t 的函数,且为 $F(t) = Ae^{\delta t} \cdot \cos[\omega(t - t_0)]$ 则 δ 为阻尼系数	每秒	s^{-1}
时间常数 弛豫时间	τ	阻尼系数的倒数	秒	s
对数衰减率	Λ	阻尼系数与周期的乘积 $\Lambda = \delta T$	奈培	N_P

表 7－1(续 3)

量的名称	量的符号	定义	单位名称	单位符号
传播系数	γ	均匀系统中，一个量在相隔单位距离两个点上复数比的自然对数	每米	m^{-1}
衰减系数 相位系数	$\alpha,(a)$ $\beta,(b)$	传播系数的实数部分 传播系数的虚数部分	每米	m^{-1}
损耗因数	η,δ,ψ	损耗声能通量与入射声能通量之比 $(\delta + r + \tau = 1)$		
反射因数	r	反射声能通量与入射声能通量之比		
透射因数	τ	透射声能通量与入射声能通量之比		
吸声因数	α	损耗系数与透射系数之和$(\alpha = \delta + \tau)$		

注：表 7－1 是参考了 GB3102.7－93《声学的量和单位》国家标准中的有关声学的量、单位符号的定义编写的。

7.1.3 分贝的平均、相加和相减

7.1.3.1 分贝

在声学振动测量中的声压级、声强级、声功率级、位移级、速度级和加速度级，其单位都是分贝。分贝是一个相对单位，它没有量纲。它的物理意义是表示一个量超过另一个量(基准量)的程度。分贝本是来源于电信工程，用两个功率的比值取对数以表示放大器的增益、信噪比等，得出的单位叫贝尔。由于贝尔太大，为了实用方便，便采用贝尔的 1/10 做单位，叫做分贝(dB)。值得注意的是，凡采用分贝做单位时，一定要了解其做比较标准的基准值。

7.1.3.2 分贝的平均

有时希望能求出声压级平均值。严格的声级平均值应为：

$$\bar{L} = 10\lg \frac{1}{N} \sum_{i=1}^{N} I_i/I_0 = L - 10\lg N \tag{7-1}$$

式中 $\bar{L}$—— 平均声级；

I_i—— 第 i 个声源的声强；

L——N 个声源的声级总和。

如果所求平均值的各声级之间最大相差小于 5 dB 时，也可采用算术平均法，求其平均值。其平均声压级为：

$$\bar{L} = \frac{1}{N} \sum_{i=1}^{N} L_i \tag{7-2}$$

7.1.3.3 分贝的和与差

在实际中，常常要遇到分贝的求和差的问题。由于一个场所经常是有多个噪声源存在的，同时本底噪声(指所研究对象噪声源停止状况下的背景噪声)也是存在的。这样就要涉及分贝的和或差。由于分贝是以对数为刻度表示“级”的单位，所以，在运算中不能按一般算数法则进行加减。

1. 分贝的和

(1)n 个相同声源所产生的声压级

$$L_n = L_1 + 10\lg n \tag{7-3}$$

式中　L_1—— 一个声源的声压级,分贝;

n—— 声源的个数。

(2) 若求两个不同的声压级分贝的和

$$L_{和} = L_1 + 10\lg(1 + 10^{-\Delta/10}) \tag{7-4}$$

式中 $\Delta = L_1 - L_2$,即是两个声压级的差值(总是要以大的减去小的,以得正数值)。

如果将式(7-4)右边第二项 $10\lg(1 + 10^{-\Delta/10})$ 作为 Δ 的函数绘成图表,可以得到图 7-1。如用图 7-1 计算则是很方便的。

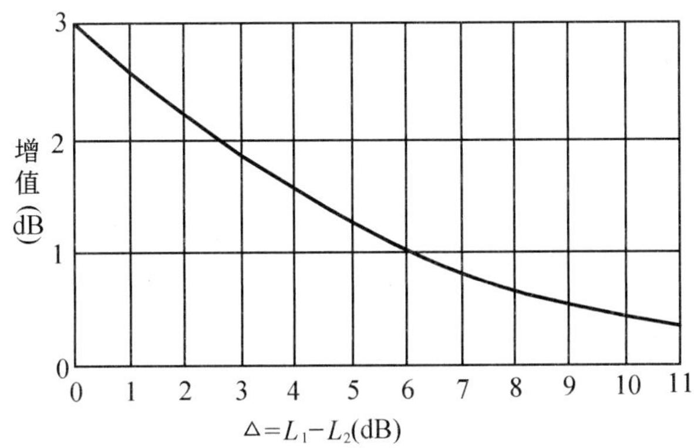

图 7-1　分贝和的增值图

从上述分贝求和的计算中,可以得出如下两点结论:

第一,两个分贝数相同的声音叠加(即声压级差值为 0),则合成的声音等于一个声音的分贝数加上 3 dB。这也说明,分贝值增加 3 dB,实际上等于声能量增加一倍;

第二,两个声音的分贝数值差在 10 dB 以上时,则它们的和与其中较强的声音相比,相差还不到 0.5 dB。这就是说,一个弱的声音与一个强的声音在一起,弱的声音可以忽略。所以,在噪声控制中,必须抓住主要矛盾,首先应把主要噪声源的噪声降下来,才能取得明显的降噪效果。

2. 分贝的差

(1) 先求出两个声源的分贝差(比如用仪器测量所研究的声源开与不开时的噪声的分贝差值);

(2) 根据这个差值,从图 7-2 中出应减掉的增值 ΔL;

(3) 从总的噪声中,减去增值 ΔL,即可得到所研究的声源的分贝数。

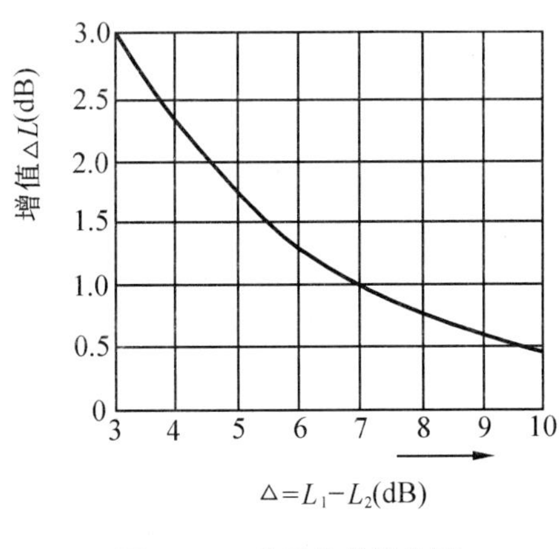

图 7-2　分贝差的增值图

7.2 声学基础

7.2.1 声波的性质

7.2.1.1 声波的波长、周期和频率、声速

波长、周期(或频率)和声速,是描述声波的三个重要的物理量。

横波上相邻的两个波峰或波谷之间的距离或纵波上相邻两个密部或疏部对应点之间的距离均称为波长,用 λ 来表示。

周期是波前进一个波长的距离所需要的时间,用 T 表示。对于空气声而言,是指空气质点振动恢复到原来的位置和方向的时间,即完成一个全振动所需要的时间。

固体和空气质点每秒钟振动的次数称为频率,用 f 表示。所以频率(f)和周期(T)的关系为

$$f = 1/T \tag{7-5}$$

频率的单位是赫兹,用 Hz 来表示。1 赫兹 = 1 次/秒($1\mathrm{s}^{-1}$),即等于每秒钟振动一次。

声音每秒钟传播的距离叫声速,以 c 表示,它的单位是米/秒(m/s)。在任何一个介质中,声速随介质的弹性和密度的不同而改变。

如果是在固体介质中传播的纵波,它的声速可按下式计算:

$$c = \sqrt{E/\rho} \quad (\mathrm{m/s}) \tag{7-6}$$

式中 E—— 固体介质的弹性模量;

ρ—— 固体介质的密度。

而在空气中的声速,则用下式表示:

$$c = \sqrt{\gamma P/\rho} \quad (\mathrm{m/s}) \tag{7-7}$$

式中 P—— 大气压;

γ—— 定压比热与定容比热之比,对于空气 $\gamma = 1.41$。

通常,空气中的声速是按下式来计算的:

$$c = 331.4 \times \sqrt{1 + \frac{t}{273}} = 331.4 + 0.607t \quad (\mathrm{m/s}) \tag{7-8}$$

式中,t—— 空气的温度(℃)。

在室温为20 ℃时,空气中声速为344 m/s,一般常温时声速都取这个数值。当温度增高时,由于介质密度减小,声速就增高。对于空气而言,温度每增加 1 ℃,其声速增加 0.6 m。表 7-2 列出了一些常温下不同介质和材料的声速。

声波的波长(λ)、频率(f)或周期(T)和声速(c)之间有如下的关系:

$$c = \lambda/T \quad (\mathrm{m/s}) \tag{7-9}$$

或

$$c = \lambda f \quad (\mathrm{m/s}) \tag{7-10}$$

以上两式是波长、频率(或周期)和声速之间的基本关系式,它们具有普遍的意义,对任何一类波都是适用的。

例 7-1 在常温下,已知空气中的声速 c = 344 m/s,水中的声速 c = 1 450 m/s,求频率为 20 Hz 和 1 000 Hz 的声波在空气中和水中的波长:

由公式(7 - 10) 可得 $\lambda = c/f$,故
在空气中频率为 20 Hz 时,

$$\lambda = 344/20 = 17.2\ \text{m}$$

在空气中频率为 1 000 Hz 时,

$$\lambda = 344/1\,000 = 0.344\ \text{m}$$

在水中频率为 20 Hz 时,

$$\lambda = 1\,450/20 = 72.5\ \text{m}$$

在水中频率为 1 000 Hz 时,

$$\lambda = 1\,450/1\,000 = 1.45\ \text{m}$$

显而易见:同一频率的声波,在水中的波长比空气中的波长要长得多;在同一介质中,频率高的声波要比频率低的声波的波长要短得多。

声波振动的频率,即人的听觉所能感受到的振动频率是在 20 ~ 20 000 Hz 之间。低于 20 Hz 的称为“次声”,高于 20 000 Hz 的称为“超声”。次声和超声,人耳都听不到。通常,在噪声控制这门学科中,把声波的振动频率分为三个频段:300 Hz 以下的叫低频声;300 ~ 1 000 Hz 的称为中频声;1 000 Hz 以上的叫做高频声,分别简称为低频、中频和高频。

表 7 - 2　常温下(20℃)不同介质中的声速

介质或材料	声速(米/秒)	介质或材料	声速(米/秒)
氢	1 305	黄铜	3 500
氦	971	花岗岩	6 400
惰性气体	450 ~ 550	玻璃	5 000 ~ 6 000
大气	345	砖	4 300
氮	338	混凝土	4 000
钢、镍	5 000	砖墙	2 000
铁	4 710 ~ 5 100	铅	1 320
铝	5 100	软木	450 ~ 530
银	2 600	橡皮	40 ~ 150
铜	3 900		

7.2.1.2　声波的辐射

声音是我们在日常生活中经常遇到的一种自然现象。喇叭的膜片往复运动时,产生了声音;水在管道中高速流动时,产生了声音;火车的汽笛排放高压蒸汽时,也可以产生声音。在任何弹性介质中(包括固体、液体和气体),某一点的稳定状态,由于物体的运动而受到扰动,在该点就会产生波,并向周围传播。如果这种波的频率是处于 20 ~ 20 000 Hz,就称为声波。人们平时所听到的声音,就是由于某一物体的振动,空气同样也被激发振动传到人耳,引起人们对声音的感觉。次声和超声波都是人耳感觉不到的。噪声控制主要是研究可听频率范围的声波(20 ~ 20 000 Hz) 产生、传播和控制技术的一门学科。

声音像其他自然现象一样,也是物质的一种运动形式。当声波在弹性介质中运动时,使介质中的压力在稳定压力 P_0 附近增加或者减少,产生了压力的起伏变化,这个压力变化量,称其为声压。在标准大气压中,稳定大气压为 10^5 Pa。声压要比大气压小得多,一般处于 2 ×

10^{-5} ~ 20 Pa 范围。

物体振动所以能把声波辐射出去,其必不可少的条件是振动物体周围的弹性介质。任何弹性介质(如空气),都具有一定的质量密度和弹性。质量密度使流体体积元受到声波作用后,产生一个离开平衡位置的位移(也称愈量位移),并把运动能量传递给相邻的体积元。介质的弹性则使流体受到声波作用后,又能回到它的平衡位置。它们的作用,类似于一个带有一个质量的弹簧。这样,物体的振动就被周围的介质以声波的形式向周围传播出去。因此,振动是声波产生的根源,而声波则振动传播的过程。

声源辐射出来的声音,按照传播介质的不同,可以分为空气声、水声和固体声(结构声)。当然,由于各种介质的密度、弹性系数不同,声波传播的速度和运动的特征也不同。声源辐射出的声波在某一时刻到达各点所形成的面,叫作波前。按照波前的形状,也可以把声波分为平面波、球面波、柱面波等各种类型。

1. 平面波

当把石头投入水中时,我们会看到水波的波前呈现圆形。当波传到足够远的距离时,波前近似可以看作是平面。类似的情况也可以发生在空气中声波的传播。当一个点声源在无反射物的自由空间中辐射声波时,在比较近的距离是球面波,在距离足够大时,同样可以近似认为是平面波。

所谓平面波,是指在垂直于声波传播方向的任何平面上,具有相同声学性质的波。最简单的平面波是在很长的直管道中传播的声波。

在一个直的管道中,如果一个活塞做频率为 f 的简谐振动时(见图 7-3),活塞在时间 t 时的位移为:

$$X = A\sin 2\pi ft \tag{7-11}$$

式中,A—— 活塞最大振动位移。

假定活塞是完全刚性的,并且管道无限长,当活塞离开平衡位置向前运动时,活塞前面的空气被压缩,这部分的压力比大气压要大一些。活塞离开平衡位置向后运动时,空气变得更稀疏些,压力也比大气压小一些。每经过

图 7-3 运动活塞在管中产生的声波传播

时间 T 之后,活塞运动完成一个循环,声压变化也完成一个循环。时间 T 称为周期。相应在管道中产生的声波频率:

$$f = \frac{1}{T} \quad (\text{Hz}) \tag{7-12}$$

圆频率:

$$\omega = 2\pi f \quad (1/\text{s}) \tag{7-13}$$

由于活塞的运动,空气被压缩和稀疏而产生的波,以一定的速度 c 传播,c 称为声速。声波在一个周期所传播的距离是 λ,它们之间具有下列关系:

$$\lambda = \frac{c}{f} = cT = \frac{2\pi c}{\omega} = \frac{2\pi}{k} \quad (\text{m}) \tag{7-14}$$

式中,k—— 圆波数。

当考虑平面波的运动时,流体某一体积元所受的净力,等于体积元的质量和加速度的乘积。在绝热条件下,可获得一维平面波运动方程:

$$\frac{\partial^2 p}{\partial x^2} - \frac{1}{c^2}\frac{\partial^2 p}{\partial t^2} = 0 \tag{7-15}$$

式中　p—— 声压;

c—— 声速。

从方程(7-15)中可以看出,声压的空间变化率和声压的时间变化率之间,在一定介质和环境条件下,具有确定关系。即知道某一点、某一时刻的声压 $p(x_1, t_1)$,可求出另一点某一时刻的声压 $p(x_2, t_2)$,这就是声波运动过程所遵循的规律。

同样,我们可以得到在三维空间中的波动方程为:

$$\frac{\partial^2 p}{\partial x^2} + \frac{\partial^2 p}{\partial y^2} + \frac{\partial^2 p}{\partial z^2} - \frac{1}{c^2}\frac{\partial^2 p}{\partial t^2} = 0 \tag{7-16}$$

方程(7-15)最简单的解是单一频率的简谐声波为:

$$p = A_1\sin(\omega t - kx + \varphi_1) + A_2\sin(\omega t + kx + \varphi_2) \tag{7-17}$$

上式的物理意义是,在无限长的管中,如点 x 有一简谐力的运动,则向管两端辐射同样频率的简谐波。A_1,φ_1 表示沿 x 正方向前进的声波振幅和相位;A_2,φ_2 是沿负方向前进的声波振幅和相位。波动方程中的声速 c,决定于弹性介质的性质。

2. 球面波

一个点声源在自由空间中辐射的声波是球面波。最理想的简单情况是对称性脉动球的辐射,如图 7-4 所示。

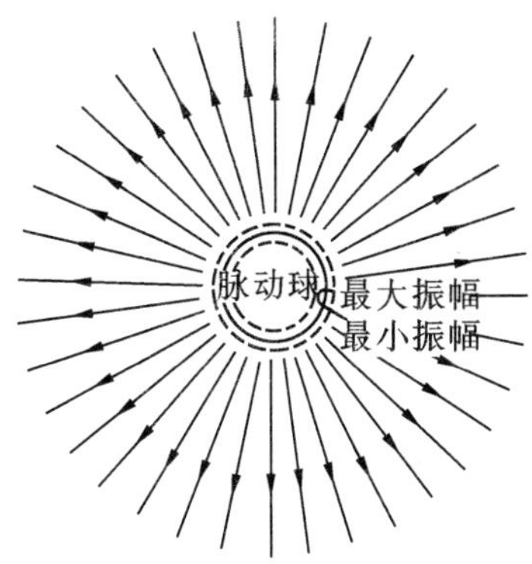

图 7-4　理想脉动球的声辐射

球面波的波动方程为:

$$\frac{\partial^2 (rp)}{\partial r^2} - \frac{1}{c^2}\frac{\partial^2 (rp)}{\partial t^2} = 0 \tag{7-18}$$

式中　r—— 距源点距离;

p——r 处声压。

球面波方程(7-18)和平面波方程(7-15)形式相似,唯一的区别是 rp 代替了 p,r 代替了 x。用同样的方法,可以得到其解为:

$$p = \frac{A_1}{r}\sin(\omega t - kr + \varphi_1) + \frac{A_2}{r}\sin(\omega t + kr + \varphi_2) \tag{7-19}$$

式中的第一项,表示了由声源向外辐射的声波,第二项表示了指向声源的反射波。

在实际问题中,我们感兴趣的是向外辐射的声波。从球面波的解可以看出,对于球面波来说,声压和距离成反比。以后还将看到,距离增加一倍,声压级减少 6 dB。这是点声源辐射球面波声场的特点。

在实际的噪声控制问题中,许多声源我们可以简化看作点声源来进行处理,但要满足下列两个条件:(1) 离声源的距离 r,要远远大于声源辐射面尺寸 b;(2) 声源辐射面尺寸和波长之比 b/λ,要远远小于声源距离和声源辐射面尺寸之比 r/b。例如,汽车排气管辐射的噪声,在 0.5 m 处和主要频率范围内,可近似认为是点声源。

3. 柱面波

上面已经讨论了与点声源有关的平面波和球面波。但是,在实际噪声控制中,还经常遇到一种所谓“线声源”。如公路车辆,则可近似认为是线声源。线声源辐射的声波,称为柱面声波。利用图 7 - 5,可以求出线状声源周围任何一点的声压。如果点 ① 和点 ② 作用于 P 点的声压分别是 p_1 和 p_2,则点 P 的声压的平方为 $p_1^2 + p_2^2$(p_1 和 p_2 为时间平均值)。假定线状声源单位长度所产生的声功率为 W,从图 7 - 5 中可以得出长度:

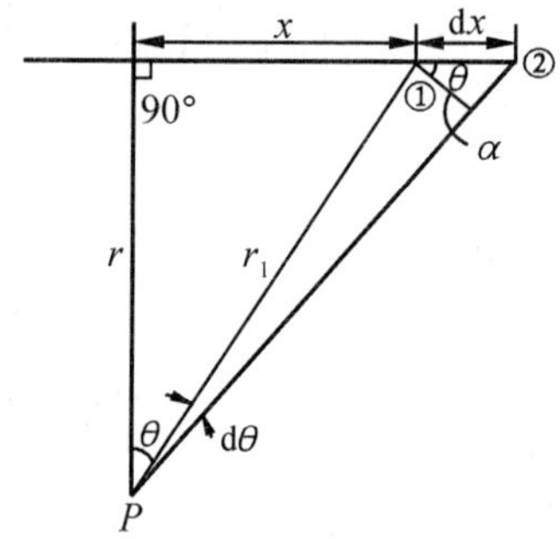

图 7 - 5 线状声源

$$a = d \times \cos\theta = r_1 \mathrm{d}\theta = (r/\cos\theta)\mathrm{d}\theta$$

$$\mathrm{d}x = (r\mathrm{d}\theta)/\cos^2\theta$$

在半球面辐射时,dx 线每供给 P 点的声压平方为:

$$\mathrm{d}p^2 = \rho c \Delta W \mathrm{d}\theta / 2\pi r$$

如果线状声源是无限长的话,对 dθ 进行积分,可得:

$$p^2 = \frac{\rho c W}{2r} \tag{7-20}$$

从方程(7 - 20)可看出,线状声源周围某一点的声压的平方,与 r 成反比。距离增加一倍,声压级减少 3 dB。这是线状声源的特点。

以上对点声源和线声源的讨论,都是假定离声源较远的距离时进行的。如果声源面积较大(如大型车辆发动机),或者离声源较近时,这时还要考虑声源面积对声压衰减的影响。图 7 - 6 是考虑声源面积时,声压级和距离的关系。

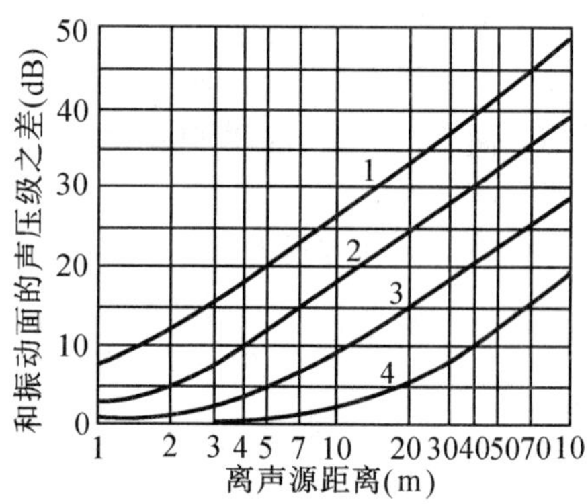

图 7 - 6 考虑声源面积时,声压级随距离的变化

1— 声源面积为 1 m^2;2— 声源面积为 10 m^2;
3— 声源面积为 100 m^2;4— 声源面积为 1 000 m^2

7.2.2 声波的传播

7.2.2.1 声波在大气中的传播

在前面讨论了由声波运动规律所决定的声压随距离的增加而衰减的关系。但是,实际上噪声在大气中传播时,还要受到各种气象条件的影响。其主要因素有:空气对声能的吸收、温度梯度和风。

声波在大气中传播时,由于空气的吸收,也要损失一定的能量。空气对声的吸收,主要有两个过程。首先,由于空气具有一定的热传导和黏滞性,当声波在空气中传播时,要损失一部分能量。在温度非常低时,这一过程比较明显。其次,空气中氧分子在进行旋转和张弛振动时,也要使声能受到损失。这种能量损失称为分子吸收。分子吸收的能量大小,主要取决于温度。理论上和实验都证明了,空气对声的吸收的总能量,与声波频率、大气温度及其湿度都有关系。当大气温度一定时,声波频率越高,衰减越快;一定频率的声波,湿度越低,最大衰减值越高。

当地表面和高空之间有一定温度梯度变化时,声传播的途径,也会有很大的变化。如果从地表面开始,温度随着高度的增加而增加的话,声速也随着高度的增加而增加。这样,声波传播路线(也称声线),就会出现向地面弯曲的现象(见图7－7)。相反,从地面开始,温度随着高度的增加而减少时,声速也就随着高度的增加而减少,声线将出现向高空弯曲的现象(见图7－8)。图中阴影区表示声影区,即声波传播不到的区域。

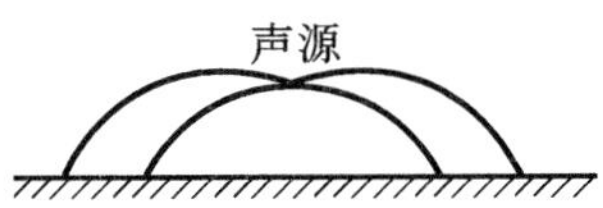

图7－7　当温度随着高度的增加而增加时,声线的弯曲

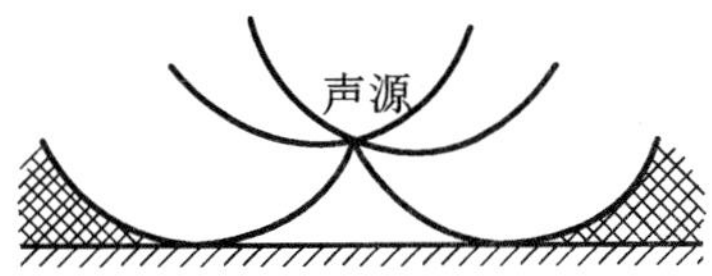

图7－8　当温度随着高度的增加而减少时,声线的弯曲

图7－9是由于风的影响而产生的声线弯曲。从图上可以看出,声影区只出现在风向上方。人们往往感觉到在声源风向上方,比在风向下方不容易听到声音,就是这个道理。

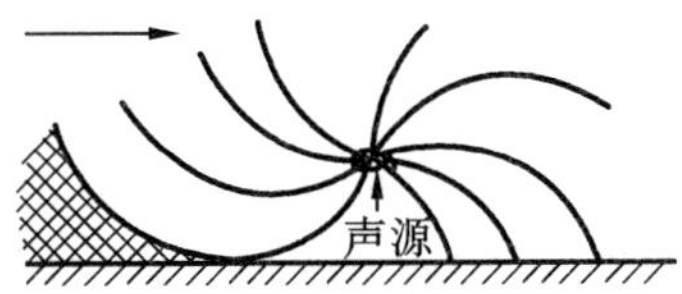

图7－9　风引起声线的弯曲

7.2.2.2　声波在海中的传播

海洋介质是个非常复杂的声传播信道。由于受到各种自然条件、地理条件和随机因素的影响,致使它的物理性质有很大的复杂性和不稳定性,使得在其中传播的水声信号产生了延迟、失真、损耗、起伏等等的变化。对这些问题的研究,即综合成声波在海中的传播问题,它是水声学中的基本研究课题之一。研究"传播问题"有两种基本理论,即波动理论和射线理论。

声波在海中传播会引起声能的损失,造成声波能量在传播中损失的主要原因,是由于波阵面在传播过程中的不断扩大,使得在单位时间内单位面积上能量的减小,即平均功率密度减小,也就是声强的减小,这种损失称为扩散损耗,这是不可避免的。其次,由于实际的海水介质并非是理想介质,在传播过程中将声能吸收而转换成其他能量(如热能等),声能不可逆地转换成热能而消耗,这种损失称为衰减损耗。此外,实际的海水介质总是有界的,并且是非均匀的,因而致使声波在边界面上产生反射,使声能在某种边界面上"漏泄"掉,这称为边界损耗。所以总起来说,造成损失的原因主要有三个方面:

(1) 扩展损耗——波阵面的扩展;

(2) 吸收损耗——不可逆的声能转换成其他能量;

(3) 边界损耗——边界上能量的"漏泄"。

1. 扩展损耗

在讨论扩展损耗时需要对介质作某些假定:设介质是理想的,即无吸收、均匀的、无边界的。在这样一种介质中,所能遇到的能量损失完全是由于波阵面的扩展而造成的,因此称为扩展损耗。常见的波阵面扩展有两种形式即球面波扩展和柱面波扩展,相应的就产生了球面扩展损耗和柱面扩展损耗。

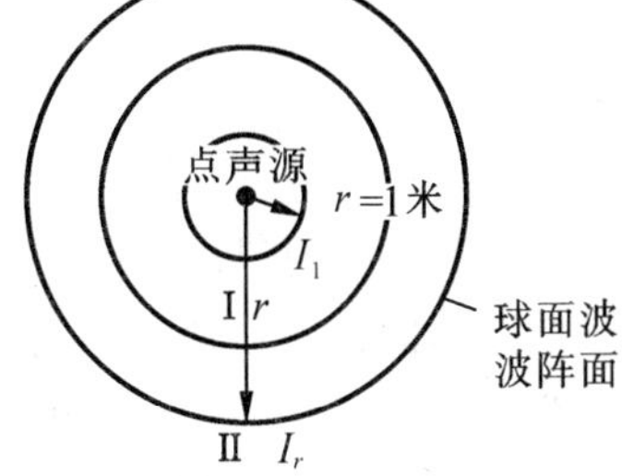

图7－10　球面扩展传播损失计算图

如图7－10所示,对球面波随着波阵面的不断发展,其功率密度将不断减小,球面波声强的表达式为:

$$I = \frac{A^2}{\rho c r^2} \tag{7-21}$$

取 $r = 1$ m 的波阵面上某一点的声强为,则

$$I_1 = \frac{A^2}{\rho c r^2}\bigg|_{r=1\text{m}} = \frac{A^2}{\rho c} \tag{7-22}$$

波阵面传播到空间中 Ⅱ 的位置时,半径为其声强为,同理可计算得到:

$$I_r = \frac{A^2}{\rho c r^2}\bigg|_{r=r\text{m}} = \frac{A^2}{\rho c r^2} \tag{7-23}$$

便得到了球面扩展损耗的计算公式为:

$$TL = 10\lg \frac{I_1}{I_r} = 10\lg \frac{1}{r^2} = 20\lg r \tag{7-24}$$

上式表明当波阵面具有球面形状时,它的扩展损耗符合反平方定律,即与距离的关系为 $TL = 20\lg r$。这是一种非常典型的情况。由于在大量的声学测量中,经常将条件限制在这种情况,即使声波在实际海中的传播会产生复杂的扩展规律,但也经常与球面扩展加以比较。所以球面扩展损耗的反平方定律是经常运用的概念。

此外,经常遇见的是所谓"柱面扩散"。在某些辐射条件下,例如声源为一无限长圆柱体,作径向振动时,将在无界的均匀理想介质中激发起柱面波。其波阵面具有同心的圆柱面,见图 7 - 11。柱面扩展也可以在这样的情况下产生:如介质具有平行平面的上边界和下边界时,又假设声能不能透过界面,由一个均匀辐射的声源所激发的声波,在一定距离上也将具有圆柱形的波阵面。因此,声源所辐射的能量都均匀地分布在一个圆柱面上,圆柱的半径即为传播距离,圆柱高度在平行平面边界条件下,即为平行界面之间的距离。令 $r = 1$m 处的波阵面声强为 I_1,同时 r 米处的声强为 I_r,根据通过圆柱面的功率相等,则可得到:

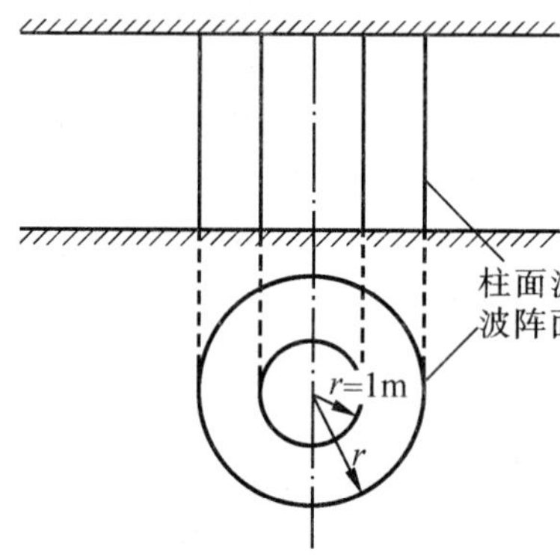

图 7 - 11　柱面扩展传播损失计算图

$$H2\pi r I_1\big|_{r=1\text{m}} = H2\pi r I_2\big|_{r=r\text{m}} \tag{7-25}$$

所以,$\dfrac{I_1}{I_2} = r$,根据定义其传播损失为:

$$TL = 10\lg \frac{I_1}{I_2} = 10\lg r \tag{7-26}$$

上式表明,当波阵面具有柱面形状时,其扩展符合反一次方定律,即与距离 r 的关系为 $10\lg r$。

由此可以推论,在平面波的讨论中得到,在传播过程中平面波波阵面不产生扩展,因此声强是常数,所以扩展损耗为零分贝,即 $TL = 0$ dB,可将其写成 $TL = 0\lg r$。这样,对于简单形状的波阵面扩展损耗和距离的关系具有如下规律:

$TL = 0\lg r$　平面波,不扩展;

$TL = 10\lg r$　柱面波,反一次方定律;

$TL = 20\lg r$　球面波,反平方定律。

值得指出的是，即使从扩展规律来看，由于实际海区的不均匀性，声信号将产生折射、散射，以及边界上的反射产生多途径干涉，所以实际的扩展损耗较少出现以上这种简单的情况。

2. 吸收损耗

以上对声波的讨论都假定介质是理想的，然而实际的海水介质并非如此。声波在海水介质中传播会产生将声能逐渐转变成“热能”等其他形式的能量的过程，并且这个过程是不可逆的。这种声能的耗散过程称之为介质对声波的吸收。实际上，它代表了真正的声能在介质中传播的损失。它同样产生了声能随着传播距离的增加而衰减的物理现象。至于介质对声波吸收的物理机理是十分复杂的，经过大量研究，海水的声吸收主要由下列原因产生的：

(1) 介质的热传导吸收；

(2) 介质的黏滞吸收（这里主要指切变黏滞）；

(3) 介质的弛豫吸收（包括结构弛豫和化学弛豫）；

(4) 共振吸收（包括介质中的各种浮游物质）。

对于各个海区吸收系数的具体数据，往往都是海上多次实测的综合结果。例如工程上常用的经验公式之一为 $\alpha = 0.036f^{3/2}$。式中的单位是千赫（kHz）；α 的单位是（dB/km）。

3. 海洋中的声速分布

作为传播水声信号的海洋介质，它具有某些物理特性，这些特性对于声信号的传播会产生严重的影响。它大致包括海洋中声速分布；海洋表面的风浪；海底的底质及其声学特性；以及海洋中的自然波 —— 内波等。

海洋中的声速及其分布是一个重要的物理性质。对于声的传播及声呐设备的性能起着非常重要的作用。

近代对某一海区声速及其分布的获得都是用“声速仪”来测定的。声速是和海水的温度、盐度和压力有关。如果要求得声速的垂直分布表示，可把温度、盐度、压力都表示为深度函数：

$$c = c(z) = c[T(z), S(z), P(z)] \tag{7-27}$$

图 7-12 是一平滑化了的，典型的深海声速剖面，以垂直轴表示海深，横轴以一定的比例表示声速，这种典型的结构由三层组成，即表面层（或称混合层）；主跃层；深海等温层。表面层由于处在海表面，受日照、风雨、浪潮对流比较激烈，往往形成一等温层，即温度均匀不变，其深度可达几十米。则声速主要取决于随海深增加的压力，故声速可能出现微弱的增加，形成微弱的声速正梯度，而且还常常受到季节气候的严重影响。在表面层以下往往会出现温度激烈变化（减低）的水层，即产生温度跃变，故称为主跃层。这时声速主要受温度控制，由于主跃层离海面较深，不受日照等影响，相对比较稳定，便出现声速随温度降低而减小，即出现负主跃层。在主跃层以下直至海底，一般是等温层，温度在 5 ℃ 左右，声速随着压力的增加而提升，出现正声速梯度。在负主跃层和深海等温层之间出现一个声速最小的水层。

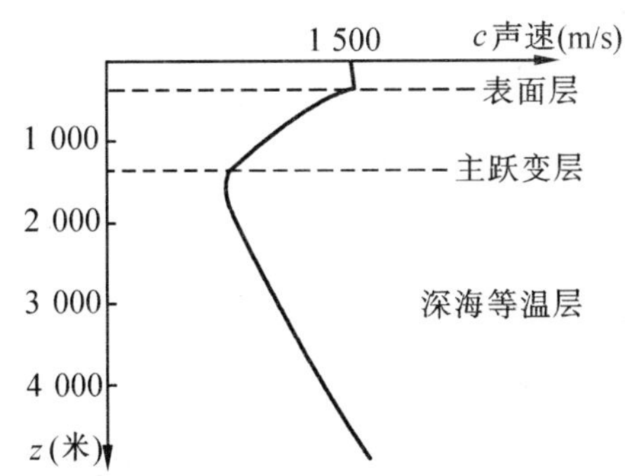

图 7-12　深海典型声速剖面图

还须指出，以上提出的声速剖面“三层结构”，对于深海是比较稳定的。但即使是深海，随着经纬度、季节和昼夜气候的不同，也会发生很大的变化。因此，必须随着各个海区的不同,季节和昼夜的不同,具体地实测分析。

最后,为了在今后的理论中便于应用,将海水中声速剖面理论化和平滑化(线性化),即将声速复杂的变化以直线近似,并将其分类,给予一定的名称。图 7 - 13 表示了几种典型的分布和它的特性。

声速的分布	声速分布函数	特点说明
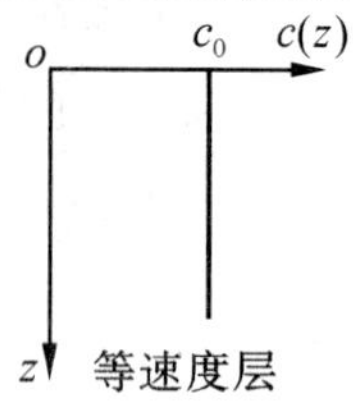	$c(z)=c_0$	等速度层,是由微弱负温度梯度层、同压力构成的 $\frac{\mathrm{d}c}{\mathrm{d}z}=0$
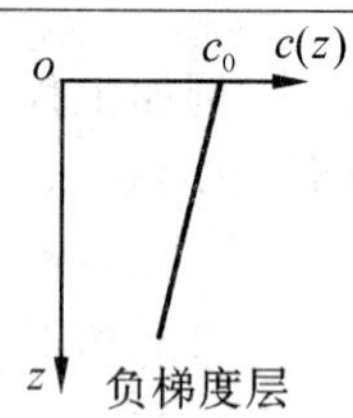	$c(z)=c_0-gz$ $g=\left\|\frac{\mathrm{d}c}{\mathrm{d}z}\right\|$	负梯度层,声速随深度增加而下降 $\frac{\mathrm{d}c}{\mathrm{d}z}<0$
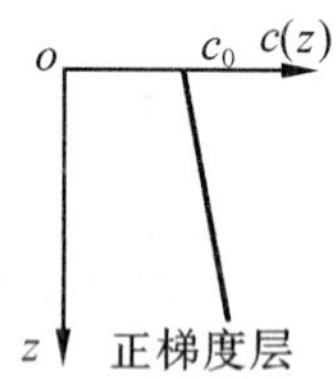	$c(z)=c_0+gz$ $g=\left\|\frac{\mathrm{d}c}{\mathrm{d}z}\right\|$	正梯度层,声速随深度增加而增加 $\frac{\mathrm{d}c}{\mathrm{d}z}>0$
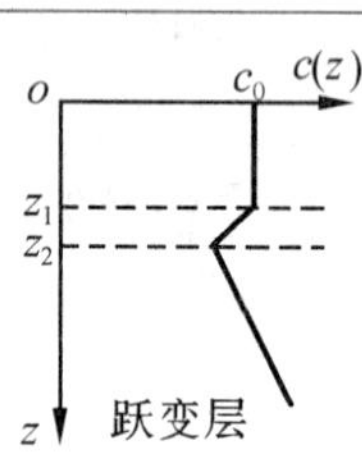	$c(z)=\begin{cases} c_0 & z<z_1 \\ c_0-g_1(z-z_1) & z_1<z<z_2 \\ c_0-g_1(z_2-z_1)+g_2(z-z_2) & z>z_2 \end{cases}$ g_1,g_2 分别为跃变层及跃变层以下的声速梯度的绝对值	跃变层又称温跃层,在层内声速发生急剧变化
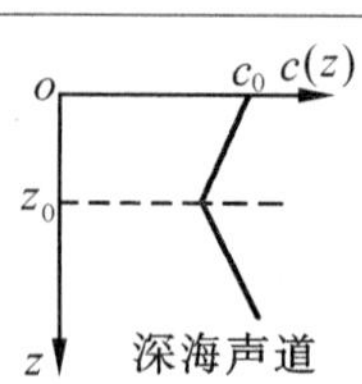	$c(z)=\begin{cases} c_0-g_1z & z<z_0 \\ c_0-g_1z_0+g_2(z-z_0) & z>z_0 \end{cases}$ g_1,g_2 分别表示声道轴上下的速度、梯度的绝对值	声速在 z_0 处有极小值,极小值处的层称声道轴。声道轴以下声速为正梯度,以上为负梯度
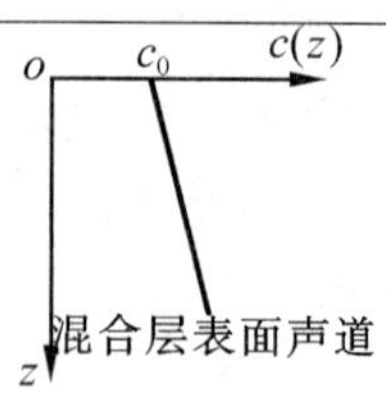	$c(z)=c_0+gz$	混合层由等温层、压力正梯度形成的。声速正梯度层由于声速极小值在表面,故称为表面声道或混合层声道

图 7 - 13　不同水文条件下声速分布图

4. 海洋表面的风浪

海洋表面实际上是水声信道的一个边界面。对于一个理想的平整海面来说，由于水的声介质阻抗和空气的声介质阻抗相差极大，所以海洋表面实际上是一个声传播介质的不连续层，当声波从海水介质向海洋表面入射时，根据计算得到反射系数为“－1”。因此，对于理想的平整海面来说，应是水声信道的一个绝对软边界，但实际海表面是个粗糙、起伏、不平稳的表面，在某些情况下必须考虑这一情况。

由于海面上空风的驱动，将产生海洋表面的波浪。海表面波浪的类型有下列几种：

潮汐 —— 与引潮力有关的很长周期的波；

大浪 —— 周期为 10 ~ 25 s 的长周期波；

海波 —— 周期为 4 ~ 10 s 的周期波，它主要是由风产生的；

毛细波 —— 是由风在本地产生的，靠表面张力效应传播，周期约小于 2 s。

由于表面波浪运动是一种守恒系统，表面水分子的运动会逐渐扩张到表面以下一定的深度。这种运动是随着深度成指数衰减的。而这些扩张运动好像是一个强烈的混合机构，使海水介质的物理性质成为均匀(如温度、盐度等等)。由此而形成海洋表面层的一定传播条件。

更为重要的海洋表面特性，是其起伏和不平整所引起的声的散射和在不同海况下所造成的海洋环境噪声。

利用爆炸声源所测定的海表面反向散射系数表明，小周期波浪状态(周期小于5s) 比长周期波更为重要。而表面散射影响的大小还取决于声的频率，声的掠射角等等。

产生海洋环境噪声的原因之一，是与海表面波浪运动相密切联系的。按照国际标准将海况分为九级，每级波浪情况各不相同，因此所产生的噪声影响也都不一样。

5. 海底底质及其一般性质

水声信道的另一个下边界是海底。海洋底部的结构也是非常复杂的。它的平均深度为 3 880 m。海底由平地、山脉、山沟、陡坡等组成。典型的海底图形，见图 7 － 14。

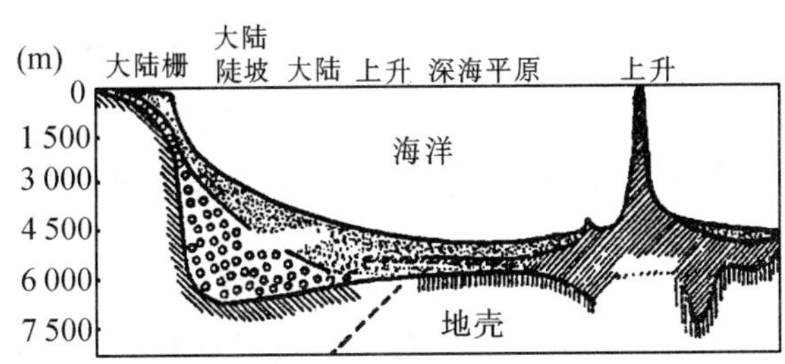

图 7 － 14　典型的海洋剖面图

水声学中所重视的海底乃是其底质的物理性质和结构。因为它作为声信道的一个边界，对于声信号的传播也会产生一定的影响。这些影响主要反应为对声的反射吸收和散射。

海底的底质是由许多物质层所构成。在地壳和海水之间，由许多处于液态和固态之间的物质沉积而成的，故称为沉积层，以后所指的海底边界往往是指海水和沉积层之间的分界面。

由于底质处于非完全液态，在其中的声波除了纵波以外还有横波存在。因而沉积层的重要物理特性除密度 ρ 及吸收系数 α 之外，还应研究纵波声速 c 和横波声速 c_s，以及这些声速的分层结构情况。

沉积层的性质一般随海区而异，但基本上可以分为三大典型类别：

(1) 大陆台地(包括大陆架和大陆坡) 沉积层；

(2) 深海平原沉积层;

(3) 深海丘陵沉积层。

大陆架的深度一般为0 ~ 200 m,习惯称为浅海;200 ~ 3 000 m海深的地区,其典型坡度一般为4°时称为大陆坡;3 000 ~ 6 000 m海深的地区称为深海;而6 000 ~ 11 000 m以上深度的地区称为海沟。实测数据表明,大部分浅海大陆架属于高声速海底,即$c_{底} > c_{水}$。而大部分深海沉积层属于低声速海底,即$c_{底} < c_{水}$。

各类海底沉积层的详细分类,需根据海底底质取样粒度分析来进行,此时也得出了一些声学参数的经验公式。所谓"取样粒度分析"是指对海底底质利用一定的工具进行取样。由于所取的样品脱离了自然状态,所以一般的声学参数(如声速及其分层结构,反射系数等)都会被破坏,只有底质颗粒结构的性能是稳定的。又根据大量的实验得到粒度(颗粒的结构称为粒度)一定的底质,其声学性质都是一定的,所以把底质按照粒度不同进行分类是比较科学的。早期把底质按其粒度分成六类:

(1) 淤泥 —— 直径小于0.062 mm的颗粒,在重量上占90%;

(2) 砂和淤泥 —— 直径小于0.062 mm的颗粒,在重量上占10% ~ 90%之间;

(3) 砂 —— 直径小于0.062 mm的颗粒,在重量上不到10%,直径小于2.0 mm的颗粒在重量上占90%;

(4) 石砾 —— 石块直径大于2.0 mm而小于10 cm为主要成分;

(5) 礁石 —— 石块直径大于10 cm的占主要成分;

(6) 珊瑚底 —— 含有石灰质的珊瑚海草,或其他能分离出石灰质物质的有机体样品为主要成分。

除了根据粒度来进行底质分类外,更重要的是以样品粒度来得到相应底质的一些物理参数,如密度ρ、声速c和吸收系数α等。

此外,海底地貌也极为复杂,其粗糙度也会影响声场的分布。例如底质是岩石,在考虑声波的频率较高又可忽略海底的粗糙度时,则这种边界也可假定为绝对硬边界,其反射系数等于"1"与绝对软边界相对应。

7.2.3 声波的反射、折射、绕射和干涉

7.2.3.1 声波的反射

当声波传至两种不同介质的界面时,会有一部分反射回原介质,形成反射波,这种现象叫做反射。回声就是一种反射声。但是,构成回声需要一个条件,即反射声到达听者的时间,至少要比从声源直接传到人耳的声音(称直达声)晚1/10 s以上。如果反射声和直达声到达听者的时间相差小于1/10 s,人耳就不能区分出是两个声音了,而相当于加强了直达声的响度。声音在室内传播,声波碰到墙壁、天花板、地面和室内其他东西,就要被反射。细分起来室内的声音可分为直达声、反射声和混响声三种。按其到达人耳的顺序排列,首先是直达声,其次是50 ms以内的反射声,最后则是50 ms以外的混响声。在一些大的厅堂里欣赏音乐,常产生有余音的感受,这就是混响造成的效果。

在声波的反射中,还有两个特殊情况值得介绍。一个是当声波碰到一个突起的表面时,反射波将向各个方向发射,这称为声散射,如图7 - 15(c)所示。另一个是声波入射到一个凹面上,像光线一样,产生不同的反射现象,如图7 - 15(b)所示。其中有一种声聚焦现象值得注意,例如有些厅堂或生产厂房在设计中,采用壳体房顶,就会出现声聚焦现象。

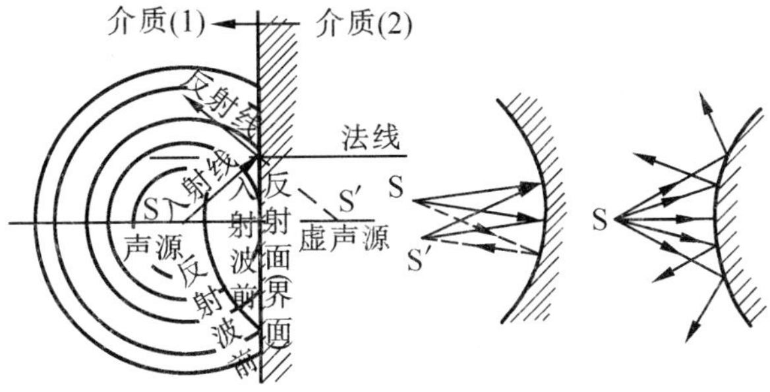

(a)　　(b)　　(c)

图 7 - 15　不同表面对声波的反射

(a) 平面反射;(b) 凹形球面反射;(c) 凸面反射

声波的反射现象在噪声控制中是可以利用的。事实表明,当声波遇到一个尺寸比它的波长大得多的障碍物时,声波就会像光遇到镜子似地反射回来,在障碍物后面形成一个声影,从而在声影区获得了安静的环境。

7.2.3.2　声波的折射

当声波传播到两种不同介质的界面时,一部分被反射回第一种介质中,另一部分透过界面入射到第二种介质中去。因为两种介质的声阻不同,所以,在透入到第二介质中便产生了折射现象。在这里,声线同光线一样,也是遵循反射定律和折射定律的。如图 7 - 16 所示。声线表示声波传播方向,入射线在法线的一侧,反射线和折射线在法线的另一侧。入射线、反射线和折射线在界面处与法线间的夹角,分别叫作入射角 α、反射角 α_1 和折射角 β。根据反射定律:入射线和反射线分别在法线两侧,入射角和反射角相等。与此相类似,声波的折射定律为:入射角 α 的正弦与折射角 β 的正弦之比等于第一种介质声速与第二种介质声速之比。即:

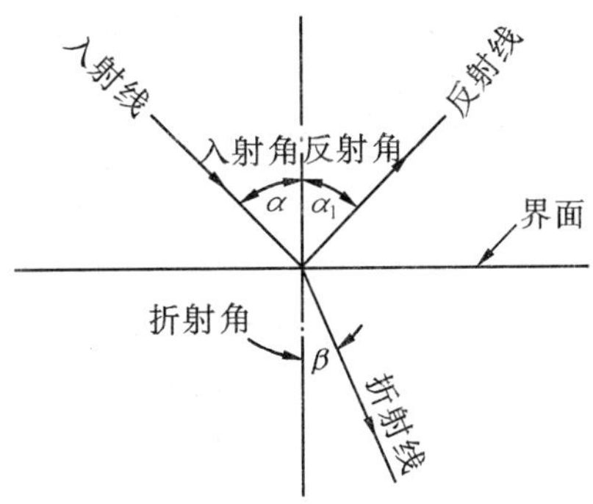

图 7 - 16　声线的折射和反射

$$\frac{\sin\alpha}{\sin\beta} = \frac{c_1}{c_2} = n_{2\cdot1} \tag{7-28}$$

式中　c_1—— 第一种介质的声速,m/s;

c_2—— 第二种介质的声速,m/s;

$n_{2\cdot1}$—— 相对折射率。

由公式(7 - 28)可以看出,声线的折射是由声速决定的。而且声线总是由声速大的一侧向声速小的一侧弯曲折射。即使在同一传声介质中,如果各处声速不同,同样会产生折射现象。例如,在白天地面温度高,靠近地面的大气温度较上层空气的温度要高些,因此,在空气中传播的声速随高度的增加而减少,根据公式(7 - 28),声线由声速大的地面向声速小的空中折射,如图 7 - 17(a);在晚上正相反,地面冷却得快,靠近地面的大气温度较上空的空气

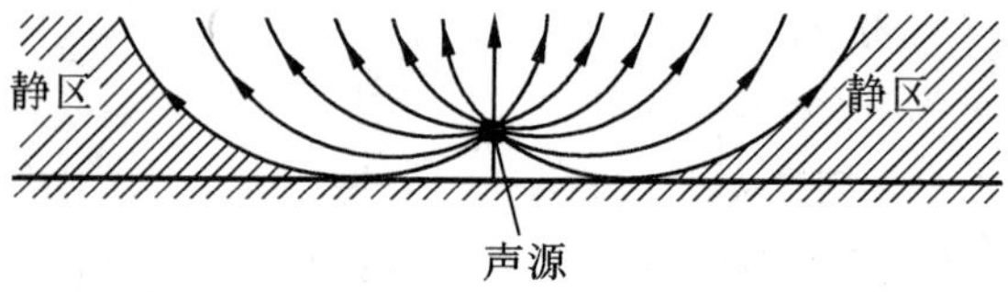

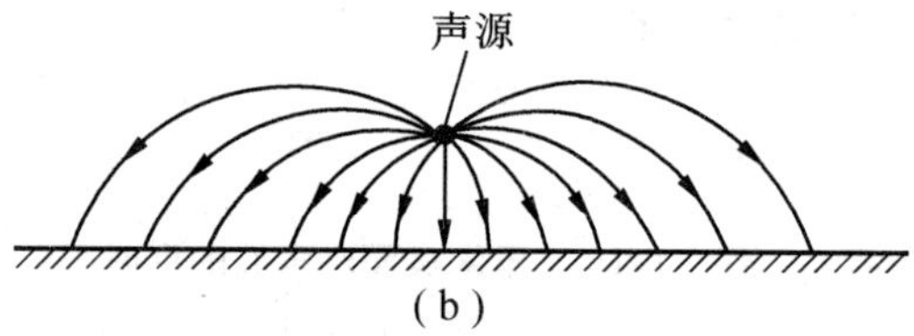

图 7－17 气温变化引起的声线折射

(a) 白天声线的弯曲;(b) 夜间声线的弯曲

要低,声速随高度的增加而增加,因此,声线向下弯曲,如图 7－17(b)。我们平时感到声音在晚上比白天传得远,这除了因为晚上安静外,还有如上声波折射的缘故。

又如,为什么顺风听声音比逆风听得清楚呢?这也是由于声线折射的结果。声音在空气中传播的速度受着风速的影响(顺风时,实际声速等于静止空气中声速与风速二者之和;而逆风时则等于二者之差),空气中的风速由于高度不同而不一样,在地面附近,因为地面摩擦、障碍物等影响,风速总要比上层空气中小。这样,在顺风时,地面声速比上层空气声速小,声线向地面折射,所以,我们顺风听声音感觉听得清楚;在逆风时,地面声速比上层空间大,声线向空中折射,所以,我们在逆风时听声音就差些。图 7－18 为风向与声线折射的关系。

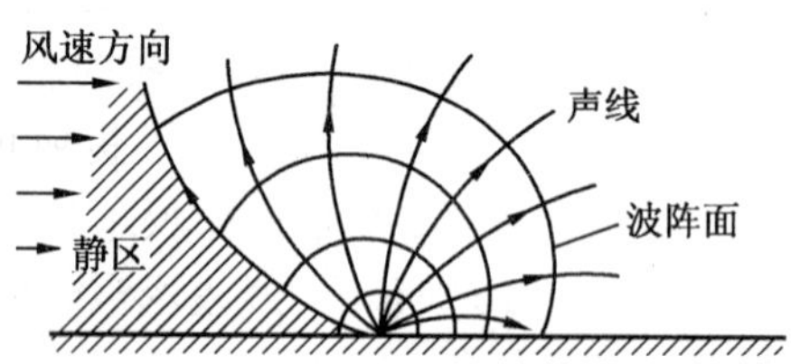

图 7－18 风向对声传播的影响

7.2.3.3 声波的绕射

声波在前进中如果遇到障碍物或孔洞,若声波的波长比障碍物或孔洞的尺寸大得多时,则声波可以绕过障碍物和穿过孔洞,达到直线传播时要成为“阴影”的地方,如图 7－19 所示,这种现象叫声波的绕射或衍射。

由于声波具有绕射本领,所以室内开窗比不开窗更能听到邻室的谈话,墙壁上存在缝隙或孔洞,隔声性能就大大下降。低频噪声的波长长,所以更易绕射,声波跨过尺寸比波长小的障板时,就好像一个大个子跨过一堵矮墙一样。在噪声控制中,由于低频声绕射能力强,对它采取设屏障的方法,降噪效果是很有限的。

7.2.3.4 声波的干涉和驻波

两个或数个声波在传播中相遇,可以叠加或削弱,这种现象叫声干涉。当两个频率相同的声波,以同样的相位到达某一定点时,两个声波加强,其合成振幅为两个波幅之和;当两个波的相位相反,互相减弱,其合成振幅为两个波幅之差。下面我们用图解说明。

如图7－20(a) 所示，假定 A 和 B 代表两个两样频率、同样振幅和同样相位的声源。根据惠更斯叠加定理，在介质中某一点 P 处的质点振动情况为：如果 $AP—BP$ 是半波长的偶数倍，由 A 声源与由 B 声源来的声波在 P 点同相位，互相叠加，振幅比单个波动增大一倍；如果 $AP—BP$ 是半波长的奇数倍，两个波动正好反相位，互相抵消，在 P 点就没有扰动了。

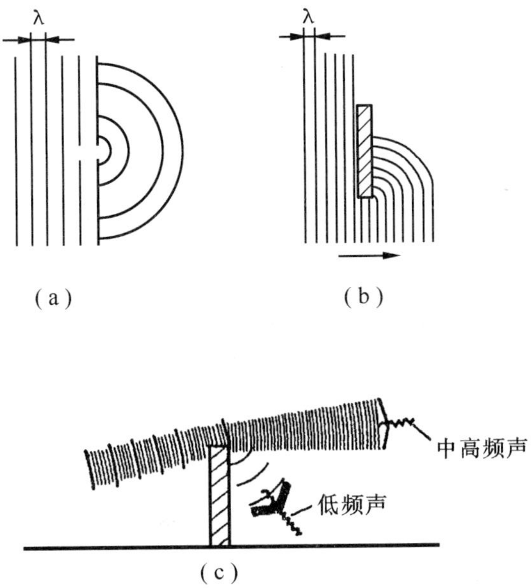

图 7－19　声波的绕射

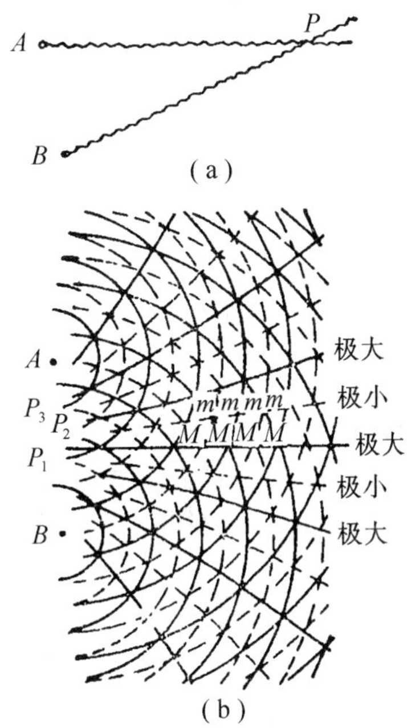

图 7－20　声波的干涉

图 7－20(b) 中 A 和 B 也是频率与振幅一样，同时激发的两个声源。图里的同心圆的圆心分别为 A 与 B，各圆弧表示由 A 与 B 发射出的声波的波阵面，实线代表压缩状态，虚线代表稀疏状态。A 发出的声波的压缩与 B 发出的声波的压缩之交点(图中实线交点)，或稀疏与稀疏的交点(图中虚线交点)，均是表示振幅相加的那些点(用 M 表示)；图中实线与虚线的交点则表示压缩与稀疏互相抵消(用 m 表示)。图上用粗实线把极大值 M 连起来，用虚线把极小值 m 连起来。粗实线与虚线之间的那些点的振动状态处于二者之间，这种声布图叫干涉图案。图 7－20 只画了 A，B 所在的某个平面内的图案，实际上干涉图案是立体的。

在一个礼堂里安装两个扬声器，放音时，在礼堂里各个座位上听到声音不一样响，离扬声器近的位置不一定比远的位置响，就是由于这两个扬声器播出的声音构成一幅复杂的干扰图案的缘故。

有一种干涉消声器就是根据这一原理设计的。如图 7－21 所示，在长度为 L 的通道段上装置旁通管 L_1，当 L_1 比长的部分刚好等于 L 的或的奇数倍时，在旁通管与通道汇合处就产生干涉现象，从而达到消声的目的。

驻波是干涉的一种特殊情况，它是由两个频率相同、振幅相同在同一直线上沿相反方向彼此相向行进时叠加而成的波。驻波的特点是具有固定于空间的波节和波腹，波节(波谷) 是驻波中幅值为零的点，波腹(波峰) 是驻波中幅值为极大值的点。两个波节(或波腹) 之间的距离等于波长的 1/2。在声学工程中，利用驻波原理来测量吸声材料的吸声系数的驻波管法,是既简便又精确的方法,因而得到广泛的应用。如图7 - 22 给出了由绳子摆动产生驻波的示意图。

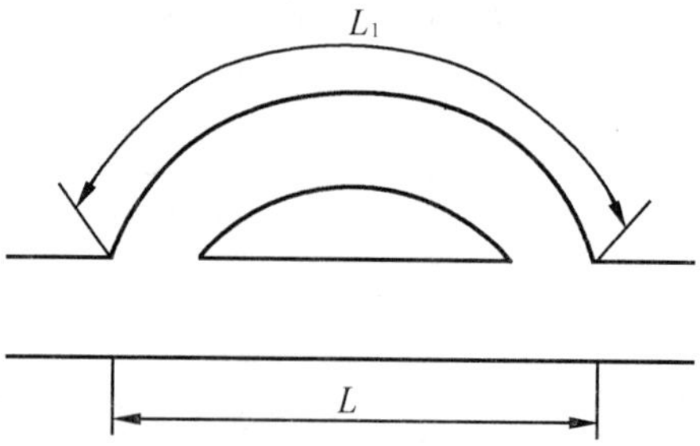

图7 - 21 干涉消声器 $L_1 = (2n+1)\frac{\lambda}{2} + L$

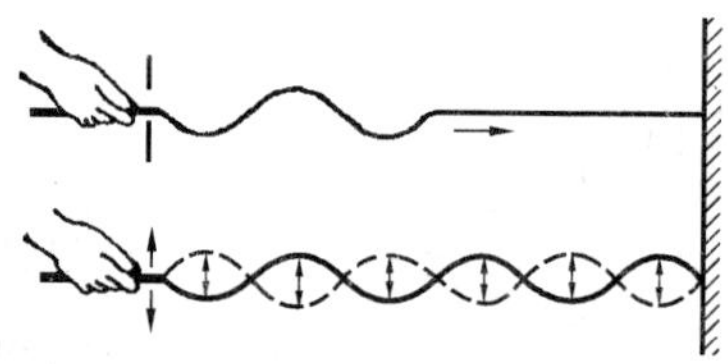

图7 - 22 绳子上的驻波

对于不同频率、不同振幅和不同相位的数个声波叠加,其情形是复杂的。现实中的一些噪声多是由各种声波叠加而成的。因此,上述的干涉消声器用于包括多种频率成分的噪声时,往往得不到明显效果。

7.2.4 结构声的产生和传播

7.2.4.1 结构声

结构声是机械振动沿固体构件传播的过程,由于固体构件一般由匀质、密实的弹性材料组成,对声波的吸收作用很小,并且能约束声波使它在有限空间内传播,因此结构声往往可以传播很远的距离。这种结构声通过构件表面的振动向水中辐射成水噪声,向空气中辐射成空气声。

固体构件的机械振动可以由声源或振动源的机械力直接激发,也可以由声源先产生空气声或水噪声然后通过声压作用而间接激发。在研究结构声问题时,通常讨论的是直接激发的情况。不过,为了普遍起见,关于使构件振动的激发力暂不对它的来源加以限制。

构件振动的激发力主要可以分两类:一类是稳态力,例如发电机,电动机等具有转动部件的机器,每转动一周,由于偏心作用使机座上受到的惯性离心力变化一个周期;另一类是撞击力。因此,结构声相应可分稳态声和撞击声两类。控制结构声的根本途径是:使给定的声源或振动源对固体构件施加的激发力予以隔离或降低。

7.2.4.2 结构声的产生和传播

在实际工程中常见的结构可以看成由棒状(如梁、柱)和板状等基本类型的固体构件所组成。某一构件受激发力作用产生的振动会以弹性波的形式沿该构件传播出去,在构件与构件联结的地方,一部分弹性波在界面上反射,另一部分弹性波则通过界面进入相邻的构件。这样,在局部范围内原始的机械振动,在整个结构中由近及远地传递,使各个构件相应地作机械振动,并进一步向周围空间辐射声。

细棒与薄板的运动已被详尽地加以研究,弹性波在构件联结处的反射与透射可以根据界面的条件求出。因此,结构声的产生与传播,原则上可以根据声学基本理论作出严格的分析。

1. 结构声的基本性质

声频范围内在细棒中传播的弹性波主要有两种:一种是沿棒传播的胀缩波(近似为纵波),另一种是胀缩波与切变波组合而成的弯曲波(为横波)。胀缩波沿棒的轴线方向传播时,棒的元段时伸时缩。在轴线上质点振速及相应的作用力与波传播方向完全一致。偏离轴线时,由于存在侧向的伸缩作用,质点振速实际上与传播方向有所不同。不过对于细棒来说,这种侧向振速很小,一般可以忽略不计。弯曲波沿棒传播时,棒的元段作纯弯曲,质点振速及相应的作用力与波传播方向垂直,即沿棒的厚度方向。

薄板中传播的弹性波主要有三种:一种是沿板传播的胀缩波,另一种是弯曲波,还有切变波(为横波)。

胀缩波与切变波的传播速度与频率无关,而弯曲波的传播速度则随频率的平方根而增加。表7－3列出固体材料中胀缩波与切变波的传播速度。

表7－3　固体材料中胀缩波与切变波的传播速度(m/s)

材料	棒中胀缩波	板中胀缩波	板中切变波
铜	3 710	3 960	2 260
铁	5 180	5 390	3 230
铝	5 040	5 360	3 080
铅	1 200	1 340	700
岩石	~5 000	~5 400	~3 000
混凝土	~4 000	~4 200	~2 400
有机玻璃	~2 300	~2 500	~1 500
硬木	~3 600		

2. 界面条件与波型转换

两相邻构件以一定的方式连接,在连接处构件的运动受到约束,因此要满足相应的边界条件。基本的连接方式如下:

(1) 铰接(如图7－23(a))

构件间以铰链相连接,构件可以围绕铰接点自由转动,因此相互间没有弯矩的作用。在铰接处两构件的质点振速相同,相互间的作用力大小相等方向相反。

把质点振速(在一般情况,包括三个分量)作为描述固体构件振动的基本状态参数,在铰接处应满足质点振速连续的界面条件。

在振动传播过程中,构件横截面上产生法向力(在胀缩波中)和切向力(在弯曲波和切变波中)。由于作用力与反作用力总是成对地产生,我们约定正法线方向(即向外的方向)即沿波形传播方向的截面上所受的作用力作为另一基本状态参数。可以看出,在铰接处也应满足作用力连续的界面条件。不过在图上为T形联结,铰接点为三叉点,应把它看成弹性波沿一条支路入射,沿另两条并联的支路透射。

(2) 搭接(如图7－23(b))

一构件简单地搁置在另一构件突出的部位上(俗称"牛腿"),构件可以围绕接触点自由转动并可以沿水平方向滑动,因此相互间也没有弯矩作用,并且没有水平方向的作用力。在接触点处两构件间应满足垂直方向质点振速及相应作用力连续的条件。

(3) 固定(如图 7 - 23(c))

一构件嵌入在另一构件内,使两构件成为相对固定的整体。在连接处两构件间三个方向的质点振速以及相应作用力都应满足连续条件。不但如此,由于两构件不能围绕连接点自由转动,因此相互间存在弯矩作用。与作用力的情况相类似,弯矩也总是成对产生的,大小相等,转动方向相反,我们用同样的方法只考虑其中一个,并把通过连接点的弹性波看成沿两条并联的支路透射。这样,两构件间在固定连接处还应满足弯矩连续的条件。

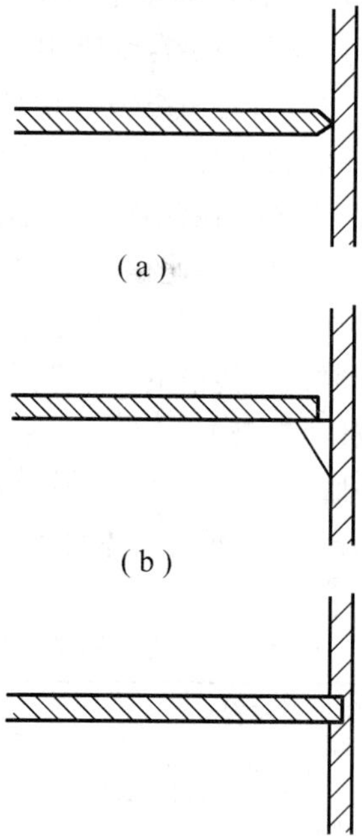

图 7 - 23 构件间的连接

(a) 铰接;(b) 搭接;(c) 固定

由上可知,固定的连接方式要求两构件间满足更多的连续条件。可以预期,弹性波将比较容易地从一个构件通过连接处透射入另一构件;反之,搭接的连接方式使两构件间较少地受到约束,弹性波大部分将在接触点处反射,即两构件间的隔声效果比较好。

沿固体构件传播的弹性波有几种类型,当一种类型弹性波沿构件传播到两构件间的连接处时,有可能同时产生几种类型的反射波与透射波。弹性波从一种类型变成另一种类型的现象叫做波型转换,这是结构声传播过程中的重要现象。与空气声相比较,波型转换是结构声所特有的。例如两构件作 T 形铰接时,沿水平构件入射的弯曲波,将在垂直构件上引起胀缩波;反之,沿水平构件入射的胀缩波,将在垂直构件上引起弯曲波。

3. 特性力阻抗与策动点力阻抗

空气声在自由空间中传播时,通常以声压 P 和质点振速 v 作为基本状态参量,其相对比值 $Z_s = P/v = \rho c$ 为特性阻抗,它反映媒质传播空气声的特性。与此相类似,结构声在棒或板等构件中传播时,通常以作用力 F 和质点振速 v 作为基本状态参量,其相对比值叫做特性力阻抗,它反映固体构件传播结构声的特性。由于结构声有胀缩波、弯曲波和切变波等不同类型的声波,特性力阻抗也相应有不同的表达式。棒和板中弯曲波的特性力阻抗分别为:

$$Z'_b = S\rho c'_b \tag{7-29}$$

$$Z_b = H\rho c_b \tag{7-30}$$

由上可知,特性力阻抗与空气中特性阻抗 ρc 相类似,只要把空气声声速调换成相应结构声声速,并乘上截面面积(棒中)或单位宽度截面的面积(板中)就行了。

当棒或板在界面上受到激发力 F 的作用,从而在构件内产生弹性行波。激发力作用的方式不同,弹性波的类型相应有所不同,在策动点处的质点振速 v 也相应改变。例如在棒的端面上施加法向作用力时,将产生胀缩波,质点振速将沿棒的长度方向。如在端面上施加切向作用力时将产生弯曲波,质点振速将沿棒的厚度方向。在策动点处激发力 F 与相应质点振速 v 的相对比值 $Z_0 = F/v$ 叫策动点力阻抗。如前所述,激发力 F 在棒中应理解为作用在整个截面面积上,在板中应理解为作用在单位宽度截面的面积上。

策动点力阻抗与特性力阻抗有密切联系。与空气声相类比,固体构件的特性力阻抗对应于传播空气声媒质的特性阻抗，而策动点力阻抗对应于激发产生空气声的声源的辐射阻抗。通过特性力阻抗就可以了解固体构件的结构声传播特性，知道了策动点力阻抗就可以了解声源向固体构件辐射弹性波特性。当弹性波自一构件向另一构件传播时，在构件间连接点处相互作用，产生弹性波的反射及透射，与策动点力阻抗有关。知道了连接点处的策动点力阻抗值，也就可以了解弹性波通过连接点时的传声损失。对于胀缩波和切变波，策动点力阻抗和特性力阻抗相同，反射与透射的问题可得到简化。

4. 截面突变处的传声损失

空气声在管道中传播时，在管道截面突变处会发生反射，从而透射声有所削弱，即空气声通过管道截面突变处会产生传声损失，结构声在构件中传播时也有类似情形。经研究表明，沿棒或板传播的结构声，在截面突变处会产生一定的传声损失，但一般不很大，因此借助截面突变使结构声衰减往往并不是很有效的控制措施。

5. 构件转弯处传声损失

在实际工程中，构件往往相互垂直地连接在一起，最常用的有L型、T型以及十字形连接结构声传播到连接点处时会产生反射、透射及波型转换等现象。

从实用角度考虑，最感兴趣的是弯曲波正入射时的情况。理论分析表明，在较低频率范围，当胀缩波波长大于六倍厚度时，不论在反射波还是透射波中，都是弯曲波占优势。

构件作L形直角刚性连接时，弯曲波的传声损失与入射方向无关。当两构件具有相同厚度时，传声损失为极小值约3 dB。厚度不同和材料不同都会使传声损失增加。

构件作T形刚性连接和十字形刚性连接时，由于传声方向、构件厚度和材料等不同都会产生不同的传声损失。

6. 横向集中力产生的弯曲波

在结构声中，弯曲波具有最重要的作用。这是因为在实际结构中，弯曲波不但容易在外力激发下产生和传播，而且还容易向周围辐射再生的空气声。我们以棒为例，讨论构件在侧面中部受激发时所产生的弯曲波。

当棒在侧面受到集中简谐力F的作用时（见图7－24），将在棒中产生两列弯曲行波，分别向左和向右传播出去。把棒看成在策动点o处连接在一起的两段“半无限长”的棒，由对称关系可知它们在端面上分别受到集中力的作用。此外，在策动点o处，左右侧两段棒相互间存在弯矩的作用，而棒端的转角都为零。

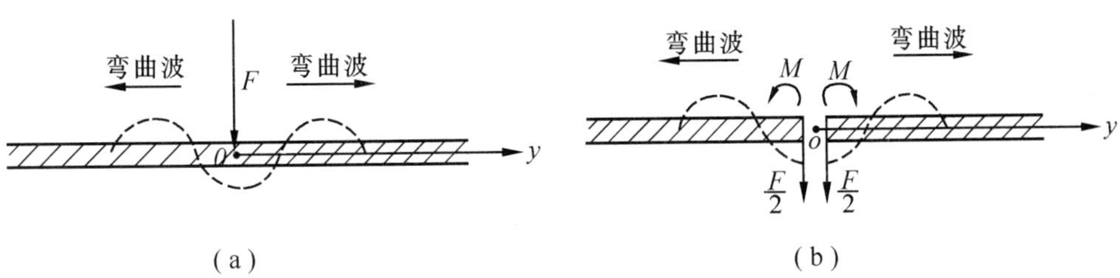

图7－24　棒受横向集中力时产生的弯曲波

(a) 实际情况；(b) 等效情况

“无限长”棒的策动点力阻抗与“半无限长”棒端面上激发产生弯曲波的情况相比较，“无限长”棒的策动点力阻抗要增大四倍而不是二倍，这是由于把“无限长”棒看成是两段

“半无限长”棒并联时,必须考虑两段棒相互间弯矩的作用。

当板在侧面受到均匀分布在一直线上的作用力时,也将在板中产生两列弯曲波与上述在棒中的情况完全类似。值得注意板中的两维弯曲波与棒中产生的一维弯曲波的情况有明显的差别。在板中的策动点力阻抗不再是复数,而且在数值上不再随频率而变化;反之,在棒中的策动点力阻抗是个复数,并且与弯曲波波速一样随频率的平方根增加。

在棒或板上所受横向作用力可以直接由外加激发源提供,也可以由沿构件传播的胀缩波所间接产生,后者在实际问题中有很重要的应用价值。一个构件(板或棒)垂直地刚性连接在另一构件(板或棒)的中部,这种结构的实例是很普遍的。当胀缩波沿前一构件传播时,后一构件将受到横向力的作用。在两构件间的连接处,反射波仍为胀缩波而透射波将转换成为单纯的弯曲波。入射波与反射波的传播特性以特性力阻抗反映,透射波将以策动点力阻抗反映。

第 8 章　舰船声隐身技术概论

8.1　概　　述

8.1.1　引言

隐身(stealthy)即躲避探测和攻击。舰船声隐身是为了躲避声呐探测和音响水中兵器攻击,对现代战争来说已不是一个新概念了。随着现代声呐的日趋完善,性能优良的先进探测声呐投入使用并不断更新,舰艇的暴露率大幅度提高,生存力和战斗力受到严重威胁。而声隐身技术的应用却可以大大改变舰艇的真实态势,提高舰艇的隐蔽性,达到“保存自己”、“克敌制胜”目的,从而提高舰艇的生存力和战斗力,现代战例已充分说明了这一点。尽管现代战争的作战环境日趋复杂,手段也不断提高,首先通过探测来发现目标、跟踪目标,然后实施有效攻击的作战模式没有改变。舰船声隐身就是通过系统地应用多种技术来控制舰船声场,改变舰船声目标特性,并通过水声对抗等来降低对方声呐探测设备的发现概率和距离,降低对方声呐自导的水中兵器攻击力,同时也提高了本舰对目标的发现、跟踪和打击力。由此可见,声隐身技术是提高现代舰船的生存力和战斗力的有效手段。

8.1.2　舰船声隐身技术的发展

8.1.2.1　声呐的发展

声呐是舰艇的耳目,是进行水中探测、跟踪、定位、识别、导航、通信、遥感、遥控和遥测的设备。作为水下非声探测,有利用舰船电磁(光)波、电场、磁场、水压场、尾流场、温度场,用相应灵敏传感器进行探测,但检测距离与舰船本身尺度同一量级,不能达到远距离探测,而只有声探测可以达到远距离探测。这主要是声波与其他非声波的海中吸收衰减不一样,例如对于 10 kHz 的声波与电磁波,在水中传播 1 km,声波衰减约 1 dB,而电磁波且衰减 4 500 dB。因此,在水中利用声波作为信息载体就成为唯一选择。第二次世界大战后,由于科学技术发展,水下目标(潜艇)、水中兵器(水雷、鱼雷及火箭)的性能提高,声呐也随着得到了迅速发展。主动声呐作用距离从二次大战的几链到几十链,发展到如今的近百链到几百链,被动声呐的作用距离从二次大战时的几十链发展到如今的几百链甚至近千链,测向精度也提高十倍以上。其主要的途径如下:

1. 充分利用水声物理研究成果,并能在声呐硬件中实施,利用声波海底、海面反射和声道聚焦效益等成果,利用变深声呐或改变潜艇下潜深度克服海中温度跃变层的不利影响,提高声呐作用距离;

2. 增加发射功率,降低工作频率和增大基阵,这是提高声呐作用距离和测向精度行之有效办法;

3. 采用抗干扰信号处理技术,有效的提高信噪比;

4. 进行本舰噪声分析,使声呐工作在最佳频率上。

另外,现代声呐在搜索速度、目标识别等方面水平也有明显提高。今后声呐的发展,在水声物理方面,需建立二维和准二维海洋声环境预报模型。在水声工程方面应把提高作用距离和精度,多目标跟踪和识别及自动显示等作为主要研究内容。

(1) 新型传感器的各种阵列和多种布放方式的研究。

例如:高静水压低频大功率发射换能器、光纤水听器、矢量传感器及艇壳阵、舷侧阵、拖线阵、双拖线阵研制和应用。

(2) 发展以提高信噪比为目标的多路信号处理技术及发射波形设计与优化技术。

例如:自适应技术、数字多波束技术、数字信号处理技术、小波分析技术、宽带信号处理技术、合成孔径技术、多目标跟踪技术、识别技术、显示技术。

(3) 集成的分布式自适应声呐及声呐中多传感器技术应用研究。

(4) 声呐性能预测系统研究:实时测量噪声和混响,并建立世界各海域的海洋深度、底质、温度、声速剖面、盐度的数据库。声学模型有深海、浅海两种,可以自动选择传输损失模型,预测主动与被动、低频与高频和噪声限与混响限情形下的声呐作用距离,可用于战术决策和声呐辅助设计。

(5) 侧扫/合成孔径声呐/激光扫描仪三位一体的猎雷系统研究。

8.1.2.2 水中音响兵器的发展

水中音响兵器主要指音响水雷、音响自导鱼雷及火箭助推音响自导鱼雷。

1. 音响水雷

音响水雷是一种非触发独立水雷,当舰船与水雷接近到一定距离时,由航行舰船物理场——声场或由水雷自身发射探测声信号鉴别目标后引爆的水雷。

水雷是海战中的重要兵器之一,在第一次世界大战和第二次世界大战中,都曾得到广泛的使用。特别是在第二次大战后的各主要海战中,水雷几乎成为必用的武器。尽管在世界上核武器和导弹技术都已高度发展,但水雷仍不失为现代海战中最有效的武器之一。

(1) 水雷具有强大的破坏威力

水雷的爆炸往往发生在舰船最重要的也是最薄弱的水下部分。中、大型舰船遭受一枚大型水雷的爆炸,在船体上会造成 30 ~ 50 m^2 的破口,足以使其沉没或长期退出战斗。

(2) 水雷位置隐蔽袭击突然

水雷可由飞机迅速低空投放或由潜艇隐蔽布放,以海水作为掩护屏障,水雷位置隐蔽。目力观察只能发现浅布锚雷;声呐发现水雷的距离不超过 10 链,而磁探仪、光探水下电视只有 10 m 左右。所以水雷的攻击常常是突然,出其不意的。

(3) 富有长期对敌威胁性、易布难扫

水雷布设后,在相当长的时间内处于随时可爆炸的战斗状态,甚至在几十年后仍有爆炸的可能。这就给敌方海域造成经常性的紧张,迫使其耗费巨大的人力和物力去从事反水雷斗争,甚至被迫放弃航道,关闭港口。

(4) 使用简单、效费比高、战果显著

第二次世界大战时,各国舰船由于触雷而损失的竟达 3 700 余艘。美国在日本的港口基地周围以及日本的海上交通线上布放了 23 000 个攻势水雷,大约每布设 23 个水雷就能毁伤一艘日本舰船。装药量为 150 kg 的触发锚雷造价仅 1 000 美元左右,装药量为 500 kg 的非触发沉底雷造价也不过 5 000 美元,而且耐淘汰。水雷结构简单,价格便宜,操作与维护保养方便，使用广泛，不仅水面舰艇、潜艇、飞机可布设，民用船只也可布设。

引信是水雷的核心部分，它的作用不仅是要引爆水雷，而且是保证有效地击毁舰船。

声引信是在舰船声场作用下而动作的引信，按频率，分为次声引信（低于 20 Hz）、声频引信（20 Hz ~ 20 kHz）和超声引信（高于 20 kHz）。按工作原理可分为：静声引信，利用声场声压幅值的增量而动作；动声引信，利用声场声压幅值随时间的变化率而动作；声梯度引信，利用声场声压幅值随距离的变化率而动作。20 世纪 70 年代以来，又发展了幅值差、线谱声等新型声引信。被动的单一声引信受自然干扰严重，且容易为扫雷具扫除，因此，多和其他引信组合使用。主动声引信是靠引信本身发射声波，当有舰船在水雷上方通过时，引信接收到回波信号发生变化而引起水雷爆炸。它提高了抗扫、抗干扰能力，同时避免了依赖舰船声场的被动性。然而，由于主动声引信本身要发射声波信号，所以消耗能量大，故一般不作为单一引信使用，而用作组合引信的战斗引信。

（5）水雷向提高战斗力和生存力发展，实现水雷智能化及先进引信，高能装药提高爆炸力，提高主动攻击的机动性，发展水雷的隐身性等，这对舰船构成严重威慑。美国研制智能水雷可自动识别目标主动攻击。

2. 音响自导鱼雷

鱼雷在历次海战中发挥过巨大威力，是现代海战进行水下攻击的主要武器，特别是反潜斗争的必备武器。鱼雷是一种能在水下自行推进，自动控制航行深度和航向，并自动导向目标，以水中爆炸摧毁目标的水中兵器。现代鱼雷能自动搜索和跟踪目标，具有速度快、航程远、隐蔽性好、命中率高、破坏威力大等特点。可由飞机、水面舰艇及潜艇运载和发射，主要用来攻击潜艇和水面舰艇，还可攻击其他水中目标。

按动力系统可分：热动力鱼雷、电动力鱼雷、火箭助飞鱼雷。按制导方式可分：自控制鱼雷、自导鱼雷和遥控鱼雷（线导）以及复合制导鱼雷。按装药可分：常规装药鱼雷和核装药鱼雷。在二次大战后到 20 世纪 60 年代，研制出音响自导鱼雷，以后自导鱼雷发展到能在大深度航行，且在方向和深度两个平面都能进行自导，因而逐步取代深水炸弹成为反潜的主要武器；同时，又出现了用火箭把鱼雷空中助飞一段再入水的火箭助飞鱼雷（又称反潜导弹）。此外，在这个阶段还逐步发展了线导鱼雷。

音响自导鱼雷是当今世界各国海军使用最广泛的一种鱼雷，它由战斗部、动力系统和音响自导系统等部分组成。

鱼雷音响自导系统组成如下。

（1）换能器基阵：一般采用几十个至一百几十个阵元组成的平面阵，收、发基阵共用，也有分开的。主基阵是探测目标用的，有智能制导的鱼雷，用于控制垂直命中末弹道，它还有下基阵用于测深。

（2）波束形成器：由电阻移向构成，新型鱼雷多采用数字波束形成器。

（3）检测器、判决器、指令部分和操舵控制。

（4）主动自导部分：由发射机和发射波束形成。

（5）智能自导部分：由后置处理部分和计算机。

鱼雷发展中的线导鱼雷，命中概率比音响自导鱼雷有较大提高，具有良好的抗干扰能力，制导方式为线导加声自导。

为了进一步提高音响自导鱼雷的工作效率和发展音响自导鱼雷的抗干扰能力，避开对目标声源物理场的依赖，出现了利用舰船航行时产生的尾流效应自动搜索、跟踪、攻击目标的尾流自导鱼雷。

火箭助飞鱼雷是由水面舰艇或潜艇发射,经火箭空中助飞到达预定点入水,自动搜索、跟踪和攻击潜艇的鱼雷,是一种中远程反潜武器,由火箭飞行器和音响自导鱼雷构成。航程远,航速高,水下接近目标和水中爆炸实施攻击,兼有鱼雷和导弹的优点。发射装置,水面舰艇使用斜式发射架或鱼雷发射管,潜艇使用鱼雷发射管。按飞行状态分,有巡航式和弹道式。制导方式,有惯性制导、无线电指令制导和复合制导等。射程20 ~ 56 km。攻击程序是:发射后,以时间程序控制、惯性制导或无线电指令制导等飞向目标区;到达预定点时,自导鱼雷脱离火箭飞行器,打开减速伞,入水时解脱减速伞,入水后按预定程序进行搜索,发现目标后自动跟踪、攻击,直到命中。

现代鱼雷的发展是不断提高鱼雷速度、增大鱼雷航程和航深、提高自导(音响自导)精度和命中率,努力发展鱼雷武器系统(如新型智能鱼雷、尾流自导鱼雷、超空泡鱼雷、空投反潜鱼雷等)和鱼雷对抗与反对抗技术,以提高鱼雷攻击和反鱼雷攻击的效果。

8.1.2.3 声隐身技术的发展

随着声呐和音响水中兵器(音响水雷、音响自导鱼雷)性能的提高,舰船声隐身技术也相应得到发展。以控制舰船声场(降低辐射噪声和自噪声)和降低舰船声目标特性为研究内容的声隐身技术已进入全面、系统和深入阶段,实现舰船全寿命的声隐身。

1. 合理确定舰船噪声指标

根据舰船作战使命确定舰船合理的辐射噪声指标、自噪声指标、舱室空气噪声指标和目标强度,同时通过分配确定舰船系统和单机设备的噪声振动指标。指标论证与分配工作已从定性分析阶段发展为定性分析与定量估算相结合的预报。

2. 通过舰船声学设计得到舰船声场控制的优化方案

在确定舰船声场控制的优化方案中,必须建立噪声预报模型和效果的评估模型。

3. 解决舰船声场控制和降低舰船目标强度的关键技术

(1) 低噪声螺旋桨:延迟空泡产生,提高临界转速,避免唱音,减小螺旋桨噪声。为了减小推进系统噪声,甚至采用泵喷推进。

(2) 阻尼技术:解决宽频带振动的控制和减小声辐射。目前发展一种主动约束阻尼层技术。

(3) 浮筏技术:浮筏解决多机组的隔振,一般振级落差35 + 5 dB,而船筏振级落差可达40 + 5 dB。

(4) 管路噪声振动的控制:降低舰船机械噪声的重要措施之一。

(5) 消声瓦技术:可以使目标强度降低7 ~ 12 dB,除此还能抑制潜艇壳体的声辐射。目前还向智能多功能瓦技术发展,即主动吸声、主动隔声和主动声辐射控制的多功能主动消声瓦。

(6) 据资料报道,有些新技术正在研究或应用,如主动隔振、声学智能结构、复合材料基座、柔性隔声缓释层、自适应可调谐动力吸振器及优化布置、流体边界层控制等。

4. 舰船建造、试航交货期间的声场控制

根据舰船声隐身的方案设计,技术设计而进入的施工设计,有相应施工工艺和试航验收文件保证。

5. 舰船服役期间的声场控制

噪声振动监测仪可通过布置噪声振动源附近部位噪声、振动传感器监测源的噪声、振动变化,并有相应的措施达到控制目的。

6. 舰船修理期间的声场控制

舰船修理有声隐身的控制方案和设计,编制相应的施工工艺和验收文件,使舰船在修理前、后噪声、振动级保持相当水平。

由于舰船声隐身技术的发展,使潜艇从"安静性"向"极安静型"发展。

8.1.3　现代舰船与声隐身性

以往在舰船研究设计中存在追求高速性还是安静性的争论,现代舰船研究设计中已突出声隐身性,这是对舰船追求高速性观点的改变。与舰船其他性能指标一样,把舰船尤其是潜艇的安静性(如辐射噪声指标、自噪声指标、目标强度、舱室空气噪声指标等)作为重要的战术技术指标已被潜艇设计师们广为接受。为了达到潜艇安静性指标,在其研究设计中甚至可以降低一些其他性能指标。

8.1.3.1　潜艇辐射噪声、自噪声

由于潜艇水下隐蔽性的特殊重要性,世界各海军国家都不遗余力地开展潜艇声隐身的工作。图 8－1 中表示美、俄两国控制潜艇辐射总噪声级每年下降的趋势。

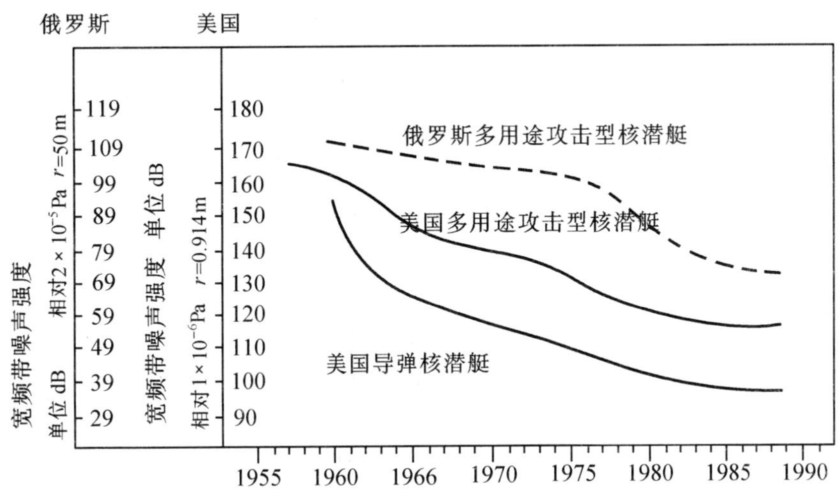

图 8－1　美国和俄罗斯潜艇的总噪声辐射强度

1. 从二次大战末到20世纪60年代初美国潜艇的辐射噪声已经下降了约10 dB,这一成就主要归功于低噪声螺旋桨的设计。在潜艇巡航速度时螺旋桨的空化和唱音已经基本解决。一个佐证是这期间公开文献中发表了大量关于螺旋桨空化和唱音的论文。

2. 美国核潜艇在 20 世纪 60 年代初期(1960 年—1965 年)辐射噪声下降很快,约为 15 ~ 20 dB。其原因是在这期间采用了把机械噪声最大的推进系统安装在一个"减振筏座"上。浮筏技术的采用是潜艇降噪的重大进步。

3. 前苏联潜艇在1960年—1975年的十五年间辐射噪声只下降了5 ~ 10 dB。而从1975年到1985年的十年间却下降了约30 dB。美国军方认为这期间前苏联已经掌握了浮筏技术,并利用从日本和挪威秘密进口的大型数控铣床加工出低噪声螺旋桨(东芝事件)。

4. 总体上看,美国攻击型核潜艇的辐射噪声从1960年的160 dB下降到1985年的118 dB。平均每年下降1.5 dB。前苏联从1960年的170 dB下降到1990年的130 dB。平均每年下降的分贝数略低于美国。

以上虽然只比较了美国和前苏联的降噪情况,但是这个数据有一定的普遍性。20世纪末先进国家现役潜艇的辐射噪声大都在130 dB左右,美、俄有的潜艇辐射噪声在120 dB左右。

根据辐射噪声总声源级的大小可以把潜艇分成:强噪声潜艇、噪声潜艇、安静性潜艇和超安静性潜艇等四类,见表8-1。

表8-1　潜艇辐射噪声级

艇型	水下6节辐射噪声级(re1m 1μPa)dB
高噪声潜艇	160以上
普通潜艇	150 ~ 160
低噪声潜艇	140 ~ 150
准安静型潜艇	130 ~ 140
安静型潜艇	120 ~ 130
极安静型潜艇	120以下

由于控制潜艇辐射噪声的采取的措施和声呐基阵平台处声环境改善,使潜艇自噪声也大幅度下降。

8.1.3.2　潜艇目标强度

近年来随着潜艇隐蔽性的不断提高,潜艇噪声已大幅度降低,致使被动声呐的探测距离大大下降,在这种情况下主动声呐重新受到重视。因此,潜艇的对声波反射能力也是关系到潜艇隐蔽性的重要方面。

目前除在潜艇本身设计中考虑壳体形状、结构材料等方面减小声波反射外,还在可贴消声瓦的壳体上贴敷消声瓦,研制各种消声瓦并提高消声瓦的性能是现代潜艇减小目标强度的主要途径。

安静型舰艇与普通舰艇相比,无论从设计还是制造以及测量等方面在理论上与实践方面都是一个飞跃,是量变中的质变。安静型舰艇设计、制造和测量都是先进的现代科技形成的软件与硬件成果结晶。

8.2　舰船声隐身技术

8.2.1　控制舰船噪声降低被动声呐探测距离

8.2.1.1　舰船噪声指标的确定

传统的舰船设计,重视的是舰船主尺度、排水量、稳性和船型系数的确定、线型的优劣、航速、主机的选择、总布置、结构强度、舰船装置及火炮武器等性能和装备。随着现代舰船设计观点的改变,舰船的性能指标及重要性发生较大变化,原来没有的舰船噪声指标列入舰船性能指标,甚至对潜艇是作为重要性能指标。

舰船噪声指标主要是指舰船辐射噪声级和舰船声呐基阵平台处的自噪声级，这两项指标一般列在战术技术任务书和型号研制技术任务书中。舰船舱室空气噪声级根据舰船不同类型也提出不同要求列入型号研制任务书。每个系统和单机设备也在分项任务书中提出噪声振动指标。

1. 辐射噪声指标

（1）舰船辐射噪声指标一般是用舰船辐射噪声（宽带）声源级（定义为从远场中测量并折算到距离声源等效声中心 1 m 处声级）和谱密度源级（定义为从远场中测量并折算 1 Hz 带宽内的距离声源等效声中心 1 m 处的声级）表示。

① 对于改进型舰艇的辐射噪声指标一般采用比母型艇在相同条件下降几分贝。

② 限值曲线和总声级

舰艇的辐射噪声谱具有如图 8 －2 所示的一般特征。在几百赫兹以下的低频段有离散的线谱，这些线谱来自于艇内机械振动的周期性分量和螺旋桨的周期性旋转，因此线谱的频率可以与激励频率对应起来。几百赫兹以上的高频段是连续谱，通常以每倍频程 5 ～ 7dB 的速率衰减。

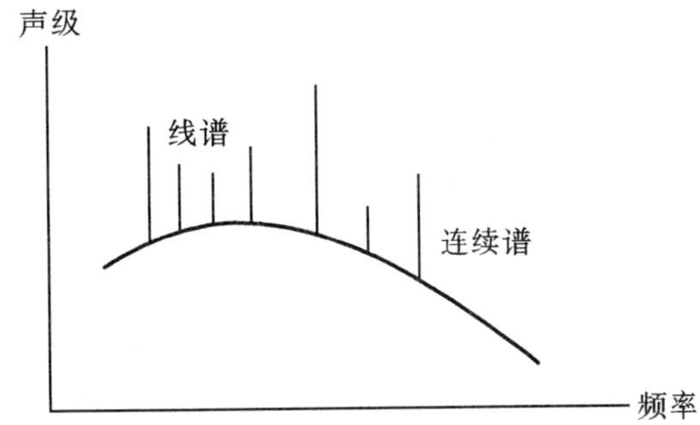

图 8 －2　舰艇辐射噪声谱的一般特性

为了控制舰艇辐射噪声，在论证和设计阶段常常规定一条噪声限值曲线，见图 8 －3。限值曲线的低频段直到临界频率 f_0 都是平的，临界频率 f_0 以上以 6 dB/oct 的速率下降。图 8 －3 所示的限值曲线的特点是：低频段 $0 - f_0$ 的总强度与高频段 $f_0 - \infty$ 的总强度相等。因此，在已知 A_0、f_0 时就可以计算出总声级。

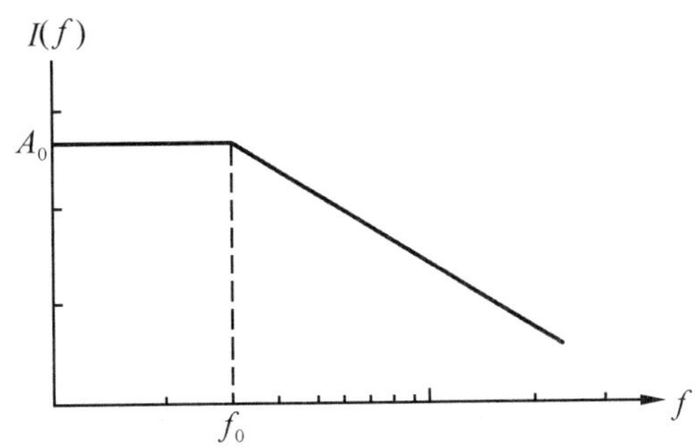

图 8 －3　辐射噪声限值曲线示意图

针对具体舰艇（水面舰、常规潜艇、核潜艇）、航态（水面、潜望、通气管、水下）、航速（动力类型）、频率范围（一般最低 5 Hz，最高 50 kHz）、参考距离（距声中心 1 m）、参考声压（1 μPa）等确定辐射噪声指标。

辐射噪声指标都规定有严格的条件，如若条件不同，其辐射噪声级不能比较，只有换算成相同条件下噪声级才能比较，例如有些国家参考距离采用 50 m，则与参考距离 1 m 差 34 dB；有的国家参考声压为 2×10^{-4} μbar（20 μPa），则与 1 μPa 差 26 dB，还有频带范围不同、航速不同等，因此应用中要注意条件。

（3）辐射噪声指标的确定与被动声呐探测距离的关系

舰船辐射噪声指标确定就意味着舰船的隐蔽性基本确定，因为舰船水下声场是目前被动声呐获取其信息的主要来源，本艇的辐射噪声就是被动声呐的探测信号。通过声呐方程估算可知，在相同条件下，如果辐射噪声级下降 10 dB，对方被动声呐作用距离下降为原来的 30% ～ 50%。

2. 自噪声指标

(1) 自噪声的定义

由于舰艇航行产生的、被舰体上安装的水听器接收到的水噪声称为自噪声。对于舰载声呐来说,自噪声是声呐水听器接收到的航行引起的干扰。但是,也有一些声呐的水听器阵不安装在舰体上,变成由舰艇拖曳。它们仍然受到本艇的干扰。

由于声呐的类型不同、工作方式不同、舰艇上的安装位置不同,自噪声的产生环境有很大的不同。

艇首声呐安装在首部流线型导流罩内。被动测距声呐和舷侧阵声呐的水听器或水听器模块安装在舷侧。而拖曳线列阵声呐的水听器则安装在一个离艇数百米的一根细长塑料套管内。这些不同的情况导致了不同声呐的自噪声的主要源及其特性都不相同。

(2) 自噪声级

一般根据舰型(水面舰、常规潜艇、核潜艇)、航态(水上、潜望、通气管、水下)、航速(确定动力类型)下,某声呐基阵部位的谱级的限值曲线,如图 8 - 4 所示。

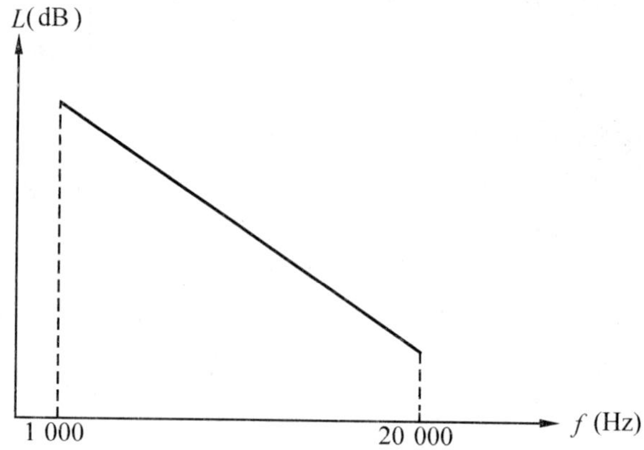

图 8 - 4 自噪声限值曲线示意图

(3) 舰船声呐基阵平台处自噪声级确定和本艇声呐作用距离的提高

舰艇自噪声来自海洋环境噪声和舰船本身引起的噪声,其中海洋环境噪声不可避免,主要降低舰船本身引起的自噪声,在相同条件下,若自噪声级下降 10 dB,探测距离将增加到原来的 2 ~ 3 倍。

8.2.1.2 控制舰船噪声

根据确定的噪声指标,进行对系统和主要噪声源指标分配和噪声控制方案的论证。

舰船主要噪声源有机械噪声源、螺旋桨噪声源、水动力噪声源等不同航态航速下主要噪声源不同,图 8 - 5 示出潜艇各航速下的噪声源分布。

根据法国 SHOM 组织 2012 年 2 月 1 日报告中公布的舰船辐射噪声三大噪声源:螺旋桨噪声、机械噪声、水动力噪声的典型频率范围如图 8 - 6 所示。

螺旋桨噪声包括空泡噪声、唱音、周期性叶片声。

机械噪声包括轴系噪声(含摩擦声)、涡轮机噪声、涡轮机叶片声、齿轮传动系统噪声、柴油机噪声、辅机噪声、发动机传动装置噪声等。

水动力噪声包括:船体湍流附面层压力波、湍流噪声、附体周围形成的水动力噪声。

为了达到舰船噪声指标要求,舰船噪声控制从方案论证到舰船设计、建造、系泊和航行试验交艇等都必须严格按照各阶段要求执行,如图 8 - 7 所示。据有关资料报导,先进国家的舰船噪声控制中建立预报模型和评估模型,使噪声指标的制订和舰船声学设计从定性分析发展为定量估算。同时通过解决控制主要噪声源的关键技术,例如低噪声螺旋桨、管路噪声振动控制、阻尼技术、浮筏技术、消声瓦技术等,使舰船噪声控制达到指标要求。

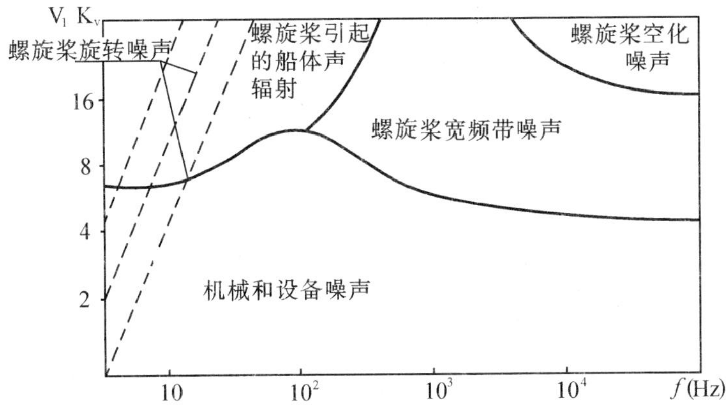

图 8－5　潜艇各航速下的噪声源分布

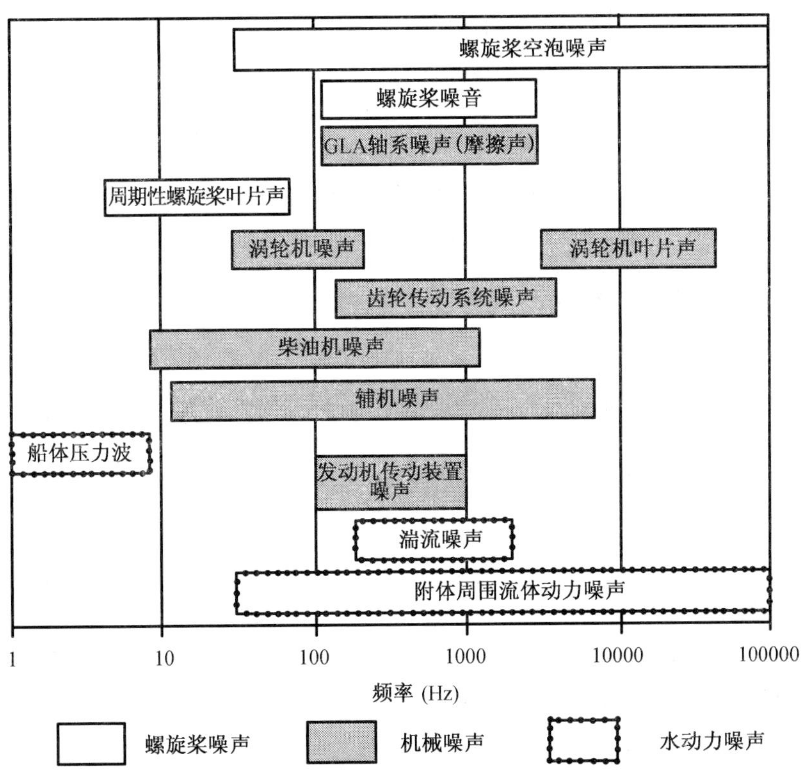

图 8－6　舰船辐射噪声源:螺旋桨噪声、机械噪声、水动力噪声典型频率范围

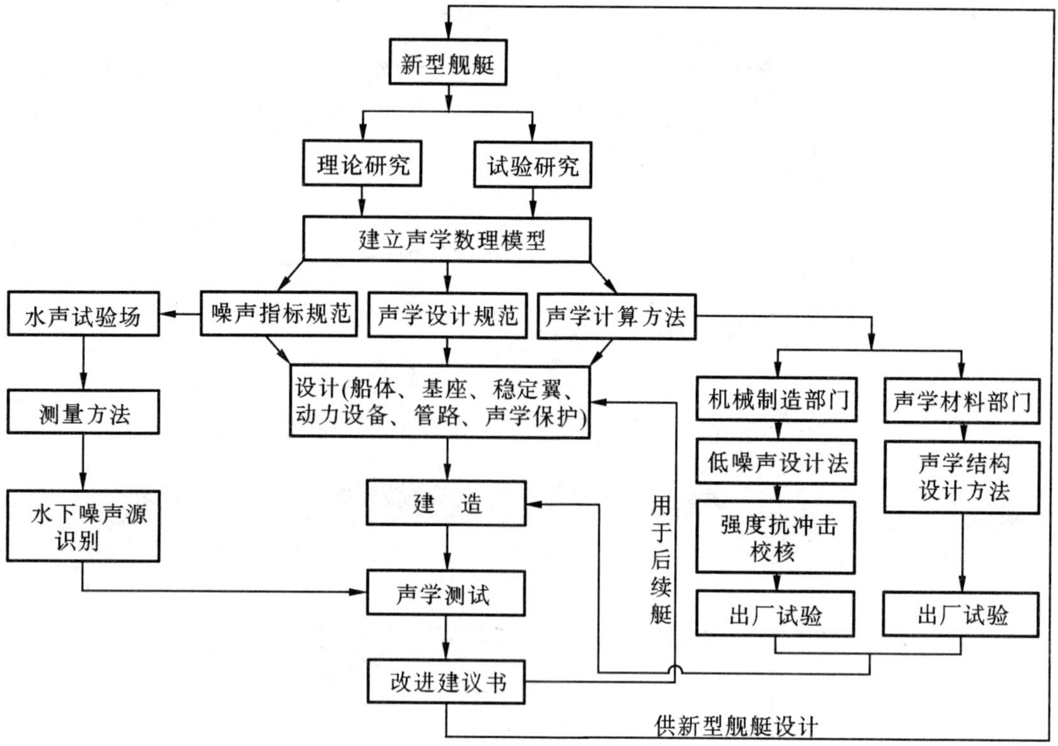

图 8-7 舰船声学设计框图

8.2.2 降低舰船目标声反射能力减小主动声呐探测距离

8.2.2.1 目标强度

主动声呐与雷达一样,能通过反射回波确定目标的距离方位。为了表征目标反射能力,引入目标强度的概念。

主动声呐是舰艇必备的探测设备,这不仅因为它定位准确,而且因为它可以探测航速低甚至不动的安静目标,以弥补被动声呐的不足。近年来随着潜艇隐蔽性的不断提高,潜艇噪声已大幅度降低,致使被动声呐的探测距离大大下降。在这种情况下主动声呐重新受到重视是理所当然的。

在主动声呐方程中目标的反射能力用目标强度(TS)描述,定义为:距离目标等效声学中心 1 m 处由目标反射回来的声强与远处声源入射到目标上的声强之比的分贝值。

$$TS = 10\lg \frac{I_r}{I_i}\bigg|_{r=1} \tag{8-1}$$

其中,I_i 是入射到目标上的声强,即设想目标不存在时该处的声强;$I_r|_{r=1}$ 是离目标 1 m 处的回声强度。声呐方程中的目标强度是定义在远场中的。任何一个有限尺寸的辐射或散射体,远场中的声波都服从球面扩展规律,因此上式中 1 m 处的回波强度实际上是从远场测量或计算值按球面规律折算到 1 m 距离的。由 $I_r = I_r|_{r=1}/r^2$,目标强度的定义也可以表述为

$$TS \equiv 10\lg(\lim_{r\to\infty} r^2 \cdot \frac{I_r}{I_i}) \tag{8-2}$$

这说明 1 m 只是一个参考距离并非实际测量距离。例如有的声呐目标的尺寸达数米到数十米，不可能在 1 m 处测量回波。因此，目标强度的值与参考距离有关。对同一目标如果参考距离取为0.1 m，那么 TS 值将增加20 dB。因此，在做模型试验时，若模型比原型缩小 k 倍，距离单位也应缩小 k 倍取 $\frac{1}{k}$m，这样测得的值等于原型按 1 m 距离计算的值。

8.2.2.2　舰船目标强度降低

如同隐形飞机降低雷达散射截面（RCS）可以通过改变线型和涂敷吸波材料两个途径一样，潜艇目标强度的降低原则上也有两个途径。但是就目前的技术水平，由于适航性、快速性、速潜性等以及内部配置的要求，潜艇线型改变的余量很小，在外表面粘贴消声瓦成为降低目标强度的主要措施。

消声瓦是以黏弹性材料为基底在其中加入声学结构的吸声阻尼层。从降低声反射的角度，一方面要求消声瓦与海水介质阻抗匹配使得入射声波无反射地全部透入消声瓦，另一方面要求透入消声瓦的声波在瓦内被全部吸收掉，不会再从后界面反射回来。在实际情况下，由于材料特性和厚度的限制，这两个要求不可能都满足，只能寻求某种程度的最佳。

基底材料的高损耗性能是消声瓦的基础，考虑到阻抗匹配要求和粘接工艺，一般采用改性后的橡胶和聚胺酯作为基底材料。但是，仅仅依靠基底材料的损耗是远远不够的，更重要的是在材料中形成各种形状和尺寸的空腔，做成声学结构，由于空腔的作用产生共振吸收。当频率处在空腔的共振频率附近时，入射声波激起空腔的共振，这时空腔壁面的振幅最大，带动基底材料产生大的形变，特别是剪切形变吸收很大能量。因此，声学结构的设计和构成是消声瓦的关键技术之一。由于空腔的共振频率与腔体的尺度成比，而空腔的尺度又不可能做得很大，所以低频吸声难以实现。

最初主要用来吸收入射声波降低目标强度的消声瓦实际上同样能起到抑制艇体振动降低辐射噪声的作用，因此现在使用的消声瓦同时具备两种功能。为了提高消声瓦的作用，国外已经研制出吸声型、抑振型、隔声型等多种类别的消声瓦，可以在潜艇不同的部位敷设不同种类的消声瓦，以达到既降低目标强度又降低辐射噪声的目的。

8.2.2.3　降低舰船目标强度减小主动声呐探测距离

舰船声目标强度是对方主动声呐的探测信号，通过主动声呐方程计算，在相同条件下，目标强度下降 10 dB 后，使对方主动声呐的作用距离下降为原来的 60% ~ 70%，即缩短约 1/3。鱼雷自导作用距离下降为原来的 80% 左右。通常消声瓦的高频吸声性能较好，在 30 kHz 目标强度可降低 15 ~ 20 dB。目标强度下降 ΔL dB 导致主动声呐探测距离的下降与辐射噪声下降 ΔL/2 dB 导致对方被动声呐探测距离的下降相当。

8.2.3　提高本舰声呐性能

8.2.3.1　声呐的种类

声呐属水声应用工程科学领域。主动声呐是用来对目标进行回声定位（测距、测向），被动声呐是利用目标辐射噪声进行定位（测距或测向），主、被动声呐可组成综合声呐。音响水中兵器、水声干扰器中都是利用声呐原理。

根据功能的不同声呐种类大致如下。

1. 远程警戒声呐:安装在海底的大型声呐基阵利用海底安静的环境和低频时良好的传播条件,可以监听数十里以外的目标。

2. 潜艇上的声呐系统:一般有综合声呐、噪声测距声呐、通信声呐、侦察声呐、探雷声呐(含有狭窄航道导航功能)。本艇噪声监测仪(含螺旋桨空化噪声监测)、声速 - 声线轨迹仪、测深仪、测冰仪等。

3. 中大型水面舰艇声呐系统:一般有综合声呐、拖曳声呐、通信声呐、探雷声呐、测深仪等。

4. 音响水雷声呐:对舰船辐射出来的声音敏感,当声压超过某一限值就可引爆。

5. 声制导鱼雷声呐:可以检测目标、跟踪目标,声制导有主动制导、被动制导。

6. 声浮标:用飞机投放的小型声呐,用作水下听测或回声定位,将水中目标信号转换成无线电信号发送到飞机监视装置上。

7. 声干扰器:当舰艇被声呐或声制导鱼雷跟踪时,从舰艇中发出声干扰器。声干扰器有多种,如噪声模拟发生器、回音重发器、气幕弹等。

8.2.3.2 声呐的选型及在舰艇上布置

舰艇声呐的选型主要是根据舰艇的作战使命任务确定,但也要考虑舰艇种类、舰艇排水量、航速及声呐设备的现状与发展可能。综合优化声呐选型方案,使得装艇声呐满足功能要求、配套齐全、性能优良。下面列出水面舰艇和潜艇配置的声呐,根据不同要求可以增加或减少。

1. 水面舰艇声呐配置

水面舰艇一般配置约 10 部声呐,布置在舰艇相关部位,如图 8 - 8 所示。

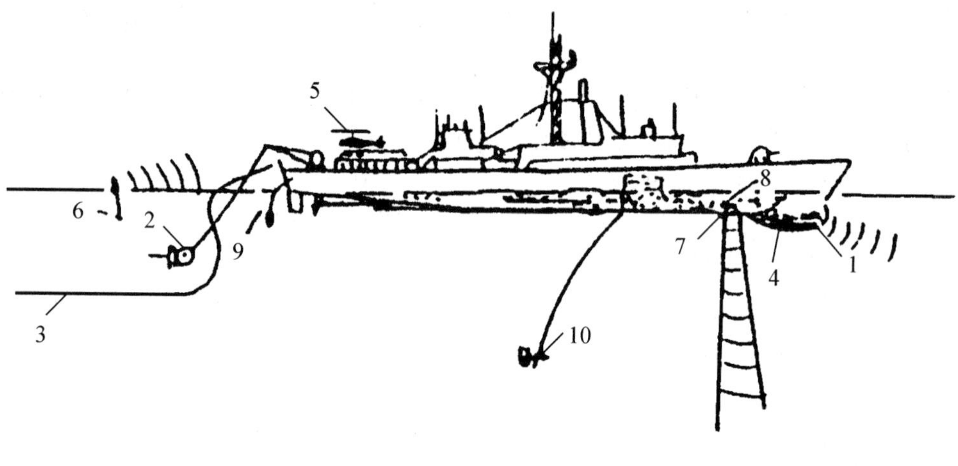

图 8 - 8 水面舰艇声呐

1— 艏探测综合声呐基阵;2— 可变深探测声呐系统基阵;3— 拖曳声呐基阵;
4— 水声通信基阵;5— 直升飞机吊式声呐;6— 投放式声呐浮标;7— 测深仪;8— 监听水听器;
9— 消耗性深度温度计发射器;10— 海底搜索系统

2. 潜艇声呐配置

潜艇一般配置约 10 部声呐,布置在艇上相关部位,如图 8 - 9 所示。

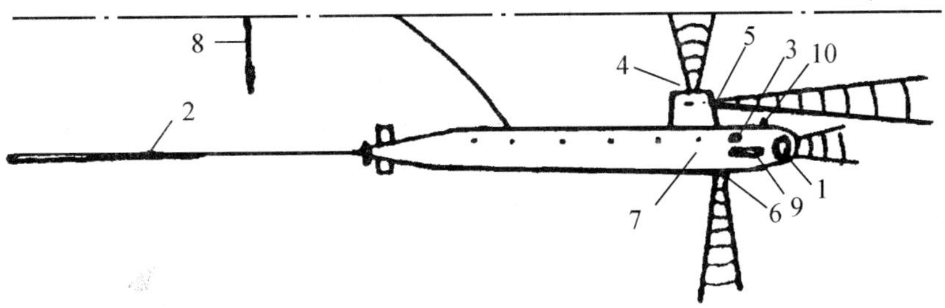

图 8 - 9　潜艇声呐

1— 艏探测综合声呐基阵；2— 拖曳探测声呐基阵；3— 通信系统；4— 水面深度仪；5— 水下导航系统；6— 测深仪；7— 测量水听器；8— 深度温度计发射器；9— 保角基阵；10— 侦察系统

3. 舰艇声呐的基阵应布置在舰艇自噪声最小部位，远离噪声源并满足水平、垂直视角要求。一般取舰艇艏部。本舰噪声监测仪的水听器布置在主要噪声源附近或需知道本舰噪声环境处。噪声测距站的基阵需间隔一定距离，所以左右舷、艏、舯、艉都布有基阵，拖曳阵远离舰艉。一般声呐终端显示、目标数据接收发送及控制台都安装在专门的声呐室内。

8.2.3.3　声呐的性能提高

舰艇声呐性能的提高，包含有两个方面内容，首先声呐设备本身的性能提高，正如前述的充分利用水声物理研究成果，增加发射功率、降低工作频率、增大基阵，采用提高信噪比的抗干扰的信号处理技术和目标自动识别技术等，使现代声呐向数字化、自动化、高性能发展。第二方面是声呐基阵处有一个低噪声环境，即舰艇噪声有明显下降。从声呐方程剖析可知，若自噪声降低 4 dB，即相当于声呐球阵直径从 3 m 增加至 5 m 的效果，声呐作用距离可以提高 50% 。

基阵部位自噪声的降低除进整个舰艇的主要噪声源噪声振动控制外，基阵附近，特别是导流罩的声学设计十分重要。下面分析出现的导流罩的声学现象及采取噪声控制措施。

在图 8 - 10 中：

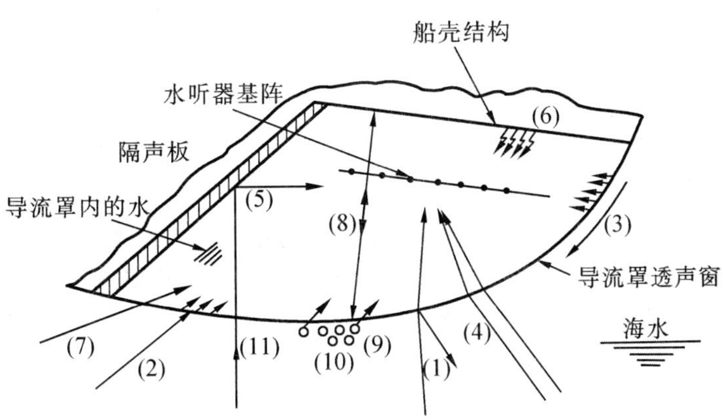

图 8 - 10　导流罩中的声学现象

(1) 穿过导流罩壳体的衰减 —— 指的是声波穿过导流罩壳体引起声能的衰减，这里有些小的衰减是允许的,因为在声呐工作频率内环境噪声也同样是衰减的,但是,由结构引起的噪声也同样在这个工作频率上,如果导流罩引起信号强度显著的衰减,则信噪比就要减小;

(2) 重合角的存在——重合角是发生在弹性板表面上的现象,它将引起噪声异常,降低声呐的性能;

(3) 水流冲击导流罩或周围其他结构被水激励在水听器附近发生噪声;

(4) 能量折射——由于在导流罩壁处声波产生折射可能扰乱波束形成,这种能量折射是由于导流罩内的水和周围海水中声速度不同而引起的,在这种情况下导流罩的作用就像一个折射率变化的透镜一样;

(5) 结构产生的噪声——它起源于多种机械声和水动力学噪声源,它可以通过增加毗连于导流罩和它附近的结构的阻尼来减低,通过阻尼作用可以把板的激励减到最小;

(6) 水产生的噪声——它是比较难于对付的,因为它可以在某些方位上伴随着信号出现最大值,但是局部的解决办法还是有的,即在一些要害点上加上挡板,来阻隔某些方位上的噪声;

(7) 混响——如同人们在有混响的公共建筑物内所体验的那样,它可以使信号发生严重的畸变。混响将存在于一切有两个相对反射面的导流罩内的任何地点。采取在反射面上贴敷吸声材料(如果可能的话)或把反射面作成尽可能透声的办法,可将混响减小到最低水平;

(8) 空化——它是由于水中局部地方减压造成的,消除气泡可以减低噪声;

(9) 气泡——如果气泡流过导流罩或附着在导流罩内的话,可以衰减信号,如同上述,消除气泡;

(10) 海生物的生长或其他污物的堆积将引起导流罩壁上水扰动的增加,导致动水噪声的增高,这可以用防污油漆涂料或在导流罩上铺橡胶膜的办法,避免海生物生长,又使动水噪声减到最小。

声呐是水下战争至关重要的设备,高性能声呐,可以"先发制胜"取得海战和隐身主动权。

8.2.4　水声对抗

8.2.4.1　水声对抗

水声对抗则是以水声学原理进行的反声呐探测与反声自导鱼雷水下攻击的水下"电子战"或称"声学战"。

水声对抗有完成战略性使命和战术性任务两方的作用。战略性水声对抗是指利用欺骗、伪装、干扰等手段,防御敌方的战略性兵力侦察和攻击,或用水声对抗假兵力诱骗、佯攻,吸收敌方真兵力,保证我方战略行动的成功;战术性水声对抗是指执行具体战斗任务或海上遭遇战受敌方跟踪或攻击时,采用水声对抗手段,发射或投放各类干扰、诱骗器材,破坏或迷盲敌之进攻,争取时间实施战术规避或防御反击。

总之,水声对抗是为使敌方声呐设备失灵或迷盲、声自导武器失控或毁灭而采取的各种手段。

8.2.4.2　水声对抗的方法和手段

水声对抗方法不是一味地提高自身的隐蔽性,以躲开敌方的探测或攻击,而是主要采用各种各样的诱饵、干扰器和气幕弹等，使敌方鱼雷或声呐跟踪假目标或干扰其自导系统使之偏航，甚至将其摧毁。

1. 噪声发生器能够发出宽频带大功率的干扰噪声，使得敌方水声探测设备无法正常工作。

2. 声诱饵是一个声信号假目标，它能够模拟真实目标的噪声及反射回波，从而诱使敌方的声呐和声制导武器进行错误的跟踪和攻击。例如：模拟回波信号的形式、模拟回波信号频段、模拟回波信号声强、模拟目标机动性等。

3. 诱杀型设备实际是诱骗型设备与一套爆炸装置的组合。它将敌方的声制导武器诱骗到附近后，爆炸装置自行起爆，从而将其摧毁。

4. 侦察型设备主要是侦察声呐，它的功用就是用来侦察敌主动声呐的工作参数，包括频率、方位、距离、脉宽、信号形式等，由此来决定各种水声对抗设备的选择和施放时机，以实施有效的对抗行动，达到最佳的对抗效果。

第9章　舰船水声场特性

9.1　概　　述

舰船水声场是舰船所辐射的水噪声之总称。了解和掌握这类声场的特性具有实际意义。

舰船(特别是潜艇)的声场特性主要有三方面研究内容:一是辐射声场特性;二是舰艇的自噪声特性;另一方面研究内容为其目标强度特性。

上述三方面的研究内容与舰艇的隐身特性密切相关,从隐身角度而言,希望辐射噪声越小越好,这样敌方被动声呐不易探测,而自噪声与辐射噪声在某种程度上是密切相关的。对敌方主动声呐探测而言,希望己方舰艇声反射特性或目标强度越低越好。因此,本章将分别介绍舰艇辐射噪声、自噪声和舰艇目标强度特性以及辐射噪声、自噪声、目标强度与舰艇隐身的相互关系。

9.2　舰船辐射噪声和自噪声特性

9.2.1　舰船辐射声特性

舰船,特别是潜艇是由很多机电设备及管路系统构成的复杂水下运动结构,其机电设备运转时产生的振动通过船体和海水介质形成水下声场。对于被动声呐而言,这种水下辐射声场具有特殊重要性。本节讨论机械、螺旋桨、水动力等辐射噪声源引起的辐射噪声基本特性。

9.2.1.1　机械激励引起典型船体结构辐射声特性

舰船上有各种各样机电设备,有主机如柴油机、主电机、减速器等;辅机,如发电机、泵、空压机、空调设备等,这些机电设备的运转必然产生机械噪声,这种振动通过基座传递到船体引起船体振动并传播到海水介质中。因此,以下重点讨论典型船体结构受激振动辐射声的特性。一类是带周期性加强肋的薄板振动和声辐射,另一类为加肋圆柱壳的被激振动与声辐射。

1. 带周期性加强肋的薄板振动和声辐射

周期性加肋薄板复合结构在舰船结构中经常用到,所以本节讨论这一问题。支撑为一系列等间距的加强肋条,肋条沿 oy 方向布置,间距为 l,结构的部分见图9-1。

(1) 周期性支撑梁分析

在一无限长加支撑的梁上,作用分布力:

$$P_0 e^{j(\omega t-\frac{\mu}{l}x)} \tag{9-1}$$

式中,μ 为传播常数,表示 x 方向单位距离的相位落后。

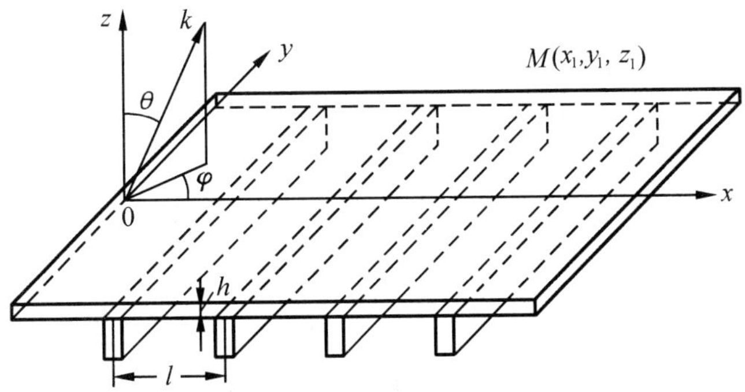

图 9－1

考虑到梁横向振动运动引起的内力包括惯性力和弯曲形变力：

$$D \cdot \frac{\partial^4 W}{\partial x^4} - \sigma\omega^2 W \tag{9-2}$$

支撑点处边界条件可看做是存在有(垂直于梁的单位长度的力)限制力,近似地为:

$$F_t = K_t W(x) \big|_{x=0} \tag{9-3}$$

同时在支撑处作用于梁的转动力矩：

$$M = K_r \frac{\partial W(x)}{\partial x}\bigg|_{x=0} \tag{9-4}$$

这里 $W(x)$ 是梁的横向位移,鉴于结构的周期无限性,设位移为周期性的函数:

$$W(x) = \sum_{n=-\infty}^{\infty} A_n e^{j(\omega t - \frac{\mu+2n\pi}{l}x)} \tag{9-5}$$

式中,A_n 为待定系数。

式(9－1)～式(9－4)作用于带加强肋系统,并达到力平衡状态。运用虚位移原理,使整个系统产生虚位移 $\delta W(x) = \delta[A_n e^{j(\omega t - \frac{\mu+2n\pi}{l}x)}]$ 趋于零,求得总合力 F 对虚位移引起的总的功等于零 $\int_0^l F \cdot \frac{\partial W}{\partial x}dx = 0$,于是得到确定的齐次方程组

$$\left[D\left(\frac{\mu+2m\pi}{l}\right)^4 - \sigma\omega^2\right]A_m + \frac{1}{l}\sum_{n=-\infty}^{\infty}\left[K_t + K_r\left(\frac{\mu+2n\pi}{l}\right)\left(\frac{\mu+2m\pi}{l}\right)\right]A_n = \begin{cases} P_0 & (m=0) \\ 0 & (m \neq 0) \end{cases} \tag{9-6}$$

解出 A_m 代入式(9－5)便得位移解。

(2)周期性支撑板的分析

除了采用虚功原理方法之外,采用傅里叶变换的方法也是有效的。设板受分布作用力

$$P_0 e^{j[\omega t - k_x x - k_y y]} \tag{9-7}$$

在 $z=0$ 平面(板面上)坐标 $x = nl$ 处,n 号肋条和板相互作用的等效力 F_n 和力矩 M_n 可以表示成:

$$\left.\begin{aligned} &F_n\delta(x-nl) \\ &M_n\delta'(x-nl) \end{aligned}\right\} \tag{9-8}$$

考虑到板－肋结构的周期性和介质的无限性,我们可以设结构板振动的法向位移:

$$\left.\begin{aligned} W(x,y,t) &= W(x)\mathrm{e}^{\mathrm{j}(\omega t-k_y y)} \\ W(x+l) &= \mathrm{e}^{-jk_x l}W(x) \end{aligned}\right\} \tag{9-9}$$

利用加肋位置的周期性,又设

$$F_n = \mathrm{e}^{-jnk_x l}F_0, M_n = \mathrm{e}^{-jnk_x l}M_0 \tag{9-10}$$

于是结构的振动方程为

$$D\cdot\left[\frac{\partial^4}{\partial x^4}+2k_y^2\frac{\partial^2}{\partial x^2}+k_y^4\right]W(x)-\sigma\omega^2 W(x) =$$

$$P_0\mathrm{e}^{-jk_x x}-\sum_{n=-\infty}^{\infty}F_0\mathrm{e}^{-jnk_x l}\delta(x-nl)-\sum_{n=-\infty}^{\infty}M_0\mathrm{e}^{-jnk_x l}\delta'(x-nl)-p_a(x,y,z)\big|_{z=0} \tag{9-11}$$

这是$p_a(x,y,z)$为周围介质中声压。问题是要求式(9-9)位移$W(x)$。对它从空间域作波数域的傅氏变换,则可以使偏微分方程降低阶数。令

$$\widetilde{W}(K) = \int_{-\infty}^{\infty}W(x)\mathrm{e}^{jK_x}\mathrm{d}x \tag{9-12}$$

其逆变换为

$$W(x) = \frac{1}{2\pi}\int_{-\infty}^{\infty}\widetilde{W}(K)\mathrm{e}^{-jK_x}\mathrm{d}K \tag{9-13}$$

则式(9-11)变为

$$[D(K^2+k_y^2)^2-\sigma\omega^2]\widetilde{W}(K) = P_0\int_{-\infty}^{\infty}\mathrm{e}^{j(K-K_x)x}\mathrm{d}x-\int_{-\infty}^{\infty}p_a(x,y,z)\big|_{z=0}\mathrm{e}^{jKx}\mathrm{d}x-$$

$$\sum_{n=-\infty}^{\infty}F_0\int_{-\infty}^{\infty}\mathrm{e}^{jK_x-jnk_x l}\cdot\delta(x-nl)\mathrm{d}x-\sum_{n=-\infty}^{\infty}M_0\int_{-\infty}^{\infty}\mathrm{e}^{jK_x-jnk_x l}\cdot\delta'(x-nl)\mathrm{d}x \tag{9-14}$$

考虑到δ函数有

$$\delta(K) = \frac{1}{2\pi}\int_{-\infty}^{\infty}\mathrm{e}^{jK_x}\mathrm{d}x$$

$$\int_a^b f(x)\delta(x-x_0)\mathrm{d}x = f(x_0)\quad (a<x_0<b) \tag{9-15}$$

将它们代入式(9-14)中可得

$$[D(K^2+k_y^2)^2-\sigma\omega^2]\widetilde{W}(K) = 2\pi P_0\delta(K-k_x)-\tilde{p}_a(K,y,z)\big|_{z=0}-$$

$$\sum_{n=-\infty}^{\infty}F_0\mathrm{e}^{j(K-k_x)nl}-jK\sum_{n=-\infty}^{\infty}M_0\mathrm{e}^{j(K-k_x)nl} \tag{9-16}$$

(3)介质中声场形式解

根据结构和声场的耦合关系,求出声压与位移的关系。声压满足波动方程:

$$\frac{\partial^2 p_a}{\partial x^2}+\frac{\partial^2 p_a}{\partial y^2}+\frac{\partial^2 p_a}{\partial z^2}+\frac{\omega^2}{c^2}p_a = 0 \tag{9-17}$$

式中,c是介质中声传播速度。根据板面和介质耦合的连续条件,介质中方向的波数应和板中y方向波数相同,由(9-7)、(9-9)二式可知$p_a\approx\mathrm{e}^{-jk_y y}$,所以式(9-17)变为

$$\frac{\partial^2 p_a}{\partial x^2}+\frac{\partial^2 p_a}{\partial z^2}-\left[k_y^2-\left(\frac{\omega}{c}\right)^2\right]p_a = 0 \tag{9-18}$$

将声压对x的函数也写成傅氏积分变换形式:

$$\left.\begin{aligned} \tilde{p}(K,z) &= \int_{-\infty}^{\infty}p_a(x,z)\mathrm{e}^{jK_x}\mathrm{d}x \\ p_a(x,z) &= \frac{1}{2\pi}\int_{-\infty}^{\infty}\tilde{p}(K,z)\mathrm{e}^{-jK_x}\mathrm{d}K \end{aligned}\right\} \tag{9-19}$$

以此式代入式(9－18)中,将 $p_a(x,z)$ 的偏微分方程变换为 $\tilde{p}(K,z)$ 的单变量 z 的常微分方程:

$$\frac{d^2\tilde{p}(K,z)}{dz^2}-\eta^2\tilde{p}(K,z)=0\quad\left(\eta^2=K^2+k_y-\frac{\omega^2}{c^2}\right)\tag{9-20}$$

考虑到 z 方向介质无限性,取方程(9－20)的解为

$$\tilde{p}(K,z)=Ae^{-\eta z}\quad(z\geqslant 0)\tag{9-21}$$

式中,A 是待定系数。

这里 η 值由式(9－20)确定。一般情况下,它是由 K 值决定的,所以它可能是复数。为使式(9－21)满足无穷无辐射条件,它只能取正虚部、正实部。

$$\eta=\eta'+j\eta''\quad \eta'>0,\eta''>0\tag{9-22}$$

由边界条件

$$\left.\frac{\partial\tilde{p}(K,z)}{\partial z}\right|_{z=0}=\rho\omega^2\widetilde{W}(K)\tag{9-23}$$

从而得到

$$A=-\frac{\rho\omega^2}{\eta}\widetilde{W}(K)\tag{9-24}$$

于是

$$\tilde{p}(K,z)=-\frac{\rho\omega^2}{\eta}\widetilde{W}(K)e^{-\eta z}\tag{9-25}$$

便得作用于板面上声压

$$\tilde{p}(K,z)\big|_{z=0}=-\frac{\rho\omega^2}{\eta}\widetilde{W}(K)\tag{9-26}$$

(4) 水中加肋板的振动与声

将式(9－26)代入方程(9－16)中,整理后得

$$\left[D(K^2+k_y^2)^2-\sigma\omega^2-\frac{\rho\omega^2}{\mu}\right]\widetilde{W}(K)=2\pi P_0\delta(K-k_x)-\sum_{n=-\infty}^{\infty}F_0e^{j(K-k_x)nl}-jK\sum_{n=-\infty}^{\infty}M_0e^{j(K-k_x)nl}\tag{9-27}$$

利用 Poisson 公式:

$$\sum_{n=-\infty}^{\infty}F_0e^{j(K-k_x)nl}=2\pi F_0\sum_{n=-\infty}^{\infty}\delta\left[\frac{2n\pi}{l}-(K-k_x)\right]$$

最后的式子用于式(9－27)中右边第二、第三项,则

$$\widetilde{W}(K)=2\pi\frac{P_0\delta(K-k_x)-F_0\sum_n\delta\left[\frac{2n\pi}{l}+(k_x-K)\right]-jM_0\sum_n K\delta\left[\frac{2n\pi}{l}+(k_x-K)\right]}{D(K^2+k_y^2)-\sigma\omega^2-\frac{\rho\omega^2}{\eta(K)}}\tag{9-28}$$

式中,$\eta(K)$ 表示它是的函数[见式(9－20)]。

对式(9－28)做反变换,并利用 σ 函数属性可得到

$$W(x)=\frac{1}{2\pi}\int_{-\infty}^{\infty}\widetilde{W}(K)e^{-jK_x}dK=P_0\cdot\frac{e^{-jk_xx}}{D(k_{1x}+k_y^2)-\sigma\omega^2-\frac{\rho\omega^2}{\eta(k_x)}}-\sum_{n=-\infty}^{\infty}\frac{e^{-j(k_x+\frac{2n\pi}{l})x}}{D\left[(k_x+\frac{2n\pi}{l})^2+k_y^2\right]-\sigma\omega^2-\frac{\rho\omega^2}{\eta(k_x+\frac{2n\pi}{l})}}\cdot\left\{F_0+jM_0(k_x+\frac{2n\pi}{l})\right\}\tag{9-29}$$

简写成

$$W(x) = P_0\beta_0 e^{-jk_x x} - \sum_{n=-\infty}^{\infty} F_0\beta_n e^{-jk_x x} - j\sum_{n=-\infty}^{\infty} M_0 k_n\beta_n e^{-jk_n x} \tag{9-30}$$

式中，

$$k_n = k_x + \frac{2n\pi}{l} \quad \beta_n = \frac{1}{D(k_n^2 + k_y^2) - \sigma\omega^2 - \dfrac{\rho\omega^2}{\eta_n}}$$

$$\eta_n^2 = \eta^2(k_n) = (k_x + \frac{2n\pi}{l})^2 + k_y^2 - (\frac{\omega}{c})^2$$

$\eta(k_n)$ 取正实部、正虚部。

由此可见：

① 加周期肋作用使位移分布增加周期性分量。介质的作用如同使结构增加负载阻抗 $j\dfrac{\rho\omega}{\eta_n}$，见式(9－27)左侧第三项 $-\dfrac{\rho\omega^2}{\eta_n} = j\omega(\dfrac{j\rho\omega}{\eta_n})$。而这里对不同号 n 激励分量的等效负载不同，决定于 n 号分量的波数 k_n，见式(9－30)各项分母中第三项 $\eta_n = \eta(k_x + \dfrac{2n\pi}{l})$。

②加肋板的振动式(9－29)明显地表明板－肋－介质耦合系统中外加激励产生的作用归结为，第一项外力 $F_0 e^{-j(k_x x + k_y y)}$ 的贡献；第二项诸肋对板作用力的贡献；第三项是诸肋弯曲力矩 $M_n\delta'(x-nl)$ 对板作用的贡献。注意，这里 $F_n = F_0 e^{-jk_x nl}$ 和 $M_n = M_0 e^{-jk_x nl}$，而 F_0 和 M_0 实际上除了决定于板和肋的材料参数之外，它们决定了肋受板运动引起的变形。

因为肋处于振型分布的不同位移状态时，它的两侧因所受形变不同，应力也不等，因此弯曲力矩也不同。我们假设力和力矩是位移和其导数的线性函数，这样肋作用于板上的边界条件写作

$$\left.\begin{aligned} F_0 &= K_T W(x) + K_{TR}\frac{\partial W(x)}{\partial x} \\ M_0 &= K_{TR} W(x) + K_R \frac{\partial W(x)}{\partial x} \end{aligned}\right\} \tag{9-31}$$

由式(9－30)，令 $x=0$ 有

$$\left\{\begin{aligned} W(x)\big|_{x=0} &= P_0\beta_0 - F_0(\sum_{m=-\infty}^{\infty}\beta_n) - jM_0(\sum_{m=-\infty}^{\infty}k_n\beta_n) \\ \frac{\partial W(x)}{\partial x}\bigg|_{x=0} &= (-jk_x\beta_0)P_0 + (j\sum_{m=-\infty}^{\infty}k_n\beta_n)\cdot F_0 - (\sum_{m=-\infty}^{\infty}k_n^2\beta_n)\cdot M_0 \end{aligned}\right\} \tag{9-32}$$

上式括号中级数和都与 x 无关，只决定于板参数和外力的特征(k_x, k_y, ω)以及介质中波数 ω/c。所以利用式(9－32)关系代入式(9－29)中，可以得到 F_0 和 M_0 以外力振幅 P_0 表示的关系式 $F_0(P_0)$ 和 $M_0(P_0)$。将它们代入式(9－30)，最后得到该系统在外力作用下的横向位移的表达式，缩写成以下形式：

$$\left.\begin{aligned} W(x) &= \sum_{n=-\infty}^{\infty} B_n e^{-jk_n x} = \sum_{n=-\infty}^{\infty} B_n e^{-j(k_x + \frac{2n\pi}{l})x} \\ B_n &= P_0\delta_{0n}\beta_0 - F_0\beta_n - jM_0 k_n\beta_n \end{aligned}\right\} \tag{9-33}$$

这里各量符号的含义如以前所述。

应当指出，上述采用傅氏变换的分析方法和运用虚功原理方法结果是一致的。其实，只要令式(9－31)中 $K_{TR}=0$，就可导致假设式(9－3)、(9－4)，于是由(9－29)、(9－31)二式可导出式(9－33)中的 B_n：

$$\frac{B_n}{\beta_n}+K_R\sum_{m=-\infty}^{\infty}\left(k_x+\frac{2n\pi}{l}\right)\left(k_x+\frac{2m\pi}{l}\right)B_m+K_T\sum_{n=-\infty}^{\infty}B_n=\begin{cases}P_0 & (n=0)\\ 0 & (n\neq 0)\end{cases} \tag{9-34}$$

最后的式子和采用虚功原理法求得的关系式一致。

③ 板-肋-介质耦合系统被激励振动的位移求得后，便可根据式(9-25)求反变换得到介质中声场的声压

$$P_a(x,z)=-\rho\omega^2\frac{1}{2\pi}\int_{-\infty}^{\infty}\frac{\widetilde{W}(K,z)}{\eta(K)}\mathrm{e}^{-\eta z}\mathrm{e}^{-\mathrm{j}K_x}\mathrm{d}K \tag{9-35}$$

将式(9-28)代入，仿式(9-29)的计算方法给出

$$p_a(x,y,z)=-\rho\omega^2\frac{W(x)\mathrm{e}^{-\mathrm{j}k_y y-\eta_n z}}{\eta_n} \tag{9-36}$$

或者利用式(9-33)表示方法，并代到式(9-36)中。于是，介质中声场的声压写成

$$\begin{aligned}p_a(x,y,z)&=-\rho\omega^2\sum_{n=-\infty}^{\infty}\frac{B_n\mathrm{e}^{-\mathrm{j}\frac{2n\pi}{l}x}}{\eta_n}\mathrm{e}^{\mathrm{j}[\omega t-k_x x-k_y y]-\eta_n z}\\&=\rho\omega^2\sum_{n=-\infty}^{\infty}\frac{B_n\mathrm{e}^{-\mathrm{j}\frac{2n\pi}{l}x}\mathrm{e}^{-[(k_x+\frac{2n\pi}{l})^2+k_y^2-(\frac{\omega}{c})^2)]^{1/2}\cdot z}}{\left[(k_x+\frac{2n\pi}{l})^2+k_y^2-(\frac{\omega}{c})^2\right]^{1/2}}\cdot\mathrm{e}^{\mathrm{j}(\omega t-k_x x-k_y y)}\end{aligned} \tag{9-37}$$

一般 η_n 为复数。当低频时，$(\omega/c)<(k_x+2n\pi/l)^2$，形成 $z>0$ 方向按指数衰减的非均匀波。无论如何，n 很大时，高阶分量总会形成非均匀波。当高频时，$(\omega/c)^2>k_n^2+k_y^2$，略去介质的吸收，η_n 只能形成纯虚数，取 η_n 的正虚部根，则沿 $z>0$ 方向有辐射波传播。于是当板振动时，同时向介质中沿 $z\to\infty$ 方向辐射声能($\mathrm{e}^{-\eta_n z}\approx\mathrm{e}^{-\mathrm{j}\frac{\omega}{c}z}$)。单位面积辐射声功率：

$$P_a=\frac{1}{2}\rho\omega^3\sum_n\frac{B_n^2}{|\eta_n|} \tag{9-38}$$

对加肋板的响应数值计算表明，当加肋板在水中振动时，响应的共振峰值的频率要向低频偏移，加肋板被激振动的远场指向性也有很大畸变，见图 9-2(a) 和图 9-2(b)。

关于平板附加肋条结构水下声散射声场的计算，与上述不同之处在于肋条的边界条件和对板的作用，用力阻抗和弯曲阻抗表示。

最后指出式(9-33)所表示的振动位移虽是许多分量之和，但是所有项的系数都与外力振幅成正比，因此总可以把 $W(x,y)$ 写成

$$W(x,y,t)=P_0Y_{xy}(k,\omega)\mathrm{e}^{\mathrm{j}(\omega t-k\cdot r)}\quad(k=n_xk_x+n_yk_y)$$

形式。$Y_{xy}(k,\omega)$ 就是相应的结构的单频平面波响应函数，它固然是坐标 (x,y) 的函数，而在固定点，则是参变量波数 k 和频率 ω 的函数。所以同样幅值的力，但不同波数值 k，在板中以空间不同方向传播的波向量 k 作用到板上时，板受到的作用力具有不同的分量波向量 $k=n_xk_x+n_yk_y$，$k_y^2=(\omega/c)^2-k_z^2<k^2$($\omega/c$ 是介质中自由空间波的波向量)，因而会得到不同大小的振动位移 $W(x,y)$。

当力为非单频波，或是非单方向入射波情况，可以用双重傅氏变换方法把声场变换到用连续的波数—频率谱(K—ω 谱)表示，从而也可以利用结构的单频平面波响应 $Y(K,\omega)$，求出宽带、多方向入射波激励下结构的振动位移和散射声场。

2. 加强肋圆柱壳的被激振动和声辐射

舰艇结构中有一类是工程设计人员经常用到的结构，即加肋圆柱壳。本节重点讨论这类结构的被激振动和声辐射。

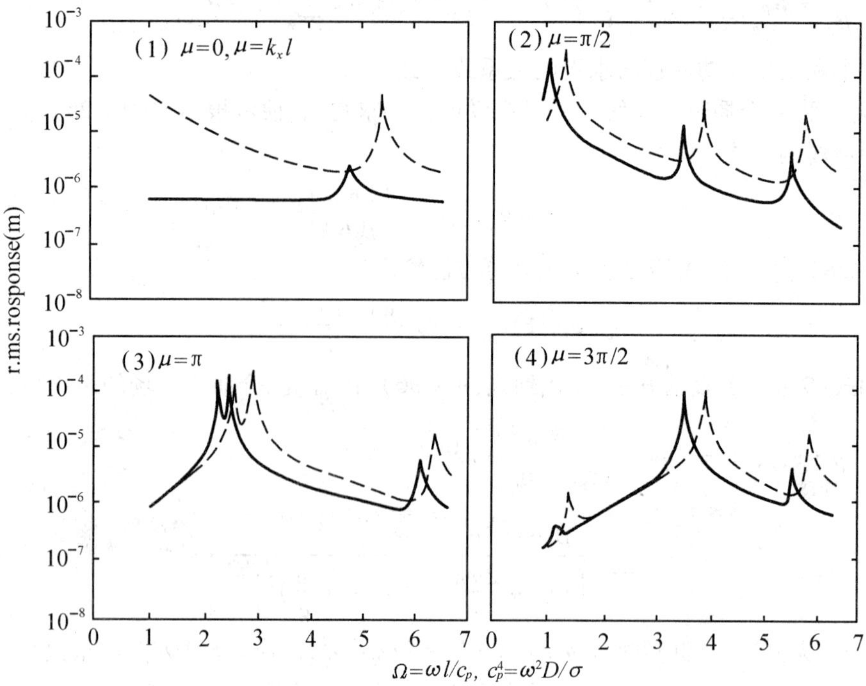

(a) 不同波数压力作用下加支撑板位移响应

---- 空气中;—— 有水负载

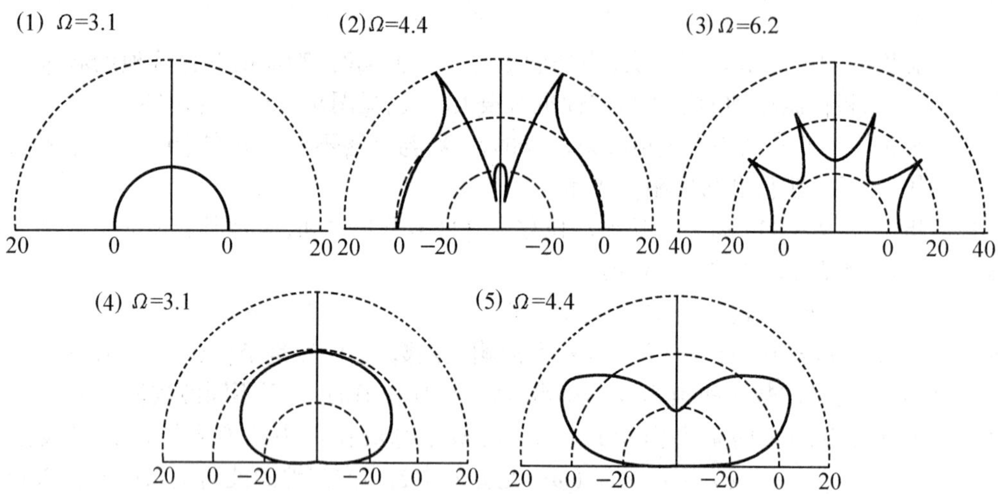

(b) 不同频率,单位力作用于两肋间中点远场指向性

①,②,③:真空中;④,⑤:水中

图 9-2

从结构上说,分有限长或是无限长。无限长圆柱壳加周期性环筋形成无限的周期性结构;加周期性纵肋结构在圆周方向也可以看做是无限的周期性结构。对于圆柱壳周期性加肋结构和加支撑的梁、板壳一样,可以用傅里叶的周期分析方法,类似多耦合系统。对其某

号本征模态波传播时，每经过一个肋都会增加一个指数因子 e^{μ_n}，μ_n 是传播的特征数可以是实数，可以是复数。因此表明每经过一肋传递量可能增大一次衰减和一次相位变化，而在肋之间的振动量分布是相似地。

（1）加环肋圆柱壳的结构振动

一无限长加等间距的环肋情况，结构中振动沿管轴方向进行传播。由于波在肋间会产生能量反射，所以环肋之间振动形成一定形式的幅度分布，这种分布决定结构的所有参数，如圆柱管材的力学参数、弹性模量、泊松比、密度等，还有结构的几何参数和截面形状和半径、厚度、肋宽、肋高、肋间距以及肋的材料参数。总之，无限长加肋圆柱管中振动传播，是一个复杂弹性结构中特征简正波的传播问题。如果是均匀薄壁管加以等间距加肋的话，则考虑到结构在轴方向的周期性，就可以在圆周方向按周期调和分析做傅氏变换，而在轴向考虑到无限、周期性，认为每段间的分布是相同的分布函数，但在经过每个肋时增加一个指数函数 e^{μ} 因子，这样处理会使问题的解大大地简化。

例如，一简单加环肋的无限长圆柱薄壳，如图 9 - 3(a) 所示。我们可以把加肋圆柱壳看成是无限多段圆柱壳每段长为 l，每两段壳由短的带肋壳耦合起来一样。

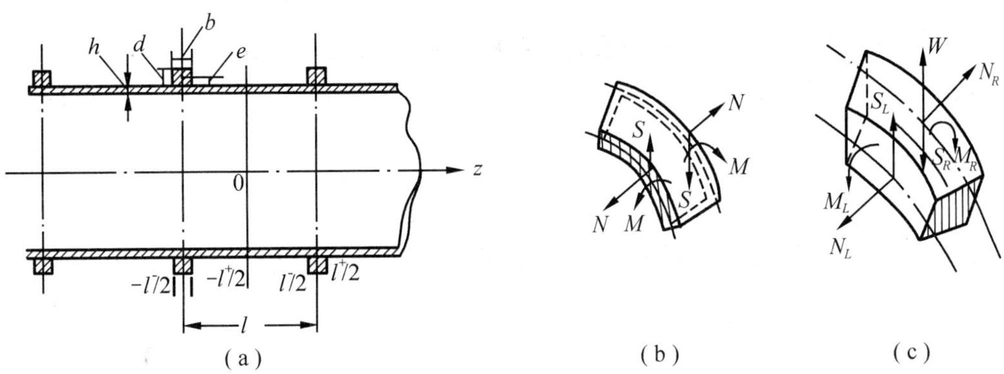

图 9 - 3

(a) 加肋圆柱壳体；(b) 圆柱壳体微元的力和力矩；(c) 肋的状态矢量

对圆柱壳根据应变力分析可以知道，当肋做对称振动时，壳中微元的状态可以用六个状态变量函数表示，见图 9 - 3(b)（一般地做非对称振动时有八个状态变量）。它们是中和面的轴向位移 u，法向位移 w，法向位移导数$\dfrac{\partial w}{\partial z}$（标志绕圆周周线的转角），轴向张力 N，径向剪切力 S，绕周线的弯曲力矩 M（一般情况振动则还要加上周向位移 v 和纵向剪切力）。在壳和肋的连接处，这些状态变量相等就作为壳与肋壳的耦合边界条件。

① 圆柱壳体的状态变量矩阵

对真空中薄壳轴对称振动情况，中和面位移分量 u、w 的振动方程可简化为

$$\left.\begin{aligned} a^2\frac{\partial^2 u}{\partial z^2}+\sigma a\frac{\partial w}{\partial z}-\beta^3 a^3\frac{\partial^3 w}{\partial z^3}-\frac{a^2}{c_p^2}\cdot\frac{\partial^2 w}{\partial t^2}=0 \\ \sigma a\frac{\partial u}{\partial z}-\beta^2 a^3\frac{\partial^3 u}{\partial z^3}+w+\beta^2 a^4\frac{\partial^4 w}{\partial z^4}+\beta^2 w+\frac{a^2}{c_p^2}\cdot\frac{\partial^2 w}{\partial t^2}=0 \end{aligned}\right\} \tag{9-39}$$

式中，$\beta^2=\dfrac{h^2}{12a^2}$；$c_p=\sqrt{\dfrac{E}{\rho(1-\sigma^2)}}$；$\rho$、$E$、$\sigma$ 为材料的密度、杨氏模量、泊松比。

设柱壳中一般解表成简正波叠加形式:

$$\left.\begin{aligned} u(z,t) &= \sum_{n=1}^{6} A_n \mathrm{e}^{\mathrm{j}(\omega t-k_n z)} \\ w(z,t) &= \sum_{n=1}^{6} B_n \mathrm{e}^{\mathrm{j}(\omega t-k_n z)} \end{aligned}\right\} \tag{9-40}$$

其中传播常数 k_n 由特征方程确定。

将式(9－40) 代入式(9－39) 中得

$$\left.\begin{aligned} &[\Omega^2-(k_n a)^2]A_n-\mathrm{j}[\sigma(k_n a)+\beta^2(k_n a)^3]B_n=0 \\ &-\mathrm{j}[\sigma(k_n a)+\beta^2(k_n a)^3]A_n+[1+\beta^2+\beta^2(k_n a)^4-\Omega^2]B_n=0 \end{aligned}\right\} \tag{9-41}$$

由 A_n 和 B_n 不全为零的条件,系数行列式为零,即可得到以下特征方程:

$$(\beta^4-\beta^2)\mu^6+(2\sigma\beta^2+\beta^2\Omega^2)\mu_n^4+(\sigma^2+\Omega^2-1-\beta^2)\mu_n^2+\Omega^2(1+\beta^2-\Omega^2)=0$$

$$(\mu_n=k_n a) \tag{9-42}$$

解出(9－42) 方程的特征值代入式(9－40) 中,就得到简正模式波函数形式的解。

特征方程为六次方程,有六个根 $\mu_n=k_n a(n=1,2,\cdots,6)$,给出特征值 $k_n=\dfrac{\mu_n}{a}$。由于方程是偶次项,所以六个根有正、负值,对应于传播常数 k_n 有正负值,表示正、负方向传播的波。

式(9－40) 解中,系数 B_n 和 A_n 不是独立的,由式(9－41) 可以根据各个不同特征值确定 B_n/A_n 的比例系数 γ_n:

$$\gamma_n=-\mathrm{j}\frac{\Omega^2-\mu_n^2}{\sigma\mu_n+\beta^2\mu_n^3} \tag{9-43}$$

根据弹性力学知道,N、S 和 M 都可以用位移表示,于是壳内力学状态变量可以写成

$$\left.\begin{aligned} u(z,t) &= \sum_{n=1}^{6} A_n \mathrm{e}^{\mathrm{j}(\omega t-k_n z)} \\ w(z,t) &= \sum_{n=1}^{6} \gamma_n A_n \mathrm{e}^{\mathrm{j}(\omega t-k_n z)} \\ a\frac{\partial w(z,t)}{\partial z} &= \sum_{n=1}^{6} -\mathrm{j}(k_n a)\gamma_n A_n \mathrm{e}^{\mathrm{j}(\omega t-k_n z)} \\ \frac{a}{D}N(z,t) &= a\frac{\partial u}{\partial z}+\sigma w-\beta^2 a^2\frac{\partial^2 w}{\partial z^2}= \\ &\sum_{n=1}^{6}[-\mathrm{j}(k_n a)+\sigma\gamma_n+\beta^2(k_n a)^2\gamma_n]\cdot A_n \mathrm{e}^{\mathrm{j}(\omega t-k_n z)} \\ \frac{a}{D}S(z,t) &= \beta^2\left[a^3\frac{\partial^3 w}{\partial z^3}-a^2\frac{\partial^2 u}{\partial z^2}\right]= \\ &\beta^2\sum_{n=1}^{6}[-\mathrm{j}(k_n a)^3\gamma_n+(k_n a)^2]\cdot A_n \mathrm{e}^{\mathrm{j}(\omega t-k_n z)} \\ \frac{1}{D}M(z,t) &= \beta^2\left[a^2\frac{\partial^3 w}{\partial z^2}-a\frac{\partial u}{\partial z}\right]= \\ &-\beta^2\sum_{n=1}^{6}[(k_n a)^2\gamma_n-\mathrm{j}(k_n a)]\cdot A_n \mathrm{e}^{\mathrm{j}(\omega t-k_n z)} \end{aligned}\right\} \tag{9-44}$$

式中,弯曲刚度 $D=Eh^3/[12(1-\sigma^2)]$。

式(9－44)诸量略去 $e^{j\omega t}$ 写成矩阵形式:

$$\{F\}=[K][Z]\{A\} \tag{9-45}$$

式中　$\{\boldsymbol{F}\}$——结构的状态变量列矩阵,或写成转置矩阵;

$\{\boldsymbol{A}\}$——本征模的系数幅度列矩阵,也可写成转置矩阵

$$\left.\begin{aligned}\{F\}&=\left[u\quad w\quad a\frac{\partial w}{\partial z}\quad \frac{a}{D}N\quad \frac{a}{D}S\quad \frac{1}{D}M\right]^{\mathrm{T}}\\ \{A\}&=[A_1\quad A_2\quad A_3\quad A_4\quad A_5\quad A_6]^{\mathrm{T}}\end{aligned}\right\} \tag{9-46}$$

$[\boldsymbol{K}]_{6\times6}$——与坐标无关,仅决定于特征波数和圆柱壳有关力学参数的矩阵,其中元素 $K_{i'j'}$ 表示如下

$$\left.\begin{aligned}&K_{1j'}=1,K_{2j'}=\gamma_{j'},K_{3j'}=-j(k_{j'}a)\gamma_{j'},K_{4j'}=-j(k_{j'a})+\sigma\gamma_{j'}+\beta^2(k_{j'}a^2)^2\gamma_{j'}\\ &K_{5j'}=\beta^2[j(k_{j'}a)^3\gamma_{j'}+(k_{j'}a)^2]K_{6j'}=-\beta^2[(k_{j'}a)^2\gamma_{j'}-j(k_{j'}a)],j'=1,2,\cdots,6\end{aligned}\right\} \tag{9-47}$$

$[\boldsymbol{Z}]$——对角矩阵,它的对角元素决定于特征传播常数和管轴坐标。

$$[\boldsymbol{Z}]=\mathrm{diag}(e^{-jk_1z}\quad e^{-jk_2z}\quad e^{-jk_3z}\quad e^{-jk_4z}\quad e^{-jk_5z}\quad e^{-jk_6z}) \tag{9-48}$$

② 环肋的运动方程和其两端状态变量矩阵

在环肋两端壳体作用力作用下,肋产生位移和绕周线的转动,以 u^*、w^* 和 φ^* 分别表示环肋壳形心处的法向位移、径向位移和线圆周线的转角,则列出环肋的运动方程如下:

$$\left.\begin{aligned}&\rho_1A\frac{\partial^2u^*}{\partial t^2}=F_u(t)\\ &\frac{E_1A}{a_1^2}w^*+\rho_1A\frac{\partial^2w^*}{\partial t^2}=F_w(t)\\ &\frac{E_1\bar{I}}{a_1^2}(a_1\varphi^*)+\rho_1I_\rho\frac{\partial^2(a_1\varphi^*)}{\partial t^2}=a_1F_\varphi(t)\end{aligned}\right\} \tag{9-49}$$

式中　$F_u(t)$、$F_w(t)$ 和 $a_1F_\varphi(t)$ 分别表示作用于环肋壳、单位长度的外力和扭矩;

$\varphi^*=\dfrac{\partial w^*}{\partial z}$;

A——环肋横截面积,$A=b(d+h)$;

I——平行 z 轴的主惯性矩,$I=\dfrac{1}{12}b(d+h)^3$;

$\bar{I}$——径向主惯性矩,$\bar{I}=\dfrac{1}{12}b^3(d+h)$;

I_ρ——极惯性矩,$I_\rho=I+\bar{I}$;

a_1——环肋截面形心的半径,$a_1=a+e$,e 为环肋偏心度;

ρ_1,E_1——环肋材料的密度和杨氏模量。

根据端面连续条件,环肋的位移和受力情况,可以用圆柱壳中和面的位移和其左右两边柱壳的作用力与力矩表之。

$$\left.\begin{aligned}&u^{*}=(u_a-\mathrm{e}\varphi_a)\mathrm{e}^{\mathrm{j}\omega t}\\&w^{*}=w_a\mathrm{e}^{\mathrm{j}\omega t}\\&\varphi_a\mathrm{e}^{\mathrm{j}\omega t}\\&F_u=F_{ua}\mathrm{e}^{\mathrm{j}\omega t},F_{ua}=N_R-N_L\\&F_w=F_w\mathrm{e}^{\mathrm{j}\omega t},F_{wa}=S_L-S_R\\&F_\varphi=F_{\varphi a}\mathrm{e}^{\mathrm{j}\omega t},F_{\varphi a}=M_R-M_L\end{aligned}\right\}\tag{9-50}$$

式中,N、S、M 分别是圆柱壳体中 z 方向张力、剪切力和绕圆周的转矩的幅值;各量的脚标 L 和 R 分别表示环肋的左、右两边端面处的对应值,见图 9 - 3(c)。

将式(9 - 50) 代入(9 - 49) 式中,略去时间因子 $\mathrm{e}^{\mathrm{j}\omega t}$,便可得到

$$\left.\begin{aligned}&\frac{a}{D}(-\rho_1A\omega^2)\cdot u_a-\frac{a}{D}(-\rho_1A\omega^2)\,\frac{\mathrm{e}}{a}\cdot a\varphi_a=\frac{a}{D}N_R-\frac{a}{D}N_L\\&\frac{a}{D}(\frac{E_1A}{a_1^2}-\rho_1A\omega^2)w_a=\frac{a}{d}S_L-\frac{a}{D}S_R\\&\frac{a}{D}(\frac{E_1\bar{I}}{a_1^2a^2}-\rho_1I_\rho\omega^{\prime}a^2)a\varphi_a=\frac{1}{D}M_R-\frac{1}{D}M_L\end{aligned}\right\}\tag{9-51}$$

如果把环肋右边和左边的状态矢量表成

$$\left.\begin{aligned}&\{\boldsymbol{F}_R\}=\begin{bmatrix}u_R & w_R & a\dfrac{\partial w_R}{\partial z} & \dfrac{a}{D}N_r & \dfrac{a}{D}S_R & \dfrac{1}{D}M_R\end{bmatrix}^{\mathrm{T}}\\&\{\boldsymbol{F}_L\}=\begin{bmatrix}u_L & w_L & a\dfrac{\partial w_L}{\partial z} & \dfrac{a}{D}N_L & \dfrac{a}{D}S_L & \dfrac{1}{D}M_L\end{bmatrix}^{\mathrm{T}}\end{aligned}\right\}\tag{9-52}$$

从而可以写成矩阵形式:

$$\{\boldsymbol{F}_R\}=[\boldsymbol{f}_0]\{\boldsymbol{F}_L\}\tag{9-53}$$

系数矩阵

$$[\boldsymbol{f}_0]=\begin{bmatrix}1&0&0&0&0&0\\0&1&0&0&0&0\\0&0&1&0&0&0\\f_1&0&-\dfrac{\mathrm{e}}{a}f_1&1&0&0\\0&f_2&0&0&1&0\\0&0&f_3&0&0&1\end{bmatrix}\tag{9-54}$$

其中元素:

$$f_1=\frac{a}{D}(-\rho_1A\omega^2),f_2=-\frac{a}{D}(\frac{E_1A}{a_1^2}-\rho_1A\omega^2),f_3=\frac{a}{D}(\frac{E_1\bar{I}}{a_1^2a^2}-\frac{\rho_1I_\rho\omega^2}{a^2})\tag{9-55}$$

③ 加周期性环肋圆柱壳中的传递因子 e^{μ}

根据无限周期结构理论,对于第 q 段圆柱壳和相邻的第 $q-1$ 段圆柱壳对应点的简正模态分布都相似,只是相差一个传递因子 e^{μ}(图 9 - 3(a)),即

$$\{\boldsymbol{F}(z)\}_{z=l+/2}=\mathrm{e}^{\mu}\cdot\{\boldsymbol{F}(z)\}_{z=l+/2}\tag{9-56}$$

又根据图示,肋左右状态变量表达成壳的状态矢量

$$\{\boldsymbol{F}_R\}=\{\boldsymbol{F}(z)\}_{z=l+/2},\{\boldsymbol{F}_L\}=\{\boldsymbol{F}(z)\}_{z=l-/2}\tag{9-57}$$

把二式代入前式中有

$$\{\boldsymbol{F}_R\} = \mathrm{e}\{\boldsymbol{F}(z)\}_{z=l^+/2} \tag{9-58}$$

将壳结构状态变量和模态幅度关系式(9－45)代入上式,并利用肋的状态矢量关系式(9－53)～式(9－55),最后二式可导致

$$\mathrm{e}^{\mu}[\boldsymbol{K}][\boldsymbol{Z}]_{z=-l^+/2}\cdot\{\boldsymbol{A}\} = [\boldsymbol{f}_0][\boldsymbol{K}][\boldsymbol{Z}]_{z=l^-/2}\cdot\{\boldsymbol{A}\} \tag{9-59}$$

在起始段处,壳体状态矢量为$\{\boldsymbol{F}_0\}$,则由式(9－45)有

$$\{\boldsymbol{F}(z)\}_{z=0} = [\boldsymbol{K}]\{\boldsymbol{A}\},\{\boldsymbol{A}\} = [\boldsymbol{K}]^{-1}\{\boldsymbol{F}_0\} \tag{9-60}$$

因为　　$[\boldsymbol{Z}]_{z=0} = [\boldsymbol{I}]$　（单位矩阵）

把最后模态幅度矩阵关系式代入式(9－59)的两边得

$$\mathrm{e}^{\mu}\{\boldsymbol{F}_0\} = [\boldsymbol{K}]^{-1}[\boldsymbol{Z}]_{z=l/2}[\boldsymbol{K}][\boldsymbol{f}_0][\boldsymbol{K}][\boldsymbol{Z}]_{z=l/2}[K]^{-1}\{\boldsymbol{F}_0\} \tag{9-61}$$

式中采用了关系$\{[\boldsymbol{Z}]_{z=-l^+/2}\}^{-1} = [\boldsymbol{Z}]_{z=l^+/2}$;$[\boldsymbol{Z}]_{z=-l^+/2} \approx [\boldsymbol{Z}]_{z=l^-/2}$,记作$[\boldsymbol{Z}]_{z=l/2}$。

因为$z=-l^+2$和$z=l^-/2$是在同一段圆柱壳体上(图9－3(a)),所以考虑到肋很窄、略去肋的厚度时,其分布值近似相等。又因为$[\boldsymbol{Z}]$是对角阵,因此$[\boldsymbol{Z}]^{-1}$也是一对角阵,它的矩阵元素$z_{i'i'}$是$[\boldsymbol{Z}]$对角阵元素z_{ii}的倒数,即$\dfrac{1}{\mathrm{e}^{-\mathrm{j}k_i l/2}} = \mathrm{e}^{-\mathrm{j}k_i l/2}$,因此证明了$[\boldsymbol{Z}]^{-1}_{z=l^+/2} = [\boldsymbol{Z}]_{z=l^+/2}$,它们对应的对角阵元素都相等。于是,最后式(9－61)可简写成

$$\mathrm{e}^{\mu}\{\boldsymbol{F}_0\} = [\boldsymbol{T}]\{\boldsymbol{F}_0\} \tag{9-62}$$

其中　　$[\boldsymbol{T}] = [\boldsymbol{K}]^{-1}[\boldsymbol{Z}]_{z=l/2}[\boldsymbol{K}][\boldsymbol{f}_0][\boldsymbol{K}][\boldsymbol{Z}]_{z=l/2}[K]^{-1}$

式(9－62)是状态变量通过一段圆柱壳体和一个肋传递之后的关系式,$[\boldsymbol{T}]$等效于一段壳的传递函数,它决定于圆柱壳的传播波数k_n值以及圆柱壳的力学参数弹性模量、几何参数等值。从矩阵代数来看矩阵式(9－62),其中e^{μ}是复矩阵$[\boldsymbol{T}]_{6\times6}$的特征值因子,$\mu$是特征值;$[\boldsymbol{F}_0]$是对应特征矢量。由式(9－60)看出,对于给出的6个特征值(传递常数)$\mu_n(n=1,2,\cdots,6)$,则有6组特征矢量$\{\boldsymbol{F}_{0n}\}$,每组特征矢量确定一个振动模态。

加不同尺寸肋的圆柱壳在不同肋距情况下,传递常数$\mu=\mu'-\mathrm{j}\mu''$值(对应传播因子$\mathrm{e}^{\mu}=\mathrm{e}^{\mu'}\mathrm{e}^{-\mathrm{j}\mu''}$)随无量纲频率$\Omega=\omega/\omega_c(\omega_c=c_p/a\cdot c_p=\sqrt{E/[\rho(1-\sigma^2)]}$变化的曲线如图9－4所示。

加肋圆柱壳和不加肋圆柱壳的最大区别表现在Ω等于1附近传递常数的突变。对于不同频率,弯曲波的传播表现出传播波向量域中存在截止频带。对于第一组数据,在$\Omega=1.5$附近的止带内,每经过一个肋幅度衰减约1.3 dB,相对跃变约为π。而对于$\Omega<1$情况,柱壳中径向位移振动波的波幅远大于轴向纵向位移波的波幅,即圆柱壳的振动基本上是弯曲振动为主。而当$\Omega>1$情况,纵振动振幅陡增,并且波动经过环肋时波幅也不衰减。正如在第12节分析加支撑的膜中振动传播情况时所述,这一类加肋结构中振动波传播时的“滤波现象”,在分析加周期性的肋板中振动传播情况时也都出现过。对第二组数据,当加大肋之间距离时,对弯曲波出现了两个截止频带,虽然在第一止带中衰减不大(每经一个肋衰减0.78 dB),但在第二止带内,每经过一个肋的衰减也有1.1 dB。关于这一点,在空气管道噪声控制设计时是有重要意义的。文章还对加肋壳水下情况进行了计算,当有水声耦合时,没有明显的止带因子。对纵、横向振动波,当频率略小于$\Omega=1$处(圆柱壳径向谐振频率稍低处),波的振动每经过一个肋其幅度衰减陡然增大,这说明产生了水下声辐射。当$\Omega>1$时,弯曲振动、横向振动仍然有衰减现象,也有声辐射作用。

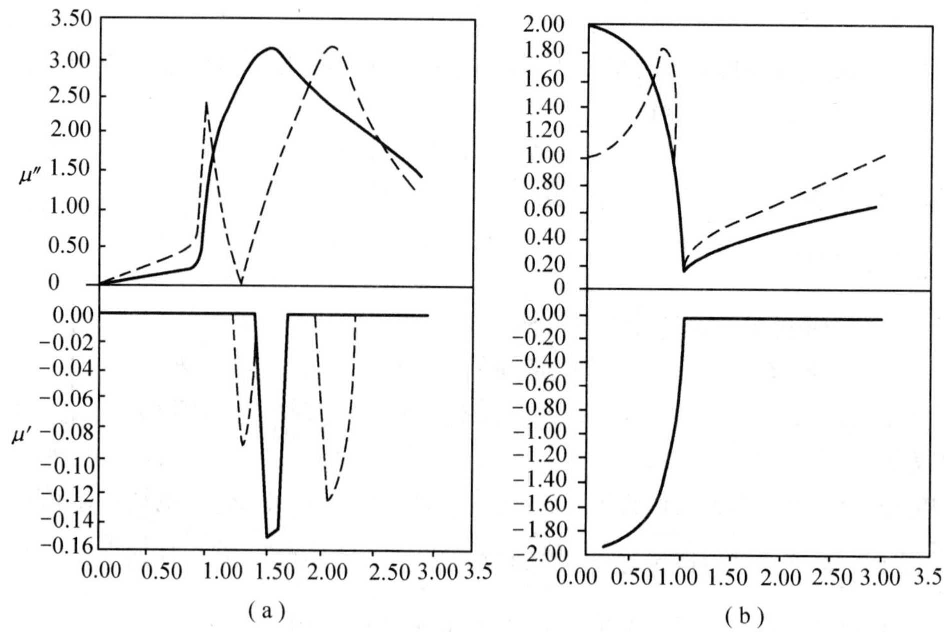

图 9-4 真空中加肋圆柱壳传递常数 $\mu = \mu' - j\mu''$ 随频率变化曲线

实线: $h/a = 0.02, l/a = 0.2, b/a = 0.02, d/a = 0.05$

虚线: $h/a = 0.02, l/a = 0.5, b/a = 0.02, d/a = 0.05$

(2) 加环肋圆柱壳的水下振动和声辐射

另一种分析计算加肋圆柱壳水下声辐射问题的方法是把圆柱壳上的加强肋看作是在圆柱壳周线上施加线状负载作用。这与加肋薄板所采取的处理方法类似,即把肋看做施加于板的直线源,这里把加肋看做等效的沿圆周线施加于激励圆柱壳的环形线源。

设无限长弹性圆柱壳有等间距的加强环肋,壳内真空,壳外为无限的密介质,壳内一点谐和力作用。环肋圆柱壳结构的一段如图 9-5 所示。

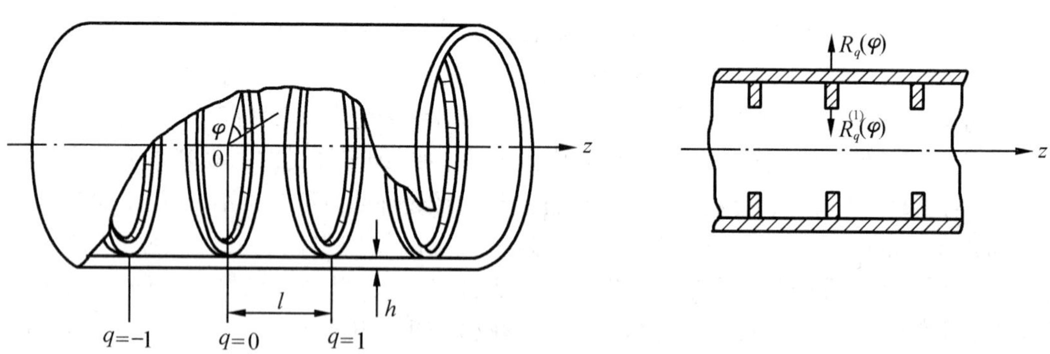

图 9-5 加环肋圆柱壳结构示意图

① 圆柱壳的振动方程

加肋圆柱壳在密介质中的振动方程为

$$[\boldsymbol{L}]\begin{Bmatrix}\dot{u}\\ \dot{v}\\ \dot{w}\end{Bmatrix}=\frac{i\omega a^2}{E_1 h}\begin{Bmatrix}f_z\\ f_\varphi\\ p_a(r,\varphi,z)\mid_{r=a}-f_r-\sum\limits_{q=-\infty}^{\infty}R_q(\varphi)\delta(z-ql)\end{Bmatrix} \tag{9-63}$$

式中，$E_1=\dfrac{E}{1-\sigma^2}$；$f_z$、$f_\varphi$ 和 f_r 分别是作用于圆柱壳上轴向、周向和径向的外作用力；$p_a(a,\varphi,z)$ 是周围介质的声场作用于圆柱壳表面法向的声压力；$R_p=\sum\limits_{q=-\infty}^{\infty}R_q(\varphi)\delta(z-ql)$ 是圆柱壳内表面周期性环形肋作用于柱壳径向的作用力。

设 $f_z=0$，$f_\varphi=0$，$f_r=f_r(z,\varphi)\mathrm{e}^{-\mathrm{j}\omega t}$，则式(9-63)的稳态解也都是单频变化，同样地声压和肋作用力也是如此。

对于上式，所有量在 φ 方向都是以 2π 为周期的，因此可以按以 $\{\mathrm{e}^{in\varphi}\}$ 的级数展开，而在方向则以为核做傅氏变换按波数 λ 展开。也即两维的傅氏变换，变换核为 $\mathrm{e}^{i(n\varphi+\lambda z)}$，即

$$\begin{Bmatrix}\dot{u}(z,\varphi)\\ \dot{v}(z,\varphi)\\ \dot{w}(z,\varphi)\end{Bmatrix}=\sum_{n=-\infty}^{\infty}\frac{1}{2\pi}\cdot\begin{Bmatrix}\int_{-\infty}^{\infty}\tilde{\dot{U}}_n(\lambda)\cdot\mathrm{e}^{i(n\varphi+\lambda z)}\mathrm{d}\lambda\\ \int_{-\infty}^{\infty}\tilde{\dot{V}}_n(\lambda)\cdot\mathrm{e}^{i(n\varphi+\lambda z)}\mathrm{d}\lambda\\ \int_{-\infty}^{\infty}\tilde{\dot{W}}_n(\lambda)\cdot\mathrm{e}^{i(n\varphi+\lambda z)}\mathrm{d}\lambda\end{Bmatrix} \tag{9-64}$$

将式(9-64)的解代入圆柱壳运动方程组(9-63)中，并利用函数列的正交性，得到对系数 $\tilde{\dot{U}}_n(\lambda)$、$\tilde{\dot{V}}_n(\lambda)$ 和 $\tilde{\dot{W}}(\lambda)$ 的矩阵关系。为此要将激励力、壳体振动产生的肋对壳的反作用力，以及声辐射声场作用于壳的反作用力也都进行傅氏变换。

a. 激励力 $f_r(z,\varphi)$

设在点 (z,φ) 作用力

$$f_r(z,\varphi)=F_0\delta(z-z_0)\delta(\varphi-\varphi_0) \tag{9-65}$$

令

$$\delta(\varphi-\varphi_0)=\sum_{n=-\infty}^{\infty}f_n\mathrm{d}\mathrm{e}^{in\varphi}$$

则

$$f_n=\frac{1}{2\pi}\int_0^{2\pi}\delta(\varphi-\varphi_0)\mathrm{e}^{-in\varphi}\mathrm{d}\varphi=\frac{1}{2\pi}\mathrm{e}^{-in\varphi_0}$$

再对 z 方向做波向量变换

$$\begin{aligned}\tilde{f}(\lambda,\varphi)&=\frac{F_0}{2\pi}\sum_{n=-\infty}^{\infty}\mathrm{e}^{in(\varphi-\varphi_0)}\int_{-\infty}^{\infty}\delta(z-z_0)\mathrm{e}^{-i\lambda z}\mathrm{d}z=\frac{F_0}{2\pi}\sum_{n=-\infty}^{\infty}\mathrm{e}^{in(\varphi-\varphi_0)}\mathrm{e}^{-i\lambda z_0}\\&=\sum_{n=-\infty}^{\infty}\tilde{f}_{rn}(\lambda)\mathrm{e}^{in\varphi}\end{aligned}$$

其中

$$\tilde{f}_{rn}(\lambda)=\frac{F_0}{2\pi}\mathrm{e}^{-i(n\varphi_0+\lambda z_0)} \tag{9-66}$$

b. 声场反作用力

声压应满足波动方程，圆柱壳辐射声压在柱坐标下的一般解为

$$p_a(r,\varphi,z)=\frac{1}{2\pi}\sum_{n=-\infty}^{\infty}\int_{-\infty}^{\infty}A_n(\lambda)\mathrm{e}^{in\varphi}H_n^{(1)}(\sqrt{k^2-\lambda^2}r)\mathrm{e}^{i\lambda z}\mathrm{d}z \tag{9-67}$$

则 $$\tilde{p}_a(r,\varphi,\lambda) = \sum_{n=-\infty}^{\infty} A_n(\lambda)\mathrm{e}^{in\varphi}H_n^{(1)}(\sqrt{k^2-\lambda^2 r}r) = \sum_{n=-\infty}^{\infty}\tilde{p}_{am}(\lambda)\mathrm{e}^{in\varphi}$$

利用壳面边界条件 $$\dot{w} = \frac{1}{i\rho\omega}\cdot\frac{\partial p_a}{\partial r}\bigg|_{r=a}$$

可以得到

$$A_n(\lambda) = \frac{ik\rho c\,\widetilde{\dot{W}}_n(\lambda)}{k_r\cdot\dfrac{\mathrm{d}H_2^{(1)}(k_r a)}{\mathrm{d}(k_r a)}},k_r^2 = k^2-\lambda^2 \quad (k = \frac{\omega}{c})$$

所以

$$\tilde{p}_{an}(\lambda) = \frac{ik\rho c}{k_r}\cdot\frac{H_n^{(1)}(k_r a)}{\dfrac{\mathrm{d}H_n^{(1)}(k_r a)}{\mathrm{d}(k_r a)}}\cdot\widetilde{\dot{W}}(\lambda) \tag{9-68}$$

或

$$\tilde{p}_{an}(\lambda) = \tilde{Z}_{an}(\lambda)\widetilde{\dot{W}}_n(\lambda),\tilde{Z}_{an}(\lambda) = \frac{ik\rho c}{k_r}\cdot\frac{H_n^{(1)}(k_r a)}{\dfrac{\mathrm{d}H_n^{(1)}(k_r a)}{\mathrm{d}(k_r a)}} \tag{9-69}$$

$\tilde{Z}_{an}(\lambda)$ 是(λ,n) 号模态波谱分量的声辐射阻抗波谱分量。

c. 周期性肋

加强肋随壳振动时受到壳的作用力,同时圆环肋也对圆柱壳产生一反作用力,它如同圆柱壳上受到沿圆周的线激励力。将它们表成以下形式

$$R(\varphi,z) = \sum_{q=-\infty}^{\infty}R_q(\varphi)\delta(z-ql) \tag{9-70}$$

右边第一因子可展开

$$R_q(\varphi) = \sum_{q=-\infty}^{\infty}R_{qn}\mathrm{e}^{in\varphi},R_{qn} = \frac{1}{2\pi}\int_0^{2\pi}R_q(\varphi)\mathrm{e}^{-in\varphi}\mathrm{d}\varphi \tag{9-71}$$

则对式(9-70) 做变换有

$$\tilde{R}_r(\varphi,\lambda) = \sum_{q=-\infty}^{\infty}R_q(\varphi)\int_{-\infty}^{\infty}\delta(z-ql)\mathrm{e}^{-i\lambda z}\mathrm{d}z = R_q(\varphi)\sum_{q=-\infty}^{\infty}\mathrm{e}^{-i\lambda ql}$$

根据 Poission 求和公式

$$\sum_{q=-\infty}^{\infty}\mathrm{e}^{-i\lambda ql} = 2\pi\sum_{q=-\infty}^{\infty}\delta(\frac{2q\pi}{l}-\lambda)$$

所以

$$\tilde{R}_r(\varphi,\lambda) = 2\pi R_q(\varphi)\sum_{q=-\infty}^{\infty}\delta(\frac{2q\pi}{l}-\lambda) = \sum_{n=-\infty}^{\infty}\sum_{q=-\infty}^{\infty}2\pi R_{qn}\mathrm{e}^{in\varphi}\delta(\frac{2q\pi}{l}-\lambda) \tag{9-72}$$

可见

$$\tilde{R}_{rn}(\lambda) = 2\pi\sum_{q=-\infty}^{\infty}R_{qn}\delta(\frac{2q\pi}{l}-\lambda) \tag{9-73}$$

对式(9-72) 做反变换得

$$R_r(\varphi,z) = \frac{1}{2\pi}\int_{-\infty}^{\infty}\tilde{R}_r(\varphi,\lambda)\mathrm{e}^{i\lambda z}\mathrm{d}z = \sum_{n=-\infty}^{\infty}\sum_{q=-\infty}^{\infty}R_{qn}\mathrm{e}^{in\varphi}\int_{-\infty}^{\infty}\delta(\frac{2q\pi}{l}-\lambda)\mathrm{e}^{i\lambda z}\mathrm{d}z$$

于是,肋作用力可以写成

$$R_r(\varphi,z) = \sum_{n=-\infty}^{\infty}\sum_{q=-\infty}^{\infty} R_{qn}e^{in\varphi}e^{iq\frac{2\pi}{l}z} \tag{9-74}$$

将式(9-64)~式(9-74)代入式(9-63)的右边,并令$f_z=0, f_\varphi=0$得

$$\frac{iE_1h}{\omega a^2}[\boldsymbol{L}]\begin{Bmatrix}\tilde{\dot{U}}_n(\lambda)\\ \tilde{\dot{V}}_n(\lambda)\\ \tilde{\dot{W}}_n(\lambda)\end{Bmatrix} = \begin{Bmatrix}0\\0\\ \tilde{f}_{rn}(\lambda)-\tilde{p}_{an}(\lambda)-\tilde{R}_{rn}(\lambda)\end{Bmatrix} \tag{9-75}$$

系数矩阵$[\boldsymbol{L}_n]$的元素如下

$$\left.\begin{aligned}&\tilde{L}_{11} = \Omega^2-(\lambda a)^2-\frac{1-\sigma}{2}n^2-\beta^2\frac{1-\sigma}{2}n^2;\tilde{L}_{12}=-\frac{1+\sigma}{2}(\lambda a)n=\tilde{L}_{21}\\ &\tilde{L}_{13}=i[\sigma(\lambda a)+\beta^2(\lambda a)^3-\beta^2\frac{1-\sigma}{2}(\lambda a)n^2]=\tilde{L}_{31}\\ &\tilde{L}_{22}=\Omega^2-\frac{1-\sigma}{2}(\lambda a)^2(1+3\beta^2)-n^2;\tilde{L}_{23}=in[1+\beta^2\frac{3-\sigma}{2}(\lambda a)^2]\\ &\tilde{L}_{32}=\tilde{L}_{23};\tilde{L}_{33}=1+\beta^2[(\lambda a)^2+n^2]^2+\beta^2(1-2n^2)-\Omega^2\end{aligned}\right\} \tag{9-76}$$

由式(9-75)~式(9-76)消去$\tilde{\dot{U}}_n(\lambda)$和$\tilde{\dot{V}}_n(\lambda)$得

$$\left.\begin{aligned}&\tilde{Z}_{sn}(\lambda)\cdot\tilde{\dot{W}}_n(\lambda)=\tilde{f}_{rn}(\lambda)-\tilde{p}_{an}(\lambda)+\tilde{R}_{rn}(\lambda)\\ &\tilde{Z}_{sn}(\lambda)=\frac{iE_1h}{\omega a^2}\cdot\frac{\det|L|}{\begin{vmatrix}\tilde{L}_{11}&\tilde{L}_{12}\\ \tilde{L}_{21}&\tilde{L}_{22}\end{vmatrix}}\end{aligned}\right\} \tag{9-77}$$

$\det|\tilde{L}|$是矩阵$[\tilde{L}]$的行列式;$\tilde{Z}_{sn}(\lambda)$是圆柱壳体本身的(λ,n)号模态机械阻抗的傅氏积分变换(波谱分量)。

② 加肋圆柱壳的振动位移和声场声压

将(9-66)、(9-69)和(9-73)诸式代入式(9-77)中得

$$\tilde{Z}_{sn}(\lambda)\tilde{\dot{W}}_n(\lambda)=\frac{F_0}{2\pi}e^{-i(n\varphi_0+\lambda z_0)}-\tilde{Z}_{an}(\lambda)\tilde{\dot{W}}_n(\lambda)-2\pi\sum_{q=\infty}^{\infty}R_{qn}\delta(\frac{2\pi q}{l}-\lambda) \tag{9-78}$$

最后解出点源作用力下加肋圆柱壳半径方向振动速度的解析解

$$\dot{W}(z,\varphi)=\sum_{n=-\infty}^{\infty}\frac{F_0e^{in(\varphi-\varphi_0)}}{(2\pi)^2}\int_{-\infty}^{\infty}\frac{e^{i\lambda(z-z_0)}}{\tilde{Z}_{sn}(\lambda)+\tilde{Z}_{an}(\lambda)}d\lambda-$$

$$\sum_{n=-\infty}^{\infty}\sum_{q=-\infty}^{\infty}R_qe^{in\varphi}\int_{-\infty}^{\infty}\frac{\delta(\frac{2\pi q}{l}-\lambda)}{\tilde{Z}_{sn}(\lambda)+\tilde{Z}_{an}(\lambda)}\cdot e^{i\lambda z}d\lambda \tag{9-79}$$

例如如果圆柱壳上受外力为某号特征模态形式时,有

$$f_r(z,\varphi)=F_0e^{i\lambda_1z}e^{in_1\varphi}$$

则其傅氏变换为

$$\tilde{f}_r(\lambda,n)=(2\pi)^2F_0\delta(n-n_1)\delta(\lambda-\lambda_1) \tag{9-80}$$

将式(9-80)代入式(9-77)中,有

$$\dot{W}(z,\varphi)=\sum_{n=-\infty}^{\infty}(2\pi)^2\frac{F_0}{2\pi}\int_{-\infty}^{\infty}\frac{\delta(n-n_1)\delta(\lambda-\lambda_1)}{\tilde{Z}_{sn}(\lambda)+\tilde{Z}_{an}(\lambda)}\int_0^{2\pi}\frac{1}{2\pi}e^{i(n\varphi+\lambda z)}d\varphi dz-$$

$$\sum_{n=-\infty}^{\infty}\sum_{q=-\infty}^{\infty}R_{qn}\int_{-\infty}^{\infty}\int_{0}^{2\pi}\frac{\delta(n-n_1)\delta(\frac{2\pi q}{l}+\lambda_1-\lambda)}{Z_{sn}(\lambda)+Z_{an}(\lambda)}\mathrm{e}^{i(n\varphi+\lambda z)}\mathrm{d}\varphi\mathrm{d}z$$

$$=F_0\frac{1}{Z_s(n_1,\lambda_1)+\frac{i\rho ck}{\sqrt{k^2-\lambda_1^2}}\cdot\frac{H_n^{(1)}(\sqrt{k^2-\lambda_1^2}\cdot a)}{\frac{\mathrm{d}H_n^{(1)}(\sqrt{k^2-\lambda_1^2}\cdot a)}{\mathrm{d}(\sqrt{k^2-\lambda_1^2}\cdot a)}}}\mathrm{e}^{i(n_1\varphi+\lambda_1 z)}-$$

$$\sum_{q=-\infty}^{\infty}R_{qn}\frac{\mathrm{e}^{in_1}\varphi\mathrm{e}^{i(\lambda_1+2\pi q/lz)}}{\left[Z_s(n_1,\lambda_q)+\frac{i\rho ck}{\sqrt{k_2-\lambda_q}}\cdot\frac{H_n^{(1)}(\sqrt{k^2-\lambda_q^2}\cdot a)}{\frac{\mathrm{d}H_n^{(1)}(\sqrt{k^2-\lambda_q^2}\cdot a)}{\mathrm{d}(\sqrt{k^2-\lambda_q^2}\cdot a)}}\right]_{\lambda_q=\lambda_1+2\pi q/l}}\tag{9-81}$$

式中,$Z_s(n_1,\lambda_1)$、$Z_s(n_1,\lambda_q)$ 是在圆柱壳的阻抗式(9-77)和式(9-76)中,n 和(λa)以 n_1 和($\lambda_1 a$)或($\lambda_1+2\pi q/l$)a 置代。

对于辐射声场,将$\widetilde{\dot{W}}(\lambda)$代入声压式(9-67)~式(9-69)做反变换,最后可以求得声压

$$p(z,\varphi,t)=\frac{ik\rho c}{2\pi}\cdot\sum_{n=-\infty}^{\infty}\mathrm{e}^{in\varphi}\cdot\int_{-\infty}^{\infty}\frac{\dot{W}_n(\lambda)H_n^{(1)}(\sqrt{k^2-\lambda^2}-r)}{\sqrt{k^2-\lambda^2}\cdot\frac{\mathrm{d}H_n^{(1)}(\sqrt{k^2-\lambda^2}\cdot a)}{\mathrm{d}(\sqrt{k^2-\lambda^2}\cdot a)}}\cdot\mathrm{e}^{i(\lambda z-\omega t)}\mathrm{d}\lambda$$

关于肋支撑受力的计算,还有两种方法:其一是当肋很窄,高度比半径小很多,则把每条肋看做是在圆周方向的环形梁的运动。运动方程为

$$-\omega^2MW_r+\frac{EI'\partial^4W_r}{a^4\partial\varphi^4}=R_q^1(\varphi)\delta(z-ql)\tag{9-82}$$

式中,M、EI 为环肋单位长度的质量和弯曲刚度。近似地认为沿半径方向的肋位移和肋所在处圆柱壳的径向位移相等,$W_r=\frac{\dot{W}_r}{-i\omega}=\frac{\dot{W}_{\sim}}{-i\omega}$。设

$$W_r(\varphi,z)=\sum_{n=-\infty}^{\infty}\mathrm{e}^{in\varphi}W_n(z)\quad(z=ql)$$

$$R_q(\varphi,z)=\sum_{m=-\infty}^{\infty}R\mathrm{e}^{im\varphi}\delta(z-ql)\quad(q=-\infty,\cdots,-1,0,+1,\cdots,\infty)$$

把最后关系式代入式(9-82)的两边,利用$\{\mathrm{e}^{in\varphi}\}$的正交性最后得到

$$\left.\begin{aligned}&Z_r\dot{W}_n=-R_{qn},(q=0,\pm1,\cdots,\pm\infty)\\&Z_r=-i\omega\left[M-\frac{EI}{\omega^4}(\frac{n}{a})^4\right]\end{aligned}\right\}\tag{9-83}$$

式中,Z_r 的物理含义是圆柱壳上各条环肋 n 号圆周方向振动模的等效阻抗。

另一种方法是利用方程组(9-63),令其中激励力只保留一项肋的力,并令 $z=ql$ 处肋的位移速度分量为 $\dot{u}_r(z,\varphi)=0,\dot{v}_r(z,\varphi)=\dot{v}'(\varphi),\dot{w}_r(z,\varphi)=\dot{w}'(\varphi)$,再以环肋壳的总厚度 h_r 代替圆柱壳的厚度 h,又略去泊松比 σ,于是近似地有

$$\left.\begin{aligned}&\left(\frac{\partial^2}{\partial\varphi^2}+\Omega^2\right)\dot{v}'+\frac{\partial\dot{w}'}{\partial\varphi}=0\\&\frac{\partial\dot{v}'}{\partial\varphi}+\left\{1+\beta^2a^4\left(\frac{1}{a^4}\cdot\frac{\partial^4}{\partial\varphi^4}\right)+\beta^2\left[1+2\frac{\partial^2}{\partial\varphi^2}-\Omega^2\right]\right\}\dot{w}'=\frac{-iw\omega a^2}{E_rh_r}R(\varphi)\end{aligned}\right\}\quad(9-84)$$

$\dot{v}'$、$\dot{w}'(k)$ 和 $R(\varphi)$ 都按 $\{e^{in\varphi}\}$ 展开代入上式中，消去 $\dot{v}'$，再利用正交性便可得到

$$\left.\begin{aligned}&R_{qn}=Z_R\cdot\dot{W}_n\\&Z_{Rn}=\frac{iE_rh_r}{\omega a^2}\left[1+\beta_r^2(n^2-1)-\Omega^2+\frac{n^2}{\Omega^2-n^2}\right]\end{aligned}\right\}\quad(9-85)$$

式中，R_n 和 $\dot{W}_n$ 分别是肋力和半径方向速度对 $\{e^{in\varphi}\}$ 的展开系数；$Z\,Rn$ 是对应于圆周方向 n 阶振动模态，肋的单位长度阻抗；E_r、h_r 分别是肋材料的杨氏模量和肋的高度值。

(3) 加全肋圆柱壳的振动

一个圆形壳均匀分布着很细的加强肋，纵肋沿母线、环肋沿圆周各等间距分布，如图 9 - 6 所示。

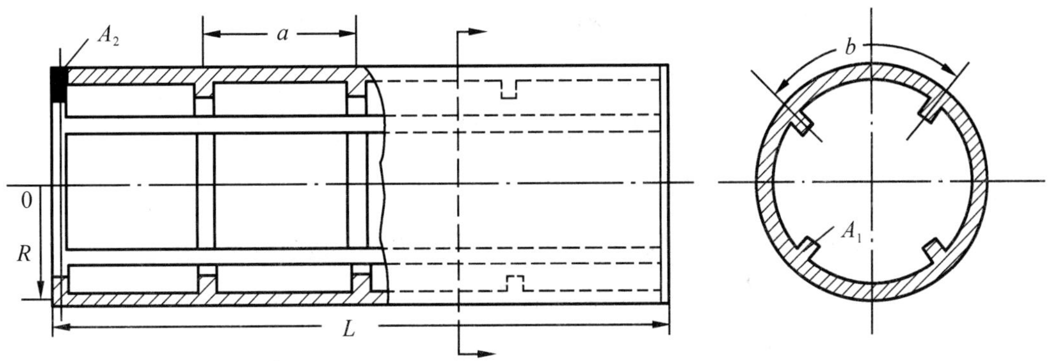

图 9 - 6　加全肋圆柱壳示意图

设肋的间距远小于波长，壳很薄，则其中和面的径向位移 $W(x,y,t)$ 可由以下方程确定

$$D\nabla^4W+D\left\{\eta_{01}\frac{\partial^4W}{\partial x^4}+\eta_{02}\frac{\partial^4W}{\partial y^4}+(\eta_{t1}+\eta_{t2})\frac{\partial^4W}{\partial x^2\partial y^2}-\beta\left[(1+\mu_2)y_1x_1\cdot\frac{\partial^4W}{\partial x^4}-2\sigma y_1x_2\frac{\partial^4W}{\partial x^2\partial y^2}+(1+\mu_1)y_2x_2\cdot\frac{\partial^4W}{\partial y^4}\right]\right\}-\beta\left\{x_1\left[(1+\mu_2)\cdot h\frac{\partial^4F}{\partial y^2\partial x^2}-\sigma h\frac{\partial^4F}{\partial x^4}\right]+x_2\left[(1+\mu_1)\cdot h\frac{\partial^4F}{\partial y^2\partial x^2}-\sigma h\frac{\partial^4F}{\partial y^4}\right]\right\}-\frac{h\partial^2F}{R\partial x^2}+N\frac{\partial^2W}{\partial x^2}+\rho_m\bar{h}\frac{\partial^2W}{\partial t^2}=0\quad(9-86)$$

面应力 $F(x,y,t)$ 和 $W(x,y,t)$ 的相容条件为

$$L_1(F)-L_2(W)=-\frac{1}{R}\cdot\frac{\partial^2W}{\partial x^2}\quad(9-87)$$

这里

$$L_1(\ )=\beta\frac{1-\sigma^2}{E}\left\{(1+\mu_2)\frac{\partial^4}{\partial y^4}(\ )+(1+\mu_1)\frac{\partial^4}{\partial x^4}(\ )+2\left[\frac{1+\sigma}{\beta(1-\sigma^2)}-\sigma\right]\left(\frac{\partial^4}{\partial x^2\partial y^2}\right)(\ )\right\}$$

$$L_2(\ )=\beta\left\{-\sigma x_1\frac{\partial^4}{\partial x^4}(\ )-\sigma_{x_2}\frac{\partial^4}{\partial y^4}(\ )+[(1+\mu_2)x_1+(1+\mu_1)x_2]\frac{\partial^4}{\partial x^2\partial y^2}(\ )\right\}$$

$$\beta = \frac{1}{(1-\sigma^2)+\mu_1+\mu_2+\mu_1\mu_2} \tag{9-88}$$

式中 D—— 壳的弯曲刚度；

ρ_m—— 壳和肋的材料密度；

σ,E—— 材料的泊松比和杨氏模量；

A_1,A_2—— 纵肋和环肋的截面积；

a,b—— 分别是环肋间、纵肋间的间距；

h,R—— 圆柱壳的厚度和半径；

$\bar{h}=h+A_1/b+A_2/a$—— 带肋柱壳的等效厚度；

e_1,e_2—— 分别为纵肋和环肋的偏心度(肋装在壳内为正)；

I_{11},I_{22}—— 分别为纵肋或环肋的惯性矩；

I_{t1},I_{t2}—— 分别为纵肋或环肋的极惯性矩(转动惯量)；

N—— 轴方向静力。

$$\left.\begin{aligned}
&\mu_1=(1-\sigma^2)\frac{A_1}{bh};x_1=\mu_1e_1;\mu_2=(1-\sigma^2)\frac{A_2}{ah};x_2=\mu_2e_2\\
&\eta_{01}=12(1-\sigma^2)\left[\frac{I_{11}}{bh^3}+\frac{A_1}{bh}(\frac{e_1}{h})^2\right],\eta_{02}=12(1-\sigma^2)\left[\frac{I_{22}}{bh^3}+\frac{A_2}{bh}(\frac{e_2}{h})^2\right]\\
&\eta_{t1}=GI_{t1}\frac{1}{bD};\eta_{t2}=GI_{t2}\frac{1}{aD},y_1=\frac{12x_1}{h^2},y_2=\frac{12x_2}{h^2}
\end{aligned}\right\} \tag{9-89}$$

设两端边界条件为简支情况,则位移和应力的函数都可以按傅氏级数展开,即

$$\left.\begin{aligned}
W(x,y)&=\sum_{m,n}W_{mn}\sin(\frac{m\pi x}{L})\cos(\frac{ny}{R}+\varphi_n)\\
F(x,y)&=\sum_{m,n}F_{mn}\sin(\frac{m\pi x}{L})\cos(\frac{ny}{R}+\varphi_n)
\end{aligned}\right\} \tag{9-90}$$

将式(9－90)代入式(9－87)中,再利用正交性,则得到 W_{mn} 和 F_{mn} 之间的关系

$$F_{mn}=\left\{\frac{\frac{Eh}{h\beta R(1-\sigma^2)}(\frac{m\pi}{L})^2+\frac{Eh}{(1-\sigma^2)}\left\{\sigma\frac{x_1}{h}(\frac{m\pi}{L})^4+\sigma\frac{x^2}{h}(\frac{n}{R})^4-\left[(1+\mu_2)\frac{x_1}{h}+(1+\mu_1)\frac{x_2}{h}\right](\frac{m\pi}{L})^2(\frac{n}{R})^2\right\}}{(1+\mu_1)(\frac{m\pi}{L})^4+2\left[\frac{1+\sigma}{(1-\sigma^2)/\beta}-\sigma\right]\cdot(\frac{m\pi}{L})^2(\frac{n}{R})^2+(1+\mu_2)(\frac{n}{R})^4}\right\}\cdot W_{mn} \tag{9-91}$$

将式(9－91)代入式(9－90),再代入式(9－86)中,从而可以消去 F_{mn} 得到相应的 $\ddot{W}_{mn}$ 所应满足的方程

$$\ddot{W}_{mn}+K_{mn}W_{mn}=0 \tag{9-92}$$

最后的式中 K_{mn} 是对不同号简正模(m,n)的“广义刚度”。

$$K_{mn}=\frac{\pi^2}{\sqrt{3(1-\sigma^2)}}\cdot\frac{h}{R}\cdot\frac{E}{\rho_m L^2}\cdot Z_{mn} \tag{9-93}$$

其中,

$$Z_{mn}=\frac{\pi^2}{4\sqrt{3}}\cdot\frac{h}{\bar{h}}\cdot\frac{1}{Z_B}\left\{\left[m^2+(\frac{L}{\pi R}n)^2\right]^2+\eta_{01}m^4+\eta_{02}(\frac{L}{\pi R}n)^4+(\eta_{t1}+\eta_{t2})(mn\frac{L}{\pi R})^2-\right.$$

$$\beta y_1 x_1(1+\mu_2)m^4-\beta y_2 x_2(1+\mu_1)(\frac{L}{\pi}n)^4+2\sigma\beta y_1 x_2(mn\frac{L}{\pi R})^2\Big\}-m^2\frac{N}{\bar{h}\delta_c}+$$

$$\sqrt{3(1-\sigma)^2}\cdot\frac{h}{\bar{h}}\left\{\begin{aligned}&m^2+\frac{\pi^2\beta\sqrt{1-\sigma^2}}{Z_B}\cdot\frac{x_1}{h}\left[\sigma m^4-(1+\mu_2)(mn\frac{L}{\pi R})^2\right]+\\&\frac{\pi^2\beta\sqrt{1-\sigma^2}}{Z_B}\cdot\frac{x_2}{h}\left[\sigma(\frac{L}{\pi R}n)^4-(1+\mu_1)(\frac{mnL}{\pi R})^2\right]\end{aligned}\right\}\cdot\frac{\alpha_0}{\mu_0}\tag{9-94}$$

式中，$Z_B=\frac{L}{R}\cdot\frac{L}{h}\sqrt{1-\sigma^2}$，$\delta_c=\frac{Eh}{R\sqrt{3(1-\sigma^2)}}$决定壳体本身的参数，$\frac{N}{\bar{h}}=T_{cx}$加肋柱壳等效纵向外加静应力。其中

$$\left.\begin{aligned}&\alpha_0=\frac{1}{1-\sigma^2}\left\{\frac{x_1}{h}m^2\left[\sigma m^2-(1+\mu_2)(\frac{L}{\pi R}n)^2\right]+\frac{x_2}{h}(\frac{L}{\pi R}n)^2[\sigma n^2-(1+\mu_1)m^2]\right\}+\\&\quad\frac{Z_B m^2}{\pi\beta(1-\sigma^2)^{3/2}}\\&\mu_0=(1+\mu_1)m^4+(1+\mu_2)(\frac{L}{\pi R}n)^4+2\left[\frac{1+\sigma}{\beta(1-\sigma^2)}-\sigma\right](mn\frac{L}{\pi R})^2\end{aligned}\right\}\tag{9-95}$$

设简正振动频率为f_{mn}，若圆柱壳的径向振动环频率为f_R，则对应(m,n)号简正模固有频率无量纲值Ω_{mn}：

$$\Omega_{mn}=\frac{f_{mn}}{f_R}=\frac{\omega_{mn}}{\omega_R}$$

其中，

$$\omega_R=\frac{1}{R}\sqrt{\frac{E}{\rho_m(1-\sigma^2)}}$$

由式(9-93)可得无量纲频率

$$\begin{aligned}\Omega_{mn}\frac{\bar{h}}{h}=&\{1+\eta_{01}-\beta y_1 x_1(1+\mu_2)\}K_a^4+\{1+\eta_{02}-\beta y_2 x_2(1+\mu_1)\}K_c^4+\\&\{2+\eta_{t1}+\eta_{t2}+2\sigma\beta x_2\}K_a^2K_c^2-2\frac{N}{\delta_c}\cdot\frac{\bar{h}}{h}K_a^2+\left\{\frac{12}{1-\sigma^2}K_+^2 12\sigma\beta\frac{x_1}{h}K_a^4-\right.\\&\left.12(1+\mu_2)\beta\frac{x_1}{h}K_a^2K_c^2+\frac{\sigma\beta}{1-\sigma^2}\cdot\frac{x^2}{h}K_c^4-12(1+\mu_1)\beta\frac{x_2}{h}K_a^2K_c^2\right\}\cdot\\&\left\{\frac{\sigma\frac{x_1}{h}K_a^4-\frac{x_1}{h}(1+\mu_2)K_a^2K_c^2+\sigma\frac{x_2}{h}K_c^4-\frac{x_2}{h}(1+\mu_1)K_a^2K_c^2+\frac{K_a^2}{\beta\sqrt{12(1-\sigma^2)}}}{(1+\mu_1)K_a^4+(1+\mu_2)K_c^4+2\left[\frac{1+\sigma}{\beta(1-\sigma^2)}-\sigma\right]K_a^2K_c^2}\right\}\end{aligned}\tag{9-96}$$

其中，K_a和K_c分别表示轴向和周向的波数：

$$\begin{aligned}K_a&=\frac{m\pi(\frac{h}{L}\cdot\frac{R}{L})^{1/2}}{[12(1-\sigma^2)]^{1/4}}\\K_c&=\frac{n(\frac{h}{r})^{1/2}}{[12(1-\sigma^2)]^{1/4}}\end{aligned}\tag{9-97}$$

式(9 - 96) 表示简正振动频率和对应(m,n)简正模之间关系,把简正模看做简正波的驻波叠加形式,则相应波数 $K_a(m)$,$K_b(n)$ 与频率 Ω_{mn} 之间关系也同式(9 - 96)。

如用 Ω 作为参变量,把 $\Omega_{mn}(K_a,K_c)$ 值的点画在 K_a—K_c 坐标面上,于是可估计出在一定频率 $(\Omega_0-\frac{\Delta\Omega_0}{2},\Omega_0+\frac{\Delta\Omega_0}{2})$ 范围内含有的简正振动模态对应频率的数目,如图 9 - 7 所示。

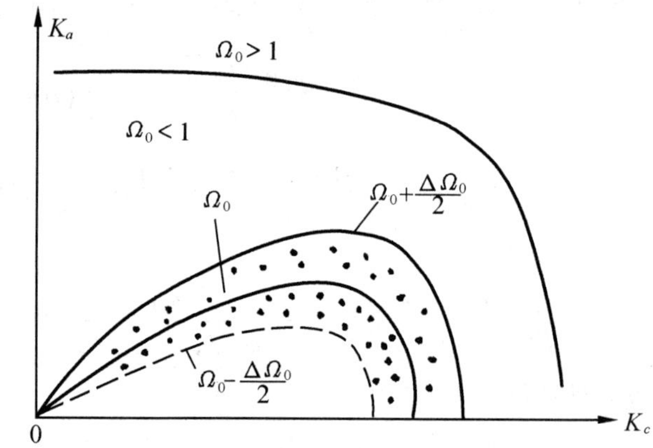

图 9 - 7 模态频率分布示意图

Ω_0— 归一化频率;$\Delta\Omega_0$— 归一化频率宽度

例如,对于有限带宽噪声可能激起的简正振动的数目,就可以用此图进行估计。

G. Maymon 根据这个模型计算一定频宽的激励(声源激励) 功率谱作用下结构的振动位移的均方值,以及结构内的应力分布。

9.2.1.2 螺旋桨噪声

1. 螺旋桨推、扭力噪声

螺旋桨工作时产生的推力和扭力是舰船前进的动力,即使来流十分平稳,这种推、扭力也能产生噪声。这是由于螺旋桨旋转时它的叶片周期性地扫掠介质,使得周围流体介质承受一种随时间周期起伏的力,进而辐射噪声。推、扭力噪声以及其他各种与螺旋桨转动有关的力产生的噪声的主要特点是周期性,所以频谱为线状谱,其基频等于螺旋桨的旋转频率(轴频) 乘以叶片数。由于舰船航行速度较低,通常认为推、扭力噪声不大,但当来流不均匀时,这种噪声大大增强。以下对推、扭力噪声的计算进行讨论。

(1) 桨盘面上力的分布

假设已知半径 r_1 处的叶元上力的分布如图 9 - 8 所示。取桨的旋转平面为 xy 平面,z 轴与桨轴重合,如图 9 - 9。螺旋桨以角速度 Ω 旋转。

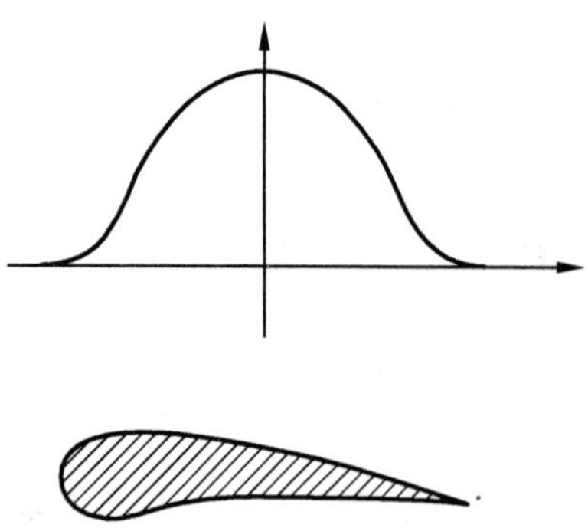

图 9 - 8 桨叶元上力的分布

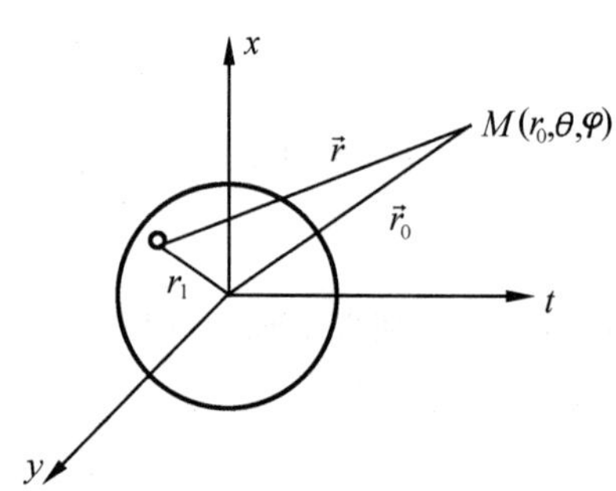

图 9 - 9

如果桨盘面上的流场是均匀的，同一半径上两个不同的面元 ds_1 和 ds_2 的受力情况相同，只不过是时间上推迟 $\tau = \varphi_1/\Omega$，因此，若将 $\varphi_1 = 0$ 处的推力按周期展开成：

$$F_z(r_1,0,t) = \sum_{m=-\infty}^{\infty} A_m(r_1)\mathrm{e}^{im\omega_1 t} \tag{9-98}$$

式中，$\omega_1 = k\Omega$，k 是桨叶片数；当 $\varphi_1 \neq 0$ 时

$$F_z(r_1,\varphi_1,t) = \sum A_m(r_1)\mathrm{e}^{\mathrm{j}m\omega_1(t-\frac{\varphi_1}{\Omega})} \tag{9-99}$$

式中，$A_m(r_1) = \dfrac{1}{T}\displaystyle\int_0^t F(r_1,0,t)\mathrm{e}^{-\mathrm{j}m\omega_1 t}$

类似，扭力可表示成：

$$F_{\varphi_1}(r_1,\varphi_1,t) = \sum_m B_m(r_1)\mathrm{e}^{\mathrm{j}m\omega_1 t-\mathrm{j}km\varphi_1} \tag{9-100}$$

式(9－98)和式(9－99)中系数 A_0 和 B_0 是推力和扭力的时间平均值，总的平均推力和扭矩按下式给出：

$$T = \int_0^a A_0(r_1)2\pi r_1 \mathrm{d}r_1 \tag{9-101}$$

$$Q = \int_0^a \{B_0(r_1)\cdot r_1\}2\pi r_1 \mathrm{d}r_1 \tag{9-102}$$

在实际问题中，螺旋桨往往工作在非均匀流场中，特别是舰船船艉形成的流场具有相当大的非均匀性。此时，其受力为：

$$F_z = (r_1,\varphi,t) = \sum A_m(r_1,\varphi)\cdot \mathrm{e}^{im\omega_1 t-\mathrm{j}km\varphi_1} \tag{9-103}$$

由于 φ_1 具有周期性，可以将 $A_m(r_1,\varphi_1)$ 再按 φ_1 展开

$$A_m(r_1,\varphi_1) = \sum_n A_{mn}(r_1)\mathrm{e}^{-\mathrm{j}n\varphi_1}$$

因而，

$$F_z(r_1,\varphi_1,t) = \sum_m\sum_n A_{mn}(r_1)\mathrm{e}^{\mathrm{j}m\omega_1 t}\mathrm{e}^{-\mathrm{j}(km+n)\varphi_1} \tag{9-104}$$

式中，$n = 0$ 项反映均匀流场的情况，平均推力由 A_{00} 决定。

$$T = \iint A_0(r_1,\varphi_1)r_1\mathrm{d}r_1\mathrm{d}\varphi_1 = \int A_{00}(r_1)2\pi r_1\mathrm{d}r_1 \tag{9-105}$$

类似，可得到扭力：

$$F_{\varphi_1}(r_1,\varphi_1,t) = \sum\sum B_{mn}(r_1)\mathrm{e}^{\mathrm{j}m\omega_1 t}\mathrm{e}^{-\mathrm{j}(km+n)\varphi_1} \tag{9-106}$$

而

$$F_x(r_1,\varphi_1,t) = -F_{\varphi_1}(r_1,\varphi_1,t)\sin\varphi_1$$

$$F_y(r_1,\varphi_1,t) = -F_{\varphi_1}(r_1,\varphi_1,t)\cos\varphi_1$$

(2) 辐射声场的计算

下面计算具有圆面分布起伏力 $\boldsymbol{F} = \{F_x,F_y,F_z\}$ 的声场。

其远场辐射声压可表示为：

$$P(\boldsymbol{r},t) = -\frac{x_i}{4\pi c_0 r^2}\int_s \frac{\partial F_i(t-r/c_0)}{\partial t}\cdot \mathrm{d}s \tag{9-107}$$

将式(9－104)代入上式，推力分量产生的声压为：

$$P_z = -\frac{z}{4\pi c_0 r^2}\int_s\sum_m\sum_n \mathrm{j}m\omega_1 A_{nn}\mathrm{e}^{-\mathrm{j}(km+n)\varphi_1}\mathrm{e}^{\mathrm{j}m\omega_1(t-r/c_0)}\mathrm{d}s \tag{9-108}$$

通过运算，有

$$P_z = -\frac{jk_1\cos\theta}{4\pi r}\sum_m\sum_n m e^{jm(\omega_1 t - k_1 r_0)} e^{-j(km+n)\varphi} I_{mn} \tag{9-109}$$

式中 $I_{mn} = j^{(km+n)}\int_0^a A_{mn}J_{km+n}(mk_1r_1\sin\theta)2\pi r_1\mathrm{d}r_1 = j^{(km+n)}\cdot I^*_{mn}$

$$I^*_{mn} = \int_0^a A_{mn}J_{km+n}(mk_1r_1\sin\theta)2\pi r_1\mathrm{d}r_1$$

最后可得到推力分量产生的声压：

$$P_z = -\frac{jk_1\cos\theta}{4\pi r}\sum\sum mI^*_{mn}e^{j\left\{m(\omega_1t-k_1r_0)-(km+n)(\varphi-\frac{\pi}{2})\right\}} \tag{9-110}$$

扭力分量产生的声压：

$$P_x + P_y = -\frac{j}{4\pi r}\sum_m\sum_n(km+n)J^*_{mn}e^{j\left\{m(\omega_1t-k_1r_0)-(km+n)(\varphi-\frac{\pi}{2})\right\}} \tag{9-111}$$

其中，$J^*_{mn} = \int_0^a \frac{1}{r_1}B_{mn}J_{km+n}(mk_1r_1\sin\theta)2\pi r_1\mathrm{d}r_1$

其总声压为：

$$P = -\frac{j}{4\pi r}\sum_m\sum_n\{mk_1\cos\theta I^*_{mn} + (km+n)J^*_{mn}\}e^{j\left\{m(\omega_1t-k_1r_0)-(km+n)(\varphi-\frac{\pi}{2})\right\}} \tag{9-112}$$

假定推力等效半径与扭力等效半径相等，再将 I^*_{mn} 和 J^*_{mn} 在形式上加以简化，可以将第 m、n 次谐波的幅值表示成：

$$(P_{mn}) = \frac{1}{4\pi r}(a_{mn}mk_1\cos\theta\cdot t + b_{mn}\frac{km+n}{r_e^2}\cdot\theta)J_{km+n}(mk_1r_e\sin\theta) \tag{9-113}$$

(3) 讨论

对于均匀来流，此时只有 $n=0$ 项，由于 $J_m(u) = J_{-m}(-u)$，可将 m 与 $-m$ 项合并，于是有：

$$P = \frac{1}{2\pi r}\sum_{m=1}^{\infty}(a_mk_1\cos\theta\cdot T + b_m\frac{kQ}{r_e^2})mJ_{km}(mk_1r_e\sin\theta)\sin\left\{m(\omega_1t-k_1r_0) - km(\varphi-\frac{\pi}{2})\right\} \tag{9-114}$$

由相位因子可知，它表示一个以角速度旋转的声波第 m 次谐波的辐值为：

$$(P_m)_M = \frac{a_mk_1T}{2\pi r}(\cos\theta + \frac{b_m}{a_m}\cdot\frac{G_e}{TM_e})mJ_{km}(mkM_e\sin\theta) \tag{9-115}$$

式中，$G_e = Q/r_e$ 是等效扭力，$M_e = r_e\Omega/C_0$ 是等效半径处的 Mach 数。如果 $M_e < 1$，将 Bessel 函数展开取第一项并作近似处理，可得辐值的近似表示式：

$$(P_m)_M \approx \frac{a_m\Omega T}{2\pi rC_0}\sqrt{km}(\cos\theta + \frac{b_m}{a_m}\cdot\frac{G_e}{TM_e})(\frac{1}{2}eM_e\sin\theta)^{km} \tag{9-116}$$

上式表明，当 Mach 数小时，声压幅值很小，而 M_e 低意味着转速低。另外，也可看出高次谐波下降很快。关于声场的指向性，由计算可知：噪声强度在旋转平面后面比较大，最大值出现在后面 10° ~ 30° 的方位，沿旋转轴的方向噪声为 0。

对于非均匀流动情况，将式(9 - 112) 中序号(m,n) 的项$(-m,-n)$ 与项合并，$(m,-n)$ 项与$(-m,n)$ 项合并得到声场表示式：

$$P = \frac{1}{2\pi r}\sum_{m=1}^{\infty}(mk)\left\{\sum_{m=0}^{\infty}(Ta_{mn}\cos\theta + b_{mn}\frac{km+n}{mkM_e}G_e)J_{km+n}(k_mM_e\sin\theta)\cdot\right.$$

$$\sin\left\{m(\omega_1 t - k_1 r_0) - (km + n)(\varphi - \frac{\pi}{2})\right\} +$$

$$\sum_{n=0}^{\infty}(Ta_{mn}\cos\theta + b_{mn}\frac{km - n}{mkM_e}G_e)J_{km-n}(kmM_e\sin\theta)\cdot$$

$$\sin\left\{m(\omega_1 t - k_1 r_0) - (km - n)(\varphi - \frac{\pi}{2})\right\}\Bigg\} \quad (9-117)$$

上式表明,声场由两组声波叠加而成,第一组波具有角速度

$$\frac{m\omega_1}{km + n} = \frac{km}{km + n}\cdot\Omega < \Omega \quad (9-118)$$

另一组波具有角速度:

$$\frac{km}{km - n}\cdot\Omega > \Omega \quad (9-119)$$

由于与均匀流场相同的原因,第一组波产生的声压很小,而第二组波中包含有一系列 $n = km$ 的频率分量,它们只含有零阶 Bessel 函数,这些波的总和是:

$$(P_m)_{n=km} = \frac{1}{2\pi r}\sum_{m=1}^{\infty}T\cdot a_m mk\cos\theta J_0(mkM_e\sin\theta)\sin\{m(\omega_1 t - k_1 r_0)\} \quad (9-120)$$

上式表明,其相位与 φ 无关,幅值远大于高阶 Bessel 函数所对应的项。当 $n\to 0$ 时,$J_0(u)\to 1$,所以幅值分布变成 $\theta = 0$ 时最强,而 $\theta = \frac{\pi}{2}$ 时为0。因此,即使流场的不均匀性引起的因子 a_{mn} 不大,辐射噪声也将比均匀情况大许多倍,特别是在 M_e 小的时候。所以为了降低噪声应尽量使螺旋桨工作在均匀流场中。

2. 螺旋桨空泡噪声

为提高舰艇的隐身性能,对螺旋桨空泡噪声的研究日益重视。通常对螺旋桨空泡噪声的研究集中在以下几个方面:

噪声产生机理,在单空泡辐射特性基础上,结合螺旋桨空泡统计特性,建立螺旋桨空泡噪声理论模型;低噪声桨的研制,降低空泡噪声的最有效手段是推迟空泡的出现,这一工作现已取得很大进展。采用大直径、低转速、大侧斜、带导管的新型螺旋桨可使潜艇的临界航速大大提高;空泡的观测手段及噪声测试分析方法,近来采用激光和全息技术观测空泡,能对空泡区域进行定量的测量。近代谱分析技术的发展也使空泡噪声的低频、线谱的分析成为现实;实艇空泡噪声预报等。

以下介绍螺旋桨空泡噪声的一般特性和螺旋桨上不同类型的空泡的声辐射机理。

(1) 螺旋桨空泡噪声的一般特性

舰艇螺旋桨具有较复杂的几何形状,且工作在其尾流场中,因此空泡现象及与之相关联的辐射噪声具有复杂特性,下面讨论其一般规律。

① 噪声总声级的变化规律

对于其总声级,通常对实艇或在空泡筒中对模型桨测量获取,从一些测量结果可知,存在着一个临界航速或临界转速,在这个临界值以下螺旋桨不发生空化,噪声主要来源于湍流涡旋,具有声偶极源的辐射特性,在临界转速以上螺旋桨处于空化工作状态,一般可以分成三个发展阶段。

a. 空泡起始阶段:当螺旋桨达到临界转速时,空泡起始,噪声突然增加,但一开始主要是梢涡空泡,噪声级的增加还不很快。在这一阶段中,声级随转速的变化规律与叶梢附近的

几何形状有密切关系，这个阶段一般持续很短，航速变化 0.5 节至 1 节，转速变化在 10%以内。

b. 空泡发展阶段：在梢涡空泡完全形成后，叶背空泡开始出现，噪声急剧增加，随着转速的进一步提高，在一段时间内空泡的数目和大小或空泡区域的面积持续增加，因此噪声级以几乎恒定的速率上升。在这一阶段，$I \sim n^k (k = 12 \sim 20)$，$k$ 的具体数值与桨的几何线型有关，也与接收通带有关，这一阶段航速变化 2 节左右，转速提高约 50%。

在这一阶段中空泡有两种主要类型，即泡状空泡和片状空泡。

当桨的转速不很高，桨叶剖面的攻角不大时，压力最低点在叶背最大厚度附近，且前后压力变化缓和，此时在最大厚度附近产生泡沫状空泡，空泡基本上以单个形式发生、发展和崩溃，即使同时存在许多空泡，其各自的轮廓仍基本保持，这种情况称为泡状空泡。泡状空泡在高压区闭合时产生很强的噪声，但由于其单个空泡的尺寸不可能很大，所以噪声的高频分量比较强，而低频分量相对较小，并且噪声的总强度与空泡数目成正比。

随着转速的进一步提高，叶剖面相对于来流的攻角增大，空泡急剧产生并连成透明的一片，此时已看不出单个空泡的轮廓，这种情况称为片状空泡，它是螺旋桨空泡的最常见类型。片状空泡具有较大的特征尺寸，因此它的脉动产生较强的低频噪声，在实际情况中，片状空泡和泡状空泡往往同时存在。

c. 空泡充分发展阶段：转速继续提高，叶表面空泡的面积增加速度逐渐变慢，最后空泡布满全部桨叶，整个桨被空泡所笼罩，空泡面积达到某种动态平衡，这时如转速继续升高，空泡区域也不会有多少增加，相应地噪声也逐渐趋于一极限值。

对于潜艇应尽可能避免空化，在安全航行时，即使梢涡空化也不应产生。

② 噪声谱特性

螺旋桨空泡噪声的频谱包括低频线状谱和高频连续谱两部分。

a. 连续谱部分

其高频段大致以 f^{-2} 规律下降，在 100 ~ 500 Hz 的低频段存在一个不尖锐的谱峰，并且谱峰位置随转速的提高向低频方向移动。

b. 线状谱部分

低频谱的主要特点是存在着频率等于叶频及其倍频的线谱。线谱产生的机理很明显，只要空化的任一物理参数受到叶片的调制，它所辐射的噪声中就必定会含有叶频及其倍频分量，其原因是：在桨叶脉动力场的作用下，空泡闭合脉冲的产生时刻具有周期性；桨叶盘面上总的空泡面积受到叶频调制，特别是在非均匀流场中，这种面积的起伏较大。

③ 一些因素对螺旋桨空泡噪声的影响

a. 深度的影响：潜艇螺旋桨的空化噪声受深度的影响十分明显，增加下潜深度可以显著的提高临界航速，推迟空泡产生，降低噪声。深度的作用是通过静压力反映出来的。

b. 流场不均匀性的影响：实际的螺旋桨总是工作在舰艇的艉流场中，桨盘面上的流速是不均匀的，这与均匀流场的情况大不相同。与均匀流场相比，不均匀流场对空化噪声的影响主要在以下两个方面：其一，空泡起始提前，由于桨盘面上实际进速小于船速，因此进速系数小于用船速(即均匀流场中的进速)定义的相应值，进速系数下降导致临界空泡数提高，即空化提早发生。其二，噪声强度显著增加，这是因为空化起始提前，使得在相同的来流速度时非均匀流场中的螺旋桨上空泡发展得更为严重，噪声必然增大。另一原因为在不同均匀流场中桨叶上的空泡面积沿周向强烈起伏，从而增加了空泡的不稳定性。特别是桨盘面上总的空泡面积按叶频周期起伏，因此使线状谱成分大大增强。

(2) 螺旋桨上不同类型空泡的声辐射

研究螺旋桨空泡噪声可注意如下特点：一是空泡三种类型（梢涡、泡状、片状空泡）各自具有不同的流体动力特性和声学特性。另一是螺旋桨特有的几何形状和运动规律，特别是叶片的周期性扫掠。

① 梢涡空泡噪声

梢涡空泡噪声是螺旋桨空泡阶段的主要类型，从起始到形成经历如下过程：

a. 在最初阶段并没有肉眼可见的空泡；

b. 在翼的后沿可以看到间断的小气泡亮点，但还没有形成一条连续的空泡涡线；

c. 间断亮线变成连续的空泡涡线并与翼尖相接，梢涡空泡正式形成，噪声强度明显升高。

梢泡空泡噪声的另一个特点是频谱中主要包含高频分量，低频成分很少。

② 泡状空泡噪声

设螺旋桨的泡状空泡具有如下的模型，其空泡尺寸远小于叶片宽度，同时也远小于所考虑的声波波长，空泡在叶片掠过时形成并增长，当叶片离开后立即闭合，因此在叶片随边附近产生一闭合脉冲，由于空泡很小，闭合时间远小于叶片扫掠周期，在桨盘面附近流体中，每单位面积内的空化气核数是常数并假定螺旋桨未达到严重空化，空化区只在叶梢附近，故可用等效半径 r_e 来表示，$r_e \approx D/2$。

按照上述假定，任一固定在盘面附近叶梢处的面元 ds，都将产生一个周期性的声脉冲序列，而盘面上不同点所产生的声脉冲序列在形式上与推、扭力的脉冲序列十分相似。若设位于 $\varphi_1 = 0$ 处的面元在单位距离上产生的噪声脉冲序列为：

$$P(0,t)\mathrm{d}s = \left(\sum_{m=-\infty}^{\infty} A_m(0)\mathrm{e}^{\mathrm{j}m\omega_1 t}\right)\mathrm{d}s \tag{9-121}$$

可将任意方位角 φ_1 处的面元 ds 产生的噪声脉冲序列表为：

$$\begin{aligned} P(\varphi_1,t)\mathrm{d}s &= \left[\sum_m A_m(\varphi_1)\mathrm{e}^{\mathrm{j}m\omega_1}(t-\varphi_1/\Omega)\right]\mathrm{d}s \\ &= \left[\sum_m \sum_n A_{mn}\mathrm{e}^{\mathrm{j}m\omega_1 t}\mathrm{e}^{-\mathrm{j}(km+n)\varphi_1}\right]\mathrm{d}s \end{aligned} \tag{9-122}$$

式中，$\omega_1 = k\Omega$，ω_1 是叶频，Ω 是轴频，k 是叶数。由于空泡噪声的单极子源辐射特性，空间观测点 M 所接收到的声压可表示为：

$$P(\boldsymbol{r},t) = \int \frac{P(\boldsymbol{s},t-r/c)}{r}\mathrm{d}s = r_e\Delta r\int_0^{2\pi}\frac{P(\varphi_1,t-r/c)}{r}\mathrm{d}\varphi_1 \tag{9-123}$$

式中，r_e 为空化区等效半径，Δr 是径向宽度。计算后有：

$$P(\boldsymbol{r},t) \approx \frac{2\pi r_e\Delta r}{r_0}\sum\sum A_{mn}J_{km+n}(mk_1r_e\sin\theta)\cdot \mathrm{e}^{\mathrm{j}\left\{m(\omega_1 t-k_1r_0)-(km+n)(\varphi-\frac{\pi}{2})\right\}} \tag{9-124}$$

当流场均匀时，只有 $n = 0$ 项，得到声压第 m 次谐波的幅值为：

$$P(\boldsymbol{r},t) \approx 2\cdot\frac{2\pi r_e\Delta r}{r_0}A_mJ_{km}(mk_1r_e\sin\theta) \tag{9-125}$$

式中，$2\cdot\dfrac{2\pi r_e\Delta r}{r_0}\cdot A_m$ 表示桨盘面上总的空泡面积同时辐射在距离 r_0 处产生的噪声声压。根据上式可知，低次谐波的幅值很小，对于高阶次量可将 Bessel 函数展开，得到

$$|P_m| \approx \frac{4\pi r_e \Delta r}{r_0} \cdot A_m \left(\frac{2c_0}{\pi mk\Omega r_e \sin\theta}\right)^{1/2} \tag{9-126}$$

③ 片状空泡噪声

片状空泡的特点是空泡成片出现,看不到单个空泡的轮廓。以下着重讨论片状空泡产生的低频线谱。

假设片状空泡的面积(及体积)很大,因此它不可能像泡状空泡一样,在叶片掠过以后就立即破灭而产生一个尖的声脉冲,相反它的闭合过程较慢,致使其谱的高频分量弱而低频分量强。

当频率小于 100 Hz 时,螺旋桨直径远小于声波波长,故可把整个桨叶看作是一个脉动源,于是总的声辐射取决于空泡面积(或体积)的时间变化率。设(φ_1,t)是位于方位角φ_1处,叶梢附近单位面积桨盘面上的空泡面积,它也具有与推、扭力相似的分布特性,因此可以表示成级数形式:

$$S(\varphi_1,t) = \sum_m \sum_n E_{mn} e^{jm\omega_1 t} e^{-j(km+n)\varphi_1} \tag{9-127}$$

总的空泡面积为:

$$\begin{aligned} S(t) &= r_e \Delta r \sum_m \sum_n \int_0^{2\pi} E_{mn} e^{jm\omega_1 t} e^{-j(km+n)\varphi_1} d\varphi_1 \\ &= 2\pi r_e \Delta r \sum_m E_m \cdot n_m e^{j\omega_1 mt} \end{aligned} \tag{9-128}$$

式中,$n_m = -km$。

当$n=0$时,即流场均匀时,$S(t)$只包含有$m=0$的项,而它是不随时间起伏的,也即是说,在均匀流场中,由于各个叶片上的空泡程度完全相同,致使整个盘面上总的空泡面积实际上并不随时间起伏,因此低频线谱为0。如果流场不均匀,$S(t)$包含有$m\neq 0$的项,总的空泡面积随时间起伏,并包含有叶频及其各次谐波。

考虑几何相似的螺旋桨,在相同工况下,空泡面积正比于直径的平方,而空泡体积正比于直径的立方,可设

$$\bar{V}(t) = \alpha \cdot D \cdot S(t) \tag{9-129}$$

D是螺旋桨直径,α是比例系数。利用单级子源公式可得到第m次谐波的幅值:

$$P_m = \frac{P}{4\pi r}\alpha \cdot D \cdot 2\pi r_e \cdot \Delta r E_m n_m (m\omega_1)^2 \tag{9-130}$$

正如推、扭力噪声的情况一样,空泡螺旋桨的低频线谱主要来源于不均匀流场引起的空泡沿周向的不均匀性,这一结论可用来解释许多现象,如水面舰船的线谱通常比潜艇明显,而潜艇在水面航行时又比在水下航行时明显,这是因为潜艇的尾流分布比水面舰船均匀。水面附近工作的螺旋桨由于各点压差的作用显著,空泡不均匀性也比水下明显。

3. 舰船螺旋桨噪声特性

虽然螺旋桨也是舰船的推进机械,但它产生的噪声同机械噪声有不同的源和不同的频谱。机械噪声产生在舰船的内部,由各种传导和传播过程通过船体到达海水;而螺旋桨噪声产生在船体外面,是螺旋桨转动及船在水中航行引起的。当舰船在水听器附近通过时,可以看到舰船的机械噪声比螺旋桨产生的噪声早达到峰值,并同舰船上产生噪声的部位的位置一致。

螺旋桨噪声源基本上是转动的螺旋桨引起的空化。当螺旋桨在水中转动时,在叶片的尖上和表面上产生低压或负压区。如果这个负压足够高,水就要自然破裂,小气泡形式的空穴开始出现。

根据前面分析,空化噪声是由大量小气泡随机地破裂引起的,所以空化噪声有连续谱。在高频,它的谱级随频率以大约6分贝/倍频程或大约20分贝/十倍频程的斜率下降。在低频,空化噪声谱级随频率增加(但在测量数据中,由于有其他噪声源,掩盖了正斜率段)。于是在空化噪声谱中有一个峰,对于舰船、潜艇,这个峰通常位于100至1000赫的十倍频程内,而在高航速的潜艇和浅海情况下移向低频。图9-10表示在三种航速和深度情况下理想的潜艇的空化噪声谱。在高航速和浅的深度情况下,产生大空化气泡,因而产生大量低频声,使谱峰移动。图9-11表示在深度一定时,潜艇螺旋桨噪声随航速的变化,及在航速一定时,噪声随深度的变化的测量曲线,这些曲线是用水听器在距"Hake"号和"Hoe"号潜艇的螺旋桨1.2 m处测得的。

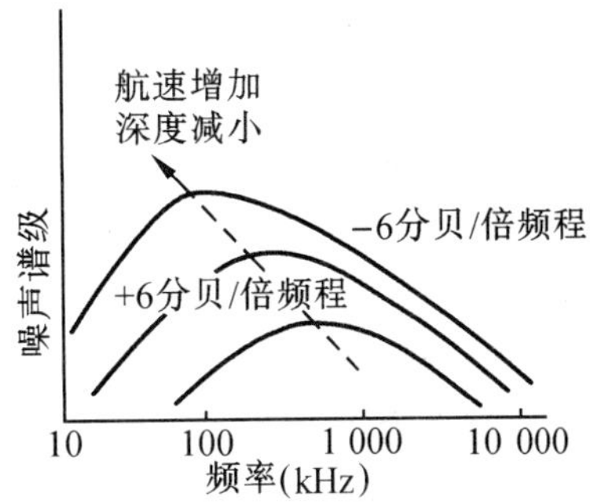

图9-10　空化噪声谱随航速和深度的变化关系

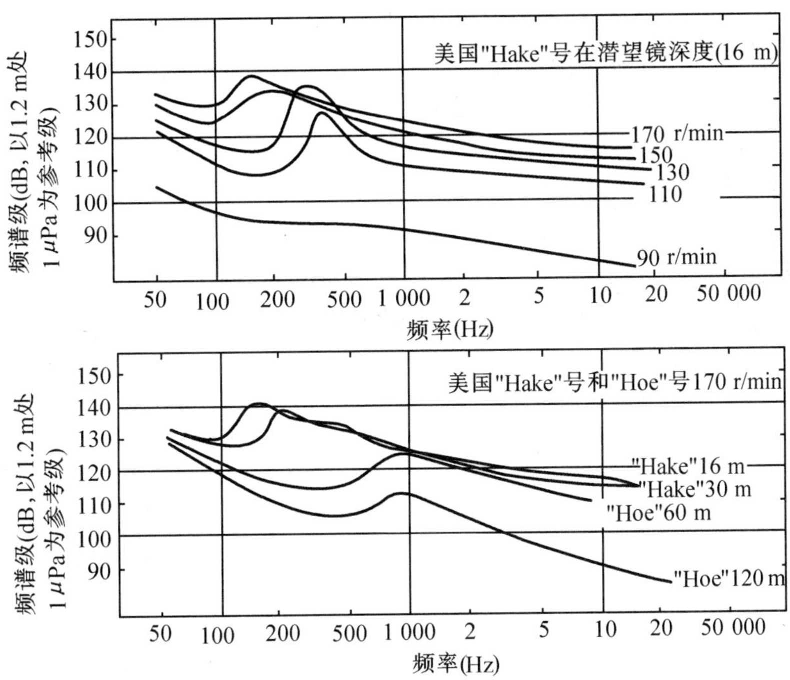

图9-11　用离螺旋桨叶尖1.2 m处的水听器测量的螺旋桨噪声,第二次世界大战时"Hake"号和"Hoe"号的资料

随着舰船航速的增加,有一个螺旋桨开始空化的航速,此时船的高频辐射噪声突然增大,这个速度称为舰船的临界航速。在第二次世界大战期间,当潜艇在潜望镜深度工作时,临界航速在3至5节之间,在6节和6节以上螺旋桨空化已很充分。速度高于临界航速时,空化噪声随航速增加得比较慢。产生空化的舰船的噪声-航速关系曲线呈S状,当航速稍低于临界航速时,高频噪声陡增20至50分贝,超过临界航速时,噪声以1.5至2.0分贝/节的斜率缓慢增长,测量数据示于图9-12。可以推测在高航速下曲线的变平是由于自熄或空化气泡云的内部吸收效应的缘故。水面舰船的噪声 - 航速关系曲线不是 S 形的,噪声级随航速渐增,关系很复杂。

潜艇潜到较大的深度时,空化噪声被抑制,临界航速增加,这种效应早已为潜艇艇员掌握,并作为避免被检测的一种措施。由简单的流体力学理论可以证明,叶尖涡流空化强度由空化指数给定,空化指数定义为:

$$K_T = \frac{p_0 - p_v}{(1/2)\rho v_T^2} \qquad (9-131)$$

式中 p_0—— 螺旋桨上的静压力;

p_v—— 水的汽化压力;

ρ—— 水的密度;

v_T—— 螺旋桨叶尖的速度。

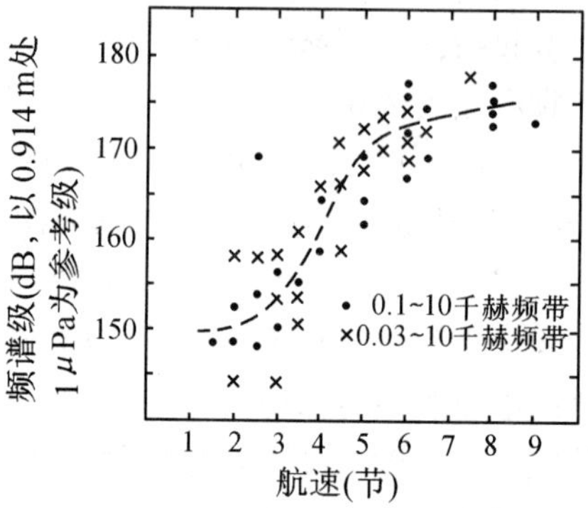

图 9 - 12 第二次世界大战时测得的工作在潜望镜深度的潜艇的宽带辐射噪声(60 m 数据折算到 0.3 m)

当 K_T 在 0.6 和 2.0 之间时,叶尖开始空化,K_T 小于 0.2 时肯定产生空化,K_T 大于 6.0 时,一般不会产生空化。如果空化在某固定的 K_T 值开始,并且忽略 p_v,则我们可以得到结论;临界航速和螺旋桨深度处静压力的平方根成正比。图 9 - 13 表明在 10 至 30 千赫频带内,用装在距"Hake"和"Hoe"号潜艇螺旋桨叶尖 1.2 m 处的水听器测得的噪声级,除以工作深度的水静压力的平方根,来进行归一化。

虽然潜艇下潜深度增加时,空化噪声降低,但噪声与深度的关系是不均匀的。当在高航速下出现强空化时,在噪声被深度抑制开始之前,潜艇的辐射噪声随潜艇下潜深度增加。图 9 - 14 说明深度对德国 XXI 型潜艇空化噪声的影响,例如航速为 8 节时,这种潜艇要下潜到 46 m 的深度噪声级才变低。

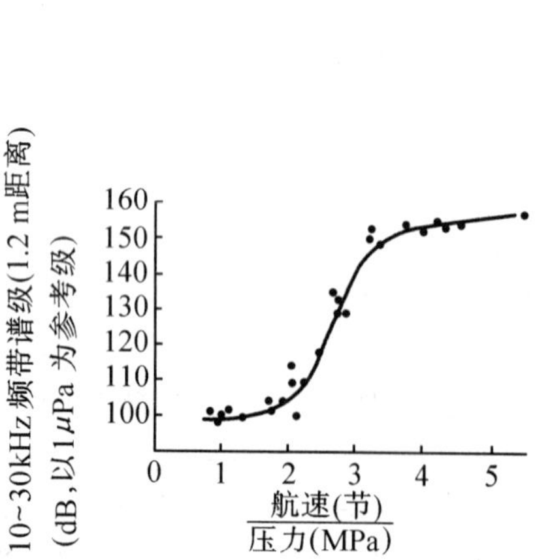

图 9 - 13 归一化的空化噪声曲线

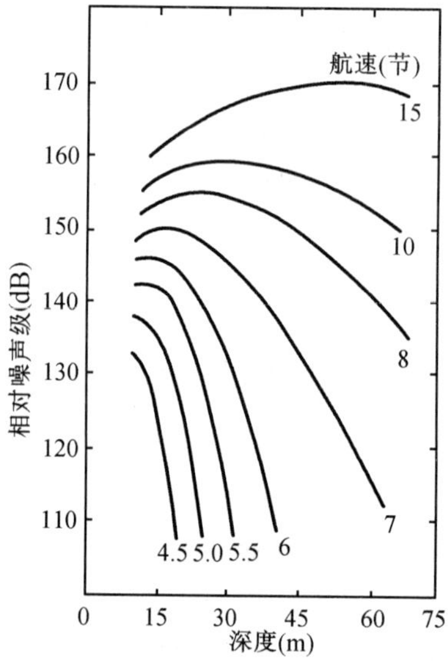

图 9 - 14 深度异常效应。战时测量的德国 XXT 型潜艇声频范围的数据,仅有相对级

除航速和深度以外,还有很多因素影响螺旋桨噪声。损坏的螺旋桨比未损坏的螺旋桨产生的噪声大。在转向和加速时比在正常航行情况下的噪声大。最值得注意的异常状态是螺旋桨叶片被海流激励而共振,产生强烈噪声。适当设计叶尖,可以避免共振,把螺旋桨叶尖锉成凿子形状可以减轻共振噪声。

螺旋桨噪声在不同方向上的辐射是均匀的,在环绕船的水平面内有指向性。在船首至船尾方向比正横方向辐射的噪声小,可能在船首是由于被船体遮挡,在船尾是由于尾流的缘故。通常在船首—船尾方向的30°角度内,指向性图案有凹进部分,船首方向比船尾方向稍多凹进一些。图9-15给出一艘以8节航速航行的货船在2.5至5 kHz带宽内的指向性图案,图中轮廓线表示在12 m水深的海底上的等声强点位置(相对于船)。

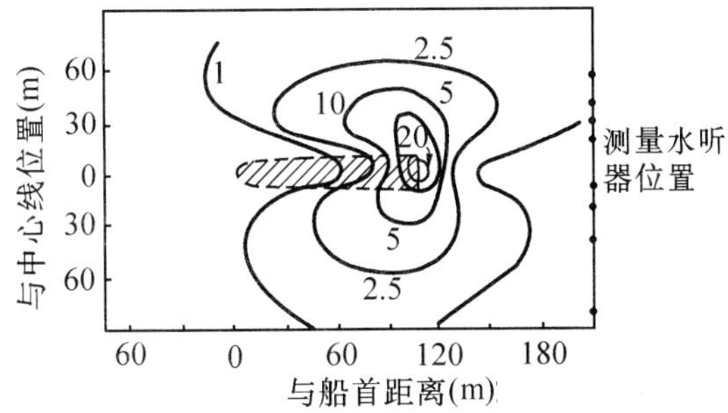

图9-15　8节航速的货船在12 m深的海底上产生的等声压线图。轮廓线上的值是海底上1 Hz带宽内的声压(在2 500 ~ 5 000 Hz倍频程测得)

很多年来就已知道,螺旋桨噪声是调幅的,有"螺旋桨拍",即振幅周期性增大,其周期对应于螺旋桨轴转速或螺旋桨叶片频率,即轴频率乘以叶片数目。在听测设备中早已利用螺旋桨拍来识别目标和估计目标速度。在鱼雷噪声中,同舰船和潜艇噪声中一样,也存在这些现象。航速刚刚超过开始空化的航速时,螺旋桨拍最显著,高航速时,螺旋桨拍就被稳定的空化噪声的轰鸣所掩盖了。

除了空化噪声的连续谱外,水流流过螺旋桨还产生单频噪声分量。一种单频分量就是前面提到的螺旋桨叶片共振。更一般情况下,在谱的低频端,因为螺旋桨叶片切割所有进入螺旋桨和在螺旋桨附近处的不规则流动,螺旋桨噪声含有离散的分布在叶片速率的倍数上的"叶片速率"谱,其频率为:

$$f_m = mns \tag{9-132}$$

f_m 是叶片速率线谱的 m 次谐波,单位为Hz;n 是螺旋桨叶片数;s 是螺旋桨转速,单位为r/s。在螺旋桨附近有或无气泡的情况下测到这些"叶片"谱线。在空化很充分的航速,谱线直接和空化过程有关;此外,还观测到一些不是预期的谱线。很早以前就观测到叶片速率线谱在1至100 Hz的频段内是潜艇的主要噪声源。由转动螺旋桨轴产生的线谱(机械噪声的一种形式)和叶片速率线谱重合。螺旋桨噪声同机械噪声一样,也能够激励螺旋桨附近的机械结构共振。

9.2.1.3　水动力噪声

不规则的和起伏的海流流过运动舰船产生水动力噪声。与不规则海流联系在一起的压力起伏,可以作为声波直接辐射出去,更重要的是它可以激励船体的一些部分振动。由湍流附面层产生的噪声往往称为"流动噪声"。

舰船的各种机构激励和再辐射的声波是重要的水动力噪声源。水流对于舰船的一些其他结构(如支柱)可能有一种"风奏琴"的作用,把它们激发到共振。像亥姆霍兹谐振腔那样,一些空腔可以被通过开口的水流所激励,正像在瓶口上吹风而使瓶子"唱"起来那样。这些现象容易判断,并可加以防止。

流噪声(水动力噪声的一种)是黏滞液体流动的正常特性,是在无突起也无凹穴的光滑物体上发生的。流噪声可以直接辐射,或者像流引起的板或物体的一部分振动一样间接辐射。直接辐射是四偶极子源,它的辐射效率很低,对低马赫数(船速与水中声速之比)的舰船说来是不重要的。海流激励的非刚体辐射决定于:① 在湍流附面层中压力起伏的性质;② 结构本身对这些起伏的响应;③ 振动部分的声辐射。Dyer 理论上研究过板对随机压力场的响应。流噪声在自噪声中比辐射噪声起的作用更为重要。因此,关于这方面的内容将在自噪声特性中说明。

其他水动力噪声还有航行舰船船首与船尾的拍浪声以及在主要循环水系统的入水口和排水口处的噪声等。

在中低航速情况下,水动力噪声产生的辐射噪声不重要,容易被机械噪声和螺旋桨噪声所掩盖。但是在特殊情况下,如在结构部件或空腔被激励成线谱噪声的谐振源时,水动力噪声在线谱出现范围内成为主要的噪声源。本节简单讨论湍流脉动压力开孔板结构在流场中的辐射噪声。

1. 湍流脉动压力 —— 伪声的概念

在无外质量源、外力源的情况下,流动引起辐射噪声的原因是起伏雷诺应力。Light hill 模型指出,在远离湍流区的静态声介质中的接收器将感受到声压 P,但如果将接收器直接放在湍流区中,那么不仅可以接收到声压 P,同时还可以感应到局部的压力脉动。一般情况下,局部的湍流压力脉动要比声压大得多。由于这种压力脉动只存在于湍流区内,不能像声波一样传播到湍流区外,故称为假声或伪声。

在一个不稳定的流场中,只要有速度起伏就会有压力起伏,因为速度起伏引起介质的动量起伏,为了平衡这一动量起伏局部的压力就随之起伏,忽略外作用力,从动量方程可知,速度的任一变化将引起压力 P 的相应变化;密度的改变也会引起压力变化。由于湍流脉动压力是随机函数,所需的假设往往很多,因此理论研究结果往往离实际情况有距离,故大多数研究者采用实验方法测量脉动压力。

由于伪声的概念比较特别,所以在此简述湍流脉动压力与辐射噪声的区别。

(1) 从现象上看,辐射噪声既存在于湍流区中,又存在于非湍流区中,而压力脉动只存在于湍流区内,一离开湍流区即不存在,因此湍流脉动压力是不能传播的局部量。在实际问题中,湍流区和非湍流区不可能截然分开,其间存在一个过渡区,在该区域脉动压力可能与声压同一量级,但当接收点逐渐远离湍流区时,声压按通常的规律衰减,而脉动压力则以极快的速率下降为零。实验证明,当距离超过湍流区尺度的若干倍时,脉动压力即已不复存在。

(2) 就物理机理而言,脉动压力起因于湍流速度起伏引起的动量起伏,它直接平衡于动量起伏,而声压起因于湍流中的起伏雷诺应力产生的密度起伏,因此对脉动压力而言,介质的压缩性可以忽略,对于声压则断然不可。

(3) 在数学上,声压服从波动方程,而脉动压力在湍流区内服从泊松方程,在湍流区外等于零。所以声压具有波动传播特性,它以声速向外传播,而脉动压力的作用是瞬时的。

2. 开孔板结构在流场中的辐射声

开孔板是一种常见的工程结构形式,如潜艇流水孔等,当水流流过此类开孔板时,由于孔对流场的作用,使得流动产生不稳定起伏,这种不稳定起伏引起流体的自激励或自持振荡,造成结构负载,同时辐射噪声。以下进行简单讨论。

(1) 基本流体动力学特性

若流体平行地流过一开孔的刚硬薄平板,图 9 - 16 所示为实际问题中最常见的带空腔与不带空腔的两种情况,在的空间含有同一介质的静止流体,孔的形状多为圆形、椭圆形和矩形,空腔的形状也有圆柱体、长方体等。设孔与孔之间的距离远大于脱出涡的特征尺度,因而孔之间的流体互作用可以忽略,在此只考虑单孔的情况。

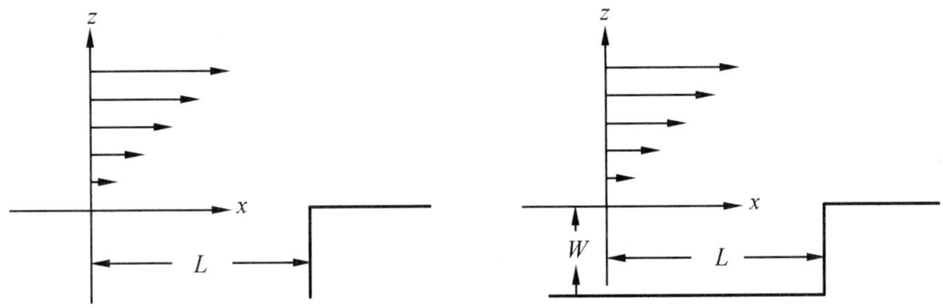

图 9 - 16

实验表明,当流体在孔的上游边脱离壁面时,边界层过渡为自由切变层,此时由于阻力突然消失,流线下滑并产生加速运动。在运动过程中,切变层产生波动。当切变层冲击到下游边时,流体介质分成两部分,一部分进入空腔形成腔内涡旋,另一部分在随边脱出,形成脱出涡,当腔体较深时,腔内只能形成一个涡旋,当腔体较浅时,则可能有两个或多个涡旋,在随边脱出涡旋的同时,流体介质交替地向空腔内压入和吸出,即在孔的两边产生质量交换。有人称此为拟活塞效应它相当于一个活塞式声源。

需要指出的是,自激振荡是切变层冲击边角时的一种固有特性,可将流体通过空腔时的自激振荡分为三类。

① 流体动力振荡

当空腔长度远小于声波波长时,声的作用可以忽略,向上游传播的反馈扰动主要是流体动力扰动,这时除了反馈机理以外,切变层在其传播过程中还对一定尺度的涡旋起放大作用,这两个原因使得自激振荡产生,对于水流流经空腔的情况。由于马赫数低,这类振荡是最常见的。

② 流体与空腔共振振荡

这类振荡通常发生在空腔的特征长度可以与声波波长相比拟或大于声波波长时,因此它通常发生在流速较大和频率较高的情况。

③ 流体与腔壁弹性共振

如果空腔的一个或几个壁的弹性振动位移达到足够大,那么它对切变层扰动的反馈也能激发振荡,这种振荡和流体与空腔共振振荡有很多相似之处。不过,它的振荡频率不是取决于声的驻波频率而是受弹性结构的共振频率所制约。

在实际问题中可能三种激励情况同时存在,称为混合激励。

(2) 辐射声计算

设一块无限薄的刚硬多孔板在 $z>0$ 一侧承受湍流流动,板的另一侧($z<0$)流体静止,如图 9 - 17 所示。并且孔的特征尺寸远小于声波波长,孔在板上均匀分布,求湍流区一侧的远场辐射声压。

远场辐射声压由两部分组成。

① 湍流在开孔板上产生的边界层噪声,可表示为

$$P_i(\boldsymbol{x}) + RP_r(\boldsymbol{x})$$

P_i—— 湍流在无界空间中的声场,也即湍流引起的入射到开孔板上的声场;

P_r—— 该入射波在假想的无限刚硬板上的反射场;

R—— 流场不存在时,开孔板的声反射系数。

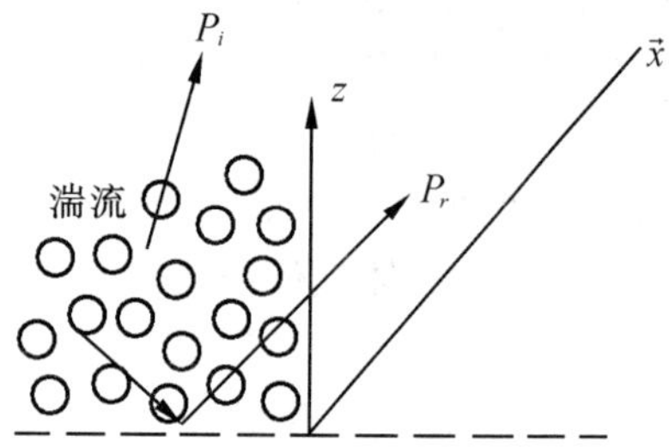

图 9 - 17

② 孔径处流体质量脉动产生的声辐射,第 n 个孔产生的声压可表示为

$$-2RQ(\boldsymbol{y}_n)\mathrm{e}^{ik|x-y_n|}/4\pi|\boldsymbol{x}-\boldsymbol{y}_n|$$

Q—— 流体产生的质量起伏,单面的等效单极子源强度。

因此,总声场可表示为:

$$P(\boldsymbol{x}) = P_i(\boldsymbol{x}) + RP_r(\boldsymbol{x}) - 2R\sum_n \frac{Q(\boldsymbol{y}_n)\mathrm{e}^{ik}|\boldsymbol{x}-\boldsymbol{y}2n|}{4\pi|\boldsymbol{x}-\boldsymbol{y}_n|} \tag{9-133}$$

对上式而言,设流速不高,并忽略边界层本身的辐射,考虑圆孔情况。

通过计算,可得到开孔板的反射系数为

$$R = (1 + 4aiN/k\cos\theta)^{-1} \tag{9-134}$$

N—— 孔的个数;

$(2a)$—— 圆孔的传导率。

设法向速度起伏为 $V_z(\boldsymbol{y},t)$,$\boldsymbol{y}$ 为孔内各点坐标,对应的谱为 $V_z(\boldsymbol{y},\omega)$,则

$$Q(\boldsymbol{y},\omega) = P_0\int_s \frac{\partial V_z}{\partial t}\mathrm{d}\boldsymbol{y} = i\omega P_0\int_s V_z(\boldsymbol{y},\omega)\mathrm{d}\boldsymbol{y} \tag{9-135}$$

s 为孔径面积,利用上式可将单孔的声压谱密表示为:

$$S_P(\boldsymbol{x},\omega) = (|R|^2/4\pi^2r^2)S_Q(\boldsymbol{y},\omega) \tag{9-136}$$

S_Q 为等效源强度 Q 的谱密度,可用互谱密度表示:

$$\begin{aligned} S_Q(\boldsymbol{y},\omega) &= \omega^2P_0^2\left\{\int_s u_z(\boldsymbol{y},\omega)\mathrm{d}\boldsymbol{y}\right\}\{V_z(\boldsymbol{y}',\omega)\mathrm{d}\boldsymbol{y}'\} \\ &= \omega^2P_0^2\iint_s S_{uv}(\boldsymbol{y},\boldsymbol{y}',\omega)\mathrm{d}\boldsymbol{y}\mathrm{d}\boldsymbol{y}' \end{aligned} \tag{9-137}$$

式中,$S_{uv}(\boldsymbol{y},\boldsymbol{y}',\omega) = u_z(\boldsymbol{y},\omega)V_z(\boldsymbol{y}',\omega)$ 是法向速度起伏的互谱密度。

在多孔情况下,假设每个孔的 S_Q 都相同,且不同孔的辐射独立,那么对于面积为 A 的多孔板,总的声压谱密度是

$$S_P(\boldsymbol{x},\omega) = AN\frac{|R|^2}{4\pi^2r^2}S_Q(\boldsymbol{y},\omega) \tag{9-138}$$

根据 Corcos 模型,有

$$S_P(\boldsymbol{x},\omega) = AN\frac{|r|^2}{8\pi^2r^2}P_0^2S_u(\boldsymbol{y},\omega)laV_\infty^2H_1(2ka) \tag{9-139}$$

定义湍流强度

$$I^2 = \frac{1}{V_\infty^2}S_u(\boldsymbol{y},\omega) \tag{9-140}$$

于是

$$S_P(\boldsymbol{x},\boldsymbol{\omega}) = AN\frac{|R|^2}{8\pi^2 r^2}P_0^2 laI^2 V_\infty^4 H_1(2ka) \tag{9-141}$$

式中，$H_1(x)$—— 第一类 Struve 函数。

以下讨论两种情况：

① 开孔面积很小，即开孔板近似不透声情况，$k \approx 1$

$$S_P(\boldsymbol{x},\boldsymbol{\omega}) = A\sigma\frac{P_0^2}{8\pi^2 r^2}\cdot\frac{l}{a}I^2 V_\infty^4 H_1(2ka) \tag{9-142}$$

式中，$\sigma = N\pi a^2$，称为开孔率；此时声场属于脉动源类型，声强度与 V_∞^4 成比例，且没有方向性。

② 开孔率很高，即高透声板情况：

$$S_P(\boldsymbol{x},\boldsymbol{\omega}) = \frac{A}{64\sigma}\left(\frac{\pi P_0\cos\theta}{r_0 C_0}\right)^2\left(\frac{fl}{V_\infty}\right)\cdot S_t I^2 V_\infty^6 H_1(2ka) \tag{9-143}$$

式中，$S_t = fd/V_\infty$

这是典型的偶极子型声辐射，声强与 V_∞^6 成比例，且具有 $\cos^2\theta$ 型指向性。

9.2.1.4　舰船辐射声特性

舰船辐射噪声，是被动声呐系统探测、跟踪目标的信号，被动声呐方程中的声源级参数就是用来度量这种辐射噪声的。

直到目前为止，舰船辐射噪声比较准确的理论估算方法还未完全形成，这是因为舰船声源较多、集中、复杂、相互之间相关联，互相影响。正如本章前面所介绍的一样，研究者们往往把机械设备引起的船体的振动辐射噪声、螺旋桨噪声、水动力噪声等分开进行研究，然后进行合成。由于对整个舰船的辐射噪声的准确估算往往比较困难，所以现今采用的通常方法往往是实验方法，即实船测试，通过实船测试、理论估算，找出并总结其规律和特点，以原舰船为母型，逐步提高舰船声隐身性能。本节介绍舰船辐射噪声的一般特性。

1. 舰船辐射噪声的声源级和噪声谱特性

舰船在航行过程中，其推进器和各种机械都在工作，它们产生的振动通过船体向水中辐射声波，形成舰船辐射噪声。被动声呐方程中的声源级 SL(9.4 节介绍) 就是用来描述这种辐射噪声强弱的一个参数，定义为水听器声轴方向上距源的声学中心 1 m 处的声强与参考声强之比的分贝数。事实上，辐射噪声源级总是在离舰船 1 m 处测得的，使其具有远场辐射特性，在远场测得噪声级后，再修正其传播损失，归算到离声源中心 1 m 处，并计算出 1 Hz 带宽内的声强。

舰船辐射噪声是很多噪声源的综合效应，这些噪声源产生噪声的机理各不相同，因此，辐射噪声的谱特性也很复杂。一般而言，辐射噪声谱有两种基本类型，一种是连续谱，噪声级是频率的连续函数；另一种为单频噪声，它的谱特性为线谱。然而对舰船辐射噪声而言，在很宽频率范围内，其谱特性为线谱和连续谱的叠加。

舰船辐射噪声源通常为机械噪声、螺旋桨噪声、水动力噪声。机械噪声源，主要有主机、辅机等；螺旋桨噪声主要是螺旋桨上或其附近的空化，螺旋桨引起的船壳共振；水动力噪声主要是水流辐射噪声、空腔、板和附体的共振等。机械噪声和螺旋桨噪声在多数情况下是主要辐射噪声源，至于哪一种更重要，则取决于频率、航速和深度，如图 9 - 18 所示。在图(a)中空化噪声刚开始出现，谱的低频端主要为机械噪声和螺旋桨叶片的速率谱线，随着频率升高，这种谱线不规则的降低。

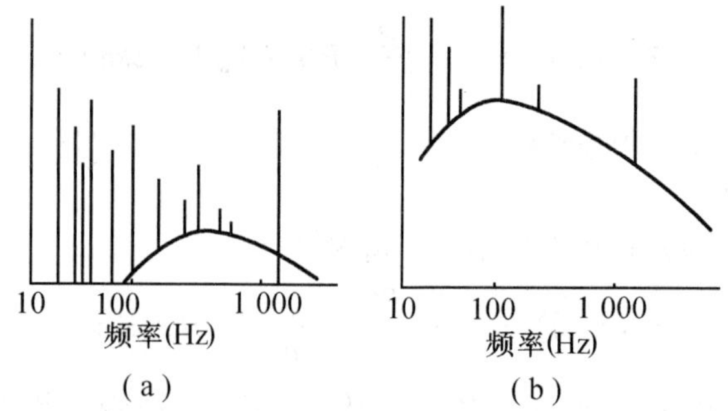

图 9 - 18　两种航速的潜艇噪声的频谱图

2. 水面舰船谱级

图 9 - 19(a) 图给出了几种水面舰船在 5 kHz 频率上的平均谱级随航速变化的曲线,(b) 图是在其他频率上的相对谱级,也指出了每种船个别测量值偏离曲线的标准偏差(用分贝表示)。

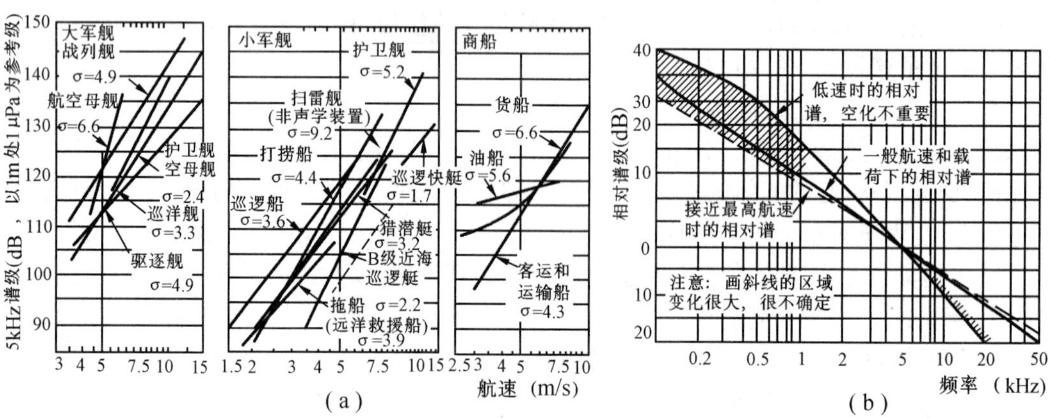

图 9 - 19　几种水面舰船的平均辐射噪声谱级

除以上的曲线外,也得到了计算水面舰船声源级的经验公式

(1) 大型军舰、油船和货船的平均辐射噪声声源级

$$SL = 51\lg V + 15\lg T - 20\lg f - 20\lg D - 86.4 \tag{9-144}$$

其中,V 为螺旋桨叶尖速度(m/s);T 为排水吨位;f 为频率(kHz);D 为距离(m)。用式(9 - 144)算得的 SL 值与个别测量值有 5.4 dB 的标准偏差。注意,该公式仅在螺旋桨空化是主要噪声源的 1 kHz 以上频率才适用。

(2) 大型军船、运输船和客船的声源级

$$SL = 60\lg K + 9\lg T - 20\lg f - 20\lg D - 47 \tag{9-145}$$

其中,K 是船只前进速度 m/s。本公式的标准偏离为 5.5 dB,且不适用于油船和货船。

3. 潜艇

由于保密的原因,潜艇声源级数据很少发表。仅有在少数工作状态下的几艘潜艇的资料。图 9 - 20 是二次大战时三艘美国潜艇在潜望镜深度(至龙骨约 17 m)和在海面时的平均谱。图 9 - 21 是一艘美国潜艇的谱,它的谱级较高。

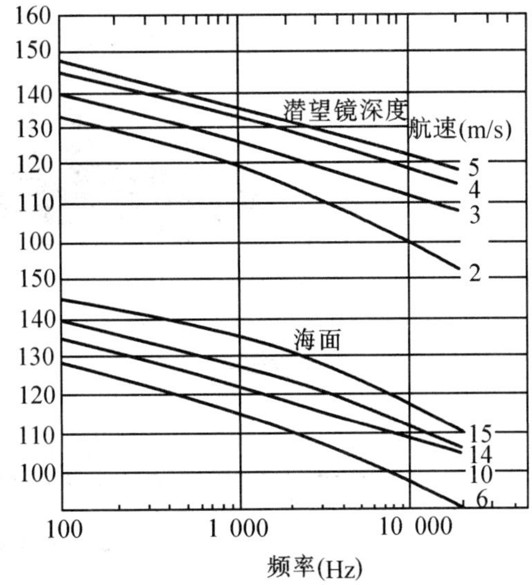

图 9 - 20　电机推动的三艘潜艇的平滑化谱

9.2.2　舰船自噪声特性

自噪声与辐射噪声的区别在于测量水听器安装在产生噪声的艇体上,随着舰船自身航行,而不是固定海中离艇某一距离处。对自噪声而言,机械噪声、螺旋桨噪声、水动力噪声仍是三种主要噪声源,每一种噪声源所产生的声和振动通过各种不同传声途径到达声呐水听器。

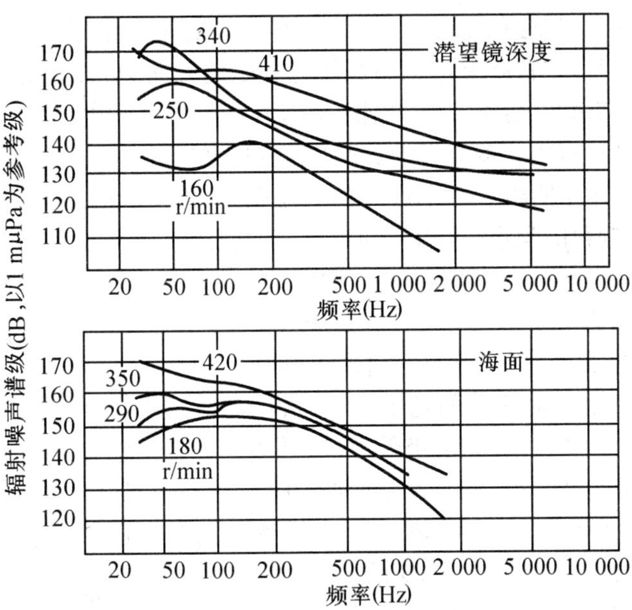

图 9 - 21　某潜艇在潜望镜深度和海面上的辐射噪声谱

自噪声的声源和路径

图 9 - 22 表示由水面舰船的螺旋桨和机舱产生的声通过艇上和海中的声路径传到声呐水听器。由机器、螺旋桨轴和螺旋桨本身所产生的振动,完全通过艇体路径 A 到达前面的声呐阵列附近。振动可能由船体再辐射出去,或者更重要的是,引起导流罩壁和水听器阵列安装支架的振动。B 是直接由本艇螺旋桨通过水中传到水听器的路径。通过路径 C 的是为海中散射体反向散射的螺旋桨噪声,这些散射体也引起体积混响。D 是海底反射或海底散射路

径,螺旋桨噪声经过它达到水听器附近,此路径是在浅海航行的水面舰船上自噪声的主要来源。

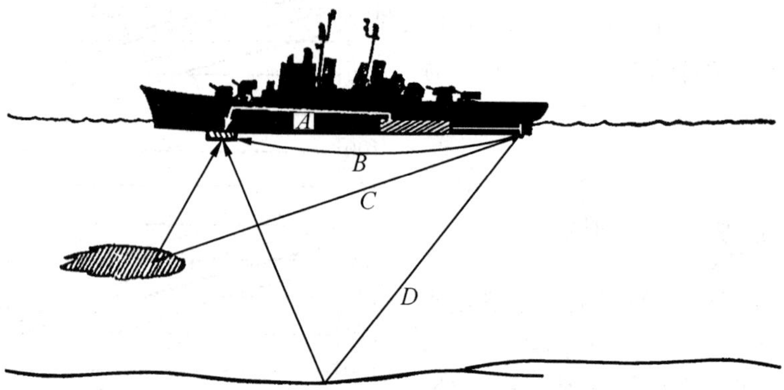

图 9-22 水面舰船自噪声的路径

机械噪声和螺旋桨噪声都是自噪声的主要来源。舰船机械产生的自噪声基本上是整个噪声低频段的单频分量。因为机械噪声多数是舰船的恒速辅机产生的,所以它和其他噪声不同,与航速几乎无关。因此,在低速时,其他类噪声强度低,舰船的辅机常常是讨厌的自噪声源。在战时,在低于 5 节航速下航行的潜艇上,声呐的收听受到操纵艇艏和艇艉的水平舵、舵机和转动设备的干扰。在较高航速、高频、浅海和艇艉方向的条件下,螺旋桨噪声变成了主要的自噪声源。在高速时,各种不同类型的水动力噪声则成为主要噪声源。

水动力噪声包括所有由水流流过水听器及其支座及艇体外部结构所构成的噪声源,即在水流的湍流附面层中水听器表面上产生的湍流压力,流引起的船壳振动,附件周围的空化,和远处流中旋涡辐射的噪声。因为水动力噪声的源距水听器很近,它随速度增长很快,所以在螺旋桨(它本身也是水动力噪声的一种形式)空化不大时,水动力噪声是在高速下的基本噪声源。

图 9-23 以航速和频率作为两个坐标,以斜线表示某噪声源占主要地位的区域的范围,由图可以比较不同自噪声源的重要性。在速度极低时,水听器只能收到海洋本身的自然噪声。随着速度增加,在低频端,机械噪声是主要噪声源;在高频,螺旋桨和水动力噪声的和就变为重要了。图 9-23 的坐标刻度和区别噪声源种类的斜线相交的区域随着舰船类型和测量水听器指向性、位置和安装的不同而改变。

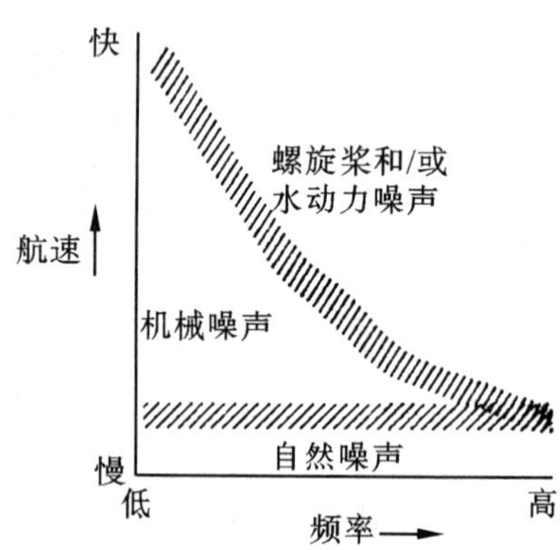

图 9-23 自噪声源占主要地位的区域

和装在运动艇体上的水听器一样,在固定的水听器中也有水动力噪声。例如,急潮流流过海底上的音响水雷的外壳时,在水雷的晶体换能器上,1 至 4 Hz 频带内产生 100 N/m^2(+160 dB)的压力,在 5 至 32 Hz 频带内产生 5 N/m^2(+134 dB)的压力。另一种水动力噪声是钢缆悬吊水听器的抖动噪声,在水流中,由钢缆附近的旋涡流过引起钢缆振动,在钢缆一端的水听器中产生自噪声。抖动噪声的频率为：

$$f = \frac{sv}{d} \tag{9-146}$$

式中　v—— 流速，单位：m/s；

　　　d—— 钢缆直径，单位：m；

　　　s—— 无量纲的 Strouhal 数。

在很宽的 v 和 d 的范围内，Strouhal 数等于 0.18。可以采用软的缆绳或把水听器与钢缆隔振等简单方法减低抖动噪声。

电噪声有时在声呐系统中也是一种讨厌的自噪声，然而它很容易消除。除了在特别安静的条件下（如在北极均匀冰层覆盖下）之外，在设计完善的声呐中，电噪声不是严重的问题。

流噪声

由于流噪声与自噪声关系密切，所以在此进行讨论。

流噪声是由在水听器附近的湍流附面层中的湍流作用在水听器表面的压力构成的。图 9-24 画了一个刚性的、平的边界面，其中平镶着一个压敏水听器，上面流动着黏滞的流体。在边界面和自由流之间是湍流附面层，在该层中产生起伏的压力，并将它传递给在边界面内的水听器。可是这种湍流压力并不是真正的声，它们是传不远的，是“假声”，在压敏水听器的输出端产生了起伏的噪声电压。下面将简单地介绍流噪声的某些显著的特性。

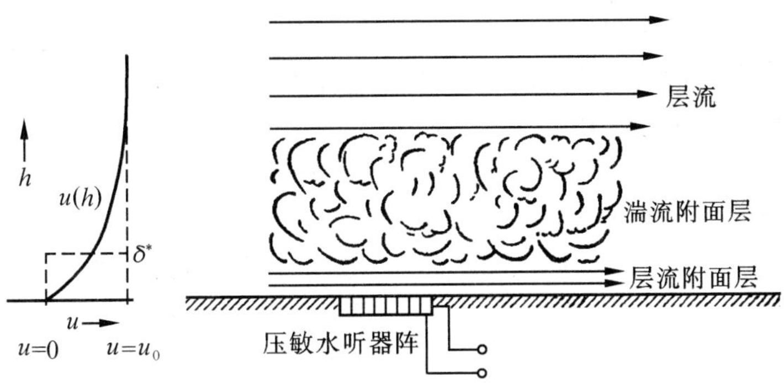

图 9-24　在固定表面上流动的液体内部的流结构。

左图表示流速与离边界面高度的关系

总起伏压力　湍流在边界面上产生的均方根压力 p_{rms} 与自由流的动压力之比为：

$$\frac{p_{rms}}{(1/2)u_0^2} = 3 \times 10^3 \alpha \tag{9-147}$$

式中　ρ—— 液体密度；

　　　u_0—— 自由流的流速。

α 是一个常数，称为 Kraichman 常数，根据不同的测量和不同的资料，其数值自 0.6 到 4，大体在 1 左右。不过在任一组数据中，流速在很大范围内变化时，总是一个常数。

流噪声的谱 流噪声的功率谱，或说均方压力的频率分布。在低频时平坦，而在高频时以 f^{-3} 的比率，即每倍频程 -9 dB 的斜率迅速下降。图 9-25 是一个流噪声谱的例子，这是将一个直径 12.7 mm 的水听器平镶在旋转的圆柱体内测得的谱。谱中平坦部分和倾斜部分间的

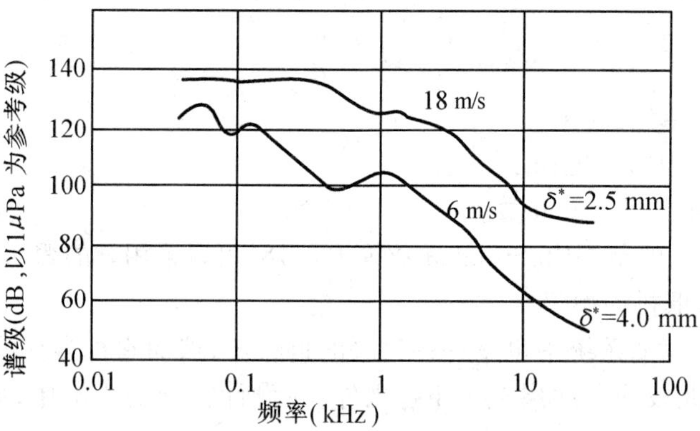

图 9－25　两种速度下旋转柱体内的流噪声谱级

过渡频率为:

$$f_0 = \frac{u_0}{\delta} \tag{9-148}$$

这里 δ 里附面层的厚度。因为流速是离边界壁的距离的连续函数(图 9－24),附面层的厚度可以用“排挤厚度”δ^* 更精确地表示出来,有:

$$\delta^* u_0 = \int_0^\infty u(h)\,\mathrm{d}h \tag{9-149}$$

$u(h)$ 是与壁垂直距离为 h 处的流速。因此,实际的附面层可以用等效的速度为零(即该层附着在壁上),厚度为 δ^* 的层来代替。可发现近似地有 $\delta = 5\delta^*$。在 Skudryzk 和 Haddle 的实验中在为 6 m/s 时,为 4 mm;为 18 m/s 时,为 2.5 mm。

随速度的变化　在频率低于 f_0 时,流噪声的谱级和速度 u_0 的三次方成正比;频率比 f_0 大得多时,则和速度的六次方成正比,即速度每增加一倍,谱级增加 18 dB,在速度范围为 5 ~ 10 m/s 时,这相当于1.8分贝/节的正斜率。这个数据和大型水面舰船在该航速时的自噪声观测值大致相符。

表面粗糙性的影响　Skudryzk 和 Haddle 研究过粗糙表面的流噪声,他们在旋转圆柱体的外层固定了不同大小的砂砾,以获得不同的表面粗糙度。结果发现频率在 24 kHz,当表面粗糙的高度满足一定关系时,则由粗糙性所产生的噪声和完全光滑表面的流噪声相等。故从流噪声角度考虑的表面“光滑”并不要求光学上光滑,而只要求粗糙高度不超过层流附面层(图 9－24)并且不影响湍流就可以了。

湍流压力的相关性　湍流压力的纵向和横向相关性的测量是用装在管和筒壁内的小型水听器来进行的。在中心频率为 f、频带宽度为 w 时,测得沿管壁上相距为 d 的两点上压力的横向相关系数是:

$$\rho(d,w) = \rho(s)\frac{\sin(\pi wd/u_c)}{\pi wd/u_c}\cos 2\pi s \tag{9-150}$$

其中 s 是无量纲的 Strouhal 数,其定义为:

$$s = fd/u_c \tag{9-151}$$

u_c 是“对流速度”,等于湍动小块被流带过水听器的速度,稍小于自由流速 u_0,大约在 $0.6u_0$ 到 $1.0u_0$ 之间,与频率 f 有关。相关系数由实验得出为:

对于 d 为平行于流的纵向距离，则有

$$\rho_L(s) = e^{-0.7|s|} \tag{9-152}$$

对于垂直于流的横向距离，则有

$$\rho_T(s) = e^{-5|s|} \tag{9-153}$$

流噪声的鉴别　有限大小的压敏水听器，即水听器阵，可以鉴别流噪声，鉴别的程度取决于上述的空间相关系数 ρ_L 和 ρ_T。鉴别的量级 β 定义为：

$$\beta = R'/R$$

R' 是置于流体噪声场中的水听器阵的均方电压输出，R 是置于同一噪声场中，灵敏度等于该水听器阵对平面波轴向灵敏度的很小的压敏水听器的均方电压输出。$10\lg(1/\beta)$ 等于阵对流噪声的增益；β 表示压敏水听器阵接收到的流噪声比只用单个的小水听器接收到的噪声减少的倍数。Corcos 假设了在与流成角度的方向上的相关系数为两个主方向分量 ρ_L 和 ρ_T 的乘积，得到圆形和方形阵列的鉴别因子 β。White 用同样的理论进一步作了这个工作，计算了长边平行和垂直于流的方向时矩形阵的 β。图 9－26 画出了对于矩形阵列（按照 White）和圆形阵列（按照 Corcos）的 β 值。对于一个边长为 L 的正方形的大水听器有：

$$\beta = \frac{0.659}{\gamma^2} \tag{9-154}$$

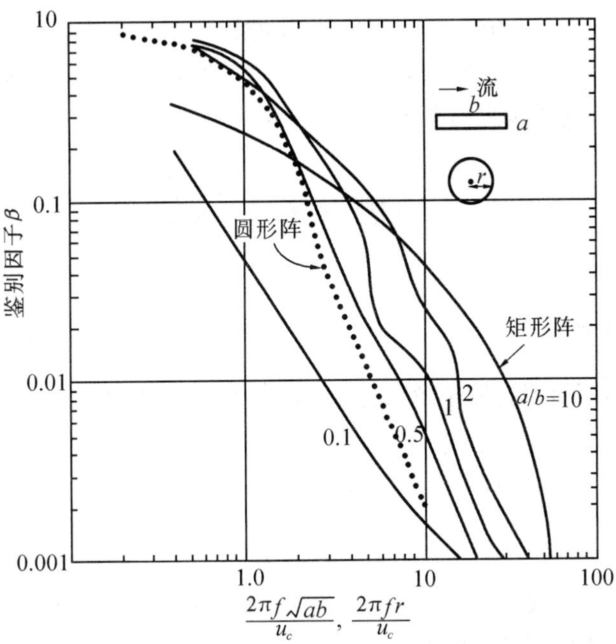

图 9－26　矩形及圆形阵对流噪声的鉴别

矩形阵的边长 a 和 b 分别为垂直和平行于流的方向

其中 $\gamma = 2\pi fL/u_c$

对于一个半径为 r 的圆形水听器有：

$$\beta = \frac{0.207}{\gamma^2} \tag{9-155}$$

其中 $\gamma = 2\pi fr/u_c$。在两种情况下，γ 均甚大于 1。

和各向同性声场的比较　如果我们类似于声波波长的定义 $\lambda_s = c/f$(c 为声速) 而定义一个对流波长 λ_s,即

$$\lambda_s = \frac{u_c}{f} \tag{9-156}$$

则圆形水听器的鉴别因子的表达式便成为:

$$\beta = 0.207\left(\frac{\lambda_c}{2\pi r}\right)^2 \tag{9-157}$$

对于各向同性噪声,相应的表达式为:

$$\beta_{iso} = \left(\frac{\lambda_s}{2\pi r}\right)^2 \tag{9-158}$$

这里 $10\lg(1/\beta_{iso})$ 就是普通圆形阵的指向性指数。比较这两个表达式,我们看到,这两类噪声有相等的波长时,$\beta = 0.207\beta_{iso}$。但是对于水面舰船说来,λ_c 远小于$_s$,比率 λ_c/λ_s 近似地等于该船的马赫数,即航速与海水中声速之比。由于马赫数 M 很小,因此,对于给定尺寸的大阵,其抗流噪声的能力将比它抗各向同性噪声的能力大得多。用马赫数表示,有:

$$\frac{\beta}{\beta_{iso}} = 0.207M^2 \tag{9-159}$$

例如当航速为 10 m/s,$M = 7\times10^{-4}$,$10\lg(\beta/\beta_{iso})$ 等于 -70 dB。然而,在实际的运动舰船中,大阵在减少噪声方面却不会有如此大的好处,这是因为除了作用在刚性壁上的湍流压力之外,还有其他的噪声源存在的缘故。如果壁不是刚性的,则共振壁的振动和远处湍流的辐射噪声可能压过大型阵列所接收的理想的流噪声压力。

9.3　舰船声目标特性

9.3.1　目标强度的概念

为研究舰艇的声目标特性,了解目标强度概念是必要的。在主动声呐中,目标强度这一参数与目标产生的回声有关。目标强度的定义为将距离目标声学中心 1 米处由目标反射回来的声强与在同一方向上由远处入射的声强之比,根据公式(8-1),有

$$TS = 10\lg\frac{I_r}{I_i}\bigg|_{r=1} \tag{9-160}$$

其中,I_r—— 入射声波相反方向上,离目标声中心 1 m 处的回波强度;

I_i—— 目标处入射声波的强度。

9.3.2　目标强度的理论计算方法

理论计算目标强度,关键是如何计算散射声场,以下介绍两种计算散射声场的方法。

9.3.2.1　用分离变量法求解弹性球的散射声场

设有密度为 ρ,声速为 P 的无限理想流体介质,密度为的光滑弹性球置于该流体介质中,并设球的半径为 a,由各向同性材料组成,材料的杨氏模量和泊松比分别为 E 和 σ,球体中的纵波和横波波速为 c_1c_2,它们和 E 和 σ 的关系为:

$$c_1 = [E(1-\sigma)/\rho_s(1+\sigma)(1-2\sigma)]^{1/2} \quad (9-161)$$

$$c_2 = [E/2\rho_s(1+\sigma)]^{1/2} \quad (9-162)$$

如图 9－27 所示，分别用 P,P_i,P_s 表示流体介质中的总声场、入射声场和散射声场，并设 s 处简谐点声源振幅为 P_0，角频率为 ω，则

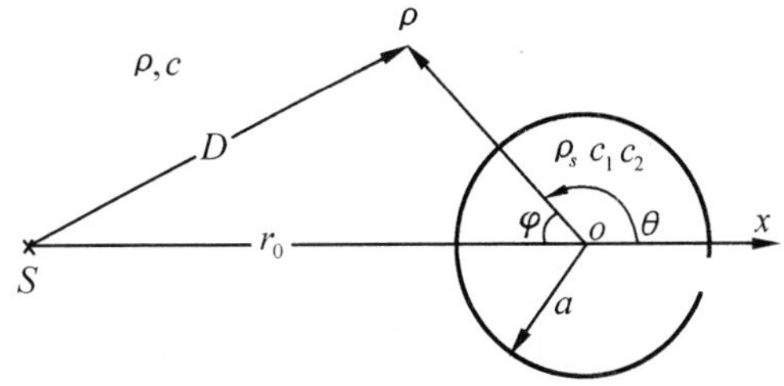

图 9－27　弹性球声散射示意图

$$P_i = P_0 \cdot \frac{1}{D} \cdot \mathrm{e}^{i(kD-\omega t)} \quad (9-163)$$

$$P = P_i + P_s \quad (9-164)$$

$$D^2 = r^2 + r_0^2 - 2rr_0\cos\varphi \quad (9-165)$$

$$k = \omega/c, k_1 = \omega/c_1, k_2 = \omega/c_2 \quad (9-166)$$

通过一些数学运算，P_i 可写成如下形式：

$$P_i = \mathrm{j}kP_0\sum_{n=0}^{\infty}(2n+1)(-1)1^n j_n(kr)h_n^{(1)}(kr_0)P_n(\cos\theta)\mathrm{e}^{-i\omega t} \quad (9-167)$$

式中　j_n—— 球贝塞分函数；

$h_n^{(1)}$—— 第一类球汉克尔函数；

P_n—— 勒让德函数。

利用 $h_n^{(1)}$ 的渐近展开式：

$$\underset{kr_0\to\infty}{h_0^{(1)}(kr_0)} = \frac{1}{kr_0}\mathrm{e}^{ikr_0}(-i)^{n+1}$$

上式可写为：

$$P_i = \frac{P_0}{r_0}\mathrm{e}^{ikr_0}\sum_{n=0}^{\infty}(2n+1)i^n j_n(kr)P_n(\cos\theta)\mathrm{e}^{-i\omega t} \quad (9-168)$$

流体中的散射声场应满足波动方程式，求解弹性球的散射声场，即是寻求满足弹性球边界条件的波动方程的解。流体中的散射声场应具有如下形式：

$$P_s = P_0\sum_{n=0}^{\infty}C_n h_n^{(1)}(kr)P_n(\cos\theta)\mathrm{e}^{-i\omega t} \quad (9-169)$$

式中，C_n 是待定系数，可通过边界条件确定。

弹性球的边界条件为：球面上切向应力为零和法向应力连续，为了用边界条件求待定系数 C_n，可在球体内选用介质质点的位移作为场量，通过求解波动方程写出它的一般表达式，再由它得到应力的表达式。在球体外，已知 P_i 和 P_s 的表达式，由此可得到流体中的应力表达式，在完成了上述工作后，应用边界条件就可最终确定系数 C_n：

$$C_n = k(-1)^n(2n+1)h_n^{(1)}(kr_0)\sin\eta_n \cdot \mathrm{e}^{-i\eta_n} \quad (9-170)$$

式中，η_n 满足关系：

$$\tan\eta_n = -[j_n(x)F_n - xj_n'(x)]/[y_n(x)F_n - xy_n'(x)] \quad (9-171)$$

式中　$F_n = \dfrac{\rho}{\rho_s} \cdot \dfrac{x_2^2}{2} \cdot \dfrac{A_n - B_n}{D_n - E_n}$

$A_n = x_1 j_n(x_1)/[x_n j_n(x_1) - j_n(x_1)]$

$B_n = 2(n^+ n)j_n(x_2)/[(n^2+n-2)j_n(x)_2 + x_2^2 j_n(x_2)]$

$$D_n = x_1^2\{[\sigma/(1-2\sigma)]j_n(x_1) - j_n(x_1)\}/[(n^2+n-2)j_n(x_2) - x_2^2 j_n(x_2)]$$

$$E_n = 2(n^2+n)[j_n(x_2) - x_2 j_n(x_2)]/[(n^2+n-2)j_n(x_2) - x_2^2 j_n(x_2)]$$

$$x = ka, x_1 = k_1 a, x_2 = k_2 a, j_n(x) = \frac{\mathrm{d}j_n(x)}{\mathrm{d}x}$$

由此可得散射场表达式:

$$P_s = kP_0 \sum_{n=0}^{\infty}(2n+1)\sin\eta_n(-1)^n h_n^{(1)}(kr_0)h_n^{(1)}(kr)\mathrm{e}^{-i\eta n}P_n(\cos\theta)\mathrm{e}^{-i\omega t} \quad (9-172)$$

当 r_0 满足远场条件时,可以应用 $h_n^{(1)}$ 函数的渐近展开式,得到远场条件下的回波表达式:

$$P_s = \frac{P_0 a}{2r_0^2}\cdot\frac{2}{x}\sum_{n=0}^{\infty}(-1)^{n+1}(2n+1)\sin\eta_n \mathrm{e}^{-i\eta_n}\mathrm{e}^{i(2kr_0-\omega t)} \quad (9-173)$$

由此可见,弹性球的散射声场与球体组成材料的参数有着密切的关系。

9.3.2.2 用亥姆霍兹积分方法求解散射场

分离变量法适用于表面能用正交曲线坐标表示的规则形状物体。对于实际散射问题,物体的几何形状一般不规则,不满足分离变量法的应用条件,此时可用亥姆霍兹积分方法求解散射声场。此方法对于规则形状,且边界条件为硬边界或软边界的简单情况,它同分离变量法一样,能给出严格的解析解,对于非规则形状物体,或边界条件比较复杂的情况,则可用数值积分方法得到数值解。因此,该方法在工程中应用较多。

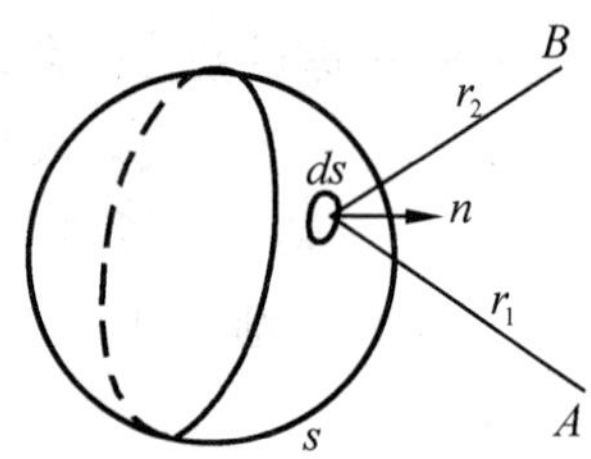

图 9-28 声散射几何关系

设有物体置于无限声场中,物体的外表面为封闭曲面 s,它的外法向方向为 $\boldsymbol{n}$,另有点声源置于点 A,计算声场中另一点 B 处的散射声场。如图 9-28。B 点散射声场的亥姆赫兹积分解为:

$$\varphi_s = -\frac{1}{4\pi}\iint\left[\frac{1}{r_2}\cdot\mathrm{e}^{-ikr_2}\cdot\frac{\partial}{\partial n}(\varphi_s) - \varphi_s\cdot\frac{\partial}{\partial n}(\frac{1}{r_2}\mathrm{e}^{ikr_2})\right]\mathrm{d}s \quad (9-174)$$

式中,k 是波数;φ_s 是散射声场势函数;$\frac{\partial}{\partial n}$ 表示取 S 面的法向微商,此方程一般不能直接求取。可应用边界条件,将被积函数中的未知量用已知量来表示。设物体表面 S 是刚性,则在 S 上应有:

$$(\frac{\partial\varphi_0}{\partial n} + \frac{\partial\varphi_s}{\partial n})_s = 0 \quad (9-175)$$

式中,φ_0 为入射波势函数;

$$\varphi_0 = \frac{A}{r_1}\mathrm{e}^{ikr_1} \quad (9-176)$$

A 是表示振幅的常数。若 $kr_1 \gg 1$,则

$$(\frac{\partial\varphi_s}{\partial n})_s \approx -\left[Aki\frac{1}{r_1}\mathrm{e}^{ikr_1}\cos(n,r_1)\right]_s \quad kr_1 \gg 1 \quad (9-177)$$

式中,(n,r_1) 表示矢径 $\boldsymbol{r}_1$ 和法线 $\boldsymbol{n}$ 之间的夹角。类似地,在条件 $kr_2 \gg 1$ 时,有:

$$\frac{\partial}{\partial n}(\frac{1}{r_2}\mathrm{e}1^{ikr_2}) \approx \frac{ik}{r_2}\cdot\mathrm{e}^{ikr_2}\cos(n,r_2) \quad kr_2 \gg 1 \quad (9-178)$$

将式(9-177)、式(9-178)和式(9-179)代入积分(9-174),就可得到:

$$\varphi_s = \frac{ikA}{4\pi}\iint_s \frac{1}{r_1 r_2}e^{ik(r_1+r_2)}[\cos(n,r_1)+\cos(n,r_2)]ds \tag{9-179}$$

如考虑反向散射,取 $r_1 = r_2 = r$,上式可写成:

$$\varphi_s = \frac{ikA}{2\pi}\iint_s \frac{1}{r^2}e^{i2kr}\cos(n,r)ds \tag{9-180}$$

式(9 - 179)、式(9 - 180) 就是物体为刚性时,散射声场的积分解,只要设法将积分求出,就最终求得散射声场。

9.3.3　潜艇的目标强度

潜艇的目标强度在所有水声目标之中,最早被人们注意。第二次世界大战时所做的这方面工作已在水声学物理基础(柏格曼等著) 中很好地做了总结。在这里,对该问题的叙述集中于目标强度与方位、频率、脉冲持续时间、深度和距离的变化关系。所讨论的潜艇限于通常柴油动力潜艇。

应当强调的是,潜艇的目标强度的变异性看来是最为显著的。不但同一潜艇的每个回声与回声之间的变化很大,而且潜艇与潜艇之间在不同的时间由不同的人员所测的平均值,以及由此所换算出的目标强度也存在着很大的差异。因此,对潜艇目标强度的讨论,我们只能了解到它的趋势和各种效应,以及单次测量值与平均值差别大小的预计。

9.3.3.1　与方位的变化

图 9 - 29 给出目标强度与围绕潜艇的方位的变化的例子。例 *A* 为二次大战时用 24 kHz 测定的典型值,扇面上方位角每隔 15° 有一实验点,它是由 40 个单个回声平均得出。例 *B* 为战后测得的值,其中扇面上每隔 5° 大约由 5 个回声取平均。所绘出的曲线是在海上对潜艇测量的结果。潜艇严格地以一定距离绕发射 — 接收船航行。反之,发射 — 接收船也可围绕着以低速直线前进的潜艇航行。

图 9 - 29 的两例说明了上面提到的目标强度测量的变异性。首先,点与点之间在方位上的变化是由单个回声的变异性引起,另外,这两例测量曲线之间的平均差约为 10 dB,而曲线 *A* 较曲线 *B* 更具典型性。当研究了在不同频率下对不同潜艇的测量后,表明在正横方向上的测量值在 12 ~ 40 dB 之间,其平均值约为 25 dB。

在作了广泛的研究之后,目标强度与方位角的依赖关系可以看作如图 9 - 30 所给出的图案,这种“蝴蝶形” 图案具有下列特征:

(1)“翼” 在正横方向,最大可达 25 dB,系由艇壳的镜反射引起;

(2) 在艇首和艇尾曲线凹下去,系由艇壳和尾流的遮蔽效应引起;

(3) 离艇首艇尾 20 度处的旁瓣比图案的一般声级大出 1 或 2 分贝,可能是由潜艇的舱室结构的内反射产生的;

(4) 由于潜艇的复杂结构以及其附属物产生散射声的多种叠加在其他方向上出现圆形。

上述理想化图案的各个特征,在单独测量中很少会全部出现,它们可能全部不出现或者消失在离散的实测值中。

9.3.3.2　随频率的变化

二次大战期间曾用 12、24 或 60 kHz 做过目标强度的测量,以此试图确定它的频率响应,该尝试并未成功。当时的结论是,如果存在频率关系的话,也消失在实测值的离散之中了。没有明显的频率关系的起因与声波在潜艇上产生回波的多种机理有关。

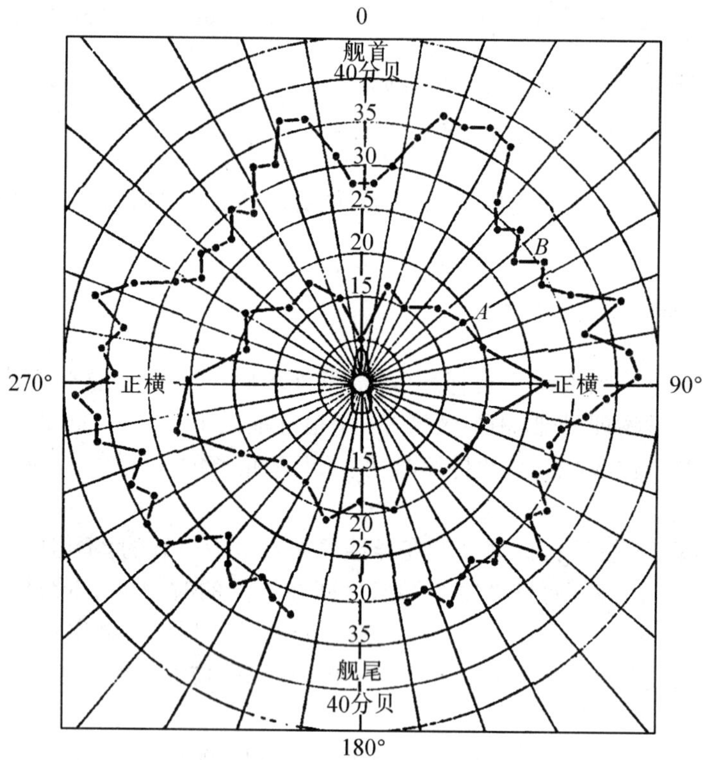

图 9 – 29　在不同方位角下潜艇目标强度的两个测量。

例 *A* 较另一次测量 *B* 更为典型

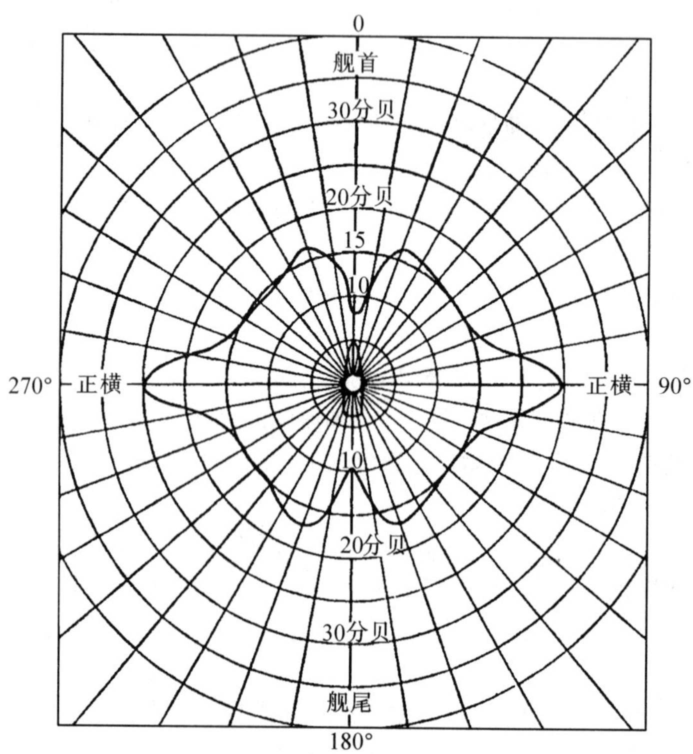

图 9 – 30　潜艇目标强度沿方位角变化的“蝴蝶形”图案

9.3.3.3　随深度的变化

除了潜艇尾流所贡献的那部分回声有深度影响外，既未确立过也没有设想过深度对潜艇目标强度的影响。深度对回声的影响，说得更确切些，不是深度影响到潜艇本身，而是潜艇深度变化时由声传播变化引起的结果。

9.3.3.4　随距离的变化

有两种原因往往使近距离处的潜艇目标强度小于远距离处的目标强度。首先，当利用指向性声呐进行目标强度测量时，由于声呐的指向性，使得声束不能照射到目标的全部。其次，某些几何形状物体的回声随距离而减小的规律和点源声场不一样。图 9－31 中的实线表示一个长度为 L 的圆柱体在正横方向上回声强度与距离的变化。在近距离下强度的衰减近似于 $1/r$（“柱面扩展”），在远距离近似于 $1/r^2$（“球面扩展”），两者之间的转换距离大致在 L^2/λ。在近距离 r_1 处的回声，当利用点源声场的传播损失把它折算到 1 码处时，其声强度为 TS_1，它比由远处折算过来的 TS_2 要小。对于一无限长圆柱来说，虽然在有限距离内的每一个点都处于近场，亦即处于该柱体的费涅耳区内，它的目标强度是随距离线性增加的。上面所提到的两个原因的头一个 —— 即不能照射到目标的全部 —— 在某些方位角与频率条件下是适用的，这时主要的回声形成过程是目标体上或体内的大量散射体的散射。后一个原因适用于镜反射。这两种效应都会引起在近距离下的潜艇目标强度小于远距离处的值。

9.3.3.5　随脉冲长度的变化

像潜艇这样的长形目标，可以预期它的目标强度随着脉宽的减小而降低，因为短脉冲不能照射到目标的全部。图 9－32 表明一个长目标的目标强度随脉冲长度（取对数单位）增

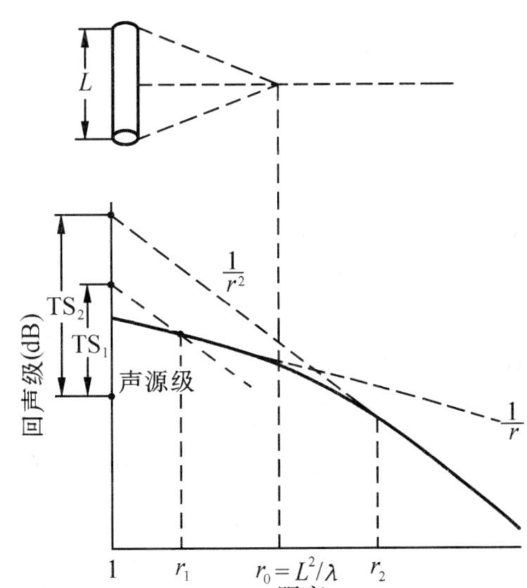

图 9－31　在圆柱体的正横方向上的目标强度与距离的关系。当距离小于 r_0，回声级随距离的变化关系较之 $\frac{1}{r^2}$ 更类似于 $\frac{1}{r}$。如果使用 $\frac{1}{r^2}$ 的传播损失将目标强度转换到 1 米处时，则会引起近距离下目标强度较远距离处为小（$TS_1 < TS_2$）

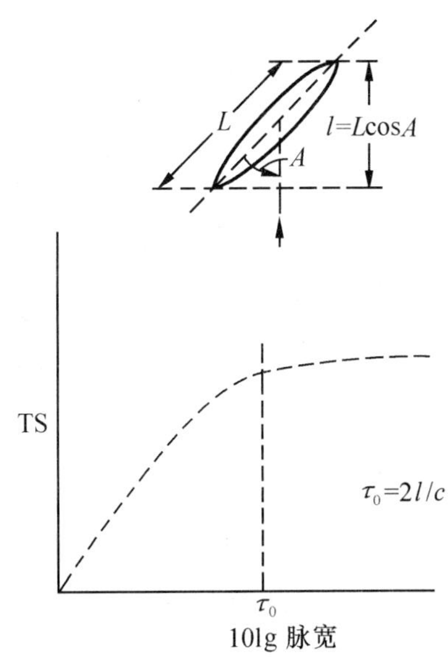

图 9－32　随脉宽的变化。目标强度随脉宽的增长而增长，一直增长至当脉宽足以包含全部目标时，使之在某一瞬刻目标能同时对回声产生贡献，这时的脉宽为 $\tau_0 = 2l/c$

长的情况,该强度一直增长至当脉冲长度足以使目标上各点在某一瞬时均能同时对回声产生贡献之前,目标强度必定随脉冲宽度增大而增大。这时的脉冲宽度为 τ_0。即

$$\tau_0 = \frac{2l}{c} \tag{9-181}$$

其中,l—— 目标沿距离方向上的长度;

c—— 声速。

若目标长度为 L,在方位角 A 上有:

$$l = L\cos A \tag{9-182}$$

在正横方向上测量目标强度时,一方面目标沿距离方向上的长度小,同时这个方位上形成回声的主要过程是镜反射,故这种理论上的脉宽减小效应并不显著,另外,在测量目标上个别突出处目标强度的峰值时,该效应也不显著。

9.3.4 水面舰艇的目标强度

对主动声呐来说,水面舰艇不是主要目标,因此它的目标强度的数据较少。在二次大战时,曾对 17 条军用和商用舰船做过三次连续测量,工作频率由 20 至 30 kHz。在三次不同的测量中得到正横方向上的值为 37、21 和 16 dB。在非正横方向上相应的目标强度为 13、17 和 14 dB。这些数据的标准偏差约在 5 与 16 dB 之间。这些少量的可供利用的数据也表明,目标强度与方位角、与距离的关系,和潜艇情况有着同样的特征。

9.3.5 回声形成过程

复杂的水下目标往声源方向上产生回声的过程是多种的。像潜艇这样的复杂目标,这许多形成过程可能都会出现,但是在某一特定的频率与方位角的条件下,可能只有一两种过程是主要的。

9.3.5.1 镜反射

最简单的和最易于理解的形成过程是镜反射。如本章前面已叙述过的那样,镜反射可以用大球体或凸曲面产生的回声来说明。在这个过程中,目标是固定的,在声场中不产生运动。被激发起的反射波所具有的质点速度,按波动理论,在整个物体的表面上正好与入射波的质点速度互相抵消。反之,反射表面如不是刚性或固定的,而是软的。那么在形成反射时入射波与反射波的压力互相抵消。镜反射的波形是反射波形的重复,可以和入射波完全相关。对于潜艇和水雷来说,在正横方位上镜反射是主要过程,这时观测到的回声级极强,特别是短脉冲时,它的回声和入射脉冲波形相同。

9.3.5.2 表面上不规则性的散射

不规则性,诸如突出之处、角棱、边缘等等,其曲率半径小于波长,由此返回的声波说得更恰当些,是散射而不是反射。多数的实际物体在表面上具有上述各种不规则性。由此返回的散射波是大量的散射中心所产生的散射波的合成,当水下目标上面只有少数的起主要散射作用的散射体时,在回声的包络上可以看得出由它们所形成的亮点,特别是老式潜艇的艇壳上有着不少的散射不规则体,例如艇首、艇尾处的翼板、栏杆、潜望镜等,在这些突出的地方中,指挥塔则往往是一个强反射、散射体。

9.3.5.3　声透入目标之内

水下目标在入射波作用下很难被认为是一刚体,它产生的运动与形变是很复杂的,这种反作用可以认为声波透入到目标之内以后被声波激发起目标的更为复杂的形变。

在实心金属球的情况下,大量实验证明:在频率50 ~ 150 kHz间声波可以透入到一个直径为数英寸的实心球内,同时产生一包络复杂的回声,目标强度随频率变化的起伏可大至30 分贝,Hickling对水中空心金属球的理论研究表明,部分的回声产生于一种绕球壳运动的挠曲波。这种表面波,在 Barnard 和 McKinney 对水中实心和空心圆柱体的实验研究中也观测到了。

潜艇的构造较之上面提到的简单形体要复杂得多,图 9 - 33 表示二次大战时建造的一种主要的军用潜艇的横断面图。艇壳基本上是一准圆柱形的耐压壳,其周围由薄钢结构的舱所围绕。声波很容易透入到这些舱结构中,由此被一些角棱反射体产生回波是完全可以预计到的。这样的内反射可能就是引起在图9 - 33 中的蝴蝶形图案中离艇首艇尾20° 处目标强度增大的原因。此外,在舱结构上的散射与共振效应很像是在非正横方位上回声的起源。最后,耐压壳本身可能在某些方向上产生散射波。

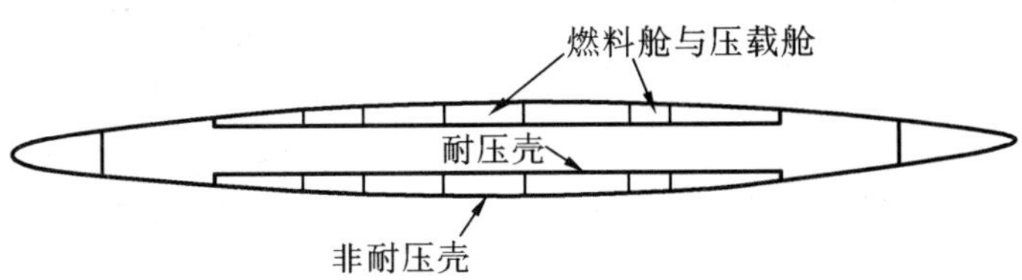

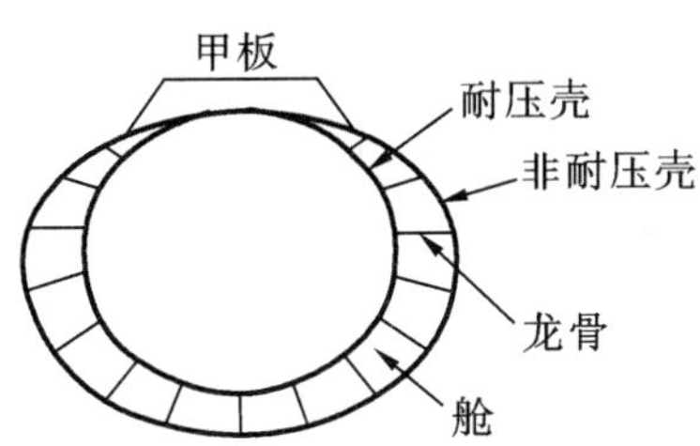

图 9 - 33　潜艇的首尾与横断面的图解

9.3.5.4　共振效应

某些入射频率可以激起水下目标在不同的频率下产生共振,这些频率激起目标的不同振荡或振动模态,原则上讲它能提高目标强度。图9 - 34 为一可压缩的可弯曲的雪茄形物体的几种可能的振动模态的图像。当声呐频率足够低时,被入射波所激发起的某些振动模态对目标强度的贡献,在相当大的范围内与方位角和 Q 值(振动模态的阻尼常数) 有关。但是应当指出,有些模态虽然是良好的声辐射体,但由于周围的辐射负载是水,有高阻尼常数,因此它并不一定能使得目标强度增长太大。类似,高 Q 值的弱阻尼振动模态为一弱的再辐射体,因此对目标强度的贡献也较小。对弱阻尼振动模态来说,如若激发其振动就必须用最佳匹配频率的长脉冲。有时甚至即使在共振振动模态的情况下,也出现较弱的目标强度,这可能是目标中的强内耗导致吸收入射能量,或者可能是共振模态产生的再辐射不在镜反射方向上之故。

由板组成的潜艇这类的水下目标可以产生另一种完全不同形式的共振是板的弯曲共振，由于板中的波与周围水中的声波的耦合作用，在钢板的某些角度方向上可以透过声波。

9.3.6 回声特征

大多数水下物体的回声，除用目标强度参量描述的强度外，在很多方面，不同于入射脉冲。在回声中可反映出反射物体的固有特征，反射物体和入射波互相影响之后产生回声。一般地说，回声从波形上以及其他特征上和入射波脉冲有差异。这些差异可在两方面供声呐工程师利用：用于帮助检测，例如用窄带滤波器的滤波方法来提高掩蔽于混响中的回声级；用于帮助识别目标，区别这种与那种形式的目标，例如将潜艇与鱼群区别开来。

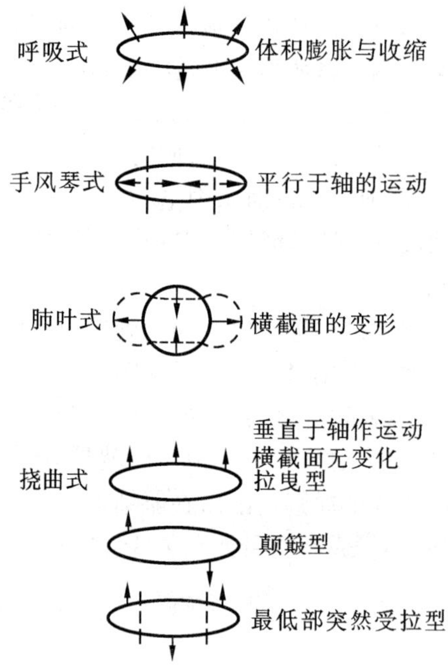

图 9－34 雪茄形物体的各种可能的共振振动模态

回声的一些可区别的特征如下所述。

9.3.6.1 多普勒频移

运动目标的回声由于多普勒效应产生频移，其大小为：

$$\Delta f = \frac{2v}{c} f \tag{9-183}$$

其中，v—— 声源与目标的相对速度或距离改变率；

c—— 声速(与 v 的单位相同)；

f—— 工作频率。

在实用条件下，若声速为 1 494 m/s，有

$$\Delta f = \pm 0.69 \text{Hz}/(\text{节})(\text{kHz})$$

其中距离改变率以节为单位，声呐频率以 kHz 为单位。一工作频率为 10 kHz 的声呐，在一以 10 节的相对速度趋近目标时的回声，其最大频移为 69 Hz。式中的“±”符号表示，目标接近时产生高频回声(“上边多普勒”)，目标离远时有低频回声(“下边多普勒”)。

9.3.6.2 持续长度

通常，回声是一个拉长了的信号，它的持续长度与目标沿距离方向上的长度有关。由于水下目标的回声是由整个目标上面的散射体和反射体产生，所以整个面积或体积都对回声有贡献。一个长度为 L，方位角为的目标，对于“合置”情况，入射脉冲被拉长后的持续时间为：

$$\frac{2L\cos\theta}{c}$$

对于入射角为 θ_i 反射角为 θ_r 的“分置”情况，有：

$$\frac{L}{c}(\cos\theta_i + \cos\theta_r)$$

当使用短脉冲时,回声脉冲的拉长特别明显。这仅在由许多分布在目标上的散射体组成的复杂目标上才会发生,如果回声的主要形成过程是镜反射时,这种拉长就可以忽略。由于多数声呐脉冲被拉长,由此就提供了被探物体的尺度以及类型的线索。

9.3.6.3　包络的不规则性

回声的包络是不规则的,特别当镜反射不起主要作用时更是如此。这些不规则性是由目标上的各散射体的干涉结果。某些目标的回声中有个别的“亮点”,来自目标上某些能够产生强回声的部位。例如潜艇的指挥塔,就会产生出可辨认得出的参与在回声信号之中的强回声。通常,正弦脉冲的声呐回声为一个不规则的波包,无可识别的特征,回声与回声之间的波形变化,是由各散射体之间的相对相位变化以及与目标之间一去一回在声程上的变化所产生。

9.3.6.4　调制效应

在螺旋桨驱动的目标的尾部方位角上,如早就发现的飞机螺旋桨可以调制雷达信号一样,也可以产生回声的幅度调制。螺旋桨周期性地使得目标的散射截面变化。另一个产生调制的可能是由运动着的艇体与其艉流产生的两种回声的干涉。在某些方位上,艇壳与艉流的所合成的回声的包络,由于两者频率不同会出现拍频或振幅变化。

9.3.7　舰船目标强度值

表 9-1 为本章所述的水下目标强度值的总结,上面已提到,这些值在同类型目标的个别测量中应考虑到会有相当大的变化,所给出的目标强度只作为处理问题时一般估计值。

表 9-1　目标强度的参考值

目　　标	方　位　角	TS,dB
潜艇	正横	+25
	艇首—尾	+10
	正横与艏艉之间	+15
水面舰艇	正横	+25(高值不确定)
	非正横	+15(高值不确定)
水雷	正横	+10
	非正横	+10 ~ -25
鱼雷	头	-20
长度为 L 的鱼	背向	$-31+30\lg L$

9.4　舰船水声场与舰船隐身

舰船辐射噪声、自噪声及目标强度的降低,有如下几个方面的好处:① 可提高本艇声呐作用距离;② 可降低对方水中兵器攻击概率,或缩小对方水中兵器(声制导兵器)的攻击半径;③ 己方潜艇被敌方发现的概率减小,或者可能被发现的区域缩小。即降低噪声既提高了其隐身性能,又增加了其战斗力。本节从声呐方程的角度出发,介绍舰船辐射噪声、自噪声或目标强度的降低对隐身性能的提高的简略估算方法。

9.4.1 声呐方程

9.4.1.1 有关声呐参数

在介绍主被动声呐方程之前,简单介绍有关声呐参数。

1. 声源级 *SL*

用来描述主动声呐所发射声信号的强弱。定义为:

$$SL = 10\lg(I/I_0)\big|_{r=1} \tag{9-184}$$

式中,I 是发射器声轴方向上离声源声中心 1 m 处的声强;I_0 是参考声强。

2. 传播损失 *TL*

海水介质是一种不均匀的非理想介质,由于介质本身的吸收,声传播过程中波阵面的扩展及海水中各种不均匀性的散射等原因,声波在传播过程中,声传播方向上的声强度将会逐渐减弱,传播损失 *TL* 定量地描述了声波传播一定距离后声强度的衰减变化。定义为:

$$TL = 10\lg(I_1/I_r) \tag{9-185}$$

式中 I_1—— 离声源中心 1m 处的声强度;

I_r—— 距声源 r 处的声强度。

3. 目标强度 *TS*

对于主动声呐而言,它是利用目标回波来实现检测的。目标回波的特性除和声波本身的特性,如频率、波阵而形状等因素有关外,还与目标的特性如几何形状、组成材料等有关。即在同样的入射波,不同目标的回波也是不一样的,这一现象反映了目标反射本领的差异,通常用目标强度 *TS* 定量描述目标反射本领的大小,其定义见 9.3 节。

4. 海洋环境噪声级 *NL*

海水介质中,存在着大量的各种各样的噪声源,它们各自发出的声波构成了海洋环境噪声。环境噪声级是用来度量环境声强弱的一个量,定义为:

$$NL = 10\lg(I_N/I_0) \tag{9-186}$$

式中 I_N—— 测量带宽内(或 1 Hz 频带内) 的噪声强度;

I_0—— 参照声强。

5. 等效平面波混响级 *RL*

对于主动声呐而言,混响也是一种背景干扰,但混响不同于环境噪声,它不是平稳的,也不是各向同性的。为了定量描述混响干扰的强弱,引入声呐参数等效平面波混响级 *NL*。设有强度为 I 的平面波轴向入射到水听器上,水听器输出某一电压值;如将水听器移植于混响场中,使它的声轴指向目标,在混响声的作用下,水听器也输出一个电压,如果这两种情况下水听器的输出相等,那么就用该平面波的声级来度量混响场的强弱,称为等效平面波混响级。

6. 接收指向性指数 *DI*

接收换能器的接收指向性指数的定义是:

$$DI = 10\lg(\text{无指向性水听器产生的噪声功率 / 指向性水听器产生的噪声功率})$$

只有对各向同性噪声场中的平面波信号,参数 DI 才有意义,对于具有其他方向特性的信号和噪声场,需用参数阵增益来表示指向性接收器的上述特性。有关阵增益概念的详细讨论,请参阅有关文献和书籍。

7. 检测阈 DT

声呐设备的接收器工作在噪声环境中,既接收声呐信号,也接收背景噪声,相应地,其输出也由这两部分组成,因此这两部分比值的大小将直接影响设备的工作质量,即如果接收带宽内的信号功率(或均方电压)与 1 Hz 带宽内(或工作带宽内)的噪声功率(或均方电压)的比值较高,则设备就能正常工作,它作出的“判决”也是可信的。反之,信噪比较低时,设备就不能正常工作,它作出的判决就不可信。将设备刚好能工作所需的处理器输入端的信号比值(用分贝表示)称作检测阈,定义为:

$$DT = 10\lg(\text{刚好完成某种职能时的信号功率}/\text{水听器输出端上噪声功率})$$

对于完成同样职能的声呐而言,检测阈值较低的设备其处理能力较强,其性能也较好。

9.4.1.2　主、被动声呐方程

1. 主动声呐方程

(1) 背景干扰为各向同性环境噪声:

$$SL - 2TL + TS - (NL - DI) = DT \tag{9-187}$$

上述方程适用于收发合置声呐,对于收、发换能器分开的声呐,声信号往返的传播损失一般是不相同的。所以,不能简单地用来表示往返传播损失;适用于背景干扰为各向同性的环境噪声情况。

(2) 背景干扰为混响

$$SL - 2TL + TS - RL = DT \tag{9-188}$$

当混响成为主要背景干扰时,就使用等效平面波混响级 RL 替代各向同性背景干扰,即用 RL 代替 $(NL - DI)$。

2. 被动声呐方程

$$SL - TL - (NL - DI) = DT \tag{9-189}$$

此时的 SL 往往为舰船辐射噪声级,且不再需要往返传播,而直接由噪声源传播至接收换能器;噪声源发出的噪声也不经目标反射,所以,不再出现目标强度 TS;被动声呐的背景干扰为环境噪声。

9.4.2　舰船水声场与舰船隐身

9.4.2.1　辐射噪声与敌方声呐探测距离关系

假定舰船其他性能如武备水平、声呐性能、航速、航态、指向性指数、检测阈等均相当的前提下,且传播损失是球面波衰减加吸收,即

$$TL = 20\lg r + 0.011 f^2 r \times 10^{-3} \tag{9-190}$$

式中　f—— 频率,kHz;

　　r—— 距离,m。

设原可探测距离为 r_0,若辐射噪声降低 ΔLdB,则被探测距离随之下降为 r_1:

$$\Delta L = 20\lg \frac{r_0}{r_1} + 0.011f^2(r_0 - r_1) \times 10^{-3} \tag{9-191}$$

令 $\beta = \frac{r_1}{r_0} \leqslant 1$,则

$$\Delta L = 20\lg \frac{1}{\beta} + 0.011f^2 r_0(1 - \beta) \times 10^{-3} \tag{9-192}$$

根据上式可计算出本艇辐射噪声的降低导致敌方被动声呐作用距离下降的关系见图 9 - 35。

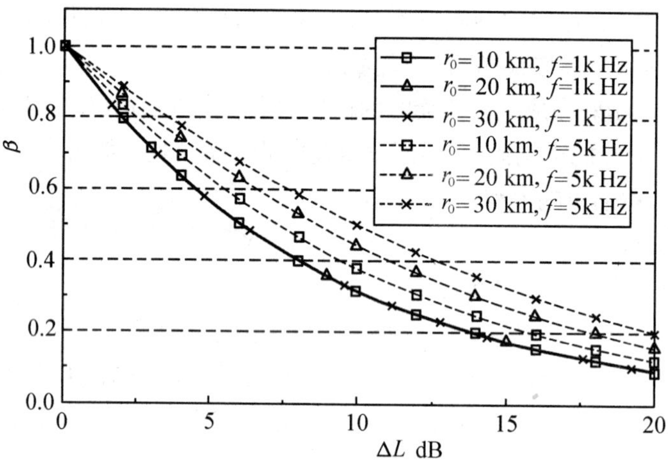

图 9 - 35 本艇辐射噪声的降低导致敌方声呐作用距离下降

从图 9 - 35 可以看出,如辐射噪声下降 10dB,频率取 1kHz 和 5kHz,则 β 为 0.3 ~ 0.5,即敌方声呐作用距离下降为原来的 30% ~ 50%。如果辐射噪声下降 20dB,敌方被动声呐作用距离只有原来的 10% ~ 20%。

9.4.2.2 自噪声与本艇被动声呐探测距离的关系

本艇被动声呐的干扰来自于自噪声和海洋环境噪声。其中海洋环境噪声是不可避免的干扰,要降低被动声呐的干扰必须降低自噪声。假设本艇被动声呐的其他性能不变,原来的探测距离为 r_0,自噪声下降 ΔLdB 后的探测距离为 r_1,则

$$\Delta L = 20\lg \frac{r_1}{r_0} + 0.11f^2(r_1 - r_0) \times 10^{-3} \tag{9-193}$$

令 $\beta' = \frac{r_1}{r_0} > 1$,

$$\Delta L = 20\lg\beta' + 0.11f^2 r_0(\beta' - 1) \times 10^{-3} \tag{9-194}$$

图 9 - 36,给出自噪声下降导致探测距离的增加。当取 1kHz 自噪声下降 10dB 时,探测距离将增加到原来的 3 倍。当取 5kHz,自噪声下降 10dB,探测距离增加到原来的 2 倍左右。

9.4.2.3 降低目标强度对探测距离的影响

本艇目标强度的下降将直接导致敌方主动声呐作用距离减小,仍设传输损失:

$$TL = 20\lg r + 0.011f^2 r \times 10^{-3} \tag{9-195}$$

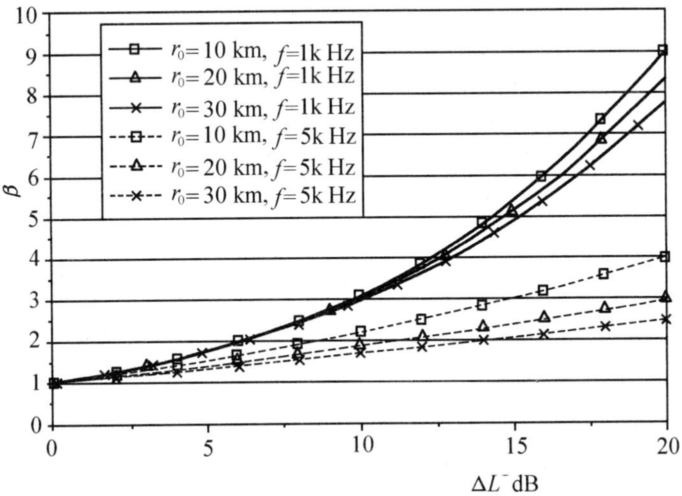

图 9 – 36　声呐自噪声下降导致探测距离增加

设原被探测距离为 r_0，目标强度下降 ΔLdB 后的被探测距离为 r_1，根据主动声呐方程有：

$$\Delta L = 40\lg\frac{r_0}{r_1} + 2\times 0.011 f^2 (r_0 - r_1)\times 10^{-3} \tag{9-196}$$

令 $\beta = \dfrac{r_1}{r_0} \leqslant 1$

$$\Delta L = 40\lg\frac{1}{\beta} + 2\times 0.011 f^2 r_0 (1-\beta)\times 10^{-3} \tag{9-197}$$

图 9 – 37 和图 9 – 38 给出不同频率时本艇目标强度降低导致敌方主动声呐作用距离下降的计算结果。从图 9 – 37 可以看出，在声呐工作频率为 5 kHz 和 10 kHz 时，若原探测距离为 5 km 和 10 km，则目标强度下降 10 dB 后敌主动声呐作用距离下降为原来的 60% ~ 70%；

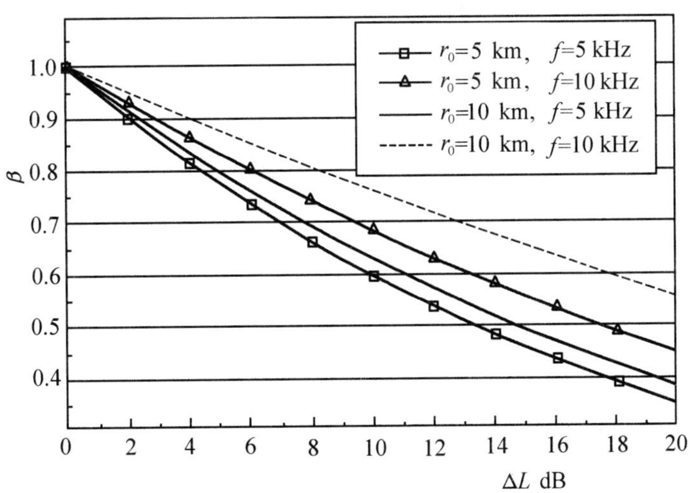

图 9 – 37

图 9 - 38 表明,设鱼雷声自导工作频率为 30 kHz,原来的自导距离分别为 1 km、1.5 km 和 2 km, 目标强度下降 10 dB 后,敌方鱼雷的自导作用距离下降为原来的 80% 左右。

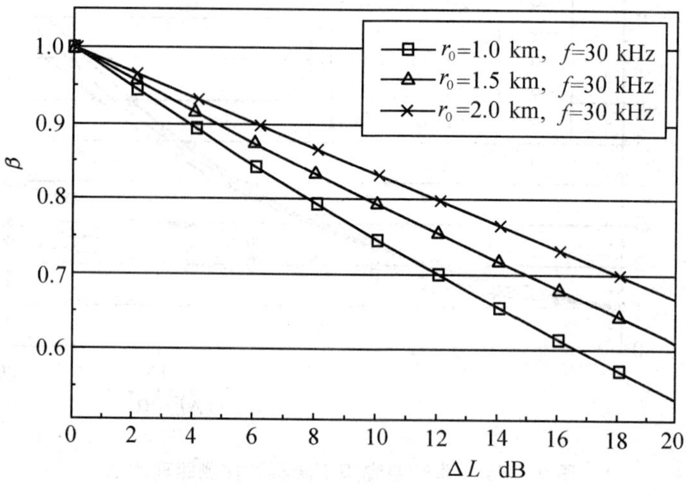

图 9 - 38

以上简略地说明了辐射噪声、自噪声、目标强度的降低对提高舰艇隐身性能的好处,至于如何降低辐射噪声、自噪声、目标强度是非常复杂的系统工程。可参阅有关章节或其他文献。

第 10 章　舰船结构声场特性

10.1　概　　述

10.1.1　舰船结构声场

舰船上机械装置的振动、管道内流体的扰动和船体外流场作用都会引起舰船噪声。通过船体结构传递的噪声，形成结构声场；通过空气传递的噪声称为空气噪声，形成空气声场。空气噪声在传递过程中引起船体结构或其他装置振动，也会形成结构噪声。

分析舰船结构声场时，必须考虑装舰设备和周围水介质的影响，船体结构、装舰设备和周围介质就构成一个复杂的动力学系统。经典的振动和声辐射理论在求解这样一个系统时，先对系统内各元件的惯性 - 刚性特性进行描述并利用元件与周围介质相互作用的微分方程求解，然后利用各元件之间、元件与周围介质间的连续性边界条件将各元件的解联合起来寻求系统的解。由于不可能预测动力学系统各种复杂元件的解的形式，因此系统求解的过程非常困难，大多数情况下甚至是不可能的。对于复杂的工程结构，实际边界条件与数学模型的差异也影响经典理论的求解精度。

在实践上，工程师常采用近似方法来描述舰船结构声场。主要方法有：统计能量法，在所研究的频率范围内，当结构的模态密度足够高时，可假设振动能量平均分布在每个模态上，运用统计物理的知识可准确描述结构的平均声学振动特性，该方法在中高频段有足够的精度；模态分析法，用计算或试验的方法得到结构系统的固有频率、固有振形和模态阻尼等参数，可比较容易和足够准确地描述较复杂的动力系统特性，还可用矩阵法计算结构的响应特性；近似法，用经典的振动和声辐射理论分析实际结构，但只考虑影响最终结果的主要参数和边界条件，在工程精度范围内满足实际需要；有限元法，将复杂结构分解为可解析描述的微小单元，单元长度至少六倍小于所分析振动波的波长。有限元法可计算实际任意结构的振动场，只是需要繁复的初始建模和强大的计算机能力。

研究分析舰船结构声场的主要内容包括：舰船结构元件中弹性波的传递，舰船结构中振动的传播，舰船结构的声振源特征，结构的振动声学性特性及描述，舰船结构的声辐射，降低振动传播的结构措施，控制结构振源传递的设计方法，抑制结构声辐射的措施等。

10.1.1.1　舰船结构及其元件

图 10 - 1 为典型船体结构示意图，船体结构大致可分为三组，第一组为加强筋加固的板或板架，第二组为均质板，第三组为一维结构。

第一组结构包括舱壁、板架、甲板、船体外板、耐压壳体、非耐压壳体等，它们构成船体结构的大部分，其几何特征参数是板(壳) 厚，加强筋横剖面及加强筋之间的距离。

第二组结构主要是指构成设备基座的板结构。图 10 - 2 和图 10 - 3 分别为典型的台式基座和悬臂基座结构。基座结构都是由均质板按一定方式相互连接组成，包括用于固定设备的安装面板、连接安装面板和船体结构的支撑构件即腹板、加固腹板和安装面板的肘板。

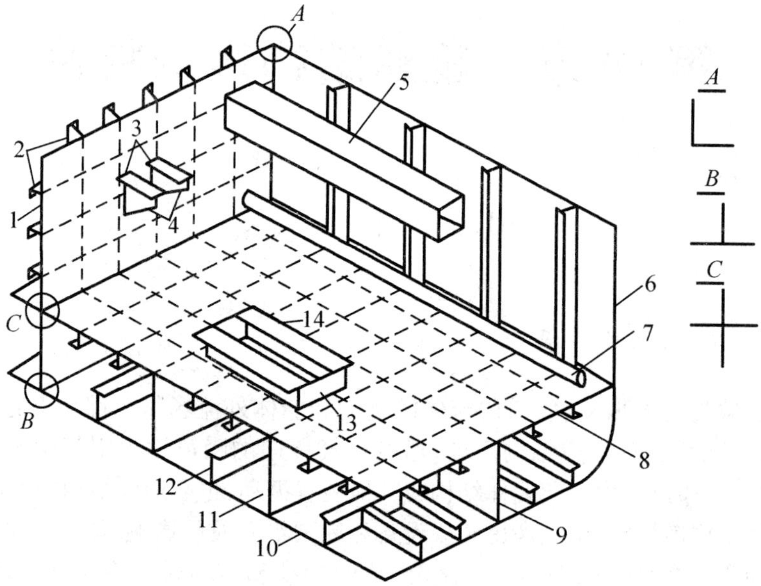

图 10-1 典型的船舶结构示意图

1— 舱壁;2— 加强筋;3— 悬臂基座的安装面板;4— 悬臂基座的支撑构件;5— 风管;6— 舷侧壳板;7— 管道;8— 双层底铺板;9— 纵向桁;10— 船底壳板;11— 肋板;12— 肋骨;13— 台式基座的支撑构件(竖板);14— 台式基座的安装面板;*A*,*B* 和 *C*— 船舶结构的典型连接

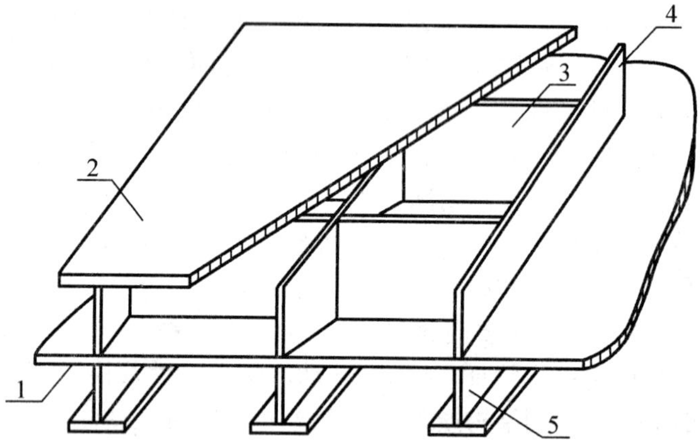

图 10-2 典型台式基座结构

1— 安装船体结构;2— 基座的支承板;3— 基座的主要构件(腹板);4— 基座的肘板;5— 船体结构构架

台式基座的安装面板一般与船体安装结构平行,而悬臂基座则互相垂直。均质板的几何特性参数为板厚和平面尺寸。

第三组结构包括风管、管道和传动轴等。风管为箱形或圆柱形结构,其几何特性参数为板厚和横剖面尺寸，管道和轴是圆柱壳类结构，其几何特征参数为外径或内径和壁厚。

舰船结构的典型元件是：杆（加强筋、肋骨）、板（基座、舱壁、板架、横桁、纵桁、壳板、风管）、壳（管道、轴、耐压壳、非耐压壳）。

元件之间的连接就形成船舶结构的节点，这些节点包括板的角连接、T 形连接和十字连接，杆与板的连接等。

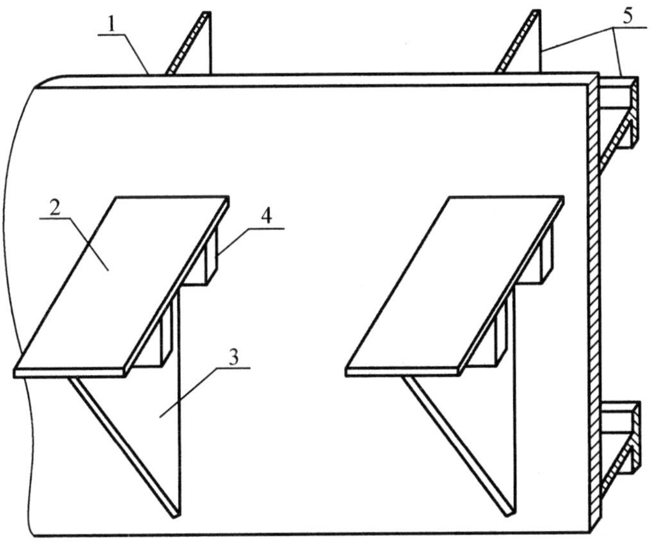

图 10－3　典型悬臂基座结构

1— 安装艇体结构；2— 基座的支承板；3— 基座的肘板；
4— 加强筋；5— 船体结构构架

10.1.1.2　舰船结构中的弹性波

1. 概述

在无界的固体中可能有两种形式的变形：压缩和剪切。这些变形在该物体中以纵向和横向弹性波的形式传播，其速度相应为：

$$c_1 = \sqrt{\frac{E(1-v)}{\rho(1+v)(1-2v)}} \tag{10-1}$$

$$c_2 = \sqrt{G/\rho} \tag{10-2}$$

在固体中有两种形式的波，这是因为在体积变化（压缩）和形状变化（剪切）时，物体中都会产生弹性力的缘故。

由公式（10－1）和（10－2）可见，弹性体中的速度 c_1 和 c_2 由这些物体的三个物理机械参数：杨氏模量 E、剪切模量 G 和质量密度 ρ 确定。一些造船材料的这几个参数和弹性波速度的值列于表 10－1 中。与固体不同，在液体和气体中弹性力仅在体积变化时出现，因此，其中只能有纵向波（声波）。这些波的传播速度为

液体：

$$c_1 = \sqrt{K/\rho} \tag{10-3}$$

气体：

$$c_1 = \sqrt{\gamma P_0/\rho} \tag{10-4}$$

式中 K—— 液体体积压缩模量；

P—— 气体的静压力；

γ—— 压力和容积不变时气体两个比热之比。

从公式(10-3)和(10-4)可得出,液体和气体中声波速度的特点是,液体中声速实际上与静压力和温度无关,而在气体中则与这些参数有紧密的关系。

表 10-1 常见船用材料的物理机械参数

材料	杨氏模数 $E\times10^{10}$(Pa)	抗剪弹性模数 $G\times10^{10}$(Pa)	泊松系数 v	质量密度 $\rho\times10^3$(kg/m^3)	压缩波速度 $c_1\times10^3$(m/s)	剪切波速度 $c_2\times10^{-3}$(m/s)	损耗因数 $\eta\times10^{-3}$
钢	21	8.14	0.29	7.8	5.94	3.22	0.1
铝合金	7.2	2.77	0.3	2.8	5.87	3.14	0.5
玻璃钢	2.1	0.955	0.1	1.7	3.55	2.36	13
胶合板	0.34	—	—	0.8	—	—	13
木质纤维板	0.3	—	0.17	1	—	—	20
玻璃	6	—	—	2.5	4.9	—	1
木材	0.1 ~ 0.5	—	—	0.4 ~ 0.8	2 ~ 3	—	10
铜	12.5	4.5	0.35	8.9	3.7	—	2
黄铜	9.5	3.6	0.33	8.5	3.2	—	1
有机玻璃	0.56	—	—	1.15	2	—	20
混凝土	2.6 ~ 9.5	—	—	1.3 ~ 2.3	1.8 ~ 3.5	—	4 ~ 10
软木	—	—	—	0.24	0.48	—	—
砂子	—	—	—	1.6 ~ 2.2	0.15	0.1	0.1

描述弹性波的主要参数有:波速、波数、波长、能流密度、能量流、频率、加速度等。有关参数见表 10-2。

表 10-2 弹性波的主要特性参数

参数	符号	单位	同其他参数的关系式
位移	x	m	$x = \ddot{x}/\mathrm{j}\omega = -\ddot{x}/\omega^2$
振动速度	$\dot{x}$	m/s	$\dot{x} = \mathrm{j}\omega x = -\mathrm{j}\ddot{x}/\omega$
振动加速度	$\ddot{x}$	m/s^2	$\ddot{x} = -\omega^2 x = \mathrm{j}\omega\dot{x}$
波相速度	c	m/s	$c = \lambda f$
波长	λ	m	$\lambda = c/f$
能流密度	w	W·s/m^3	$w = \frac{1}{2}m\dot{x}^2$
能量流	Π	W/m^2	$\Pi = wc$
频率	f	Hz	—
振动加速度级	L_a 或 $L_{\ddot{x}}$	—	$L_{\ddot{x}} = 20\lg\frac{\ddot{x}}{\ddot{x}_0}$ ($\ddot{x}_0 = 1\times10^{-6}$ m/s^2)

2. 杆中的弹性波

在杆系中可能有三种类型的弹性波：纵向波、弯曲波和扭转波。当力沿杆的轴线作用时，杆横剖面沿轴线产生位移出现纵向波；当力矩围绕杆轴作用时，杆横截面扭转成一角度 φ；当力垂直作用于杆轴时，杆横截面产生横向位移 x 和扭转角 φ。纵向波和扭转波的波相速度 c_L 与能量流群速度 c_g 相同，弯曲波能量流群速度是相速度的2倍。各类结构单元中弹性波相速度见表 10－3。矩形截面杆尺寸系数 α 查值见表 10－4。

表 10－3　各种弹性波在杆、板和壳体中传播的波相速度

结构元件	纵向波 c_L	弯曲波 c_b	扭转波 c_t	剪切波 c_s
杆：矩形截面杆	$\sqrt{E/\rho}$	$0.535\sqrt{\omega c_L \alpha}$	$\sqrt{G/\rho}\cdot v$	—
圆截面杆	$\sqrt{E/\rho}$	$0.707\sqrt{\omega c_L R}$	$\sqrt{G/\rho}$	—
环截面杆	$\sqrt{E/\rho}$	$0.707\sqrt{\omega c_L\sqrt{R^2+R_1^2}}$	$\sqrt{G/\rho}$	—
板	$\sqrt{\dfrac{E}{\rho(1-v^2)}}$	$0.535\sqrt{\omega c_L h}$	—	$\sqrt{G/\rho}$
圆柱壳：$f<f_r$	—	$\sqrt{\dfrac{\omega c_L R\sqrt{1-v^2}}{h}}$	—	—
$f>f_r$	$\sqrt{\dfrac{E}{\rho(1-v^2)}}$	$0.535\sqrt{\omega c_L h}$	—	$\sqrt{G/\rho}$

注：α— 矩形截面尺寸系数，查表 10－4；R—— 外径；R_1—— 内径或壳体平均半径；
h— 壳厚度；n— 周向波数；$f_r = c_L/2\pi R$— 圆柱壳环频率。

表 10－4　矩形截面杆尺寸系数 α 查值表

a/b	1	1.5	2	3	6	>6
α	0.92	0.85	0.74	0.56	0.32	~$2b/a$

3. 板中的弹性波

板中可能产生三种波型：纵向波、弯曲波、剪切波。当力作用在板平面内且沿一条直线均匀分布并垂直于该直线时，板内产生纵向波、板横截面在传播方向上产生位移，能量流群速度 c_g 与波相速度 c_L 相等；当力沿直线作用于板平面时板内产生剪切波，传播方向为力作用方向的垂直方向，剪切波的能量流传播群速度与其波相速度相同；当力垂直作用于板平面，板横截面作用力方向产生位移 x 和转角 φ，能量流群速度 c_g 为波相速度 2 倍。

4. 圆柱壳体中的弹性波

圆柱壳体中弹性波的特点与无量纲频率 Ω 密切相关。Ω 表达式为：

$$\Omega = \omega R_1/c_L \tag{10-5}$$

式中　ω—— 振动波频率；

R_1 —— 壳体平均半径；

c_L—— 与壳厚度相同板内纵波相速度。

$\Omega=1$ 对应的频率 $f_r = c_L/2\pi R_1$ 为柱壳环频率，在此频率下，圆柱壳周长等于壳厚平板内压缩纵波波长。

当$\Omega>1$时,壳体曲率对圆柱壳振动特性没有影响,壳体内有纵波、弯曲波和剪切波,可把壳体内振动波当作相同厚度平板内同类波处理。

当$\Omega<1$时,壳体内振动波的特性会受到曲率的严重影响,此时壳体中只能传播使壳壁横向位移的波,即与板中弯曲波相类似的波。图10-4为$\Omega<1$时圆柱壳横截面变形的前几种模式:$n=0$时,壳体作呼吸模式振动;$n=1$时,壳体变形等同环截面杆振动;$n\geqslant2$时,壳体周向作叶瓣式振动。$\Omega<1$时,壳体中弯曲波的波相速度随周向模式的变化而变化,即模式数n越大,相速度越小;$n=1$时,能量波传播群速度正是相速度的2倍。

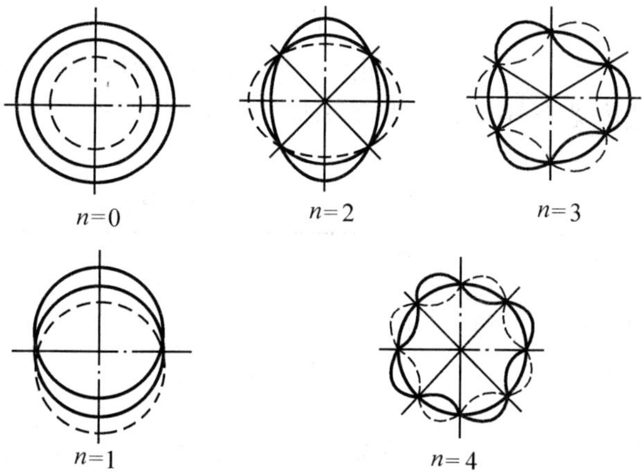

图10-4 圆柱壳周向振动模式

5. 无限结构中的弹性波

无限结构中的弹性波在其路径上无障碍地传播时叫行进波或传播波。无限长杆受集中力作用时,会产生两个方向传播的行进波,行进波在传播时振动能量也随波传递。而无限长杆中的弯曲波在外力作用点附近随远离作用点其振幅是逐渐衰减的,出现不均匀波,称为衰减波或近场波,近场波在传播时不传播能量。

当集中力横向作用于平板时,产生衰减的柱面弯曲波,当集中扭力作用于平板时,则产生衰减的柱面剪切波。

6. 有限结构中的弹性波

在有限结构中弹性波可以任意频率存在。有限结构杆、板、壳等的自由弹性波,即没有外界激励频率时的振动波的频率主要是由结构本身的特性和边界条件决定的,这种频率叫共振频率,该频率对应的振动波形叫固有振形。

有限结构的固有振形可用数学基函数描述,因而基于基函数无穷级数的形式可描述有限结构在谐振力激励下产生的任何振动形式。振动的有限结构的能量等于参与振动的全部模态的能量和。从有限结构基函数的空间几何中可得出表面位移有明显的不均匀性。如果近似等振幅的几个振动模态同时被激励,则非均匀性会缓和,当这样的模态有足够数量时结构表面位移的振幅实际上则几乎相同,这样,在结构中形成散射振动场。

为了确定足够数量被同时激励的结构振动模态,必须知道在规定频率间隔内结构固有频率的数量即模态密度。当结构与液体接触时,还应考虑液体的附近水质量对固有频率的影响。

10.1.2 舰船结构声场特性参数

描述舰船结构声场的特性参数有很多,工程中常用的主要有:振动加速度级,机械阻抗,机械导纳,损耗因数,能量流,振动频率,辐射阻抗等。其中振动加速度级、能量流和振动频率是与结构外部激励有关的参数,其他参数则反映结构的固有属性。

10.1.2.1 振动加速度级L_a(dB,$a_o=10^{-6}\ \mathrm{m/s^2}$)

用振动加速度值来测量结构噪声的优势在于中高频对声场的准确度量,振动速度和位移在中高频时数值很小,测量精度会降低。振动加速度级的测量频率范围为 10 Hz ~ 10 kHz,当设备主干扰频率低于 10 Hz,可向下延伸下限频率。

10.1.2.2　机械阻抗 $Z(\mathrm{dB}, Z_o = 1\ \mathrm{N \cdot s/m})$

作用于结构上的振动力与由它激起的振动速度之比称为结构的机械阻抗。激励点与响应点相同时为输入机械阻抗,不同时为传递机械阻抗。输入机械阻抗是评价结构声振特性的重要参数,它决定了输入到结构中振动能量的大小。机械阻抗越大,从激励源输入结构的能量越小,从而减少结构中传递的振动能量,增加机械阻抗,还可提高设备隔振装置的隔振效率。

在工程中常用振动加速度计进行机械阻抗测量,其参数定义如下。

机械阻抗:

$$\tilde{Z} = \tilde{F}/\tilde{V} \tag{10-6}$$

机械导纳:

$$\tilde{M} = \tilde{V}/\tilde{F} \tag{10-7}$$

加速度机械阻抗或视在质量:

$$\tilde{A} = \tilde{F}/\tilde{a} \tag{10-8}$$

加速度机械导纳或动惯性:

$$\tilde{I} = \tilde{a}/\tilde{F} \tag{10-9}$$

式(10-6) ~ (10-9) 中阻抗或导纳均为复数形式。

有三种类型的机械阻抗:惯性的、弹性的、阻尼的。当结构形状不变时拥有惯性阻抗 $Z = \mathrm{j}\omega M$;当结构具有刚度 K 形状可改变但无质量时,具有弹性阻抗 $Z = K/\mathrm{j}\omega$;当结构具有耗散性,能够吸收振动能量相当于阻尼器时,具有阻尼阻抗 $Z = C$。各种隔振器的传递阻抗见表 10-7。

表 10-7　各种隔振器的传递机械阻抗

形式	低频	高频
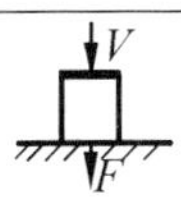	$-\dfrac{\mathrm{j}AE}{\omega l}$	$A\sqrt{E\rho}$
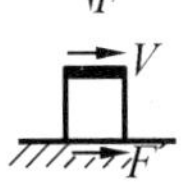	$-\dfrac{\mathrm{j}AG}{\omega l}$	$A\sqrt{G\rho}$
	$-\dfrac{\mathrm{j}I_A G}{\omega l}$	$I_A\sqrt{G\rho}$
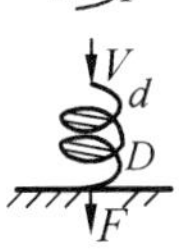	$-\dfrac{\mathrm{j}Gd^4}{\omega 8ND^3}$	$\dfrac{\sqrt{2}\pi d^3\sqrt{G\rho}}{8D}$
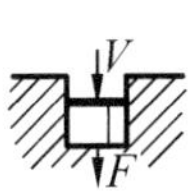	$-\dfrac{\mathrm{j}AK}{\omega l}$	$A\sqrt{K\rho}$
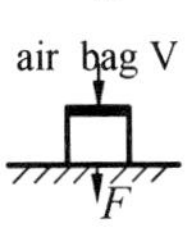	$-\dfrac{\mathrm{j}\gamma P_0 A}{\omega l}$	$A\sqrt{vP_0\rho_0}$
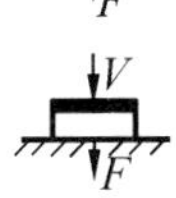	—	$A\sqrt{K\rho}$

简单结构元件的机械阻抗的计算由于边界条件的复杂而难于计算,可采用近方法得到。为此必须了解:激励点的静态弯曲测度K(表10－8),相同无限结构的特性阻抗(表10－9),结构元件的质量和损耗因数,第一阶弯曲共振频率。舰船结构都是结构元件的组合,组合结构单元在外部激励下有相等的振动速度,则可认为它们是并联的,否则认为是串联的。并联单元构成的组合结构的机械阻抗等于各元件机械阻抗的总和,即

$$Z = \sum_{i-1}^{\infty} Z_i \tag{10-10}$$

对于串联的组合结构,其总输入机械导纳由各元件输入机械导纳之和得到,因而n个串联结构的机械阻抗为:

$$Z = \frac{1}{\frac{1}{Z_1} + \frac{1}{Z_2} + \cdots + \frac{1}{Z_n}} \tag{10-11}$$

舰船结构机械阻抗的频率范围一般为 10 Hz ~ 10 kHz

10.1.2.3　机械导纳M(dB,$M_o = 1\mathrm{m/N \cdot s}$)

机械导纳是机械阻抗的倒数,反映结构对输入激励的响应大小。机械导纳概念的引入不仅表现出结构的易激励程度,而且适合于计算串联组合结构的输入机械阻抗。例如,计算如图10－2所示台式基座的机械阻抗Z_F时,由基座面板阻抗Z_{1F}和板架阻抗Z_{2F}串联计算:

$$Z = \frac{Z_{1F} Z_{2F}}{Z_{1F} + Z_{2F}} \tag{10-12}$$

确定面板拐点频率时,可令面板的弹性阻抗$K/\mathrm{j}\omega$等于表10－9中(2)式,并从表10－8的(1)式中查到面板刚度。频率高于f_{01}时,由表10－9(2)式计算平均阻抗,低于f_{01}时,由$K/\mathrm{j}\omega$计算。

确定板架拐点频率f_{02}时,同样可令板架弹性阻抗$K/\mathrm{j}\omega$等于表10－9中(4)式,并从表10－8中(2)式查到K值。频率高于f_{02}时,由表10－9中(4)式计算板架平均阻抗,低于f_{02}时,由$K/\mathrm{j}\omega$计算。再由式(10－12)可计算台式基座的平均机械阻抗。

可见由表10－8和表10－9可估算许多工程结构平均机械阻抗的量级和频率特性。

表10－8　不同结构的刚度

结构	结构示意图	结构刚度K的计算公式
悬臂	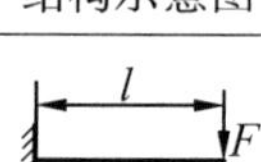	$3B/l^3$
铰支承的杆	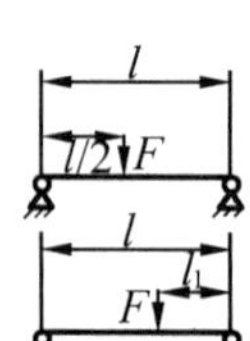	$48B/l^3$ $\frac{3Bl}{(l-l_1)^2 l_1^2}$
两端刚性固定的杆	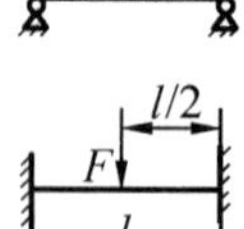	$192B/l^3$
圆板:边铰支承的板 边刚性固定的板	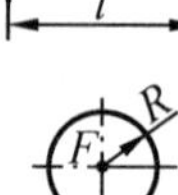	$\frac{16\pi B(1+\sigma)}{R^2(3+\sigma)}$ $16\pi B/R^2$

表 10 - 8(续)

结构	结构示意图	结构刚度 K 的计算公式
边铰支承的正方形板	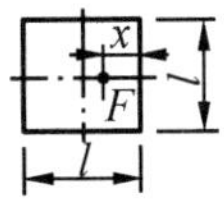	$\dfrac{3\pi^3 B}{l^2\sin^2\left(\dfrac{\pi x}{l}\right)}$ (1)
边铰支承的矩形板	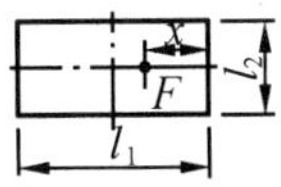	$\dfrac{10^2 B}{a l_2^2\sin^2\left(\dfrac{\pi x}{l_1}\right)}$ (2)
三个边铰支承的一边自由、$x = L_2$ 的矩形板	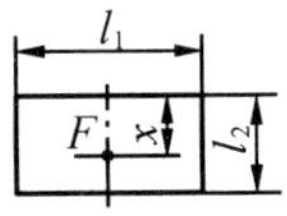	$\dfrac{10^2 B}{8a l_2^2\sin^2\left(\dfrac{\pi x}{2l_2}\right)}$ (3)

注:① 边铰支承的矩形板的公式(2) 中,当 l_1/l_2 分别为 1;1.2;1.4;1.6;1.8;2 时,α 值等于 1.16;1.38;1.48;1.57;1.62;1.65,而边刚性固定的矩形板,α 值等于 0.56;0.65;0.69;0.71;0.72;0.72。

② 在公式(3) 中,当 l_1/l_2 分别为 2;2.4;2.8;3.2;3.6;4 时,α 值等于 1.16;1.38;1.48;1.57;1.62;1.65。

表 10 - 9　不同结构的机械阻抗

结构	结构示意图	结构机械阻抗的计算公式
物质		$Z_F = \mathrm{j}\omega M$
弹簧		$Z_F = K/(\mathrm{j}\omega)$
无限杆	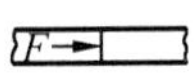	$Z_F = 2mc_L$
	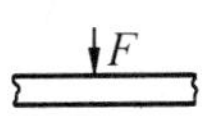	$Z_F = 2mc_b(1+\mathrm{j})$
	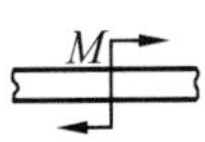	$Z_M = \dfrac{2mc_t}{k_t^2}(1-\mathrm{j})$
	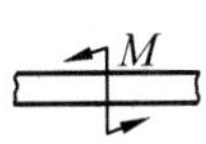	$Z_M = 2\rho I c_t$
半无限杆		$Z_F = mc_L$
	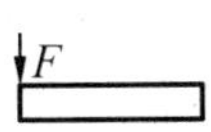	$Z_F = \dfrac{mc_b}{2}(1+\mathrm{j})$
	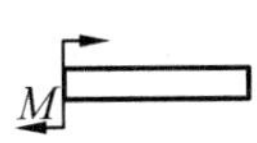	$Z_M = \dfrac{mc_b}{2k_b^2}(1-\mathrm{j})$ (1)
	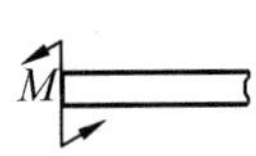	$Z_M = \rho I c_t$
无限均质板	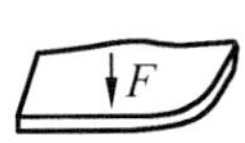	$Z_F = 8\sqrt{mB}$ (2)
	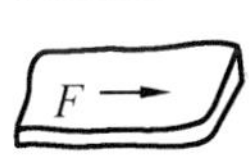	$Z_F = \dfrac{\mathrm{j}8\pi G n}{\omega}$

表 10 - 9(续)

结构	结构示意图	结构机械阻抗的计算公式
		$Z_M = \frac{16B}{\omega}\times\left[1-\frac{4}{\pi}\mathrm{j}\ln(0.9k\alpha)\right]^{-1}$ (3)
		$Z_M = \frac{\mathrm{j}8\pi ha^2G}{\omega}$
无限正交各向异性板	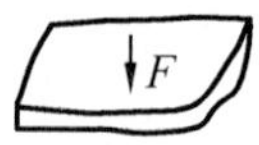	$Z_F = 8\sqrt{m}\cdot\sqrt[4]{B_1B_2}$ (4)
半无限均质板，其一边是自由的		$Z_F = 2.3\sqrt{mB}$
	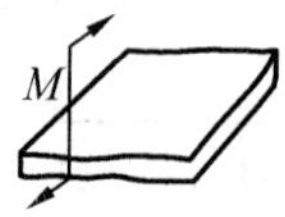	$Z_M = \frac{5.3B}{\omega}\times[1-1.46\mathrm{j}\ln(0.9k_b\alpha)]^{-1}$
无限均质圆柱形壳体	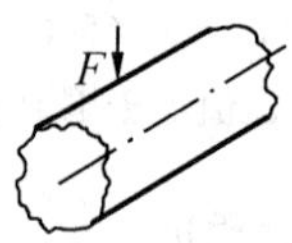	$Z_F = 4\sqrt{2mB}\times\sqrt{\frac{f_k}{f}}(1-\mathrm{j}), f<f_k$ $Z_F = 8\sqrt{mB}, f>f_k$
有限长度杆	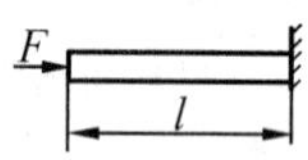	$Z_F = -\mathrm{j}mc_L\mathrm{ctg}\nu$
	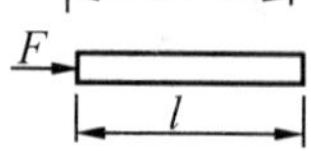	$Z_F = \mathrm{j}mc_L\mathrm{tg}\nu$
	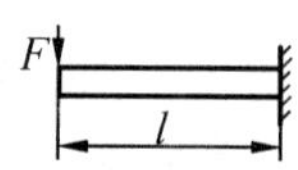	$Z_F = -\mathrm{j}mc_b\frac{E(\nu)}{B(\nu)}$
	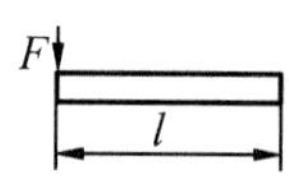	$Z_F = -\mathrm{j}mc_b\frac{D(\nu)}{B(\nu)}$
	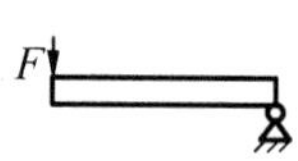	$Z_F = \mathrm{j}mc_b\frac{B(\nu)}{S(\nu)}$
	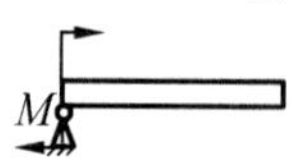	$Z_M = -\mathrm{j}\frac{mc_b}{k_b^2}\cdot\frac{B(\nu)}{E(\nu)}$
有限长度杆	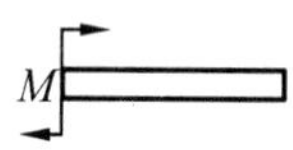	$Z_M = -\mathrm{j}\frac{mc_b}{k_b^2}\cdot\frac{D(\nu)}{A(\nu)}$
	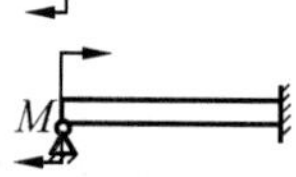	$Z_M = \mathrm{j}\frac{mc_b}{k_b^2}\cdot\frac{B(\nu)}{D(\nu)}$
	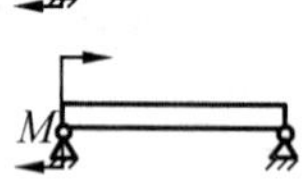	$Z_M = \mathrm{j}\frac{mc_b}{k_b^2}\cdot\frac{S(\nu)}{B(\nu)}$
	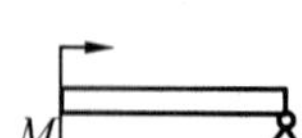	$Z_M = \mathrm{j}\frac{mc_b}{k_b^2}\cdot\frac{B(\nu)}{C(\nu)}$

注：α—— 弯曲力矩作用在上面的刚性板块的半径；

B_1,B_2—— 在互相垂直方向上的正交各向异性板抗弯刚度；

$\nu = kl$；

$A(\nu),B(\nu),C(\nu),S(\nu),D(\nu),E(\nu)$—— 克雷洛夫函数；

$A(\nu) = \mathrm{ch}\nu\sin\nu + \mathrm{sh}\nu\cos\nu$；$B(\nu) = \mathrm{ch}\nu\sin\nu - \mathrm{sh}\nu\cos\nu$；$C(\nu) = 2\mathrm{ch}\nu\cos\nu$；

$S(\nu) = 2\mathrm{sh}\nu\sin\nu$；$D(\nu) = \mathrm{ch}\nu\cos\nu - 1$；$E(\nu) = \mathrm{ch}\nu\cos\nu + 1$

10.1.2.4　损耗因数 η

声振动沿舰船结构传播时，受各种因素影响，振动能量产生损失，弹性波幅度逐渐变小。结构的这种耗散性能用损耗因数 η 来度量，其定义为单位周期内振动能量被吸收的比例。构成结构耗散性的因素主要有：结构材料不可逆变化的迟滞现象引起的内部耗损，其数量级在 $10^{-4}\sim10^{-2}$；由焊缝、铆钉及管路电缆等接头而产生的构造性能量损耗，其数量级在 $10^{-3}\sim10^{-1}$；由船体结构与燃油、贮存淡水和舷外海水接触辐射声波而产生的能量损耗，其数量级在 10^{-3} 左右；由于隔热和减振覆盖后产生的能量耗散，隔热绝缘层的能量吸收并不多，而减振处理后的损耗因数则比较大，可达 10^{-1} 左右。

舰船结构没有减振处理时，只需知道结构总的损耗因数就够了。当频率高于 1kHz 时，损耗因数基本不随频率变化，在低频时，随频率降低损耗因数而缓慢上升。同一条船不同结构的损耗因数也不同，而在结构总损耗因数内构造性因数占主导成分。因此，合适的结构设计可提高舰船结构损耗因数。

10.1.2.5　振动能量流 $\Pi(\mathrm{dB},\Pi_o=10^{-9}\ \mathrm{W})$

振动能量流是对结构中声振动传播引起的结构应变能总量的度量，用振动能量流评价结构声场的优点在于：振动能量流是外激励下结构内力和阻抗特性的综合反映，能很好描述结构对声振动的传输特性；振动能量流是随不同类弹性波而传播的，因而了解结构中的能量流成分后就容易采取有效的抑制传播措施；用振动能量流来评隔振装置的效率比用振动加速度级更客观，因为后者忽视了结构内力的影响；振动能量流十分适合于计算结构向空气和水中辐射的声能量。

结构中振动能量流的测量则较为复杂，造成其应用上存在一定困难。由于结构形式和弹性波类型的多样性，不同结构和不同波都要有不同的测量方式。例如：当一台设备通过 N 个隔振器与船体基座相连时，则通过隔振器传输到基座结构中的时间平均能量如下。

正弦激励：

$$\Pi=\frac{1}{2}\sum_{i=1}^{N}|V_i|^2|Z_{12}|_i^2\mathrm{Re}\{M_i\}\tag{10-13}$$

随机激励：

$$\Pi/\mathrm{Hz}=\sum_{i=1}^{N}G_{vi}|Z_{12}|_i^2\mathrm{Re}\{M_i\}=\sum_{i=1}^{N}\mathrm{Im}\{Z_{12}G_{v_1v_2}\}\tag{10-14}$$

式(10-13)~(10-14)中，V_i——第 i 个隔振器上端设备机脚处振动速度；

$|Z_{12}|$——第 i 个隔振器传递阻抗的模；

M_i——第 i 个隔振器下基座输入导纳；

$G_{v_1v_2}$——隔振器上下端速度互密度。

无限长梁上任意一点处的振动能量流为：

正弦激励：

$$\Pi=\frac{EIn^3}{\omega^3}|\ddot{x}|^2\tag{10-15}$$

随机激励：

$$\Pi/\mathrm{Hz}=\frac{2EIn^3}{\omega^3}G_{\ddot{x}\ddot{x}}\tag{10-16}$$

式(10-15)~(10-16)中：

n—— 波数,$n = 2\pi/\lambda$;

x—— 任意点处的位移;

$G_{\ddot{x}\ddot{x}}$—— 任意点处响应加速互谱密度。

10.1.2.6 振动频率 f(Hz)

舰船结构声场中的振动频率有二类:一是标志或区分结构振动形态的频率,如固有频率,环频率等;一是外部激励源的强迫振动频率,如设备的干扰力频率,流体冲击船体的宽带频率等。了解舰船结构声场中振动频率的分布性十分重要,避免二类频率的重合则是舰船设计的重要任务之一。

10.2 舰船结构声场的形成

10.2.1 舰船结构声振源的特征

引起舰船结构噪声的振源有:装艇机械设备,如主机、辅机和系统设备等;推进装置,包括螺旋桨、推进轴系等;管路系统,如通风、空调、液压、疏水和蒸汽管路等;舷外海水,包括流水孔、舰艏和附体的水流等。

舰船主机主要是内燃机、燃气轮机、蒸汽轮机和推进电机等。内燃机振动源通常表现为脉冲性质,因而具有宽带频谱特征,见图10-5。内燃机运转引起的机座1/3倍频带振级可用下式近似估算:

$$L_a = 10\lg\frac{N_H P_H^{0.55}(1 + P_H/M)}{1 + (f/1\,500)^3 M/P_H} + 30\lg\frac{N}{N_H} + 20\lg f + 34 \quad (\text{dB}) \qquad (10-17)$$

式中 M—— 发动机质量,kg;

N_H—— 发动机额定旋转频率,r/min;

N—— 发动机工作旋转频率,r/min;

P_H—— 额定功率,kW;

f——1/3 倍频带中心频率。

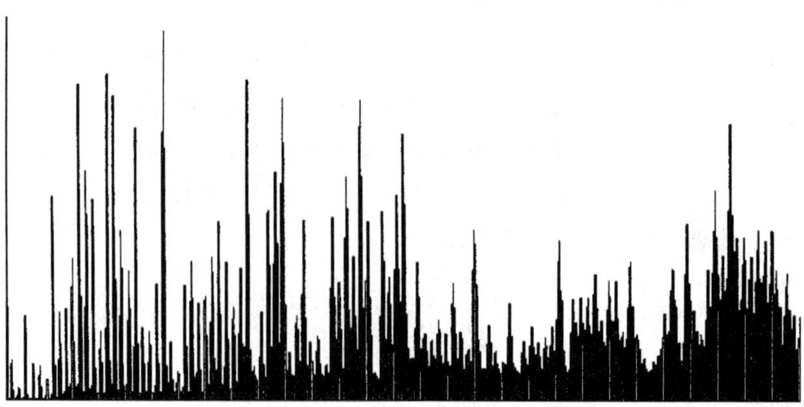

图 10-5 内燃机振动频谱

燃气轮机和汽轮机在舰船上常与减速齿轮箱装置联合使用，因此其振动频谱与内燃机截然不同，具有丰富的离散分量，且分布在全部频段内。这些离散成分包括转子和齿轮的轴频及其谐频，还有齿轮的齿频。汽轮机的 1/3 倍频带振级也可近似估算。

$$L_a = 5.51\lg P_H + 10\lg \frac{P}{P_H} - 13\lg \frac{f}{32} + 20\lg f + 66 \quad (\text{dB}) \qquad (10-18)$$

式中　P_H—— 汽轮机额定功率，kW；

P—— 传递到减速箱的功率，kW；

f——1/3 倍频带中心频率，Hz。

推进电机的振动源有：轴承的旋转，电刷的摩擦，旋转部件的气动效应及定子和转子间磁场不均匀引起的枢频振动。推进电机的振动频谱中离散频率分量包括转动部件轴频，冷却风机轴频和叶频，电动机枢频等。图 10 - 6 为潜艇推进电机振动频谱。

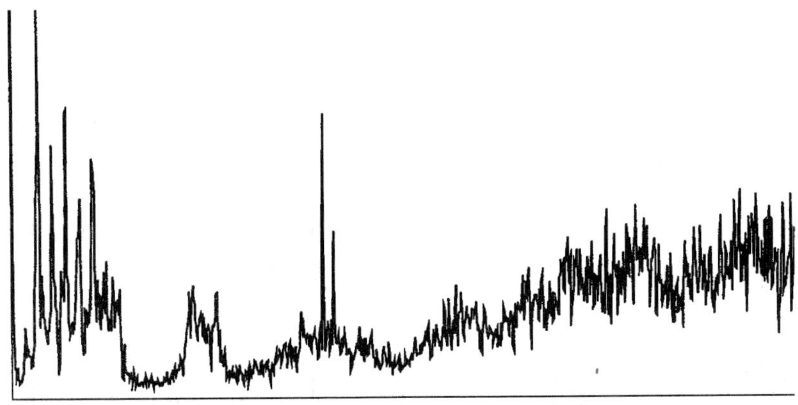

图 10 - 6　推进电动机振动频谱

舰船系统动力源设备包括通风机、空压机、空调机组、冷藏机组、变流机、各种泵如离心泵、活塞泵或螺杆泵等。上述设备的振动激励通过安装基座和管路向舰体结构传递，其振动频谱通常由宽带和离散分量组成。通风机振动频谱的宽带部分是由于轴承和传动装置的转动及旋转部件的空气动力效应，离散分量为旋转部件的不平衡和风机叶片与气流的相互作用。泵的宽带部分由轴承和传动机构的旋转以及工作介质紊流形成的涡流引起，离散分量则由泵机械和流体动力不平衡以及叶片或齿与流体不均匀流场相互作用引起。图 10 - 7、图 10 - 8 和图 10 - 9 分别是通风机、离心泵和空压机的振动频谱。

舰船推进装置主要是指螺旋桨和推进轴系，螺旋桨同样是舰船主要结构声振源。螺旋桨的激励分为轴承力和表面力，轴承力通过推进轴系传递到船体上，表面力通过流体传递并作用到舰尾外板上。表面力的产生是由于桨叶旋转时，叶片距船体外板忽近忽远，导致外板附近流体压力变化而致。表面力的离散频谱主要位于叶频 $NZ/60$（N：转速，r/min；Z：桨叶数）及其谐频处。船体与推进器叶梢的间隙越大，表面力就越小。当桨叶上空出现空泡时，水压变化幅值增加，船体外板表面各部位没有相位差，因此表面力显著增加，此时表面力主要表现为中高频宽带特征，而来流的紊流引起的水动力表现为低中频宽带特性。对螺旋桨表面力的估算可分为无空泡和有空泡两种情况。推进轴系是螺旋桨轴承力的作用对象，轴承力发生的主要原因是舰尾伴流的不均匀，研究表明，在均匀流场中几乎不发生轴承力，只产

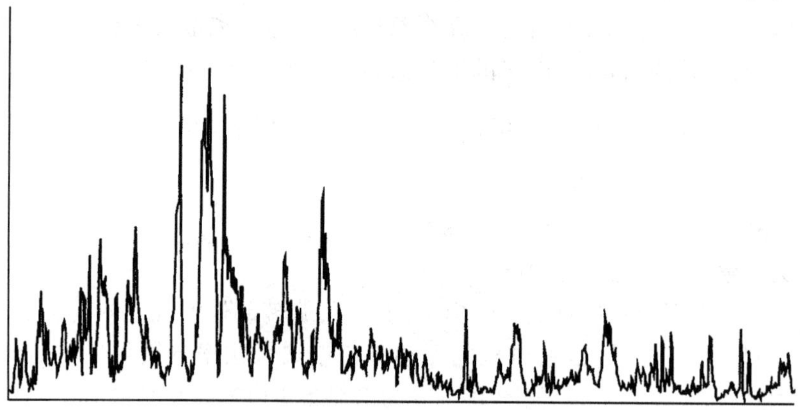

图 10－7　通风机振动频谱

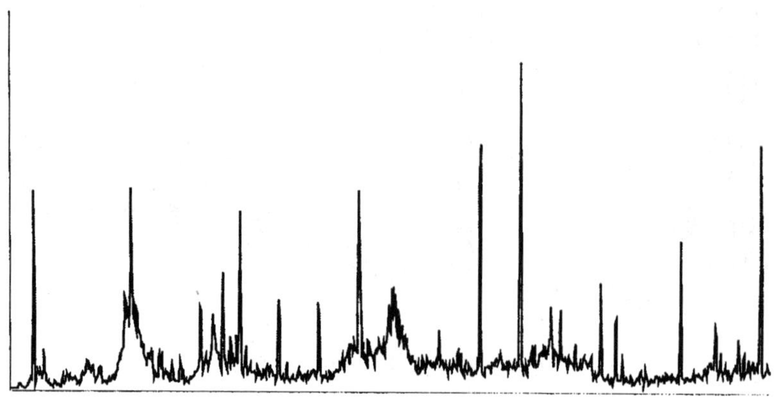

图 10－8　离心泵振动频谱

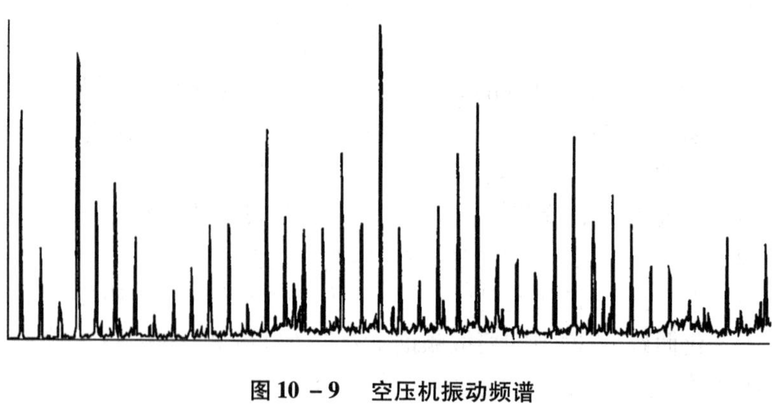

图 10－9　空压机振动频谱

生表面力。轴系将振动能量传递到船体的路径包括支架,推力轴承座等,轴承力的振动频谱表现为低中频段内的宽带和离散成分,如图 10－10 所示。

舰船的通风、液压、空调、疏水、高压气、蒸汽等系统中都装配有大量的各式口径和工作

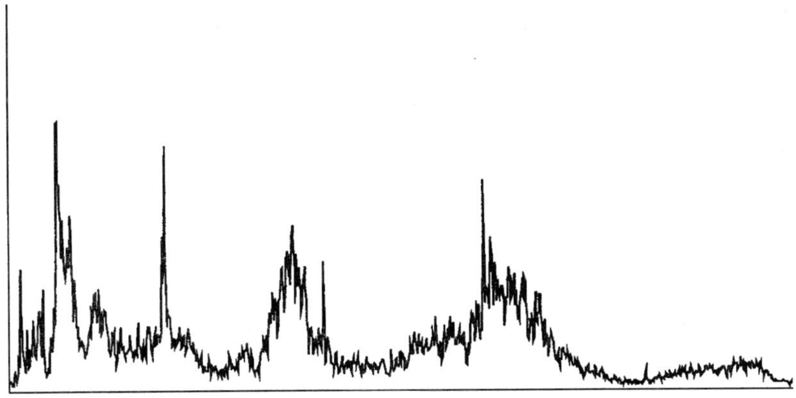

图 10 - 10　推力轴承处振动频谱

介质的管路系统。系统动力源设备会引起管壁的振动，管壁在管内介质流脉动压力下也会出现振动，同时在液压、疏水等管路系统中还可能出现自激振荡引起管路振动。管路振动通过马脚、穿舱和贯穿船体等形式向船体结构中传输振动能量。因设备动力源引起的管壁振动呈现设备的振动频谱特征，而因流体激励引起的振动则一般具有宽频带特征。图 10 - 11 为通风机管路的振动频谱。液压系统管壁的振动级可按(10 - 19) 式估算。

$$L = L_P + 25\lg f + 5\lg r - 10(1 + 16h/r) - 6 \quad (\text{dB}) \tag{10-19}$$

式中　L_p—— 管道内工作介质中的声压级；

r—— 管道内径；

h—— 管壁厚度。

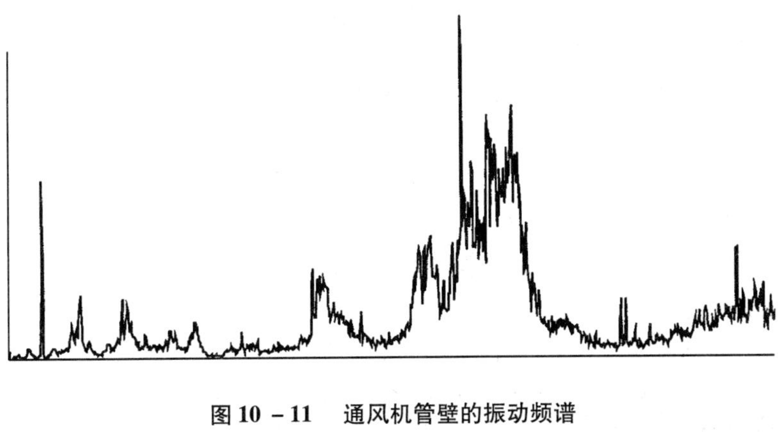

图 10 - 11　通风机管壁的振动频谱

当水流流过流线性船体和突出附体时，在紊流边界层脉动压力作用下，船体结构会产生强烈的振动。作用于船体的流体动力频谱一般具有宽频带性质，但被流体动力激励的结构振动频谱上则可能有离散频率分量，这是由于结构的共振频率产生的强烈振动。当航速不高时，这种离散频率分量的振动一般不大。

在水面舰船主辅机舱、潜艇柴油机舱和其他较高噪声舱室，舱室空气噪声都能够激起船体结构的振动。对于安静型潜艇，舱室空气噪声甚至成为 100 ~ 1 000 Hz 频带内主要辐射

噪声来源。因舱室空气噪声引起的舱室壁板架的振动级可按下式估算:

$$L_a = L_p + 10\lg\frac{\mu V}{sh\rho} + 10\lg\frac{\eta_P}{\eta_P + \eta_b} + 51 \quad (\mathrm{dB}) \tag{10-20}$$

式中 L_P—— 舱室内声压级,dB($2\times10^{-5}\mu$Pa);

V—— 舱室容积,m^3;

s,h,ρ—— 受激板架的面积(m^2),厚度(m) 和材料密度(kg/m^3);

μ—— 舱室受激板架模态密度比,($\mu = n_1/n_2, n_1 = \omega^2 V/(2\pi^2 c_0^3), n_2 = \omega s/(\pi C_b^2)$,$c_0$ 为舱内声速,c_b 为受激板架内弯曲波相速度);

η_P—— 受声激励板架的损耗因数;

η_b—— 同一板架的结构内损耗因数。

10.2.2 舰船结构声振动的传播

10.2.2.1 舰船结构声振动的传播途径

根据舱室内空气噪声的来源可将舰船上的声振源分为三类:第一类是直接向舱室内辐射空气噪声的振源如机械设备、空气管道和管系等;第二类是引起船体结构振动向舱室内辐射形成空气声的振源,如螺旋桨和舷外绕流;第三类是通过支撑结构引起船体结构振动辐射空气声的振源,如管系、轴系和空气管路等。这三类振源的振动传递各有特点:第一类主要是通过隔振器、机座、安装基座(板架、隔壁、船体壳板)和附近的船体结构进行传递;第二类是通过一个接一个的船体结构连接结点或结线间振动能量的转移来实现振动传递;第三类是通过支撑性连接结点如通舱接头、管路马脚、管路吊挂件、轴系轴承等实现振动传递到结构中,这类振源的传递具有一维性,因而比船体结构传播得更远。

振动能量在船体结构中主要以弯曲波的形式传播,因为船体结构对横向力和弯矩的导纳比对其他类型力的导纳要大得大。当然,船体结构中也存在而且能传播其他类型振动波,因为在船体构件的不连续处都会出现弹性波型的转换。

振动能量在船体结构中传播时,由于部分能量被耗散,以及在传播路径上遇到障碍,振动幅值是逐渐减小的。这种障碍一般是船体结构构造不均匀,如板厚变化,板间连接及加强筋等。在二维结构中振动幅值还因为传播过程中波阵面的扩大而减小。

不同频段的振动波在舰船结构中传播时具有各自的特性,因而描述方法就有所不同。低频时,可采用波动理论,用振幅和相位来描述。高频时,结构模态密度较大,可采用能量法,用能量密度和能量流来描述。

10.2.2.2 声振动在均匀结构中传播的波动理论

当构件中没有任何影响弹性波传播的障碍时称该构件为均匀结构。如等截面杆,等厚度板以及直径和厚度均不变的柱壳等。弹性波在均匀结构中传播时,部分振动能量会被结构材料吸收,用复数波数可表达这种能量吸收现象。这些复波数为:弯曲波 $\tilde{K}_b = \tilde{K}_{bo}(1 - \mathrm{j}\eta/4)$;纵波 $\tilde{K}_L = \tilde{K}_{Lo}(1 - \mathrm{j}\eta/2)$;扭转波 $\tilde{K}_T = K_{TO}(1 - \mathrm{j}\eta/2)$;剪切波 $K_s = \tilde{K}_{so}(1 - \mathrm{j}\eta/2)$。$\eta$ 为结构材料损耗因数。

弯曲波沿杆长度方向传播时可如下描述

$$y(x) = y_0 \mathrm{e}^{-\mathrm{j}k_{bo}x} \cdot \mathrm{e}^{-\gamma x} \tag{10-21}$$

式中 y_0—— 激励点 $x = 0$ 处横向位移;

$e^{-jk_{bo}x}$—— 弯曲波传播波位移的相位因子；

γ—— 波速衰减系数，$\gamma = K_{bo}\eta = 2\pi\eta/\lambda_{bo}$。

弯曲波振幅在杆单位长度上的衰减量为：

$$\Delta y(l) = 2.15K_{bo}\eta l = \frac{13.65\eta l}{\lambda_{bo}} \quad (\mathrm{dB}) \tag{10-22}$$

可见，杆内损耗因数越大，弯曲波波长越小，在杆长 L 段内弯曲波振幅衰减量也越大。如果损耗因数不大时（约为 0.01 ~ 0.001），弯曲波可沿杆传播很远距离而无明显衰减。杆的波速 c_{bo} 用公式 $K_{bo} = \omega/c_{bo}$，$c_{bo} = \sqrt{\dfrac{B\omega^2}{m}}$ 来计算。

弯曲波在圆柱形壳体（如管路）中传播时，也可用式（10－21）和（10－22）来描述，但其波数 $K_{bo} = \omega/C_{bo}$ 中的 C_{bo} 应由表 10－3 所查得的公式计算。

当均质板承受点集中力激励时，板中会产生弯曲波的传播，考虑板中能量流的损失，在 $K_{bo}r \geqslant 1$ 的区域，板内弯曲波振幅近似为：

$$y(r) = y_0\sqrt{\frac{2}{\pi K_{bo}r}}e^{-j(K_{bo}r-\pi/4)} \cdot e^{-\gamma r} \tag{10-23}$$

式中，γ—— 离激励点的距离。

均质板的波数同样可由表 10－3 查得。由于均质板中因振动能量损耗波幅产生衰减，与单维结构类似，因而也可采用式（10－22）计算波幅衰减。

当均质板有加强筋时，如隔壁、板架、船体外板等，其波数与频率的关系应重新考虑。在低频 $f \ll f_{b1}$（f_{b1} 为加强筋间板的首阶弯曲共振频率）时，可将带筋板看作正交异性板，如果相互垂直方向上加强筋的刚度与数量相同时，则可看作各向同性板。此时加筋板在与加强筋平行方向的平面内弯曲振动特性与杆的波动特性一致，该杆从加筋板上沿筋方向分离出来，面板宽度为肋骨间距 L，厚度为板原 h，腹板为 T 型加强筋或球扁钢，截面形状为非对称工字钢。加筋板或者杆的弯曲振动波数为：

$$K_b = \sqrt[4]{\frac{\omega^2 m_p(1+\mu_m)(1+\sqrt{\mu_s})^2}{2EH^2h}} \tag{10-24}$$

式中　m_p—— 不包括加强筋的板的单位面积质量；

μ_m——m_s/m_pL，m_s 为加强筋单位长度质量；

μ_s—— S_L/S_l，S_L、S_l 分别为工字型材上、下面板横截面积（若是球扁钢，则 S_L 为球缘横截面积）；

H—— 加强筋高度。

将式（10－24）代入式（10－21）即可得到加筋板被力激励时低频弯曲波的振幅。此时激励可以是作用在骨架上，也可以是作用在筋骨间板上。

当低率 $f < f_{01}$ 时，式（10－24）近似成立。f_{01} 的计算方法为 $f_{01} = 10^4h/(4\pi^2L^2)$，$h$ 和 L 分为板厚和板长。L 则由 $K_bL = 1$ 确定，K_b 为板弯曲波波数。

当 $f > f_{01}$ 时，如果力作用于筋骨间板上，筋板的特性等同板的弯曲波动特性，波数直接由板的弯曲振动波数 K_b 计算。如果力作用于骨架上，直到频率 f_{02} 之前，加筋板的波动性质仍可近似由式（10－24）计算。f_{02} 的计算方法为：

$$f_{02} = \frac{c_b\sqrt{1-v}}{\sqrt{2}\pi L} \tag{10-25}$$

式中 L 由 $K_sL = 2$ 确定,K_s 为板剪切波波数。

因此,对于加筋板。在不同的频段和不同的激励位置,只要得到其波数频率关系,即可由(10 - 21)式计算弯曲波的振幅分布。

10.2.2.3 声振动在非均匀结构中传播的能量理论

舰船结构是由板架、舱壁等形式的板按一定方式互相连接而成,这些板大多使用扶强材和肋骨加强,在它与相邻板连接线的范围内,可假定板为均匀结构,而不同板间的连接则构成非均匀结构。

当一块板内同时被激励起多种类型不同但振幅接近相等的振动波,板中形成与舱室混响声学场相似的振动场,该振动均为散射型,具有均匀性和各向同性的特征。均匀性是指整个板区域内振幅近似相同,各向同性是指板内任一点处各个方向振动能量流是均匀的。

关于振动场散射性的假定可使工程上对振动场的描述大大简化。然而这一假设成立是有条件的。即当 $f \geqslant f_o$ 时,某个频带(例:三分之一倍频带或倍频带)内板的弯曲共振固有频率不少于 3 ~ 5 个,则可以认为该振动场为散射型的。f_o 可这样计算:

$$f_0 \approx \frac{6\sqrt{B}}{\beta S\sqrt{m}} \tag{10 - 26}$$

式中 β—— 1/3 倍频带时 $\beta = 0.232$,1/2 倍频带时 $\beta = 0.345$,倍频带时 $\beta = 0.707$;

B,S,m—— 分别为板的弯曲刚度、面积和单位面积质量。

散射型振动场以振动能量密度 ω 作为特征参数。将船体结构视为板的组合,对每块板构建能量平衡方程,可求得所有板的能量密度 ω,这就是用能量理论即统计能量法 *SEA* 描述振动场的基础原理。构建单块板的能量平衡方程时,设定板上振源的能量与其他相邻板输入该块板能量的和等于板内吸收和传递到其他相邻板中能量的总和。例如,在由 m 块板组成的结构中,第 n 块板的能量平衡方程式为:

$$\Pi_n + \sum_{i=1}^{m} \alpha_{in} L_{in} q_i - \sum_{i=1}^{m} \alpha_{ni} L_{ni} d_n - \delta_n s_n q_n = 0 \tag{10 - 27}$$

式中 Π_n—— 装在第 n 块板上的振源输入给板的能量;

q_n——— 第 n 块板中的能量流,对弯曲波 $q_n = 2c_b\omega$;

α_{in}—— 第 i 块板向第 n 块板的能量传递系数;

δ_n—— 第 n 块板的能量吸收系数,$\delta_n = \eta_n\omega/2c_b$($\eta_n$ 为 n 板损耗因数);

L_{in}—— 连接 i 板和 n 板的边界长度,$L_{in} = L_{ni}$。

对那些不直接与第 n 块板相连的板,$\alpha_{in} = \alpha_{ni} = 0$,同时 $\alpha_{ii} = 0$。构建每块板类似方程(10 - 27)的共 m 个,从方程中解出,因而可据此计算每块板的振动速度幅值的均方值 $\langle y_n^2 \rangle = q_n/(2c_bm)$。

实践表明,只要满足振动散射场条件,统计能量法在描述舰船结构声场时,在中高频具有可靠的精度,也有许多成功应用的例子,特别是在估算中频结构噪声向水中辐射水声时,能量方法有独到的优势和可靠性。

10.2.2.4 声振动在舰船结构中的转换、吸收、隔离和传递

弹性波通过非均匀结构的连接时便会发生波型转换,于是结构中由初始激励的单一波型变为多种波型。例如,当弯曲波通过两块板的角接缝时,在接缝处除弯矩外还产生二个剪力,导致板内产生反射纵波和通过纵波。随着频率升高,板的弯曲刚度接近纵向刚度,弯曲波向纵向波转换的能量增强,同样,当板厚加大时这种转换也会增强。当纵波通过这样的接

缝时，接缝的纵向力对于相邻板成为横向力，从而在板中出现纵波和弯曲波，纵波的这种波型转换也随频率升高而增强。

非均匀结构中发生波型转换后，随着远离振源，结构中转换波型的能量逐渐积累，直到不同波型间的能量流相平衡为止。由于纵波和弯曲波能量的传输速度差别很大，在结构损耗因数相同时，单位长度上能量的损耗不一样，纵波的衰减要弱得多。

声振动在舰船结构中被损耗的因素主要有：结构材料的内部损耗；构件连接产生的构造性损耗；向空气或水中辐射振动能量产生的损耗；减振覆层产生的能量损耗等。结构的损耗因数可用来表征结构阻尼振动参数，如：共振曲线半宽 $\Delta f = \eta f$；品质因素 $Q = 1/\eta$；弯曲波幅值衰减 $\Delta y = 13.65\eta/\lambda_b$(dB/m)；纵波幅值衰减 $\Delta y = 27.3\eta/\lambda_L$(dB/m)。

各种船体部件如舱壁、板架及外壳板之间的连接以及管道与构件之间的连接都对船体结构中声振动的传播具有隔离作用，此外专门设计的障碍如阻振质量、加厚围板也具有振动隔离效果。表 10 - 10 表示平面波垂直入射各种接头时纵波和弯曲波的能量通过系数。该表中结果假设弯曲波通过接头时不可压缩，即 $c_L \gg c_b$，且接头的构造参数为：杆的 $\mu_{ij} = S_j/S_i$，板的 $(\mu_{ij})^{5/2} = h_j/h_i$，加筋结构为（低频）$\mu_{ij} = B_jK_{bj}/B_iK_{bi}$。

表 10 - 10　弹性波能量面对各种接头时的通过系数

不均质结构	不均质性示意图	传播数的计算公式
线形连接	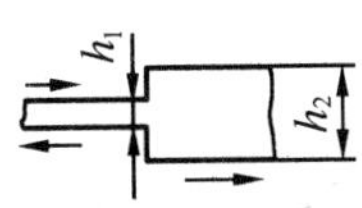	纵向波 $\tau_{12} = 4(\mu_{21}^{1/2} + \mu_{12}^{1/2})^{-2}$
线形连接	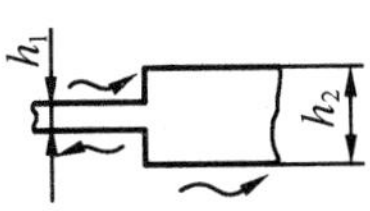	弯曲波 $\tau_{12} = \left[\dfrac{\mu_{21}^{5/4} + \mu_{21}^{3/4} + \mu_{12}^{3/4} + \mu_{21}^{5/4}}{1 + \frac{1}{2}(\mu_{12}^{2} + \mu_{12}^{1/2}) + \mu_{12}^{1/2} + \mu_{21}^{1/2}}\right]^2$
角形连接	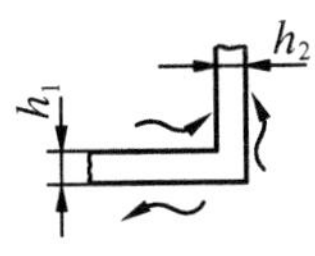	$\tau_{12} = 2(\mu_{21}^{4/5} + \mu_{12}^{5/4})^{-2}(h_1 \neq h_2)$ $\tau_{12} = \frac{1}{2}(h_1 = h_2)$
T 字形连接	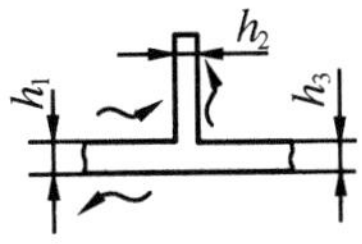	$\tau_{12} = 2(1 + \mu_{23}^{5/2})^{-1}(\alpha^{-1/2} + \alpha^{1/2})^{-2}$ $\tau_{13} = 2(1 + \mu_{32}^{5/2})^{-1}(\alpha^{-1/2} + \alpha^{1/2})^{-2}$ $\alpha = \mu_{12}^{5/2} + \mu_{13}^{5/2}(h_1 \neq h_2 \neq h_3)$ $\tau_{12} = \left(\sqrt{2}\mu_{21}^{5/4} + \dfrac{\mu_{12}^{5/4}}{\sqrt{2}}\right)^{-2}$ $\tau_{13} = \left(2 + 2\mu_{12}^{5/2} + \frac{1}{2}\mu_{12}^{5}\right)^{-1}(h_1 = h_3 \neq h_2)$ $\tau_{12} = \tau_{13} = \frac{2}{9}(h_1 = h_2 = h_3)$

表 10 – 10(续)

不均质结构	不均质性示意图	传播数的计算公式
十字形连接	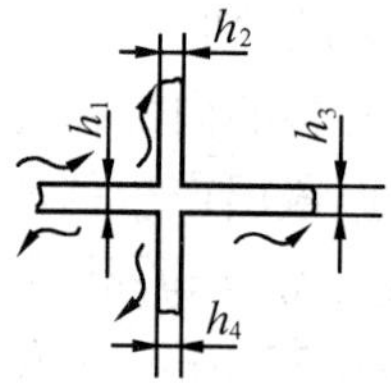	$\tau_{12}=2(1+\mu_{23}^{5/2}+\mu_{24}^{5/2})^{-1}\times(\alpha^{-1/2}\times\alpha^{1/2})^{-2}$ $\tau_{13}=2(1+\mu_{32}^{5/2}+\mu_{34}^{5/2})\times(\alpha^{-1/2}+\alpha^{1/2})^{-2}$ $\tau_{14}=2(1+\mu_{42}^{5/2}+\mu_{43}^{5/2})^{-1}\times(\alpha^{-1/2}+\alpha^{1/2})^{-2}$ $\tau_{12}=\tau_{14}=\frac{1}{2}(\mu_{12}^{5/4}+\mu_{21}^{5/4})^{-2}$ $\tau_{13}=\frac{1}{2}(1+2\mu_{12}^{5/2}+\mu_{21}^{5})^{-1}(h_1=h_3\neq h_2=h_4)$ $\tau_{12}=\tau_{13}=\tau_{14}=\frac{1}{8}(h_1=h_2=h_3=h_4)$

舰船结构将声振动从激励处传送到船体各处的能力称为结构的振动传导性。关于舰船结构的这一特性有如下研究结论。

1. 随着到振动源距离的增大,振动波幅下降。这首先是由于结构对振动波部分能量的吸收,其次是由于扩散波波阵面的扩展(在声振动源附近约数米范围内)。

2. 在船舶结构中声振动振幅的衰减主要取决于该结构的损耗因数、声振动波数以及到振动源的距离。要减小振幅,就必须提高损耗因数(例如采用减振结构),增加波数(例如减小结构刚度)和加大到振源的距离。

3. 在很大程度上决定着船舶结构传振性能的弯曲振动波数,主要决定于结构的刚度。加固船舶结构的加强筋一般会导致结构波数的减小(增大弯曲波波长),于是使声振幅值降低。这里,加强筋的影响还与激励力作用在结构上的位置有关。当激励力作用于骨架上,在中、低频结构波数的计算应计及加强筋的作用。而当激励力作用于两相邻加强筋间板上,且频率高于该板首阶弯曲共振动频率时,加强筋的影响随着频率的升高而减小(在中、高频段)。

4. 船体外板、舱壁和板架等结构元素的连接头是声振动波在船舶结构中传播的自然障碍。相互连接的结构元素的机械阻抗相差越多,这个连接头的隔振量就越大。杆(管道)与被它穿过的结构的连接头的隔振能力不大(相对于沿杆传播的弹性波)。由于它们的机械阻抗相差很大,所以从杆传入板的能量不大。

10.3 舰船结构声场特性

舰船结构声场的特性是指声振动在结构中的传播、衰减、转换、损耗、吸收以及辐射等,了解这些特性的基础是要实现结构中声振动的定量描述。由于舰船结构的复杂性,很难对整个舰艇结构在所有兴趣频率范围内建立合适的模型并进行描述,因而工程上常常将舰艇结构分解为许多小型特征结构,建立物理模型,并给出相应的解析或半解析描述。

10.3.1 板的振动特性

船体结构主要是由板和梁组成的,第一组结构为非均质板,第二组结构为均质板,而且许多大型梁构件也是由板组成的,因此,板的振动特性是舰船结构声场特性研究的重要内容。

均质板受横向外载荷时的弯曲振动微分方程为：

$$D\left(\frac{\partial^4 w}{\partial x^4} + 2\frac{\partial^4 w}{\partial^2 x \partial^2 y} + \frac{\partial^4 w}{\partial y^4}\right) + \rho h \frac{\partial^2 w}{\partial t^2} = q(x,y,t) \tag{10-28}$$

式中　D—— 板的弯曲刚度，$D = \dfrac{Eh^3}{12(1-\nu^2)}$；

w—— 板的横向振动位移；

q—— 外载荷。

正交异性板受外载荷(x,y,t)时的弯曲振动微分方程为：

$$D_1 \frac{\partial^4 w}{\partial x^4} + 2D_3 \frac{\partial^4 w}{\partial x^2 \partial y^2} + D_2 \frac{\partial^4 w}{\partial y^4} = q(x,y,t) \tag{10-29}$$

式中　D_1—— 板在 x 方向的弯曲刚度，$D_1 = \dfrac{E_1 h^3}{12(1-\nu_1\nu_2)}$；

D_2—— 板在 y 方向的弯曲刚度，$D_2 = \dfrac{E_2 h^3}{12(1-\nu_1\nu_2)}$；

D_3——$D_3 = D_1\nu_2 + 2G\dfrac{h^3}{12}$。

加肋板是船体结构中常用构件，如满足假设：肋间距远小于板边长；纵肋与横肋均匀分布；板与肋材质相同；板的刚度值不随边界和荷载变化等，加肋板即可转化为无肋而等厚的正交异性板处理。如一纵横 T 型加肋板，其 D_1、D_2、D_3 分别为：

$$\begin{aligned} D_1 &= \frac{Eh^3}{12(1-\nu^2)} + \frac{Ehe_x^2}{1-\nu^2} + \frac{EI_{ox}}{a_x} \\ D_2 &= \frac{Eh^3}{12(1-\nu^2)} + \frac{Ehe_y^2}{1-\nu^2} + \frac{EI_{oy}}{a_y} \\ D_3 &= \frac{Eh^3}{12(1-\nu^2)} + \frac{G}{6} + \left(\frac{\sum d_i^3 t_i}{a_x} + \frac{\sum d_i^3 t_i}{a_y}\right) \end{aligned} \tag{10-30}$$

式中　I_{ox}，I_{oy}—— 分别为 x，y 方向肋骨对各自中性轴的惯性矩；

d_i——d_1，d_2 分为 x 方向肋骨腹板厚度和面板高度，d_3 为 y 方向肋骨腹板厚度；

t_i——t_1、t_2 分为 x 方向肋骨腹板高度和面板宽度，t_3 为 y 方向肋骨腹板高度；

a_x，a_y—— 分别为 x_{1y} 方向肋骨间距。

板的边界条件可以如下。

刚性固定：$W = 0, \dfrac{\partial w}{\partial n} = 0$

简单支承：$W = 0, \dfrac{\partial^2 w}{\partial n^2} = 0$

完全自由：

$$\frac{\partial^2 w}{\partial n^2} + v\frac{\partial^2 w}{\partial s^2} = 0$$

$$\frac{\partial^3 w}{\partial n^3} + (2-v)\frac{\partial^3 w}{\partial n \partial s^2} = 0$$

其中，n 表示沿板的法向方向，s 表示沿板边切向方向。理论上，运用方程(10－28)或(10－29)结合上述边界条件可求解板在任意激励力和任意边界条件下的振动响应问题。但在一般情况下求解是比较困难的，工程上常采用有限元等近似解法。如果板的工作介质位于水或油中,还应考虑附加质量的影响。

10.3.2 圆柱壳的振动特性

在潜艇艇体首阶横向或纵向共振频率f_1(f_1 在横向约为1 ~ 3 Hz,纵向约为10 ~ 12 Hz)以下,可将艇体结构视为刚体;当频率高于f_1,而低于舱壁间舱段首阶共振频率f_2(f_2 约为15 ~ 20 Hz)时,艇体结构可简化为浮力和质量沿艇长分布不均匀的变截面梁;当频率高于f_2而低于环频率f_r(f_r 约为250 ~ 300 Hz)时,艇体结构可简化为薄壳的振动;当频率高于f_r时,艇体结构可简化为由舱壁,肋骨加强的与液体接触的平薄板。本节主要介绍艇体作为薄壳振动时结构声场的描述。

设柱壳表面位移u,v,w代表柱坐标轴向z,切向θ和径向r方向的位移,柱壳肋骨间距相等并与液体接触,在外力作用下柱壳运动微分方程为:

$$
\begin{aligned}
&L_{11}u + L_{12}v + L_{13}w = -\frac{1-\nu^2}{Eh}\left[f_1(z,\theta) + \sum_k R_{1k}\delta(z-z_k)\right]\\
&L_{21}u + L_{22}v + L_{23}w = -\frac{1-\nu^2}{Eh}\left[f_2(z,\theta) + \sum_k R_{2k}\delta(z-z_k)\right]\\
&L_{31}u + L_{32}v + L_{33}w = -\frac{1-\nu^2}{Eh}\left[f_3(z,\theta) - p + \sum_k R_{3k}\delta(z-z_k) + \sum_k M'_k\delta(z-z_k)\right]\\
&(\Delta + k_0^2)p = 0
\end{aligned}
\tag{10-31}
$$

式中 f_i—— 外部激励力的分量($i = 1,2,3$);

R_{ik},M_k—— 肋骨反力;

k—— 肋骨编号;

p—— 液体声压;

L_{ij}—— 圆柱壳运动方程微分算子。

$$L_{11} = \frac{\partial^2}{\partial z^2} + \frac{1-v}{2R^2}\cdot\frac{\partial^2}{\partial\theta^2} + k_L^2;L_{12} = L_{21} = \frac{1+v}{2R}\cdot\frac{\partial^2}{\partial z\partial\theta}$$

$$L_{12} = L_{31} = \frac{v}{R}\cdot\frac{\partial}{\partial z};L_{23} = L_{32} = \frac{1}{R^2}\cdot\frac{\partial}{\partial\theta}$$

$$L_{12} = \frac{1}{R^2}\cdot\frac{\partial^2}{\partial\theta^2} + \frac{1-v}{2}\cdot\frac{\partial^2}{\partial z^2} + k_L^2$$

$$L_{33} = \frac{h^3}{12R^2}\cdot\Delta\cdot\Delta + \frac{1}{R^2} - k_L^2$$

方程(10 - 31) 可按圆周角θ和沿纵轴z的傅里叶积分展开的形式求出,一般形式可写成为:

$$\begin{Bmatrix} u\\ v\\ w\end{Bmatrix} = \frac{1}{2\pi}\int_{\infty}^{\infty}\sum_{n=\infty}^{\infty}\begin{Bmatrix} U_n(R)\\ V_n(R)\\ W_n(R)\end{Bmatrix}e^{in\theta}e^{iiRz}dR \tag{10-32}$$

如果薄壳两端还有横舱壁加强时,方程式(10 - 31) 右边还应加上舱壁上产生的反力,其解仍具有式(10 - 32) 的形式。

两个具有横向或纵向连接件的同轴薄壳的微分方程分别由式(10 - 31) 表达,只是右边的外力不同,连接件对薄壳振动的反力和反力矩由连接件的弯曲振动和纵向切变振动方程式确定，结构外部和薄壳之间声介质的反力由亥姆霍兹方程的解来确定。

10.3.3　设备 - 隔振器 - 基座系统的振动特性

舰船上所有机械设备都可用图 10 - 17 的物理模型描述，a 类是指基座阻抗很大，各隔振支撑连接点振动相互耦合的情况，如隔振器直接安装在艇壳体上的机械设备；b 类是指基座机械阻抗无限大，各隔振支撑间振动互不耦合的情况，如通过基座安装在强力肋骨和舱壁上的设备。

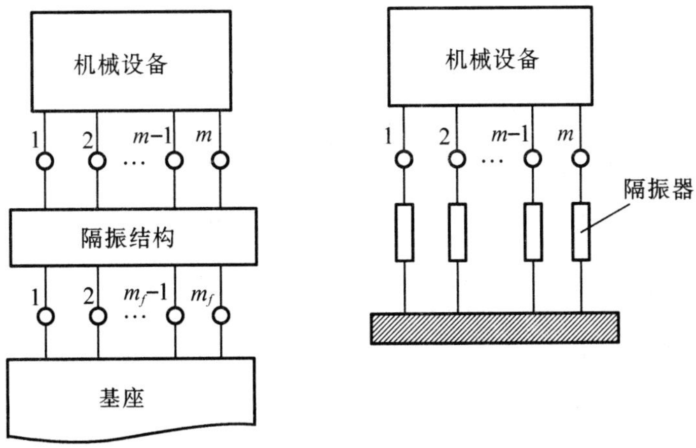

(a)　　　　　(b)

图 10 - 17　设备隔振系统物理模型

在设备 — 隔振器截面内，支撑连接点振动力和振动速度的关系为：

$$\dot{q}_a = {}^uM_o\,{}^uQ - M_oQ_a \tag{10 - 33}$$

在隔振器 — 基座截面内，支撑点连接点振动力和振动速度的关系为：

$$\dot{q}_b - M_bQ。 \tag{10 - 34}$$

式(10 - 33) 和(10 - 34) 中：

$\dot{q}_a,\dot{q}_b$—— 设备 — 振器截面和隔振器 — 基座截面的广义振动速度向量，包括三个平动和三个转动速度分量；

${}^uM_o, CM_o$—— 基座阻抗为零时设备质心至支撑连接点的传递导纳和连接点的输入导纳；

${}^u\overline{Q},\overline{Q}_a,\overline{Q}_b$—— 分别为设备质心处激励力，上层截面处的激励力，下层截面处的激励力；

$\overline{M}_b$—— 基座的输入导纳。

如果 $\bar{\dot{q}}_A = \begin{Bmatrix} \bar{\dot{q}} \\ \hline \bar{\dot{q}}_b \end{Bmatrix}$表示隔振系统的速度向量，$\overline{Q}_A = \begin{Bmatrix} \overline{Q}_a \\ \hline -\overline{Q}_b \end{Bmatrix}$表示系统的激励力分量，$M_A = \begin{bmatrix} M_a & M_{ab} \\ M_{ba} & M_b \end{bmatrix}$表示系统的导纳矩阵，则设备 — 隔振器 — 基座系统的运动方程可描述为：

$$\bar{\dot{q}}_A = \overline{M}_A \cdot \overline{Q}_A \tag{10 - 35}$$

其中，M_a—— 隔振器从设备一侧的输入导纳矩阵；

$\boldsymbol{M}_b$—— 从基座一侧隔振器的输入导纳矩阵;

$\boldsymbol{M}_{ab}$,$\boldsymbol{M}_{ba}$—— 从设备一侧到基座一侧和从基座一侧到设备一侧隔振器的传递机械导纳矩阵。

将(10 - 35)进行变换,并考虑用基座阻抗无限大时设备一侧传递到隔振器连接处的激励力 $\overline{\boldsymbol{Q}}_\infty$ 来替换质心处激励力"$\overline{\boldsymbol{Q}}$,则设备 — 隔振器 — 基座系统的联合运动方程式为:

$$\begin{aligned}
\bar{\dot{\boldsymbol{q}}} &= \overline{\boldsymbol{M}}_o\overline{\boldsymbol{Q}}_\infty - \overline{\boldsymbol{M}}_o\overline{\boldsymbol{Q}}_b \\
\bar{\dot{\boldsymbol{q}}} &= \overline{\boldsymbol{M}}_a\overline{\boldsymbol{Q}}_a - \overline{\boldsymbol{M}}_{ab}\overline{\boldsymbol{Q}}_b \\
\bar{\dot{\boldsymbol{q}}}_b &= \overline{\boldsymbol{M}}_{ba}\overline{\boldsymbol{Q}}_a - \overline{\boldsymbol{M}}_b\overline{\boldsymbol{Q}}_b \\
\bar{\dot{\boldsymbol{q}}} &= \overline{\boldsymbol{M}}_b\overline{\boldsymbol{Q}}_b
\end{aligned} \tag{10 - 36}$$

由(10 - 36)式可根据设备内部或设备支撑连接处的激励力和系统内各构件的机械阻抗(或导纳)值来确定机械 — 隔振器 — 基座系统的振动。

10.3.4 沿管路传递振动的特性

舰船上各类系统的管道都是传递振动的通道,传递通道由管壁结构和管内介质构成。建立振动沿管路传递的物理模型时,常根据感兴趣的频率范围,管道几何尺寸和支撑安装情况简化成输送流体的直管梁模型,复杂的输送流体梁式管系模型和壳型管系模型,流体介质传递模型等。

输送流体的直管梁振动方程为:

$$EI\frac{\partial^4 y}{\partial x^4} + \rho AV^2\frac{\partial^2 V}{\partial x^2} + 2\rho AV\frac{\partial^2 y}{\partial x\partial t} + M\frac{\partial^2 y}{\partial t^2} = q(x,y,t) \tag{10 - 37}$$

式中 V—— 管内流体流速;

M—— 管和流体单位长度质量和,$M = m + \rho A$。

管端边界条件为:

简支 $y = 0,\dfrac{\partial^2 y}{\partial x^2} = 0$

自由 $\dfrac{\partial^3 y}{\partial x^3} = \dfrac{\partial^2 y}{\partial x^2} = 0$

固定 $y = 0,\dfrac{\partial y}{\partial x} = 0$

结合上述边界条件和方程(10 - 37),可对输送流体管道的振动响应方程求解。对于复杂的梁式管系中振动传递的分析,要获得精确解是十分困难的,因此在工程计算中多采用近似的数值解法,其中最通用的就是有限元法,其分析过程如下。

把连接的管系分为一系列有限单元,每种单元各有其独有的刚度和质量矩阵,如直管、弯管分别列为管单元;法兰与阀门则可作为结点,其质量完全集中在结点上,并略去转动惯性而只考虑移动惯性;对于圆柱形容器可作为截面较粗的管单元处理;对于球形缓冲器,由于其刚度比管子大得多,则在力学模型的处理上将把它视为刚体,于是它与管子形成了含刚体的管单元。总之,用有限元方法分析管系时,常用单元有如下四种:它们是直管单元、弯管单元、梁单元和含刚体的管单元,并在一些指定点上附加了集中质量和集中刚度。

建立各种单元的刚度矩阵$[\boldsymbol{K}_e]$和质量矩阵$[\boldsymbol{M}_e]$；

对单元矩阵$[\boldsymbol{K}_e]$和$[\boldsymbol{M}_e]$进行坐标变换；

考虑管系所受的约束，建立它的总刚度矩阵$[\boldsymbol{K}]$和总质量矩阵$[\boldsymbol{M}]$；

在确定系统阻尼后，可列出系统在强迫振动下的运行方程：

$$[\boldsymbol{M}]\{\ddot{\boldsymbol{X}}\}+[\boldsymbol{C}]\{\dot{\boldsymbol{X}}\}+[\boldsymbol{K}]\{\boldsymbol{X}\}=\{\boldsymbol{F}\} \tag{10-38}$$

式中　$[\boldsymbol{M}],[\boldsymbol{C}],[\boldsymbol{K}]$—— 系统的质量、阻尼、刚度矩阵；

$\{\boldsymbol{X}\}$—— 系统的位移矢量；

$\{\boldsymbol{F}\}$—— 系统的载荷矢量。

利用计算机程序解出方程(10 - 38)，即可求出系统各点的振动响应。

在分析复杂的梁式管系中振动传递时，传递矩阵法也是较常用的方法。该方法将管路系统分割成许多基本元素为对象，规定基本元素两端物理状态的量是广义的内力及其对应位移，即通过计算和测量得到管路元件的输入和传递机械阻抗组成元件的传递矩阵，进而组成系统传递矩阵方程，由计算机计算系统内部传递的力和振动。

当泵和其他设备无空泡工作时，管路振动主要发生在1 000 Hz以下中低频范围内，此时沿管壁结构传播主要为弯曲、纵向和扭转振动，而沿管内介质振动传播的形式为纵向波，也即管内声的传播。纵波传播截止频率为$f_{cp}=0.586\dfrac{c}{R}$(为管内声速，R为管内径)。估算管内介质中声传播时，也可采用传递矩阵法。设声压P，体积速度V在管系两端分别为$\begin{Bmatrix}P_1\\V_1\end{Bmatrix}$，$\begin{Bmatrix}P_2\\V_2\end{Bmatrix}$，管系总的传递矩阵为$[\boldsymbol{A}]$，则

$$\begin{Bmatrix}P_1\\V_1\end{Bmatrix}=[\boldsymbol{A}]\begin{Bmatrix}P_2\\V_2\end{Bmatrix}$$

如果管系内各元件为串联的，则$[A]$为各元件传递矩阵$[A]_i$的乘积，$[A]_i$可由元件的声阻抗阵得到：

$$[\boldsymbol{A}]=\begin{Bmatrix}A_{11} & A_{12}\\A_{21} & A_{22}\end{Bmatrix}_i=\frac{1}{(Z_2)}\begin{bmatrix}Z_{11} & |Z|\\1 & Z_{22}\end{bmatrix}$$

如果管系内元件之间为并联的，则先将并联元件的声阻抗阵变为导纳阵，由所有元素导纳阵之和得到并联元件总导纳也即总阻抗阵之倒数，从而计算其传递矩阵，再与其他串联元件按串联方式计算。导纳矩阵计算传递矩阵的方法为：

$$[\boldsymbol{A}]_i=\frac{1}{(Y_{21})}\begin{bmatrix}Y_{22} & 1\\|Y| & Y_{11}\end{bmatrix}_i$$

可见，只要知道了管系内各元件的传递声阻抗或导纳，就可估算管内介质中声的传播。

10.4　舰船结构声场与舰船隐身

舰船结构声场主要是装舰机械设备及其管路振动形成的，结构噪声辐射到水中成为机械噪声的主要成分。图(8 - 5)表明，航速不超过6节时，10 Hz以上全部辐射噪声能量由机械噪声贡献，螺旋桨旋转噪声只出现在10 Hz以下，而6节航速是潜艇的安静巡航速度，因此

舰船结构声场直接影响其低速声隐身性。随着航速提高,螺旋桨旋转噪声,螺旋桨引起的船体结构声辐射及螺旋桨宽频带噪声分别构成了辐射噪声的低频、中频、高频部分,螺旋桨空化噪声只出现16节以上航速10 kHz以上频率范围内。

对潜艇来说,结构声场直接决定了巡航速度以下全艇的辐射噪声,但由于引起结构声场的因素和途径很多,要了解结构声场与舰船声隐身性的关系,还必须弄清每个传递路径对水下辐射噪声的影响。图10 - 18是一台水面舰船柴油机,经过基座隔振、管道隔振处理后各途径引起的辐射噪声,图10 - 18表明,随着频率上升,管路噪声、排气管噪声和空气噪声相继成为总的水下辐射噪声的主要成分。对于全舰或全艇而方,只要将各个系统引起的结构声辐射加在一起,就形成了舰船因结构噪声引起的辐射噪声。

各个系统引起的结构声辐射声都是通过艇体结构辐射出去的,因此本节将介绍艇体结构声辐射、机械设备通过基座结构和管路激励船体引起的声辐射,管内流体脉动和机械设备空气噪声引起的声辐射在后面介绍。

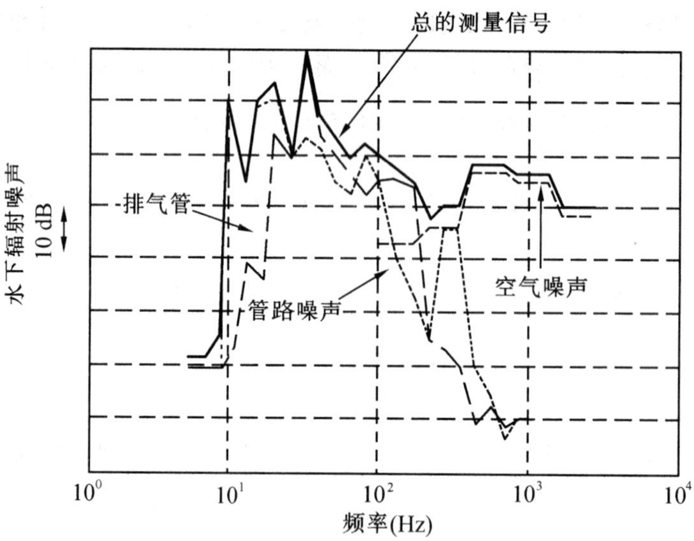

图10 - 18 复合隔振系统的辐射噪声信号;各主要传递途径的噪声大小

10.4.1 艇体结构的声辐射

潜艇艇体结构的声辐射模型可按频率范围不同划分为四种形式,即

1. 刚体模型 —— 频率范围为 $0 < f < f_1$,f_1 为艇体首阶横向或纵向共振频率。
2. 艇体梁模型 —— 频率范围为 $f_1 < f < f_2$,f_2 为舱段首阶横向或纵向共振频率。
3. 舱段壳模型 —— 频率范围为 $f_2 < f < f_r$,f_r 为舱段壳体环频率。
4. 加筋板模型 —— 频率范围 $f_r < f < 10$ kHz。

当 $0 < f < f_1$ 时,可将艇体看作是由外部作用力或力矩引起的刚体运动,在此范围内声波波长超过潜艇艇体直径和艇长。

当 $f_1 < f < f_2$ 时,艇体出现弹性变形,即横向弯曲变形和纵向伸缩变形,但其横截面形状保持不变,可将艇体假设为沿艇长方向质量和浮力不均匀分布的变截面梁。

当$f_2 < f < f_r$时，随着频率的提高，艇体整个截面参与振动，频率更高时可能还只有一部分参与振动。此时，将艇体假设为等距肋骨和周期配置横隔壁的无限长圆柱壳模型。

当$f_r < f <$ 10 kHz 时，振动波的波长小于艇体薄壳的周长，薄壳不同点变形之间的联系丧失，可忽略薄壳曲率将艇体假设为用肋骨和舱壁加强与液体接触的平薄板。

在求解艇体结构的声辐射时，必须要了解作用在艇体上的激励力特性。螺旋桨轴承力、机械设备的基座、管路穿舱和出艇体、管道弹性吊夹等都可简化为作用于艇体的集中力或力矩，而螺旋桨表压力，艇体水动力都可简化为作用于艇体的面积力。同时，作用力的激励方向对辐射计算也十分重要，如当考虑艇体的低频纵向振动辐射时，则只需考虑螺旋桨激励力，而对机械和管路的力则可不予考虑。

10.4.2　机械设备振动通过基座传递引起的声辐射

计算机械设备振动通过基座传递引起的水噪声时，要根据艇体结构在不同频率范围的声辐射模型确定需要提供机械设备和基座的何种参数。一般情况下，基座激励时应考虑艇体梁模型、舱段壳模型和加筋板模型。对于艇体梁模型，只需要提供机械设备作用于基座的力，并考虑艇体部件共振影响和艇体辐射效率修正，即可计算机械设备在此频段内引起的水下噪声级。而对于舱段壳模型和加筋板模型，计算参数主要为机械设备在工厂平台下实船模拟基座或阻抗已知基座上的振动加速度级或者对设备的限值级，基座结构的传递机械阻抗，隔振装置的振动衰减量等，同时还应考虑基座多点激励的影响，艇体内结构上固定设备振级到艇体的传递衰减量，基座面板上振级到艇体耐压结构的衰减量，可以计算此频段的水下噪声级。所有装艇机械设备通过基座振传递引起的水噪声由每台设备通过基座引起水噪声的能量总和得到。

10.4.3　管路振动引起的声辐射

管路振动引起的声辐射计算同样从两个方面考虑：一是将艇体结构简化为何种声辐射模型，一是分析管道系统对声辐射模型的激励方式和激励参数。管道系统振动引起的声辐射从途径来源上分为结构途径和介质途径，结构途径是指由管道穿舱和贯穿船体、管路沿线上的弹性吊挂和马脚固定等，介质途径是指通过管内流体脉动直接由通海口辐射出去。

在考虑由结构途径传递引起的声辐射时，船体模型按计算频率不同可分别作为艇体梁模型、舱段壳模型和加筋板模型。当用梁模型和舱段壳模型计算声辐射时，管道对艇体的激励可假设为通过穿舱孔船体贯穿孔对艇体的单点力激励，或管路沿线吊挂或马脚对艇体的单点力激励，计算参数为声辐射模型和外部激励力。

当用加筋板模型计算时，管道的激励特性参数为管道激励艇体引起的振动加速度级。上述三种模型下，通过结构途径振动传递引起的水噪声由上述所有激励点计算值的能量和得到。

在考虑由介质途径传递引起的声辐射时，仅将管路系统看成由设备连接处到通海口的一维声学传递通道。声辐射计算分为二个频率区间，即 5 Hz 到管系第一阶轴向声学共振频率f_{2a} 和f_{2a}到10 kHz。在二个频率区间内，分别计算因设备运转引起的管内声压级P_o经过管路沿线的传递衰减到出口处的声压级P_{out}，再根据水中声波的辐射规律和管口辐射放率计算远场辐射声压级。

结构途径和介质途径振动传递引起的水下辐射噪声能量和即为管路系统振动传递引起的辐射噪声总级。

第 11 章　舰船空气声场特性

11.1　概　　述

11.1.1　舰船空气声场

舰船空气声场指的是在舰船空气介质中存在的声音，主要指人耳可以听到的频段（20 Hz ~ 20 kHz）内的噪声。在水面舰船上，这种空气声可以存在于舱室内或甲板、上层建筑外；而在潜艇上仅有舱室空气噪声一种形式。简言之，在舰船内外只要有空气存在的空间，都可能是空气声场。

舰船空气声场对舰船来说并无益处，反而会带来危害。首先，这种噪声能够被人耳接收，而长期生活在噪声环境中会损害人的听力，使人心烦意乱、注意力下降，甚至引发严重的疾病；而且噪声太大会干扰船员间的语言交流，影响作战命令的传达；再者，空气噪声会透过舰船外壳向水中辐射，从而增大了水噪声，干扰了自己声呐的探测，也由于辐射噪声增大使自身容易被敌方声呐探测发现，因此空气声有时也会危及舰船的作战安全。

舰船空气声主要由舰载机电设备工作引起，主要的噪声源有柴油发电机组、电机、空气压缩机、泵、风机、变流机等。这些噪声源不仅直接向空气中辐射噪声，而且它们产生振动经基座传递到舱壁、甲板，并由这些结构薄弱的板件振动辐射噪声。另外螺旋桨转动、水流冲击而产生的船体局部振动，也可以传递到结构薄弱处并向空气中辐射噪声。具体到某个舱室来说，其内部空气声场可能来自下列途径：

1. 由位于舱室内声源（机电设备）直接地辐射声音；
2. 噪声由布置声源的舱室通过艇体的围壁结构透入相邻舱室；
3. 由基座和艇体结构振动辐射声音（多重辐射）；
4. 空调通风管路在舱内的开口处辐射噪声，或透过管壁辐射噪声。

在声场的这些分量中，前两个分量一般相应地称为直达空气噪声和透射空气噪声，第三个分量称为结构辐射噪声，同时还分为一次和二次结构辐射噪声，所谓二次结构辐射噪声（或二次结构声），是间接由空气声引发船体结构振动，并再次向空气中辐射的噪声。

在舰艇的动力舱和辅助设备舱内的噪声，主要是由舱内的声源直接辐射声音形成的，这些声源用它们的振动表面所辐射的声功率级来表征。另外，对于通风和空调系统来说，用进、出风管口的声功率级来表征。

舱内的声场可以归属于半混响型：半混响型声场是由声源在自由场的理想条件下辐射声音所决定的直射分量，以及直射声从局部吸声的舱室围壁和舱内设备经多次反射所决定的分量叠加而成。

在布置声源的舱内任一点上的空气噪声强度，可以认为是直射和反射分量强度之和。

随着声源到观察点之间的距离增大，直射声强度减小（距离增大一倍时减小 6 dB）。

反射声场是扩散场，它首先是均匀场（在声场的所有点和方向上都相等）。

扩散场可以认为是平面波簇与振幅、相位和传播方向的随机分布叠加而成。反射声的扩散场借助直射声(它在第一次反射后变成反射声)恒定地从声源取得能量,并在随后的反射时失去能量。

在舰船无噪声源的舱室内的噪声,由相邻舱室的透射声及结构辐射声引起。这种舱室内的声场也是半混响场,与上述有源舱室声场相似,只是其中的舱内设备直达声为零。

水面舰船还存在舱外的空气声场,它们形成的来源为舱内声场透射声、甲板上的设备工作噪声或甲板、舱壁振动辐射声。这种声场不是封闭空间声场,因此不是混响或半混响场,大部分可看作半自由场,但靠近反射表面的区域要计入反射声的影响。

11.1.2　舰船空气声场的评价

11.1.2.1　舰船空气声场的特性参数

A 计权声级、*L* 计权声级、语言干扰级、声功率级、声强、平均声能密度、混响时间等,是描述舰船空气声场的主要参数,详见前面章节的名词解释。其中 *A* 计权声级由于接近人耳对声音的频率敏感性,被广泛用于声学领域,同样是描述舱室空气声场的最主要参量;*L* 计权声级可看成是可听声频段的无计权线性声级,主要用于描述频率分布特性;语言干扰级反映舱室空气噪声对语音交谈、命令对话等的影响程度;声功率级、声强、平均声能密度则是用能量观点分析舱室空气噪声特性;混响时间是在舰船舱室这种混响场内反映混响程度和声吸收的参量。

11.1.2.2　舰船空气声场噪声限值

评价舰船空气声场是否噪声过大,主要是判定各舱室噪声是否低于规定的最高限值。

排水量 500 吨以上的水面舰船舱室和战位噪声级限值见表 11 - 1。

表 11 - 1　舰船舱室、战位噪声级限值(*A* 声级)

舱室或战位		*A* 计权噪声级限值(dB)
高噪声区	主辅机舱、舵机舱、电站、机组室、机修间、空调机组室人员长期值更的战位	90
	机舱集控室	75
注意力高度集中的舱室或战位	指挥室、驾驶室、武器指挥仪室、译电员室、海图室、雷达室、三防指挥室、值班室、会议室	70
	情报中心、作战指挥室、飞机指挥台、数据处理中心、医务室、病房、声呐室、报房、教室、监听室、电子战室	65
一般工作舱	电磁罗经室、弹药转运间、动力损管室、维修间	80
生活舱	军官住舱	65
	士兵住舱、文娱室、阅览室	70
	餐厅、厨房、盥洗室	75
	洗衣间、厕所	80

注:凡表中未列出的舱室或战位应按其性质和要求归类。

对于排水量少于500吨的水面舰艇,除高噪声区长期值更的舱室A声级为90 dB,机舱集控室A声级为75 dB不变外,其余舱室的限值允许比上表中相应舱室高5 dB。

当舱室A声级超过90 dB时,每天允许曝露的时间按声级每提高3 dB则时间减半的原则修正,具体见表11 - 2。

表11 - 2 每天不同曝露时间噪声级限值(A声级)

每天曝露时间(小时)	A计权噪声级限值(dB)
8	90
4	93
2	96
1	99
1/2	102
1/4	105

注:最高不得超过115 dB。

上述对水面舰船的评价标准适用于潜艇。但是,如果若干居住舱与限值较高的某舱室位于同一水密隔舱内,则上述规定必须放宽,以防止为满足水面舰船标准而采用不经济的与不实际的措施。

以上限值是从保障人员生理卫生角度制定的,而从舰船声隐身的战术角度出发制定新的舱室空气噪声限值,越来越受到重视。这种限值制定的目的,就是使舱室空气噪声透射入水中形成的辐射噪声在限定的量级以下,避免由舱室空气噪声太高造成舰船总的辐射噪声过大。对自噪声的影响也有限制。要制定该限值就要首先掌握舱室空气噪声与水下噪声的关系,以及舰船机电设备、舰船运动形成舱室空气声场的规律,相应的制定机电设备噪声振动限值等,以保障所制定的舱室空气噪声限值能够切实得到满足。

11.2 舰船空气声场的形成

11.2.1 舰船空气声场的主要噪声源

11.2.1.1 主要噪声源类型

在舰船上,凡是有运动部件或能发生振动以及空气动力扰动的所有机电设备都能成为舰船上的噪声源。一般舱室空气噪声的来源可以分为以下几类:

1. 动力装置的噪声

它包括主机、柴油发电机组、减速齿轮箱等产生的噪声。

主机是舰船上最强的噪声源之一,它基本上决定了内燃机船的噪声级。它既有进排气系统的空气动力性噪声,又有运动件的撞击和发动机本身不平衡产生振动所引起的机械噪声。

电机噪声与其他船用机器相比是较低的,但在某些场合下也要采取措施加以消除。一般来讲电机的噪声有机械噪声、空气动力性噪声和电磁噪声。

减速齿轮箱噪声亦是机舱里的主要声源之一，若齿轮的加工和安装精度都很差的话，减速齿轮箱有可能成为机舱中很强烈的噪声源，其噪声级甚至可以与柴油机相比。

2. 辅助机械的噪声

它包括各种舱室机械、甲板机械及变流机组产生的噪声。

3. 通风空调系统的噪声

其主要声源是通风机，其次是风管。舰船生活舱，注意力高度集中的舱室或战位，通风空调系统的噪声应特别注意。

4. 螺旋桨噪声

它的强度比主辅机噪声弱，影响范围主要限于尾部舱室。其噪声性质可分为两种：一种是低频噪声，是由螺旋桨叶和流体相互作用的流体动力效应及水冲击尾部而引起的；另一种是高频噪声，是由“空泡”引起叶片振动产生的，有明显的音调特性。

螺旋桨转动引发船体尾部振动，并向全艇传播，这种振动在舱室内辐射出空气声。另外，螺旋桨引起的水噪声透过船壳板进入舱室内，也可带来透射声。

5. 船体振动的噪声

它是由主辅机和螺旋桨的扰动力，各种机械和波浪的冲击引起振动而产生的。

船体的固有频率除高阶振动外，一般都在次声区，但是船体周期性的变形使壳板、木质盖板等之间产生摩擦声音，并使船体结构发出各种倾轧声，还会产生振动和个别零件的叮当碰撞声。这些都能构成舱室内不愉快的、令人头痛的噪声。

11.2.1.2 噪声源的声源特性测量

作为空气噪声源的舰载机械，用它们的振动表面所辐射的声功率来表征。

机电设备的声功率是使用专用的测声室来确定的。在测声室房间内，要么创造接近自由空间内的声场条件，并且几乎完全消除在工作频率范围内房间墙壁的回声影响（消声室），要么创造接近纯扩散声场的条件（混响室）。在上述类型的声场内，被辐射的功率级 Lw 和声压级 L_p 用一个相当简单的关系相互联系起来。

在自由场内：

$$L_w = L_p + 10\lg S \quad (\mathrm{dB}) \tag{11-1}$$

式中 $L_p = 10\lg\left[\frac{1}{m}\sum_{i=1}^{m}10^{0.1L_i}\right]$—— 噪声源周围的测量表面上各点的均方根声压级，dB；

S—— 测量表面的面积，m^2；

m—— 在测量表面上的测量点数；

L_i—— 在第 i 点上的声压级，dB。

在扩散场内：

$$L_w = L_p + 10\lg\left(\frac{A}{4}\right) \quad (\mathrm{dB}) \tag{11-2}$$

式中 L_p—— 位于反射声场区内各点的均方根声压级，dB；

A—— 在混响室内声吸收当量面积，m^2。

有时候使用在自由空间内的机械的空气噪声级作为噪声源的原始噪声特性，在自由空间内的机械的空气噪声级，按照在工厂试验台条件下（在位于噪声源周围并离开它某一个测量距离的等距离的封闭测量表面上的各点）机械声压级测量数据并引入房间墙壁回声影响的修正值来确定的。

在通风和空气调节系统内的噪声源是通风机和空调机。从它们的振动壳体辐射声音的角度来看,与前述的其他舰用机械没有什么差别。除了由振动壳体辐射的声功率之外,通风机和空调机还用它们辐射到进风管和送风管的声功率来表征。这一参数在物理上对应由源辐射到具有刚性壁和给定横截面面积的无穷长的窄道内的声功率。测量该参数时将通风管送到消声室内,按照在离开通风管切面某一个测量距离的半球形表面上的各点的声压测量结果,同时考虑通风管敞开端声能量的反射修正(自由场法),该修正值是通过实验来确定的。另一个方法是直接在通风管内部测量声压,应用专用的管口声吸收装置将通风管口封闭,来消除敞开端的声能量反射(通风管内的测量方法)。

11.2.2 舰船空气声场的形成

在舰艇的动力舱和辅助设备舱内的噪声,是由布置在舱内的声源直接辐射声音形成的,这些声源用由它们的振动表面所辐射的声功率级(L_w)来表征;对于通风和空调系统来说,用进、出风管内的鼓风机(空调机)所辐射的声功率级(L_w^i, L_w^o)来表征。

11.2.2.1 声源舱室

借助下列的声辐射可以形成声源舱内(声源舱指的是内部有发声机电设备的舱室)的声场:

—— 由具有直射声功率级为 L_w 的机器壳体辐射声能量;

—— 在通风和空调系统的空气管内传播并通过进出风口(如果这些风口位于被研究的舱室内)辐射的声能量,其直射声功率为 L_w^a;

—— 在通风和空调系统的空气管内传播的并通过布置在被研究的舱室范围内的空气管壁辐射的声能量,其直射声功率级为 L_w^s。

在半混响声场的理论范围内,舱室坚硬壁近旁由某个声源产生的空气噪声级可以用下列方法确定:

$$L_{Pi} = L_w^u - 10\lg(S_0) + \Delta L_0 \quad (\text{dB}) \tag{11-3}$$

式中 L_w^u—— 源的直射声功率级(取决于被考虑的噪声源类型,$L_w^u = L_w$ 或 L_w^a,或 L_w^s),dB;

S_0—— 该舱室的表面积,m^2;

ΔL_0—— 舱室内反射声影响的修正量,dB。

上式前两项表示在自由空间的理想条件下由源的直射声所决定的声压级,第三项考虑舱室内声场的反射(扩散)分量的影响。

如果将机械的振动壳体看成是噪声源,则上式中的直射声功率级 L_w 按照上节来确定。在已知鼓风机(空调机)辐射到空气管内的声功率(L_w^i, L_w^o)的基础上,也可计算由端孔和通过空气管管壁辐射的直射声功率级(L_w^a, L_w^s)。

声场的扩散分量对源的直射声级的影响度用舱室围壁的扩散吸声系数 α_0 来表示,根据定义,它等于声功率的不反射部分与扩散到舱室围壁上的声功率之比。

考虑到在半混响场内,坚硬壁近旁的源的直射声强度为 $I_d = \dfrac{W}{S_0}$,而扩散分量的强度为 $I_r = \dfrac{4W}{S_0} - \dfrac{(1-\alpha_0)}{\alpha_0}$,对舱室内反射声影响的修正量可以按下式确定:

$$\Delta L_0 = 10\lg\left[1 + \frac{4(1-\alpha_0)}{\alpha_0}\right] \quad (\text{dB}) \tag{11-4}$$

如果舱室的大部分容积被机器、机械和其他的设备占据，则由于在结构件上声波的绕射和干扰，使舱室内的声能量吸收率增大。当舱室的设备饱和系数 β（被设备占据的舱室容积与舱室总容积之比）值大于 0.25 时，这个效果就明显地表现出来了。

此时，在式（11－4）中，使用等效吸声系数 $\bar{\alpha}_0$ 来代替 α_0 值。

$$\bar{\alpha}_0 = \alpha_0(1 + \beta^{2/3}) \tag{11-5}$$

如果为了降低舱室围壁上的声场的扩散分量强度，应用了专用的吸声材料，则等效吸声系数值的确定如下：

$$\bar{\alpha}_0 = \left\{\frac{S_0 - \sum_{j=1}^{m} S_j}{S_0}\right\}[\alpha_0(1 + \beta^{2/3})] + \frac{1}{s_0}\sum_{j=1}^{m}\alpha_j S_j \tag{11-6}$$

式中　α_j—— 第 j 型吸声材料的扩散吸声系数；

S_j—— 应用第 j 型吸声材料的舱室围壁的面积。

为了计算通风和空调系统的构件对舱室的空气噪声级的贡献，必须已知由空气管的风口辐射的直射声功率级 L_w^a 和通过空气管管壁辐射的直射声功率级 L_w^s。为了计算声功率级 L_w^a 和 L_w^s，需计算空气管任意截面内的声功率，同时考虑从源（鼓风机，空调机）到选定的截面沿着管路传播时声功率的阻尼衰减效果。

在完成上述的计算时，使用了在长管线（充满气体的具有刚性管壁的窄管）内平面声波的传播理论。这时假定管线内的阻尼，是由沿着声波的传播行程串联地布置的各构件内的阻尼之和合成的。在 1/3 倍频程频带内完成计算时，这种方法已被证明是正确的。

管线内的阻尼，既是由阻尼本身（声波能量转换成热能），又是由引起在不均匀处（即在声能量传播条件改变的位置处）声波反射的声抗叠加而成。

在一般情况下管线内的声功率，其沿着空气管从鼓风机或空调机到研究的截面的阻尼按下式确定：

$$\Delta L_W^r = \Delta L_W^{ac} + \Delta L_W^{pc} + \Delta L_W^{ae} + \Delta L_W^{a} + \Delta L_W^{d},\text{dB} \tag{11-7}$$

式中　ΔL_W^{ac}—— 在空气管的各构件上（在直线段上，在转弯处，在分支处或在三通接头处）声功率的总损耗；

ΔL_W^{pc}—— 在管路附件（节流门，闸阀，分离器，滤器等）处声功率的总损耗；

ΔL_W^{ae}—— 在空气分配器或取气装置处声功率的损耗；

ΔL_W^{d}—— 在消声器内的声功率损耗；

ΔL_W^{a}—— 在系统的出口或进口处声功率的损耗。

在空气管的直线段上的阻尼是由空气管的管壁变形损耗所决定的，它随着频率的升高而增大并取决于空气管的截面积。

在具有光滑管壁的空气管转弯处的阻尼是由附加质量的声抗决定的，并且随着频率的升高而增大。

空气管的分支产生阻尼，其物理原因类似于转弯处的阻尼原因。可以认为沿着总管通向三通接头的声能量，在各支管之间按它们的横截面面积成比例地进行分配。

在管路附件的各构件上，在空气分配器和吸气装置上的声功率损耗，以及消声器的效果均在专用的试验台上由实验来确定。

在空气管出口或进口端的声功率损耗与空气管敞开端的声能量的反射有关,并且发生在它的横向尺寸小于声波长度的情况下。

考虑上述情况,由空气管的端孔及通过管壁辐射的直射声功率级可以确定如下:

$$L_{Wi}^{a} = \Delta L_{W}^{i(o)} - \Delta L_{Wi}^{r} - \Delta L_{Wi}^{a} \quad (\mathrm{dB})$$

$$L_{Wi}^{s} = L_{W}^{i(o)} - \Delta L_{Wi}^{r} - N_{i} = 10\lg\left(\frac{4L}{D}\right) \quad (\mathrm{dB}) \qquad (11-8)$$

式中 $L_{W}^{i(o)}$—— 由被研究的鼓风机或空调机辐射至进风(或送风)空气管内的声功率级;

ΔL_{Wi}^{r}—— 在噪声源与被研究的第 j 个直达段(或第 j 个端孔)之间的管道内的声功率阻尼衰减;

N—— 空气管管壁的隔声;

L—— 在舱室范围内的空气管长度;

D—— 空气管的当量直径。

11.2.2.2 非声源舱室

非声源舱的噪声由以下几方面因素形成:

—— 邻近舱室经隔舱壁的透射声。

—— 全船振动源(主要为柴油机、螺旋桨、推进电机、空气压缩机等)激起的振动,经船体结构传至目标舱壁板,并引起该舱壁板振动的辐射声。

—— 空调、通风系统管路振动辐射声、管口辐射声。

邻近舱室的透射声的计算,一般是假定相邻的两舱室内均为半混响,按下式计算:

$$L_2 = L_1 - TL + \Delta L_0 \qquad (11-9)$$

式中 L_1—— 声源舱内的声压级,dB;

L_2—— 非声源舱内的声压级,dB;

TL—— 混响声场中舱壁隔板的隔声量,dB;

ΔL_0—— 同式(11-3)中的 ΔL_0,并用式(11-4)~(11-6)计算。

空调通风管路振动辐射声、管口辐射声见上文 L_w^s,L_w^a 的计算。

船体结构振动沿艇体传播的规律见本书振动(固体声)传播的章节。

以下考虑板的振动声辐射问题。

舱室内船体结构的振动声辐射主要是指板的弯曲振动声辐射。

声压与空气质点振动速度的关系为:

$$p = \rho_0 c_0 v \qquad (11-10)$$

由振动板表面的振动速度连续这个边界条件,可知振动板表面附近空气声压与板的弯曲振动速度成正比。

用声辐射系数表示板做弯曲振动时辐射噪声的能力,它是板所辐射的声功率 W 与面积为 s 的板振动功率 W' 之比。

由 $W' = \rho_0 c_0 v^2 s$ 可得:

$$\gamma = \frac{W}{W'} = \frac{W}{\rho_0 c_0 v^2 s}$$

如果在舱室中一个面积为 s 的围壁振动辐射噪声,那么舱室中任何一点(与振动围壁距离为 x)的声能密度可写成:

$$\varepsilon = \frac{W}{c_0}\left(\frac{1}{s'} + \frac{4x}{R}\right)$$

式中，R 为房间常数，$s' = 2\pi x^2$，下文中 $\bar{\alpha}$ 为舱室平均吸声系数。

而
$$\varepsilon = \frac{p^2}{\rho_0 c_0^2}$$

故
$$\frac{p^2}{\rho_0 c_0^2} = \frac{W}{c_0}\left(\frac{1}{s'} + \frac{4x}{R}\right)$$

于是
$$\frac{p^2}{\rho_0 c_0} = \rho_0 c_2 v^2 s\gamma\left(\frac{1}{s'} + \frac{4x}{R}\right)$$

上式两边同乘$\frac{\rho_0 c_0}{p_0^2}$得：
$$\frac{p^2}{p_0^2} = \frac{(\rho_0 c_0)^2 v^2 s\gamma}{p_0^2}\left(\frac{1}{s'} + \frac{4x}{R}\right)$$

因为 $v_0 = p_0/\rho_0 c_0$，由此可得：
$$\frac{p^2}{p_0^2} = \frac{v^2}{v_0^2}\left(\frac{1}{s'} + \frac{4x}{R}\right)$$

对上式两边取对数，即得到舱室中一个围壁振动辐射声压级的计算式为：
$$L_c = N_{nV} + 10\lg\gamma + 10\lg s\left(\frac{1}{s'} + \frac{4x}{R}\right) \tag{11-11}$$

式中，N_{nv}—— 第 n 块板的振动速度级。

如果舱室较小，$4(1-\bar{\alpha})s' > \bar{\alpha}Y$（$Y$ 为舱室全部围壁的总面积）且 $x = 1$，则可得舱室内的平均振动辐射声压级为：
$$L_c = N_{nv} + 10\lg\gamma + 10\lg\frac{s(1-\bar{\alpha})}{\bar{\alpha}Y} + 6 \tag{11-12}$$

若 $\bar{\alpha}$ 很小，则上式可写为：
$$L_c = N_{nv} + 10\lg\gamma + 10\lg\frac{s}{\bar{\alpha}Y} + 6 \tag{11-13}$$

在振动测量时，绝大多数是用加速度级的，可用下式把振动加速度级 N_{na} 化为振动速度级 N_{nv}。
$$N_{nv} = N_{na} + \Delta N \tag{11-14}$$

式中，$\Delta N = 60 - 20\lg f$，f 为频率。

在实际计算中，最困难的是声辐射系数 γ 的计算。推导的计算式非常复杂，这里仅对实用计算方法作一简单介绍。

辐射系数 γ 的大小主要取决于板的尺度及频率比 $\varphi = f/f_c$。

板的临界频率 f_c 是板的弯曲波波长等于空气中的辐射声波波长时的频率。由弹性理论知道板单位面积上的弯曲刚度为
$$B = \frac{E\delta^3}{12(1-\sigma^2)}$$

式中　δ—— 板厚度，mm；

E—— 弹性模数，N/m^2；

σ—— 泊松系数。

平板上的弯曲波的传播速度为
$$c_1 = \left(\frac{B\omega^2}{m}\right)^{\frac{1}{4}}$$

式中　m—— 单位面积质量，$m = \rho\delta$；

ω—— 角频率,$\omega = 2\pi f$。

因此得到:

$$c_1 = 2\pi f\delta\sqrt{\frac{E}{12\rho(1-\sigma^2)}}$$

当 $\lambda = \lambda_0$ 时(λ_0 为空气中的声波波长),临界频率 f_c 由上式可得:

$$f_c = \frac{c_0^2}{2\pi\delta}\sqrt{\frac{12\rho(1-\sigma^2)}{E}}$$

在常温时,$c_0 = 340$ m/s,则 f_c 为:

$$f_c = \frac{18.4\times10^6}{\delta}\sqrt{\frac{12\rho(1-\sigma^2)}{E}}$$

钢和铝板的临界频率可用 $f_c = 12\ 000/\delta$ 近似估算。

在临界频率时,板辐射噪声将剧烈增加,同时 γ 值亦与板的扶强材和舱室的共振属性有关,考虑这些因素后,辐射系数 γ 的计算公式为:

当 $\varphi < 0.8$ 时

$$\gamma = \psi_1 g_1(\varphi) + \psi_2 g_2(\varphi) + \psi_3 g_3(\varphi)\xi(\varphi)$$

$$\psi_1 = \frac{c_0 P_n}{f_c S_n};\psi_2 = \frac{c_0^2}{f_c^2 S_n};\psi_3 = \frac{c_0}{f_c}\left(\frac{1}{a_1}+\frac{1}{a_2}-\frac{P_n}{2S_n}\right);$$

$$g_1(\varphi) = \frac{1}{2\pi^2(1-\varphi)^{3/2}}\left[2\sqrt{\varphi}+(1-\varphi)\ln\frac{1+\sqrt{\varphi}}{1-\sqrt{\varphi}}\right];$$

$$g_2(\varphi) = \begin{cases}\dfrac{16(1-2\varphi)}{\pi^4\sqrt{\varphi}\ \sqrt{1-\varphi}},\text{当}\ \varphi\leqslant 0.5\ \text{时};\\ 0,\text{当}\ \varphi > 0.5\ \text{时};\end{cases}$$

$$g_3(\varphi) = \begin{cases}0.327\varphi + 0.02,\text{当}\ 0.3\geqslant\varphi > 0.01\ \text{时}\\ 0.028e^{4\varphi},\text{当}\ 0.8 > \varphi > 0.3\ \text{时}\end{cases}$$

$$\zeta(\varphi) = \begin{cases}0,\quad \text{当}\ \varphi\leqslant\varphi_1 = \dfrac{c_0^2}{4f_c}\left(\dfrac{1}{a_1^2}+\dfrac{1}{a_2^2}\right)\text{时};\\ \dfrac{\varphi-\varphi_1}{\varphi_2-\varphi_1},\quad \text{当}\ \varphi_1 < \varphi < \varphi_2 = \dfrac{4.55c_0^2}{f_c^2 a_1 a_2}\text{时};\\ 1,\quad \text{当}\ \varphi\geqslant\varphi_2\ \text{时}。\end{cases}$$

当 $0.8\leqslant\varphi\leqslant 1$ 时

$$\begin{aligned}\gamma &= \gamma_3 + (1-\gamma_3)(5\varphi-4)\\ \gamma_3 &= 1.3\psi_1 + \psi_3\end{aligned}\tag{11-15}$$

当 $\varphi\geqslant 1$ 时,$\varphi\leqslant\varphi_1$ 时,$\gamma = 1$。

式中　P_n、S_n—— 第 n 块板的周长(m) 和面积(m^2);

a_1、a_2—— 构架的横向和纵向肋距,m;

c_0—— 空气中的声速,m/s;

f_c—— 板的临界频率,$\varphi = f/f_c$。

求得辐射系数 γ 后,舱室围壁的振动声辐射就可以从围壁的振动速度值求得,而所有围壁声辐射的线性叠加,就构成了舱室声场。

11.3　用亥姆霍兹定理求解舰船空气声场

亥姆霍兹公式在声学中应用颇广，它是采用积分公式解的办法计算声场。已知空间某一封闭曲面上速度势和它的法向导数$\left(\frac{\partial\phi}{\partial n}\right)_s$的函数值，则空间任一点的速度势，就可以根据已知函数ϕ_s和$\left(\frac{\partial\phi}{\partial n}\right)_s$的面积分求出，因此亥氏公式是用声场边界函数值表示声场的积分形式解，此公式限于稳态简谐波动情况，而柯希霍夫公式则推广应用于非稳定的波动问题（例如脉冲波传播）。舰船空气声场是舱室封闭空间中的声场，可用亥姆霍兹公式求解。

简谐声波的速度势为$\Phi = \phi e^{j\omega t}$，$\phi$是空间分布函数，它满足亥氏方程

$$\nabla^2\phi + k^2\phi = 0, k = \frac{\omega}{c} \tag{11-16}$$

再引入辅助函数ψ，并设在由封闭曲面s所包围的空间区域V中，函数ϕ，ψ在V中和s上都有一阶和二阶阶连续有界偏导数，并且$\phi e^{j\omega t}$和$\psi e^{j\omega t}$都满足波动方程式(11－16)，即

$$\left.\begin{aligned}\nabla^2\phi + k^2\phi = 0\\ \nabla^2\psi + k^2\phi = 0\end{aligned}\right\} \tag{11-17}$$

以上引入的函数ϕ，ψ满足格林公式条件，故有以下关系

$$\iiint_{(v)}(\phi\nabla^2\psi - \psi\nabla^2\phi)\,dV = \iint_{(s)}\left(\phi\frac{\partial\psi}{\partial n} - \psi\frac{\partial\phi}{\partial n}\right)ds \tag{11-18}$$

这里$\frac{\partial}{\partial n}$是表示沿$s$面外法线方向的偏导数（所谓外法线是指法线引向函数$\phi$，$\psi$有定义的体积的外部），见图11－1。

以ϕ乘式(11－17)第二式，又以ψ乘式(11－17)第一式，然后相减，则式(11－18)左边被积函数恒等于零，于是有

$$\iint_{(s)}\left(\phi\frac{\partial\psi}{\partial n} - \psi\frac{\partial\phi}{\partial n}\right)ds = 0 \tag{11-19}$$

如取辅助函数$\psi = e^{-jkr}/r$，这里r是从空间一定点o算起的距离。o点实际上是观察点。辅助函数之所以这样取，是考虑到界面单位长度的波源对o点产生的影响为$\psi e^{j\omega t} = e^{j(\omega t - kr)}/r$，沿面积分是指界面上元波的扰动在$o$点影响的叠加。

显然，这时$\psi = e^{-jkr}/r$函数除$r = 0$点有奇点外，其他地方皆满足假设条件和波动方程。因此当o点在s之外，而ϕ的奇异点也皆在s之外时，则ψ、ϕ皆满足格林公式条件，于是积分值为零。即

$$\iint_{(s)}\left\{\phi\frac{\partial}{\partial n}\left(\frac{e^{-jkr}}{r}\right) - \frac{e^{-jkr}}{r}\cdot\frac{\partial\phi}{\partial m}\right\}ds = 0 \tag{11-20}$$

ϕ是我们所要求的波动方程(11－16)的解。这里ϕ在s中没有奇异点的物理含义是指封闭曲面s包围的区域中没有声源。求解舱室声场时，s面就取为舱室围壁，于是s内无声源，就是说该舱无声源设备。

当o点在s之内，s内无声源（ϕ在s内无奇异点），则因o点为ψ的奇异点，故式(11－18)

不能成立。但如果作半径为ε的一小球面，把o点包起来，其体积为τ，则对V减去τ的范围内ψ没奇点，于是式(11－18)左边对体积$(V-\tau)$积分为零，而右边对$(s+\sigma)$面的积分也为零，因此把s换式$(s+\sigma)$，则式(11－20)仍然成立，即

$$\iint_{(s)}\left\{\phi\frac{\partial}{\partial n}\left(\frac{e^{-jkr}}{r}\right)-\frac{e^{-jkr}}{r}\cdot\frac{\partial\phi}{\partial n}\right\}ds=-\iint_{(\sigma)}\left\{\phi\frac{\partial}{\partial n}\left(\frac{e^{-jkr}}{r}\right)-\frac{e^{-jkr}}{r}\cdot\frac{\partial\phi}{\partial n}\right\}d\sigma$$
$$=+\iint_{(\sigma)}\left\{\left(-jk\phi-\frac{\partial\phi}{\partial r}\right)\left(\frac{e^{-jkr}}{r}\right)-\phi\frac{e^{-jkr}}{r^2}\cdot\right\}d\sigma \qquad (11-21)$$

这里，σ面的外法线方向$\boldsymbol{n}$和r的增加方向相反(以o为原点)，见图11－1。即$\frac{\partial}{\partial n}=-\frac{\partial}{\partial r}$。

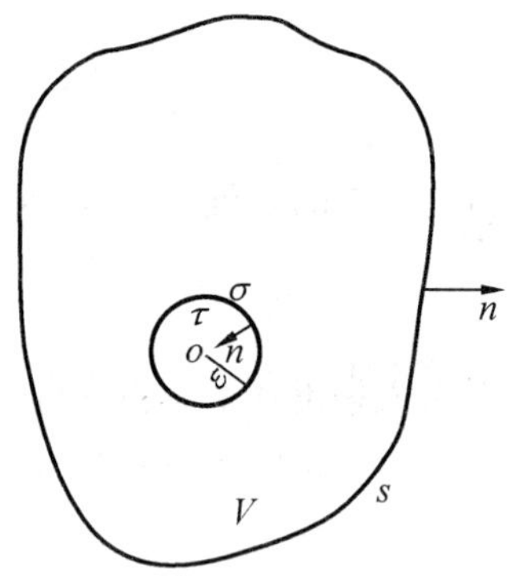

图11－1　推导赫姆霍茨公式用图

由于在σ球面上$d\sigma=\varepsilon^2 d\Omega$($d\Omega$为$d\sigma$所对的立体角)，且$\tau$又在$V$内，所以$\phi$和$\frac{\partial\phi}{\partial r}$在$\sigma$上和$\tau$内为有限值，于是上式右边大括号中前一项积分有

$$\iint_{(\sigma)}\left\{-jk\phi-\frac{\partial\phi}{\partial r}\right\}\frac{e^{-jkr}}{r}d\sigma$$
$$=\lim_{\varepsilon\to 0}\iint_{(\sigma)}\left[r\left(-jk\phi-\frac{\partial\phi}{\partial r}\right)\right]_{r=\varepsilon}e^{-jkr}d\Omega\to 0$$

而后一项有

$$\lim_{\varepsilon\to 0}\left\{-\iint_{(\sigma)}\left[\phi\frac{e^{-jkr}}{r^2}r^2\right]_{r=\varepsilon}d\Omega\right\}\to -4\pi\phi(0)=-4\pi\phi_0$$

ϕ_0为速度势在o点的函数值。这样式(11－21)变为

$$\iint_{(s)}\left\{\frac{e^{-jkr}}{r}\left(\frac{\partial\phi}{\partial n}\right)_s-\phi_s\frac{\partial}{\partial n}\left(\frac{e^{-jkr}}{r}\right)\right\}ds=4\pi\phi_0 \qquad (11-22)$$

综合两式，可把亥氏定理描述为：

令为波动方程式$(\nabla^2+k^2)\phi=0$的解，它在封闭曲面上和曲面之中的任意点皆有有界的连续的一阶和二阶偏导数(即s内无源)，则有

$$\iint_{(s)}\left\{\frac{e^{-jkr}}{r}\left(\frac{\partial\phi}{\partial n}\right)_s-\phi_s\frac{\partial}{\partial n}\left(\frac{e^{-jkr}}{r}\right)\right\}ds=\begin{cases}4\pi\phi_0 & (\text{当}o\text{点在}s\text{内})\\ 0 & (\text{当}o\text{点在}s\text{外})\end{cases} \qquad (11-23)$$

式中　ϕ_0——$r=0$点的速度势函数值；

$\frac{\partial}{\partial n}$——$s$面上沿外法线方向的偏导数；

r——由o点算起到元面ds上的距离；

脚标s——ϕ函数和它的法向导数取ds上的值。

因此对于封闭曲面s内任意点o的速度势函数ϕ_0，可以用边界面s上的速度势ϕ_s和法向导数$\left(\frac{\partial\phi}{\partial n}\right)_s$函数值的积分式(11－23)表之。在舱室噪声计算时，只考虑点o在s内的情况，这样舱内任意点的速度势ϕ_0都可由亥氏定理求得，并进而可求出声压级，其公式为：

$$P=\rho_0\frac{\partial\phi}{\partial t} \qquad (11-24)$$

式(11－23)的物理意义是，当声源不在封闭面 s 内时，在封闭面内一点的速度势可以看作由 s 面上次级声源发出的元波在该点贡献的叠加。元波由两部分形成，第一部分为脉冲源辐射，其源强度等于 $\left(\frac{\partial\phi}{\partial n}\right)_s \mathrm{d}s$，决定于 s 面上质点的法向振速分布 $\left[u_n = -\left(\frac{\partial\phi}{\partial n}\right)_s\right]$。脉动源辐射元波到达观察点 o 为 $\left(\frac{\partial\phi}{\partial n}\right)_s \mathrm{d}s \cdot \frac{1}{r}\mathrm{e}^{\mathrm{j}(\omega t-kr)}$；第二部分为力源声辐射，压力的打击作用以偶极子源的辐射形式传到 o 点，力源的偶极子矩决定于 $-\phi_s \mathrm{d}s$，其极化方向在沿法线 $\boldsymbol{n}$ 的方向，到达观察点 o 的元波为 $\left[-\phi_s \mathrm{d}s\frac{\partial}{\partial n}\left(\frac{\mathrm{e}^{-\mathrm{j}kr}}{r}\right)\right]$。

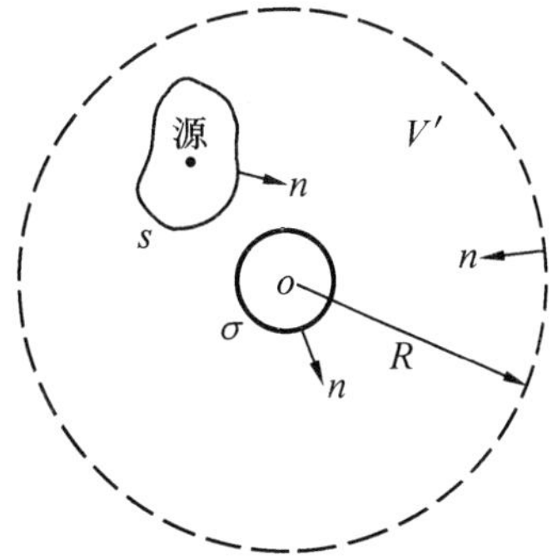

图 11－2　源包含在 s 面内亥氏公式积分面的取法

下面再看声源都包含在封闭曲面 s 中的情况，即舱内有声源的情况。仍然令 ϕ 为方程 $(\nabla^2+k^2)\phi=0$ 的解。所有源都包含在 s 封闭曲面内，其空间性质和以前假设一样。现选取更大的球面，其半径为 R，它把 s 所限区域包含在内，见图 11－2。

利用式(11－23)结果，则有

$$\iint\limits_{(s)}\left\{\frac{\mathrm{e}^{-\mathrm{j}kr}}{r}\cdot\frac{\partial\phi}{\partial n}-\phi\frac{\partial}{\partial n}\left(\frac{\mathrm{e}^{-\mathrm{j}kr}}{r}\right)\right\}\mathrm{d}s+\iint\limits_{(\Sigma)}\left\{\frac{\mathrm{e}^{-\mathrm{j}kr}}{r}\cdot\frac{\partial\phi}{\partial n}-\phi\frac{\partial}{\partial n}\left(\frac{\mathrm{e}^{-\mathrm{j}kr}}{r}\right)\right\}\mathrm{d}\Sigma = \begin{cases}-4\pi\phi_0 & (\text{当 } o \text{ 点在 } s \text{ 和 } \Sigma \text{ 所限体积 } V' \text{ 内})\\ o & (\text{当 } o \text{ 点在 } V' \text{ 之外})\end{cases} \tag{11－25}$$

式(11－25)中导数 $\frac{\partial}{\partial n}$ 取内法线方向，即指向体积 V' 内部〔其目的是，对 s 而言法线方向和式(11－23)情况相同〕。由于 $\boldsymbol{n}$ 的取向改变，因此式(11－25)右边 ϕ_0 前面有一负号。

试计算 $R\to\infty$ 时，式(11－25)左边第二项积分值。令 $\mathrm{d}\Sigma=R^2\mathrm{d}\Omega$，$\mathrm{d}\Omega$ 为球面 $\mathrm{d}\Sigma$ 所对的立体角。

$$\iint\limits_{(\Sigma)}\left\{\left[\frac{\mathrm{e}^{-\mathrm{j}kr}}{r}\cdot\frac{\partial\phi}{\partial n}-\phi\frac{\partial}{\partial n}\left(\frac{\mathrm{e}^{-\mathrm{j}kr}}{r}\right)\right]r^2\right\}_{r=R}\mathrm{d}\Omega=-\iint\limits_{(\Sigma)}\mathrm{e}^{-\mathrm{j}kR}\left\{r\left(\frac{\partial\phi}{\partial r}+\mathrm{j}k\phi\right)\right\}_{r=R}\mathrm{d}\Omega-\iint\limits_{(\Sigma)}\mathrm{e}^{-\mathrm{j}kR}\phi_\Sigma\mathrm{d}\Omega \tag{11－26}$$

(因为 $\frac{\partial}{\partial n}=-\frac{\partial}{\partial r}$)。

假设以下两条件成立时，上面最后一式积分值将趋于零。这两个条件是，对任何方向(沿任意极角和方向角 θ,ϕ)，R 扩大时有

(1) $\phi_\Sigma\to 0$，即要求当 $r\to\infty$ 时，$|r\phi|<K$(常数)，则

$$\lim_{r\to\infty}\iint\left|\mathrm{e}^{-\mathrm{j}kR}\phi_\Sigma\right|\mathrm{d}\Omega\to 0$$

(2) $r\left(\frac{\partial\phi}{\partial r}+\mathrm{j}k\phi\right)\to 0$ 则

$$\lim_{R\to\infty}\iint\left|\mathrm{e}^{-\mathrm{j}kR}\left\{r\left(\frac{\partial\phi}{\partial r}+\mathrm{j}k\phi\right)\right\}_{r=R}\right|\mathrm{d}\Omega\to 0 \tag{11－27}$$

前一条件称为“有限值条件”，后一条件称“辐射条件”(或称“无穷远条件”)。满足式(11－27)二条件，则式(11－26)积分值为零。实际上是，如果声源都包含在 s 内时，在无穷

远处没有源,而有限物体的振动所发出的声波的振幅在远场是随距离成反比衰减。因此在无穷远处可满足第一条件;又如在有限区域 s 内,只包含膨胀波的辐射源$\left(\phi \propto \frac{1}{r}e^{-jkr}\right)$,则第二条件也将得到满足。所以此二要求条件表明在无穷远没有反射波这个事实。在真实介质中,考虑到介质的即或是极微弱的吸收,有限范围内声源辐射波随距离而衰减,传到无穷远而消失,所以这个条件称为熄灭原理。

因此当点源都集中在封闭曲面 s 内时,亥姆霍兹公式可以表达如下:

令 ϕ 为波动方程$(\nabla^2 + k^2)\phi = 0$的解,它除了满足在封闭曲面 s 之上和 s 之外具有一阶和二阶有界连续偏导数条件之外,并且满足条件式(11-27),即当时 $r\to\infty$,$|r\phi| < K$(有限条件),$r\left(\frac{\partial\phi}{\partial r} + jk\phi\right)\to 0$(辐射条件)。则

$$\iint_{(s)}\left\{\frac{e^{-jkr}}{r}\left(\frac{\partial\phi}{\partial n}\right)_s - \phi_s\frac{\partial}{\partial n}\left(\frac{e^{-jkr}}{r}\right)\right\}ds = \begin{cases}-4\pi\phi_0 & (o\text{ 点在 } s \text{ 之外})\\ 0 & (o\text{ 点在 } s \text{ 之内})\end{cases} \quad (11-28)$$

这里所有符号和脚标同前。

由式(11-28)看出,当所有点声源皆包含在封闭曲面 s 中时,s 面外一点的速度势可以看作是 s 面上次级元波在 o 点所得速度势叠加之总和。而整个 s 面上次级元波对 s 面内一点的贡献总和为零。请注意,这里并非说 s 面内声场势函数处处为零,只是说由 s 面上元波在 s 面内点叠加的作用为零。由上式看出,当舱内有声源时,难以应用亥氏定理求解舱内声场。

综上所述,亥氏定理是用数学形式表示的惠更斯原理,说明声场中一点速度势为新波面上次级声源发射元波在该点产生的速度势叠加之和,它比原始的惠更斯原理更严密、精确。由于亥氏公式表现为用 ϕ 和$\frac{\partial\phi}{\partial n}$边界值的面积分来确定声场中任意一点的速度势函数值,因此已知边界质点振速的分布和压力的分布值时,就可以用亥氏积分求出场中任意点的速度势函数值。事实上,在无限介质中,当一封闭曲面上的振速分布是已经确定的,则空间的声压分布就是完全确定的。因此应当说这里要同时给出振速和声压分布函数是多余的。不过,如果是只知道振速分布函数,那么要解积分方程才能给出声压分布函数。

应用亥氏定理,只要知道了舱室围壁的振动速度,就可以求得舱内声压级分布。这里只考虑由结构振动产生的舱室噪声分量,即使舱内有声源,仍然可以应用此定理求解。至于声源设备产生的声场,以及通风管路、开口和邻近舱室的透声,仍然用上节所述方法求解,然后通过声场能量的叠加,求出总的舱室空气声场分布。

11.4 舰船空气声场与舰船隐身

11.4.1 舰船空气声向水中辐射形成水噪声机理

在理论研究声音通过潜艇艇体进入水中的过程时,艇体被认为是圆柱形薄壳,在它的中心线上有辐射任意阶圆柱形波的声源。作为表征艇体隔声的值,使用从内部作用于薄壳的声功率与被辐射至水中的功率之比。

该题的解得到无穷薄壳单个振动模态的隔声量的下列表达式:

$$N_n = 20\lg \frac{\pi\omega\rho a}{2\rho_{水} c_{水}} \left| H_n^{(1)}(k_{水} a)\left\{1 + \frac{Z_{m,n}}{Z_{r,n}}\right\}\right| \qquad (11-29)$$

式中　a—— 薄壳半径；

$H_n^{(1)}$—— 第 n 阶第一类汉克尔函数；

$Z_{m,n}$—— 薄壳第 n 阶模态的机械阻抗；

$Z_{r,n}$—— 薄壳第 n 阶模态辐射入水中的辐射阻抗；

$k_{水}$ —— 在水中声的波数；

$\rho_{水}, c_{水}$ —— 水的密度和水中的声速；

ρ—— 空气密度；

n—— 薄壳振动模态编号（$n = 0,1,2,\cdots$）。

在图 11－3 上示出了前几个振动模态下薄壳隔声的频率关系。由图 11－3 看出，在低频率上在不同的模态下隔声的差别很明显。随着频率的升高，模态的隔声趋向取决于薄壳的表面质量的一个值。隔声的最小值与浸入水内的薄壳的弯曲共振和纵向共振有关系。在 $Z_m \ll Z_r$ 的频率范围内，隔声几乎与薄壳的机械性能无关。

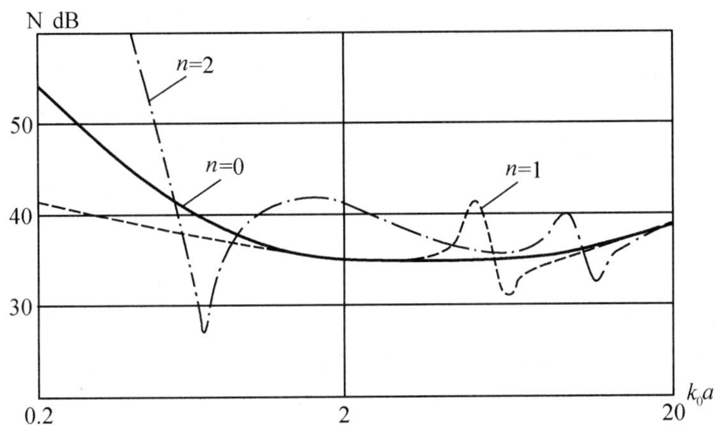

图 11－3　对于 $n = 0,1,2$ 振动模态的无穷圆柱形薄壳的隔声

在低频范围内的隔声取决于，在薄壳内被激励出来的是哪一种振动模态。激励出薄壳的哪一种振动模态取决于激励特性，即取决于舱内声压的振幅 —— 频率分布。这种分布，基本上与在舱室容积的自由振动频率上空气介质的振型有关，并且随着频率而变化，它取决于在该频率上容积的哪一个振型占优势。因此，在每一个频率上的隔声取决于薄壳和薄壳容积内部的介质的振动模态的空间频率特性比。

在最低的频率上的隔声是由除了第 1 种振动模态之外的所有振动模态上的舱室薄壳的刚度决定的。当在第 1 种振动模态上激励振动时，对于这一个频率范围，隔声具有最小值。

随着频率的升高，隔声具有与舱室薄壳的共振有关的最小值（如果产生共振的话）。在共振频率范围的后面紧跟着一个很宽的频率范围，在此范围内的隔声比较小并且几乎与薄壳的性能无关。当继续升高频率时，薄壳的惯性阻抗增大，则它的隔声渐渐地增大，大多数型号的外部声学覆盖层的隔声效果同时地增大。在开发与舱室内的空气噪声有关的水下噪声计算方法时考虑的隔声主要规律就是这些。我们现在更详细对它们进行研究。

用第 1 种振动模态激励艇体产生振动且由此产生的舱室薄壳共振时,在低频范围内的隔声是很小的。由空气噪声产生的水下噪声的计算应当考虑这一点,并且使用接近最小值而非平均值的隔声值。

通常用薄壳第 1 种振动模态的隔声值来表达低频范围的隔振效果。它的激励条件有:在低频率上主要的噪声源是尺寸庞大的机械,它作整体地振动并且在舱室内产生具有这样的振幅 —— 相位分布的声压:它可以引起第 1 种振动模态的薄壳振动。由于同时在艇体上作用着具有其他的振幅 —— 相位分布的载荷分量(相应于这种分布的薄壳的隔声比较高),因此使用第 1 种振动模态作隔声的计算,给出的艇体隔声值稍低一些,但具有倾向安全侧的误差。

当舱室以第 1 种模态振动时,水中的声压可以通过指向液体的作用力的辐射进行计算:

$$P = \frac{k_{水} F}{4\pi R} \tag{11-30}$$

式中 R—— 从舱室到水下噪声计算点的距离;

F—— 由作用于艇体上的舱室内的声压乘以在舱室范围内的艇体表面积的乘积来确定的力。

在潜艇试验进程中,一般测量的不是作用在艇体上并向水中辐射的声功率,而是舱室内的噪声级和水中检测点上的噪声级。因此对于实际的评估而言,声的传输不是用理论上被研究的隔声值来表征,而是用传递函数来表征。传递函数是在舱室范围内沿艇体内表面的平均空气噪声级与水中检测点上的水下噪声级之差(单位:dB)。由公式(11 - 30) 我们得到传递函数的表达式:

$$H = 20\lg \frac{c_{水} R}{\pi f a L_{en}} \quad (\text{dB}) \tag{11-31}$$

式中 L_{en}—— 舱室长度。

根据实验数据,在包括舱室薄壳低次共振的频率范围内,相对薄壳第 1 个共振模态的传递函数而言,传递函数值平均地大约下降 3 dB。当薄壳和舱室内部容积的低次共振频率重合时,观察到传递函数平均地要再下降 3 dB。如果在薄壳内不产生共振,则没有局部的传递函数最小值。

在更高的频率($k_{水} a \geqslant 2$) 上,隔声是由往水中辐射的阻抗与/或艇体的表面质量决定的,在激励出舱室薄壳的零振动模态时,隔声值为最小。并且这些值不取于薄壳的机械性能,而是正如在空气 —— 水边界上的薄板一样,由水和空气的声阻抗比来确定的。随着频率的升高,薄壳的所有振动模态的隔声接近声波法向入射时在空气 —— 水边界上的无穷薄板的隔声。因此为了计算艇体的隔声,可以使用按照"质量定律" 的无穷薄板的隔声公式:

$$N = 10\lg\left[1 + \left(\frac{2\pi f \rho' h'}{\rho_{水} c_{水}}\right)^2\right] \quad (\text{dB}) \tag{11-32}$$

式中 ρ',h'—— 潜艇艇体的材料密度和厚度。

在一般情况下,声波是以不同的角度入射到艇体上的。对于不是法向入射角的隔声,既可以大于,又可以小于法向入射波的隔声。例如,一般在当薄板内弯曲波长等于空气内的波长在薄板上的投影时的频率范围内,观察到在空气内的薄板隔声明显地下降了。当声音斜射到薄板上时,这种相等是可能的。薄板内的弯曲波长和介质内的波长相等时的频率,称为临界频率或者重合频率。在隔声理论中指出,重合现象对隔声的负影响表现在稍高于临界频率的频率范围内。当薄板位于空气——水的边界上的情况下，在薄板内的弯曲波长与声波既在水内、又在空气内的投影波长相等时可能产生重合现象。但是实验表明了，在可能呈现重合效应的频率上，未观察到潜艇艇体隔声的下降或者下降很少。

实验还表明对于实际声场，艇体隔声与在整个实际上重要的频率范围内法向入射时的隔声差别不大。这一个实验事实是很重要的，因为对所有声源来说，考虑数据量众多的声波对艇体的入射角度几乎是不可能的。

潜艇的轻艇体对耐压艇体的隔声没有显著的影响，轻艇体本身的隔声效果几乎为零。在计算传递函数时仅需要考虑安装在轻艇体上的外部声学覆盖层的隔声效果。

以上过程得到了靠近潜艇外壳处的声级，下面阐述水介质中声音的传播。

被空气噪声激励的舱室是一个振动速度沿表面的分布很复杂的圆柱形辐射体，它位于潜艇艇体其余部分的形状复杂的屏蔽内。

实验表明，尽管物理模型很复杂，来自舱室的声的传播服从下列的普遍规律。在水中声波的波长大于舱室的特性尺寸的低频上，或者离开艇体的距离很大时，与波前的扩大有关系的水下噪声级按照球面定律减小，当离开声源的距离加大一倍时，按照球面定律噪声级减小 6dB。当离艇体的距离与舱室的尺寸可比较时，在离舱室的距离加倍时，噪声级的下降为 3dB，即由圆柱形定律来描述。考虑到这一点，得到了如下的当来自舱室的声波传播时水下噪声级下降值的计算公式：

$$\Delta = 20\lg\frac{L_{en}v_1 + \dfrac{L_{en}}{v_1}}{v_1 + \dfrac{1}{v_1}} + 20\lg\frac{R}{L_{en}} \quad (\mathrm{dB}) \qquad (11-33)$$

式中，$v_1 = \left(\dfrac{c_{水}}{L_{en}f}\right)$。

公式(11－33)内的第一项描述离开艇体的距离小于舱室长度时水下噪声级的下降。这个下降用 $v_1 \ll 1$（舱室的尺寸远远大于水内的波长）时的圆柱形定律来描述，并且用 $v_1 \gg 1$（舱室的尺寸远远小于水内的波长）时的球面定律来描述。第二个被加项描述当离开艇体的距离大于舱室长度时按照球面定律减小的噪声级。

实船实验基本上证实了理论的结论（由舱室内的空气噪声至水下噪声的传递函数的 1/3 倍频程计算值和实测值示于图 11－4）。特别是，在很宽的低频和中频范围内，在呈现出薄壳和舱室容积共振性能的场合和隔声不取决于薄壳本身性能的场合，观察到潜艇体传递函数的最小值。随着频率相对该范围的升高和降低，传递函数都增大。在低频率上，这与薄壳刚度的增大（对于所有的振动模态，除第 1 阶模态之外）以及与当声音传播到检测点时水下噪声级下降值的增大有关系。随着频率的升高传递函数增大，这既是由艇体的惯性阻抗的增大，又是由外部声学覆盖层隔声效果的增大所决定的。

11.4.2　舰船空气声场与舰船隐身

对于潜艇来说，其辐射噪声是敌方舰艇捕捉的最主要信号，水下噪声可以说决定了潜艇的生死前途：噪声小则生存时间长、反之则意味着死亡。故水下噪声对潜艇的隐身性能起着决定性作用。对于水面舰艇来说，噪声对舰船隐身的影响是次要的。因为在空气中雷达的电磁波探测更有效，无论在目标成像还是在作用距离方面都比声波探测更有优势。但在反

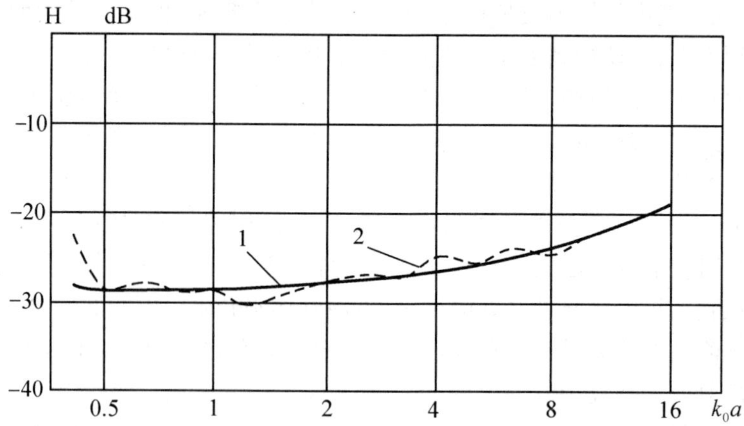

图 11－4 从舱室内的空气噪声到水下噪声的传递函数 1/3oct 计算值(1)和实测值(2)

潜战中,由于敌方潜艇在水下只能通过声呐探测,所以水面舰艇的水下隐身性能还是取决于它的水下辐射噪声。因此,即使水面舰船其水下噪声特性也对舰船隐身起着重要作用。

而舰船的水下噪声与舱室内的空气声有着直接的联系。舰船的水下辐射声主要有以下几个来源:舰船机械振动激发船体振动从而向水下辐射的噪声;螺旋桨转动激发的振动辐射声和空泡噪声;舰船前进时水流冲击振动引发的水噪声;舱室内的空气噪声穿过船壳向水中的透射声。虽然相对于前三项来源来说,舱室噪声对舰艇总辐射噪声的贡献较小,处于次要地位;但当潜艇处于低速航行的战斗状态或者停车隐蔽状态时,舱室噪声对辐射噪声的影响就很大,此时舱内的声响会被敌方舰艇捕捉到,从而危及潜艇生存。

可见,舱室空气噪声对舰船的隐身性能还是有着相当大的影响。在舰船声隐身设计中不仅要注重辐射噪声、自噪声的控制,还应注重舱室空气噪声的控制。

第 12 章 舰船水声场控制

12.1 舰船噪声指标确定及分配

舰艇噪声振动控制包括空气噪声控制、结构噪声控制和水动力噪声控制。噪声控制的目的有三条：一是通过控制舰艇向外辐射的噪声，提高自身的隐蔽性（即隐身性）；第二是通过控制自噪声（即辐射噪声中在本舰声呐部位反映出来的噪声）来提高本舰声呐的作用距离，从而提高先敌发现的能力；第三是通过控制舱室内的空气噪声，改善战斗环境的舒适性，提高战斗力。

12.1.1 战术技术要求

不同的战斗舰艇承担着不同的战术使命，水面战斗舰艇以正面作战为主，潜艇则以突然袭击为主。根据舰艇的战术技术要求，制定舰艇水下辐射噪声指标就成为舰艇总体技术论证中非常重要的任务。

12.1.1.1 使命任务

在海军装备的战斗舰艇中，包括了大到几万吨的航空母舰，小到几百吨的炮艇。但就涉及辐射噪声的重要性，通常仅限于驱逐舰、护卫舰、猎潜艇和潜艇。因此，上述舰艇的噪声控制就成为各国海军的重点研究对象。经过几十年的努力，相继推出了低噪声舰艇和新一代安静型舰艇。水下辐射噪声已经和海洋环境噪声相当。

根据上述分类，当水面舰艇承担反潜作战任务时，要求控制舰艇在反潜作战状态下的水下辐射噪声；而在水面作战状态下对水下辐射噪声就要求不高。而对于潜艇来说，在任何状态都要求尽可能低的噪声（包括巡航状态）。

12.1.1.2 噪声指标确定

根据新型舰艇的作战任务使命，通过综合论证各系统的战术技术要求，提出噪声总体指标，其中包括水下辐射噪声、自噪声、舱室噪声。

1. 水下辐射噪声指标的确定

舰艇水下辐射噪声的形成是很复杂的，归纳起来，大致可分为：螺旋桨噪声、机械噪声和动水噪声。机械噪声包括：主机、主电机、辅机及管路等设备运行产生的振动通过船体结构向水中辐射的噪声。

水下辐射噪声指标的确定要从两个方面考虑。一是该舰艇的任务使命。例如，要求某新型潜艇以水下 50 m、6 节航速向敌方靠拢，在距敌方 10 海里距离上不被发现，当敌方的被动警戒声呐作用距离为 100 链时，我方潜艇的辐射噪声声源级的指标可根据被动声呐方程求得

$$SL = NL + TL - DI + DT$$

式中 SL—— 我方潜艇噪声声源级，dB；

NL—— 环境噪声级，dB；

TL—— 传播损失,dB;

DI—— 敌方被动声呐指向性,dB;

DT—— 敌方被动声呐检测阈,dB。

通过上式可算出,从而推算辐射噪声级。这种方法是通过任务使命来确定其噪声指标。

第二种是根据舰艇类型来确定其噪声指标。例如,排水量在 2 000 ~ 3 000 吨,对于常规动力潜艇,其辐射噪声应该达到某种水平,这是基于国内外建造常规动力潜艇的大量数据归纳而产生的。

2. 自噪声指标的确定

同样,对于自噪声指标也是通过上述两个途径得到。自噪声要考虑的对象是本舰声呐。从声呐方程中看,以噪声掩蔽为主的环境中,自噪声的大小直接影响到声呐的作用距离,就声呐噪声环境而言,要求自噪声越小越好。因此,舰艇自噪声的指标大多是通过第二种途径得到,即通过相同类型舰艇的实测值以及噪声控制指标的结合而得到。

12.1.2 舰船噪声控制设计流程

为了有序开展舰船噪声控制设计,并能有效实施降噪措施,以达到总体噪声指标要求。在舰船研制的全过程都要开展严密的设计工作。

1. 方案设计阶段

根据舰艇(水面舰艇、潜艇)的任务使命,以及排水量、最大航速和低噪声航速等。初步选择舰船的上层建筑、形状和主尺度。确定螺旋桨和艇体附件的相互位置、船体结构、动力装置、推进器等,以及主要的设计措施相互之间的配合。在这一设计阶段,通常利用舰艇的母型为对象,便于总体设计和噪声控制措施的协调和论证。

2. 舰艇初步设计阶段

根据以往噪声控制手段和措施的有效性,以及推进器、动力装置和辅助设备的振动和噪声特性等资料,进行舰艇的声学特性计算。将这些计算结果与提出的声学特性要求进行比较,为制定该舰艇设备和噪声控制技术的要求打下基础。在这一基础上对相应的研制者和供应方编制任务书。

在小尺度和大尺度模型和设备样机上完成噪声控制手段和措施的有效性试验研究,制造并在工厂试验新的机械和设备的样机。

3. 技术设计阶段

为了降低设备的振动和噪声,并提高其噪声控制手段和措施的有效性,进行舰艇声学特性的校核性综合计算。将这些计算结果和订货方提出的舰艇声学特性要求作比较,可判断所采取的措施的充分性,或需要补充的内容。这些工作应在舰艇施工设计或建造阶段深入实施。

4. 施工设计阶段

必须完成舰艇液压系统和通风系统的样机制造。以研究它们的噪声控制措施。

5. 建造阶段

舰艇的建造还应同时包括由舰艇设计部门声学小组的专家和海军有关部门,监督在建舰艇的噪声控制手段和措施的安装质量。

6. 交艇、验收阶段

在将首制舰艇支付订货方之后,或在交船过程中,应按专门的大纲和方法完成舰艇的扩大性声学试验，旨在消除主要噪声源的贡献，并为该系列舰艇的进一步完善取得数据。

12.2　舰船水声场控制技术

12.2.1　低噪声潜艇方案

如前所述，潜艇噪声指标是由潜艇的战术使命任务而决定的，但对于一艘需要低噪声性能才能完成其使命的潜艇来说，其噪声指标就是其最重要的指标之一。有时噪声指标还决定了潜艇的其他指标，例如航速、外形、动力装置等。因此，围绕噪声指标制定潜艇方案需要对潜艇的总体参数与潜艇噪声建立某种关系。对于潜艇而言，主要噪声源的形成与舰艇运动状态（速度、潜深、设备的组成和工作参数等）有关。舰艇运动的速度是最重要因素之一。在航速增加时，所有类型的水下噪声都强化了，但程度有所不同。在舰艇低航速运动时，动力装置和辅助设备的噪声随着航速的增长增加得较慢（小于运动速度的一次方）。同时，由水动力源（推进器和围绕艇体的水流）引起的噪声增长接近于速度的三次方。因此，最小噪声值发生在潜艇相对小的航速。此时，机械产生的振动成为主要声源，而水动力噪声可能尚未出现，或者不超过机械声源的贡献。通常，这是潜艇噪声指标之一，并须作严格检查验收。该速度取名为低噪声速度或特别指明的速度，因为此值写在与订货方（海军）签订的建造潜艇的合同说明书中。潜艇在这一速度航行时，应确保部分设备进行工作，能使潜艇处于足够长时间航行状态中。例如，在穿越戒备较严的区域时。对于潜艇的低噪声航速时，按噪声量级来说，可能是相当的机械噪声和水动力噪声的声源所形成的。因此，为达到低噪声航速时潜艇噪声特性的要求，必须利用所有噪声控制手段，其中也包括对水动力噪声源的控制手段。除了低噪声航速外，从潜艇拟定的战术出发，还可能提出潜艇更高速度运动时水下噪声的要求。在这种情况下，应考虑随着潜艇航速从低噪声速度开始增大而噪声级增长的程度。

低噪声潜艇方案就是以低噪声为目标，制订潜艇总体方案。具体说就是潜艇在规定的低噪声航速下，潜艇的外形、结构形式、动力装置、辅机设备及其安装方式等总体设计方案。

12.2.2　水动力噪声控制

控制舰艇水下辐射噪声的措施与其方案设计阶段打算采用的舰艇外形有关。

潜艇水动力噪声包括水流通过船体边界产生的湍流噪声、螺旋桨运动时产生的紊流噪声。控制上述噪声的途径：一是设计船体外形（包括线型、附体等），使得环绕船体的湍流噪声最小；二是优化推进组合体，使螺旋桨噪声达到最小。

12.2.2.1　线型

潜艇主要是以水下航行状态为主，因此一是要改进艇体的线型，在保证艇的总体作战能力和良好操纵性的情况下，尽可能提高艇的丰满度，使艇的长宽比适当，尽量保证在 7—8 之间，并且要求采用水滴型、过渡水滴型或拉长的水滴型外形，减少水下阻力和附面湍流的产生，从而减少流体动力噪声。二是要保证线型的完整性，减少表面突出体和开孔的数量，并对其位置和结构进行合理的选择。

1. 线型的种类

潜艇结构的外形包括外部线型的形状;推进器、附件及各部件的布置以及其他结构和造型的特点。选择潜艇结构的外形是从满足大多数要求来实现的。这些要求来自潜艇的战斗使命,其中包括声场的条件、武备、声呐基阵、相应的电子设备、动力和其他设备布置等。

潜艇结构外形对其水声场参数的影响取决于潜艇艇体的结构及其线型,以及与线型选择有关的动力装置的功率和螺旋桨推力。

潜艇的主要结构形式有:

· 单艇体潜艇,其大部分外表面由耐压艇体形成;

· 双艇体潜艇,具有全部或大部分包围潜艇耐压艇体的轻壳体。

潜艇混合结构形式,沿其长度方向包括有单艇体和双艇体段,是上述类型的变种。

潜艇结构形式的选择,主要与主压载水舱的布置及其他总体参数(例如浮力储备、极限允许沉深、水下排水量等的要求)有关。

单艇体结构在声学方面的主要优点:

· 由于增加外艇体的刚性,降低了由艇体振动再辐射引起的噪声,从而降低了潜艇的绕流噪声;

· 减少外表面面积(因而减少潜艇艇体摩擦阻力及其水下排水量)。这将使螺旋桨必要的推力减小,降低推力引起的动力脉动和潜艇动力装置的功率和噪声,以及由于消除大量连接潜艇耐压和轻艇体的结构件形成的角形反射器而降低潜艇的目标强度;

· 减少潜艇外部艇体上的流水孔及其他孔的数量。这些孔不仅会降低消声瓦的隔声性能,而且会增加螺旋桨盘面处水流的附加紊流;

· 由于实现了将声呐罩的透声部件固定在潜艇耐压艇体上,其结构不易被水流激励,降低了水动力分量对本艇声呐站透声窗部位的干扰。

双艇体结构在声学方面具有如下优点:

· 增加了可在其上布置吸声和隔声消声瓦的表面积(从 1 增加到 3)。比起单艇体结构来,这可在很大程度上降低艇体在中、高频时的声辐射。

· 在耐压和非耐压壳体间,包括舰艇系统舷外的吸入和排出孔的出口区域处,可增加布置附加的消声手段。

综上所述,在声防护方案中,单艇体结构的优点是在高航速时的低噪声;而双艇体结构,在接近低噪声航速时,具有战术优势作用。

混合的艇体结构在降低潜艇的低速和高速运动时的噪音特性方面是最优的,其中轻艇体仅位于安装有高噪声设备的舱段处。此时,必须预先考虑噪声较大的舱室对噪声较小舱室的隔振和隔声。

2. 控制湍流声辐射的方法

(1) 提高艇体线型设计的水平

由迎流形成潜艇艇体绕流所决定的潜艇水下噪声分量取决于作用在艇体外板上压力紊流脉动的大小,以及外板的机械阻抗。根据潜艇水下噪声形成的物理数学模型,压力的紊流脉动值随着潜艇航速的增大而急剧增长(约为航速的 3 次方)。外艇体大段上刚性不足和线型很差的附体以及在潜艇表面开孔的情况都应尽量避免。

在潜艇设计时,为了降低湍流噪声级,应力求缩减轻艇体外板、上层建筑及艇体可通透部分的面积,并使他们的结构刚性化。

为了降低湍流压力脉动强度增大处的噪声辐射，例如附件及孔口后的尾迹处，应加强轻艇体局部结构。附体与艇体连接段应采用光顺的流线型。附体应尽可能布置在潜艇单艇体段的范围中；并使一个附体不处在另一个附体的尾迹中，也即应将它们沿艇体长度或圆周方向分散布置。

采用如下的方法可减少潜艇外板上固定开口和孔的数量：

· 将潜艇在水下运动时不经常使用的大开孔（流水孔型）用可控制的板盖住；

· 尽可能将一个吸入（排出）孔兼用于多个系统的工作；

· 应用上层建筑和耐压艇体间纵缝（每舷一条）以替代上层建筑中的圆形流水孔，使水从上层建筑中流出。

为了降低水流在孔口绕流时的水下噪声谱中较强的离散分量，必须这样选择孔的尺度，使之避免水动力激励频率与孔腔的固有频率（相似于 Helmholz 共振器）或与孔腔附近结构的固有频率相重合。上述水动力激励频率可按下式确定：

$$f_s = 0.53(n - 0.25)U/a \quad (\text{Hz}) \tag{12-1}$$

式中　U—— 潜艇航速，m/s；

a—— 沿水流方向孔的尺寸，m；$n = 1,2,3\cdots$

吸入孔的平面设置朝外部水流的法线方向以避免绕流引起的水噪声中强烈的离散分量；此外孔的面积应保证排水时平均流速不小于潜艇航速值的 10%，并保证孔的结构形式流畅。

通过增加板厚和（或）减小构架扶强材间的跨距，采用增加艇体间连接构件数量的方法，可提高壳板部件弯曲振荡的最低固有频率。从而提高轻艇体段的刚性、降低绕流噪声级，满足潜艇总的水下噪声级提出的要求。

（2）提高过渡区设计的合理性

由于艇的艏部安装了用于探测水中目标的声呐站，当流体流过水滴型的艏部时，会产生艏部的局部层流分离和层流与湍流之间的过渡现象，分离产生的水动力噪声以及激励艇体结构所产生的响应都会严重干扰声呐基阵，直接影响其作用距离和分辨率。

为了减少这种影响，国外一般采取优化艇体设计的方法，使声呐站尽可能位于层流区。以避免过渡区和湍流区流态变化产生干扰，同时还在导流罩内部的声呐基阵平台周围粘贴吸声橡胶尖劈，对透声窗表面涂刷阻尼涂料或采用高阻尼的材料，以吸收和减弱这些部位产生的混响声和结构噪声，并避免在此部位存在开孔结构，以保证声呐站处于良好的工作环境。

而在艉部过渡区，由于存在结构复杂的尾操纵面、流态在此处发生了显著的变化，出现了严重的分离，产生了漩涡，不但使流体噪声加大，而且使伴流不均匀，影响螺旋桨的工作环境，使其无空泡速度降低。目前，潜艇的尾操纵面基本上都采用了十字形的操纵面，不但操纵方便，而且使艇的尾部附件结构简单，对改善艉部的流态、降低艇的噪声起到了很好的作用。在此基础上又发展了水平面呈 H 形和 X 形的尾部结构，这种 H 形结构的作用不但能改善回转效果，减小螺旋桨的噪声。而且能减少翼端绕流的作用。从而可减弱稳定翼的振动。而采用 X 形的结构，由于其舵效较高，使其舵面积可相应缩小，并可增大与螺旋桨之间的距离，减小附体阻力，改善伴流，使螺旋桨的噪声降低。

通过计算机对艇的外形进行优化设计，使艇的外形处于最佳状况，从而保证流体动力噪声最小。随着新技术、新材料的出现，新的设计方法必将使潜艇的外形设计水平进一步提高,从而使流体动力噪声进一步降低。

12.2.2.2　舵装置

(1)舵型的选择

平衡型舵可大大减小传动装置的功率及其重量－尺寸特性,因而按照降低传动装置脉冲噪声辐射的设想,采用平衡舵是合理的。

平衡舵的缺点是提前引起颤振现象和另一性质的自振,特别是在支座和液压传动的连接中尚未调整间隙时。平衡舵可用在大排水量的潜艇上。在必要的情况下,无论是在采用低速颤振预报方法的设计阶段,还是在潜艇声学详细研究阶段,防颤振措施的研究及其实现是平衡舵成功应用的条件。舵和稳定翼之间的间隙大小和结构形式对艉平衡舵的振动有影响。此外,液体流过间隙,降低了操纵面工作的有效性。允许的间隙值大体上应不超过舵舷长的1%。

在小排水量的潜艇上,可以采用不平衡舵。为了操纵小面积的舵,传动装置不需要大的功率,因此在这种情况下,脉冲噪声辐射不大。

分段形式的舵可减小舵对螺旋桨噪声辐射的影响,特别是对空泡性质辐射的影响。除此之外,自身带有低功率传动装置的小舵还具有小的振动活动性;对潜艇在定常直线运动状态,为了补偿偏航不要求舵上用很大的力量。

变几何的舵(带襟翼)在舵叶面积相同时具有较高的操纵有效性,它比不平衡舵传动装置要求的功率要小得多,由于襟翼有不可避免的结构和工艺间隙,设计时不仅要考虑水动力问题,而且还要考虑发生低速颤振的问题。

(2)操纵面的组成方案

在选择操纵面的原则方案时,必须注意潜艇在机动状态的噪声。应对螺旋桨盘面处水流的不均匀性和不定常性进行专门的试验测量,并在此基础上进行推进器噪声特性的声学评估。

最常采用的是十字形稳定翼和舵的布置。十字形操纵面有时因受进坞等的限制(舵叶不应超出基线),下舷叶面积不得不分为两部分;或者,采用其他的布局方案。

X形操纵面具有机动性方面的优点,因为水平或垂直面中的任何机动可以在同时操纵4个舵时完成。因而操纵面上的侧向力增大了40%。舵叶X形布置的操纵面还有声呐目标反射方面的优点。传动装置的复杂性以及完全依靠自控系统的可靠性限制了这种操纵面方案的推广。

这种和那种方案在几何上都是规则的轴对称的叶栅。如采用奇数叶片的多叶螺旋桨,轴对称叶栅后的水动力尾迹实际上对辐射噪声中叶频的分量并不作出贡献。

舵和稳定翼的固有频率不应与螺旋桨叶频及其谐波相重。在设计时,考虑各自由度振动的相关性,合理地完成艉舵和稳定翼固有频率的计算。为此,可利用潜艇舵低速颤振预报方法进行计算。在舵的固有频率计算的基础上,可在其吊架方案中作改变(例如,减小支座间的跨距,或安装附加支座等)。

在建造潜艇的过程中可修正操纵面的共振频率。其中,可采用静力试验的方法来确定舵叶的实际刚性。此外,固有频率也可用激振器的方法来确定(在进坞的条件下或在舾装码头旁系泊试验时)。

舵的随边应削尖以避免周期性的旋涡结构对舵的激励。舵叶随边的削尖角不应超过30°。

(3) 舵装置的低速颤振和自激振动的控制。

颤振现象的发生决定于以下 3 个点的相互位置：

· 压力中心(翼的前焦点)；

· 旋转中心(舵杆轴)；

· 质量中心。

由于附加质量对总的质量中心位置的影响，对潜艇的舵来说，可通过采取设计措施来调整压力中心和旋转轴的相互位置。

旋转轴的位置应控制在压力中心之前。此时，舵叶在结构间隙范围内随流来回转动，而且扭矩对扭转角的导数是正的。压力中心的位置应仔细地根据水洞中的试验来确定。

舵角结构间隙过大。将发生各种性质的自激振动，其中也包括颤振现象的发生。

为了减少振动能量传递到耐压艇体，将舵机液压系统与艇体弹性隔离。

12.2.3　螺旋桨噪声控制

12.2.3.1　螺旋桨类型的选择

推进装置是采用螺旋桨作为舰艇的航行动力，而当艇在中高速航行时。螺旋桨产生的噪声又是舰艇的主要噪声源。由于它在运转过程中，不但直接产生噪声(唱音和空泡噪声)，而且还激励其他部位产生振动。因此，降低螺旋桨的噪声一直是各国海军努力追求的目标。

自 20 世纪 70 年代以来，低转速、大直径的大侧斜螺旋桨在潜艇上得到了广泛应用。由于这种大侧斜螺旋桨在运行过程中，各叶片所受的周向载荷比较均匀，使其空泡数大为减少，较以往五叶桨产生的噪声明显降低。目前，美、英、法等国的核潜艇基本上都采用这种大侧斜螺旋桨，其设计和制造技术比较成熟，已经发展到应用计算机进行设计并使用高精度的数控铣床进行加工的水平。

潜艇最合理的推进器形式应认为是带有马刀形叶片的低噪声多叶片螺旋桨，其叶数和形状(在平面内)应根据螺旋桨在亚临界航速时的噪声辐射级最小化的条件来选择。现有的动力装置完全适合于将功率传递至螺旋桨轴上，而螺旋桨能以高的推进系数(80% 以上)来转化功率，如果其额定转速的选择接近于最佳值。利用现有的螺旋桨设计方法来选择其几何参数，使潜艇在无空泡工况下所有频域中有较低的噪声级且有较高的临界航速。在达到临界航速后推进器的空泡噪声开始明显增加。

合理选择螺旋桨的参数(即声学优化)，使螺旋桨位置处的水流不均匀性对桨的辐射噪声级的影响最小。经验表明，潜艇线型优化可降低水流的不均匀性达30% ~ 40%，再加上螺旋桨的优化可使其辐射噪声的离散分量降低 5 ~ 6 dB，宽频带噪声分量降低 3 ~ 5 dB。

12.2.3.2　螺旋桨降噪技术

当前控制螺旋桨噪声的技术措施很多，归纳起来，主要有以下几种：

1. 七叶大侧斜螺旋桨

20 世纪60 ~ 70 年代，各国核潜艇基本上采用五叶螺旋桨。七叶大侧斜螺旋桨是20 世纪 70 年代发展起来的最新降噪技术，研究表明。随着螺旋桨叶数的增加，螺旋桨诱导的压力下降，每一叶上的推力减少。因此，尽管叶数增加导致桨的敞水效率下降，但激振力幅值要降低数倍，噪声也要降低数分贝。在权衡快速性和减振降噪的得失时，对潜艇无疑倾向后者。

除了叶数外，大侧斜是其最显著的特点。所谓侧斜是桨叶剖面沿着螺距面位移后的轮廓形状。侧斜大小由侧斜角和侧斜量度量。从降噪角度来看，采用大侧斜是有效的，压力脉动是发声的基本原因,大侧斜螺旋桨减少了压力脉动就直接减弱了噪声的辐射。激振力的减少也使艇体结构和桨叶振动减弱,也降低了由此发出的噪声,故即使在无空泡情况下,侧斜桨也具有较低的噪声。总之,七叶大侧斜螺旋桨可使其噪声总声级降低数分贝,是当前最成功的降噪技术。

1986年,美国“鲟鱼”级攻击型核潜艇换装了七叶大侧斜螺旋桨。据资料报道,前苏联的V-Ⅱ攻击型核潜艇也安装了七叶大侧斜螺旋桨。在西方已建造和正在建造中的最新一代的常规潜艇中也有不少选用七叶大侧斜螺旋桨,如法国为阿根廷海军建造的TR-1700、意大利的“四脚蛇”级、英国的2400型等潜艇都采用了七叶大侧斜螺旋桨。

2. 喷水推进装置

为了消除潜艇螺旋桨的噪声,国外从上世纪60年代就开始研究喷水推进装置,50年来,取得了许多成果。喷水装置包括一个在进出口固定导流片间工作的多叶片单向转轮,固定导流片均被一个由特殊形状的导管包围着。早期主要用于鱼雷推进,如MK—48鱼雷,就采用了这种装置。后来发现,这种喷水推进装置对流线形潜艇也同样适用。

用于潜艇喷水推进装置主要增加了Kort喷管,这样在航速增加时,有利于增加导管升力,导管的直径比敞水螺旋桨的直径小。固定的导流片可以平顺伴流,并能减少推力轴承上的负荷(当艇在航行深度时,尤其有利)。喷水推进装置还具有大侧斜螺旋桨的优点,除了可能消除任何可能的叶频噪声外,后掠翼效应还能减少潜艇在接近水面航行时产生的空泡。

12.2.4 机械噪声控制

12.2.4.1 源的振动控制

引起舰艇水下噪声的一个主要来源是舰艇上机械设备的振动。因此合理地选用和布置这些设备对振动源控制具有重要的意义。

1. 低噪声设备的研制

安装在舰艇上并有水下噪声级要求的设备,都应采用专门的低噪声设备。所谓低噪声型设备应理解为在舰艇水下噪声谱中由此设备振动噪声能量辐射所决定的分量并不是明显的。

低噪声设备应按订货方(舰艇设计师或海军)给定的振动噪声特性要求来研制,并在该设备制造厂或供货方试验台上检验是否满足这些要求。

在低噪声设备的研制过程中,应研究引起设备振动的原因。作为舰艇总体设计师或者系统设计师,在对设备提要求时,不仅要考虑该设备的主要功能,而且要合理地选择其功率和运行方式。控制设备振动的方法大致可分类如下:

· 降低设备运行时的不平衡力;
· 控制设备零部件和接合处的制造误差产生的力;
· 设备运行高速性的合理选择;
· 提高设备振动噪声特性的稳定性;
· 严格振动噪声特性的验收。

2. 设备的振动控制

舰艇设计师对设备的承制单位应提出有关外形尺寸、质量和振动噪声级的严格要求。

在设备研制阶段,减小其噪声和振动可依靠下列措施来实现:

· 在设备中采用内部减振;

· 提高设备壳体、支承部件(机架)、承载框架的刚性;

· 采用其他减振手段。

内部减振用于减小从转子传递到定子和设备支承结构的振动能量。具体措施包括带有内装弹性元件的隔振支承座、带有内装的例如杆式弹性元件的支承板、装在设备壳体和支承部件之间的杆式格栅和框架结构。

内部减振效果的评估方法如下。

$$\Delta = \frac{v_1}{v_2} = \frac{C_1 \cdot m - \omega^2 \cdot m_1 \cdot m_2}{C_1 \cdot m} \tag{12-2}$$

式中　$m = m_1 + m_2$,设备的质量,kg;

m_1, m_2—— 分别为设备内部件(如转子)和设备外部件(如壳体)的质量(两者之间装有内部减振);

C_1—— 内部减振的刚性,N/m。

由公式(12-2)可知,内部减振的刚性越小,效果越大。因此,为了设备的减振,内部减振结构的刚性应选择得尽可能小。

设备结构的阻尼和刚性取决于结构的输入阻抗及其减振固定装置、两者之间的比例及其频率关系。结构振动速度 v 和固定于减振器上的点力 F 之间的关系可以如下公式列出:

$$v = \frac{F}{Z_M + Z_A} \quad (\mathrm{m/s}) \tag{12-3}$$

式中　Z_M—— 结构的输入有效阻抗,Ns/m;

Z_A—— 减振器的输入机械阻抗,Ns/m。

当结构阻抗远大于减振器的阻抗。公式(12-3)可改写为如下形式:

$$v \approx \frac{F}{Z_M} \tag{12-4}$$

亦即,结构的输入有效阻抗愈大,其振动越小。因此,为了减小结构的振动,应提高其机械阻抗。

在低频区,结构的输入阻抗决定于其质量 m;$Z_M = \omega \cdot m$,其中 $\omega = 2\pi f$—— 圆频率。这时,

$$v = \frac{F}{\omega \cdot m} \tag{12-5}$$

在这一频段中,振动(在恒力时)随频率的增长而下降,而且扰动力的频率与设备结构的固有频率不重合。

在高频区将出现频率特性区,在该区中结构的输入阻抗决定于其弹性。

$$Z_M = C_M / \omega \tag{12-6}$$

式中,C_M—— 结构的动刚度,N/m。

亦即,结构的刚度愈大,频率特性区持续越长,结构阻抗越大。其中 $Z_M = \omega \cdot m$。

因此,应最大地增加设备壳体结构的固有频率,且高于工作过程的主要激励频率,但不允许设备的固有频率与激励频率的谐波相重合。

增加设备壳体的刚性可采用增加其厚度的方法,也可采用加肋条(例如肋条环)的方法。

刚性安装在总框架内的双机组(柴油发电机、柴油压缩机、双机交流机等),应减小设备间的距离,并保证满足机组结构支承连接处的刚性显著地大于其下面框架的刚性。

此外,应降低设备重心相对于机组框架中性平面的高度。即:弯曲和扭转的固有频率与结构惯性矩成反比,而惯性矩是由固有惯性矩与结构重心相对框架中性平面高度的平方成正比的移动惯性矩叠加而成的。

3. 振动源设备的总体布置

动力装置、辅助设备和系统是舰艇初级声场的基本源之一。在舰艇低噪声航行工况时(低航速),它们是舰艇噪声特性的主要(决定性)声源。

多年来,根据国内外低噪声潜艇的建造经验,必须结合其噪声振动控制手段来完成对动力装置、辅机设备和系统在声学方面的定向设计。动力和辅机设备的组成、安装和布置是舰艇声学设计的极其重要的方面。因此,必须合理地协调设备的下列各种布置和布局:

· 单个设备的单独布置;

· 对 2 ~ 4 个设备的小型浮筏安装;

· 包含本舱室所有噪声设备的大型舱筏安装。

动力装置和设备进行布置和布局时,应遵守下列规则和建议:

应合理地将噪声最强的设备布置在浮筏中。并建立有效的低频隔振系统和空气噪声的控制系统。在设备单独布置时,建立低频隔振系统是非常复杂的。而在浮筏布置时要比设备单独布置时更容易达到效果。

在总体控制仍不能消除个别设备对舰艇水下噪声特性的影响时,可对个别设备采用单独的减振(对浮筏减振的补充)和隔声罩。

在对低噪声设备单独布置时,希望将其布置在远离潜艇耐压艇体处(甲板、平台、舱室等结构)。

在设备组装布局于浮筏结构上时,必须协同选择筏架的结构,将各单个设备的隔振系统、浮筏的隔振和减振系统的参数协调。这是系统所有部件的相关性决定的,它影响到浮筏振动噪声控制系统总的有效性。例如,不成功的筏架结构形式(不足的刚度和质量、低的减振能力)可能导致降低各单个设备隔振系统的有效性,而且甚至会引起设备传递给潜艇艇体结构振动的加剧。

12.2.4.2 传播途径振动控制

潜艇设备的机械振动可通过艇体结构的传播向水下辐射噪声。结构的减振措施有效与否对艇体的辐射能力有着重要的意义。

将设备的基座安装在中间过渡结构上(即不与舷外介质接触的中间结构),来实施吸振是最为合理的。由于种种原因,潜艇的主要设备的基座要布置在耐压艇体上,因此这些基座结构的振动控制具有很大的意义。

在基座和艇体中间结构上采用专门的隔振手段是为了防止振动能量传播到潜艇辐射噪声的耐压艇体上的补充措施。在采用隔振手段时还应考虑周围结构对振动能量的吸收能力。因此,利用隔振手段还应预先考虑到采用减振手段。

1. 结构隔振的方法和手段

采用阻振质量可降低沿艇体结构传播弹性振动波的振动量级。

将阻振质量环绕布置在设备安装结构上。最好将阻振质量沿舱壁或铺板边界布置。阻振质量在结构上的布置见图 12 - 1。

2. 结构减振的方法和手段

减振手段最广泛采用的是约束阻尼和自由阻尼。

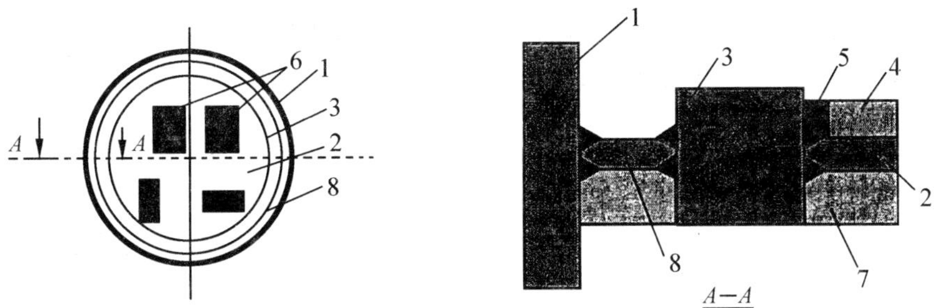

图 12－1　舱壁上应用阻振质量的示例

1— 耐压艇体;2— 舱壁;3— 阻振质量;4— 吸振覆盖层;5— 密封材料;
6— 舱壁上的结构安装区;7— 加强筋;8— 隔板

约束阻尼敷设于基座或艇体结构被减振的部件一面。如一面覆盖层的厚度与两面覆盖层的厚度之和相同,则结构两面敷设覆盖层的有效性比一面覆盖层的低。约束阻尼的厚度应超过被减振的板厚 1.5 ～ 2 倍。约束阻尼应合理地敷设在厚度不超过(10 ～ 15)mm 的基座与艇体结构(舱壁、铺板、艇体)的金属板上。如布置在减振板的中部(或在其悬臂固定情况下移向自由端)并占其面积的 70% ～ 80%,则可达到最大的减振效果。

3. 调整船舶的共振结构

用共振频率激励船舶结构时,由于机械阻抗减小,加剧了船舶结构的振动。同时在许多振动源的频谱中有明显的离散分量。当这些频率和船舶结构的共振频率重合时,船体结构就可能出现共振。

有限尺度的杆和板的船舶结构作弯曲共振时振动速度的幅值可按下式确定,对于杆为 $v = 2F/(\omega M_1\eta)$ 和对于板为 $v = 4F/(\omega M_s\eta)$。

在弯曲共振情况下,船舶结构的振动级与激振力 F 成正比,而与频率 f、结构质量 M 及其损耗系数 η 成反比。在力 F 不变的情况下,可以借助增加结构的质量和损耗系数来降低结构共振。大量增加船舶结构的质量在实践中是不可能的。用增加损耗系数 η 的方法可达到更为可观的效果。

消除共振的主要方法是将这些振动和激励力的频率相互错开。在错开上述频率时,结构的损耗系数愈大,它的振幅就减弱得愈显著。这可以从单自由度振动速度的公式中得出。

$$v = \frac{F}{Z} = \frac{F}{\mathrm{j}\omega M[1 - \mu_f^{-2}(1 + \mathrm{j}\eta)]} \tag{12-7}$$

式中　Z—— 系统输入机械阻抗;

M—— 质量;

$\mu_f = f_F/f_p$—— 激励力频率 f_F 与系统共振频率 f_p 的偏离系数。

式(12－7)说明杆、板之类等分布参量系统是由无限个单自由度系统组成的,以图示形式列于图 12－2。在共振频率($f_F = f_p$)处系统振动速度的振幅达到极大值。假如规定系统振动速度幅值必须衰减 $\alpha = v_{\max}/v$,则按下面方程式求得所需的偏离系数 μ_f 为:

$$\mu_f^2 = 1 + \frac{\alpha^2\eta^2}{4} \pm \eta\sqrt{\alpha^2\left(1 + \frac{\alpha^2\eta^2}{4}\right) - 1}$$

考虑到实际上 $\alpha^2\eta^2 \ll 4$,$\mu_f^2 \approx 1 \pm \eta\sqrt{\alpha^2 - 1}$。例如,$\alpha^2 = 10$ 时,$\mu_f^2 \approx 1 \pm 3\eta$,而 $\eta = 0.05$ 时,

$\mu_f = \sqrt{1 \pm 0.15}$。

这样,为了保证频率 f_F 及 f_p 调偏应达到的效果,它们应相差 7%(当 $\eta = 0.05$ 时)。

调偏系数 μ_r 与系统的振动速度衰减值 α 在不同的损耗系数时的关系示于图 12-3。

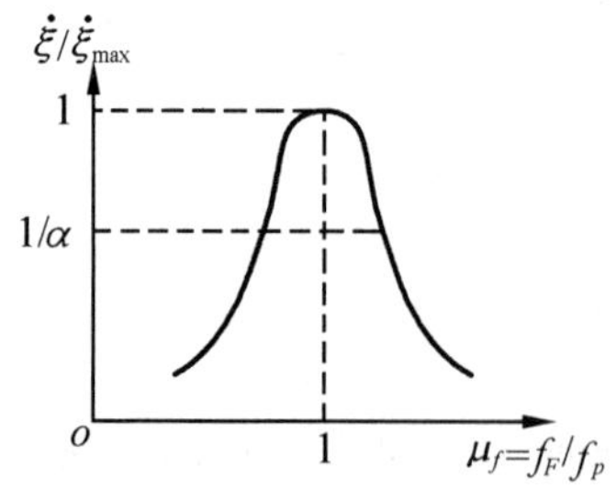

图 12-2 单自由度系统振动速度频谱曲线

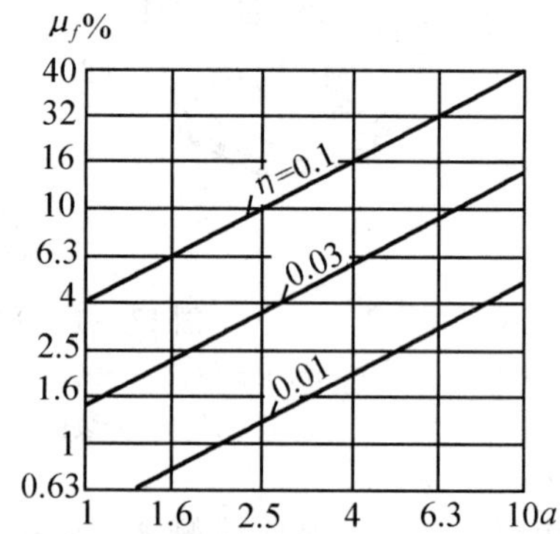

图 12-3 调偏系数 μ_r 与共振频率间的关系

从带有分布参数的系统共振频率的公式可得出,随着谐波阶次的增加,它们之间的间隔随之缩小。因此把频率 f_F 及 f_P 错开以达到指定的系统振动的衰减,仅在某个确定的序号 i_{max} 之前才可能,在这一位置,相邻共振频率之间的距离 Δf_{min} 能保证所需的振幅衰减 α(见图 12-4(a))。

对有限尺寸杆的纵向和扭转振动

$$i_{max} = E\left[\frac{1}{\varepsilon - 1}\right]$$

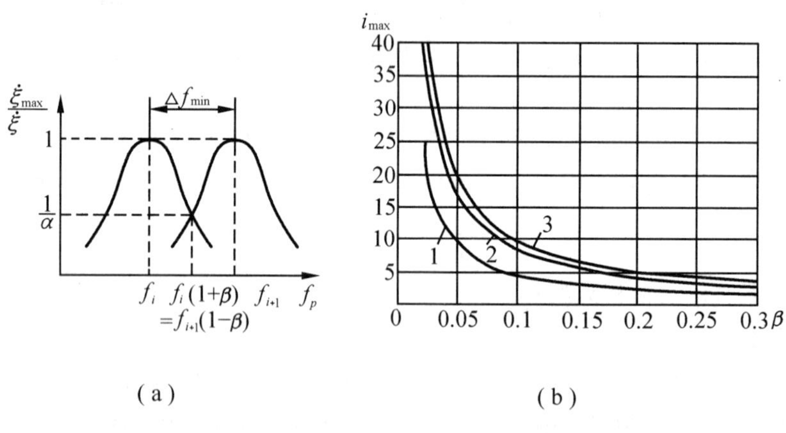

图 12-4 (a) Δf_{min} 值的图形;(b) i_{max} 和参数 β 的关系图

1— 有限杆的纵向振动和扭转振动;2— 有限杆的弯曲振动;3— 矩形板的弯曲振动

对有限尺寸杆的弯曲振动

$$i_{max} = E\left[\frac{3-\varepsilon+2\sqrt{\varepsilon}}{2(\varepsilon-1)}\right]$$

对矩形板的弯曲振动

$$i_{max} = E\left[\frac{1+\sqrt{\varepsilon}}{\varepsilon-1}\right]$$

这里算子 E 表示方括号内表达式的整数部分：

$$\varepsilon = (1+\beta)/(1-\beta);\beta \approx (\eta/2)\sqrt{\alpha^2-1} \quad (\beta^2 \ll 1)$$

值 i_{max} 和参数 β 的关系示于图 12-4 b 上。由于弯曲振动频谱较为稀疏，纵向和扭转振动共振频率的（调偏）错开与弯曲振动共振频率相比在很少情况下能够实现。例如，当 η = 0.05 及 α^2 = 10 时，对杆的纵向和扭转振动 i_{max} = 6，对杆的弯曲振动 i_{max} = 11，对板的弯曲振动 i_{max} = 12。

在相同的激励力作用下，结构最大振速级出现在结构一阶共振频率处。随着振动阶次的增加，振速级与频率成反比下降。因此，没有必要将所有共振频率都调离激励力频率。

图 12-5 给出了各种振动形式的结构振速级和结构共振频率之间的关系。实际上共振振幅衰减值等于 10 分贝就已足够；因此，对杆的纵向及扭转振动应该考虑前三阶共振频率，对杆的弯曲振动考虑前二阶共振频率，对板的弯曲振动考虑一阶共振频率。

用例子来说明船舶结构的共振频率。

例 1　计算在两块相邻肘板之间的钢质基座安装面板的弯曲振动一阶共振频率（见图 12-6）。安装面板宽 l_2 = 0.1m，肘板间距 l_1 = 0.3 m，安装面板厚 h = 0.01 m，$\rho = 7.8 \times 10^3$ kg/m²，$E = 2 \times 10^{11}$ Pa。

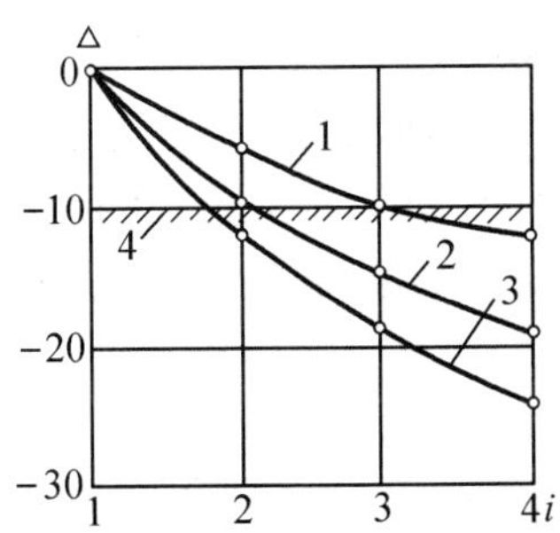

图 12-5　激励力不变时结构振速级与结构共振频率之间的关系

1— 有限杆的纵向及扭转振动；
2— 有限杆的弯曲振动；
3— 矩形板的弯曲振动；
4— 结构振速级必需的下降值

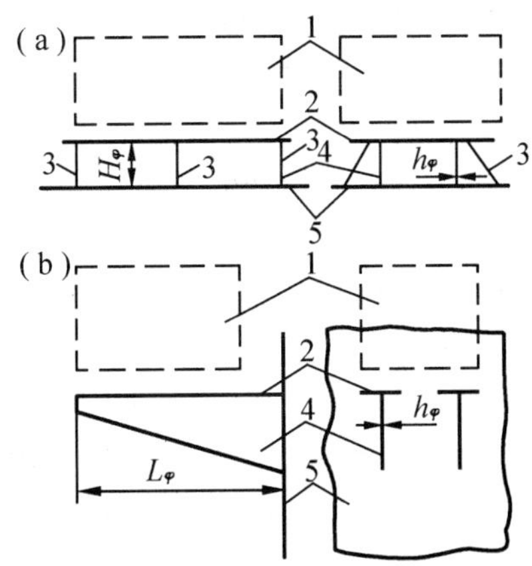

图 12-6　设备基座图

(a) 座墩型基座；(b) 悬臂型基座
1— 设备；2— 基座面板；3— 肘板；
4— 基座腹板；5— 船体结构

所研究的安装面板段的三个边应看作是铰支的，而第四边（外面的）为自由的。按此得出：

$$f_{p1} = 0.5\sqrt{1+4\frac{l_1^2}{l_2^2}}\sqrt{\frac{B_n}{m_n l_1^4}} = 0.5\sqrt{1+4\frac{0.3^2}{0.1^2}}\sqrt{\frac{2\times10^{11}(0.01)^3}{12\times7.8\times10^3\times0.01\times0.3^4}} = 493\text{ Hz}$$

例 2 计算船舶舱室钢质围壁弯曲振动的一阶共振频率,该围壁用 5 根加强筋($i = 5$)在垂直方向(沿尺寸 l_2)加固。围壁的尺寸 $l_1 = l_2 = 2.15$ m,板厚 $h = 0.006$ m。加强筋用 10 号球扁钢制成。围壁边可看作是铰接支撑的。围壁质量 $M = 300$ kg(骨架占 M 的 32%);筋的单位长度质量 $m_{p2} = 7.44$ kg/m,$B_n = 3.28\times10^3$ Pa·m^4;$B_{p2} = 7.8\times10^5$ Pa·m^4。

按上述公式得出

$$f_{p1} = \frac{\pi}{l_2^2}\left[\frac{B_{p2}}{m_{p2}}\frac{1+\dfrac{B_n l_2^4}{(i+1)B_{p2}l_1^3}\left(1+\dfrac{l_1^2}{l_2^2}\right)^2}{1+\dfrac{M}{(i+1)m_{p2}l_2}}\right]^{1/2}$$

$$= \frac{\pi}{2.15^2}\left[\frac{7.8\times10^5}{7.44}\frac{1+\dfrac{3.28\times10^3\times2.15^4}{(5+1)\times2\times10^5\times2.15^3}\left(1+\dfrac{2.15^2}{2.15^2}\right)^2}{1+\dfrac{300}{(5+1)\times7.44\times2.15}}\right]^{1/2}$$

$$= 110\ (\text{Hz})$$

上述船舶结构共振频率计算的例子证明这些频率在一定条件下可能与某些机械的离散分量相重合。例如,基座安装面板的一阶共振频率可能与电气机械磁振动频率相一致。围壁的一阶共振频率可能与机械旋转频率的某个谐频相一致。

船舶结构共振频率和激励力频率相互错开原则上有两种方法。第一种方法是改变激振力频率(振动源旋转频率)。譬如在选择螺旋桨旋转频率时将螺旋桨的叶频不与船体航行振动的计算共振频率值(通常是前三阶)相符合。

第二种方法是,假如振动源的旋转频率不能调整,这种情况对于辅机是常有的。此时可调整安装振动源的船舶结构以改变其弯曲振动的一阶共振频率,即改变共振频率。

改变船舶结构弯曲振动的共振频率最有效的方法就是相应地改变它们的弯曲刚度。这样,若刚度改变二倍,则共振频率在相同的方向变化40%。例如围壁,将例题2中计算弯曲振动共振频率的围壁用6根与原有骨架垂直的8号球扁钢来增加刚度。则共振频率增加到122 Hz, 即在围壁质量增大20% 时,频率增加11%。

为达到相同的频率改变,用增加围壁上单方向加强筋刚度的方法来提高同一围壁的刚度,只需要增加较少的质量。例如,围壁使用16号球扁钢的加强筋与例2中方案相比可使围壁弯曲振动一阶共振频率在增加同样质量(20.4%)时增大28%($f_1 = 140.8$ Hz)。

在基座安装面板的自由边增加加强板来增加它的刚度,从而增大基座安装面板弯曲振动的共振频率。典型基座构件弯曲振动的一阶共振频率大约可提高3倍。

为排除船舶结构共振而采取的方法有:

(1) 选用振动谱离散分量的频率不同于安装这些恒转速机械的船舶结构共振频率;这一频率差 Δf 根据共振频率计算误差(通常不多于10%)和必需的共振振幅衰减来选择(见图12-3),实践中 $\Delta f = 20\% \sim 30\%$ 认为是足够了。

(2) 改变变速机械的旋转频率,使该频率与船舶结构共振频率的差值至少达 $\Delta f = 20\% \sim 30\%$。

(3) 改变船舶结构共振频率,例如增加它们的刚度,使其共振频率与机械振动离散分量

频率的差值至少达 $\Delta f = 20\% \sim 30\%$。

(4) 减振器材。

4. 反共振现象在船舶结构中的利用

在船舶结构反共振频率处,它们的机械阻抗显著增大,它们的振幅也相应地减小。如果安装结构的反共振频率接近或者等于设备振动离散分量的频率,则这一结构的声振动级在该频率上大大地下降。

弯曲振动反共振频率的结构阻抗按下列公式确定:

对长度为 L_c 的杆　$Z_{F\max} = \dfrac{m_c c_c^2}{2\pi f \eta l_c}$;

对面积为 S_n 的板　$Z_{F\max} = \dfrac{32 m_n c_n^4}{\pi^3 f^3 \eta S_n}$。

因为 $C_c^2 \sim f$,而 $C_n^4 \sim f^2$。对杆来说 $Z_{F\max}$ 与反共振频率值无关,而对板 —— 则与该值成反比。

边缘固定、中间被激励的杆(例如管路)和板(例如隔壁、板架)的弯曲振动反共振频率可以用下列公式近似地计算:

$$f_{ai} \approx \sqrt{f_{pi}^2 + f_{pi+1}^2} \quad i = 1,2,3,\cdots \tag{12-8}$$

那样,对图 12 - 7 示出机械的基座安装面板,第一反共振频率根据公式(12 - 8) 等于 1 080 Hz, 与试验符合良好。

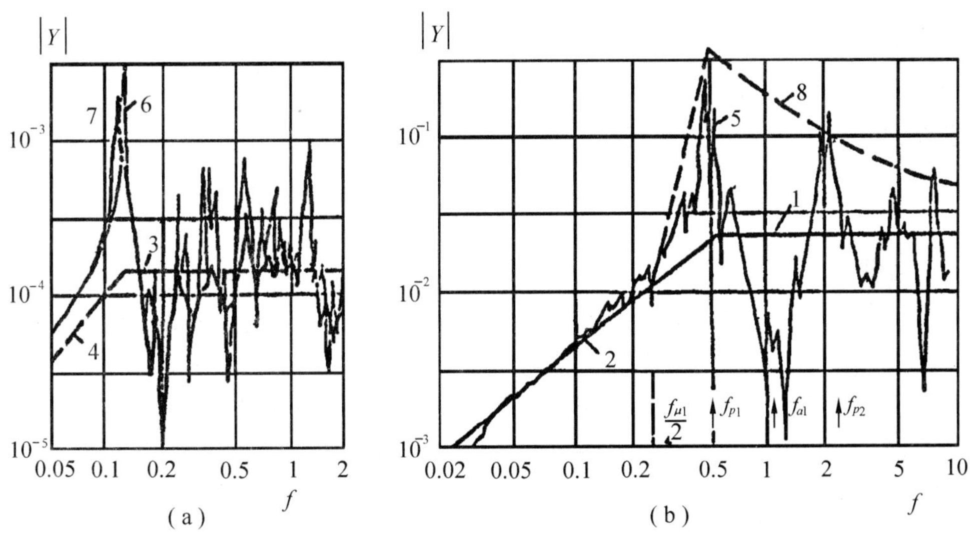

图 12 - 7　矩形板架

(a) 及板架上基座(b) 的机械导纳频率特性

1— 匀质无限板的机械阻抗;2— 按 $Z = K/\mathrm{j}\omega$ 计算的基座面板阻抗;3— 正交异性无限板的机械阻抗;4— 按 $Z = K/\mathrm{j}\omega$ 计算的基座板架阻抗;5,6— 测量结果(无减振覆盖);7— 测量结果(板架带减振覆盖);8— 基座面板最小导纳

将船舶结构弯曲振动的反共振频率调到激振力频率的最大效率为:

对杆 $$\Phi_{max} = \frac{c}{\sqrt{2}\pi f\eta l_c};$$

对板 $$\Phi_{max} = \frac{8c_n^2}{\pi^2 f^2 \eta S_n}。$$

下面举例说明将船舶结构反共振频率调到激振力频率可能达到的效率。

例 3 对具有上节例 1 参数的座墩型基座安装面板元件,根据公式(12 - 8)得到f_{a1} = 1 080 Hz,当 $C_n^2 = 1.08 \times 10^5\ m^2/s^2$ 及 $\eta = 0.1$

$$\Phi_{max} = \frac{8 \times 1.08 \times 10^5}{\pi^2 (1080)^2 \times 0.1 \times 0.03} = 24.7$$

例 4 对上节例 2 中的船舶舱室围壁,根据公式(12 - 8)得到$f_{a1} \approx 230$ Hz,当 $C_n^2 = 5.5 \times 10^5\ m^2/s^2$ 及 $\eta = 0.1$(围壁上有阻尼层)

$$\Phi_{max} = \frac{8 \times 5.5 \times 10^5}{\pi^2 (230)^2 \times 0.1 \times 2.15^2} = 18$$

得出的 Φ_{max} 值同样与图 12 - 7 所示试验结果良好吻合。

例 5 对在刚性吊架上内径为 48mm 的钢质管路,刚性吊架间距 l_c = 1m,管路壁厚 0.004 m。则f_{p1} = 18.8 Hz 及f_{p2} = 75.3Hz,根据公式(12 - 8)得出$f_{a1} \approx 38.8$Hz。当 C_n = 90 m/s 及 $\eta = 0.1$(管路上贴有减振层)

$$\Phi_{max} = \frac{90}{\sqrt{2} \times \pi \times 38.8 \times 0.1 \times 1} = 5.4$$

上述例子说明,用调整船舶结构弯曲振动反共振频率至激振力频率可以显著减小这些结构的声振动级。

最大效率只有在激振力频率很接近反共振频率时才能达到。当这些频率的差别加大时,调整反共振频率至激振力频率f_f 的效率将按下式减小

$$\Phi = \Phi_{max}\sqrt{1 + \frac{(\mu_f^2 - 1)^2}{\eta^2}}, \mu_f = \frac{f}{f_a}, \mu \geqslant 1$$

如果允许 Φ_{max} 减少 3 分贝,则与 $\Phi_{max} \geqslant \Phi \geqslant \Phi_{max}/\sqrt{2}$ 对应的频带是 $\Delta f = \eta_{fa}$。上述降低船舶结构声振动级的条件是,机械设备转速对额定值的偏离不超过 $\eta/2 \cdot 100\%$。

为了有效地将船舶结构反共振频率向激振力频率的调整,必须足够正确地确定反共振频率。在现有算法能达到的精度(约 10%)条件下,计算这些频率是很困难的。因此,最可靠的方法只能认为是用实船或缩比模型试验来确定反共振频率。与调整共振频率的情况一样,调整反共振频率最合理的方法是适当地改变这些结构的弯曲刚度。

5. 增加船舶结构的静刚度

在低于结构弯曲振动一阶共振频率f_{p1} 的频段中,刚度的增大会使这些结构的机械阻抗增大,其结果是不易被激励。用这种方法在上述频率范围内可以用。例如,增加机座安装面板的厚度或在安装面板自由边加筋板的方法减少基座安装面板的易激程度。众所周知,厚度增加一倍时基座的阻抗增大到 8 倍,而在自由边加筋时则增大接近 5 倍。

用增厚安装面板的方法增大弯曲刚度,基座阻抗同样在高于f_{p1} 的频段中增大。则在这一板厚增加一倍时基座平均阻抗在高于f_{p1} 的频段中增大至 4 倍。用筋板加固基座安装面板自由边而不改变它的厚度时基座的平均阻抗在高于f_{p1} 的频段中保持原样。

基座安装板厚度加倍和用筋板加固其自由边对基座的机械阻抗的频率关系示于图12 - 8。

将噪声源直接安装在船体结构上(无基座)并为了减少其激励度,同样应该增大结构的弯曲刚度。用加强骨架来增大结构刚度的方法能保证最小的结构质量。这一结构的机械阻抗在低于 f_{p1} 的频段中将与结构弯曲刚度 B 成比例地增长,而在高于 f_{p1} 的频段中近似地与 $\sqrt{B}$ 成比例增长。

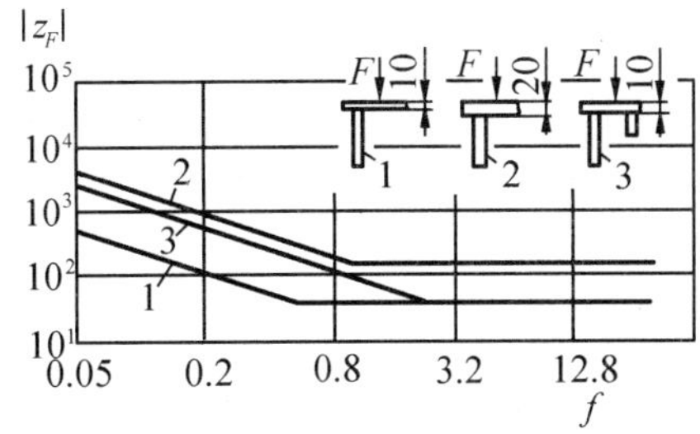

图 12 - 8　基座安装面板采用各种不同结构时输入机械阻抗与频率的关系

1,2— 安装板外缘是自由边;

3— 安装板外缘用筋板加强

对于没有加强筋的板架板厚的增加,像基座安装板一样使机械阻抗在低于 f_{p1} 的频段中与 h^3 成比例地增大,而在高于 f_{p1} 的频段中与 h^2 成比例增大。

采取增大船舶结构弯曲刚度的措施时,应该注意到这不仅会导致机械阻抗的改变,而且还会导致船舶结构其他声学振动性能的改变,像导振性、声辐射能力及隔声量。

弯曲刚度对结构声学振动性能的影响与频率有关。决定船舶结构声学振动性能的频率划分如下:

(1) 结构弯曲振动的一阶共振频率 f_{p1};

(2) 在相邻加强筋之间板段的一阶共振频率 f_{np1};

(3) 临界频率 f_{kp};

(4) 加强构架不再对结构波动性能发生影响的最低频率 f_{o2}。

对无筋结构有意义的只有频率 f_{p1} 及 f_{kp}。

上述频率为加筋结构划分出几个特征频率范围:$f < f_{p1}$—— 范围 A,$f_{p1} < f < f_{np1}$—— 范围 B,$f_{np1} < f < f_{o2}$—— 范围 C,$f_{o2} < f < f_{kp}$—— 范围 D,$f_{kp} < f$—— 范围 E;对无加强筋的结构:$f < f_{p1}$—— 范围 A;$f_{p1} < f < f_k$—— 范围 B;$f_{kp} < f$—— 范围 C。

船舶结构弯曲刚度的变化对结构声学振动特性的影响是不相同的。例如,加大船舶舱室围壁构架的刚度,在频率 $f_{p1} \sim f_{np1}$ 范围内(区域 B) 会降低善其易激励度,但使所有其他声学振动特性恶化,同时对于高于 f_{kp} 的频率,该板架所有的特性保持不变。所以为了改善一个或几个声学振动特性而改变船舶结构的弯曲刚度时,应该确认是否会使它的其他特性变坏。还应该注意到,在结构的弯曲刚度变化时其特性频率 f_{p1} 及 f_{kp} 也会有某些变化。

12. 2. 4. 3　减小船舶结构振动传递的方法

为降低船舶结构的振动传递,可以采用基于改变船舶结构几何参数的下列方法:

(1) 增加传递声振动的船舶结构(隔壁、板架、船体壳板) 接头的隔振;

(2) 采用阻振质量及其他类似用途的装置;

(3) 打破加强筋(肋骨) 布置的周期性。

增大结构接头的隔振能力,可以通过改变弯曲刚度,或(对于无筋结构) 厚度的方法来扩大组成接头的结构机械阻抗间的差别。但是刚度或厚度的改变在大多数情况下与结构质量的增大相联系,这对于船舶并非总是可行的。

增加结构的十字形接头隔振度可以将这个接头的垂向构件,错开距离 l 的方法来达到。如图 12 - 9 所示。这一接头的隔振度 3 比十字形接头的隔振度 4 高。其原因是垂向构件的错开增大了水平构件2在垂向构件连接处的转动机械阻抗。阻抗的增大只有在一定的频段中出现，垂直构件接头之间的水平结构中不出现该频段的弯曲变形。这些变形在 $k_{n1}l \leqslant 1$ 或 $l \leqslant \lambda_{n1}/6$ 时是不存在的。这一条件与频率 $f_{oB} \leqslant c_{n1}h_1/(4\pi\sqrt{3}l^2)$ 一致。

对于较高的频率。相错开的垂向构件的接头将像二个依次排列的 T 形接头一样，它们的总隔振性超过十字形接头的隔振性。

显然，在降低频率时由错开垂向构件接头的隔振度将变得等于十字接头隔振度。这出现在频率 $f_{OH} = 16h_2^3c_{n2}/(\pi^4l^4)$ 时。错开垂向构件接头的隔振度按下列公式计算：

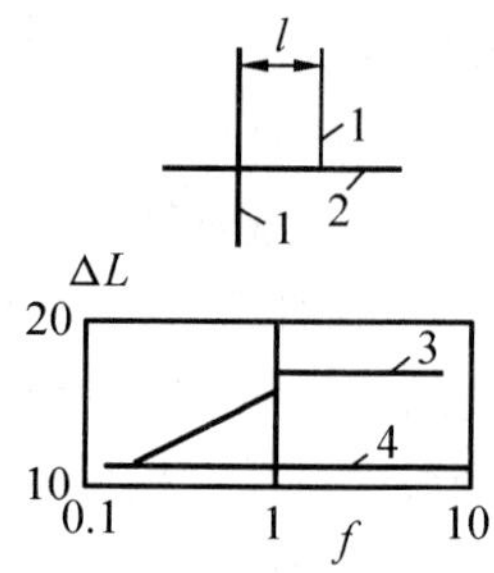

图 12-9 垂向构件互相错开的接头和十字形接头隔振度的频率特性

频率在 $f_{OH} \sim f_{oB}$ 之间时；

$$\Delta L = 10\lg\left[\pi\left(1 + \frac{\beta_0}{2} + \frac{\beta_0^2}{8}\right)\right] \tag{12-9}$$

式中，
$$\beta_0 = \frac{2m_2c_{n2}}{m_1c_{n1}}\left(\frac{k_{n1}l}{2}\right)^2;$$

在频率低于 f_{OH} 时；

$$\Delta L = 10\lg\left\{\pi\left[1 + \left(\frac{h_2}{h_1}\right)^{2.5}\right]^2\right\} \tag{12-10}$$

在频率高于 f_{oB} 时；

$$\Delta L = 20\lg\left\{\frac{\pi}{4}\left[2 + \left(\frac{h_2}{h_1}\right)^{2.5}\right]^2\right\} \tag{12-11}$$

当 $h_1 = h_2$ 时按公式(12-9)及(12-11)相应得出 $\Delta L = 11$ dB 及 $\Delta L = 17$ dB。因而，具有错开垂向构件的接头的隔振度比十字形接头的隔振度增大6 dB。公式(12-9)~(12-11)用于无筋板结构。对于有筋板结构，这些公式中的比例(h_2/h_1)应换成 I_1C_{n2}/I_2C_{n1}。

图12-9中列出了有错开垂直结构的无筋板接头隔振度与频率间关系的例子。在这个例子中 $l = 0.05$ m，$h_1 = h_2 = 0.01$ m。在同一图上还列出了同一厚度板的十字接头隔振度与频率间的关系。

为了在低频时获得较大的有错开垂直结构的接头隔振度，应该增大它们之间的距离 l。

阻振质量是具有矩形剖面或方形剖面的重梁，这些梁布置在声振动传递的板的对接缝上以达到隔振目的(见图12-10(a)，(b)，(c))。为了得到阻振质量最大的效果，必须使其横向剖面长边尺寸显著(至少6倍)小于最短的弹性波波长。(可以在阻振质量剖面内传递的弯曲波)。如果下列不等式成立，则这个条件就满足。

$$2l_1/l_2 \leqslant 10^5/\alpha \tag{12-12}$$

式中 $\alpha = \{[(4\times10^5f_nl_2)^2 + (2f_nl_2)^4]^{1/4} + 1.67(2f_nl_2)^2\}^{1/2}$；

l_2—— 阻振质量横剖面短边长的一半，cm；

f_n—— 所研究范围的上限频率，Hz。

装在同样厚度板的直线接头中的阻振质量(见图12-10a)对于板中弯曲波的散射声场来讲，其隔振度等于：

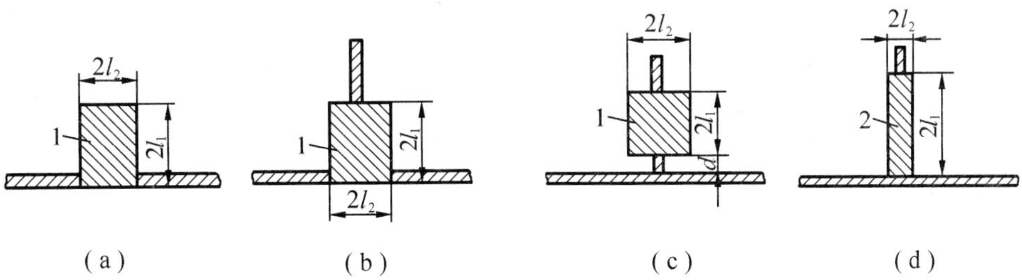

图 12－10　阻振质量简图

(a) 板的直线接头中的阻振质量;(b) 板的 T 形接头中的阻振质量;

(c) 有增大截面惯性半径的阻振质量;(d) 增厚的围板

1— 阻振质量;2— 围板

$$\Delta L = 10\lg \frac{m_M k_n^2}{m_n\left[k_n + \dfrac{k_k(1+\gamma)^2}{k_n^2 r_M^2}\right]} \tag{12-13}$$

式中　m_M—— 阻振质量的单位长度质量;

k_n—— 在尺寸 l_1 方向的阻振质量弯曲振动的波数;

k_k—— 阻振质量扭转振动的波数;$\gamma = k_n l_n$;

r_M—— 相对于阻振质量旋转中心的阻振质量横剖面惯性半径,$r_M = (l_1^2 + l_2^2)/3 + l_0^2$;

l_0—— 阻振质量剖面重心到其旋转中心的距离。

对图 12－10(a) 所示阻振质量结构,$l_0 = l_1$ 则 $r_M = (4l_1^2 + l_2^2)/3$。

构成板中散射振动场平面弯曲波的通过系数很大程度上取决于波在阻振质量上的入射角。在图12－11 上表示了经过直线接头阻振质量的平面弯曲波振幅通过系数模数平方与角度的关系。当入射角为 φ_k 及 φ_n 时可以看到这一值的 2 个极大值,即 $T = 1$。弯曲波的能量主要在接近 φ_k 及 φ_n 的角度下通过。这些角以板中弯曲波轨迹长度与阻振质量中弯曲波及扭转波长度一致的条件来确定。这种现象类似于在所谓介质和板的波数重合的频率下,平面声波完全通过无限板的情形。该阻振质量的 φ_n 角与频率无关(在图 12－11(a) 上 $\varphi_n = 16°$),而 φ_k 角则随频率变化(在图12－11 上 $\varphi_k = 4°$)。

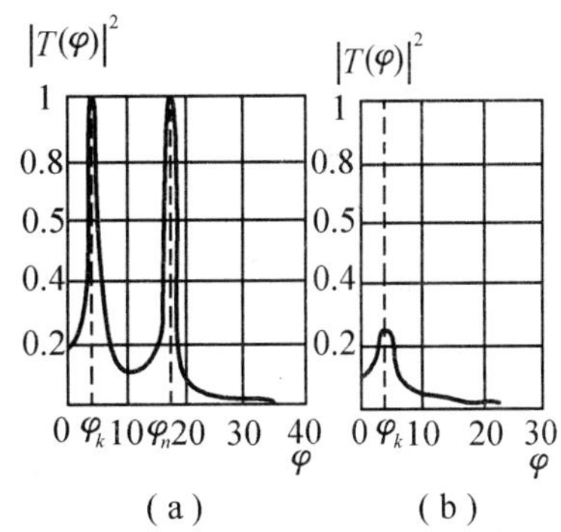

图 12－11　在 m_M = 4.5 kg/m, f = 1 kHz, m_n = 48 kg/m² 时经过阻振质量在板的直接头和(a)T 形接头(b) 平面弯曲波振幅通过系数模数平方与角度的关系

在满足式(12－12) 的条件下,用增加阻振质量高度 $2l_1$ 并相应地减少阻振质量宽度 $2l_2$ 的方法可以不改变它的质量而增加阻振质量隔振度。

图 12－12 上所示为按公式(12－13) 计算的半径 l_2 = 0.045 m 钢质圆形阻振质量的隔振度和实验相比较的情况,该阻振质量焊接在两块钢板上,钢板厚度 h_n = 0.006 m 及边长为 1 × 1.5 m²,其中一块板用宽频带激振器激励,两块板均部分浸入沙中以减少边缘的反射。可

看到该计算和试验吻合很好,用一个阻振质量可以在声频率区内获得隔振度约 10 ~ 20 dB。

增加相互平行安装的阻振质量数不能提高隔振度。这是由于在第一个阻振质量之后弯曲波主要在角 φ_k 及 φ_n 下传递,所以实际上是无阻碍地通过后面的阻振质量。

将若干个横剖面质量和形状各异的阻振质量,即 φ_k 及 φ_n 角不同的阻振质量一个跟着一个地排列,可以使总隔振能力有所增加。譬如,这可以通过将两个剖面相同(但不是正方形)的阻振质量中的一个转 90° 来达到。改变阻振质量的 φ_n 值,而 φ_k 角实际上保持不变,用这种方法可使隔振度在宽的频带内增加约 5 dB。

用调开若干个阻振质量平行度的方法可以增加阻振质量总的隔振度。这时,通过第一个阻振质量的平面弯曲波以与全透过角不同的角度入射在后面的阻振质量上,并有效地被衰减。

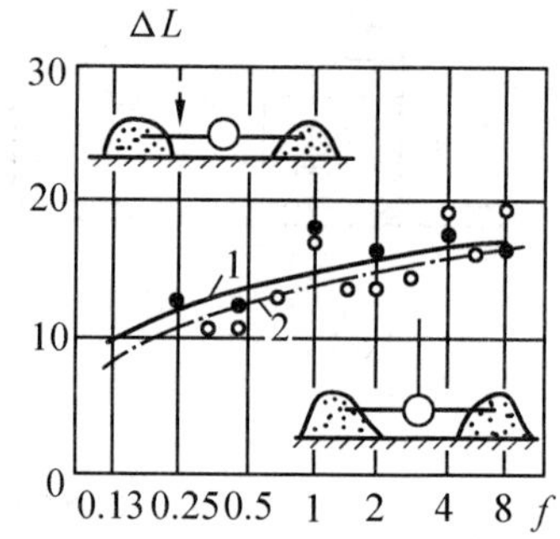

图 12 - 12 在板的直线接头和 T 形接头中钢质圆形阻振质量的隔振度

对直线接头:1— 按公式(12 - 13) 计算;

· — 试验。

对 T 形接头:2— 按公式(12 - 15) 计算;

o— 试验。

在板上安装几个彼此距离相等的阻振质量时,应注意,在相邻阻振质量间板的弯曲振动共振频率处,可能使相应频率的声振动离散分量完全透过。发生这种现象是由于对波的传递构成周期性障碍的构造在一定的频率时具有透明性的缘故。

当阻振质量安装在有加强筋加固的船舶结构上时,会发生顺着横过阻振质量的加强筋与阻振质量隔振度并联的振动能传递。在这种情况下阻振质量的最大隔振度,按下列公式确定:

$$\Delta L_{\max} \approx 10\lg(2k_n l) \qquad (12-14)$$

式中,l—— 加强筋之间的距离。

可见,为更多地实现阻振质量的隔振度,必须使与它交叉的加强筋之间的间距尽可能的大些。在频率大于相邻加强筋间板的弯曲振动一阶共振频率时公式(12 - 14) 是正确的。

阻振质量的隔振度与其在被保护结构上的固定方法有关。不允许用螺栓或铆钉,因为这会在整个声频率区使隔振度明显地减弱。当阻振质量用电焊横剖面角隅固定时可以看到在高频率时阻振质量隔振度变坏。最好的效果是将阻振质量嵌焊在结构中(见图 12 - 10)。

阻振质量在船舶结构中布置的位置应该这样选择,即使阻振质量在平面上形成一个围绕声振动源周围的封闭围线。

安装在连接相同厚度板的 T 形接头(见图 12 - 10(b)) 中的阻振质量,其相对于垂直板中的弯曲波散射场的隔振度按下列公式计算

$$\Delta L \approx 10\lg \frac{k_n^4 m_M r_M^2}{4 m_n k_k \nu} \qquad (12-15)$$

式中,$\nu = \dfrac{(1+\gamma_1)^2}{2+(1+\gamma_1)^2(\gamma_1+\beta)^{-2}\gamma_1^2}$;

$\beta = k_n^2 S_M/4$;$S_M = 4 l_1 l_2$。

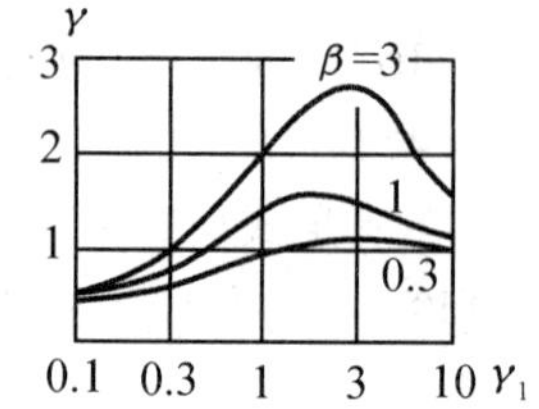

图 12 - 13 各种不同 β 值时参数 ν 和值 $\gamma_1 = k_n l_1$ 的关系

在各种不同的 β 值时 ν 和 γ_1 值的关系示于图 12 - 13 中。从图

中可以看出，当 $\gamma_1 = 2 \sim 3$ 时参数 ν 增大，相应地阻振质量隔振性减小。当 $\gamma_1 < 1$ 时可能获得较好的效果。这时必须注意，在阻振质量横剖面水平尺寸加长时不能破坏公式(12－12)的条件。

平面弯曲波振幅通过系数的模数平方与波在板的T形接头阻振质量上入射角的关系示于图12－11(b)。在入射角等于由 $\sin\varphi_k \approx k_k/k_n$ 决定的 φ_k 时这一系数达到最大值和位于板的直线接头中的阻振质量一样，在目前的情况下角 φ_k 可由板中平面弯曲波轨迹长和阻振质量中扭转波长的等式中求得。$\varphi = \varphi_k \, |T(\varphi)|^2 = 2/9$ 对应于无阻振质量的同一厚度T形接头的情况。

可以用增大阻振质量横截面惯性半径 r_M 的方法来提高阻振质量隔振度。这可以通过将阻振质量移到离水平板 d 处等方法来实现，如图12－10上所示。这时 r_M^2 可按下列公式求得：

$$r_M^2 = \frac{l_1^2 + l_2^2}{3} + (l_1 + d)^2$$

增加 d 将使阻振质量隔振度提高，直到板的延伸度 d 和厚度 h 与板内弯曲波长度变得相接近为止。因而，增加 d 时必需满足条件 $k_n l \leqslant 1$，其中 k_n——h 厚板的波数。

安装在厚0.006 m钢板的T形接头中的半径 $l_1 = l_2 = 0.06$ m圆钢阻振质量隔振度的频率特性的试验数据示于图12－12上。用宽频带振动器激励垂直板，为了减少弯曲波在板边的反射，水平板部分埋入沙中。图上还列出了阻振质量隔振度按公式(12－15)的计算结果。从图可以看出，计算结果和试验结果吻合良好。利用阻振质量可以保证约10～20 dB的隔振度。

为了在船舶结构中实现这样的隔振度必须沿着安装有声振动源的船舶结构的整个周界布置阻振质量。同样必须遵守板的直线接头中提出的阻振质量在船舶结构上固定方法的要求。对于通过阻振质量沿着水平板传递的弯曲波，为增加它们的隔振度，增大横剖面尺寸 $2l_1$ 是合理的。这时，为了保持阻振质量高隔振度同样必须满足条件公式(12－12)。有时采用加厚围板是此类阻振质量的变样，它是垂直板的增厚插入件(见图12－10)。

图12－14上所示为在 $2l_1 = 0.2$ m及 $2l_2 = 0.2$ m时这类围板隔振性的频率特性“1”，围板沿着隔壁周长安装在100吨排水量钢船上。看得出，在这种情况下加厚围板的隔振度在频率高于100 Hz时表现出来，并在高频率时可达到约10 dB，与阻振质量比较，在高频率时隔振度较小是由于加厚的围板横截面十分细长的形状，隔振度将随频率变化而波动。

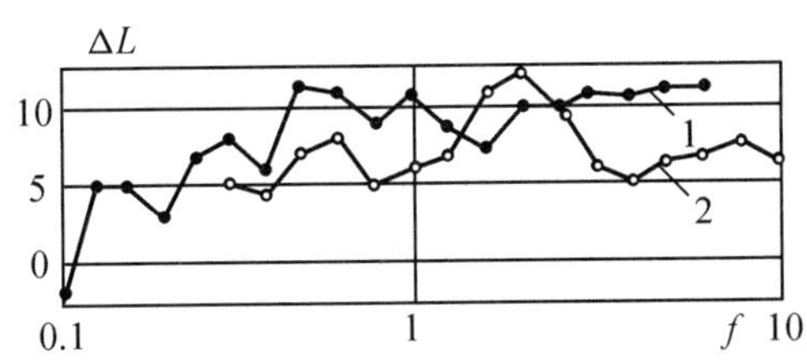

图12－14 加厚围板和《阻振锯》隔振度的频谱

与阻振质量不同的单根加强筋实际上只有较小的隔振度。由于加强筋横剖面的细长形状，在其内部沿高度可能有弯曲波，因此，相对于加强筋与加固板连接线作用的弯曲力矩，加强筋的机械阻抗很小。同时加强筋对垂直于上述连接线的轴线作用的弯曲力矩的阻抗是很大的。因此加强筋对于所加固板中的弯曲波一般看作铰支线。

这一弯曲波振幅传递系数模数平方与角度的关系具有如下形式：

$$|T(\varphi)|^2 \approx \frac{1}{2}\cos^2\varphi \tag{12-16}$$

这一关系用曲线形式示于图12－15上(曲线1)。弯曲波能量的主要部分从 $\varphi = 0°$ 到角

$\varphi = \pm 45°$ 范围内通过加强筋,而且当 $\varphi = 0°$ 时达到通过系数0.5的弯曲波能量的最大通过率。将散射弯曲波场通过加强筋的能量按角度积分,便得出其隔振度 $\Delta L = 6$ dB。

但是在加固板上有几根平行加强筋并不导致它们隔振度相加。这是由于,通过第一根加强筋的弯曲波能量由集中在透过角 $\varphi = \pm 45°$ 范围内的波携带,并以最大透过角入射到下一根加强筋的缘故。

如果将下一根加强筋相对于第一根加强筋转约45°角,则可增加下一根加强筋的隔振度。这时,通过第一根加强筋的弯曲波以具有显著隔振度的角度入射到的第二根加强筋上(见图12-15上曲线"2")。

"隔振锯"(图12-16)是实现以上所述的结构。它的隔振度按计算,在中、高频率上约6 dB。图12-14上所示为从该装置模型上测得的隔振度频率特性"2",从中可见试验结果与上述评估吻合较好。

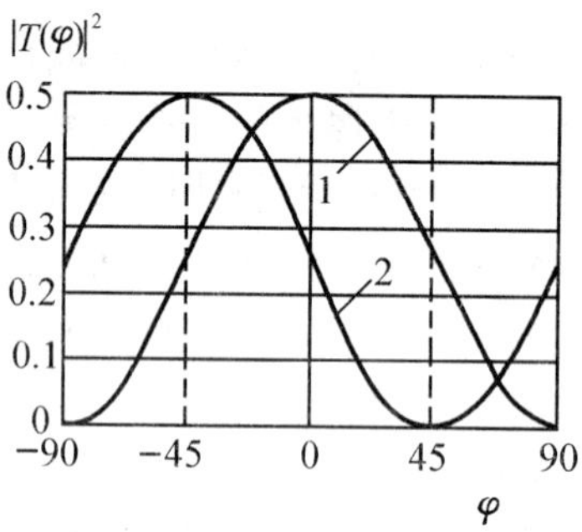

图12-15 通过加强筋的平面弯曲波振幅透过率模数平方与角度的关系

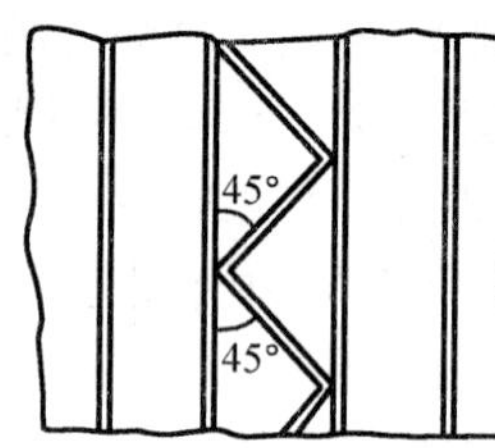

图12-16 《阻振锯》结构简图

在高于 $k_{np}H_p = 1$ 的条件得出的频率 $f_1 = 0.08C_{np}h_p/H_p^2$ 时上面所列关于加强筋隔振性能的结论是正确的,式中 k_{np}—— 厚 h_p 的板中弯曲振动的波数,用此板制成加强筋;H_p—— 加强筋的高度。在低于 f_1 的频率上加强筋相似于阻振质量,它的隔振度可按公式(12-13)估算。

像很多船舶结构那样的周期性构造,它们本身是用平行等距加强筋(肋骨)加强的板,一定频带的平面弯曲波能全部通过它们。这些频带由条件 $\cos(k_n l - v) < |T_n|$ 决定,式中 l—— 加强筋间的距离;ν—— 弯曲波通过加强筋时相位变化;T_n—— 通过加强筋的弯曲波振幅通过系数。在平面弯曲波垂直入射到加强筋上时,根据公式(12-16)可得到 $T_n = \sqrt{2}, \alpha\nu \approx \frac{\pi}{4}$。

全透过频带(它们有时也称为传递带)之间的间隙中会沿着结构元产生一定的弯曲波振幅衰减。这些频带(衰减频带)按条件 $\cos(k_n l - v) > |T_n|$ 来确定。

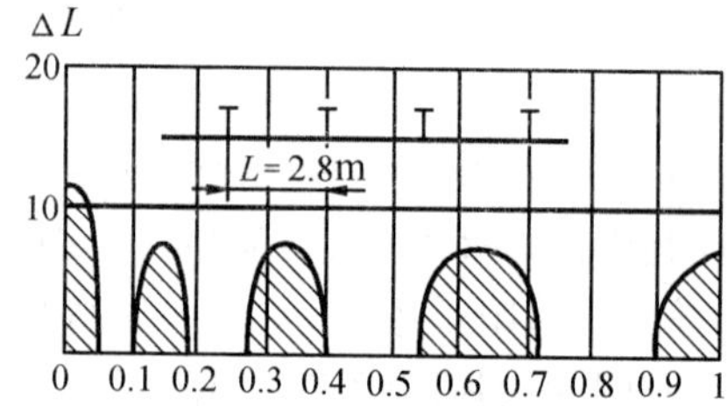

图12-17 由肋骨加固的船体外板的周期性结构中弯曲波振幅衰减Δ与频率的关系

对厚0.013 m船体外板计算结果示于图12-17上,在该外包板上每隔2.8 m距离处安装高0.45 m的肋骨。计算中假定肋骨和船体包板的连接线是铰接支座。从计算中得到在0 ~

1 000 Hz 范围内传递带在 45 ~ 100 Hz，180 ~ 275 Hz；400 ~ 540 Hz；700 ~ 900 Hz 处。在上述工作中以计算为依据分析了从主机及螺旋桨方面作用在船体的激振力频率。其中指出了螺旋桨第 3 及第 4 叶频(62 及 82.7 Hz) 在传递带中的情况。

平行等距加强的结构中的传递带中心频率根据条件 $\cos(Knl - \nu) = 0$ 确定，即

$$k_n l \approx \frac{\pi}{4} + \frac{\pi}{2}(2i - 1), i = 1,2,3,\cdots \tag{12-17}$$

符合上述条件的频率是长 l、两端自由的杆弯曲振动的共振频率。由此，所研究结构在肋骨间板弯曲共振频率附近出现弯曲波完全通过。

当平面弯曲波入射角偏离垂直方向时周期性结构的传播带向高频方向移动。因此对于弯曲波散射声场，其分量在板平面内的方向大致均匀分布。它的每个分量有自己的传递域，相对其他分量的传递带有某些频率偏移。结果对于散射振动场，加筋船舶结构将不会有明显的传递带。仅仅在激振力离散分量频率与相邻加强筋之间的船舶结构段共振频率相吻合时才是危险的。

在出现这种吻合，同时又不可能改变激振力频率的情况下。调开加强筋(肋骨的) 布置的周期性，使相邻肋距间结构的共振频率相互错开是有益的。这一船舶构件结构元周期性的调开能防止声振动在激振力离散分量频率与这些结构间距内弯曲振动共振频率吻合时在大距离中声振动自由扩散。

对于连续谱激振力有足够宽的频带时，周期性结构元间距内弯曲波共振频率没有危险性。

图 12 - 18 所示为 4 个阻振质量的隔振度与频率的关系。4 个阻振质量相互间间距 l = 0.125 m，结构受 1/3oct “1” 及 1/1oct“2” 宽频带激振力作用，当用 1/3oct 频带激励时可观察到接近于结构间距弯曲振动共振频率相对应的阻振质量的隔振度下降。这些频带用公式(12 - 17) 计算。

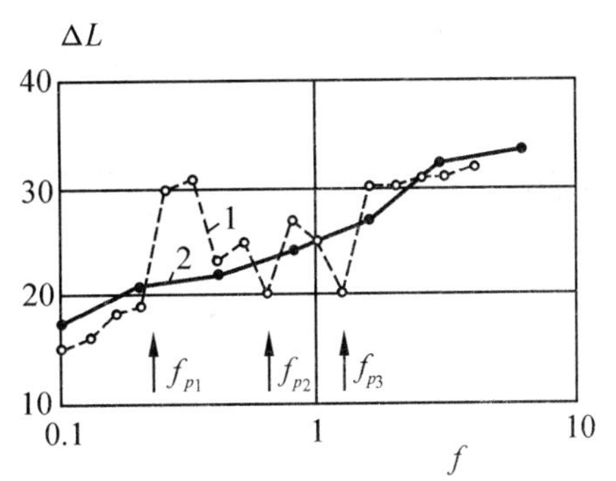

图 12 - 18　当 m_M = 2.5 kg/m，$h = 8 \times 10^{-4}$ m 时 4 个钢阻振质量隔振度 1/3 及 1/1oct 频谱

激励频带增大至 1/1oct 时隔振度不再出现下降。

12.2.4.4　管路噪声振动控制

1. 舰艇管路系统

为了保证潜艇的战斗力、生命力，充分发挥其战术技术性能，同时为了给艇员创造必要的生活条件，在潜艇上设置了各种专用管路和设备，通过这些管路设备可以向艇内装载、向艇外排送以及在潜艇内部输送各种流体，这些管路设备统称为潜艇系统，如潜浮系统、液压系统、主疏水系统、纵倾平衡系统、压缩空气系统、空调系统、淡水和洗涤水系统、卫生系统、消防水系统等。

一般而言，潜艇的管路系统由各种机电设备、管路、各种阀门等组成。

管路系统按其职能可划分为三大类：

① 保证航行机动性能的系统；

② 保证潜艇生命力的系统；

③ 创造适宜艇员生活条件所需的系统。

按管内流动介质来分又可分为:水、油、空气、压缩空气、蒸汽等。

2. 管路系统振动噪声控制原则

根据管路系统振动与噪声在舰艇总体噪声中的影响及表现方式,其振动噪声控制原则有三个方面。一是管路系统振动控制原则;二是管路系统结构噪声控制原则;三是管路系统通海口水噪声控制原则。

管路系统振动噪声控制应在方案论证、设计、施工建造、安装、维护保养各阶段有所体现。在方案论证及设计阶段应从系统的角度对管路系统的振动噪声问题进行考虑,包括系统参数的确定、设备、元件的造型等。在施工建造、维护保养阶段应严格按标准、规范来执行,确保管路系统振动噪声控制的目标。

(1) 管路系统振动控制原则

引起管路系统的振动有多种原因,影响管路系统振动状态的因素也有多种。对管路系统的振动进行控制就要针对这些因素而采取相应的措施,从控制管路系统振动的角度,首先是要降低激励源的振动幅值或量级;其次是应避免管路系统共振;再就是要减小振动的传递。

① 降低激励源的幅值或量级

对于管路系统而言,为了减小系统的振动,首先就是要控制源设备的振动幅值或量级,如水泵、油泵、空气压缩机。因为这些源设备对管路系统的振动影响极大。所以,在源设备已经确定的情况下,要根据相应的标准、总体论证分配的指标,对选用的源设备进行振动检测,若源设备的振动幅值或量级超过了要求的限值,则不能允许该源设备装艇使用,或对源设备本身采取改进措施,以达到规定的要求。除了源设备的生产制造外,基座的设计及设备的安装对中以及与管路的连接,都要考虑到对振动的影响,避免因基座设计、设备安装与管路连接的不当而产生较大的振动。

对于管路系统中的阀件、弯头、三通、变截面管、容器进出口等,从管路系统振动的角度而言,可以看作是广义上的激励源,对此也应采取一定的措施,降低其引起的振动幅值或量级,在系统配套选用时,应尽可能选用低噪声管路元件。

② 避免管系共振

对一般系统而言,反映其振动特征的有三个参量,这就是输入特性、系统固有特性、输出特性,就管路系统振动来说输入就是源设备激励,输出就是管路系统的振动响应,控制管路系统的振动幅值或量级就是要减小振动响应,而管路系统的振动响应是由源设备激励和系统固有特性所决定的,当设备激励确定之后,管路系统的固有特性将影响其振动响应,当管路系统的固有频率与源设备的激励频率相同或接近时,会产生共振,从而造成较强烈的振动。为了控制管路系统的振动,必须避免这种现象发生。在管路系统的设计中应该进行管路系统振动特性计算,若产生共振现象则必须采取改进措施,使管路系统的固有频率错开源设备激励频率,避免共振发生。

③ 减小振动传递

管路系统振动能量的传递有两种途径,一是通过管壁进行传递,另一种就是通过管内的流体来传递。在工程上,目前所采取的措施是减小振动沿管壁的传递,也就是采用挠性接管来隔离源设备的振动。

源设备的安装一般都采取了隔振措施,因此,源设备振动沿管壁的传递就显得突出了,为了减小振动的传递,必须在源设备的流体进出口附近处安装挠性接管,在管路内有高压流体的情况,挠性接管的效果会受到影响。应根据管路系统内的压力选择适当的挠性接管。

当源设备的安装采用了双层隔振或浮筏装置时,源设备进出口管路的连接也应考虑双层挠性接管的方式,尽量使两者的隔振效果相当。

(2) 管路系统结构噪声控制原则

管路系统结构噪声是指管壁中的中、高频振动,或者说固体声波沿管壁这种波导传播的情况。管路系统结构噪声控制主要是控制振动沿整个管路系统的传播以及管路系统元件之间相连接的部位。

① 增加管路系统的阻尼

管路系统中结构噪声的传递主要是通过各种不同类型的振动波:纵向波、扭转波、弯曲波和叶状振动波等几种,管路系统的阻尼可使这些波在传播过程中损耗,阻尼越大,波的损耗就大,管路系统未做阻尼处理时,其自身的阻尼是很小的,对各种波的衰减损耗也是很小的。因此,为了控制管路的结构噪声,必须对管路阻尼处理。

阻尼处理可采用外包覆或内涂等各种方式,具体设计参见本书有关章节。

② 减小结构声传递

除了增加阻尼消耗振动能量外,还可通过改变管路系统声阻抗的特性,使其传递的能量减小。对管接法兰等元件进行优化设计;在管路系统穿过舱壁时,采用挠性接管;对管路系统的支承悬吊采用弹性连接的方式等,改变管路系统的声阻抗以达到减小结构声传递的目的。

(3) 管路系统通海口水噪声控制原则

管路系统的水噪声经过通海口直接向艇外辐射,辐射的水噪声主要表现为管路系统中的压力脉动、湍流噪声及空泡噪声,为了控制通海口水噪声,必须采取减小压力脉动,降低声辐射效率的措施。

① 减小压力脉动

当管路系统中存在较大的压力脉动时,对压力脉动的产生源及传递途径要进行分析,并采取相应的措施,如采用储液容器或脉动压力衰减器,使达到通海口处的压力脉动尽量小。储液容器或脉动压力衰减器要尽量靠近泵源设备,泵源设备附近应尽可能地减少弯头,这有利于脉动压力的减小。

② 降低声辐射效率

对管路系统的出海口进行优化设计,合理确定出海口的结构形式、方向、流速、材料等,使管路系统出海口的声辐射效率较低。

12.3　消　声　瓦

12.3.1　消声瓦的降噪机理

潜艇消声瓦的用途是减少艇体结构的声辐射、降低敌方声呐反射以及减小对本艇声呐站的干扰。

消声瓦性能的优劣,取决于消声瓦材料的吸声、隔声以及阻尼性能。

消声瓦主要的声学特性是:透射系数 γ,它是由透过消声瓦的声波幅值与入射到消声瓦上的声波幅值之比来确定的;反射系数β—— 消声瓦的反射波幅值与入射波幅值之比,以及敷设消声瓦的结构损耗系数η。消声瓦的声能量吸收系数α由能量守恒条件来确定。一般在新研制消声瓦的过程中,需要在实验室装置,如水声管,变压水池和试验用的艇体结构上测量这些特性。

声学特性γ和β与隔声量(ΔR)和抗声呐效果(ΔL)的关系可用下式(dB)表示:

$$\Delta R = 10\lg\frac{1}{|\gamma|^2},\quad \Delta L = 10\lg\frac{1}{|\beta|^2}$$

消声瓦的特性(隔声,反射,吸声和振动阻尼)取决于消声瓦的结构,根据其主要用途可以有不同的作用。

按性能:

— 吸声瓦;

— 隔声瓦;

— 吸振瓦;

按用途:

— 消声瓦;

— 抗声呐瓦;

— 声呐基阵屏蔽瓦;

按结构:

— 加强瓦;

— 非加强瓦。

消声瓦的重量尺寸指标可以在相当宽的范围内变化。例如,厚度可从10到70 mm(在个别情况下达100 ~ 120 mm)。因此消声瓦的重量可达到100 kg/m^2(在空气中)。外部消声瓦在水中几乎丧失掉全部重量。

外部消声瓦以类似橡胶的材料为基、含有不同浓度和尺寸的空气夹杂的人造介质。消声瓦的工作原理是将弹性体内传播的拉伸 —— 压缩声波在空气腔的自由表面上变换为切变波。与在水中传播的声波相比较,这种波形的传播速度低、吸声性能强。这些特点使消声瓦在厚度不大(相对周围介质内的声波波长)时取得很好的声学效果。

在外部消声瓦受到静水压力挤压时,空气腔的容积减小,从而将改变消声瓦的效果。

作为高弹性材料的橡胶,具有很小的静刚度和动刚度,同时还具有很大的容许静变形范围,从而保证了潜艇消声瓦在很宽的静水压力范围内消声瓦的完整性和工作能力。

消声瓦与水的波阻抗比值的大小,决定了消声瓦的隔声性能。吸声和振动阻尼效果一样,是借助消声瓦不同的振动形状下产生的剪切变形时黏弹性材料内的能量耗散。因此总的消声效果取决于隔声、吸声和振动阻尼效果,但是更多地取决于隔声和振动阻尼效果。

对外部消声瓦的隔声和吸声的要求在原则上是相矛盾的,因为必须在一个结构内既保证瓦和水的波阻抗差别很大(对隔声而言),并相反地,又要保证它们的匹配(对吸声而言)。因此外部消声瓦是由两个相互作用的部分:隔声和吸声部分组成的。

改变空气腔的尺寸和形状、橡胶的弹性 —— 耗散性能及其温度关系以及瓦内夹杂物的性能,既可以改变消声瓦的性能类型,又可改变该消声瓦对频率和静水压力的应用范围。

最佳声学效果所对应的频率是由空气腔的容积确定的,频带宽度是由消声瓦材料的耗散性能确定的,而瓦本身的效果值是由具有不同容积空气腔的数量确定的。每一个空气腔的容积愈大,则单元振动子的频率愈低。

消声瓦隔声部分效果的增大可以应用软的类似橡胶的材料来实现,但是随着静水压力的增大,促使空气腔的容积更快地减小,相应地,也使效果下降。

同时,为了减小消声瓦的反射和增大消声瓦吸声部分的输入导纳与水介质的匹配,最好应用具有机械损耗系数值不高的材料。

12.3.2　消声瓦的理论模型

从消声瓦的制造工艺要求来看,瓦内的空气腔不是杂乱无章布置的,而是一层一层布置的。可以按瓦的厚度来排列具有不同的物理化学性能和力学性能的材料。主要的物理因素之一是瓦的不均匀性,该不均匀性取决于方向,既具有周期性(沿消声瓦),又具有非同期性(沿消声瓦厚度),消声瓦被认为是有限数量的多孔橡胶层之和,按照采用的模型,在层之间的接触平面内剪切振动不参加能量一层一层地传送。声波通过这些层的速度完全用当量结构弹性模数 $E(\omega)$ 来描述。

每一层厚度为 H,穿孔系数 $\varepsilon^2 = \left(\frac{r_0}{R}\right)^2$,腔直径 $2r_0$(图 12-20 中 2),橡胶的静切变模数 G_0,动切变模数 $G(\omega) \approx 1/3E(\omega)$ 和损耗系数 $\eta(\omega)$ 来表征,因此复切变模数具有形式 $G = G(\omega)[1 + i\eta(\omega)]$。实际上在层的效果范围内,沿层的振动空间范围 Λ 远大于层的不均匀性范围 $R = r_0/\varepsilon\Lambda$,即 $\Lambda \gg R$。

在这些条件下可以认为,在单个不均匀性范围内激励是同相位的,并且几个相邻的孔眼处于相同的条件下。因此在层内激励出相对缓慢的切变振动,其传播速度按阶次接近消声瓦材料内的切变波速度。各个孔眼不交换能量,因此多孔层可以认为是局部起反应的。在这种近似中,消声瓦的层声学参数的分析归纳为对于个别孔眼的动态弹性理论问题。

单个孔眼是一个在平面图内有一个六角形 ABCDEF 和在橡胶块(图 12-21 中 1)内有一个半径为 r_0 的腔(图 12-21 中 3)的棱柱。

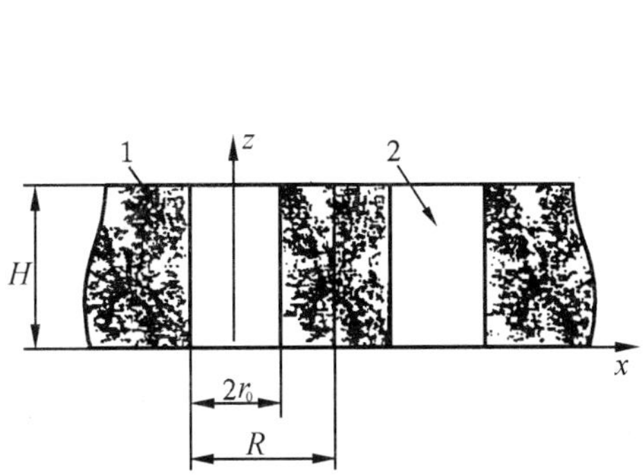

图 12-20　外部单层消声瓦几何特征

1—橡胶;2—空气腔

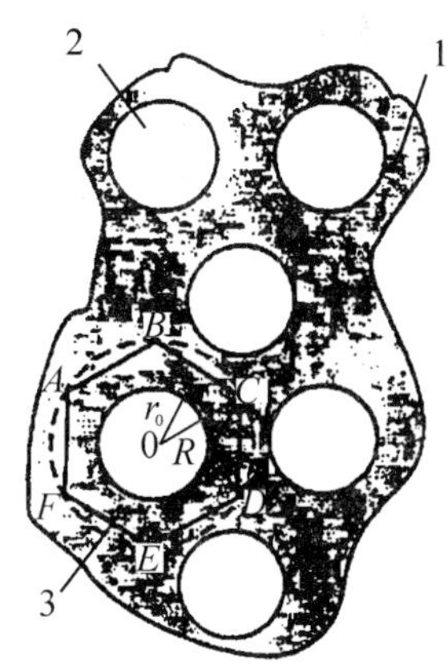

图 12-21　消声瓦一层及其单元孔眼几何特征

在理论研究中可以用半径为 R 的圆来取代六角形,从而允许在圆柱坐标系内形成空心圆柱体的轴对称边界条件。

在这圆柱体的外侧表面上,当 $r = R$ 时应遵守径向(法向)位移和切向(切线)应力等于零的条件,而在空心圆柱体的内表面上,当 $r = r_0$ 时应遵守径向和切向应力等于零的条件。在这样的假设下,关于确定多孔薄板声学性能的问题归纳成解纵向弹性波沿着带腔的空心圆柱体的中心线传播的问题,该圆柱体置于绝对刚性的圆柱体卡环内并能沿卡环表面无摩擦地滑动。

当声波沿单元孔眼法向传播时,单元孔眼被认为是声四极子,声四极子的性能通过四极子传输矩阵 $\tilde{A}_i(\omega) = \begin{bmatrix} A_i & B_i \\ C_i & D_i \end{bmatrix}$ 来描述,传输矩阵联系第 i 层边界(表面)上的应力(声压 P)和法向速度分量 V,$\begin{bmatrix} P_i \\ V_i \end{bmatrix} = [\tilde{A}_i(\omega)] \times \begin{bmatrix} P_{i+1} \\ V_{i+1} \end{bmatrix}$。

在假设层类似水并满足亥姆霍兹方程时可以用计算方法来确定矩阵系数 $\tilde{A}_i(\omega)$,或者在上述边界条件下对圆柱形孔眼解动态弹性理论方程式的基础上,来确定矩阵系数 $\tilde{A}_i(\omega)$。

作为 N 层系统消声瓦的特性用该系统的传输矩阵 $[\tilde{A}_N(\omega)] = \prod_{i=1}^{N} [\tilde{A}_i(\omega)]$,其中 $[\tilde{A}_N(\omega)] = \begin{bmatrix} A & C \\ B & D \end{bmatrix}$ 来描述。

在声波入射到消声瓦时,隔声量表达式(ΔR)和抗声呐效果表达式(ΔL)。具有以下形式(用传输矩阵术语):

$$\Delta R = 20\lg\left|\frac{Dz_0 + B + z_N(A + z_0C)}{2z_0}\right|$$

$$\Delta L = -20\lg\left|\frac{B - Dz_0 + z_N(A - z_0C)}{Dz_0 + B + z_N(A + z_0C)}\right|$$

其中,$z_0 = \rho_0 c_0$(ρ_0— 水的密度,c_0— 水中的声速);

$z_N = z_M + z_0$;$z_M = i\omega\rho_M h_M$(ρ_M—— 支承结构材料密度,h_M—— 支承结构厚度)。

图 12 - 22 所示为具有圆柱形孔消声瓦隔声量计算结果与测量结果的比较,圆柱形孔的穿孔系数沿厚度变化,并假设消声瓦具有与水层类似的平均特性 ρ_N 和 c_N。计算和实验数据吻合得很好。

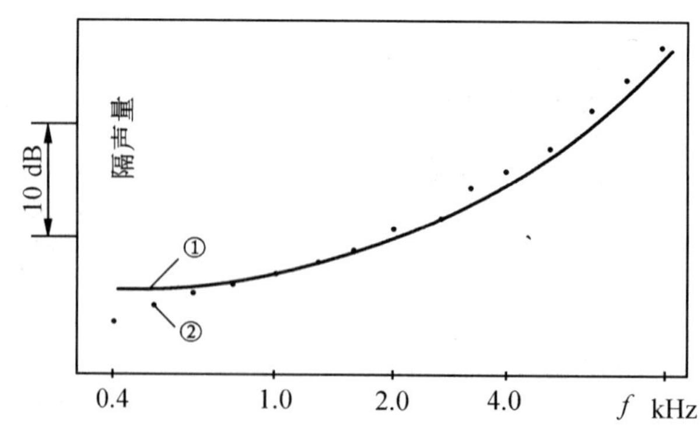

图 12 - 22 消声瓦隔声量的比较

1— 计算值;2— 实验值

外部消声瓦的效果是由工作频率和静水压力以及温度来确定的。图 12 - 23 具有沿厚度变化的圆柱形孔的消声瓦随频率、压力和温度变化的隔声量。图 12 - 24 所示为取决于频率和压力的消声瓦抗声呐效果。

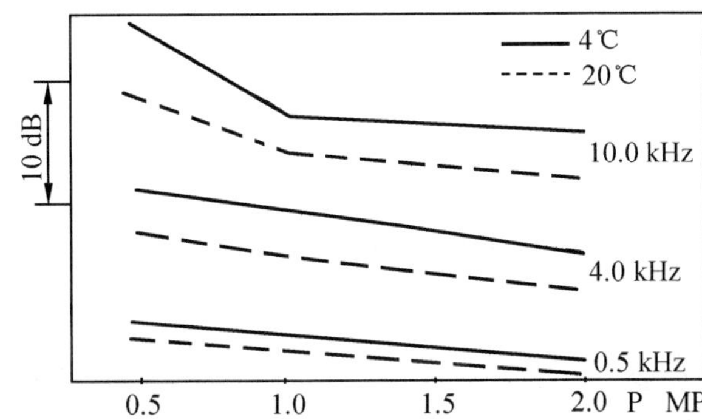

图 12 - 23　消声瓦的隔声量随频率、压力和温度的变化

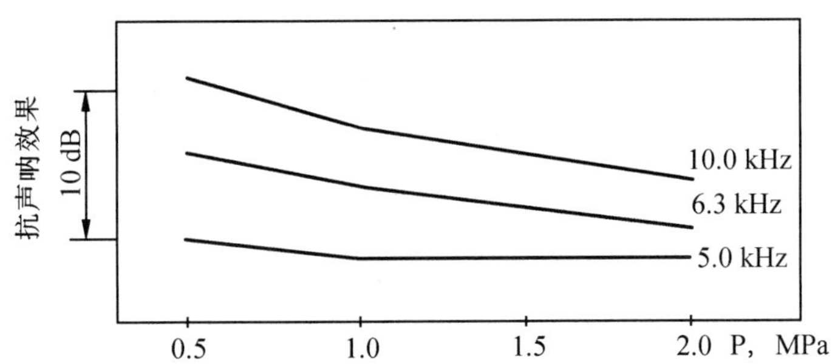

图 12 - 24　消声瓦抗声呐效果随频率和静水压力的变化

正如前面所指出的，与隔声量一起，消声瓦的振动阻尼效果对消声效果带来主要的贡献。图 12 - 25 所示为水中测量的潜艇轻外壳结构上消声瓦损耗系数的频率关系。图 12 - 26 所示为共振与非共振消声瓦声学效果的频谱图。

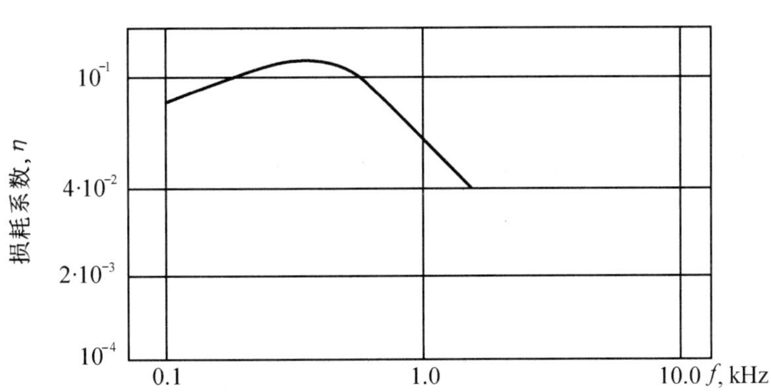

图 12 - 25　在水中测量的潜艇轻外壳结构上消声瓦损耗系数的频率关系

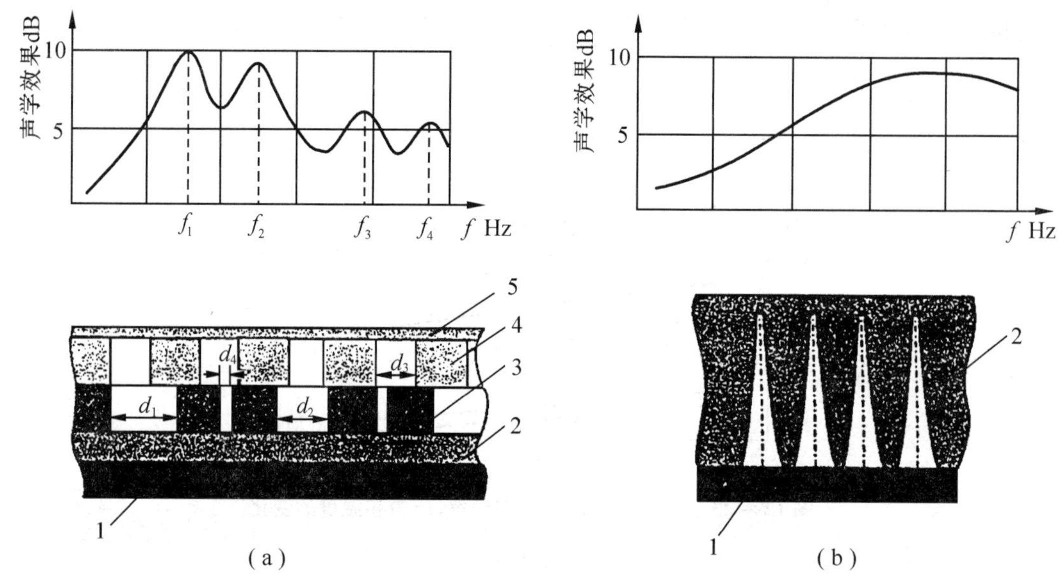

图 12－26 (a) 共振与(b) 非共振型消声瓦声学效果的频谱图

1— 钢板;2,3,4,5— 弹性材料

d_1,d_2,d_3,d_4— 穿孔的直径;f_1,f_2,f_3,f_4— 相应的共振频率

12.3.3 消声瓦的工程应用

研制新的外部消声瓦包括下列工作阶段。

首先必须编制外部消声瓦应当满足的基本技术要求和使用要求。它们不仅应当包含消声瓦固有的声学参数值(在给定的频率范围内的反射系数,隔声系数,振动吸收系数),并且还应当含有消声瓦性能的压力稳定性要求,艇体结构的连接件和固定件强度要求和整个消声瓦的强度要求,消声瓦制造工艺及其在艇体结构上的敷设工艺要求,以及在使用条件下消声瓦的耐用性(臭氧稳定性,抗附生物能力等)。

下一个阶段是编制初步设计参数,它们包括:选择消声瓦结构的原理图,给定消声瓦的重量尺寸指标,预先确定消声瓦的材料,确定可变化的参数和对其变化的容许限制条件。

消声瓦的声学设计包括在不同的静水力载荷下所有必需的消声瓦效果计算,在不同的静水压力下,其中包括在最大深度上,消声瓦固定强度的计算。根据这些计算的结果,确定取决于下潜深度的消声瓦的理论效果。如果按照声学或强度标准消声瓦的模型不满足初始的要求,则应修改计算中的输入数据和消声瓦本身结构。

下一个工作阶段 —— 平面声波垂直入射到样品上时,在水声管内对消声瓦样品进行实验研究(即确定消声瓦最大可能的声学效果) 以及在变压声学水池内对大型模型进行实验研究(其中包括平面声波斜入射到模型上)。在制造试验样品时和样品试验时摸清楚需要排除的消声瓦结构和工艺缺点。在个别情况下还用浮标、大型模型和艇体结构的实物构件进行附加的海上声学试验。

在声学研究的同时,进行必要的试验来确定消声瓦的强度和寿命特性。在取得肯定性的结果时,应当制定工业性的消声瓦制造和在潜艇船体上敷设的工艺。

12.3.4　消声瓦应用效果评定

降低潜艇噪声的有效手段之一是应用外部消声瓦，它们可以布置在潜艇的耐压艇体外面和轻外壳上。其消声效果由有、无消声瓦时潜艇噪声场之差(dB) 来评定。消声瓦的消声效果取决于隔声效果以及振动吸收能力。振动吸收能力是借助消声瓦提高结构的损耗，靠增大结构本身的逸散性能来实现的。

如果在高频段消声瓦的效果主要由它们的隔声性能来确定，则在较低的频段由振动吸收性能来确定。外部消声瓦的效果不仅取决于它们的声学参数，而且还取决于艇体的结构件参数。根据这个原因，消声瓦敷设到不同的结构上时，它的消声效果可能相差很大。

一般，由于各种原因不可能用消声瓦将艇体表面完全覆盖，必然存在孔、透声部分(例如声呐导流罩)、曲率半径很小的表面等。因此，某些地方根本不可能覆盖或者覆盖较薄但效果较差的消声瓦。

1. 外部消声瓦的额定隔声效果和损耗系数

外部消声瓦的额定隔声效果，即与其布置位置、固接方法、潜艇的具体结构参数及艇体结构上消声瓦的敷贴方案无关的特性。

外部消声瓦的额定隔声效果由二十倍以十为底的透声系数倒数的对数来确定，透声为平面简谐声波垂直入射于消声瓦时而透过的声(穿过层的声压与入射到层上声压之比称为透声系数)。

外部消声瓦的额定隔声效果是通过对消声瓦的试验样品和模型试验来确定:

—— 材料和结构试件在水声声管中隔声的测量结果;

—— 在变压水池中确定试件的隔声;

外部消声瓦的损耗系数是振动能量在艇体结构中由它消耗的程度来表征的。

带有外部消声瓦结构的损耗系数通过对试验样品和模型进行试验确定。

2. 外部消声瓦消声效果的计算

从工程角度出发，外部消声瓦消声效果的计算一般可通过大量模型试验和实船测量得到。消声瓦消声效果的工程计算分为单层艇体和双层艇体的计算。

单层艇体的消声瓦消声效果计算时应考虑未敷贴部分和敷贴了辅助层时，外部消声瓦隔声效果的计算;外部消声瓦由于发挥减振性能而产生效果的计算;单层艇体所涉舱室外部消声瓦的降噪效果的计算等。

双层艇体外部消声瓦的消声效果计算，应计算连接构件的折合刚度、耐压壳和轻外层的折合质量、上限频率、布置在耐压壳与轻壳体上主要的外部消声瓦、连接构件的分流作用。从而得到双层艇体外部消声瓦的降噪效果。

12.4　水声对抗

12.4.1　引言

水声对抗指的是为使敌方声呐设备失灵或迷盲、声自导武器失控或毁灭而采取的各种手段。现代海战的胜利，不仅取决于各种现代化武器的硬杀伤能力，而且取决于降低敌方声探测设备性能以及使其声自导武器系统失控的软杀伤能力。在1982年的英阿马岛海战中,阿根廷海军曾多次发射数枚声自导鱼雷对某舰实施攻击。英方采取了及时有效的声对抗措施。使用了先进的声对抗设备,使得阿方的鱼雷攻击无一奏效。从此战例中不难看出水声对抗在现代海战中具有何等重要的地位和作用。实际上,在电子技术高速发展的今天有无先进的水声对抗系统及手段已成为衡量各国海军装备现代化水平的一个重要标志。

12.4.2 水声对抗的方法和手段

水声对抗从其基本方法上分析,包括以下两个主要方面:

12.4.2.1 软对抗——降低潜艇自噪声和目标强度

潜艇自噪声是潜艇自身水声探测设备的干扰背景,潜艇目标强度则与敌方主动声呐的探测距离有直接关系。显然,降低潜艇自噪声和目标强度既可以减小敌方水声设备的作用距离。又可增大自身设备的作用距离。这种通过降低潜艇的自噪声,减少其目标强度从而躲避敌方水声设备或武器的探测和攻击,以提高自身生存能力的对抗思路,一般称为软对抗。

12.4.2.2 硬对抗——研制各种声呐和鱼雷的对抗设备

与软对抗相对应的还有一种硬对抗方法。这种对抗方法不是一味地提高自身的隐蔽性,以躲开敌方的探测或攻击,而是主动采用各种各样的诱饵、干扰器和气幕弹等,使敌方鱼雷或吊放声呐跟踪假目标或干扰其自导系统使之偏航,甚至将其摧毁,从而达到保护自己消灭敌人的目的。

在硬对抗中采用的水声对抗设备主要有以下四大类。

1. 压制型设备

这类设备主要是噪声发生器,它能够发出宽频带大功率的干扰噪声,使得敌方水声探测设备无法正常工作。这类设备是最早研制与装备的水声对抗器材之一,起始于上世纪40年代。早期的噪声发生器大多为机械装置,20世纪六七十年代出现了电子式噪声发声器,其系统简图如12-27所示。

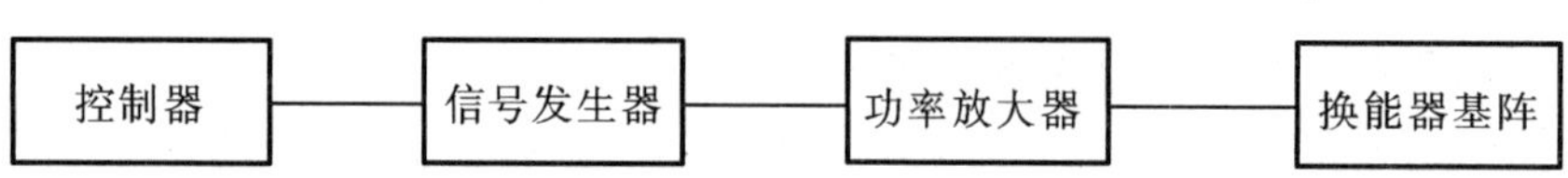

图12-27 电子噪声发生器组成框图

控制器可通过手工或自动设定,控制信号发生器产生一定频率、一定调制方式的信号波形,经放大器功率放大后,由换能器基阵向外辐射。这种电子式噪声发生器发出的噪声信号频带一般很宽,可覆盖敌方水声探测设备和声制导武器的整个工作频率范围,造成强大的噪声干扰背景,从而降低其信噪比。

典型的设备有美国加利福尼亚大学战争研究部为装备潜艇研制的NAC及NAH声信标。这种干扰器就是利用强噪声干扰敌方回声测距。整个设备总重量为218 kg。工作深度可在0~120 m之间设定。有效工作时间为12分钟。它是电子式噪声干扰器,发出的噪声频带为10~40 kHz,使用前可人工设置为下列三个频带之一:15~18 kHz,18~22 kHz,22~27 kHz。它发出的噪声干扰信号功率较大,以25 kHz的声波为例,其噪声干扰级可达166 dB。这种声信标通过潜艇的信号发射管发射,靠内部填装的化学药物与海水作用产生的气体使信标悬浮在预定的工作深度上。

压制型设备只能发出宽频带的干扰噪声，因此它对于敌方的水声设备的干扰只是起到了增加其噪声干扰背景的作用，当敌方的水声设备采用了比较先进的声发射技术如变频、调制、编码及先进的信号处理技术时，它的干扰效果就会大大降低。这样又出现了可对敌探测目标进行逼真的声学模仿的各种模拟器和声诱饵，也就是诱骗型设备。

2. 诱骗型设备

这种诱骗型设备（声诱饵）是一个声信号假目标，它能够模拟真实目标的噪声及反射回波，从而诱使敌方的声呐和声制导武器进行错误的跟踪和攻击。声诱饵可从以下几个方面实现对探测声呐和声制导鱼雷发出的主动探测声波的回波信号的模拟。

（1）模拟回波信号的形式

面对水声对抗的发展，各国的声呐和声制导鱼雷除了采用不同的发射频率以外，在发射的信号形式上采用了多种形式。例如意大利的 A244 鱼雷主动发射声波采用了调频、调幅及频率编码技术，法国上世纪 70 年代末装备部队的 SS48 型主动声呐。在声信号的发射形式上采用了单频脉冲、调频脉冲和双曲线交叉编码脉冲或伪随机序列脉冲，因此声诱饵模拟的回波形式也应当具有单频脉冲、调频脉冲和编码脉冲等形式。

（2）模拟回波信号频段

目前国外主动声呐的主要工作频段为 3 ~ 15 kHz，而当前服役的声自导鱼雷主动工作频率又多在高频段，一般为 30 kHz 左右，所以声诱饵模拟的目标回波信号其频段应从几 kHz 到几十 kHz。如美海军 1976 年装备的 MK38 型反潜训练靶，其模拟回波信号频段为 3 ~ 60 kHz。

（3）模拟回波信号声强

模拟回波信号的声强，应为入射波声级加上所要模拟的潜艇的目标强度。潜艇的目标强度具有明显的方向性，一般取正横方向为 25 dB，艇艏艉方向为 10 dB，正横与艏艉之间为 15 dB。

国外潜艇模拟器和自航式声诱饵的目标强度取 18 ~ 25 dB，它们模拟回波信号的声源级为 140 ~ 190 dB。

另外，声诱饵为了达到以假乱真的目的，必须能较好地模拟水下目标的机动性能，同时为了诱骗反潜兵器较快离开受威胁的潜艇，希望声诱饵能够有一定的水下航速。目前国外先进的潜艇模拟器和自航式声诱饵均采用双速制、三速制或是像美国的 MK30 - 1 那样的连续变速制。英国的 DMT 深水活动靶采用改变电机电压取得不同的航速。法国的 CI - 1 靶雷和 L4 - 2 潜艇模拟器同是采用两台转速不同的电机以获得 5 节、10 节和 25 节的不同速度。另外在现代的自航式声诱饵上，还可根据实际需要，通过计算机模拟，选择确定几种典型的程序弹道。如美国的 SPAT 声靶具有航向、速度和深度的十种不同组合程序，弹道形式有蛇形、环形和螺旋形三种。美国的 MOSS 自航式声诱饵则更为先进，它能够监视来袭鱼雷的航向和深度变化，从而修正声诱饵的机动，达到尽快地诱骗敌方反潜兵器远离受威胁的己方潜艇。

3. 诱杀型设备

诱杀型设备实际是诱骗型设备与一套爆炸装置的组合。它将敌方的声制导武器诱骗到附近后，爆炸装置自行起爆，从而将其摧毁。如美国埃默逊电气公司在上世纪 80 年代研制成功并装备部队的 *MK*2 - 0/*MK*2 - 1 型声学对抗装置，它可以装备在潜艇和飞机上，主要用于诱骗对抗敌方的声自导鱼雷。其功能方框图如 12 - 28。

该诱饵直径为 80 mm，长 1 m，为细长圆柱形，从组成上可分为三部分：头部为探测系统，装有陶瓷换能器和声发射器的阻抗匹配网络；中部为非触发引信，并装有 40 ~ 50 kg 的高

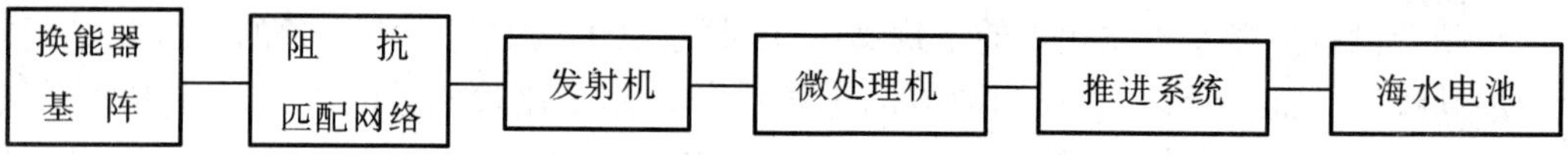

图 12 - 28 MK2 型声学对抗装置

能炸药;尾部为推进系统,有受海水压力控制的电动机及套封式螺旋桨。其能源为海水激活的银镁电池。该诱饵在载机(艇) 发现目标后。先进行设定,然后投放或发射。诱饵本身的动作均由装在头部的微型计算机程序控制及设定,是一种智能化的装置。它的工作过程如下:发射机向来袭鱼雷发射声波,经反射得到的回波声信号由换能器转变成电信号,送微处理机进行处理,然后微机向海水电池发出激活指令,电池向水压控制的电动机提供电能。使螺旋桨旋转。这样处于静止状态的诱饵就靠推力悬浮在设定深度上等待着鱼雷的靠近,这一等待时间根据来袭鱼雷的航速而定,鱼雷一旦到达,电信号指令非触发引信起爆,炸药爆炸击毁目标。

反鱼雷鱼雷也可属于对抗主被动自导鱼雷的诱杀型设备,而且反鱼雷鱼雷是在反鱼雷战中一种最理想的硬杀伤作战手段。由于反鱼雷诱饵是诱骗鱼雷来攻击,因此速度不一定很高,而反鱼雷鱼雷则除了诱骗之外,还能追歼来袭鱼雷,故对其速度应有一定的要求。在上世纪 80 年代初,美国曾开发了一型反鱼雷鱼雷的样雷,并在海上进行了试验,这条样雷装药量为 5 kg,爆炸时足以使 20 m 以内的来袭鱼雷的自导系统失灵或损坏,据称试验效果较好。另外,它还装有主被动自导系统,能够识别来袭鱼雷的真伪。

4. 侦察型设备

侦察型设备主要是侦察声呐,它的功用就是用来侦察敌主动声呐的工作参数,包括频率、方位。距离、脉宽、信号形式等、由此来决定各种水声对抗设备的选择和施放时机,以实施有效的对抗行动,达到最佳的对抗效果。如美国通用电气公司研制生产的 4N/MLR - 2 型侦察声呐,装备在潜艇上用来侦察敌方主动声呐的工作参数。它的接收频带为 5 ~ 120 kHz,方位测量精度为 5 度,频率测量精度为 93% ~ 95% 。

12.4.3 水声对抗的发展方向

1. 发展通用化多功能对抗设备

目前,各国海军致力于发展通用化的多功能对抗设备,这种设备可用于潜艇、水面舰艇,也可用于反潜直升机和固定翼飞机,平时训练和战时均能使用,既能进行噪声干扰,又可做诱饵。这样可以节约研制经费,省时省力。如美国的 SPAT 自航式潜艇噪声模拟器,不仅可用于日常训练,战时还可用作假目标诱骗声自导鱼雷,还可以进行磁异常模拟。

2. 发展完整的对抗系统

对付自导鱼雷武器系统的威胁是水声对抗一项重要的作战任务,如只采用一种特殊设备,无论这种设备多么有效,要完成这种任务也是很困难的,为此必须建立完整的防御体系,同时使用多种探测器材和设备,并采取相应的措施。如北约的防鱼雷系统和美国潜艇声学系统等都是全防御系统。

3. 将水声对抗纳入一体化作战系统

现代海战是立体型战争,只有采取立体防御、协同作战、软硬杀伤手段并用,才能提高作战能力和生命力。

第13章　舰船结构声场控制

控制结构声场的措施包括三大类:有利于结构声控制的结构设计或结构措施;选择低噪声的装舰机械设备;控制进入结构和在结构中传递的振动。进行结构设计主要是指选择声学上合理的船舶结构形式及其上层建筑,控制振动传递的结构方法等;选择低噪声装舰设备主要是指设备振动的控制参数、选用原则和舰上布置原则等;控制结构噪声传递主要是指基座设计,隔振技术,阻尼技术,管路系统振动控制、振动主动控制等。

13.1　结构设计

选择声学上合理的舰船结构是声学设计的最重要阶段,当完成设计后再发现声学上不正确时方案是很难纠正的,而在已建成的船上则实际上是不可能纠正的。应在结构设计阶段就开始进行声学上合理的选择,其措施包括:选择合适的推进方式,合理布置振动设备,设计低噪声螺旋桨并选择与之相匹配的艉部结构,合理布置通风空调系统和其他船用系统,控制噪声传递的结构形式。

13.1.1　调整结构共振频率偏离激励力频率

当激励频率与舰船结构共振频率相同时,由于此频率机械阻抗的减少使结构振动变得特别激烈。装舰设备的振动频率中存在许多固定的离散频率分量,这些分量如果与结构共振频率重合,结构中可能会出现不允许的高振动级。在弯曲共振条件下,结构声振级与激励大小成正比,而与激励频率、结构质量和损耗因数成反比。当激励不变时,显著增加结构质量是不现实的,提高损耗因数是合理的。

消除共振的方法主要是使结构共振频率与激励频率相互错开。错开频率后,结构的损耗因数愈大,振幅衰减愈显著。激励频率与结构共振频率的偏离系数 $\mu_f = f_F/f_p$ 的确定取决于振幅的衰减要求和损耗因数。由于舰船结构的共振频率都是分布的,随着频率升高,共振频率间隔减小,因此,为达到指定的振幅衰减,f_F 与 f_P 的错开仅在一定的频率内有效。要求振动源所有激励频率分量与结构共振频率分量全部错开甚至达到规定的偏离系数,往往是不可能的,也没有必要。

常用的错开共振频率的方法有:

1. 选用振动谱离散分量的频率不同于安装这些恒转速机械的船舶结构振动共振频率;这一频率差 Δf 根据共振频率计算误差(通常不多于10%)和必需的共振振幅衰减选择,实践中 $\Delta f = 20\% \sim 30\%$ 认为是足够了。

2. 改变变速机械的旋转频率,使该频率与船舶结构共振频率的差值至少达到 $\Delta f = 20\% \sim 30\%$。

3. 改变船舶结构共振频率,例如增加它们的刚度,使其共振频率与机械振动离散分量频率的差值至少达 $\Delta f = 20\% \sim 30\%$。

4. 减振器材。

13.1.2 利用舰船结构元件中的反共振现象

在结构反共振频率处,机械阻抗显著增大,因而激励振幅相应减少。如果舰船结构安装处的反共振频率接近或等于设备振动离散分量的频率,则结构的声振级在该频率上将大大下降。

只有在激励频率与结构反共振频率一致时,才能达到最大效率。这些最大效率对于简单结构是可以估算如下。

$$\text{杆}:\Delta_{\max} = \frac{c}{\sqrt{2}\,\pi f\alpha\eta L} \tag{13-1}$$

$$\text{板}:\Delta_{\max} = \frac{8c^2}{\pi^2 f_a^2 \eta s}$$

式中 c—— 杆或板中弯曲波传播速度;

f_a—— 杆或板的反共振频率;

η—— 杆或板的损耗因数;

L—— 杆长;

s—— 板面积。

当激励频率 f 偏离反共振频率 f_a 时,效率会下降;

$$\Delta = \Delta_{\max}\sqrt{1 + \frac{(\mu_f^2 - 1)^2}{\eta^2}} \tag{13-2}$$

式中,$\mu_f = f/f_a$。

为了有效地将结构反共振频率调整到激励力频率,应能准确确定反共振频率,而目前的算法却难于保证 10% 左右的精度,因此,通常依靠实船或缩尺模型试验来确定反共振频率。调整反共振频率最合理的方法也是改变结构的弯曲刚度。

13.1.3 增加舰船结构的静刚度

当频率低于结构弯曲振动第一共振频率 f_{R1} 时,增加结构刚度会导致机械阻抗增加,即导纳降低。但在不同的结构特征频率段,这种改变并不是一致的,同时改变结构刚度还会引起其他声学性能的变化,如振动传导性、声辐射性和隔声性。为便于分析,对加强筋加强的板架结构定义下面一些特征频率。

f_{R1}:结构弯曲振动第一共振频率;

f_{PR1}:相邻加强筋间板的第一共振频率;

f_{kR}:临界频率;

f_{02}:高于此频率时,加强构架不再对结构波动性能有影响。

如果结构无加强筋,f_{R1} 和 f_{02} 没有意义。这些特征频率又将加强筋加强的结构分为五个频率范围,A:$f < f_{R1}$;B:$f_{R1} < f < f_{PR1}$;C:$f_{PR1} < f < f_{02}$;D:$f_{02} < f < f_{kR}$;E:$f > f_{kR}$。对于无加强筋结构,只有三个范围,A:$f > f_{R1}$;B:$f_{R1} < f < f_{kR}$;C:$f > f_{kR}$。

对无加强筋板,当改变板的厚度时,船体结构振动声学性能与它的抗弯刚度的关系示于表 13-1;对有加强筋的板,当改变加固骨架的刚度时,其关系示于表 13-2。表中符号:

"+" 表示结构振动声学性能提高;符号"-" 表示性能下降;符号"0" 表示性能值与刚度变化无关。其中,对机械阻抗、振动传导性和声辐射性,符号"+" 表示它们数值的减小,而对于隔声性,则表示数值的增加;上下双符号,上面的符号对应于刚度的增大,下面的符号对应于刚度的减低。

改变船体结构抗弯刚度,不是同等影响它的振动声学性能,例如,增加加固船舶舱室围壁骨架的抗弯刚度,在频率范围f_{R1} ~ f_{PR1} 内增加了它的机械阻抗,但使其余所有振动声学性能降低。同时,在高于f_{kR} 的频率范围内,板架结构的所有振动声学性能都是不变的。这样,为了改善一个或几个振动声学性能而改变船体结构抗弯刚度,应确信不要同时使其余性能降低。同样应注意到,结构抗弯刚度的改变也使其特征频率f_{R1} 和f_{kR} 有一定变化。

表 13-1 无加强筋结构的振动声学性能与其抗弯刚度的关系

振动声学性能	在频率范围内性能的变化		
	A	B	C
机械阻抗	±	±	±
振动传导性	∓	∓	∓
声辐射性	0	∓	0
隔声性	±	±	±

表 13-2 有加强筋结构的振动声学性能与其抗弯刚度的关系

振动声学性能	在频率范围内性能的变化				
	A	B	C	D	E
机械阻抗					
骨架	±	±	±	0	0
板	±	±	0	0	0
振动传导性					
骨架	∓	∓	∓	0	0
板	∓	∓	0	0	0
声辐射性	0	∓	∓	0	0
隔声性	±	±	∓	0	0

13.1.4 降低舰船结构的振动传导性

为了降低船体结构振动传导性,可以使用以下改变结构几何参数的方法:

1. 增加传导声振动的船体结构连接(隔壁、板架、船体外板)的隔振性;
2. 采用振动阻尼材料和其他有类似功能的装置;
3. 改变加强筋(肋骨)的配置间隔。

增加船体结构连接(接头)的隔振性,可用下述方法达到:使构成连接(接头)的结构机械阻力不匹配,方法是相应改变抗弯刚度或厚度(对无加强筋结构来说)。但是,在大多数情况下,改变刚度或厚度与增加结构质量是相关联的,这在船用条件下并不总是允许的。

13.2 机械设备的选用与布置

13.2.1 舰船机械设备的选型

安装在舰艇上并有水下噪声级要求的设备,都应采用专门的低噪声型设备。所谓低噪声型设备是指在舰艇水下噪声谱中由此设备振动噪声能量辐射所决定的分量并不是明显的。

低噪声设备应按订货方给定的振动噪声特性要求来研制,并在该设备制造厂或供货方试验台上检验是否满足这些要求。

在低噪声设备的研制过程中,应研究引起设备振动的原因。作为舰艇总体设计或者系统设计人员,在对设备提要求时,不仅要考虑该设备的主要功能,而且要合理地选择其功率和运行方式。控制设备振动的方法大致可分类如下:

· 降低设备运行时的不平衡力;

· 控制设备零部件和接合处制造的有限精度产生的力;

· 设备运行高速性的合理选择;

· 提高设备振动噪声特性的稳定性;

· 严格振动噪声特性的验收。

选择低噪声装舰机械设备是控制舰艇机械噪声最有效的途径。表征机械设备"低噪声"性能的参数主要为:设备机脚处的振动加速度或振动速度,设备的振动烈度,空气噪声,设备的激励力,设备管路出口处的脉动压力和水噪声级。本节重点介绍设备机脚处振动加速度,机组振动烈度,设备激励力的有关特性和获取方法,其他参数见相关各章节。

13.2.1.1 机械设备的振动级

舰船设计人员根据总体噪声控制目标可分解各系统直至每台装舰设备的振动级控制值。该振动值一般是以设备在实船安装环境下机脚的平均振动加速度级或振动速度表达。振动加速度级 L_a(dB,a_o = 10^{-6} m/s^2)可按下式换算成振动速度级 L_V(dB,V_o = 10^{-9} m/s):

$$L_V = L_a + 44\ \text{dB} - 20\lg f \qquad (13-3)$$

式中,f—— 振动频率或 $1/n$ 倍频带中心频率。

工程中常用振动加速度级来评价机械设备机脚处的结构噪声。因为在中高频率时,振动位移或速度值比较小,加速度值较大,同时加速度传感器易于安装布置且测量精度高,因此,测量加速度可以保证有效的信噪比和足够高的精度。

为了获得机械设备在实船安装环境下机脚的振动加速度级,应对设备的运行条件和安装环境予以规定。设备和运行工况须按战时工作状态或者额定工作状态为依据,安装环境原则上应采用下述三种规定的基座:a. 与舰船船体基座相同;b. 标准的试验基座如 240 mm 工字钢;c. 在刚性地面底板上的固定型钢(浇铸或螺栓连接)。

在 a 类基座上测得的振动加速度级与在实船基座上测量值基本相近,但费用较高;b 类基座具有以知的且标准化的输入阻抗,因此不同机器设备的振级可以相互比较也可推算到实艇上去；在 c 类基座上测量设备加速度的同时还必须测定支撑位置的输入阻抗，便于同一设备在不同环境测量值的相互比较。

机械设备振动加速度级的限值曲线一般来源于水下噪声计算时为达到总体声学目标而对振源设备设定的控制值。如果该控制值的取得存在困难，也可将该设备多次测量的平均值作为参考，同时考虑总体要求和技术进步的要求，制定限值曲线。对舰船噪声水平有贡献的装舰机械设备都必须满足限值曲线的要求，才能予以验收，即使是非常用设备，也应满足相关的限值曲线。振动验收通过的设备应不解体原样发往总装厂，否则应重新进行振动验收检测。

13.2.1.2　机械设备的振动烈度

振动烈度是表示机械设备振动强烈程度的量。工程上一般采用多个测点振动速度有效值的合成值来表征振动烈度。振动烈度的数学定义如下：

$$V_s = \sqrt{\left[\frac{\Sigma V_x}{N_x}\right]^2 + \left[\frac{\Sigma V_y}{N_y}\right]^2 + \left[\frac{\Sigma V_z}{N_z}\right]} \tag{13-4}$$

式中　V_S—— 振动烈度，mm/s；

V_x,V_y,V_z—— 三个互相垂直方向上的振动速度有效值，mm/s；

N_x,N_y,N_z—— 三个互相垂直方向上的测点数。

振动烈度测点布置原则为：测点应选择在能代表机器整体运动的刚性较强的部位，如机器表面、前后端顶部、轴承盖和机座等，不得安装在刚性较差、局部振动大的部；小型设备一般选择 3 ~ 5 个测点，中大型设备 6 ~ 8 个测点。每一个振动烈度测点测量三个互相垂直的方向：与机器安装表面垂直的方向 z；沿机器轴线方向 x；垂直 xz 平面方向 y。

13.2.1.3　机械设备的激励特性

往复泵的主要振源有：活塞与缸体的摩擦力、流体排出不均匀、气蚀现象等。回转泵的主要振源有：径向不平衡力、流体交变引起的对叶片的作用力、滚动轴承等。海水冷却泵、螺杆泵、主疏水泵均属此类。与泵相连的电机也是主要振动源。往复泵机组激励力的主要频率为轴频和 2 ~ 5 倍轴频，频率在 400 Hz 以下。回转泵机组激励力在频带内呈现梳状谱特性，轴频、叶频及其倍频、电机电磁力频率为主要频率分量，一般在 10 ~ 1 000 Hz 内。电磁力频率 f_n 计算方法为：

$$f_n = (P \times n)/60 \tag{13-5}$$

式中　n—— 电机转速，r/min；

P—— 电机的极对数。

离心通风机的振源分为风机叶扇不平衡产生的周期性振动、风机轴套与轴加工偏差引起的偏心矩产生的周期性振动。同时，叶片绕轴旋转时，不断对气流施加作用力，作用力的平均部分对应于维持气流运动的推力，而其交变部分则对应于产生气流噪声的激发力，这种激发力反作用于叶片时也引起风机振动。离心风机激励力的频率除基频外还存在整数倍基频。轴流式通风机的通风方式为电机与风扇采取轴联方式送风，其振动原因除具有离心式通风机的风扇振动特点外，它还包括电机的振动，电机产生振动的原因有转子偏心，相位不平衡等。轴流式通风机的振动主要是风扇振动频率，其次是电机振动频率。

空调机组的振源一般有：转子不平衡、轴承摩擦、油膜振荡、定子与转子接触产生的涡动、气蚀、喘振等。机械振动频率与转子的旋转频率一致或呈现整数倍关系，通常在 500 Hz 以下。流体振动的频率与旋转频率无关，一般为高频，通常为 600 ~ 2 500 Hz。空压机的主要振源有:活塞与气缸的摩擦,气流的脉动,电机的转子不平衡力,电磁力振动的轴承振动等。空压机激励力的振动谱特征在整个频带内呈梳状谱特性,基频及其倍频的激励力幅值最高。直流电机和交流机组的主要振源有:转子不平衡惯性力,滚动轴承摩擦力、电磁力。直流电机和变流机组激励力的主要频率分量为1 ~ 10 倍轴频、电磁力频率等。

13.2.2 舰船机械设备的布置

低噪声舰船特别是潜艇的设计建造经验表明,仅仅对设备进行隔振设计绝不是机械设备声学防护设计的全部内容,在隔振设计基础上对机械设备和系统进行定向的布置和布局往往是更重要,甚至是决定性的声学设计方法。对设备的布置方式主要有:单台设备的个别布置,一般是为单层和双层隔振装置;由 2 ~ 4 台设备组成的小型组装件,如浮筏装置;由舱段内所有振动设备组成的大型组装体,如整舱浮筏装置。进行机械设备布置设计的总原则就是考虑振动能量传递的各种途径和介质,借助综合的振动噪声防护手段达到总体声学控制指标所要求的机械设备隔振效果。其设计依据包括:要求的机械设备减振降噪的总效果;设备振动噪声的特征参数(振动加速度级,激励力,水噪声级,空气噪声);舰船船体结构和基座参数。

机械设备在舰船上布置时应遵守如下规则和建议。

1. 将噪声最强的设备布置在单个装置中。此时应设计有效的低频隔振装置和空气噪声防护装置。

2. 当设备的质量和尺寸较小时,可采用组合布置技术,即浮筏装置。如果这种组合技术还不足以消除个别设备对水下噪声的影响,可对该设备进行单独的隔振(对组件统一减振的补充) 和隔声。

3. 采用单独的装置布置设备仅对低噪声设备正确。应将单独的布置安装在远离潜艇耐压体处如甲板、平台和舱壁结构等。

4. 采用组合布置时,多台设备或整舱内设备布局在承载框架结构上。由于系统内各个设备的关联性将影响组合装置噪声防护的总有效性,因而必须协调选择框架的结构、单台设备的隔振系统、组合装置隔振系统的参数。一个不成功的框架如刚度和质量不足、减振效果差等,会导致各单台设备隔振的有效性降低,甚至会加剧传递给艇体结构的振动能量。

13.3 舰船设备基座

13.1.1 基座设计原则

舰船设备基座作为被动传递结构声振动的构件,其声学设计也十分重要。设备隔振装置的隔振效果与基座结构存在密切联系,隔振系统固有频率越低,基座阻抗越大,则振动衰减越高。基座声学设计应遵守的主要原则如下:

1. 基座的首阶弯曲固有频率必须远远低于机器设备本身所产生的激励频率,错开率应为 20% ~ 30%;

2. 基座的固有频率不得与船体的基本固有频率重合,避免波浪激励引起船体的谐振冲击,也不能与船体结构如中层甲板的频率重合;

3. 基座安装平板的厚度应尽可能大，用加强肘板有效地固紧基座安装平板的自由边缘；

4. 安装平板之加强肋板间的距离应尽可能小，这时隔振器或机械的机脚固定在肋板附近；

5. 在安装基座处板架的静弯曲刚度比减震器或机械机脚固定处安装平板的静弯曲刚度至少应当大三倍，如果这一点达不到，则增加基座的惯性阻抗，例如用混凝土浇满机座构件形成的间隙；

6. 在频率低于板架弯曲振动第一阶共振频率时，为了减低传递到板架上的声振动，将基座最好布置在安装板架的边缘附近；

7. 悬臂型基座应直接安装在加强安装板架的垂向加强筋上；加强筋的阻抗至少比基座安装平板的输入阻抗大三倍。

13.3.2　基座机械阻抗的计算与测量

对作为传递构件的基座结构，其振动传递算法必须包含三个方面。即：根据给定的基座结构载荷阻抗矩阵，确定基座结构的输入阻抗矩阵；确定基座结构的有效机械阻抗；按照给定的基座输入端运动学变量，计算基座输出端的运动学和动力学变量。

上述的计算方法应当在从 5 ~ 10 000 Hz 的频率范围内工作。在这样宽的频率范围内要建立仅使用一种方法的算法是不可能的，不管这种方法多么万能。还应当指出，现实的基座结构的结构形式相当复杂并且多样化，从而使被求的算法的解析表示也是相当复杂。

13. 3. 2. 1　基座机械阻抗的计算

考虑到在舰船不同的设计阶段均需要进行计算，有时还只能在使用数量有限的已知运动学和动力学变量时进行计算，故可以应用计算基座结构振动参数的算法，算法的根据是分析和综合基座结构的不同结构形式方案大量的实物实验研究结果，或者依据确定基座结构主要参数的逼近解析方法。

如果要求进行详细的计算，例如，为了解决重新设计的舰船的声学保护手段所必需的规模问题，在这种情况下，对于不同的频率范围使用几种方法，来开发基座结构振动参数的计算算法。

在低频和中频区内，有限元法具有最大的可靠性。这一方法是将研究的整个基座结构划分成有限数量的有限元，有限元的尺寸应该小于在基座结构的有限元内传播的频率范围上限的弹性波最小波长的一半。接下去，被研究的基座结构用阻抗加载，该阻抗在最大的程度上模拟现实结构的输入阻抗。

如果舰船结构是基座结构的负载，则舰船结构的整体或其一部分同样被划分成对应的有限元并研究基座结构和船体结构有限元的联合振动。为了计算舷外水介质的影响，并确定船体的辐射性能，可使用边界元算法。

有限元法的一个很重要的特点是可以模拟被计算的基座结构和船体，使其在最大的程度上接近现实的船体结构，从而保证所取得的结果具有良好的可靠性。

获得基座结构和船体结构振动参数计算有效的另外一种方法是使用有限波元法。有限波元法的原理如下：

将被计算的整个系统划分成有限数量的均匀的波元。所谓均匀的波元是这样一种元，其任何尺寸沿整个长度是不变的。这种元可以是：直径恒定的圆柱形薄壳，具有纵向加强筋的宽度恒定的薄板或者有限宽度的平圆板。考虑到与波元直接接触的介质,来确定波元的参数;对均匀的波元解出振动的方差方程式,其目的是确定该方差方程式的根的数量,而这些根在今后的计算中是必须考虑的;确定被考虑的运动学和力学变量与被研究的所有类型的波元的法向波振幅之间的关系。在个别的波元对接时假定完成所有的动力学变量的矢量平衡条件和所有的运动学变量的矢量的连续性;根据被研究的所有类型的波元载荷给定的阻抗或导纳矩阵,确定这些波元的输入阻抗或导纳矩阵元;当有几个波元合并到个别的波元内,且这些波元的输入阻抗矩阵已给定时,确定该个别波元的载荷阻抗矩阵元;当具有给定的输入导纳矩阵的其他波元分支成几个波元时,确定这些波元的载荷导纳矩阵元;对被研究的整个系统计算外部动力学或运动学作用施加到系统上的所有作用位置上的输入阻抗或导纳矩阵;确定被考虑的所有的运动学和动力学变量沿着被研究的系统的所有波元的分布;对系统的所有波元,确定由被研究的系统辐射的声能量。

有限波元法的优点是将结构划分成波元的数量与频率无关,以及在应用它时不要求解出方程组,该方程组的阶与划分结构的波元数量相应。使用阻抗和导纳矩阵来作为计算值,排除了与考虑不均匀波有关的复杂的计算程序。

在仅仅使用有限波元法来计算船体结构上基座结构固定处的局部输入阻抗时,考虑到本方法采用时的限制,不是经常能够复制出船体结构现实元的几何特征。在这种情况下,可使用有限元法来计算这一受限制段结构的传递阻抗或导纳矩阵。在应用有限波元法的基础上进行总系统的计算中就使用这些计算结果。有限波元法和有限元法的一起使用,可以进行到频率 10 000 Hz 的基座结构和船体的振动参数计算。

有限法和有限波元法是属于足够精确的计算方法,允许对在结构具体的一个点上和在个别的频率上运动学和动力学变量的计算。但是,对于高于 400 Hz 的频率区间而言,在已定的结构元范围内和在已定的频带内求平均的结果是最赋有信息的结果。为了在高于 400 Hz 的频率上进行计算并得到运动学和动力学变量的平均值,最合理的是应用统计能量计算法,该方法的运用正是针对振动场和声场的这些特性。这些方法早已经在中频和高频区内为了计算沿船体结构的振动分布和船舶舱室内的空气噪声级得到广泛的应用(SEA 法)。考虑到基座结构和船体内振动能量的传播特点,这些方法被用作高频区内基座结构振动参数计算的算法。

针对被研究的系统,考虑到不同的弹性波型沿基座结构和船体结构传播过程中它们的相互变换,使用统计能量法进行沿着基座结构元和船体结构元的振动能量传播计算,还可以计算当弹性波沿着船体结构传播时由船体结构辐射的能量。

统计能量法的计算原理如下:

整个系统被分为两种类型的能量元:振动能量元和声能量元。每一个振动能量元对应受不均匀性(加强筋,与结构的其他元的连接或结构边缘)限制的一段结构。每一个声能量元对应潜艇双层舷空间内的容积或舰船船体外侧的某一个容积。

对每一种类型的能量元写出能量守恒方程式,并且对振动能量元写出每一种波形(弯曲波,纵波和切变波)的振动能量守恒方程式,而对声能量元写出声场能量守恒方程式。

在编写能量守恒方程式时考虑:有无振动能量激励源或声场;在相互之间具有直接连接的振动能量元与声能量元之间的能量交换;在相互之间具有直接连接的振动能量元的不同波型之间的能量交换;在相互之间具有直接连接或者被振动能量元的表面分隔开的不同的声能量元之间的能量交换;由结构损耗或者专用涂层所决定的每一种波形的振动能量元

内的振动能量吸收；具有外部水空间来作为一个限制壁的声能量元的声波能量吸收或者声能量元自身内部的吸收；相对每一个振动能量元内的振动能量表面密度和相对每一个声能量元内的声能量容积密度，联合求解系统的所有能量元的能量守恒方程式系统；确定由每一个振动能量元辐射至声能量元的声能量和由声能量元辐射到外部介质内的声能量。

在应用统计能量法和有限波元法完成振动能量密度沿着振动能量元的分布值和辐射声能量的计算结果对比后，求解统计能量法适用的下限频率问题。

因此，为了在不同的频率范围内计算基座结构的振动参数，宜应用有限元法，边界元法，有限波元法和统计能量法。联合使用上述计算方法可以确定 5 ~ 10 000 Hz 频率范围内的基座结构的振动参数。使用两种不同的计算方法时，在这两种方法的各自适用边界频率区内对被求解的值进行计算，来检验计算结果的正确性。

无论是水面舰船还是潜艇，其机械设备的安装基座类型繁多，很难建立统一的数理模型进行计算，不同类的基座应使用不同的模型。

舰船基座结构均是由几种单元结构组成的合成结构，如果合成结构的各单元在动态激励力的作用下具有相同的振动速度，则它们被认为是串联连接的，在相反情况下，则它们被认为是并联连接。

在阻抗并联连接的情况下，它们的总阻抗值是由各个单元的最小阻抗值来确定的。当阻抗串联连接时，它们的总阻抗值是由各个单元的最大阻抗值来确定的。

由上可知，为了确定安装在艇体结构上的基座的总输入机械阻抗，必须具有所有参与振动过程的结构的单个的阻抗信息。

以潜艇为例建立不同类基座的数学物理模型。舰船机械和其他产生振动的设备都借助基座安装在艇体结构上。一般将这种结构称为安装结构。因此将基座看成是由基座本身以及连接基座与耐压艇体所有内部艇体结构组成的合成结构，再来计算基座的机械阻抗。这时还应当考虑耐压体结构，因为它对基座的输入阻抗的影响表现在很低的频率上。

潜艇上最常用的基座类型如下：

(1) 安装在耐压艇体上的局部基座，其长度约为一肋骨间距（见图 13 - 1）；

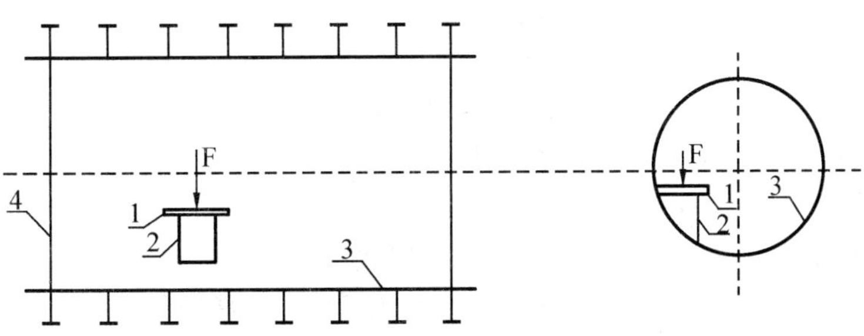

图 13 - 1　在潜艇耐压艇体上的局部基座的几何特征

1— 基座的支承板；2— 主要构件（腹板）；3— 耐压艇体；4— 舱壁

(2) 很长的基座，安装在耐压艇体上，其长度为整个隔舱的长度，固定在隔艇壁上或者没有这种接触（见图 13 - 2）；

(3) 安装在内部艇体结构上的台式基座，它是借助纵向和横向主构件（相应地为壁板和肘板）与安装艇体结构相连接的密实板式的支承板（见图 10 - 2）；

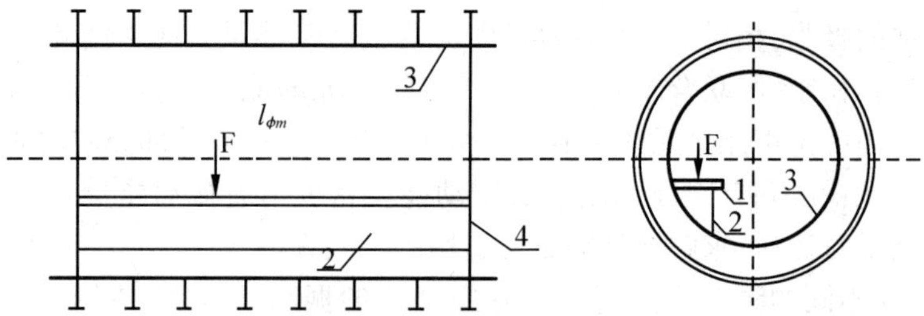

图 13 －2　在潜艇耐压艇体上的长基座的几何特征

1— 基座的支承板;2— 主要构件(腹板);3— 耐压艇体;4— 舱壁

(4) 安装在内部艇体结构上的加固基座,它是两块平等的支承板(带板),借助纵向主构件(壁板) 与安装艇体结构相连接,纵向主构件则是这一结构的构架的加强构件。这种基座的支承板和壁板相互之间不用横向肘板连接(见图 13 －3);

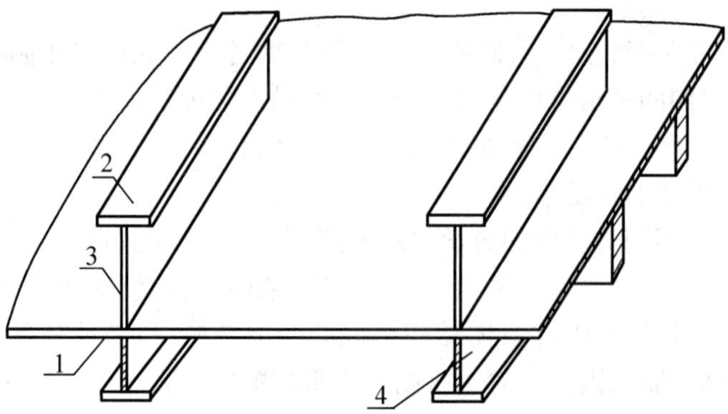

图 13 －3　加固基座的几何特征

1— 安装艇体结构;2— 基座的支承板;

3— 基座的主要构件(腹板);4— 艇体结构构架

(5) 安装在内部艇体结构上的框架式基座,它乃是两块平等的支承板(带板),借助纵向和横向主构件(壁板和肘板) 与安装艇体结构相连接。底座的支承板和壁板相互之间用横向肘板连接(见图 13 －4);

(6) 安装在垂直的内部艇体结构上的悬臂梁式基座(见图 10 －3)。

局部的基座 —— 当激励力作用于安装在耐压艇体上的局部基座时,如等直梁振动的艇体,耐压艇体的肋骨和外壳板,以及基座的支承薄板将抵抗激励力。这时,耐压艇体的肋骨和外壳板随着频率的升高,一开始像端部用铰链固定的弹性半环,然后变得类似于正交异性板。随着频率的升高,基座的支承薄板亦改变了自己的动态性能。起初,其阻抗是由它的静态弯曲刚度来确定的,然后它的特性类似于无穷的各向同性的薄板。

因为借助局部基座的所有三个阻抗分量而形成的振动速度的振幅具有不同的数值,故而应当把它们视作并联连接的。因此,这种基座的总阻抗是由每一个频率上的它的分量的最小值来确定。

长基座 —— 在这种情形下,如等直梁一样振动的艇体,安装在耐压艇体肋骨上的基座

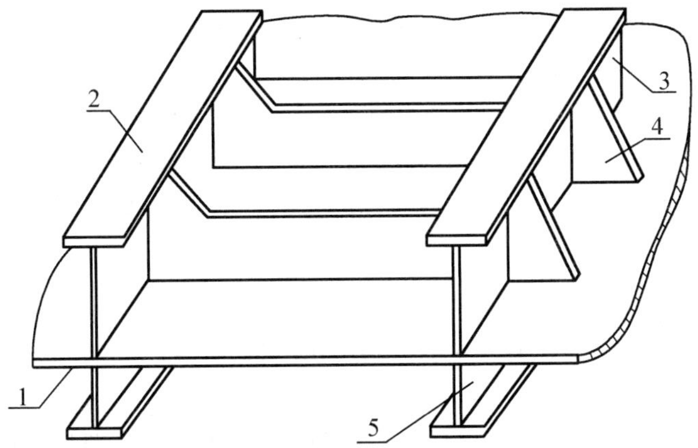

图 13 -4　框架式基座的几何特征

1 - 安装艇体结构;2 - 底座的支承板;3— 基座的主要构件(腹板);
4— 肘板;5— 艇体结构构架

梁结构和基座的支承薄板对激励力给出所作用力。这时,随着频率的升高,一开始基座的梁结构的特性类似支承在弹性基座上的用铰链支承的梁,而耐压艇体的肋骨的静态弯曲刚度完成弹性基座的作用,然后像与等距离的无穷杆(肋骨)系刚性地连接的无穷梁。长基座支承薄板的动态特性类似于局部基座的情况。

在这种情况下,基座的支承薄板的振动速度的所有三个分量的振幅同样地具有不同的数值。因此结构应当看成是并联连接的,因而,长基座的总机械阻抗是按照每一个频率上的阻抗分量的最小值来确定的。

台式基座,加固基座,框架式基座 —— 对于这些类型的基座来说,其机械阻抗的物理数学模型将是一样的。在所有三种情况下,如等直梁一样振动的潜艇艇体,艇体内部的平面安装结构(舱壁,甲板的铺板,柜盖)和基座的支承薄板将对激励力给出反作用力。这时,随着频率的升高,平面安装结构的特性如静态弯曲刚度,然后变成类似于正交异性的无穷板。被研究的基座的支承板的动态特性类似于局部基座的情况。

基座的总阻抗按照其分量的最小值确定,因为影响基座阻抗的上述结构相对激励力是并联连接的。

在所有三种情况下,计算机械阻抗的支承薄板是一段薄板,它受到与基座的主构件和肘板的连接的约束。正是这种情况允许用同一个物理数学模型来描述上述所有三种类型的底座的动态特性。

悬臂梁基座 —— 如等直梁一样振动的潜艇艇体,安装结构和基座的支承薄板将对激励力给出一个反作用力。着时随着频率的升高,安装结构开始借助加固该结构的垂直加强筋的静态弯曲刚度,然后借助被看成是无穷杆的这一些加强筋的抗弯矩阻抗,将阻碍基座在垂直平面内的转动。悬臂梁基座支承薄板的动态特性类似于局部基座的情况。

在悬臂梁基座的情况下,对其阻抗有影响的所有三种结构是并联连接的,因为它们的振动速度的振幅不同。因此基座的总阻抗将由每一个频率上它的分量的最小值来确定。

在研究艇体结构的阻抗时曾假定,所有的结构均在空气内完成振动,也就是说周围的介质对结构的振动没有影响。但是,在计算舰船船体结构的阻抗时,被激励的结构可能与水接触。在这种情况下,结构的阻抗特性将取决于是否存在液体。在计算被激励的结构内的弯曲波速度和结构的单位表面的质量时可以近似地对液体进行计算。

13.3.2.2 基座机械阻抗的测量

水面舰船和潜艇装艇设备的安装基座机械阻抗测量,包括陆上安装和实艇安装两种状态。所要求测量的机械阻抗是指输入结构的力向量与结构响应的速度向量之比,是一个复矢量。它可由信号分析仪的频率响应函数的倒数得到。可采用激振器和锤击激励基座测量机械阻抗。

13.4 隔振技术

振动隔离技术是振动控制中应用最广的一项技术,其基本原理是通过改变振源设备和其安装基座之间的连接阻抗,通过阻抗的突然变化或失配达到阻止振动传递的目的。舰船的隔振技术已日臻完善,也取得了良好的效果。本节仅对隔振技术的有关内容作简单介绍。

13.4.1 单层隔层

13.4.1.2 力学模型

单层隔振的力学模型见图 13 - 5,图 13 - 5(a) 是为减小设备的激励力向基座传递,称为第一类隔振。舰船上设备的隔振多属此类。图 13 - 5(b) 是为了减少基础的运动向设备中传递,称为第二类隔振,舰船上电子设备、控制柜和集控台的隔振多属此类。

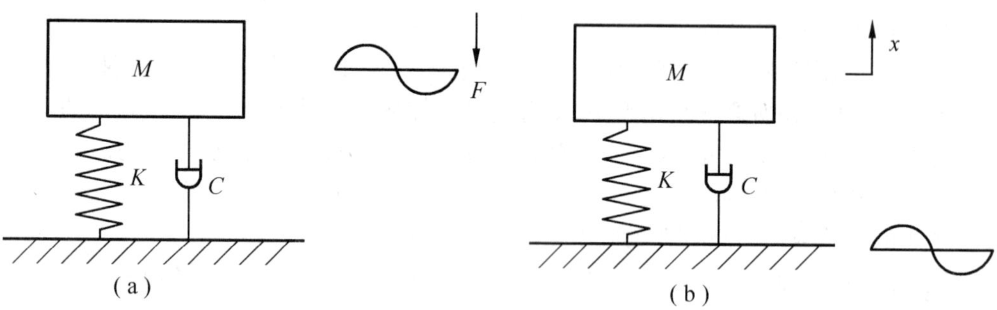

图 13 - 5 单层隔振力学模型

第一类隔振动的动微方程为:

$$m\ddot{x} + c\ddot{x} + kx = F_0\sin\omega t \tag{13-15}$$

其稳态受迫振动的解为:

$$x = x_0\sin(\omega t + \phi_2) \tag{13-16}$$

式中,$x_0 = \dfrac{h}{\sqrt{(\omega_n^2 - \omega^2)^2 + 4n^2\omega^2}}$ 为振幅,$\omega_n^2 = k/m, n = c/2m, h = F_0/m$

传递给基座的最大力为:

$$F_T = F_0 \sqrt{\frac{1 + \left(2\xi \frac{\omega}{\omega_m}\right)^2}{\left(1 + \frac{\omega^2}{\omega_n^2}\right)^2 + \left(2\xi \frac{\omega}{\omega_n}\right)^2}} \tag{13-17}$$

则力的传递系数为第一类隔振的隔振效果，即：

$$T_F = \sqrt{\frac{1 + \left(2\xi \frac{\omega}{\omega_m}\right)^2}{\left(1 + \frac{\omega^2}{\omega_n^2}\right)^2 + \left(2\xi \frac{\omega}{\omega_n}\right)^2}} \tag{13-18}$$

第二类隔振的运动微分方程为：

$$m\ddot{x} + c(\dot{x} - \dot{u}) + k(x - u) = 0 \tag{13-19}$$

其振幅传递系数 $T_D = \frac{x_0}{u_0}$ 即为隔振效果。可以推导第二类隔振的 $T_F = T_D$，即力的传递率与运动的传递是相同的。$\xi = \frac{c}{2\sqrt{km}}$

13.4.1.2　隔振器的选型及布置

隔振器的种类繁多，但舰船机械设备、管道和管路的弹性支承，原则上都采用橡胶型隔振器、钢质弹性体隔振器、空气弹簧隔振器或上述种类隔振器的组合。

隔振器的特性参数主要有：动态和静态刚度、额定载荷、固有频率、阻尼、隔振效果和机械阻抗等。

橡胶隔振器的刚度由肖氏硬度和形状决定，一般为非线性，刚度随着变形的增大和变形次数的增大会有显著变化。橡胶体还可能发生硬化现象，在橡胶体内嵌入钢板可提高固有频率和增加刚度。

钢质弹性体隔振器适用于特别低的固有频率支承。在隔振器固有频率以下，静态刚度等于动态刚度。钢质弹性体的固有频率峰值极为明显，可以掺入硅、钢丝线或同橡胶体组合加以抑制，同时还可设置较小的中间质量块。

空气弹簧隔振器是一个装有压缩空气的橡胶皮球，其刚度由内压决定，空气弹簧支承系统的固有频率极低，约为 1 ~ 4 Hz。

钢丝绳隔振器的弹簧用多股不锈钢丝绳制成，其阻尼值的大小与钢丝绳的直径、股数、长度、圈数和缠绕方式有关。其优点主要有：既能隔振又能隔冲；软化刚度特性，振动幅值越大，刚度越低，隔振效果愈显著；在恶劣环境下长期使用；使用寿命长。缺点是额定载荷变化范围小，变形回复性不一致等。

管道的弹性夹持一般是使用橡胶内衬的夹圈。为了保持橡胶内衬的足够弹性，夹圈的螺钉不能拧得过紧。

隔振器的选型与布置方式要保证安装设备在舰船条件下的工作能力和基座的振动防护要求，主要原则和建议如下：

1. 在同一隔振装置中建议尽可能安装同一规格隔振器。如有必要，设备两旁支撑用隔振器的规格可与支承用隔振器规格不一致。

2. 隔振器的极限变形不能超过该结构和设备的允许变形值。

3. 隔振结构应相对通过隔振装置重心的三个坐标平面的每个平面都对称布置。

4. 当隔振器需要倾斜安装时,应采用在各向有很大不同平移刚度的隔振器或倾斜布置的弹性元件。

5. 当设备的形状和质量不对称,不得不采用不同型号的隔振器时,应使各隔振器的支承点位移一致,以保证隔振装置在振动时处于水平状态。

6. 隔振器在数量上选择时应尽量分散布置而不是集中布置,大量的软隔振器比少量的硬隔振器更为有利。

7. 柔性接管的设计参数如温度、最大压力、介质种类、通径等应可能与管道参数和管道中的介质参数相适应。

8. 管道的减振吊架建议采用带橡皮填料的管道框架、橡皮、金属隔振器或金属弹簧形式的尾端及弹性元件吊架在艇体结构上。

9. 对隔振装置进行必要的计算或试验,是为了获得:隔振装置的固有频率和振型;静力和静力矩及波浪中摇摆反作用力引起的隔振装置相对位移和变形;舰船航行振动引起的设备位移、加速度振幅以及弹性变形;选定点的最大相对位移、绝对位移和绝对加速度、基座不正常作用引起的弹性变形;隔振装置的隔振效果。

13.4.2　双层隔振

舰船上存在许多振动很高的设备如柴油发生机组,减速齿轮箱,空压机,通风机等。对这些设备必须使用双层弹性隔振才能达到振动防护级的要求。

相对于单层第一类隔振,双层第一类隔振的力学模型见图 13－6,图 13－6 中 m_1 为机械设备的质量,m_2 为中间质量,k_1、c_1 为上层隔振器的刚度和阻尼,k_2、c_2 为下层隔振器的刚度和阻尼。

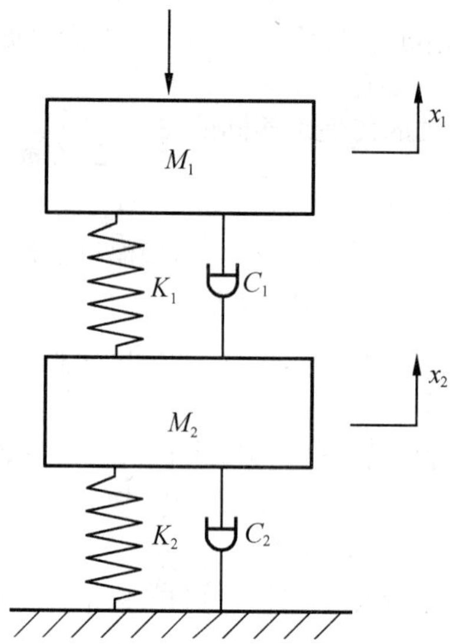

图 13－6　双层隔振装置类型

图 13－6 系统的固有频率为:

$$\omega^2 = \frac{k_1 + k_2}{2m_1} + \frac{k_2}{2m_2} \pm \sqrt{\left(\frac{k_1 + k_2}{2m_1} + \frac{k_2}{2m_2}\right)^2 - \frac{k_1 k_2}{m_1 m_2}} \qquad (13-20)$$

力的传递率 T_F 为:

$$T_F = \sqrt{\frac{(\alpha^2 - 4\xi_2\xi_2\alpha\bar{\omega}_1^2)^2 + \bar{\omega}_1^2(2\xi\alpha^2 + 2\xi_2\alpha)^2}{A^2 + B^2}} \qquad (13-21)$$

式中　A——$A = \bar{\omega}_1^4 - \bar{\omega}_1^2(\alpha^2 + 4\xi_1\xi_2\alpha + \mu + 1) + \alpha^2$;

B——$B = \bar{\omega}_1^3(2\xi_2\alpha + 2\xi_1\mu + 2\xi_1) - \bar{\omega}_1(2\xi_1\alpha^2 + 2\xi_2\alpha)$;

μ——$\mu = m_1/m_2$;

$\bar{\omega}_1$——$\bar{\omega}_1 = \omega/\omega_1$;

α——$\alpha = \omega_2/\omega_1$;

ω_1^2——$\omega_1^2 = k_1/m_1$；

ω_2^2——$\omega_2^2 = k_2/m_2$；

ξ_1——$\xi_1 = c_1/2\sqrt{k_1 m_2}$；

ξ_2——$\xi_2 = c_2/2\sqrt{k_2 m_2}$。

双层隔振器的力学模型与动力吸振器的力学模型有相似之处。但在双层隔振问题中，是已知 m_1，通过设计 k_1、c_1、m_2、k_2 和 c_2，使传递到基座上的力最小。在动力吸振器中，已知 m_2、k_2、c_2，通过设计 m_1、k_1 和 c_1 来减少 m_2 的振动。

对双层隔来说，其中间质量块的重量决定了系统固有频率及中频范围内的振动衰减效果。一般来说，中间质量块应大于设备重量的 60%。可用作中间质量块的材料有：钢筋水泥混凝土（也可是去磁的钢筋）；聚合物 —— 混凝土；具有铅块的钢结构。

在设计中间质量块时，应避免与噪声源激励频率有关的固有模态以下的频率发生共振。中间质量块的输入机械阻抗与上层隔振器的输出阻抗的失配及中间质量的损耗因数都必须尽可能通过结构措施来提高。

13.4.3　浮筏隔振装置

13.4.3.1　浮筏的理论模型

浮筏隔振是舰船机械设备振动隔离的重要技术手段，已经在水面舰船特别是潜艇上大量使用并取得非常理想的效果。浮筏隔振装置通常由筏上设备、筏架、隔振器、挠性接管等组成。图 13－7 为潜艇上常见的浮筏装置模型。

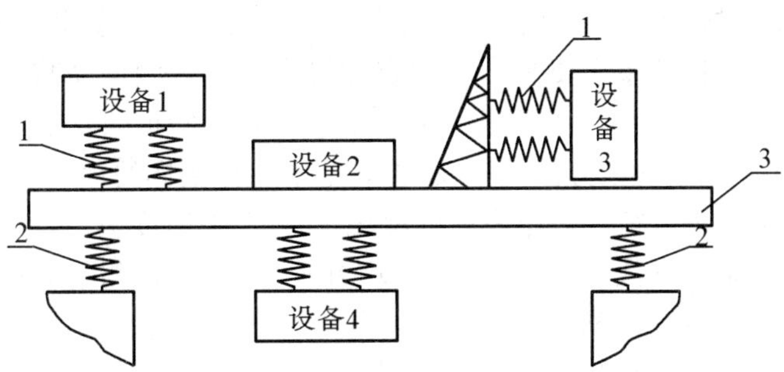

图 13－7　潜艇上典型的浮筏装置模型

用结构动力学方法对浮筏装置建摸时，通常将筏上设备作为惯性质量，筏架视为弹性构架参与系统的动力学运行动，隔振器视为无质量的弹性、阻尼元件，主要以弹性和阻尼特性参与系统动力学运动。

当筏架视为钢体或弹性体，隔振器视为线性或非线性时，可对浮筏装置建立线性刚体动力学模型，非线性刚体动力学模型，线性弹性体动力学模型，非线性弹性体动力学模型。

浮筏隔振装置与双层隔振装置相比，其主要特征为：浮筏装置的中间筏架为弹性结构，是作为多型设备的安装平台并实现公共隔振。对其刚度和质量的要求是错开筏架固有频率和设备激励频率，并保证设备的安装刚度要求及隔振器与筏架的阻抗失配要求，而双层隔振装置的中间体对质量有严格的要求，即不低于设备质量的 60%。从而确保隔振装置的隔振效果;浮筏装置上的扰动源特性复杂,多扰动源组合布置相比双层隔振装置上单扰动源布置在重量重心调整,隔振器选型和布置,静态变形和动态变形限位方面技术难度更大;浮筏装置上设备的激励力呈多方向性,激励频谱也多样化,而双层隔振装置激励力方向较单一,激励频谱简单。

13.4.3.2 浮筏隔振装置在舰船上的应用

浮筏隔振装置要在舰用环境条件工作并取得预期效果,须经过科学的设计、分析、验证和考核。这些工作的主要内容有:浮筏装置的总体结构形式、外形尺寸和重量重心控制设计;筏架的结构设计和计算;隔振器和挠性接管的选型和布置方式;浮筏隔振装置的静态计算;浮架的模态分析和浮筏装置系统的模态分析;浮筏装置系统的摇摆稳定性分析;浮筏装置的抗冲击校核;浮筏装置安装基座的设计;浮筏装置在陆上和系泊状态下运行考核和效果验证;浮筏装置的安装工艺和技术条件。

经过良好声学设计的水面舰船或潜艇,其辅助机械设备都应通过浮筏装置安装在船体结构上。对于水面舰船来说,主动力装置采用浮筏隔振降低自身声频目标特征信号也非常重要。法国“拉斐特”护卫舰的全柴联合动力装置包含齿轮箱、液力联轴节和两台柴油机均通过每轴系一个浮筏来支承,浮筏总重为104吨。潜艇的主推进装置如推进电机及联轴节,AIP发动机等都可实现浮筏隔振。为了寻求设备的合理布置并达到声学防护的要求,将整个舱段内的设备组合布置在筏架上实现公共隔振,这样的技术称为整舱浮筏技术,该技术已在潜艇减振设计中取得成功。

13.4.4 隔振装置的评价

对隔振装置的隔振效果进行评价的目的主要有:客观评价隔振装置的设计是否达到对其隔振效果的要求,隔振效果主要是指在规定频段内应达到的振动减少量;检查机械设备经过隔振后其振动传递到船体基座的振动级是否符合声学防护的要求振级。

隔振效果的定义应包含三方面的含义:首先是采用什么样的评价方法,如插入损失法、振级落差法;其次以何种特征参数作为评价参数,如振动加速度级、振动速度、振动激励力、振动能量流等,还包括该参数的频率范围、平均方式等;最后是测量的环境条件,如陆上环境或实船环境、设备的运行工况等。

插入损失法是最能客观评价隔振装置效果的方法,但该法在工程中实施时却存在不可逾越的困难,因而,工程中常用振级落差作为评价方法。

振动加速度的测量方便、可靠、精度高,信噪比有足够的保证,被广泛用做振动级的特征参数。振动加速度级对中高频结构噪声有良好的表征,振动速度、振动激励力对中低频振动有较好的表征,振动能量流测能客观地表现机械设备的振动与隔振系统和安装基座的相互影响,是合理的隔振效果评价参数,但振动能量流的获取较为困难。舰船机械设备的隔振都属于力基励的第一类隔振,由式(13-18)知,这类隔振系统的隔振效果等于传递到船体基座的力与机械设备激励力的比值。然而由于激励力的获取同样存在困难,工程中一般采用基座和设备的振动加速度级替代激励力作为隔振效果的计算参数。

当在陆上环境下用振级落差方式评价隔振装置的隔振效果时,隔振装置的安装基座对评价有着重要影响。如果试验基座的机械阻抗与实船基座存在较大差异,即使其他条件均相同,也不能保证陆上隔振效果与实船环境相比拟,同时也不能评价基座上结构噪声的防护级。因而在陆上环境进行测量时,应要求试验基座的机械阻抗与实船环境下基座的机械阻抗的量级和随频率分布都相近。如果试验基座的机械阻抗与实船基座差异较大，则应对试验基座的机械阻抗进行测量，连同试验基座上的振动加速度级测量值和隔振效果的计算值一起作为隔振装置隔振效果的评价资料。

因而，舰船总体设计部门在制定关于隔振装置隔振效果的技术指标时，一般都会规定隔振效果的评价方法，评价参数和安装环境的要求。

13.5　阻尼技术

阻尼减振技术是通过提高材料或结构的损耗因数，将振动能量转化为其他形式的能量而达到减振的目的，而隔振技术是利用隔振器与上下表面的阻抗失配，将机械振动能量反射或散射达到降低振动传递的目的，因此，阻尼技术在舰船结构噪声控制中有着十分重要的地位。下列情况下可有效使用阻尼技术：沿舰船船体结构中传递的声振动；船体结构构件的共振；流体管道中的自激振荡现象；船体构件中松脱固定件的振动撞击；船体结构与船上物件间的碰撞；船体结构材料中的疲劳应力。可见，阻尼技术主要是用于降低结构中传递的振动能量。

舰船上关于阻尼结构的连接形式可分为三类：直接粘接的阻尼结构，如自由层阻尼结构，约束层阻尼结构，多层约束阻尼结构等；直接固定组合的阻尼结构，如夹心板结构，阻尼合金，非金属阻尼材料等；直接附加固定的阻尼结构，如封砂阻尼结构、空气（液体）挤压薄膜阻尼结构等。

13.5.1　阻尼减振机理

以单自由度黏性阻尼系统为例来说明阻尼减振的机理，系统由质量 m，刚度 k 和阻尼 c 组成，力学模型见图 13－8，运行方程为：

$$m\ddot{x} + c\dot{x} + kx = F_0\cos\omega t \tag{13-22}$$

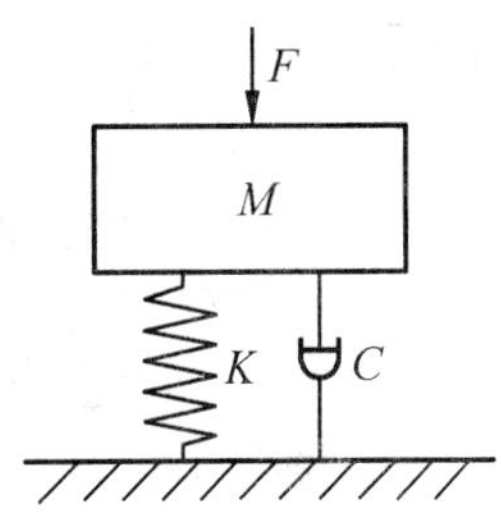

图 13－8　单自由度黏性阻尼力学模型

若由复矢量表示谐波激励 $F_0\cos\omega t$，则复频响函数 $H(\omega)$ 的模为：

$$|H(\omega)| = \frac{|x(t)|}{|F_0/k|} = \frac{1}{\sqrt{\left[1-\left(\frac{\omega}{\omega_n}\right)^2\right]^2 + \left(2\xi\frac{\omega}{\omega_n}\right)^2}} \tag{13-23}$$

式(13－23)表明，在共振区附近，阻尼对减少振幅有显著作用，其共振放大因子约为 $\frac{1}{2\xi}$。由于实际结构的阻尼不是黏性的，结构阻尼与频率无关，而与振幅成正比，即为黏弹性性质，其刚度和阻尼特性用复刚度表示为 $k^* = k(1+\mathrm{j}\eta)$，则单自由度系统运动方程为：

$$m\ddot{x} + k(1+\mathrm{j}\eta)x = F_0\cos\omega t \tag{13-24}$$

式(13－24)的位移响应为：

$$x_{(t)} = \frac{F_0/k}{\sqrt{1-\left(\frac{\omega}{\omega_n}\right)^2 + \eta^2}}\cdot\cos\omega t \tag{13-25}$$

共振时的放大因子为$\frac{1}{\eta}$。可见,η 增大时,共振振幅减少,且共振总是发生在 $\omega = \omega_n$ 处。

上述情况看,加大阻尼(ζ 或 η) 都会使共振峰下降。在非共振区,增大阻尼也会使振幅衰减,这就是阻尼减振的机理。

结构阻尼损耗因数作为阻尼结构的特征值,可用多种方法进行数学描述,判断各种方法的适用性的标准是否能分辨阻尼差异并正确地加以测量。因此阻尼损耗因数的描述与测量方法是紧密相连的。描述阻尼损耗因数的方法主要有:自由振动法、模态法(包括半功率法、模态圆法、共振法、分量法)、能量法、复刚度法。

13.5.2 舰船阻尼技术应用

阻尼技术在舰船上的应用形式分为三类:第一类是以离散型阻尼器件的形式,参与设备、管路等系统的隔振和抗冲击装置,如黏弹性材料减振器、空气弹簧减振器、阻尼吸振器、阻尼动力吸振器、液压阻尼动力吸振器、冲击阻尼吸振器;第二类是以附加阻尼结构的形式参与船体结构梁、板、壳中的结构噪声耗散,如自由层阻尼结构、约束层阻尼结构、气体或液体挤压薄膜阻尼结构,接合面阻尼结构等;第三类为结构性阻尼材料,如夹层板、阻尼合金、非金属阻尼材料等。

13.5.2.1 自由阻尼结构

自由阻尼结构是将一层黏弹性大阻尼材料直接黏附在需减振处理的机器表面或结构上,附加的阻尼材料称为自由阻尼层,被黏附结构称为基本弹性层,自由阻尼层主要用于吸收弯曲变形能。其结构剖面形式如图 13 - 9。

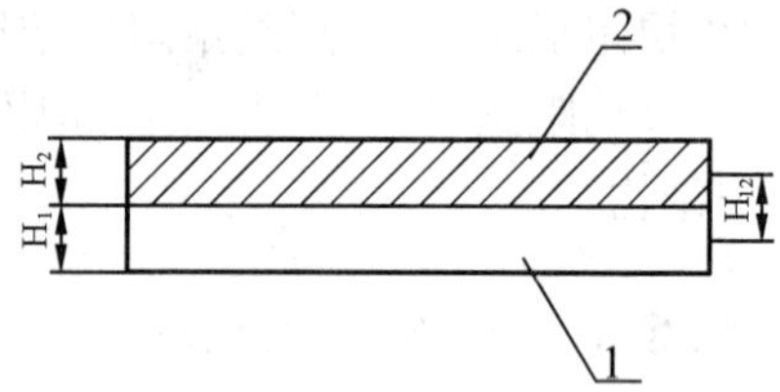

图 13 - 9 自由阻尼结构

1— 基本弹性层;2— 自由阻尼层

自由阻尼层梁结构的复合损耗因数为:

$$\eta = \beta \frac{eh(3 + 6h + 4h^2)}{1 + eh(5 + 6h + 4h^2)} \tag{13 - 26}$$

式中 n—— 阻尼层厚度 H_2 与基本弹性厚度 H_1 之比值,$n = H_2/H_1$;

e—— 阻尼层杨氏模量 E_2 与基本弹性层杨氏模量 E_1 之比值,$e = E_2/E_1$;

β—— 阻尼材料损耗因数。

自由阻尼层板结构的复合损耗因数 n 为:

$$\eta = \beta \frac{k[12h_{21}^2 + h^2(1 + k)^2]}{(1 + k)[12kh_{21}^2 + (1 + k)(1 + kh^2)]} \tag{13 - 27}$$

式中 R—— 阻尼层拉伸刚度 K_2 与基本弹性层拉伸刚度 K_1 之比,$R = K_2/K_1$;

h_{21}—— 阻尼层和基本弹性层中线间距离 H_{21} 与 H_1 之比值,$h_{21} = H_{21}/H_1$。

为了增加阻尼层的拉压变形,增加阻尼层材料的耗能作用,有时在阻尼层与基本弹性之间增加一层轻质高刚度材料如硬泡沫塑料、铝蜂窝板,形成有隔离层的自由阻尼结构,如图 13 - 10 所示。其复合阻尼损耗因数为:

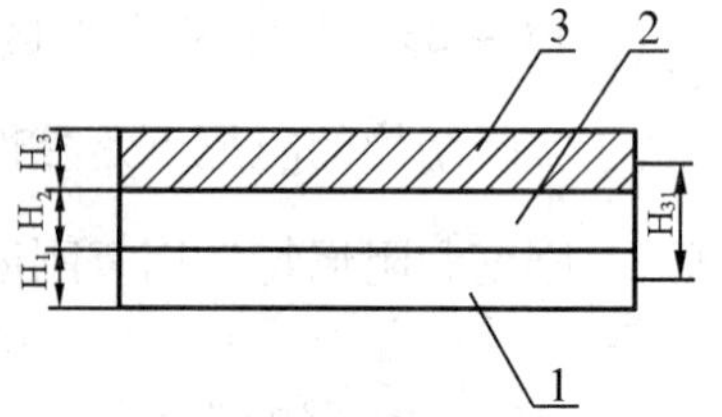

图 13 - 10 有隔离层的自由阻尼结构

1— 基本弹性层;2— 隔离层;

3— 自由阻尼层

$$\eta = \beta \frac{k_3(12h_{31}^2 + h_3^2)}{1 + 12k_3h_{31}^2} \tag{13 - 28}$$

式中　k_3—— 阻尼层拉伸刚度 K_3 与基本弹性层拉伸刚度 K_1 之比，$k_3 = K_3/K_1$；

h_3—— 阻尼层厚度 H_3 与基本弹性层厚度 H_1 之比，$h_3 = H_3/H_1$；

h_{31}—— 阻尼层中线面至基本弹性层中性面的距离，$h_{31} = (H_1 + H_3)/H_2$，H_2 为隔离层厚度。

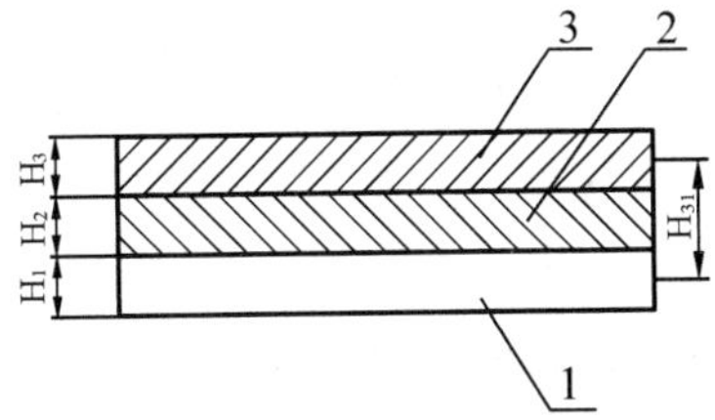

图 13 - 11　单层约束层阻尼结构

1— 基本弹性层；2— 阻尼层；3— 约束层

13.5.2.2　约束阻尼结构

约束阻尼结构是在基本弹性层上粘贴一层阻尼材料层，再在阻尼层上部粘贴一层弹性材料层。约束阻尼结构可分为单层约束、双层约束和多层约束等形式，约束层阻尼结构主要吸收剪切变形能。图 13 - 11 为单层约束阻尼梁结构形式，其复合阻尼损耗因数为：

$$\eta = \frac{\beta x y}{1 + (2 + y)x + (1 + y)(1 + \beta^2)x^2} \tag{13 - 29}$$

式中　x—— 剪切参数，$x = \frac{G_2' b}{P^2 H_2}\left(\frac{1}{K_1} + \frac{1}{K_3}\right)$，$P^2 = \omega\sqrt{m\Big/\left[\frac{b}{12}(E_1H_1^3 + E_3H_3^3)\right]}$，$b$ 为梁的宽度；

y—— 刚度参数，$y = \left(\frac{H_{31}^2}{B}\right)\left(\frac{K_1K_3}{K_1 + K_3}\right)$，其中 $B = \frac{b}{12}(E_1H_1^3 + E_3H_3^3)$，$H_{31} = (H_1 + H_3)/2 + H_2$。

对约束层阻尼参数的合理选择和优化设计，可得到最佳的阻尼效果。为使约束层阻尼结构的基本理论应用于实际工程的设计，NASA 专门对两层弹性结构（包括阻尼层的三层约束阻尼结构）、对称的三层弹性层结构（包括两层阻尼层的五层约束阻尼结构）、非对称的三层弹性层结构和多层弹性层结构等约束层阻尼结构的复合损耗因数、共振频率等主要参数已列出图表、曲线以供设计使用。

13.5.2.3　气体薄膜阻尼结构和接和面阻尼结构

在振动板的表面，用螺钉连接或点焊等方法附加一辅助平板，并使两板之间保持一层薄的空气层，这种附加阻尼处理方法称为气体薄膜阻尼结构。振动板以一定频率振动时，引起空气流体层流振动，空气层的黏性使振动板的能量耗损达到减振和降低声辐射的目的。影响气体薄膜阻尼结构损耗因数的相关因素有：附加板的临界频率，在临界频率以上，两板耦合减弱，附加板以自身固有波数振动，使损耗因数迅速下降，因此应尽量提高附加板的临界频率；气隙厚度，一般情况下，减少气隙厚度对提高损耗因数有利；两板间的连接间距，当连接间距为振动板半波长整数倍时，损耗因数值达到最大值。增大连接间距可提高损耗因数。气体薄膜阻尼结构特别适合于低温、高温、油、酸、盐污染等恶劣环境下平面板的减振降噪，尤其对较薄板更为有效。

接合面阻尼结构是指机械设备各零件装配接合面或安装接和面因振动而产生的阻尼特性。影响接合面阻尼的因素一般认为有比压、材料特性、表面质量、润滑种类等。如接合面阻尼随比压增加而略微下降，有油时接合面阻尼增加，层压胶布板的阻尼特性比铸铁好。

13.5.2.4　结构性阻尼材料

在两层相同厚度的金属板中间黏附一层比板薄的黏弹性层，因此，夹层结构可以构造隔声罩，轻型舱室围壁、舱底板或其他不承受大静载荷的船体构件。

阻尼合金一般是锰和铜、镍和钛以及其他的两相组合合金。当阻尼合金变形时,振动能量的吸收主要发生在相间界线处。这些合金的损耗性能随着变形幅度的增大而增大。阻尼合金非常适合于制造振动强的设备部件,如用阻尼合金制造的泵体可降低振级 5 dB。

非金属材料都具有一定的阻尼减振性能,用这些材料取代金属板可得到良好的效果。如用玻璃钢制造内燃机盖,可使空气噪声级在高频时降低 5 ~ 6 dB。

13.5.2.5　阻尼隔振技术在舰船上的应用

由于舰船上振源复杂,阻尼处理的形式多样,各种阻尼结构的应用环境和工作机制也不同,因此,进行阻尼处理时进行必要的设计是不可少的。首先是针对要求阻尼处理的结构形式、工作环境条件、振动源特征和响应控制要求,选择合适的阻尼结构形式。如对拉压变形的耗能应采用自由阻尼结构,而对剪切耗能应采用约束阻尼结构,同时还须考虑工艺的简单性和可靠性;其次是合理选择阻尼材料的性能,除阻尼材料的损耗因数、厚度外,还应考虑其有效工作温度范围,有时应通过设计来扩展阻尼材料的温度宽度;最后是阻尼处理部位的优化,对弹性体在特定模式下的振动,阻尼处理的位置对耗能的大小有明显的影响。如自由阻尼结构应黏附在弯曲波曲率最大位置(模态振幅最大处),连续无间断的处理长度应大于弯曲波长的 40%,约束阻尼结构处理的最优位置是振动结构的节点(节线)附近区域,阻尼处理长度应大于弯曲波长的 60%。

舰船上阻尼技术的应用主要是为降低低频和中频范围内的舰船结构的共振振动级,以及高频范围内结构中传递的结构声振能量,主要类型有:

1. 振动损耗覆盖层,用于吸收结构的振动能量;
2. 黏弹性颗粒状填料,用于增加空心结构的阻尼如管路、支柱、构架等;
3. 阻尼合金,用于高强度振动部件的制造,如低噪声螺旋桨等;
4. 合成的振动吸收材料,如结构性多层复合材料用于围舱壁、地板的隔声。

在舰船结构上敷设振动损耗覆盖层的主要形式包括自由层阻尼结构,约束层阻尼结构,复合阻尼结构。设计时要遵循二个基本原则:覆盖层最好设置在最大声振级的结构或结构段上;必须对振动源至评测点所有传递振动能量的全部结构进行覆盖层处理,在自由振动能量衰减值超过主要传递途径上布置覆盖层的效果的区域,可以不进行阻尼处理。舰船结构阻尼的经验表明:阻尼覆盖层敷设在直接靠近振动源和振源所在舱室的结构上,对降低其他舱室的振动级和空气噪声级最合适;阻尼覆盖层敷设在共振频率上发生强烈振动并辐射较高空气噪声级的结构件上。

舰船上住舱、集控室、作战指挥中心、声呐室、导航室、会议室等舱室的空气噪声和振动的抑制措施中也大量采用阻尼结构或阻尼材料,如舱室的浮筑地板,围舱壁的轻型内衬,综合内衬等,使用多层复合材料等。

高阻尼合金在舰船低噪声螺旋桨的设计和低噪声装船设备部件的制造中均已得到应用,有效降低了振动。

舰船机械设备基座的面板和腹板采用的附加型阻尼结构,螺旋桨上方船体壳板上的约束层阻尼结构,管路管壁周围的阻尼包覆,浮筏隔振装置中筏架内部的阻尼处理,中空结构内颗粒型阻尼填料的使用,都表明阻尼技术在舰船减振降噪上有着广泛的应用。

13.5.3　阻尼技术的应用效果评定

无论是对于舰船结构的阻尼处理,或是对舱室空气噪声的治理,阻尼技术的应用效果一般都采取类似隔振装置插入损失评定的方法进行评估，即比较评估点在阻尼处理应用前后的振动级或声级，这种评估可以是对实船环境下的结构或舱室，也可是对舰船模型结构。

用分贝表示阻尼处理的减振效果，可近似表示为：

$$\Delta L = A\lg\frac{\eta_D}{\eta_0} + B\lg\frac{M_D}{M_0} + C\lg\frac{K_D}{K_0} \tag{13-30}$$

式中　η_0, η_D—— 阻尼处理前、后结构的复合损耗因数；

M_0, M_D—— 阻尼处理前、后结构的质量；

K_0, K_D—— 阻尼处理前、后结构的刚度；

A, B, C—— 取决于结构的形式及其固定条件的系数。

式(13－30)中的系数 A、B、C 可通过对梁、杆和薄板的自由层阻尼和约束层阻尼处理前后的测量值由曲线拟合得到。阻尼损耗因数的变化可由简单构件的测量值取得，质量的变化也很容易得到，但刚度的变化则与激励频率有关，需要由计算或测量得到。

但式(13－30)对复杂的结构如空间框架、基座和艇体结构等可能给不出足够精确的评估，这时需要采用计算或试验的方法进行评估。用计算方法评估时，在中低频范围内，模态密度较低，共振峰耦合程度低，可采用有限元法模型计算，在高频区，结构模态密度很大，振动场为扩散场，可用统计能量法进行描述。当用试验的方法评估复杂结构的阻尼处理效果时，要确保对结构激励输入的恒定性。这种恒定性应包括两方面的含义：一是输入量值的恒定，如恒定加速度级，恒定激励力，恒定振动能量等，二是输入参数频谱特征的一致，即要求各频率分量的数值保持不变。

工程中还常采用水下噪声级和空气噪声级的衰减量作为阻尼技术应用效果的评估参数。

13.6　管路振动控制

舰艇管路噪声振动是舰艇水下辐射噪声的重要组成部分。本节将着重介绍舰艇管路主要是液压管路的噪声振动控制方法。

13.6.1　选择合理的系统参数

通常，系统设计人员在选择泵的参数如流量和压头时，考虑到系统压阻计算的误差，以及在使用中由于污底和阻塞等引起的阻力等，采用较大的储备，从系统来看，储备应不少于15%～20%。但从声学的观点来看，这种储备是有害的，因为这将导致泵的振动和水动力噪声的增加。为了避免过高的振动和噪声，必须保证泵、管路系统与压头相匹配。

所谓压头的匹配可理解为在系统中压力损耗与泵在其工作的计算状态时的压头相等，此时水在系统中的消耗量也等于泵在其计算工况时的流量。

泵在计算点工作时，应保证液体无击流入工作叶轮的叶片，此时泵的效率最大，而其振动情况最小。

因此，舰艇液压系统轴流泵和离心泵的选择应根据其工作条件进行，即其流量与该系统用户在所有工况时的计算值(按噪声特性为最佳值)之差不大于10%。如泵的流量与计算状态之偏差不大于10%，则泵的振动增量不超过5～6 dB。

为了保证泵在计算状态或至少在接近于计算工况时的工作，必须在设计过程中考虑实施下列某种措施。

1. 如果泵具有相当的压头储备,可在液压系统中安装具有增加液压系统阻力的低噪声可控阀。选择低噪声可控阀的液压阻力,要使在带有阀的系统中总的压力损耗与泵在其计算状态工作时的压头相适应。因为在系统设计时,泵一般在压头方面是带储备选定的。这样就可能需要计算。随着系统阻力的增长,必须将阀的阻力向减小的方向调节。

2. 建立旁通支路,工作介质的一部分将沿该支路由系统的压力总管重又进入泵的进口。这一措施必须用在泵有很大流量储备的情况下。

3. 应用可调转速泵。依靠减少转速来降低工作介质的流出量,降低泵的噪声级。

13.6.2 降低系统中的节流强度

在舰艇液压系统中,应该尽量避免采用传统的节流垫圈进行节流。由于介质流能量耗费在节流垫圈上,导致系统振动的急剧增长。因此,对于具有用户并联接通方案的舰艇液压系统,合理地采用液压阻力系数一样或接近的设备。此时,为了保证系统的耐用性,实际上排除了采用节流垫圈。

若无法避免采用节流垫圈时,则应合理地采用专门研制的低噪声或以专门方式设计出来的节流垫圈。如使用一个垫圈不能满足条件时,则必须安装 2 个或更多的垫圈。但应尽可能排除它们的相互影响。

13.6.3 调整系统工作介质的速度分布

保证液压泵进口处的工作介质速度均匀,可使振动降至最低。为此,设计系统管路时,在模型或计算机模拟的基础上应合理地绘制管路敷设图,此时应预先考虑泵进口处水流速度场的均匀。作为这项措施可考虑:大长度的管路直线段;专门的均衡装置。

为在系统中选用低噪声的工作介质流动状态。应在舰艇液压系统的所有部件中,保证工作介质流动的无空泡工况。

必须将系统中结构不均匀性元件的数量减至最少。在所有总管中,应使各种结构不均匀性元件(弯头、三通管、自补偿元件等)数量最少。其中,管路的自补偿元件(U 形支管、螺旋管等)应代之以各种形式的柔性嵌入接头 —— 套管、波纹补偿器、柔性金属软管等。不能消除的结构不均匀性元件应最大限度地使之平顺。

在系统能量转换机械如泵、附件、节流装置等中的振动能量沿支承构件传播采用减振固定装置(隔振器、吊架)来解决。但降低液压系统噪声的主要困难是沿无支承构件 —— 工作介质及管壁传播的振动能量的控制。由于流和工作机构或流动部分的元件强烈的相互作用形成的振动能量从一开始就产生在工作介质 —— 液体中。它的一部分沿结构通道,而另一部分沿液体通道传播。

将沿液体通道的振动能量的传递减少至适当的水平比较复杂,尤其在低频,甚至是不可能的。首先,沿无支承构件的控制手段,例如柔性嵌入接头不可能做成任意柔软的。其次,在管路中采用的控制措施既要用适当的外形尺寸和结构满足舰艇条件,又要保证在要求的频域内有较大的机械和声学载荷阻抗以圆满地实现该控制措施的目标是不可能的。最后,系统所有的设备本身无例外地就是低频滤波器,即在低频域中具有零传播衰减。因此,源的振动能将无阻挡地进入系统的管路。振动能沿液体通道通过系统隔振部件时,因介质流动的方向和大小的改变，一部分重又转入振动。在这些地方，液体中的突变压力成为作用在管路上的不平衡动力发生的原因。就在振动伴随着内部容积脉动的系统部件中，来自结构通道的振动能部分转入液体通道。这样，传播能量的两个通道相互间紧密交织。因此，在动力方面，液压系统是一联合和复杂的力学声学系统。

在液压系统设计时，应考虑：采用低噪声设备；最大可能地减少能量的需求（排除多余的功率储备、设备工作在最大效率区、提高泵的液压功率的有效利用系数、采用具有最小液压阻力系数的管路部件等）；采用高效率的控制水动力噪声和振动源的管路元件；依靠隔振减小振动能量由管路传递至艇体结构；计算管路中水动力噪声和承载结构在给定点的振动，以确定采用的噪声振动控制措施的有效性；保证在舰艇建造和交船试验过程中实施完善的声学措施。

13.6.4　管路系统噪声振动性能检验

泵、节流控制部件及其他设备均应满足有关振动和水动力噪声的要求。这些特性的检验应按专门的方式来完成。并且其数据不受试验条件影响，其目的不仅是为了进行指标验收，而且也是为了获得对系统的噪声振动进行计算所必需的数据。

噪声振动的检验应避免试验台所固有的限制条件带来的误差，而是要得到设备本身固有的噪声振动特性。这对正确评估其噪声振动特性，并将检验结果用于该设备系统的噪声振动计算十分重要。在编制设备技术任务书时，应考虑其噪声振动的特点。应对设备提出相应工况下的振动和噪声限值指标。

13.6.5　管路系统的安装

在制订管路的安装方案时，应从使用的要求和声学的要求来确定系统装置（设备）的布置位置；修正管路布置及其尺度；在振动源（泵、节流装置等）至艇体结构的振动传递途径，选择噪声控制措施；避免在靠近大挠度的地方即管路外动力发生之处安装吊架。

设备及其噪声控制措施的布置均应注意利用声学相互作用，降低噪声能量。为此，希望相邻构件之间（例如泵与消声器、泵与热交换装置）的距离接近于声波在液体中最强的离散分量频率的 1/8 波长的奇数倍。在这一条件下，声波沿介质的传递有最大的衰减值。

例如：在泵的水动力噪声频谱中分辨出轴频 f_n 和叶频 $f_m = f_n Z_{pk}$，其中 Z_{pk}——泵的工作叶轮的叶数。假定 $f_n = 50$ Hz，$f_m = 250$ Hz，在管路中的声速 $c_m = 1\,400$ m/s，在轴频时的波长 $\lambda_n = c/f_n = 28$ m，而在叶频时为 $\lambda_m = c/f_m = 5.6$ m。此时，为了得到最大传递衰减值的构件间距离为：

按轴频 $l_{i,n} = (2n - 1)\lambda_n/8 = (2n - 1) \times 3.5$ m

按叶频 $l_{i,m} = (2n - 1)\lambda_m/8 = (2n - 1) \times 0.7$ m

$n = 1, 2, 3\cdots$ 的选择与系统布置位置的结构有关。而系统除泵以外，包括水动力噪声消声器、热交换装置。

系统中一定要采用可调节声阻抗的装置。安装在管路系统中的可调装置，在其声阻抗改变时，该管系的液体通道的阻抗也随之改变。随后在管路中声压的最大值和最小值的分布. 以及系统的固有频率也改变了。在被调节的系统中初始状态时发生共振，即固有频率与转速或叶频等谐波相重合的情况时可以得到最为显著的结果。在这种情况下，借助调节装置可消除共振。调节装置的降噪效果约为 5 ~ 25 dB。调节装置有效工作的频域为

10 ~ 20 Hz 至 600 ~ 800 Hz。

为了实现噪声调节和进一步改善被调节的系统以达到给定的噪声和振动的要求,调节装置是必要的。在这一复杂的力学、声学系统中,不管是什么液压系统,不可能在设计和计算阶段考虑到影响该系统噪声特性的所有因素。

噪声调节的主要任务是:采用旨在调节管系液体通道噪声特性的方法完成有关保证调节系统在噪声和振动方面设计任务的措施。

与被减振机构相通的系统传输管路应具有隔振解耦合吊架。为了减少管路中系统部件;和沿无支承构件的振动和水动力噪声的传递,可接入有效的隔振手段。

为了减少声能沿管系液体通道的传递,必须采用水动力噪声消声器。消声器应适当地安装在靠近水动力噪声发生的源头,从而阻止其沿系统传播。带有可控空气室消声器的典型特性示于图 13 - 12 上。消声器在 100 ~ 1 000 Hz 的频域内达到最大的效果,其值为 10 ~ 30 dB。

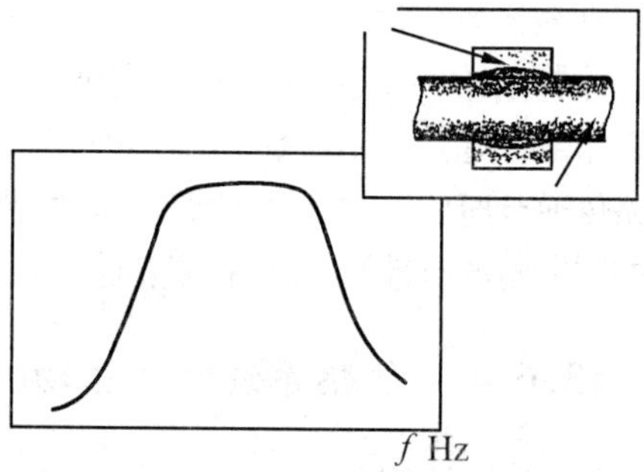

图 13 - 12 带有可调空气箱的水动力噪声消声器特性曲线

13.6.6 管路系统的设计与计算

探求有关管路系统噪声特性的最佳方案,要求准确知道许多几何和结构参数。在像舰艇液压系统这样复杂的设备中,为了研究技术手段在舱室和组装单元中的布置和管路的布线,如不做有关的容积设计,不可能得到相关系统所必需的资料。

为了在早期设计阶段见到用其他方法不可能涉及的管路零件,容积设计(作为设计的阶段)是必不可少的。此时,应解决以下任务:

1. 铺设管路应考虑缩减其长度、挠度吊装数目等;
2. 支架和吊架的最终配置;
3. 确定调节装置及消声器的布置位置。

按照容积设计结果修正的系统管路的尺度和构型、设备的布置,以及对设计阶段已知的有关扰动力不连续频率的数据,必须完成系统噪声振动的计算,即:

1. 确定管路固有振动频率谱;
2. 确定振动能量由源至舷外空间和艇体结构传递点传播的液体和结构耦合的幅频特性;
3. 评估在系统给定点的水动力噪声和振动值。

为了完成噪声振动计算,必须用系统部件,而且首先是噪声振动控制手段的参数来处理。这些参数能表征部件本身,而且也适用于考虑系统中波动现象的计算。作为这种参数,建议采用噪声振动控制手段的输入和传递的机械和声阻抗。

为了计算水动力噪声沿管路的传播,系统的主动部件(泵、附件)应视为噪声能的源头。

13.7　结构声衰减

结构声在结构中的传播过程中，由于材料和横截面的改变、不同的结构件连接形式、加肋，以及根据声学设计在结构中设置的弹性中间层、阻断质量等，都会改变结构声的传播特性，形成结构声的衰减。在舰船声学结构设计中，就是利用这些特性来实现降低结构声的目的。

13.7.1　材料和横截面改变

结构声波沿实际结构传播不久就会遇到材料或结构改变或两者都改变。在每一处这种不连续，入射波部分被反射，以至通过的能量传输减少。因此，不连续性实现了某些衰减。

13.7.1.1　纵波衰减

针对杆，但它也适用于板和不连续处法向入射的情况。

对于纵波经历一个材料特性和（或）横截面变化，其分析与管中平面波分析是类似的。图 13－13 中不连续处两边的纵波幅值为 v_{1+} 和 v_{2+}，下标中"+"表示右行波。根据力的平衡及速度连续条件可以得到传输纵波的幅值为

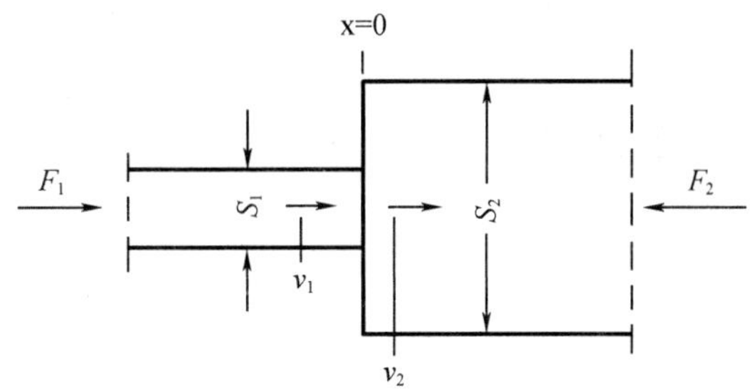

图 13－13　在杆横截面积变化处纵波传输

$$v_{2+} = v_{1+}\frac{2Z_1}{Z_1 + Z_2} \tag{13-31}$$

式中

$$Z_1 = \rho_1 c_{L1} S_1, Z_2 = \rho_2 c_{L2} S_2 \tag{13-32}$$

是两部分的波阻抗，S_1 和 S_2 分别是横截面表面积，下标中的"L"表示纵波。

传输效率

$$\tau = \frac{Z_2}{Z_1}\left(\frac{2Z_1}{Z_1 + Z_2}\right)^2 = \frac{4}{(\sqrt{Z_1/Z_2} + \sqrt{Z_2/Z_1})^2} \tag{13-33}$$

反射系数

$$r = \frac{Z_1 - Z_2}{Z_1 + Z_2} \tag{13-34}$$

反射效率

$$\rho = |r|^2 \tag{13-35}$$

$$\tau = 1 - \rho = 1 - |r|^2 \tag{13-36}$$

然而，式（13－36）中的关系并不适用于所有衰减问题。对于包括耗散结构部件的不连续，功率的非反射部分包括耗散和传输两部分。

单由截面改变引起的衰减并不是特别大。根据传输损耗定义

$$R = 10\log(1/\tau)\,\mathrm{dB} \tag{13-37}$$

因此，对于面积比为 2，其衰减量仅为 0.5 dB。这个估值显示出，从设计的观点可以看

到,对于大幅度的截面积改变,衰减也有一个限制,必须注意,要将传输损耗或传输效率的改变同可观察到的场变量改变区分开来。例如,由式(13 - 31)很清楚,穿过不连续处的速度衰减是非常大的。然而要明白,这种差别是与功率在很大横截面区域传播这样一个事实有关。

13.7.1.2 弯曲波衰减

对于弯曲波,并不存在与空气声理论的相似性,明摆着边界条件的数目已由2上升到4。在纯弯曲波传输穿过不连续处情况,不仅需要考虑横向速度和力,还要考虑转动和转矩,如图13 - 14所示。为了满足这4个边界条件,其解假定必须由4个未知幅值组成。作为问题的解,除了传播波以外,也还有瞬逝波(准稳态近场波)。

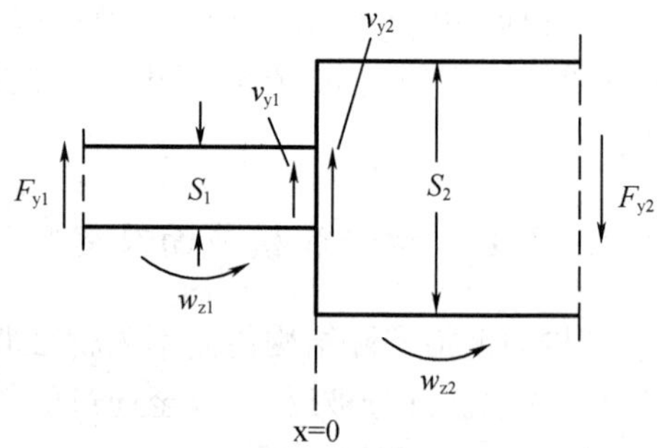

图 13 - 14 在一要梁的横截面改变处弯曲波的传输

尽管对于纵波仅用单一常数阻抗比 Z_1/Z_2 就可以表征功率传输,但在弯曲波情况,通常需要两个这样的比值。这两个比值可定义为:

$$\kappa = \frac{k_2}{k_1} = \sqrt[4]{\frac{m_2'B_1}{m_1'B_2}} = \frac{\lambda_1}{\lambda_2}$$

和

$$\psi = \frac{k_2^2 B_2}{k_1^2 B_1} = \sqrt{\frac{m_2'B_2}{m_1'B_1}}$$

式中 k_1, k_2 是弯曲波数,m_1, m_2 是单位长度质量,B_1, B_2 是弯曲刚度,λ_1, λ_2 是波长。

后一个比值中的量 $(m'B)^{1/2}$ 可以说代表了关于弯曲波的特性阻抗,以下将称之为弯曲波阻抗:

$$Z_{B_1}' = \sqrt{m_1'B_1}, Z_{B_2}' = \sqrt{m_2'B_2}$$

下标中的"B"表示弯曲波。

然而,与纵波阻抗不完全相似,因为弯曲波阻抗并不代表正向行波的力与速度之间的比值,而更可以说是力和弯矩阻抗的几何平均。

将弯曲波传输效率和纵波的传输效率作比较。对于小的面积或厚度改变弯曲波的传输几乎不受影响,同时,看起来对于大的面积或厚度改变弯曲波的衰减要大于纵波的衰减。对于相同的材料特性,面积或厚度比大于5很难想象,这提供最大3 dB的衰减。

13.7.2 直角弯和分支连接

13.7.2.1 入射弯曲波

与前面所讨论的由材料或横截面积改变所造成的不连续性相比,更具有实际重要性的是结构部件以直角相接造成的不连续性。这种构形的例子为舱室相邻的壁,顶板或甲板、铺板与支撑壁,以及桁架中的梁。见图13 - 15。为了对这些现象有些了解,考虑由两根梁或两个板形成的简单的拐角,可能具有不同的材料特性和厚度。对于一个刚性连接,其起到传输弯矩的作用,考虑力、弯矩平衡以及平移速度和旋转速度连续性。必须注意到不仅存在作用于垂直相邻结构部件中性层的力和速度,还存在作用于平行相邻结构部件的力和速度。这意味着将产生纵波的传输和反射。

13.7.2.2　入射纵波

在上一节，考虑了入射弯曲波结构声传输穿过拐角的情况。可以看到尤其在高频会激发纵波。因而值得关注的是阐明入射到拐角的纵波传输。为了获得某些了解，再次考虑两个长梁或板以直角形式连接在一起，其分析与入射弯曲波几乎是一致的。

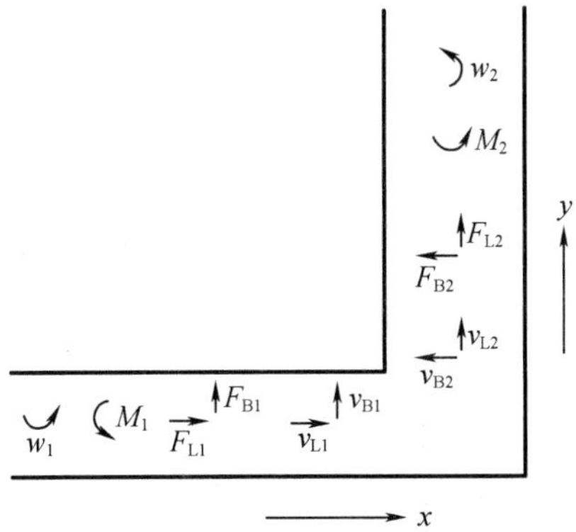

图 13－15　在弯矩刚性角的传输

13.7.3　弹性中间层

前面两节表明，对于实际中可接受的改变，其在材料、结构厚度和结构部件方向的改变并不导致充分的结构声衰减。这个结论与通常的经验很一致。

为了实现很大的衰减，必须要使用特殊的方法，如使用弹性中间层，这是一种最普遍采用的方法。这个方法是基于观察到式(13－34)揭示的由非常大的阻抗改变可得到较大的反射。由于事实上主要的结构都是由钢或混凝土组成，它们在声学上是"硬"材料，仅仅只有声学上"软"材料才能提供有效的衰减。根据这个观点，在两个固体结构之间有一个空气隙(真空)将是最优的。这种分隔从静态考虑在实际中多半是不现实的。必须要使用声学上软，但仍是固体的材料。必须要强调的是，虽然静态上一个空气隙实际上等效于真空，但这种等效并不适用于动态。这是因为与声场相关的快速可逆的位移使得空气排出气隙不可能，相反，在准静态情况，空气可以横向流动或通过微孔。因此，空气隙的动态刚度接近具有紧密安装活塞的圆柱的刚度。这个刚度足够大以实现很大的声传输。

13.7.3.1　纵波衰减

弹性层可以看作是使材料两次改变，其结果是要考虑多次反射。由式(13－31)，一个具有幅值 v_+ 的入射纵波，将在中间层产生一个具有下列速度的波

$$v_{2\infty} = \frac{2Z_1}{Z_1 + Z_2} v_{1+} \tag{13-38}$$

用下标 ∞ 表示这个表达式仅适用于无限延伸的接收介质。当这个初始波到达中间层的另一端时，将产生一传输波，现在 Z_1 和 Z_2 的角色互换了，其速度为

$$v_{3\infty} = \frac{2Z_2}{Z_1 + Z_2} v_{2\infty} = \frac{4Z_1 Z_2}{(Z_1 + Z_2)^2} v_{1+} \tag{13-39}$$

这种通过一个中间层的传输效率对应于两个相似的不连续的串联，因而将等式(13－34)给出的一个不连续的传输效率的平方。然而，这个理由是不对的，根据式(13－39)式中未出现中间层的长度 l 这事实就可预计到。因而必须要考虑事实上初始波在中间层的两个端点会一次又一次的反射，其反射因子为：

$$r = \frac{Z_2 - Z_1}{Z_1 + Z_2} \tag{13-40}$$

在这些反射中会发生能量损耗。

因此，在 x 正方向总的波传播由无限数目的分量组成，它们的相对相位由总的"闭环"距离 $2l$，中间层材料的相速度 c_2 以及在反射中产生的任何相位改变确定。最终的传输效

率为

$$\tau = \left|\frac{v_{3+}}{v_{1+}}\right|^2 = \left|\frac{4Z_1Z_2\mathrm{e}^{-\mathrm{j}k_2l}}{(Z_1+Z_2)^2-(Z_2-Z_1)^2\mathrm{e}^{-2\mathrm{j}k_2l}}\right|^2 = \frac{1}{\cos^2k_2l+\frac{1}{4}\left(\frac{Z_1}{Z_2}+\frac{Z_2}{Z_1}\right)^2\sin^2k_2l} \tag{13-41}$$

这个关系式可用于任何中间层,其表明全传输即 $\tau=1$ 不仅发生在 $Z_1=Z_2$ 阻抗完全匹配的情况,也可发生在其他的阻抗比,当正弦函数为零时,即 $k_2l=n\pi$。这些厚度共振对应中间层的固有振动。在共振处,弹性材料的阻尼损耗有效地阻止了全传输。采用复波数 $\underline{k}_2=k_2(1-\mathrm{j}\eta)$,第一阶最大传输效率近似为:

$$\tau_{\max} = \frac{1}{1+\frac{\pi\eta Z_1}{4Z_2}} \tag{13-42}$$

这适用于当材料特性与频率无关时,该条件绝不是经常能够满足的。

在通常情况下,中间弹性层非常薄,有近似式 $\cos k_2l\approx1-(k_2l)^2/2$ 以及 $\sin k_2l\approx k_2l$,这意味着式(13-53)中的传输效率可以取如下形式:

$$\tau = \frac{1}{1-(k_2l)^2+\frac{1}{4}\left(\frac{Z_1}{Z_2}+\frac{Z_2}{Z_1}\right)^2(k_2l)^2} \tag{13-43}$$

可以预期,传输效率随中间层的长度或厚度的增加而减小。因为在波场中,每一尺度都将与支配波长进行比较,在此情况,纵波的波长与频率成反比,厚度与频率有同样的关系,而且,它使得无论 Z_2 是大于或小于 Z_1,或者如果材料相同,无论中间层的横截面积是大于或小于原有结构,都没有差别。

对于一个弹性层或横截面缩减以实现实际可接受的衰减,Z_2 通常比 Z_1 要小,则(13-43)可进一步简化为

$$\tau = \left[1+\left(\frac{Z_1k_2l}{2Z_2}\right)^2\right]^{-1} = \left[1+\left(\frac{\omega Z_1l}{2E_2S_2}\right)^2\right]^{-1} = \left[1+\left(\frac{\omega Z_1}{2s_2}\right)^2\right]^{-1} \tag{13-44}$$

由最后一个表达式可清楚地看到,中间层的刚度 $s_2=E_2S_2/l$ 支配着传输。

当几个有限的杆的弹性层联合在一起的时候,采用四端参数表示法会比较方便。对于类似的空气声抗性消声器,声学滤波理论已经研究相当多了。

13.7.3.2 弯曲波衰减

在不太高的频率情况下,中间弹性层对于纵波可以看作是一个分离的弹簧,这个结论也可转换到入射弯曲波情况。简化的弯曲波理论仅适用于这不太高的频率,对于短的或薄层的极限值处理提供一个不正确的结果,因为简化弯曲理论没有包括剪切刚度和转动惯量。对这种极限值处理必须采用铁摩辛柯理论。

然而,全反射和全传输的存在并不意味着这个不连续截面分别在对应的频率是无运动的或精确地跟随入射波运动。而是传播波和瞬逝波共同作用,以这种方式不连续截面分别避免能量传输和能量反射。

确实,在一个很长的梁上设置两个足够分开的两个弹性层确保忽略瞬逝波有可能实现陷波模式,这种振动是将能量限制在两个弹性层之间。对于在一维波导中的纵波,不会产生瞬逝波,因此不存在全反射,也就不可能实现陷波模式。

13.7.4　阻断质量

虽然弹性层在结构中对于衰减结构声是非常有效的，但它们会带来很大的不利，它们降低了静态结构稳定性。弹性层必定要比主要结构部件柔软得多，因此，不能用于承载结构件。任何与弹性层平行的刚性连接都会降低衰减，即使仅仅是一个铁钉或一个螺栓。

更不切实际的将是在船舶结构中使用弹性中间层，不仅要确保静态稳定性，而且还要求结构是水密的，很明显船舶结构必须是连续的。众所周知，对于连续的管道，结构声可以传输到很远，部分原因是由于在通常使用的材料中内部损耗受到限制。相类似，预期在船头和船尾之间的结构声传输将是大的，实验表明并不是这种情况。尤其是高频，很显然，许多加强筋或肋阻碍了船体的连续性，每一根筋或肋会反射一些入射能量，以至于获得很大的一个净衰减。

13.7.4.1　纵波衰减

阻断质量对纵波的影响可以直接由式(13 - 41) 确定，它可用于通过任意材料或面积改变的传输，令 Z_2 大于 Z_1，式(13 - 41) 简化为：

$$\tau = \left[1 + \left(\frac{Z_2 k_2 l_z}{2Z_1}\right)^2\right]^{-1} = \left[1 + \left(\frac{\omega m}{2Z_1}\right)^2\right]^{-1} \tag{13 - 45}$$

这里

$$m = Z_2 l_z / c_2 = \rho S l_z \tag{13 - 46}$$

是中间层的质量，现在作用如同一个阻断质量。然而，对于纵波按照式(13 - 45)，即使是相当充分的质量，传输效率接近于 1。

13.7.4.2　对称阻断质量弯曲波衰减

弯曲波情况要好得多，对于这种波，甚至一个单质量就能够在声频范围产生充分地衰减。这是由于在上一节中讨论的全反射效果，其对弯曲波有特效。因此，波能量被完全阻隔了，同时质量以及力仍保持有限。阻断质量也会产生反效果，这就是在全反射频率之下出现全传输，这意味着一个单质量就像一个低通滤波器一样。

如同弹性中间层一样，存在一个全传输的频率，并且常常是较高的全反射的频率，表明在阻断质量有传播波和消失波的特殊组合。相类似，在这种情况下也会出现陷波模式。

应该指出的是，当质量或其与梁的连接不是完全刚性的，则衰减会急剧下降。在这种情况下，并不是所有材料点完全参与旋转运动。最极端情况，仅当梁和质量构成了一个整体，在这个位置上质量作用于梁上的影响相当于“钳定”。当然，其钳定涉及平动和转动。

13.7.5　结构声斜入射

13.7.5.1　一般原理

现在来考虑沿着平板传播并斜入射到直的边界或接合面的弯曲波是有益的。这种一般化的斜入射在实际中是非常重要的，因为对于平板状结构法向入射仅仅是很少的特殊情况。如果一块板在一个点受激励，在板上能量由激励向所有方向传播。一个矩形边界因而在所有可能的角度与波相交，部分是在多次反射之后。

13.7.5.2　实例

(1) 在拐角和分支处的弯曲波传输。

这个例子说明，如同通常的空气声情况一样，传播效率并不随入射角的增加而增加，得到的平均传输效率小于法向入射的传输效率,这个结论也适用于所有直角分支和十字交叉,其所有分支平板具有相同的特性。

关于全反射现象,还必须注意到在无限扩展的边界基础上导出的,就像光学中的菲涅耳表达式。对于有限长度或对于圆柱波前,波线在末端倾向于变宽,通常不再考虑临界角全反射。这种变宽,会使得一些能量在入射临界角方向朝边界传播能量,沿边界产生偏转,然后在临界角连续反射。

(2) 在加强筋的传输

考虑具有加强筋的板,讨论限于构形为两板相同的半无限板,入射弯曲波角度为$\theta(\theta = \theta_1 = \theta_2)$。而且,采用非常大、简单对称设置的筋。用这种方法克服面内波发生。宽度比选取为很小,板与筋梁之间的连接是刚性的。

这种结构的例子说明:

· 在对所有角度平均时,全衰减现象消失了,因为它仅在非常窄的角度段发生;

· 对于掠入射($\theta \approx 90°$) 没有传输;

· 平板中的弯曲波视速度或者等于筋的弯曲波速度或者等于筋的扭转波速度。在这种情况,这些点的邻域在高频会产生全传输。

· 全传输导致在所有角度平均衰减要小于在宽频带范围内法向入射的衰减。这种影响和其他波形激励对于对称筋造成了加筋结构和不加筋结构的结构声平均衰减显著不同。

13.8 机械阻抗计算

13.8.1 舰船设备基座阻抗的工程估算

13.8.1.1 基于实验数据的工程估算

基座阻抗的工程估算是在分析和总结实船实验研究结果的基础上形成的。在机械支承表面的法向上,基座的输入有效机械阻抗 $Z_{\oint}$ 按下式确定

$$Z_{\oint} = Z_{\oint_m} \cdot n(f)$$

其中 $Z_{\oint_m} = \left[\dfrac{1}{S_k/\omega + Z_k^B} + \dfrac{1}{1/\omega y_{on} + Z_{on}^B}\right]^{-1}$—— 基座的输入机械阻抗;

S_k—— 船体结构的刚度,与设备质量有关。如果机械安装在坚固的板架(舱壁,牵板)上,则设 S_k 值等于零;

Z_k^B—— 船体结构的机械阻抗分量,取决于机械的安装位置和频率;

y_{on}—— 载荷施加位置上基座支承薄板的导纳,与设备质量有关;

Z_{on}^B—— 基座支承薄板机械阻抗分量,与设备质量有关;

$n(f)$—— 修正值,考虑机械的隔振器与基座多点接触,与频率有关。

基于实验数据的工程估算的主要思路是:将基座和基座下的基础为两部分,其关系为并联连接,用公式 $y = y_1 + y_2$,y_1,y_2 分为低频和高频两部分,参数 S_k、Z_k^B、y_{on}、Z_{on}^B、$n(f)$ 可通过大量实验数据归纳出曲线用于计算。因为基座结构的设计与设备质量及基础有关,故这些参数与设备的质量和基础相关。

13.8.1.2　舰船基座结构和船体结构参数的渐近计算法

基座结构和船体结构参数的渐近计算法的用途是近似地计算复杂工程结构的输入阻抗。渐近法的基础是低频和高频的输入阻抗计算。在低频率上，结构的阻抗取决于边界条件，要么由结构的刚度来确定，要么由结构的质量来确定。在高频率上，为了描述结构的阻抗，采用了它的特性阻抗。这样，从最低频率起直到低频近似值在数值上等于结构的特性阻抗的频率为止，结构输入阻抗的近似值认为等于低频近似值。从这一个频率起，结构的阻抗认为等于结构的特性阻抗。

实际舰船的基座结构和船体结构，一般是由杆、薄板和薄壳构成的空间结构，因此，这些结构的阻抗计算宜从有限尺寸的单元结构的阻抗开始。

在大多数情况下，由于边界条件很复杂，很难精确地确定如杆、薄板或薄壳这样的有限尺寸结构的机械阻抗。

研究表明，与其他的结构没有弹性连接的结构的阻抗，在频率低于一阶共振频率 f_{p1} 时具有惯性特性。例如，舰船的船体相对于激励它的横向力或纵向力就具有这种阻抗。对于与其他的结构有弹性连接的结构而言，在上述频率上的输入阻抗具有弹性特性，我们可以将其称为弹性阻抗。例如，舱壁或基座的支承薄板相对于激励它们的横向力就具有这种阻抗。

因此，为了计算对于舰船的结构来说典型的单元结构的机械阻抗，需要知道：

(1) 为了确定频率低于 f_{p1} 时的输入阻抗 Z_F 需要知道当静力作用在激励点上的结构的弯曲刚度。

(2) 为了确定频率高于 f_{p1} 时的 Z_F，需要知道无限结构的特性阻抗，而研究的有限尺寸的结构是无穷结构一部分。

(3) 为了确定 $Z_{F\min}$，需要知道结构的质量和损耗系数。

(4) 需要知道结构弯曲振动的一阶共振频率 f_{p1}。

在舰船条件下，很少有单元结构。而大部分结构是由几种单元结构组成的，即合成结构。考虑用下面的思路来构成合成结构机械阻抗的物理数学模型。

如果合成结构的各单元在动态激励力的作用下具有相同的振动速度，则认为它们的阻抗合成关系是属于串联连接的，在相反情况下，则认为它们是并联连接。由 n 个串联连接的单元组成的合成结构的机械阻抗等于单元机械阻抗 Z_i 之和，即 $Z = \sum_{i=1}^{n} Z_i$。

由 n 个并联连接的单元组成的结构，它的输入机械导纳为单元导纳 Y_i 之和，即 $Y = \sum_{i=1}^{n} Y_i$。在这种情况下需要知道合成结构的输入阻抗值时，应当使用公式 $Y = 1/Z$。

在阻抗并联连接的情况下，它们的总阻抗值主要是由各个单元中最小阻抗值来决定的。当阻抗串联连接时，它们的总阻抗值主要是由各个单元的最大阻抗值来决定。

由上可知，为了确定安装在船体结构上的基座的总输入机械阻抗，必须具有参与振动的所有 n 个结构的阻抗信息。

在阻抗并联连接的情况下，总值取决于各单个构件阻抗的最小值；在阻抗串联连接时，总值取决于各单个构件阻抗的最大值。

在船体结构上安装船用机械，通常借助于中间安装构件 —— 基座。因此，其阻抗可以看作由基座和基座下的板架（甲板、隔壁）两者阻抗的合成。

最常见的基座有两型：加固型基座和悬臂型基座。图 13－16 是加固型基座的示意图。在这种

基座上的力 F 作用点的总位移由安装板架的位移和基座安装板的位移两部分组成。这两种位移彼此并不相等。因此板架阻抗 Z_{gF} 和基座安装板阻抗 Z_{pF} 的合成关系为并联连接,其合成阻抗 Z_F 为:

$$Z_F = \frac{Z_{gF}Z_{pF}}{Z_{gF} + Z_{pF}} \tag{13-47}$$

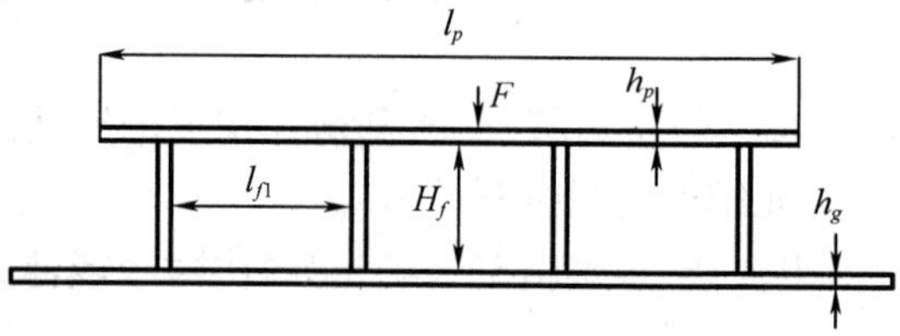

图 13-16　加固型基座

对于如图 13-17 所示的悬臂型基座,作用在其安装板上的横向力着力点的总位移,是由基座安装板的位移和由于扭转而产生的基座位移两部分组成。基座的扭转是由于被移到离隔壁 L_F 距离远的力 F 的力矩造成的。因为这些位移在一般情况下并不相等,所以受其扭转制约的基座阻抗 $Z_{\vartheta F}$ 和安装板阻抗 Z_{pF} 的合成关系为并联连接,其合成阻抗 Z_F 为:

$$Z_F = \frac{Z_{\theta F}Z_{pF}}{Z_{\theta F} + Z_{pF}} \tag{13-48}$$

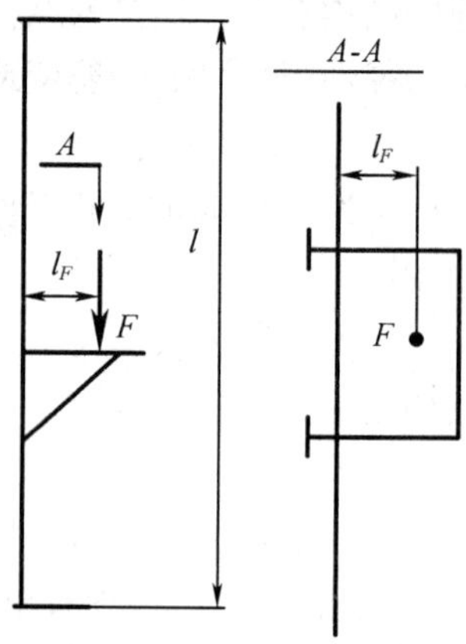

图 13-17　悬臂型基座

$Z_{\theta F}$ 的计算也分为低频由刚度决定的弹性阻抗和高频波阻抗。

在频率 $f < f_{0\theta}$ 时,阻抗 $Z_{\theta F}$ 的计算主要考虑隔壁加强筋的影响。

在频率 $f > f_{0\theta}$ 时,阻抗 $Z_{\theta F}$ 主要考虑隔壁加强筋的波阻抗。

13.8.2　机械设备的阻抗计算

在低频率上,机械像统一的整体一样振动,有效阻抗具有惯性性质。对于外形尺寸很小的机械来说,频率大致在 80 ~ 100 Hz 的范围,对于大型机组来说,频率大致在 20 ~ 30 Hz 范围。在高于这范围频率之上,机械的有效阻抗受支承和壳体的刚度控制,在更高的频率上,机械的有效阻抗表现为机械的安装部位结构的特性阻抗。因此,采用工程近似算法计算机械结构的有效阻抗,按频率特性的不同可分为三个区域:质量区、刚度区和特性阻抗区,由于机械结构的复杂性,结构的共振会对有效阻抗带来影响。

13.8.2.1　圆柱壳体结构机械有效阻抗分析

机械结构的质量区阻抗 Z_1 的形式很简单,即:

$$Z_1 = \omega m \tag{13-49}$$

式中　$\omega = 2\pi f$—— 圆频率;

m—— 机械结构的质量。

Z_1 反映了机械的惯性特性。机械结构的刚度区阻抗值 Z_2 由下式确定：

$$Z_2 = C_M/\omega \tag{13-50}$$

式中　C_M—— 有效刚度。

机械结构的特性阻抗区阻抗值 Z_3 由下式确定：

$$Z_3 = 8n_a\sqrt{mD} \approx 2.4n_ah^2\sqrt{E\rho} \tag{13-51}$$

式中　n_a—— 支承隔振器的数量；

D—— 支承板的抗弯刚度；

h—— 圆柱形壳体厚度；

E—— 杨氏模量；

ρ—— 材料密度。

对圆柱壳体结构机械有效阻抗分析的主要内容是确定这三个区的分界频率、有效刚度 C_M 以及结构的共振频率点。

13.8.2.2　任意壳体结构的机械阻抗计算

对于具有任意壳体结构的机械，其有效阻抗模量确定如下：

按公式 $Z_1 = \omega m$ 确定机械惯性阻抗，利用沿横轴和纵轴的对数坐标，在坐标平面内画出阻抗 Z_1 的频率特性，它是一条直线，每倍频向上倾斜 6 dB。

按公式 $Z_3 = 2.4n_ah^2\sqrt{E\rho}$ 确定机械特征阻抗，在坐标平面上画出 Z_4 的频率特性，它是平行于横坐标轴的一条直线。

在坐标平面上，从频率 80 Hz 上的 Z_1 值开始，画出阻抗 Z_2 的频率特性，它是一条直线，每倍频向下倾斜 6 dB。

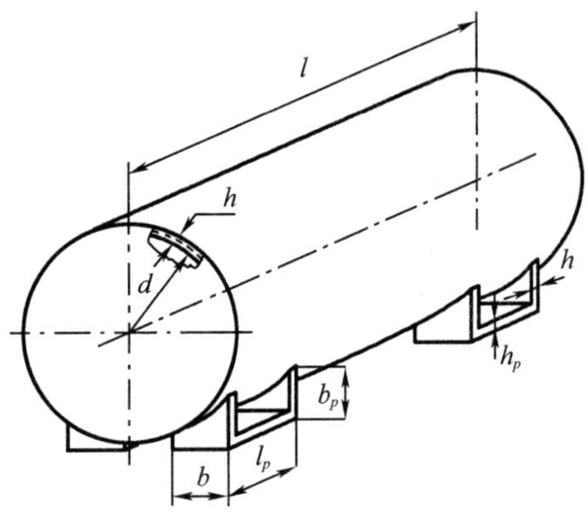

图 13－18　圆柱壳体机械结构简图

机械有效阻抗模量的频率特性通过用直线连接如下的点而获得：在频率 5 Hz 上的 Z_1 点；在频率 80 Hz 上的 Z_1 点；直线 Z_2 和 Z_3 的交叉点；在频率 10 000 Hz 上的 Z_3 点（见图 13－19）。

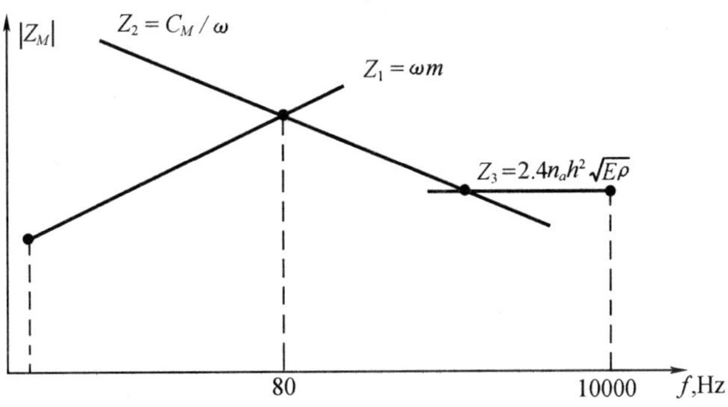

图 13－19　带有任意壳体的机械有效阻抗模量的频率特性

若频率 80 Hz 上的 Z_1 点小于 Z_3 值,则直线 s 画到它与直线 Z_3 的交点,于是机械有效阻抗模量频率特性由两条直线连接而成:Z_1(直到直线 Z_1 和 Z_3 交点之前)和 Z_3(直到直线 Z_1 和 Z_3 交点之后)。

第 14 章　舰船空气声场控制

14.1　舰船机电设备的噪声控制

14.1.1　舰船机电设备的噪声

14.1.1.1　舰船机电设备噪声指标

人们通常将潜艇噪声分为机械噪声、螺旋桨噪声、水动力噪声。潜艇在执行任务过程或远航中，一般采用中低航速航行，而中低航速下潜艇的辐射噪声则以机械噪声为主，因此降低机械噪声就显得尤为重要。机械设备在运转过程中的噪声振动虽不可避免，但可使其尽量降低，从而使得机械设备的噪声及振动也即“源头” 的噪声振动尽可能低。另外，机械设备向舱室辐射的空气噪声，也会增大水下辐射噪声。由此可以看出，机械设备的噪声振动在很大程度上决定了潜艇在中低速航行时的辐射噪声水平。在中低航速下安静型潜艇的关键是控制潜艇的机械噪声水平。

因此，潜艇装艇的设备应该在上艇前进行台架噪声振动的严格检测，依据先期制定的限值标准，对不合格的设备需整改合格后才可装艇。噪声限值指标的形成方法，主要应从潜艇的战术要求和艇员的生理要求出发，合理分配各设备的噪声振动指标，保证全艇的总辐射噪声限制在所定范围内，而且各舱室空气噪声也满足国家标准规定，不能对人员构成生理伤害。因此要求对装艇机械设备噪声振动特性逐台测量，使用统一的检测标准、检测方法及对环境的统一要求，使数据具有可比性。随着科技水平的发展，机电设备噪声振动指标应逐步严格，促进各设备生产厂家进行技术改造，从而降低装艇设备噪声总水平，并进而降低水下辐射噪声水平。

14.1.1.2　舰艇机电设备噪声级估算

1. 柴油机的噪声级

有关柴油机的声级估算公式很多，我们仅介绍其中的一个。柴油机的 A 声级和 A 计权声功率级为

$$L_A = 54 + 10\lg(n_H N_H^{0.55}) + 30\lg\left(\frac{n}{n_H}\right) \tag{14-1}$$

$$L_{WA} = 57 + 10\lg(n_H N_H) + 30\lg\left(\frac{n}{n_H}\right) \tag{14-2}$$

式中　L_A—— 距柴油机表面 1m 处的 A 声级，dB；

L_{WA}——A 计权声功率级，dB；

n_H—— 发动机的额定转速，r/min；

N_H—— 额定功率，kW；

n—— 发动机的工作转速，r/min。

1/3 倍频程的声功率级为

$$L_W = \left\{52 + 10\lg\left[\frac{n_H N_H(1 + N_H/m)}{f/1\ 000 + 1\ 000/f}\right] + 20\lg\left(\frac{n}{n_H}\right)\right\} \quad (14-3)$$

式(14－3)中的L_W为某1/3倍频带内的声功率级(dB),f为频带中心频率(Hz),m为发动机的质量(kg)。

2. 通风机的声功率级

离心式通风机的声功率级为

$$L_W = 10\lg Q + K\lg P - 40\lg f + 148 \quad (\text{dB})$$

式中 Q—— 通风机排量,m^3/s;

P—— 全压力,Pa;

f—— 倍频带中心频率,Hz;

K—— 系数,见表14－1。

表14－1 K值表

频率/Hz	63	125	250	500	1 000	2 000	4 000	8 000
K	7.5	10.0	12.5	15.0	17.5	20.0	22.5	25.0

通风机出口处的声功率级对于离心式风机,在每个频段上都为$L_{出} = L_{进} + 4$ dB,对轴流式为$L_{出} \approx L_{进}$。

3. 减速齿轮箱的噪声级

齿轮箱的声功率级可用下式估算:

$$L_W = 56 + 10\lg N_W \quad (\text{dB}) \quad (14-4)$$

式中,N_W—— 传递的功率,W。

该式适用于$N > 50$kW的场合。若要求相应的噪声频谱,可将图14－1和图14－2上找到的值与式(14－4)的计算值相加,即可得到齿轮箱的噪声频谱。

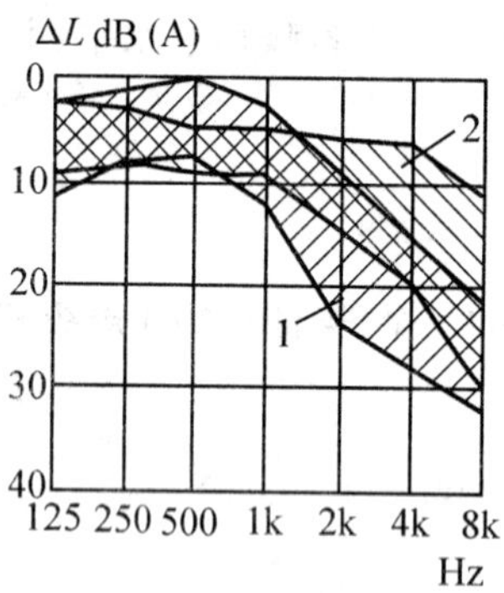

图14－1 各类传动的频谱声级差值

1— 正齿轮和锥齿轮传动,n = 1 500 r/min;

2— 行星齿轮传动,n = 1 500和3 000 r/min

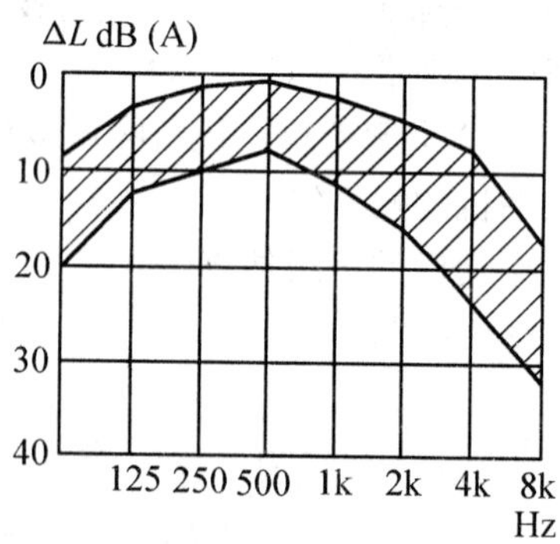

图14－2 其他45种传动类型的频谱声级差值

4. 水泵

(1) 一般水泵声功率级计算式

$$L_W = 10\lg N + K_2 + 70(\text{dB}) \quad (14-5)$$

式中，N—— 功率，kW，

K_2 为倍频程修正系数(如表 14－2 所示)。

表 14－2　倍频程修正系数 K_2　　单位：dB

倍频程 Hz	31.5	63	125	250	500	1k	2k	4k	8k
K_2	－6	－6	－6	－8	－8	－10	－15	－20	－20

(2) 蜗壳泵及环壳泵声功率级计算式(适应范围 $4\ kW \leqslant N \leqslant 20\ 000\ kW$)

$$L_W = 71 + 13.5\lg N \quad (\text{dB}) \tag{14-6}$$

式中，N—— 功率，kW。

(3) 循环导流泵声功率级计算式(适应范围 $4\ \text{kW} \leqslant N \leqslant 20\ 000\ \text{kW}$)

$$L_W = 83.5 + 8.5\lg N \quad (\text{dB}) \tag{14-7}$$

式中，N—— 功率，kW。

(4) 轴流轮贯流泵声功率级计算式(适应于 $10\ \text{kW} \leqslant N \leqslant 1\ 300\ \text{kW}$ 或 $0.77 \leqslant Q/Q_{opt} \leqslant 1.25$)

$$L_{WA} = 21.5 + 10\lg N + 57Q/Q_{opt} \tag{14-8}$$

或

$$L_{WA} = 78.5 + 10\lg N' \tag{14-9}$$

式中　L_{WA}——A 计权声功率级，dB；

N—— 功率，kW；

N'—— 轴功率，kW；

Q/Q_{opt}—— 在测点及最佳工况点时的流量比。

(5) 悬臂支承单流泵及两侧支承双流泵

a. 蜗壳泵或环壳泵(适应于 $4\ \text{kW} \leqslant P \leqslant 2\ 000\ \text{kW}$)

$$L_{WA} = 77.7 + 13.6\lg N - 3.2K_F + 2.2K_L + 2.5K_A \quad (\text{dB}) \tag{14-10}$$

式中　L_{WA}——A 计权声功率级，dB；

N—— 功率，kW；

$K_F = 1$ 时，为单流叶片；

$K_F = 2$ 时，为双流叶片；

$K_L = 1$ 时，为滑动轴承；

$K_L = 2$ 时，为滚珠轴承，油润滑；

$K_L = 3$ 时，为滚珠轴承，油脂润滑；

$K_A = 1$ 时，为对驱动齿轮箱、管道等噪声采取屏蔽措施；

$K_A = 2$ 时，为对设备用隔离物屏蔽；

$K_A = 3$ 时，为对设备用罩子屏蔽。

b. 有反向导流的导向叶片泵声功率级计算式

$$L_{WA} = 92.6 + 3.2\lg N - 2.3\lg \Delta r/u_2 \quad (\text{dB}) \tag{14-11}$$

式中　L_{WA}——A 计权声功率级，dB；

N—— 功率，kW；

Δr—— 与机器表面的距离，m；

u_2—— 叶片末梢速度,m/s。

5. 电机

(1) 粗略估算距电机 r 处的声压级为

$$L_P = 10\lg\frac{Nn^2}{r^2} + (8 \sim 10) \quad (\text{dB}) \tag{14-12}$$

式中 L_P—— 声压级,dB;

N—— 功率,kW;

n—— 转速,r/min;

r—— 与机器表面的距离,m。

(2) 精确计算声功率级为

$$L_W = K_P\lg N + K_n\lg n \quad (\text{dB}) \tag{14-13}$$

式中 L_W—— 声功率级,dB;

N—— 功率,kW;

n—— 转速,r/min。

14.1.1.3 舰艇机电设备选型

在选用舰船机械设备时,除了要考虑它们的技术经济指标外,还应考虑它们的声学特性。在这些机械设备中,首先要考虑的是发动机,因为机舱里的噪声级大小取决于发动机的空气声;生活舱室里的噪声级大小不仅与舱室内的机电设备的噪声有关,而且与机舱里的发动机的振动有关。

如果选用高噪声的发动机,不但会使舱室噪声加大,而且给噪声控制工作带来困难,使防噪声元件复杂化。一般来讲,欲降低发动机引起的舱室噪声和振动,就要增加舰船的重量和造价。若在舰船方案设计阶段选用了高噪声发动机,导致舱室噪声大大超过舰船噪声标准所规定的许用值,此时想采取防噪声措施来补救,而不对方案设计作重大修改是很难做到的。据此,应尽可能选用低噪声的机电设备。

当设备性能要求与降噪要求不一致时,首先要选用性能满足要求的设备,然后采用本章后文所述的方法对其噪声进行控制。

14.1.2 舰船机电设备布置

机舱布置或全船舱室布置除了要满足常规设计的要求外,还必须从声学角度来考虑。布置得合理将给舰船噪声控制带来很大方便,布置的最基本的原则是使声学要求高的舱室(或称为安静舱室)离声源舱室尽可能的远一些。

在机舱布置中,应使经常操纵机械和设备的工作区域中的消声值最大,这是减少噪声对轮机人员有害影响的主要措施。

为降低舰船航行时机舱内的噪声,可以将柴油发电机组单独安装在一个舱室内,若将两台柴油发电机组分别布置在不同的舱室,可使轮机人员检修其中的一台柴油发电机组时,不受另一台柴油发电机组噪声的影响。

近年来,舰船机舱里广泛采用有隔声措施的集控室,集控室里装有玻璃窗,可以在设备工作时目测监视,缩短工作人员在高噪声机械设备附近的停留时间。

在作总布置时,应当把那些无噪声要求的舱室,例如卫生间、贮藏室及机舱通道等布置在噪声最大的地带。首部亦应从无噪声要求的舱室开始,布置那些声级许用值最高的舱室。

生活舱室和医疗室尽可能远离声源。

在水面舰船上，一般把生活舱室等对噪声要求高的舱室布置在上层建筑的最高层。在水面舰船中部或首部的上层建筑上布置生活舱室和公共服务舱室，一般用不着专门的降噪措施就可以达到噪声标准，这种布置在舰船上已经得到广泛的应用。

潜艇由于机舱在尾部附近，因此有关通信、指挥、生活等舱室一般向艇首布置。

14.2　吸　　声

14.2.1　吸声材料及吸声结构

材料的吸声性能可用吸声系数来表示。吸声系数定义为被材料吸收掉的声能与入射声能之比，即

$$\alpha = \frac{E_{吸收}}{E_{入射}} = \frac{E_{入射} - E_{反射}}{E_{入射}} \tag{14-14}$$

完全反射的材料，吸声系数 $\alpha = 0$；完全吸收的材料，吸声系数 $\alpha = 1$；一般材料的吸声系数都在 0 和 1 之间，即 $0 < \alpha < 1$。

吸声系数的大小，除了受材料本身性质的影响外，还和材料的安装方式（背后有无空气层、空气层的厚度以及固定方式等），入射声的频率以及声波的入射角度有关。

吸声材料就其广泛的含义来说，是指一些可以有效地将声能转变为其他形式能的材料；而用声学术语来说，是指在 125，250，500，1 000，2 000，4 000 Hz 六个倍频带的平均吸声系数 $\bar{\alpha}$ 大于 0.2 的材料。

吸声材料经由不同的物理过程进行能量转换，因而具有不同的吸声机理。根据不同的吸声机理，可将吸声材料分为以下几类。

1. 多孔材料

多孔材料的构造特征是在材料中有许多微小的间隙和连续孔洞，具有一定的通气性能。当声波经过材料表面入射到内部时，就会引起孔隙中的空气运动，由于空气的黏滞性以及孔隙中的空气和孔壁与纤维之间的热传导而产生的热损失，就使相当一部分声能转变为热能而被消耗掉，这就是多孔材料的吸声机理。常用的多孔材料有玻璃棉、矿渣棉、岩棉、毛毡、木丝板和吸声砖等。

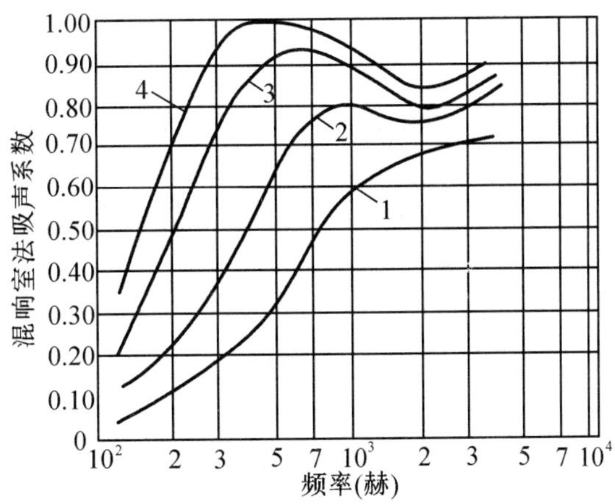

图 14－3　多孔材料的厚度与吸声性能的关系（与刚性壁密接）

1— 厚 13 mm；2— 厚 25 mm；3— 厚 5 mm；4— 厚 75 mm

多孔材料的吸声性能与材料的厚度、容重、背后空气层的厚度以及入射声波的频率有关。多孔材料的吸声系数一般都随着频率的增加而增大，到一定的频率时大致达到固定值。多孔材料的厚度对吸声性能的影响，见图 14－3。若

将多孔材料装置在离刚性壁一段距离处,即在其间留有一定厚度的空气层,则它的吸声系数就会增大,见图14-4。当空气层的厚度近似等于入射声波的1/4波长时,吸声系数最大;当其厚度等于1/2波长的整数倍时,则吸声系数最小。另外,不同温度和湿度对多孔材料的吸声性能也有一定的影响。

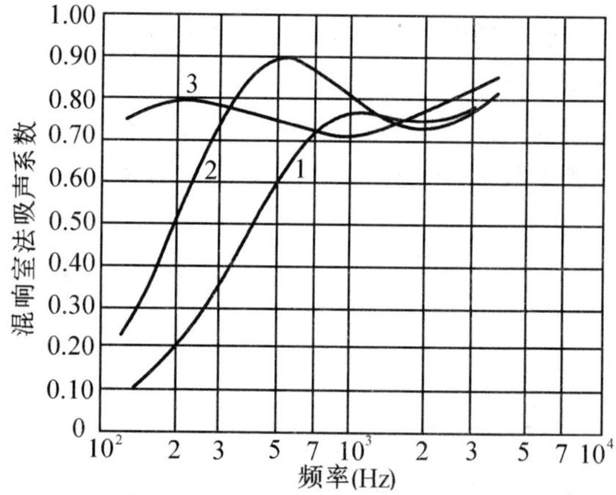

图14-4 背后空气层对多孔材料吸声性能的影响

1—没有背后空气层;2—空气层100 mm;3—空气层300 mm

2. 柔性材料

柔性材料是指内部具有许多微小的独立气孔的材料以及泡沫塑料。柔性材料基本上没有通气性能,在一定程度上具有弹性。它的吸声机理是:当声波入射到材料表面时,很难透入到材料的内部,而只是使材料作整体的振动,为了克服材料内部的摩擦而消耗了声能,引起声波的衰减。柔性材料的高频吸声系数很低,中低频吸声性能类似于共振吸收,它的吸声性能见图14-5。

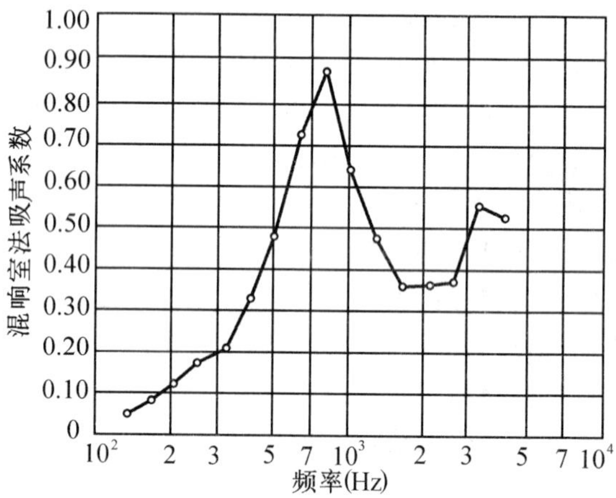

图14-5 柔性材料的吸声性能(氯乙烯泡沫,厚20 mm)

3. 板状(或膜状)材料

膜状材料是指像聚乙烯薄膜或几乎没有通气性能的帆布等类的材料,它本身的刚度很小,在受拉力处于张紧状态时具有一定的弹性。板状材料是在胶合板、硬质板、石膏板、石棉水泥板等板材的背后设置空气层,并把它们的周边固定在框架上的结构。在一定的范围内,膜状材料和板状材料的吸声机理是一样的,即当入射声波的频率和材料的固有频率一致时,两种材料都会发生共振,由于内部摩擦而消耗声能。

由板状(或膜状)材料与其后设置的空气层组成的吸声结构,可用于吸收低频噪声,其共振频率(固有频率)f_0 为

$$f_0 = \frac{600}{\sqrt{mD}} \tag{14-15}$$

式中 f_0——共振频率,Hz;

m——板(膜)的面密度,kg/m²;

D——板(膜)后的空气层厚度,cm。

4. 共振吸声结构

共振吸声结构主要有薄板共振吸声结构、单腔(亥姆霍兹共振腔)吸声结构以及穿孔板共振吸声结构等。

(1) 薄板共振吸声结构 是由薄板和板后空气层组成,它的吸声机理同板(膜)状材料。这种结构的主要特点是有较大的低频吸收,但单纯利用由板和空气层构成的结构,其吸声系数不高。如果在空气层中填充一些多孔材料,则可以使吸声系数显著提高。

(2) 单腔共振吸声结构 是由腔体 V 与颈口 d 组成的结构,腔体通过颈口与外部空气相通,见图 14 - 6。当声波入射到单腔时,入射声能将激起孔洞处的空气分子往复运动,由于孔洞处的摩擦阻力而消耗声能。

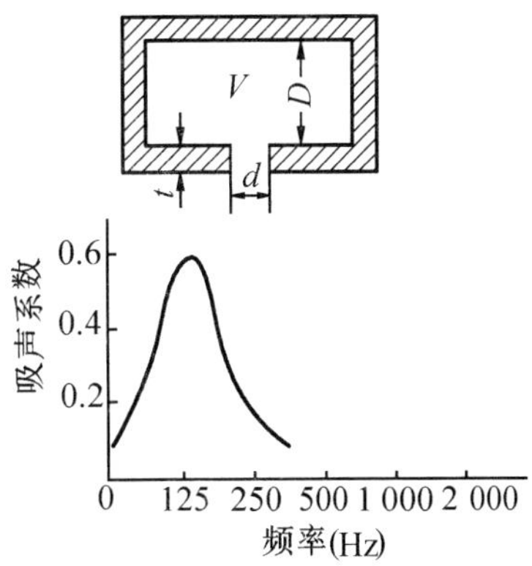

图 14 - 6 单腔共振吸声结构

如果入射声波的波长大于共振腔的尺寸,则其共振频率为

$$f_0 = \frac{c}{2\pi}\sqrt{\frac{S}{L_K V}} \qquad (14-16)$$

式中 S—— 颈口面积,cm^2;

$L_k = t + \frac{\pi d}{4}$,($t$—— 颈长,$d$—— 颈口直径,)cm;

V—— 空腔体积,cm^3;

c—— 声速,cm/s。

单腔体共振吸声结构的最大特点是吸收频带窄,因此可以用于消除具有明显音调的低频噪声。

如果要使在共振频率附近较宽的区域内有良好的吸声性能,可以在颈口处放置一些诸如玻璃棉之类的多孔材料,或贴一层薄布等,以增加颈口部分的摩擦阻力。

(3) 穿孔板共振吸声结构 是由穿孔的板和板后空气层组成的,可以看作是由许多个单腔并联在一起。它的吸声机理实际上是具有薄板和单腔共振吸声结构两个方面的特点,它的最高吸声系数也出现在共振频率 f_o 处,而 f_o 的计算公式类似地为:

$$f_0 = \frac{c}{2\pi}\sqrt{\frac{R_{at}}{L_k D}} \qquad (14-17)$$

式中 D—— 穿孔板后空气层的厚度,cm;

$L_k = t + 0.8d$(t—— 板厚,d—— 孔径),cm;

R_{at}—— 穿孔率 =(穿孔面积 / 总面积)× 100%。

穿孔板共振吸声结构比单腔式的结构简单,而且能在比较宽的频率范围内得到令人满意的吸声效果。但在实际使用中,由于穿孔吸声结构的性能不易控制,因此常用做多孔材料的护面板。用作护面板的穿孔板,孔径一般为 3 ~ 10 mm,穿孔率大于 20%。

5. 微穿孔板的吸声结构

微穿孔板吸声结构是在厚度不大于 1 mm(一般为 0.2 ~ 1 mm)的薄板上,每平方米面积穿以上万个甚至几万个直径小于 1 mm 的孔(穿孔率一般为 1% ~ 3%),并与板后一定厚度的空气层组成的结构。它主要是利用声波传过时使空气在小孔中来回摩擦消耗声能,并利用腔的大小来控制吸收峰的共振频率,腔越大则共振频率越低。因此,可用中间留有空腔的双层微穿孔板吸声结构改善低频吸声效果,展宽吸收频带,见图 14 - 7。

微穿孔板吸声结构,是我国著名声学家马大猷教授在普通穿孔板结构的基础上新发展的一种结构。这种结构把穿孔直径减小到 1 mm 以下,吸声系数有明显的提高,并且在高温和高湿条件下,吸声性能不受影响。

微穿孔板吸声结构的理论,涉及的知识较多,在实际应用中,工程技术人员可以根据有关图表进行设计,不必进行复杂的计算。

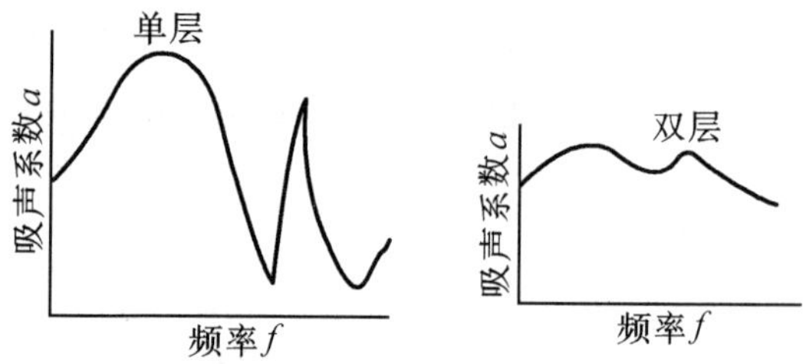

图 14-7 单层和双层微穿孔板吸声结构的吸声性能

6. 吸声体

空间吸声体是一种分散悬吊于天花板下方的高效吸声结构。使用空间吸声体对室内进行吸声降噪处理时,声波不仅可以被向着声源一面的吸声材料吸收,而且由于声波的绕射现象,有一部分还可以通过吸声结构之间的空隙绕射或反射到结构背面,使材料的另一面也吸收部分声能。空间吸声体可用于对大舱室的减噪处理,它的减噪量一般有 6 ~ 10 dB。

吸声体可做成板状、球状、圆柱状、圆锥状、棱锥状、多面体状和楔状等各种形状,其中以板状吸声体结构最简单,应用最广,根据不同的使用条件和实际吸声处理需要,也可以做成其他形状的吸声体。

如果要在很宽的频率范围内,特别是包括低频在内都得到很大的吸声量,可以采用楔状的吸声尖劈,见图 14-8。当声波从尖端入射时,由于吸声层的逐渐过渡性质,材料的声阻抗与空气的声阻抗能较好的匹配,使声波传入吸声体并被高效吸收。尖劈的尖部长度为 L_1,基部长度为 L_2,尖劈体的总长为 $L = L_1 + L_2$,尖劈底与刚性面间的空腔深度为 D。尖劈的吸声特性与 L,L_1/L_2,D 以及材料的密度(因而与流阻) 等参量有关。L 越长,尖劈的低频吸声性能就越好。当尖劈的尺寸固定时,改变材料的密度,可以得到一个最佳的吸声系数频率曲线。选定一个密度值后,改变 L_1/L_2 的比值,又可以找到一个最佳值。空腔与尖劈基部形成共振吸声,调节空腔深度 D,使共振频率位置恰当,可以有效地提高尖劈结构的低频吸声性能。但是这几个参量的变化都不是互相独立的,因此为了得到最好的吸声性能,必须进行大量测试实验。

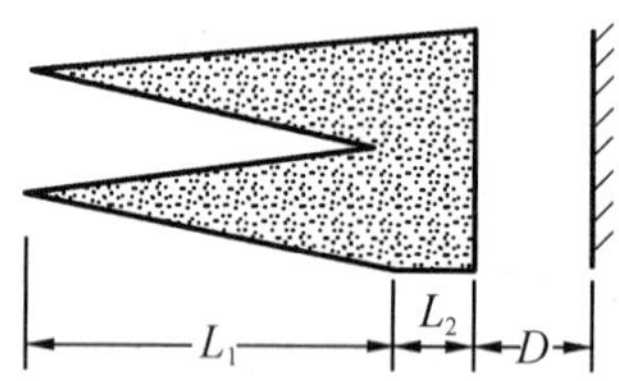

图 14-8 吸声尖劈的结构

当尖劈的长度等于入射声波的 1/4 波长时,它的吸声系数可达 0.98 以上,即几乎可以吸收全部入射声能。

14.2.2 吸声设计

舰船舱室的内表面,一般是由平整坚硬的钢板构成,当室内声源发出噪声时,人们除了可以听到由声源传来的直达声以外,还会听到由室内各个表面多次反射而形成的反射声,使在室内工作的人们受到更大的噪声影响。如果我们在舱室围壁上饰以某种吸声材料或悬挂适当的空间吸声体,就可以吸收舱内的一部分反射声,减弱舱内总的噪声,这种方法称之为"吸声"。

吸声设计是噪声控制设计中的一个重要方面。在由于混响严重使噪声超标的舱室,采用吸声减噪技术是现实有效的方法。另外,在隔声和消声器技术中,也都离不开吸声设计。

14.2.2.1　设计原则

吸声处理只能降低从噪声源发出的声音中通过吸声表面后才到达接收点的反射声，而对于从声源发出的经过最短距离到达接收点的直达声没有任何作用。

吸声减噪的效果一般为 3 ~ 6 dB，较好的为 7 ~ 10 dB，一般不会超过 15 dB，而且也不随吸声处理的面积成正比增加。在舱内分布着许多噪声源的情况下，这时无论在哪一处直达声的影响都很大，即使进行吸声处理，也不可能使噪声显著降低，因此，不适宜做吸声处理。吸声处理的主要适用范围有：

1. 舱内原有的吸声较小，混响声占主导的场合；

2. 操作者距声源有一定距离，室内混响较大的场合；

3. 要求减噪点虽然距声源较近但用隔声屏隔离了直达声的场合。

14.2.2.2　基本公式

在一般室内声场中，离声源一定距离处的声压级 Lp 可以采用下式进行估算

$$L_p = L_w + 10\lg\left(\frac{Q}{4\pi r^2} + \frac{4}{R}\right) \tag{14-18}$$

式中　L_w—— 声源的声功率级，dB；

r—— 计算处到声源的距离，m；

R—— 房间常数，$R = \dfrac{S\bar{\alpha}}{1-\bar{\alpha}}$，$\mathrm{m}^2$；

S—— 室内总表面积，m^2；

$\bar{\alpha}$—— 室内平均吸声系数；

Q—— 声源指向性因数。

若吸声处理前后的房间常数分别为：$R_1 = \dfrac{S\bar{\alpha}_1}{1-\bar{\alpha}_1}$，$R_2 = \dfrac{S\bar{\alpha}_2}{1-\bar{\alpha}_2}$（$\bar{\alpha}_1 \bar{\alpha}_2$ 分别为相应的室内平均吸声系数）时，则在离声源足够远处最大的吸声减噪量 $\Delta L_{p\max}$（dB）可按下式计算

$$\Delta L_{p\max} = 10\lg\frac{R_2}{R_1} = 10\lg\frac{\bar{\alpha}_2(1-\bar{\alpha}_1)}{\bar{\alpha}_2(1-\bar{\alpha}_2)} = 10\lg\frac{\bar{\alpha}_2}{\bar{\alpha}_1} + 10\lg\frac{1-\bar{\alpha}_1}{1-\bar{\alpha}_2} \tag{14-19}$$

室内吸声处理的平均减噪量 ΔL_p 可按下式计算

$$\Delta L_p = 10\lg\frac{\bar{\alpha}_2}{\bar{\alpha}_1} \tag{14-20}$$

或

$$\Delta L_p = 10\lg\frac{T_1}{T_2} \tag{14-21}$$

式中，T_1、T_2—— 处理前后室内的混响时间，单位：s。

14.2.2.3　设计方法

实际上，需要作吸声设计的舱室大致可分为两种情况：

1. 已有声源，对受到它干扰的舱室进行改建；

2. 新建一个舱室封闭噪声源。

针对于这两种情况的具体设计步骤如下：

1. 舱室改造设计

其步骤为：

（1）测量舱室内的噪声现状；

（2）计算或实测吸声处理前室内平均吸声系数 $\bar{\alpha}_1$ 及房间常数 R_1；

(3) 由相应的噪声标准确定离声源一定距离处的允许噪声级,求出所需的吸声减噪量;

(4) 根据所需的吸声减噪量,计算所需房间常数 R_2 和平均吸声系数 $\bar{\alpha}_2$ 的值;

(5) 选择适当的吸声材料或吸声结构,在舱室围壁作必要的吸声设计,使其达到所需的平均吸声系数 $\bar{\alpha}_2$。

2. 舱室新建设计

在这种情况下只要推断出没有经过吸声处理时的室内平均吸声系数和室内设置噪声源时室内噪声的状态,就可以如同"舱室改造设计"一样地进行设计。

吸声设计的减噪效果可用吸声量及室内工作人员的主观感觉效果来评价。吸声减噪量一般应通过实测或计算吸声处理前后室内相应位置的噪声水平(A、L 声级和 125 ~ 4000Hz 六个倍频程声压级)得到。条件允许时,也可以通过测量混响时间以及声场衰减等方法求得吸声减噪量。

14.2.3 舰船吸声结构工程应用及效果评价

在舰船许多舱室围壁上,都贴有防火阻燃材料,而这些多孔材料其实起到了较好的吸声作用,使得舱室内的声音被迅速吸收,降低了舱室噪声及其向邻近舱室的透声。在水面舰艇机舱集控室内壁上,也需要做表面吸声处理。

在许多机械设备上为了降低空气噪声辐射,都应用了吸声材料。比如全船通风机,在其蜗壳内壁粘贴着一层吸声材料,明显地降低了风机的排气噪声量级。

另外,潜艇外壳上粘贴的消声瓦也有吸声作用,可以吸收敌方舰船主动声呐的声信号,使潜艇声反射减小,从而改善潜艇的目标特性,对潜艇声隐身有着重要影响。

这些吸声结构的应用都起到了较好的降噪作用。

14.3 隔 声

14.3.1 隔声结构

用构件将噪声源和接收者分开,隔离空气声的传播从而降低噪声的方法称为"隔声"。这种构件就是隔声结构,隔声结构主要有单层结构和由单层构件组成的双层结构以及轻质复合结构等。

空气声在传播途中遇到隔声构件时能量被吸声或反射,引入参量透声系数 τ,它等于透射能 E_t 与入射声能 E_r 的比值,即 $\tau = \dfrac{E_t}{E_r}$。

构件的隔声性能可用隔声量(传声损失,dB)R(或 TL) 来表示,它的定义是

$$R = 10\lg\left(\frac{1}{\tau}\right) \tag{14 - 22}$$

14.3.1.1 单层结构

单层均质结构隔声量与频率的关系大致如图 14 - 9 所示。在低于结构共振频率的范围内,其隔声量主要是由板的劲度所控制,单层结构的刚性越大,隔声量就越高。随着频率的增高,隔声曲线进入由板的共振频率所控制的频段,这时板的阻尼起作用。共振频率与板的

大小和厚度有关,也与板材料的面密度、弹性模量和泊松比等有关。

在共振区以上的一段频率范围是质量控制区,这时板的隔声能力主要取决于板的面密度,面密度越大其惯性阻力就越大,因而就越不容易振动,隔声就越好,同时频率越高隔声效果也就越好。面密度和频率与隔声量的这种关系就是建筑声学中常用的质量定律,它在无规入射条件下可用下式表示:

$$R = -42 + 20\lg f + 20\lg m \tag{14-23}$$

式中　R—— 单层结构的隔声量,dB;

f—— 入射声波的频率,Hz;

m—— 单层结构的面密度,kg/m^2。

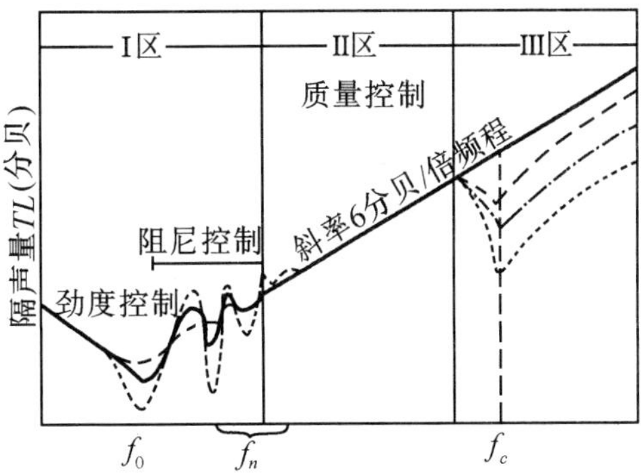

图 14－9　单层均质结构的隔声量与频率的关系

f_o—— 共振频率;f_n—— 谐波频率;f_c—— 临界频率

…… 小阻尼　— · — 中阻尼　－－－－－大阻尼

当频率高到一定值以上,将出现质量效应和弯曲劲度效应相抵消的情况,结果使阻抗极小,隔声量又出现了低谷,这种效应就是“吻合效应”。因此,此频段内的隔声量在很大程度上是由吻合效应控制的。

当平面声波以一定角度入射到构件表面时,就会激起构件作弯曲振动,并在构件内以弯曲波的形式传播。当入射声波达到某一频率时,构件中弯曲波的波长正好等于空气中声波波长在构件上的投影值,就会发生吻合效应,此时构件与空气运动之间达到高度的吻合,声波透过构件时就像构件不存在似的,或者说构件的隔声量很低。

出现吻合效应的最低频率为临界频率 f_c(Hz),它由下式决定:

$$f_c = \frac{c^2}{2\pi}\sqrt{\frac{m}{B}} \tag{14-24}$$

式中　c—— 空气中的声速,m/s;

B—— 构件的弯曲劲度;

m—— 构件的面密度,kg/m^2。

吻合频率 f_θ(Hz) 可按下式计算:$f_\theta = \dfrac{f_c}{\sin^2\theta}$。

式中,θ 为透射声波与构件表面法向的夹角。

出现吻合效应时,构件的隔声量可比质量定律低十几分贝,而且影响面相当宽,大致可有三个倍频程的频率范围,若要减小吻合效应的影响,只有设法使构件的临界频率尽可能不出现在主要频率范围内。在工程上,可以选用厚而且刚度大的构件,使 f_c 下降;也可以选用重而软的构件,使 f_c 上升;还可以在结构表面涂加阻尼材料,使 f_c 上升,从而减弱构件本身的共振和吻合效应引起的隔声量降低。

经过大量的研究和试验,人们发现单层结构的构件的实际隔声量,与前文公式计算出来的结果有些差别:低频的实际隔声量比理论计算值高;而高频又比理论计算值低。因此,人们又总结出两个经验公式,用来计算单层结构构件的隔声量,即

当 $m > 100\ kg/m^2$ 时

$$R = 18\lg m + 12\lg f - 25 \quad (14-25)$$

当 $m < 100\ \text{kg/m}^2$ 时

$$R = 18\lg m + 18\lg f - 44 \quad (14-26)$$

14.3.1.2 双层结构

把两个单层结构的构件结合起来,中间留有空气或填充矿棉一类的松散材料组成了双层结构的构件。它的隔声量比同样重量的单层结构构件要大6 ~ 10 dB;若要隔声量相同,则双层结构构件的重量要比单层结构构件减少50% ~ 70%。

当入射声波激起第一层构件振动以后,就向中间层辐射声波,由于中间层的弹性作用和附加吸声作用,声波会产生较大的衰减,然后再传到第二层构件,第二层构件又向外界空气辐射声波。由于界面媒质声阻抗率的不连续性,从而除了每层构件本身的隔声因素外,还附加了较大的能量衰减。因此,双层结构构件的隔声性能就有了很大的改善。

双层结构构件的隔声量一般可用下面经验公式计算:

$$R = 18\lg(m_1 + m_2) + 12\lg f - 25 + \Delta R \quad (\text{dB}) \quad (14-27)$$

式中 m_1, m_2—— 分别为两层构件的面密度,kg/m^2;

ΔR—— 附加隔声量,详见后文公式。

双层结构的共振频率(Hz)为

$$f_0 = \frac{1}{2\pi}\sqrt{\frac{(m_1 + m_2)}{(m_1 \cdot m_2)\cdot d}\cdot \gamma P_0} \quad (14-28)$$

式中 P_0—— 大气压,取 $P_0 = 10^5\ \text{N/m}^2$;

$\gamma = 1.41$;

d—— 空气层厚度,m。

当入射声波的频率与构件的共振频率一致时,大量声能透过构件,使其隔声量大大下降,比与它同样面密度的单层结构构件的隔声量还要低得多。

在入射声波频率低于 f_0 的范围内,双层结构就像一个整体那样振动,其隔声量与同样重量的单层结构相同。当频率大于 $\sqrt{2}f_0$ 时,隔声量开始越过质量定律,频率越高,双层结构的隔声效果比单层结构的就越显著。在高频,由于空气层中的驻波可形成高阶共振,其共振频率为

$$f_n = \frac{nc}{2d} \quad (n = 1,2,3\cdots) \quad (14-29)$$

若在双层结构的空腔中填充多孔材料,则可以有效地消除这种驻波共振,减少构件在高频区的隔声损失。

双层结构也存在着吻合效应的影响,一般可采用两种有不同临界频率的单层构件,并在空腔中填充多孔材料的方法,来减弱吻合效应的影响。

当入射声波的频率高于 f_c 时,双层结构的隔声量将比同样质量的单层结构高出一个附加增量 ΔR。对于宽频带,双层结构由于空腔引起的平均隔声量 ΔR 可由图14-10查出。对于在空腔中填充多孔材料而引起的附加隔声量 ΔR(dB)可由下式算出

$$\Delta R = rd \quad (14-30)$$

式中 r—— 多孔材料单位长度中声波传播时的衰减分贝数,dB/cm;

d—— 多孔材料的厚度,cm。

14.3.1.3　轻质复合结构

在单层轻质结构的基础上，复合某种吸声材料和阻尼材料，利用它们引起的衰减以减少单层轻质结构的振动和辐射，从而改善其隔声性能，这类构件称之为轻质复合结构的构件。

单层轻质结构的面密度较小，具有很高的吻合频率，结构本身的固有频率也较高，它的隔声量很小。当这种结构的构件与机器或基础是刚性连接，而且它们的表面积又很大时，反而会使噪声辐射得更厉害。因此，轻质结构的隔声性能主要取决于复合其上的吸声材料和阻尼材料。

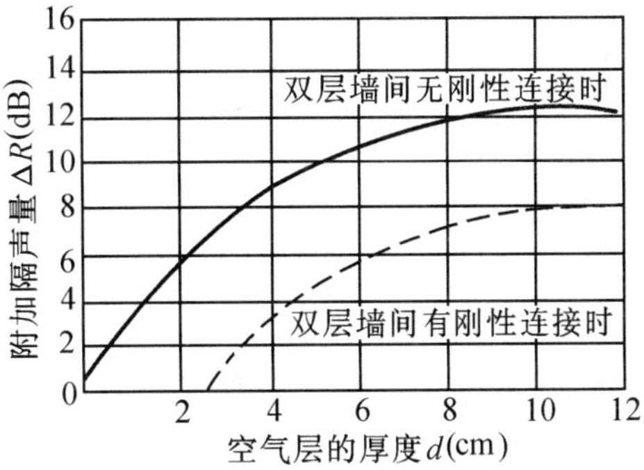

图 14－10　$d-\Delta R$ 的关系

在双层轻质板中填充多孔吸声材料，由于层间材料的阻抗足够大，在分层界上声能产生较大的反射，因而会得到十分显著的隔声效果。

轻质薄板受声波影响时，很容易发生弯曲振动并辐射噪声，若将阻尼材料涂敷在薄板表面上，当薄板发生弯曲振动时，振动能量迅速地传给阻尼材料，可引起薄板和紧贴着它的阻尼层之间相互摩擦和错动，使振动能量被消耗而转化成热能发散掉。由于板的振动受到抑制，辐射的声音也就相应地减小了。

14.3.2　隔声技术

由于声源的复杂性和声波的绕射问题，以及由于材料、构造和尺寸等其他因素的限制，实际隔声效果并不是很容易满足具体工程要求的。因此，需要根据声源的特点，正确地选择材料，才能设计出实用的隔声结构。

14.3.2.1　隔声罩

一般把用来阻隔机器向外辐射噪声或用来防止外界噪声透入的罩子称为隔声罩。隔声罩可以是完全封闭的，也可以设置必要的观察窗和隔声门。隔声罩通常具有隔声、吸声、隔振、阻尼以及通风、消声等多种综合的功能。罩的主要结构一般是外层采用 0.5 ~ 3 mm 厚的钢板或铝板，为了避免发生板的吻合效应和低频共振，在罩内侧金属板上可涂敷阻尼层。阻尼层常用沥青浸麻袋片、玻璃布、毡类或石棉绒以及特制的阻尼浆等材料，其厚度应为金属板厚的 2 ~ 3 倍。阻尼层内侧黏附 30 ~ 100 mm 厚的多孔吸声材料，用来吸收声波减弱罩内噪声。吸声材料外包纤维布，并在其上覆一层穿孔率大于 20% 的护面穿孔板。在罩和机器、罩和基础、机器和基础之间，应该采用隔振元件，以防止振动的传播。为了满足散热通风的需要，可在隔声罩上开设通风口并安装消声器。

隔声罩的实际隔声效果可以按下式计算

$$R_{实} = R + 10\lg\bar{\alpha} \quad (\text{dB}) \tag{14-31}$$

式中　$\bar{\alpha}$—— 隔声罩内表面的平均吸声系数；

R—— 构件的理论隔声量，dB。

上式表示在罩外空间的某点，加罩前后的声压级差值，即插入损失。因为 $\bar{\alpha} < 1$，则 $10\lg\bar{\alpha} < 0$ 所以 $R_{实} < R$。这说明如果在罩内表面不作吸声处理，则隔声罩的隔声量就会大大下降，甚至没有隔声作用。例如，有一用 2.5 mm 厚钢板制成的隔声罩，钢板的平均隔声量约 30 dB，平

均吸声系数 $\bar{\alpha} = 0.01$,此时该罩子的隔声量为

$$R_{实} = 30 + 10\lg(0.01) = 30 - 20 = 10 \quad (\mathrm{dB}) \tag{14-32}$$

如果罩内贴有平均系数为0.6的岩棉时,其隔声量为

$$R_{实} = 30 + 10\lg(0.6) = 30 - 2 = 28 \quad (\mathrm{dB}) \tag{14-33}$$

对于隔声量要求较高的隔声罩,宜采用双层薄金属板的罩壁结构,内层较外层薄一些,总厚度应大于50 mm,双层间填充多孔材料,罩内壁仍应设置吸声层和护面穿孔板。

隔声罩外壳也可以用木板,石膏板或塑料板等多种材料制作,此时可以不在内壁涂敷层,但仍要设置吸声层及护面板。

隔声罩是接近声源的隔声结构,设计时应在罩壁和机械设备之间留有较大的空间(通常应留设备体积的1/3空间),以防止罩的壳体振动和空间耦合共振。若限于条件,罩的体积和声源的体积相差不多时,则必须加阻尼层和较厚的吸声材料,此时吸声材料的厚度应不小于罩和声源之间空腔厚度的一半。

在罩上开口或留有孔隙时,罩的隔声性能就会显著下降。当罩上有占罩总表面积 $1/n$ 的孔隙时,如果罩内的声压级为 L_1,泄漏到外面的声压级为 L_2(dB),则

$$L_2 = L_1 - 10\lg n \tag{14-34}$$

设计隔声罩时,如果不综合考虑泄漏程度和壁面材料的隔声效果两方面问题,而仅去选择隔声结构,则煞费苦心的设计也会因漏声而达不到预期效果。

隔声罩上孔隙的漏声,不仅与孔隙的大小有关,而且还和它的位置以及噪声的频率有关。一般来说,在棱角上的孔隙要比罩壁中心处的漏声大1 ~ 4倍;低频噪声比高频噪声泄漏得更为严重。

因此,在隔声罩上应尽量减少孔隙,特别是用于低频噪声源的隔声罩,更要注意漏声问题。在需要开口时最好采取消声措施,并对罩体接缝处作密封处理。

14.3.2.2 声屏障

在声源和接收者之间插入一个设施,使声波传播有一个显著的附加衰减,从而减弱接收者所在的一定区域内的噪声影响,这样的设施就称之为"声屏障"。

声波在传播过程中,遇到声屏障时,就会发生反射、透射和绕射三种现象。通常我们认为屏障能够阻止直达声的传播,并使绕射声有足够的衰减,而透射声的影响可以忽略不计。因此,声屏障的隔声效果一般可采用减噪量表示,它反映了声屏障上述两种屏蔽透声的本领。

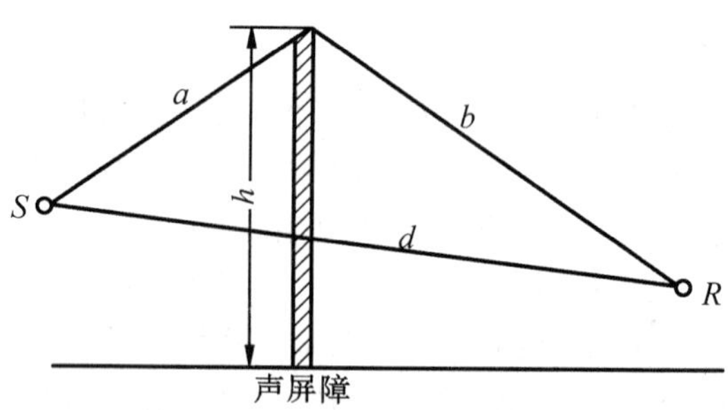

图 14-11 声屏障

如图14-11所示,在声源 S 和接收点 R 之间插入一个声屏障,设屏障无限长,声波只能从屏障上方绕射过去,而在其后形成一个声影区,就像光线被物体遮挡形成了一个阴影那样。在这个声影区内,人们可以感到噪声明显地减弱了,这就是声屏障的减噪效果。

声屏障的减噪量与噪声的波长、声源与接收点之间的距离等因素有关,引入参量菲涅耳数 N,来估算屏障的减噪量。

$$N = \frac{2\delta}{\lambda} \tag{14-35}$$

$$\delta = (a + b) - d$$

式中　λ—— 声波的波长,m;

δ—— 有屏障与无屏障时声波从声源到接收点之间的最短路径差,m。

室外开阔地(相当于半自由声场),声屏障的减噪量 R 与 N 的关系见表 14 - 3。

表 14 - 3　R 与 N 的关系

N	-0.1	-0.01	0	0.1	0.5	1	2	3	5	10	12	20	50
R(dB)	2	4	5	7	11	13	16	17	21	23	24	26	30

当 N 为正值,用波的绕射理论和边缘的近场修正,可以得到屏障的减噪量的近似公式

$$R = 20\lg \frac{\sqrt{2\pi N}}{\tan(h\sqrt{2\pi N})} + 5 \tag{14-36}$$

由上式可知,当 $N \to 0$ 时,$R \to 5$ dB,也就是说当屏障的高度接近声源和接收点的高度时,还有 5 dB 的减噪量。

N 为负值时,表示屏障没有遮挡住声源到接收点的直达声,这时最大的减噪量低于 5 dB。

如果声源和接收点都在地平面上,当满足条件 $d \gg r \geqslant h$ 时(r 为声源到屏障的最近距离,其他符号见图 14 - 11),屏障的减噪量为

$$R = 10\lg \frac{3\lambda + 10\dfrac{h^2}{r}}{\lambda} \tag{14-37}$$

在室内(相当于半混响声场),屏障的减噪量与声源的性质以及室内的房间常数等因素有关。对于混响声场,并且接收点在声源的远场范围内时,声屏障没有减噪效果。因此,如果在室内设置声屏障,应要求室内具有较高的声吸收,减小室内混响,从而使声屏障获得较好的减噪效果。

室内的声屏障可用钢板、木板、塑料板或石膏板等结构。板式声屏障可由 0.5 ~ 1 mm 厚的钢板附加阻尼层和吸声层构成;帘幕式声屏障可用人造革护面中间附加柔软纤维材料构成。

声屏障的高度,可根据声源与接收点之间的距离设计。屏障的高度增加一倍,则其减噪量可增加 6 dB。声屏障的减噪效果与噪声的频率成分关系很大,对大于 2 000 Hz 的高频声比 800 ~ 1 000 Hz 的中频声的减噪效果要好,但对于 250 Hz 左右的低频声,则由于声波波长比较长而很容易从屏障上方绕射过去,所以效果就很差。通常,声屏障对高频声可降低 10 ~ 15 dB。

如果把接收点从远场移近到与声源距屏障距离相等的地方,各个频率的减噪量均增加 3 dB;如果声源和接收点的距离以及屏障的高度都是固定的,屏障位于声源和接收点之间正好 1/2 的位置上,其减噪量最小,所以屏障应尽量靠近声源或接收点。

室内使用声屏障时,在需要减噪的范围内,任意接收点的位置到声源的距离都要小于 $r = 0.014\sqrt{R}$(R 为房间常数)。

由于舰艇舱室一般混响都较大,因此声屏障的效果不好,一般都用全封闭的隔声罩作隔声处理。

14.3.3 隔声设计

隔声是噪声控制的重要手段之一,它将噪声局限在部分空间范围内,从而提供一个安静的环境。隔声设计若从声源处着手,可采用隔声罩的结构形式;若从接收者处着手,可采用隔声室的结构形式;若从噪声传播途径上着手,可采用声屏障或隔墙的形式。作隔声设计时,还应根据具体情况,同时考虑吸声、消声和隔振等配合措施,以消除其他传声途径,保证最佳的减噪效果。

14.3.3.1 设计原则

隔声设计一般应从声源处着手,在不影响操作、维修及通风散热的前提下,对于舱室内的独立的强噪声源,可采用固定密封式隔声罩、活动密封式隔声罩以及局部隔声罩等,以便用较少的材料将强噪声的影响限制在较小的范围内。一般来说,隔声罩的减噪量约为 20 ~ 40 dB。

当不宜对噪声源作隔声处理,而又允许操作管理人员不经常停留在设备附近时,可以根据不同的要求,设计便于控制、观察、休息使用的隔声室。隔声室的减噪量一般约为 20 ~ 50 dB。

在作隔声设计时,必须对孔洞、缝隙的漏声给予特别的注意。对于构件的拼装节点,电缆孔、管道的通过部位以及一切施工上特别容易忽略的隐蔽漏声通道,应作必要的声学设计和处理。

14.3.3.2 基本公式

在隔声设计中,要确定构件的需要隔声量 R,R 可按 125 ~ 4 000 Hz 的 6 个倍频程(必要时可按 63 ~ 8 000 Hz 的 8 个倍频程或 1/3 频程)逐个进行计算。

在舱室内设置的隔声罩或隔声室,可按下式计算

$$R = L_W - L_{PE} + 10\lg \frac{4S}{A_S A_E} \quad (\text{dB}) \tag{14-38}$$

式中 S—— 隔声罩结构的透声面积,m^2;

A_S—— 舱室内的吸声量,m^2;

A_E—— 隔声罩结构内的吸声量,m^2;

L_W—— 声源声功率,dB;

L_{PE}—— 接收点设计声压级,dB。

在舱室内设置的隔声室,也可按下式计算

$$R = L_{PO} - L_{PE} + 10\lg \frac{S}{A} \quad (\text{dB}) \tag{14-39}$$

式中 L_{PO}—— 舱室内的平均声压级,dB;

S—— 隔声结构的透声面积,m^2;

A—— 隔声结构内的吸声量,m^2。

14.3.3.3 设计方法

在一般情况下,进行隔声设计时,首先应根据声源的特性和声源的分布状况,确定合理的隔声措施方案,并根据国家或部门的有关标准确定需要的隔声量 R。

声源的特性主要包括:外形尺寸、生产工艺的要求、噪声辐射与振动产生的主要部位、声源的声功率级(及其各倍频带分量),噪声与振动传播的主要途径等。

14.3.4　舰船隔声结构应用及效果评价

舰船上隔声结构应用是比较普遍的,比如机舱集控室就是典型的隔声结构,它将机舱的噪声隔离降低,使集控室内的操作人员可以在较安静环境下工作。又比如隔声罩,已经在各种强噪声机械上得到了应用,对降低机械工作时的空气噪声起着非常大的作用。

还有各种管路的包覆,除了能降低振动沿管路的传递外,更能有效的降低管内噪声的透射和管壁振动的辐射,其隔声作用也非常明显。

另外,潜艇外壳上粘贴的消声瓦也有隔声作用,它可以有效的隔离艇体辐射的噪声和舱室噪声向水中的透射,效果非常明显,对潜艇的声隐身有着重要的影响。

14.4　消　声　器

14.4.1　消声器的性能评价

消声器是安装在空气动力设备(如鼓风机、空压机)的气流通道上或进、排气系统中降低噪声的装置。消声器能够阻挡声波的传播、允许气流通过,是控制噪声的有效工具。消声器的性能主要从以下三个方面来评价。

1. 消声性能　即消声器的消声量和频谱特性。消声器的消声量通常用传声损失和插入损失来表示。在现场测试时,也可以用排气口(或进气口)处两端声级差来表示。消声器的频谱特性一般以倍频带或 1/3 倍频带的消声量来表示。

2. 空气动力性能　即阻损或阻力系数。消声器的阻损通常是用消声器入口和出口的压差来表示,阻力系数可由消声器的动压和阻损算出。在气流通道上安装消声器,必然会影响空气动力设备的空气动力性能,如果只考虑消声器的消声性能而忽略了空气动力性能,在某种情况下,消声器就可能会大大降低设备的效能甚至无法正常使用。例如,某内燃机厂柴油机试车装置上的消声器,由于阻力太大,使得发动机的功率损失过大,以致开不动车,为了不影响生产,工人们只得将消声器拆掉,仍旧在强噪声环境中工作。

3. 结构性能　具有同样的消声性能和空气动力性能的消声器,几何尺寸越小,价格越便宜,使用寿命越长就越好。

14.4.2　消声器的分类及消声机理

消声器的种类很多,但究其消声机理,又可以把它们分为六种主要的类型,即阻性消声器、抗性消声器、阻抗复合式消声器、微穿孔板消声器以及小孔消声器和有源消声器。

14.4.2.1　阻性消声器

阻性消声器主要是利用多孔吸声材料来降低噪声的。把吸声材料固定在气流通道的内壁上,或按照一定的方式在管道中排列,就构成了阻性消声器。当声波进入阻性消声器时,一部分声能在多孔材料的孔隙中摩擦而转化成热能耗散掉，使通过消声器的声波减弱。这类似于电阻对电能的损耗，所以叫阻性消声器，同时，也称吸声材料为阻性材料。阻性消声器具有能在较宽的中高频范围内消声，尤其对刺耳的高频声有较好的消声效果等优点。它的缺点是在高温、高速、水蒸气、含尘、油雾以及对吸声材料有腐蚀性的气体中，使用寿命短，消声效果差。另外，对于低频噪声，它的消声效果也不够理想。

阻性消声器的消声量与消声器的形式、长度、通道横截面积有关，同时与吸声材料的种类、容重和厚度等因素也有关。通常，阻性消声器的消声量 ΔL 均可按下面的基本公式计算

$$\Delta L = \varphi(a_0)\frac{Tt}{S} \tag{14-40}$$

式中 ΔL—— 消声量，dB；

$\varphi(a_0)$—— 消声系数，一般可取表 14－4 的值；

a_0—— 吸声材料的吸声系数；

t—— 消声器的有效部分长度，m；

T—— 消声器的通道断面周长，m；

S—— 消声器的通道有效横断面积，m^2。

阻性消声器一般有管式、片式、蜂窝式、折板式和声流式等几种。

表 14－4 $\varphi(a_0)$ 与 a_0 的关系

a_0	0.1	0.2	0.3	0.4	0.5	0.6	0.7	0.8	0.9 ~ 1.0
$\varphi(a_0)$	0.1	0.2	0.4	0.55	0.7	0.9	1.0	1.2	1.5

1. 管式消声器　管式消声器是将吸声材料固定在管道内壁上而成的，有直管式和弯管式，其通道可以是圆形的，也可以是矩形的。管式消声器结构简单、加工方便，空气动力性能好，在气体流量较小时，一般可以使用管式消声器。

直管式消声器的消声量可按公式(14－40)计算，弯管式消声器的消声量可按表 14－5 的估计值考虑，表中的 d 是管径，λ 是声波的波长。

表 14－5 直角弯管式消声器的消声量估计值 dB

d/λ	0.1	0.2	0.3	0.4	0.5	0.6	0.8	1.0
无规入射	0	0.5	3.5	7.0	9.5	10.5	10.5	10.5
垂直入射	0	0.5	3.5	7.0	9.5	10.5	11.5	12
d/λ	1.5	2	3	4	5	6	8	10
无规入射	10	10	10	10	10	10	10	10
垂直入射	13	13	14	16	18	19	19	20

若声波频率 f 与管子截面几何尺寸满足关系式

$$f < f_{止} = \frac{1.84c}{nd} \tag{14-41}$$

式中 c—— 声速，m/s；

d—— 圆管直径,m。

或

$$f < f_{止} = \frac{c}{2d} \tag{14-42}$$

式中,d—— 方管边长,m。

此时,声波在管中以平面波形式传播,相对于管中任意断面,声波是垂直入射的;当声波频率大于 $f_{止}$ 时,管中出现其他形式的波,应按无规入射考虑。

当气体流量较大时,为了保持较小的流速,管道的断面就得增大,沿通道传播的声波(特别是波长很短的高频声波)与管壁上附着的吸声材料的接触机会就会减少,由此导致消声器消声量降低。我们把反映消声量明显下降时的频率定义为上限失效频率,用 $f_{上}$ 表示

$$f_{上} = 1.8\frac{c}{d}(\mathrm{Hz}) \tag{14-43}$$

式中　c—— 声速,取 $c = 340$ m/s;

d—— 通道截面边长的平均值,若通道是圆形断面,则取直径,m。

在高于 $f_{上}$ 的频率范围内,消声器的消声量就会减小,与用前文公式计算的结果不符,这时的消声量可用下式确定

$$\Delta L' = \frac{3-n}{3}\Delta L \tag{14-44}$$

式中　$\Delta L'$—— 高于 $f_{上}$ 的某倍频带内的消声量,dB;

ΔL—— 在频率 $f_{上}$ 的消声量,dB;

n—— 高于频率 $f_{上}$ 的倍频程个数。

因此,为了避免上限失效频率的影响,当气体流量较大时,可以把消声器的通道分成若干个小通道,做成片式或蜂窝式消声器。这样由于每个通道的断面小了,则消声器的上限失效频率也就提高了。同时消声器由一个通道增至若干个,使吸声材料的饰面表面积增加,因而消声器的消声量也增加了,也就是说,消声器的消声性能都得到了改善。

2. 片式消声器　片式消声器是由一排平行的消声片组成的,它的每个通道相当于一个矩形消声器,其消声量可按公式(14-40)进行计算。这种消声器的结构不复杂,中高频消声效果较好,消声量一般为 15 ~ 20 dB/m;阻力系数也不大,约为 0.8。片式消声器的片间距离可取 100 ~ 200 mm,片厚可取 50 ~ 150 mm。

当片式消声器的通道宽度 a 比高度 h 小得多时,其消声量可按下式计算

$$\Delta L = 2\varphi(a)\frac{t}{a} \tag{14-45}$$

从上式中可以看出:片式消声器的消声量与每个通道的宽度 a 有关,a 越小,消声量就越大,而与通道的数目和高度没有什么关系。但通道宽度决定以后,数目和高度就对消声器的空气动力性能有影响。因此,当流量增大以后,为了保证仍有足够的有效流通面积和控制流速,就需要增加通道的数目和高度。

还有其他如蜂窝式、板式、迷宫式、声流式等阻性消声器形式,不再一一赘述。它们的阻力损失见表 14-6。

表 14 - 6　几种阻性消声器的阻力损失比较

消声器类型	消声器长度 (mm)	风速 (m/s)	阻力损失 (Pa)(mmH_2O)
片式消声器	2 400	5.1	12(1.2)
蜂窝式消声器	2 400	5.0	18(1.8)
声流消声器	2 400	5.0	20(2.0)
折板式消声器	2 400	5.0	24(2.4)
迷宫式消声器	1 800	5.1	110(11.0)

14.4.2.2　抗性消声器

抗性消声器与阻性消声器的消声机理是完全不同的,它的特点是没有敷设吸声材料,因而不能直接吸收声能。抗性消声器是由突变界面的管和室组合而成的,好像是一个声学滤波器,与电学滤波器相似。如图 14 - 12 所示,管中的空气质量相当于电学中的电感和电阻,称为声质量和声阻,用 M_A 和 R_A 表示。小室中的空气体积相当于电学中的电容,称为声顺,用 C_A 表示。不同的管和室组合,相当于不同的声质量、声阻和声顺组合。与电学滤波器类似,每一个带管的小室都有自己的固有频率。当包含有各种频率成分的声波进入第一个短管时,只有在第一个网孔固有频率附近的某些频率的声波才能通过网孔到达第二个短管口,而另外一些频率的声波则不可能通过网孔,只能在小室中来回反射,因此我们称这种对声波有滤波功能的结构为声学滤波器。选取适当的管和室进行组合,就可以滤掉某些频率成分的噪声,从而达到消声的目的。

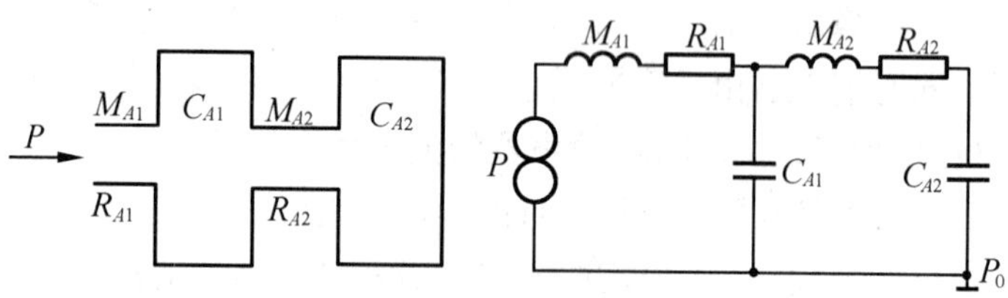

图 14 - 12　抗性消声器的电声类比

抗性消声器适用于消除中、低频噪声,主要有扩张室式和共振式两种类型。

1. 扩张室式消声器　扩张室式消声器也称膨胀式消声器,是利用管道横断面的扩张和收缩引起的声反射和干涉来进行消声的。

单节扩张室式消声器是由连管和扩张室组成的,通常把扩张室的出口和入口管径设计为同样尺寸,它的消声量 ΔL(dB) 为

$$\Delta L = 10\lg\left[1 + \frac{1}{4}\left(m - \frac{1}{m}\right)^2 \sin^2 kt\right] \tag{14-46}$$

式中　t—— 扩张室的长度,m;

m—— 扩张比,$m = S_2/S_1$,即扩张室与连管的截面积比;

k—— 波数,$k = \frac{2\pi f}{c}$。

由上式可以看出：这种消声器的频率特性是由室长决定的，当正弦函数 $\sin^2 kt = 1$ 时，消声量最大；而当 $\sin^2 kt = 0$ 时，消声量等于零。正弦函数是周期性函数，因此消声量和频率的关系也呈周期性。另外，这种消声器的最大消声量是由扩张比决定的，在一定范围内，消声量随扩张比增大而增大。

若把单节扩张室式消声器串联使用，组合成多节扩张室式消声器，可以增加消声量。若各节扩张室采用不同的长度，并将扩张室的入口管和出口管分别插入扩张室内，便可以通过各节扩张室的频率互相错开，避免出现在某些频率附近根本不消声的现象，从而改善消声器的频率特性。这叫内插管方法，其中最常用的一种是一根插入管插入扩张室长度的1/2、另一个插入扩张室长度的1/4，见图 14 - 13 所示。

多节扩张室式消声器总的消声量，其比较准确的理论计算方法极为复杂，很难找出一个简单的表达式，因此，一般可以按各节单独使用时的消声量与频率的关系画出曲线，然后用图解法做粗略的估算。

上述的扩张室式消声器，因为它们的截面是突变的，所以局部阻力损失较大。为了减少阻力损失，可将内插管用穿孔率高于 20% 的穿孔管连接起来。这种结构对消声性能没有多少影响，却可以大大改善空气动力性能，使阻力损失远小于前者。

扩张室式消声器多用于消除低频脉动噪声（如空压机排气口、发动机排气管道等）。管道直径不宜过大，超过 400 mm 时可采用多管式。

2. 共振式消声器　最简单的共振式消声器是单腔共振式消声器，它的构造是在一段气流通道的管壁上开若干个小孔，并与外面密闭的空腔相通，小孔和密闭的空腔就组成了一个共振式消声器，见图 14 - 14 所示。

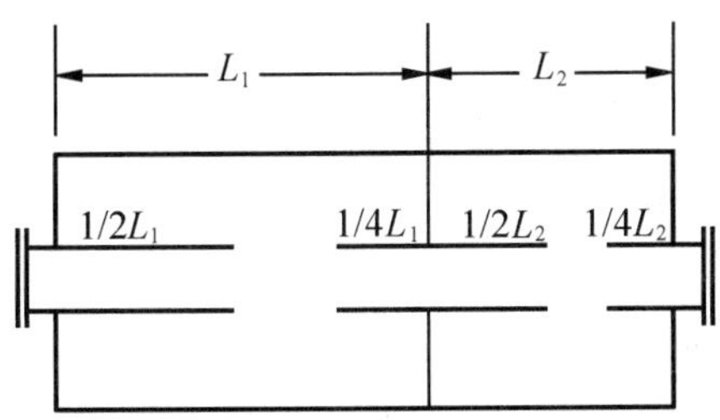

图 14 - 13　带内插管的双节扩张室式消声器

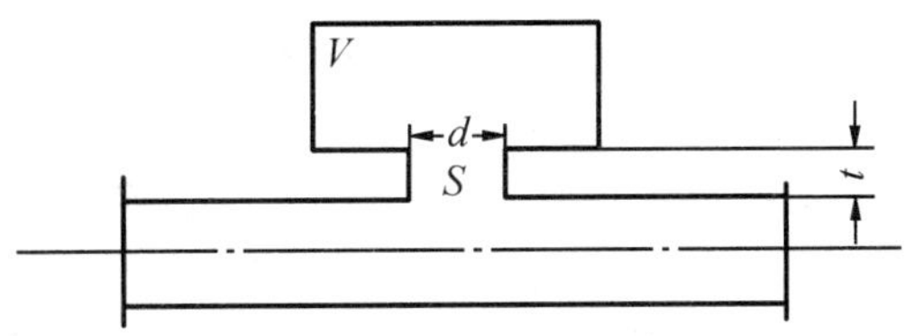

图 14 - 14　单腔共振式消声器结构示意图

共振式消声器的消声原理和穿孔板共振结构相似，内管上小孔孔颈中有一定质量的空气柱，即声质量，在声波的作用下，好像活塞一样，作往复振动。由于声质量的惯性作用，它抗拒运动速度的变化，就像电学上的电感元件抗拒电流的变化一样；一定容积的空腔像空气弹簧，可以充气放气，即声顺，它抗拒颈端口的压力变化，就像电学上的电容元件，可以充电放电而抗拒电压变化一样；空气柱振动时的摩擦和阻尼，使一部分声能转变为热能，类似于电学上的电阻作用，即声阻。单腔结构的声阻很小，可以忽略不计，只考虑抗性元件的作用。这样，声质量和声顺就构成了声振动系统，就像电学上的电感和电容构成的谐振电路一样，它的固有频率 f_0（Hz）为

$$f_0 = \frac{c}{2\pi}\sqrt{\frac{G}{V}} \tag{14-47}$$

式中 c—— 声速,取 $c = 340$ m/s;

V—— 空腔体积,m^3;

G—— 传导率,m,$G = \frac{ns}{t + 0.8d}$;

t— 穿孔板厚度,m;

d—— 孔径,m;

n—— 孔数;

S—— 一个孔的截面积,m^2。

当外界声波的频率和共振式消声器的固有频率相同时,这个系统就会产生共振,此时振动幅值最大,孔径中的气体运动速度也最大,由于摩擦和阻尼,大量的声能转变为热能,从而达到消声目的。由此可见,共振式消声器与扩张室式消声器所不同之处就在于:前者在固有频率附近有最大的消声量,而后者却在其固有频率附近几乎不消声。

共振式消声器的消声量一般可用下式估算

$$\Delta L = 10\lg\left[1 + \left(\frac{\frac{\sqrt{GV}}{2S}}{\frac{f_0}{f} - \frac{f}{f_0}}\right)^2\right] \tag{14-48}$$

式中 S—— 气流通道的截面积,m^2;

V—— 共振腔体积,m^3;

G—— 传导率,m;

f—— 声波频率,Hz。

共振式消声器气流通道的截面积,主要是根据空气动力性能的要求选定。在一般情况下,对于单通道,直径应小于 250 mm。当气流流量加大需用多通道时,每个通道的宽度可取 100 ~ 200 mm。另外,共振式消声器必须满足以下几个条件:

① 共振腔的长、宽、高(或深度)尺寸,都要小于共振频率的 1/3 波长。

② 穿孔段长度不应大于共振频率的 1/12 波长,而且穿孔要尽量集中在共振腔的中部,均匀分布。

14.4.2.3 阻抗复合式消声器

阻性消声器在中高频范围内有较好的消声效果,而抗性消声器可以有效地消除低中频噪声。若取这两种消声器结构的优点,就能够获得在较宽的频率范围内令人满意的消声效果。把阻性结构和抗性结构按照一定的方式组合起来,就构成了阻抗复合式消声器。常用的阻抗复合式消声器有阻 - 扩复合式,阻 - 共复合式,阻 - 共 - 扩复合等。根据阻性和抗性两种消声原理,可以组合出各式各样的阻抗复合式消声器。

阻抗复合式消声器既有吸声材料,又有共振腔、扩张室等声学滤波元件,定性地可以认为是阻性和抗性各自消声原理的结合。但是由于声波的波长比较长,当消声器以阻与抗的形式复合在一起时,就会有声耦合作用,因此互相产生影响,不能看作是简单的叠加关系。

因为阻抗复合式消声器的结构形式多样,故其消声量目前还没有成熟的计算方法,一般可以通过实验进行测量。

阻抗复合式消声器具有宽频带、高吸收的消声效果，主要用于消除各种风机和空压机的噪声。但由于阻性段有吸声材料，所以阻抗复合式消声器一般都不适宜在高温和含尘等环境中使用。

除以上三种消声器形式外，还有微穿孔板消声器、小孔消声器等形式，在此不赘述。

14.4.3　消声器的设计方法

消声器是控制气流噪声通过管道向外传播的重要措施。凡空气动力机械设备（如鼓风机、通风机、压缩机、汽轮机、内燃机以及各种排气放空装置等）辐射噪声超过国家有关标准规定时，都应设计安装与其相适应的消声器。

14.4.3.1　设计原则

消声器的设计主要有四个原则：

1. 根据噪声源所需要的消声量（A 声级和倍频程声压级）、空气动力性能要求以及空气动力设备管道中的防潮、耐油、防火、耐高温等要求，选择消声器的类型。

（1）对以低、中频为主的噪声源（如离心通风机等），可以采用阻抗复合式消声器；

（2）对宽带噪声源（如高速旋转风机、燃汽轮机等），可以采用阻抗复合式消声器或微穿孔板消声器；

（3）对脉动性低频噪声源（如空压机、内燃机等），可以采用抗性消声器或微穿孔板消声器；

（4）对高压、高速排气放空噪声，可以采用小孔消声器或消声坑道等；

（5）对潮湿、高温、油雾、有火焰的空气动力机械设备，可以采用抗性消声器或微穿孔板消声器。

2. 根据噪声源空气动力性能的要求，考虑消声器的空气动力性能，把消声器的阻力损失控制在能使该机械设备正常工作的许可范围内。

3. 设计消声器时，应考虑消声器可能产生的气流再生噪声的影响，使消声器的气流再生噪声级低于该环境允许的噪声级。

4. 为了降低消声器的阻力损失和气流再生噪声，保证消声器的正常使用，必须降低消声器和管道中的气流速度。对于空调系统，从主管到舱室的流速应逐步降低。有消声要求时，主管道中和消声器内的流速应限制在 10 m/s 以下。鼓风机、压缩机、燃汽轮机进、排气消声器中的气流速度应限制在 30 m/s 以下。内燃机进、排气消声器中的气流速度，应限制在 50 ~ 60 m/s 以下。对于周围无工作人员的高压高速排气放空消声器，气流速度应限制在 60 m/s 以下。

另外，消声器的设计还应考虑到隔声以及坚固耐用、并使其体积大小与空气动力机械设备相匹配，还要满足舰船总体布置方案的尺寸要求。

14.4.3.2　设计方法

设计消声器时，必须首先查找、估算或测量需要作消声处理的空气动力机械设备的噪声数据（如 A 声级和倍频带声压级等），并确定辐射噪声的部位和传播噪声的主要途径，从而选择消声器安装的最佳位置。

然后再根据国家有关标准的具体要求，确定允许噪声的标准数值，计算消声器所需要的消声量。

最后根据所需要的消声量、空气动力性能以及其他要求，确定消声器的类型，设计出符合要求的消声器。

14.4.4 舰船消声器工程应用及效果评价

舰船机械上广泛应用消声器来降低进气、排气噪声,尤其是柴油机、空气压缩机等高噪声设备,消声器的应用是必不可少的。另外各种风机也使用了一些进、排气消声器。有些通海管路也带有消声器,用于降低管路噪声向舰船外水中的辐射。

舰船上的消声器中,以阻性消声器为主、阻抗复合式消声器为辅,纯粹的抗性消声器很少。针对不同的设备和结构形式,所采用的消声器具体形式也不相同。

消声器对机械设备噪声特性的影响巨大,许多消声器可以降低 10 dB 以上噪声。舰船上消声器的应用效果明显,可以说没有消声器的舰船,其噪声尤其是舱室噪声将大大提高。

14.5 有源噪声控制

14.5.1 概述

有源噪声控制 Active Noise Control,简称为 ANC,是指有目的地人为产生次级声信号去控制原有噪声的概念与方法;其中以降低噪声为目的的亦常称为有源降噪、有源噪声衰减或反声技术;而有源降噪中,原有噪声的能量被次级声源吸收并转化为热能的特别情况又称为有源消声或有源吸声。相应地,能够实现上述这些功能的设备或器件分别称为有源控制器、有源衰减器、有源吸收器等等。将有源控制方法用于一般的噪声防护或电声器件以提高其抗噪性能时,均在原有器件的名称前冠"有源" 的字头,如有源护耳器,有源抗噪声送、受话器等。由于有源控制系统实际上是电子、电声技术在噪声控制中的应用,所以又常称之为电子抗噪器件,如电子吸声器等等。

ANC 的基本思想是 P. Lueg 在他的一个专利中最先提出的,主要基于声场的空间和时间相干性。从声场的线性叠加原理我们知道,频率相同、同向传播的两列声波,会在空间中产生相加或者相消的干涉现象,干涉的结果究竟是能量的增加还是减少,完全取决于两列波的相位和幅值关系。

设入射声波(初级声信号) 可以写为

$$P_p = A\cos(\omega t - kx)$$

则有平均入射声能密度:

$$E_p = \frac{\overline{P_p^2}}{2\rho c^2} = \frac{A^2}{4\rho c^2}$$

现在人为地加上一个满足上述相干条件的声波(次级声信号):

$$p_s = \beta A\cos(\omega t - kx + \alpha)$$

则叠加后总的声场平均能量密度为

$$E_{ps} = \frac{\overline{(P_p + P_s)^2}}{2\rho c^2} = \frac{A^2(1 + 2\beta\cos\alpha + \beta^2)}{4\rho c^2}$$

于是空间任一点在次级声波作用前后的声级差为

$$\Delta L_p = 10\lg\frac{E_p}{E_{ps}} = 10\lg(1+2\beta\cos\alpha+\beta^2) \tag{14-49}$$

显然,当β接近1(振幅相等),α接近π(相位相反)时,对初级声而言,就可以在一定的空间区域得到很大的声衰减。例如,当$|\beta-1|<0.1$,$|\alpha-\pi|<0.1$ rad时,就有$\Delta L_P>17$ dB。这就是有源降噪的最基本的思想。由此可以看出如下几点:

1. 由于相位的补偿在低频比较容易达到较高的精度,所以有源降噪主要在低频率范围有效。

2. 在相消干涉的概念中,并没有能量流向的解释,那么降噪区域的声能到哪里去了呢?这一点无疑与次级声源的辐射形式有关。

3. 当初级声源与次级声源不同点时,在一个声传播方向实现的最佳降噪条件必然随着对该方向的偏离而逐渐变差,最后反而变成声能增加,因而三维空间的有源降噪似乎只能是局部空间的。20世纪50年代的实验所得出的正是这样的结果,但后来的研究有新的发现,也有过成功的全空间降噪实例。

ANC的迅速发展,与其技术上的优势和广阔的应用前景是分不开的。仅就当前的ANC发展水平来看,与传统的吸声、隔声等噪声控制手段相比,除了人们常说的在体积、价格和重量方面的优点以外,其主要的优势还在于如下的几个方面:

1. 主动;可以根据被控制声场的性质,相应的设计和改变控制系统的各种特性,使控制有针对性和目标性;自适应控制可以使它的这一优势得到充分的发挥。

2. 低频效果好;这一优势为一些过去几乎不可能解决的降噪问题找到了新的出路。

3. 有选择性;例如可以在降低噪声的同时,保证语言信号的顺利传输。

4. 可以尽量减少对被控制噪声源以及其他设施和空间的物理结构及性质的影响。

14.5.2　有源噪声控制机理

有源噪声控制系统使给定区域内的声能降低,那么在能量守恒体系中,能量到哪儿去了呢?有源噪声控制有三种基本机理可以解释区域内声能量的流向:能量反射、能量吸收和能量存储。在一个特定的有源噪声控制问题中,这三种机理也可能同时存在。对于前两种机理究竟哪一种起作用,决定于次级声源的空间辐射特性,而第三种机理总是伴随着前两者之一存在着,它的影响与初级声源的距离有关。

声场中能量反射可以用干涉原理来解释,它使声能在空间重新分布,声能从相消干涉区转给相长干涉区。例如在管道有源降噪系统中,在下游区消声的条件下,将声能反射回上游形成驻波场。

能量吸收可以用JMC理论(由Jessel,Mangiante,Canevet创立的理论)来解释。在JMC理论出现以前,有源噪声控制系统中次级声源均使用点声源。这时空间内部分区域中噪声降低,必然会引起另外某些区域内的噪声升高,降噪原理是声能量从一个区域转移到另一个区域。当把点声源降噪方法用到三维空间时,就只能得到局部区域的降噪效果。JMC理论利用惠更斯原理解决了这一困难,将包围初级声源的闭合曲面作为次级声源,使初级声源变成一个具有吸收截面的能量陷阱,而令传播到一定区域内的声能变成抗性而不传播能量,并且逐渐通过吸收转变为热能。例如在管道内由两个扬声器单元组成的次级声源,在满足单指向性条件下就会吸收初级声源的能量,并以热能形式消耗在音圈上。吸收能量的过程是声波在扬声器之间作往复反射和吸收。

声能存储是把初、次级声源看作一个组合的多极子声源来解释,降噪机理是由于初次级声源之间的相互作用,抑制了它们作为一个整体向外界辐射声功率。能量在初、次级声源之间反复交换逐步消耗掉。初级声源的阻抗也会因为次级声源的存在而发生变化。例如初级声源与相距很近的单极子源或三极子声源共同形成一个多极子声源,在这个组合声源的附近区域内形成抗性区,初级声源通过这个抗性区与次级声源交换能量。声能在多次交换过程中逐渐转变为热能而消耗掉,在这个区域以外的阻性声辐射则达到最小。

应该指出,多极子理论与JMC理论在概念上不完全相同。在JMC理论中,次级声源辐射不会对初级声源的辐射阻抗和初、次级声源之间的声场产生任何影响,噪声能量是单向地从初级声源流向次级声源。但是JMC理论可以用多极子声源来解释。因为惠更斯原理指出,一个声源向任意封闭曲面外辐射的声场都可以用该曲面上分布声源的辐射来替代。若把这一分布声源离散化,就可以得到许多点声源;JMC理论就相当于在这些点声源附近布置了三极子次级声源,从而在该面上形成一系列四极子声源,降低了封闭曲面以外的噪声场。

14.5.3 有源控制系统

有源控制系统的基本结构如图14－15所示。其中,初级信号拾取传感器用来采集原有的待控制对象的信息;监测传感器用来监视控制的效果,并将其反馈给信号处理器;作为系统核心的信号处理器根据两个传感器的输出信号,随时改变自己的工作状态和输出参数,控制次级声源的输出信号,使初级信号与次级信号相互作用的结果(即监测传感器的输出)满足一定的要求。

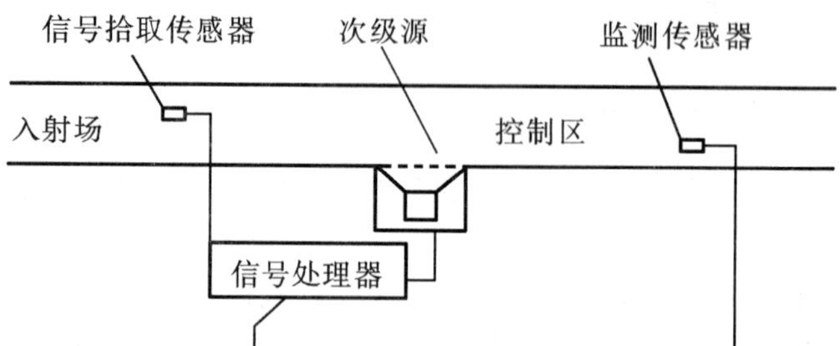

图14－15 有源控制系统的基本结构示意图

在声场或振动的控制中,次级源就是扬声器或激振器等电声、电力换能器的适当组合;初级信号拾取传感器一般为传声器、拾振器,但也可以根据需要选择光电、热电换能器或干脆就是电信号输入。信号处理器有模拟电路和数字电路之分,前者的原理通常是倒相、延时和放大,一般仅适用于满足因果关系的场的控制;而后者的核心通常是各种自适应算法(如LMS方法),它们适用的范围较广。特别对于变化的随机声场,所需要的非因果性次级声场的预测工作,是只有数字系统才能完成的。

上图的完整结构,称为闭环控制系统,可以实现自适应控制,随时跟踪最佳的工作状态。当监测传感器不存在或其输出信号不再反馈给信号处理器时,该系统称为前馈给控制系统,这时的信号处理器通常为模拟电路,其最佳工作状态是手动操作人工寻找的;对一定的控制对象,电路参数一经确定就不再改变,所以它仅适用于恒定的稳态场的控制,但价格便宜。当初级信号拾取传感器存在时,该结构称为回输控制结构,这时监测传感器承担起双重的任务,信号处理器一般是数字电路,系统工作的稳定性是这种结构首先要解决的问题。

14.5.4 有源噪声控制效果的表述

降噪指数是有源噪声降低中最基本的描述量,它是在 ANC 系统(特别是在次级声源)存在的情况下,在被控制的空间区域中的某一定点处,系统工作前后的声级差。注意它和一般消声器的表述量如插入损失、传声损失、减噪量以及声衰减都是有区别的,不可混用。另外降噪指数还与被控制噪声的频率特性有关,所以在表述中一定要说明噪声的频谱分布情况。

有效频率范围是有源降噪的又一个重要指标,它是指降噪指数大于 0 的频率范围,其上限主要决定于信号处理器的时间特性,而下限则决定于次级声源的频率特性。

在三维空间的有源降噪中,有效空间范围——降噪指数大于 0 的空间区域的大小——也是一个必须给出的表述量。

在 ANC 效果的表述中,一般使用降噪指数的频率或空间分布的图示和表格,但简单的只要给出空间某区域一定频率范围内总的降噪指数。

14.5.5 ANC 研究的发展前景

14.5.5.1 最先投入应用的领域

1. 管道有源消声器在大型集中空调的送、排风管道,各种空气动力设备的进、出气管,汽车发动机的进、出气管等场合应用。

2. 有源护耳器,有源抗噪声送、受话器在个人防护和语言通信中的应用。

3. 大型低频强噪声准自由、半自由声场的有源控制。

4. 变压器等简单离散谱噪声和其他的一些重复性噪声的有源控制。

14.5.5.2 ANC 研究的新课题与新方向

1. 有界空间声场的控制:这方面的工作正从声场机制、信号处理、空间布阵(采样)理论以及声源的近场控制等各个方面展开;新型压电涂层材料的出现,亦为从边界的振动控制解决有界空间声传入的研究提供了新的可能性。由于舰船舱室都是属于有界空间,因此这方面的研究对舰船降噪具有很大意义。

2. 薄板弯曲振动有源控制:这一研究和有界空间的研究在机制上是相通的,主要的不同在于换能器,所以两者的进展可以相互借鉴;同时,有源振动控制也是舰船和其他结构构件有源隔声研究的前提。使用记忆金属进行有源振动控制的尝试,是近年来最富有想象力的开创之一,它标志着材料科学与有源控制有着不了因缘。

3. 流体动力学过程中的非稳定性有源控制:这一工作已经在流体附面层、流体喷注、腔内燃烧等过程中普遍展开。

4. 分布源声场的有源控制:分布声源对初级信号拾取方式、次级声源的辐射特性与空间分布以及信号处理系统都有着新的要求。这方面的问题很多,但工作已经起步。

目前有源消声的应用还不够广泛,应用技术和稳定性还不够成熟,舰船上也还没有应用有源消声。但作为对常规噪声控制方法的补充,相信有源消声技术在不久的将来会在舰船上得到使用,为舰船降噪发挥作用。

第 15 章　舰船声场及目标特性测量

15.1　测量技术基础

15.1.1　概述

在舰船声场及目标特性的研究中，除了采用理论分析的方法之外，采用试验的方法也是必不可少的。试验测量的对象可以是实艇，也可以是模型结构。模型试验主要用在舰船的方案及设计阶段，实船试验主要用在舰船的建造和交货阶段，在舰船的改装、维修中也可采用试验的方法来分析舰船的声场特性。在舰船声场特性的试验中，典型的测量系统见图 15 - 1。

图 15 - 1　典型测量系统

图 15 - 1 为声场信号的接收、提取、分析处理。在某些声场特性的测量中，还需要信号的输入或发射，如声阻抗及目标特性测量。一般来说，声场的特性可以表示为随时间和空间变化的函数，声场的测量就是获得这一函数的一组操作或一个过程。测量中，当传感器将声场信号转化为电信号之后，一个重要的内容就是对信号的处理与分析。

信号分析处理的基础也是声场测量的基础。在信号分析中，可按不同的方法将信号进行分类：确定信号与非确定信号。确定信号是可以用明确的数学关系式描述的信号。它也可以进一步分为周期信号、非周期信号与准周期信号。

周期信号是经过一定时间可以重复出现的信号，满足条件：

$$x(t) = x(t + nT) \tag{15 - 1}$$

式中　T—— 周期，$T = 2\pi/\omega_0$；$n = 0, \pm 1, \cdots$；

ω_0—— 基频。

在舰船设备中，电机、回旋泵、风机的回转体不平衡引起的振动通常是一种周期振动。

非周期信号往往具有瞬变性，如操舵系统的冲击、直升机着舰、雷弹发射等。

准周期信号是周期与非周期的边缘情况，是由有限个周期信号合成，但各周期信号的频率相互间不是公倍关系，其合成信号不满足周期条件，由不同独立振源激起的系统响应，往往属于这一类。

非确定信号不能用数学关系式描述，其幅值、相位变化是不可预知的，所描述的物理现象是一种随机过程，如流激和波浪引起的噪声振动。

从能量的观点还可将信号分为能量信号与功率信号。在电路分析中，对于电信号，通常是电压或电流，电压 $U(t)$ 在已知区间(t_1,t_2) 内消耗在电阻上的能量：

$$E = \int_{t_1}^{t_2} \frac{U^2(t)}{R} dt \tag{15-2}$$

对于电流 $i(t)$，能量为：

$$E = \int_{t_1}^{t_2} R i^2(t) dt \tag{15-3}$$

在上面每一种情况下，能量都是正比于信号平方的积分，讨论消耗在 1Ω 电阻上的能量往往是很方便的，因为当 $R = 1\ \Omega$ 时，上述两式具有相同形式，采用这种规定时，就称方程

$$E = \int_{t_1}^{t_2} x^2(t) dt \tag{15-4}$$

为任意信号 $x(t)$ 的"能量"。通常定义，在所分析的区间$(-\infty,\infty)$，能量为有限值的信号称为能量信号，满足下面条件：

$$\int_{-\infty}^{\infty} x^2(t) dt < \infty \tag{15-5}$$

有许多信号，如周期信号、随机信号等它们在区间$(-\infty,\infty)$ 内能量不是有限值，在这种情况下，研究信号的平均功率更为合适，在区间(t_1,t_2) 内，信号的平均功率

$$p = \frac{1}{t_2 - t_1}\int_{t_1}^{t_2} x^2(t) dt \tag{15-6}$$

若区间变为无穷大时，上式仍然大于零，那么信号具有有限的平均功率，称之为功率信号，即功率信号满足条件：

$$0 < \lim_{T\to\infty} \frac{1}{2T}\int_{-T}^{T} x^2(t) dt < \infty \tag{15-7}$$

完成舰船声场测量，首先是要选择配置一套合适的测量系统，这要对声场测量的具体目的有所了解，要对图 15-1 中的传感器、适调放大、记录、存贮、分析设备比较熟悉。其次就是掌握相应的测量方法。最后就是对数据的分析处理，也就是信号分析处理。测量到的结果说明了什么问题，反映舰船声场的哪些特点，这都需在信号分析的基础上来进行研究。

信号分析的经典方法有时域分析法与频域分析法，时域分析方法又可称为波形分析，是用信号的幅值随时间变化的图形或表达式来分析的，可以得到任一时刻的瞬时值或信号的最大值、最小值、均值、均方根值等，还有信号的相关分析，可以研究信号本身或相互之间的相似程度，研究信号的幅值取值的分布状态，可以了解信号幅值大小取值的概率及概率分布情况。

测量信号的频域分析是把信号的幅值、相位或能量变换为以频率坐标轴表示，进而分析其频率特性的一种方法，又称为频谱分析。例如，幅值谱、相位谱、能量谱密度、功率谱密度等。对信号进行频谱分析可以获得更多的有用信息，是近代测量分析技术发展中的一个重要手段。

15.1.2　测量信号的时域分析

15.1.2.1　时域统计分析

1. 均值

均值 $E[x(t)]$ 表示集合平均值或数学期望值。基于随机过程的各态历经性，可用时间间隔 T 内的幅值平均值表示，即

$$\mu_x = E[x(t)] = \lim_{T\to\infty}\frac{1}{T}\int_0^T x(t)\,dt \tag{15-8}$$

2. 均方值

信号 $x(t)$ 的均方值 $E[x^2(t)]$,或称平均功率 ψ_x^2,其表达式为:

$$\psi_x^2 = E[x^2(t)] = \lim_{T\to\infty}\frac{1}{T}\int_0^T x^2(t)\,dt \tag{15-9}$$

式中,ψ_x—— 均方根值。

3. 方差

信号 $x(t)$ 的方差定义为:

$$\sigma_x^2 = E[(x(t) - E[x(t)])^2] = \lim_{T\to\infty}\frac{1}{T}\int_0^T [x(t) - \mu_x]^2 dt \tag{15-10}$$

式中,σ_x—— 均方差或标准差。

可以证明,σ_x^2,ψ_x^2,μ_x^2 具有下述关系:

$$\psi_x^2 = \sigma_x^2 + \mu_x^2$$

σ_x^2 描述了信号的波动量,μ_x^2 描述了信号的静态量。

4. 概率密度函数

随机信号的概率密度函数定义为:

$$p(x) = \lim_{\Delta x\to 0}\frac{P[x < x(t) \leqslant x + \Delta x]}{\Delta x} \tag{15-11}$$

对于各态历经过程

$$p(x) = \lim_{\Delta x\to 0}\frac{1}{\Delta x}\left[\lim_{T\to\infty}\frac{T_x}{T}\right] \tag{15-12}$$

式中,$P[x < x(t) \leqslant x + \Delta x]$ 表示瞬时值落在增量 Δx 范围内可能出现的概率,$T_x = \Delta t_1 + \Delta t_2 + \cdots$ 表示信号瞬时值落在 $(x, x + \Delta x)$ 区间的时间(图 15 - 2)。

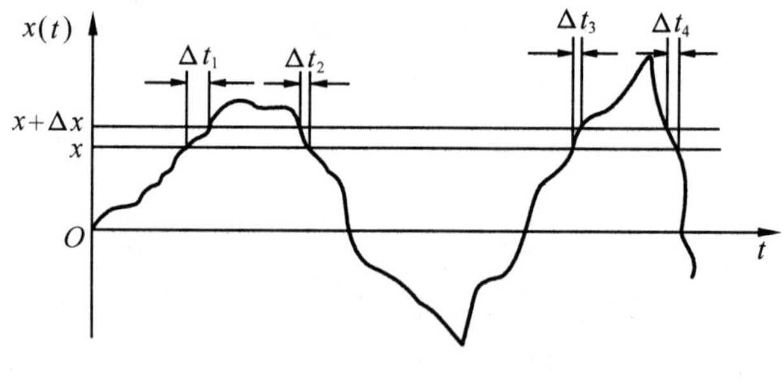

图 15 - 2　概率密度函数的计算

用概率密度函数表示均值、均方值:

$$\mu_x = \int_{-\infty}^{\infty} xp(x)\,dx \tag{15-13}$$

$$\psi_x^2 = \int_{-\infty}^{\infty} x^2 p(x)\,dx \tag{15-14}$$

可以看出,均值是 $x(t)$ 在所有 x 值上的加权线性和;均方值是 $x^2(t)$ 在所有 x^2 值上的加权线性和。

5. 概率分布函数

概率分布函数是瞬时值 $x(t)$ 小于或等于某值 x 的概率，其定义为：

$$F(x) = \int_{-\infty}^{x} p(x)\,\mathrm{d}x \tag{15-15}$$

概率分布函数又称累积概率，表示了落在某一区间的概率，也可写作：

$$F(x) = P(-\infty < x(t) < x)$$

典型信号的概率密度函数与概率分布函数如图 15－3 所示。

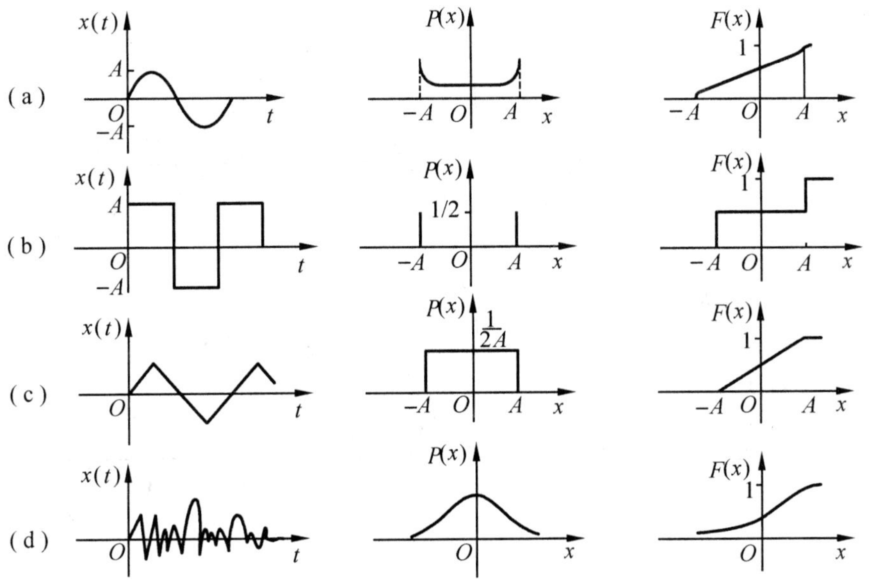

图 15－3　典型信号的概率密度函数与概率分布函数

(a) 正弦波；(b) 方波；(c) 三角波；(d) 白噪声

6. 联合概率密度

联合概率密度函数是描述两个或几个随机信号的不同数据的共同特性或联合特性的参数。定义为：

$$p(x,y) = \lim_{\substack{\Delta x \to 0 \\ \Delta y \to 0}} \frac{1}{\Delta x \Delta y}\left[\lim_{T\to\infty}\frac{T_{xy}}{T}\right] \tag{15-16}$$

式中，T_{xy}/T 表示 $x(t)$ 落在 $(x+\Delta x)$ 范围内，而 $y(t)$ 值同时落在 $(y+\Delta y)$ 范围内的联合概率；T_{xy} 是 $x(t)$ 和 $y(t)$ 同时分别落在 $(x+\Delta x)$ 及 $(y+\Delta y)$ 区域中的总时间，即 $T_{xy} = \Delta t_1 + \Delta t_2 + \cdots$。如图 15－4 所示。

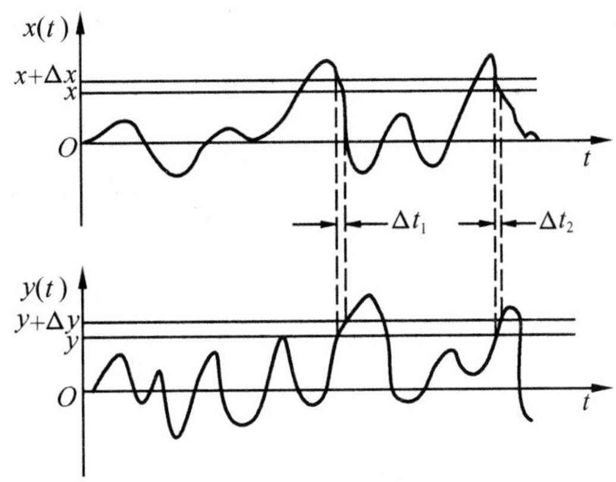

图 15－4　联合概率密度函数的计算

15.1.2.2 时域相关分析

1. 相关函数的物理含义

相关函数描述了两个信号之间的关系或其相似程度,也可以描述同一信号的现在值与过去值的关系,或者根据过去值、现在值来估计未来值。图15-5表示了$x(t)$与$y(t)$的三组波形,其中(a)组,从直观上很难发现$x(t)$与$y(t)$之间的相似之处,但也不能说它们之间毫无关系,如何定量地衡量信号之间的相关(或相似)程序呢?

为了便于讨论,假定所研究的两个信号$x(t)$和$y(t)$是实能量信号,并且不含直流分量(即$\mu_x=0$)。运用最小二乘准则来研究两者之间的相似程度是易于理解的。两个信号的误差能量ε^2可用下式表示:

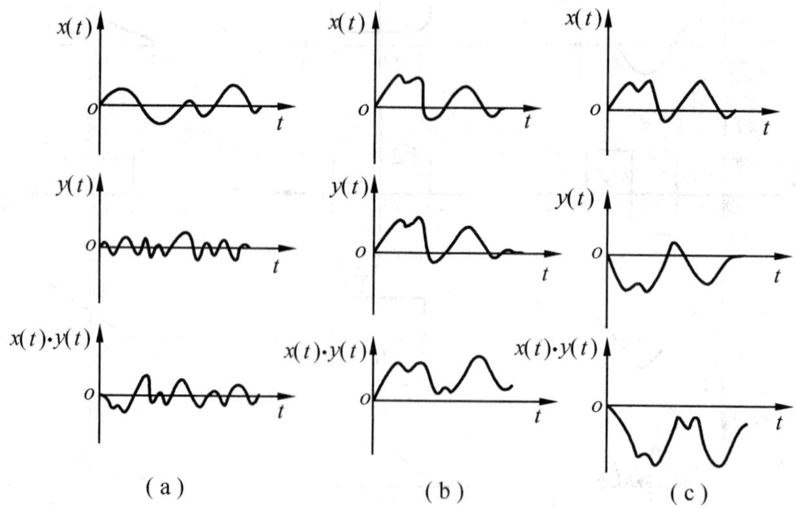

图15-5 波形的相关程度分析

(a) 不相关;(b) 相关;(c) 反相相关

$$\varepsilon^2=\int_{-\infty}^{\infty}[y(t)-ax(t)]^2\mathrm{d}t \tag{15-17}$$

式中,a是一个参数,调整它可以得到最好的近似。如果要求选择参数a使ε^2最小,即应满足:

$$\frac{\mathrm{d}\varepsilon^2}{\mathrm{d}a}=2\int_{-\infty}^{\infty}[y(t)-ax(t)][-x(t)]\mathrm{d}t=0$$

于是,

$$a=\frac{\int_{-\infty}^{\infty}y(t)x(t)\mathrm{d}t}{\int_{-\infty}^{\infty}x^2(t)\mathrm{d}t}$$

在此情况下,误差能量

$$\varepsilon^2 = \int_{\infty}^{-\infty}\left[y(t) - x(t)\frac{\int_{-\infty}^{\infty} y(t)x(t)\,\mathrm{d}t}{\int_{-\infty}^{\infty} x^2(t)\,\mathrm{d}t}\right]^2 \mathrm{d}t \tag{15-18}$$

展开化简，

$$\varepsilon^2 = \int_{\infty}^{-\infty} y^2(t)\,\mathrm{d}t - \frac{\left[\int_{-\infty}^{\infty} y(t)x(t)\,\mathrm{d}t\right]^2}{\int_{-\infty}^{\infty} x^2(t)\,\mathrm{d}t} \tag{15-19}$$

令相对误差能量

$$\frac{\varepsilon^2}{\int_{-\infty}^{\infty} y^2(t)\,\mathrm{d}t} = 1 - \rho_{xy}^2 \tag{15-20}$$

其中，

$$\rho_{xy} = \frac{\int_{-\infty}^{\infty} y(t)x(t)\,\mathrm{d}t}{\left[\int_{-\infty}^{\infty} y^2(t)\,\mathrm{d}t\int_{-\infty}^{\infty} x^2(t)\,\mathrm{d}t\right]^{1/2}} \tag{15-21}$$

通常把 ρ_{xy} 称为 $y(t)$ 与 $x(t)$ 的相关系数。根据许瓦兹(Schwerz)不等式可证明：

$$\left|\int_{-\infty}^{\infty} y(t)x(t)\,\mathrm{d}t\right| \leqslant \left[\int_{-\infty}^{\infty} x^2(t)\,\mathrm{d}t\int_{-\infty}^{\infty} y^2(t)\,\mathrm{d}t\right]^{1/2} \tag{15-22}$$

因而有 $|\rho_{xy}| \leqslant 1$。

进一步分析式(15-21)可知，对于两个能量有限信号，若它们的能量是确定值，则 ρ_{xy} 的大小由 $x(t)y(t)$ 的积分所决定。例如图 15-5 两个波形，如果彼此互相独立，互不相关，则 $x(t)$ 与 $y(t)$ 的乘积、积分为零，即相关系数 $\rho_{xy} = 0$，此时误差能量 ε^2 最大，这说明 $y(t)$ 与 $ax(t)$ 是线性无关的。对于图 15-5(b) 和(c) 所表示的两组相关与反相相关的波形，由于它们的形状完全相似，因而 $x(t)y(t)$ 的积分绝对值最大，其相关系数 ρ_{xy} 分别为 1 与 -1，此时误差能量 $\varepsilon^2 = 0$，这说明 $y(t)$ 与 $ax(t)$ 是完全线性相关的。因此可以用两个信号的乘积积分作为其线性相关性(或相似性)的一种量度。

实际情况下，两个信号之间可能产生时差 τ，这时就需要研究两个信号在时移中的相关性。因此把相关函数定义为：

$$R_{xy}(\tau) = \int_{-\infty}^{\infty} x(t)y(t-\tau)\,\mathrm{d}t \tag{15-23}$$

或

$$R_{yx}(\tau) = \int_{-\infty}^{\infty} y(t)x(t-\tau)\,\mathrm{d}t \tag{15-24}$$

显然，相关函数是两信号之间时差 τ 的函数。通常将 $R_{xy}(\tau)$ 或 $R_{yx}(\tau)$ 称为互相关函数。如果 $x(t) = y(t)$，则 $R_{xx}(\tau)$(或 $R_x(\tau)$) 称为自相关函数，上式变为

$$R_x(\tau) = \int_{-\infty}^{\infty} x(t)x(t-\tau)\,\mathrm{d}t \tag{15-25}$$

若 $x(t)$ 与 $y(t)$ 为功率信号，则以上定义失去意义，通常把功率信号的相关函数定义为：

$$R_{xy}(\tau) = \lim_{T\to\infty}\frac{1}{T}\int_{-T/2}^{T/2} x(t)y(t-\tau)\,\mathrm{d}t \tag{15-26}$$

$$R_{yx}(\tau) = \lim_{T\to\infty} \frac{1}{T}\int_{-T/2}^{T/2} y(t)x(t-\tau)\,\mathrm{d}t \tag{15-27}$$

$$R_{x}(\tau) = \lim_{T\to\infty} \frac{1}{T}\int_{-T/2}^{T/2} x(t)x(t-\tau)\,\mathrm{d}t \tag{15-28}$$

由以上分析可知,能量信号与功率信号的相关函数的量纲不同,前者为能量,而后者为功率。

2. 典型信号的自相关函数

典型信号的自相关函数如图 15-6 所示。

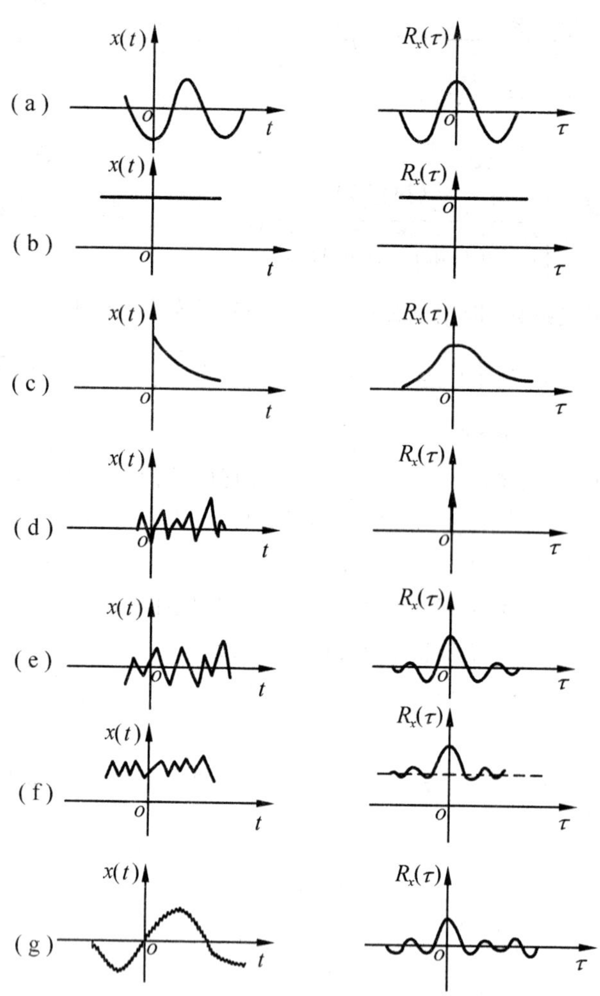

图 15-6 典型信号的自相关函数及功率谱密度函数

(a) 正弦波;(b) 直流;(c) 指数;(d) 白噪声;(e) 限带白噪声;(f) 直流 + 白噪声;(g) 正弦 + 白噪声

15.1.3 信号的频域分析

将信号的时域描述通过数学处理变换为频域分析的方法称为频谱分析。根据信号的性质及变换方法不同,可以表示为幅值谱、相位谱、功率谱、幅值谱密度、能量谱密度、功率谱密度等。

15.1.3.1　周期信号的 Fourier 级数及其谱图分析

从数学分析已知，任何周期函数在满足狄利克莱（Dirichlet）条件下，可以展开成正交函数线性组合的无穷级数，如果正交函数集是三角函数集（$\sin n\omega_0 t, \cos n\omega_0 t$）或复指数函数集（$e^{jn\omega_0 t}$），则可展开成为 Fourier 级数，其三种数学表达式如下：

$$x(t) = \frac{a_0}{2} + \sum_{n=1}^{\infty}(a_n \cos\omega_0 t + b_n \sin n\omega_0 t) \quad n = 1,2\cdots \tag{15-29}$$

$$x(t) = \frac{a_0}{2} + \sum_{n=1}^{\infty} A_n cos(n\omega_0 t - \varphi_n) \quad n = 1,2\cdots \tag{15-30}$$

$$x(t) = \sum_{n=-\infty}^{\infty} C_n e^{jn\omega_0 t} \quad n = 0, \pm 1, \pm 2\cdots \tag{15-31}$$

三式中各参数：

$$a_n = \frac{2}{T}\int_{-T/2}^{T/2} x(t)\cos n\omega_0 t \mathrm{d}t$$

$$b_n = \frac{2}{T}\int_{-T/2}^{T/2} x(t)\sin n\omega_0 t \mathrm{d}t$$

$$a_0 = \frac{2}{T}\int_{-T/2}^{T/2} x(t)\mathrm{d}t$$

$$\omega_0 = \frac{2\pi}{T}$$

$$A_n = \sqrt{a_n^2 + b_n^2}$$

$$\varphi_n = \arctan\frac{b_n}{a_n}$$

$$C_n = \frac{1}{T}\int_{-T/2}^{T/2} x(t)e^{-jn\omega_0 t}\mathrm{d}t$$

$$|C_n| = \frac{1}{2}\sqrt{a_n^2 + b_n^2} = \frac{1}{2}A_n$$

另有：

$$\psi_x^2 = \frac{1}{T}\int_0^T x^2(t)\mathrm{d}t = \sum_{n=-\infty}^{\infty}|C_n|^2$$

$$\psi_x^2 = \frac{a_0^2}{4} + \frac{1}{2}\sum_{n=1}^{\infty}A_n^2$$

以上，$A_n - \omega$、$|C_n| - \omega$ 关系称为幅值谱；$\varphi_n - \omega$ 关系称为相位谱；$A_n^2 - \omega$，$|C_n|^2 - \omega$ 关系称为功率谱。

15.1.3.2　非周期信号的 Fourier 变换及其谱图分析

非周期信号一般为时域有限信号，具有收敛可积条件，其能量为有限值。这种信号频域分析的数学手段是 Fourier 变换，时域信号 $x(t)$ 与其 Fourier 变换 $X(\omega)$ 构成时域、频域变换偶对，其表达式为：

$$\begin{cases} x(t) = \dfrac{1}{2\pi}\displaystyle\int_{-\infty}^{\infty} X(\omega)e^{j\omega t}\mathrm{d}\omega & (15-32) \\ X(\omega) = \displaystyle\int_{-\infty}^{\infty} x(t)e^{-j\omega t}\mathrm{d}t & (15-33) \end{cases}$$

或

$$\begin{cases} x(t) = \int_{-\infty}^{\infty} X(f)\mathrm{e}^{\mathrm{j}\omega 2\pi ft}\mathrm{d}f & (15-34) \\ X(f) = \int_{-\infty}^{\infty} x(t)\mathrm{e}^{-\mathrm{j}\omega 2\pi ft}\mathrm{d}t & (15-35) \end{cases}$$

对式(15－32)、式(15－34)进行分析可知,与周期信号相类似,非周期信号也可以分解成许多不同频率成分的正、余弦分量。所不同的是,由于非周期信号的周期 $T \to \infty$,基频 $\omega_0 \to \mathrm{d}\omega$,于是它包含了从零到无限大的所有频率分量。各频率分量的幅值 $(X(\omega)\mathrm{d}\omega/2\pi)$ 则趋于无穷小,所以频谱不能再用幅值表示,而必须用密度函数表示。

式(15－32)中的 $X(\omega)$ 具有单位频率的幅值的量纲,而且是复数,所以有

$$X(\omega) = |X(\omega)|\mathrm{e}^{\mathrm{j}\varphi(\omega)} \tag{15-36}$$

称 $|X(\omega)| - \omega$ 关系为幅值谱密度。

例 矩形脉冲信号(见图 15－7)

$$x(t) = \begin{cases} A, (|t| \leqslant \tau/2) \\ 0, (|t| > \tau/2) \end{cases}$$

其 Fourier 变换:

$$X(\omega) = \int_{-\infty}^{\infty} x(t)\mathrm{e}^{-\mathrm{j}\omega t}\mathrm{d}t = \int_{\tau/2}^{\tau/2} A\mathrm{e}^{-\mathrm{j}\omega t}\mathrm{d}t$$

$$= A\tau\mathrm{sinc}\,\frac{\omega\tau}{2}$$

其幅值谱密度、相位谱密度:

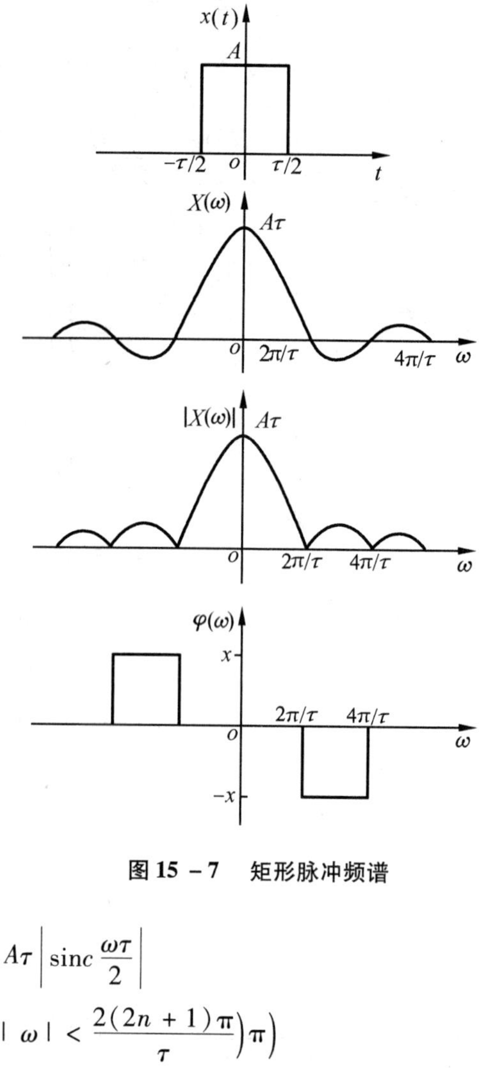

图 15－7 矩形脉冲频谱

$$|X(\omega)| = A\tau\left|\mathrm{sinc}\,\frac{\omega\tau}{2}\right|$$

$$\varphi(\omega) = \left\{0 \quad \left(\frac{4n\pi}{\tau} < |\omega| < \frac{2(2n+1)\pi}{\tau}\right)\pi\right)$$

矩形脉冲函数的频谱图表明,它是一个 sinc(t) 型函数,并且是连续谱,包含了无穷多个频率成分,在 $\omega = 2\pi/\tau, 4\pi/\tau\cdots\cdots$ 处,幅值谱密度为零,与此相应,相位出现转折,这表明了幅谱与相谱之间的内在关系,在正频率处为负相位($-\pi$),在负频率处为正相位(π)。

此外,在频段 $|\omega| \leqslant 2\pi/\tau$ 内(称为主瓣),当脉冲宽度 τ 值愈小时,则 $2\pi/\tau$ 点移向高频率,主瓣变宽,而峰值 $A\tau$ 减小;相反,当 τ 值增大时,主瓣变窄,$A\tau$ 值增大。显然,这种脉冲波形时域的持续时间与频谱分散程度之间存在相反关系。这是信号的普遍性质,即信号在时间上愈紧密,它在频谱上越分散;反之亦然。

15.1.3.3　随机信号的功率谱密度

1. 自功率谱与互谱

随机信号是时域无限信号，不具备可积分条件，因此不能直接进行 Fourier 变换。又因为随机信号的频率、幅值、相位都是随机的，因此从理论上讲，一般不做幅值谱和相位谱分析，而是用具有统计特性的功率谱密度来做谱分析。

根据维纳－辛钦公式，平稳随机过程的功率谱密度 $S_x(\omega)$ 与自相关函数 $R_x(\tau)$ 是一 Fourier 变换偶对，即

$$S_x(\omega) = \int_{-\infty}^{\infty} R_x(\tau) e^{-j\omega\tau} d\tau \tag{15-37}$$

$$R_x(\tau) = \frac{1}{2\pi}\int_{-\infty}^{\infty} S_x(\omega) e^{j\omega\tau} d\omega \tag{15-38}$$

因为自相关函数是偶函数，所以 $S_x(\omega)$ 是非负实偶函数。式(15－37)中谱密度函数定义在所有频率域上，一般称作双边谱。在实际中，用定义在非负频率上的谱更为方便，这种谱称为单边功率谱密度函数 $G_x(\omega)$，它们的关系(见图 15－8)为：

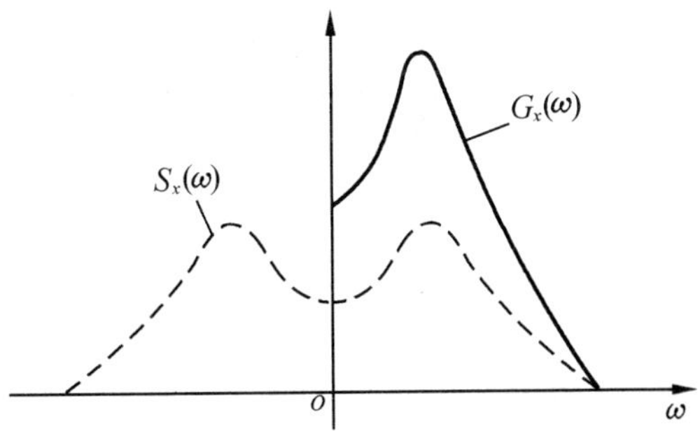

图 15－8　单边与双边功率谱密度函数

$$G_x(\omega) = 2S_x(\omega) = 2\int_{-\infty}^{\infty} R_x(\tau) e^{-j\omega\tau} d\tau \quad (\omega > 0) \tag{15-39}$$

典型信号的功率谱密度函数如图 15－6 所示。

同理可定义两个随机信号 $x(t)$，$y(t)$ 之间的互谱密度函数：

$$S_{xy}(\omega) = \int_{-\infty}^{\infty} R_{xy}(\tau) e^{-j\omega\tau} d\tau \tag{15-40}$$

$$R_{xy}(\tau) = \frac{1}{2\pi}\int_{-\infty}^{\infty} S_{xy}(\omega) e^{j\omega\tau} d\omega \tag{15-41}$$

单边互谱密度函数：

$$G_{xy}(\omega) = 2\int_{-\infty}^{\infty} R_{xy}(\tau) e^{-j\omega\tau} d\tau \quad (0 < \omega < \infty) \tag{15-42}$$

因为互相关函数为非偶函数，所以互谱函数是一个复数，即

$$G_{xy}(\omega) = C_{xy}(\omega) - jQ_{xy}(\omega) \tag{15-43}$$

实部与虚部为：

$$C_{xy}(\omega) = 2\int_{-\infty}^{\infty} R_{xy}(\tau) \cos\omega\tau d\tau \tag{15-44}$$

$$Q_{xy}(\omega) = 2\int_{-\infty}^{\infty} R_{xy}(\tau) \sin\omega\tau d\tau \tag{15-45}$$

实部称为共谱(协谱、余谱)密度函数；虚部称为正交谱(重谱、方谱)密度函数。在实际中常用谱密度的幅值和相位来表示，即

$$G_{xy}(\omega) = |G_{xy}(\omega)| e^{-j\theta xy(\omega)} \tag{15-46}$$

$$|G_{xy}(\omega)| = \sqrt{C_{xy}^2(\omega) + Q_{xy}^2(\omega)} \tag{15-47}$$

$$Q_{xy}(\omega) = \arctan \frac{Q_{xy}(\omega)}{C_{xy}(\omega)} \tag{15-48}$$

显然,互谱表示出了幅值以及两个信号之间的相位关系。典型的互谱密度函数如图 15 - 9 所示。

须要指出,互谱密度不像自谱密度那样具有功率的物理含义,引入互谱这个概念是为了能在频率域描述两个平稳随机过程的相关性。在实际中,常利用测定线性系统的输出与输入的互谱密度来识别系统的动态特性。

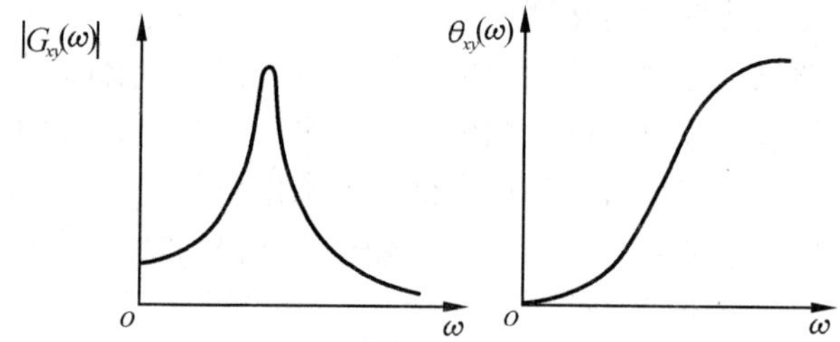

图 15 - 9　典型的互谱密度函数

2. 相干函数与频率响应函数

利用互谱密度函数可以定义相干函数 $\gamma_{xy}^2(\omega)$ 及系统的频率响应函数 $H(\omega)$,即

$$\gamma_{xy}^2(\omega) = \frac{|G_{xy}(\omega)|^2}{G_x(\omega)G_y(\omega)} \tag{15-49}$$

$$H(\omega) = \frac{G_{xy}(\omega)}{G_x(\omega)} \tag{15-50}$$

相干函数(coherence function) 又称凝聚函数,它类似于时域相关系数[见式(15 - 21)],因此又可称 $\gamma_{xy}^2(\omega)$ 为谱相关函数。同理可以证明:

$$0 \leqslant \gamma_{xy}^2(\omega) \leqslant 1 \tag{15-51}$$

相干函数是谱相关分析的重要参数,特别是在系统辨识中,相干函数可以判明输出 $y(t)$ 与输入 $x(t)$ 之间的关系。当 $\gamma_{xy}^2(\omega) = 1$ 时,说明 $y(t)$ 与 $x(t)$ 完全相关;当 $\gamma_{xy}^2(\omega) < 1$ 时,表明测量过程中有噪声干扰,或可能存在系统的非线性等。

频率响应函数 $H(\omega)$ 是由互谱与自谱的比值求得的。它是一个复量,保留了幅值大小与相位信息,描述了系统的频域特性。对 $H(\omega)$ 作逆 Fourier 变换,即可求得描述系统时域特性的单位脉冲响应函数。

15.1.3.4　声频信号的倍频程分析

在舰船声场的分析研究中,空气声的频率范围为 20 Hz ~ 10 kHz 或 20 Hz ~ 20 kHz,结构声的上限一般为 8 kHz,水噪声的频率上限为 40 ~ 50 kHz,频率有千余倍的变动范围。为了方便起见,将这宽广的频率范围划分为若干较小的频段,这就是频程或频带,在测量分析的谱图中,横坐标为频带的中心频率。对于频率比为 $2^{1/n}$ 的两个频率之间的频段称为 $1/n$ 倍频程(oct),常用的有:

$$n = 1 \qquad 1\text{oct}$$
$$n = 3 \qquad 1/3\text{oct}$$

频带的中心频率 f_0 和上截止频率 f_u,下截止频率 f_l 以及带宽 B 之间的关系为:

$$f_0 = \sqrt{f_u f_l}$$
$$f_l = 2^{-1/n} f_u = 2^{-1/2n} f_0$$
$$f_u = 2^{1/n} f_l = 2^{1/2n} f_0$$
$$B = f_u - f_l = (2^{1/2n} - 2^{-1/2n}) f_0$$

表 15 - 1 为 1oct 的中心频率及频率范围。

表 15 - 1　倍频程各中心频率及其频率范围

中心频率(Hz)	31.5	63	125	250	500
频率范围(Hz)	22.5 ~ 45	45 ~ 90	90 ~ 180	180 ~ 355	355 ~ 710
中心频率(Hz)	1k	2k	4k	8k	16k
频率范围(Hz)	710 ~ 1 400	1 400 ~ 2 800	2 800 ~ 5 600	5 600 ~ 11 200	11 200 ~ 22 400

图 15 - 10 为实测噪声 1/3oct 谱图。

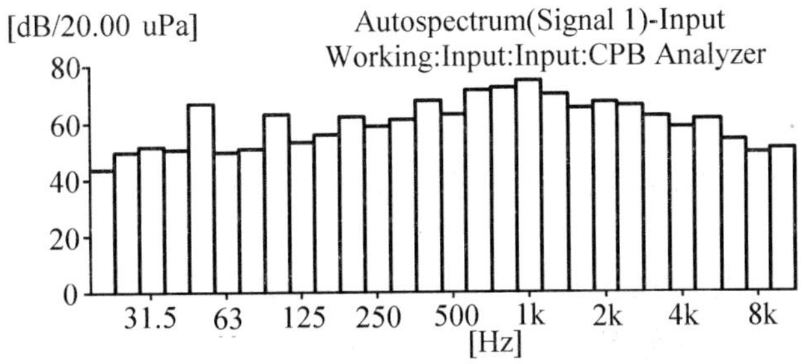

图 15 - 10　实测噪声 1/3oct 谱图

15.2　舰船空气噪声测量

15.2.1　测量系统

典型的空气噪声测量系统框图见图 15 - 11。

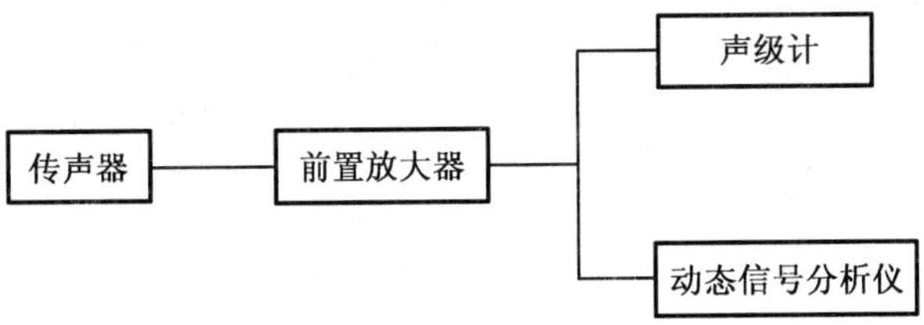

图 15 - 11

其中动态信号分析适用范围较广，既可用于噪声测量，也可用于振动测量，下面先对传声器、声级计作一介绍。

15.2.1.1　传声器

传声器是将声信号转换为相应的电信号的电声换能器。由于所用换能原理或元件不同，有许多类型的传声器，如电容(静电)、压电(晶体、陶瓷)、电动(动圈)、驻极体等等。一个理想的声学测量用的传声器应有如下特性：自由场电压灵敏度高、频率响应特性宽、动态范围大、体积小，而且不随温度、气压、湿度等环境条件变化。

电容传声器是由一个非常薄的金属膜和相距很近的后极板组成,膜片和后极板相互绝缘而构成一个电容器。在两极板上加一恒定的直流电压 E_0,使其静态电容 C_t 充电。当受到声波作用时,膜片就产生位移,从而使膜片与后极板间的静态电容发生变化,这一电容量的变化导致负载电阻中电流相应的变化,因而在负载电阻上产生与声波频率相应的交变电压输出。电容传声器的简单结构见图 15 - 12。

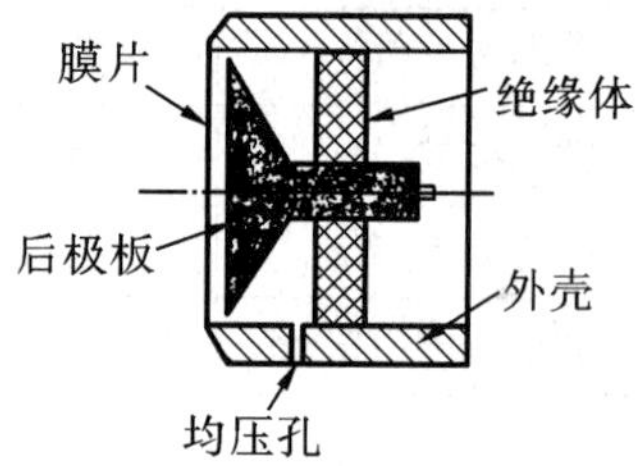

图 15 - 12 电容传声器剖面图

电容式传声器具有接近理想传声器所要求的各种特性,故国内都用它作为声学测量标准。但此传声器也有缺点,主要是比较娇贵,其膜片容易损坏,故使用时要特别小心。另外,这类传声器需要加一个较高的极化电压(一般为 200 V),近年来生产了一种低极化电压(28 V) 的电容声器,但灵敏度要相应地低些。

由于电容传声器本身的阻抗很高,为了使输出不衰减,必须配用阻抗变抗器或前置放大器。

动圈式传声器也可用作测量传声器,这种传声器具有灵敏度高,不怕潮湿的特点,但其灵敏度频响特性不太好,频率范围不宽,故只作一般测量用。

压电传声器不需要极化电压,能在湿度较高的环境下工作,并且具有平坦的频响特性,但其灵敏度较低,与同尺寸的电容传声器相比,灵敏度要低 20 dB 以上。

驻极体电容传声器近年来发展很快,其结构可与普通电容传声器相似,也可直接用镀金属的驻极体薄膜,性能与电容传声器接近,并且不需要极化电压,已日益受到人们的重视。

15.2.1.2 声级计

声级计是一个便携式的测量仪器,结构简图见图 15 - 13。

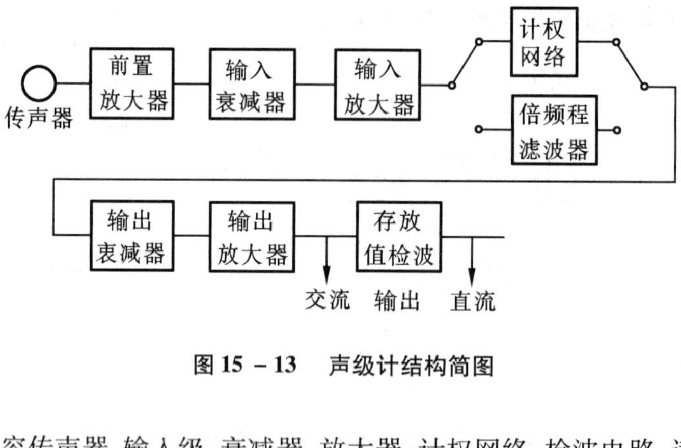

图 15 - 13 声级计结构简图

声级计由电容传声器、输入级、衰减器、放大器、计权网络、检波电路、读出表头(数字显示) 及电源部分组成。电容传声器阻抗很高,故需有高阻抗输入级,使其不降低灵敏度和低频响应。放大器将微弱信号放大并经有效值检波电路变为直流信号,在表头上直接指示被测声压力级。为了模拟人耳对不同声压力和频率的声音有不同的响度感觉,大多数声级计中装有 A,C 两个计权网络,从而测得计权声级。

声级计的形式很多,以测量精度区分,有四种类型:0 型声级计作为实验室标准;Ⅰ 型声级计作为精密型声级计;Ⅱ 型作为普通声级计;Ⅲ 型则为一般调查用。按测量信号性质区分,有一般声级计、脉冲声级计和积分式声级计等。按其体积大小可分为台式声级计、便携式声级计和袖珍式声级计。

15.2.2　测量方法

15.2.2.1　测量参数

对产生空气声场的噪声源来说,测量的参数为噪声源的声压级、声功率级,给出的频谱图一般为 1/1oct 或 1/3oct,当需要对噪声源进行详细分析时,必须作窄带 FFT 分析。

对空气声场进行测量时,测量的参数为声压级,同时还有与舰船舱室有关的特性参量,如混响时间、舱壁板的吸、隔声量。

对脉冲噪声而言,测量的参数为超压峰值 A—— 持续时间,有效 C—— 持续时间,见图 15 - 14。

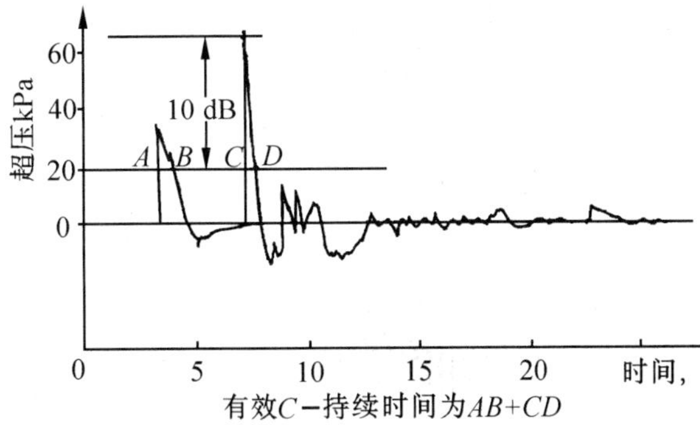

图 15 - 14　脉冲噪声测量参数

这里,A—— 持续时间,指超压从环境压力升高到它的最大正超压峰值后再回到环境压力所需要的时间;有效 C—— 持续时间,指从脉冲噪声源冲击波压力波形中低于最大正超压峰值 10 dB 处所对应的各时间间隔之和。

15.2.2.2　舰船设备噪声

舰船设备在陆上测量时,设备安装地点应尽量选用除地面外无其他反射面的场所。设备应采用弹性安装,与任何外部管道应挠性连接。测量时应按实船使用的常用工作方式或按技术规格书规定进行。

取包络被测设备声源的最小矩形六面体为基准体,再取包络该基准体,且各面向外偏移一测量距离 $d \geqslant 1$ m 的假想六面体的五个面作为测量表面,传声器测量位置就分布在该测量面上,见图 15 - 15。

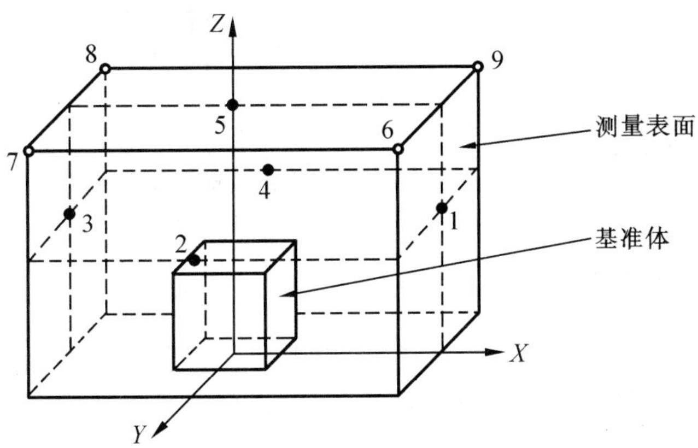

图 15 - 15　设备基准体及测量表面(测量点编号 1 ~ 9)

测量表面上各测点背景噪声的 A 声级平均值应比设备工作时在测量表面上各测点的 A 声级平均值低10 dB 以上,在10 dB 以下时要进行修正,测点应均匀分布在测量表面上。根据基准体的大小和噪声辐射的空间均匀性,确定测点的位置和数量,若基准体较大或噪声辐射的空间均匀性较差,可增加测点以及减小测点间距。

由各测点的声压级可计算出设备的声功率级:

$$L_w = (\bar{L_p} - K_2) + 10\lg(s/s_0) \tag{15-52}$$

式中 L_w—— 声功率级或频带声功率级,dB;

$\bar{L_p}$—— 测量表面平均声压级或频带声压级,dB;

K_2—— 环境修正系数,dB;

S—— 测量表面面积,m^2;

S_0—— 面积基准值,$S_0 = 1\ m^2$。

15.2.2.3 进排气噪声

在测量进排气管口、通风口、空调系统进出风口处的噪声时,传声器布置见图 15-16。

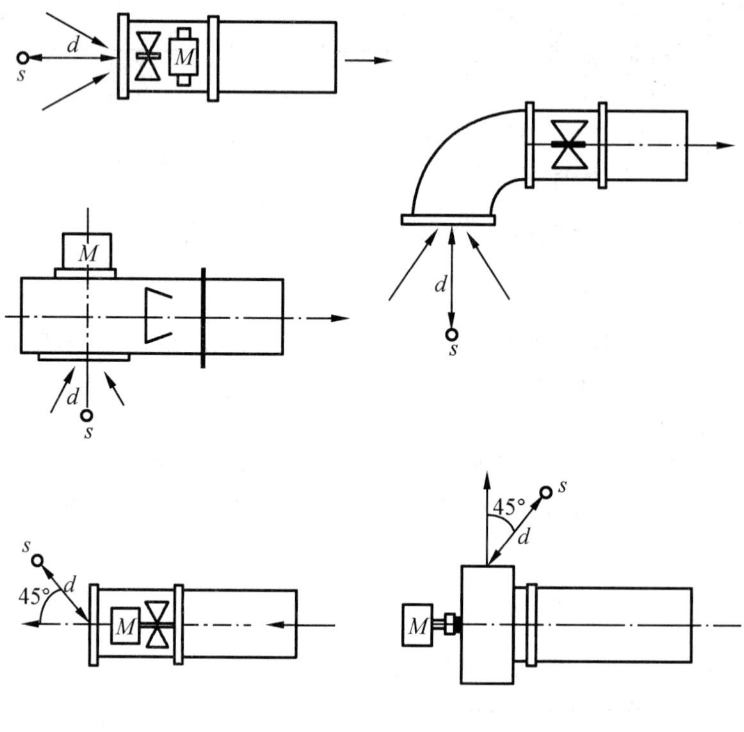

图 15-16 设备进排气口测点布置图

在气流较大时应加防风罩或防风锥。

15.2.2.4 舱室噪声

测量舰船舱室噪声时,舰船机电设备应处于正常工作状态,测量时应尽量少操舵,舰船舱室的门窗及舱口盖应按使用要求开启或关闭。海况的要求一般为 3 级以下,流速不大于1.5 kn。

舱室噪声的测点布置主要考虑以下几点:

1. 应满足评定全舰各舱室、战位噪声级测量要求；

2. 每个舱室至少有一个测点，并设在舱室中央或战位处，舱室较大时，两个相邻测点间距不小于 2 m，不大于 7 m，若在多点测量的舱室内发现各点的声级相差较大，则应增加测点。

3. 在动力舱或辅机舱测量时测点应距设备 1 m。

15.2.2.5　脉冲噪声

脉冲噪声是指舰船上的雷、弹等兵器发射时的瞬态噪声，测量的参数见图 15 - 14，测点布置主要考虑以下几点：

1. 一般情况下，传声器的敏感面应与兵器火线高相同，无法同高时应离甲板高1.5 m，并应使敏感面朝上。

2. 操作人员处，传声器的高度应处于人员耳部传声器的敏感面朝脉冲噪声源方向。

15.3　舰船结构噪声测量

15.3.1　测量系统

典型的结构噪声测量系统框图见图 15 - 17。

图 15 - 17　结构噪声测量系统框图

下面对加速度计、信号适调放大器、动态信号分析仪作一介绍。

15.3.1.1　加速度计

加速度计是一种振动传感器，测量时紧附在振动体上拾取其振动加速度。在各种类型的加速度计中大量使用的是压电式加速度计，压电加速度计是基于某些物质的压电效应制成的惯性式传感器。

压电加速度计的结构原理如图 15 - 18 所示。它是一种利用压电材料作为电换能器的拾振器，专门用来拾取振动物体的加速度。目前常用的压电材料有锆钛酸铅等，将压电材料黏结在基座上，上面放置一重的质量块，有一个弹力大的弹簧对质量块施以预加负载。加速度计放在被测物上，当被测物振动时，加速度计随之一起振动，质量块和外壳之间产生相对运动，使其间的压电材料受到压缩或拉伸，因材料具有压电效应，就能感应出相应的电压来。一般压电材料的力电换能关系可用下式表示：

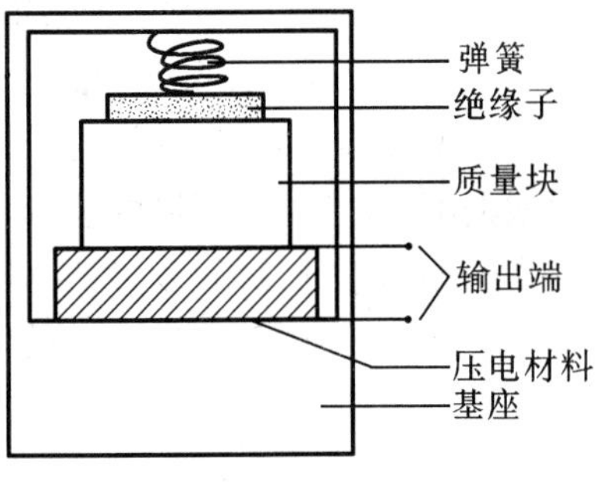

图 15 - 18　压电加速度计的结构原理图

$$E = -\tau x \tag{15-53}$$

式中，E 为感应电压，它与压电材料的相对位移 x 成正比。τ 为比例常数，它同材料的性质、几何尺寸、形状以及工作状态等都有关系。式中负号表示对材料的压缩产生正的电压。根据振

动方程解,可以得振动系统的相对位移幅值为

$$x = \frac{Ma_0}{\omega |z_M|} \tag{15-54}$$

式中,M 为加速度计中质量块的质量;z_M 为加速度计质量弹簧系统的力阻抗;ω 为振动圆频率;a_0 为振动加速度之幅值。

压电加速度计的结构见图 15 - 19。

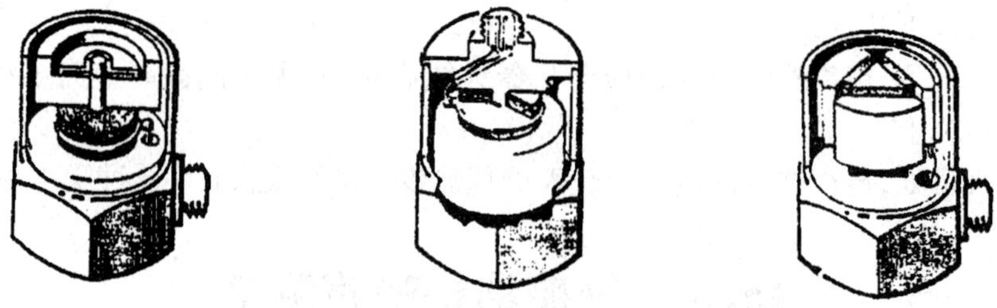

(1)　　(2)　　(3)

图 15 - 19　压电加速度计的结构

(1)— 中心镶嵌压缩型;(2)— 倒置中心镶嵌压缩型;(3)— 三角应剪型

其主要由三部分组成,即:压电元件、惯性质量块和附加元件(包括底座、外壳等)。压电加速度计在使用时应注意其两个主要特性:灵敏度和频响特性。

1. 灵敏度

加速度计的灵敏度就是相对于在某一加速度下,加速度计中产生的电压量或电荷量。表征压电加速度计灵敏度的有两个量,一是电压灵敏度(单位是 mV/ms^{-2}),另一是电荷灵敏度(单位是 pC/ms^{-2},pC—— 皮库仑)。由定义可知:

$$S_v = e_a / a \tag{15-55}$$

$$S_q = q_a / a \tag{15-56}$$

式中　e_q—— 加速度计的开路输出电压(mV);

q_a—— 加速度计所产生的电荷(pC);

a—— 加速度计所受到的加速度(ms^{-2})。

灵敏度越高,表明该加速度计的每单位加速度的输出电压(或电荷)越高。在实船测量中要根据不同的对象,不同的位置选用不同灵敏度的加速度计,结构噪声量级低,就选用灵敏度高的加速度计,灵敏度过低,则信噪比不足;结构噪声量级高,就选用灵敏度低的加速度计,若这时选用的加速度计灵敏度高,会造成信号过载,这一点应引起注意。

2. 频响特性

传感器的频响特性是指传感器在不同频率下灵敏的变化特性,图 15 - 20 为一压电加速度计的典型频响曲线。图中以对数刻度的频率值做横坐标,纵坐标可以用以分贝表示的相对灵敏度,也可以直接用灵敏度。

从图上看出,压电加速度计使用在上限频率 $f \leqslant 0.3f_n$ 时,有很平坦的频率特性,提高 f_n 将增加使用的频率范围,通常随着压电加速度计尺寸的减小,其谐振频率 f_n 增大,但灵敏度降低。在实船结构噪声测量时,要保证所选用的加速度计频响特性满足其规定的频率范围。

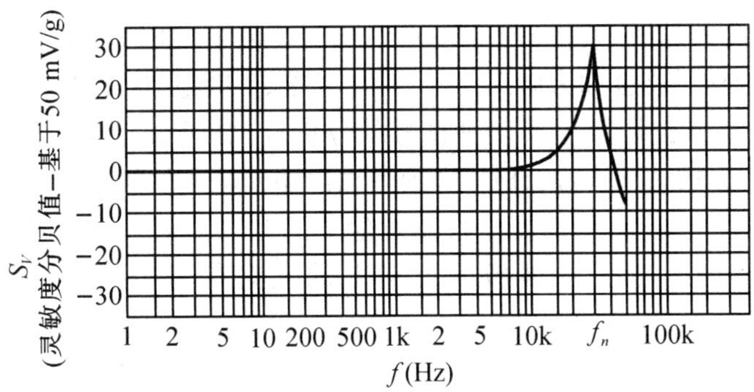

图 15 －20　压电加速度计的典型频响曲线

15.3.1.2　信号适调放大器

信号适调放大器是连接传感器和记存、分析设备的中间环节，过去一般也称为二次仪表。使用较多的是电荷放大器，电荷放大器可以连很长（数百米甚至更长）的电缆信号也不会衰减。

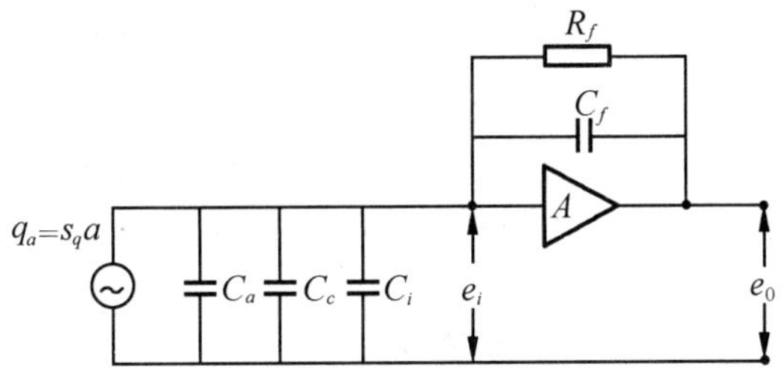

图 15 －21　加速度计、电缆与电荷放大器组合等效电路

电荷放大器的主要作用相当于一个电容负反馈很深的高增益运算放大器。电荷放大器的特点是敏感电荷。图 15 － 21 是压电加速度计与电荷放大器的组合等效电路。图中 A 是运算放大器的开环增益，A 大约在 $10^4 \sim 10^6$ 左右。C_f 是反馈电容，R_f 是反馈电阻，R_f 大约为 $10^9\Omega$。

电荷放大器的输出电压 e_0 由下式给出：

$$e_0 = \frac{q_a A}{C_a + C_o + C_i - C_f(A-1)} = e_i A \tag{15-57}$$

于是

$$e_i = \frac{S_q \cdot a}{C_a + C_o + C_i - C_f(A-1)} = \frac{C_a e_a}{C_a + C_o + C_i - C_f(A-1)} \tag{15-58}$$

由于 A 非常大，这个公式可写成：

$$e_i = \left|\frac{C_a}{C_f A}\right| \quad e_a \approx \left|\frac{q_a}{C_f A}\right| \quad e_0 \approx \left|\frac{q_a}{C_f}\right| \tag{15-59}$$

由上式看出：电荷放大器的输出电压取决于反馈电容 C_f，电缆电容 C_o 的影响可以忽略，当 C_f 为常数时，输出电压直接比例于加速度计上出现的电荷。

电荷放大器是与电荷型压电加速度计连接使用。近年来出现了一种内置放大电路的压电加速度计，即 ICP 传感器，与 ICP 传感器相连接的信号适调放大器的形式、结构和功能都与电荷放大器有所不同，它们在与 ICP 传感器连接时都要给传感器供电。在现代的一些动态信号分析仪中都已配置了给 ICP 传感器供电的组件。因此，可以将 ICP 传感器与动态信号分析仪连接进行测量与分析。

15.3.1.3　动态信号分析仪

随着计算技术尤其是快速算法FFT的兴起,出现了数字式FFT分析仪。由于该仪器通常用于对动态信号的处理,故也称为动态信号分析仪。在20世纪70年代末期至80年代初,日本、丹麦、美国的各仪器公司推出了多种型号的分析仪。各种振动信号输入动态信号分析仪,由动态信号分析完成A/D转换、FFT变换后输出振动信号的频率谱。

由于计算机技术的发展,使得测量仪器发生了巨大的变化,采用通用的计算机加上采样分析处理模件已经构成了一种新的意义上的动态信号分析仪。典型的系统框图见图15－22。

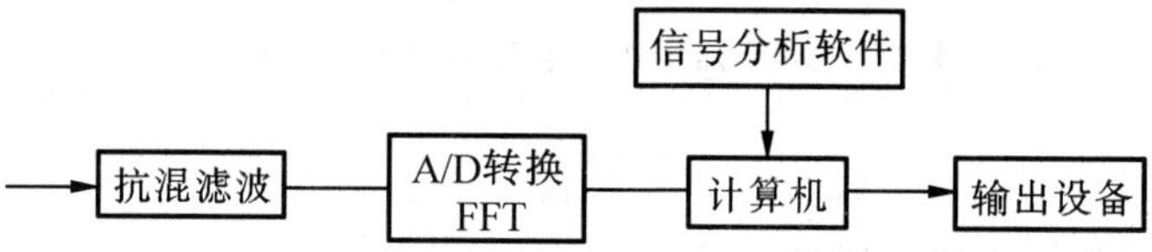

图15－22　动信号分析系统框图

目前的动态信号分析可通过计算机控制前端的各种参数设定及自动调节,完成系统校准,使得结构噪声的测量更加快捷高效。

15.3.2　测量方法

15.3.2.1　测量参数

结构噪声从源至船体外壳板,按照响应测量的观点,主要是要测量设备的结构噪声以及基座、舱壁壳板的结构噪声。参数的形式为加速度、速度和位移,这三种形式分别适用于高频、中频和低频结构噪声,对设备噪声而言,加速度通常表示为"级",速度通常表示为振动烈度。

与结构噪声相关的参数还有设备的激振力、机械阻抗和阻尼损耗因数。设备激振力反映了源的状况;作为计算结构噪声的输入,机械阻抗为力与速度的比值,反映了结构的固有特性;阻尼损耗因数反映了结构的耗能特性。

15.3.2.2　设备结构噪声

设备结构噪声主要是指单台设备(或机组)运行时,在设备表面所产生的结构噪声,为了达到解耦的目的,设备的安装基础或平台的总质量(包括地基基础、导轨、平台等,它们之间紧固连接)应大于设备质量的10倍,设备与基础之间应采用弹性安装方式,隔振器宜选用实际安装隔振器,若无条件实现实际隔振器安装,其所使用的隔振器的数量、安装位置和动刚度间的匹配应接近实际使用情况。

设备的运行工况若不特别指定,都应在额定工况下连续稳定运行。

设备结构噪声测点布置的基本原则是:对于弹性安装的小型设备,测点分别位于设备四个安装脚处、紧靠安装螺栓的减振器上;对于弹性安装的中大型设备,除四个安装脚处外,可在中间适当增加2～4个测点,测量应在三个相互垂直的方向上进行,其中之一为铅垂方向。对于有多个安装面的设备,应在每个安装面上布置测点。

测量设备结构噪声所用的加速度传感器在设备上的固定方式可用黏结剂或螺栓等方

式安装。当测量的频率范围的上限低于 1 kHz 时可采用磁铁座安装的方式。

设备运转时所有测点结构噪声与背景结构噪声（即该设备不工作时在设备上所测到的结构噪声）相比高于10 dB以上（包括10 dB）时，测量结果可不予修正，高于不足10 dB时应按式(15－60)进行修正。

$$L = 10\lg(10^{0.1L_a} - 10^{0.1L_k}) \tag{15-60}$$

式中　L—— 经背景结构噪声修正后的结构噪声，dB；

L_a—— 实际测量设备结构噪声，dB；

L_k—— 背景结构噪声，dB。

当测量参数的形式为振动烈度时，其测点位置应选择能代表设备整体运动的刚性较强的部位，不得选择在刚性较差、局部振动较大的部位。测点数目可根据设备的类型、设备的大小不同由试验各方具体确定，一般应在设备机脚上布置 1 ～ 2 个测点，在设备顶部结构较强处、轴承处等布置2 ～ 5个测点，对于大型设备，测点数目可以适当增加。每个测点测量 xyz 三个方向的振动。

按下列方法计算被测设备的振动烈度：

$$V_s = \sqrt{\left(\frac{1}{N_x}\sum_{i=1}^{N_x} V_{xi}\right)^2 + \left(\frac{1}{N_y}\sum_{i=1}^{N_y} V_{yi}\right)^2 + \left(\frac{1}{N_z}\sum_{i=1}^{N_z} V_{zi}\right)^2} \tag{15-61}$$

式中　V_s—— 振动烈度，mm/s；

V_x, V_y, V_z—— 三个互相垂直方向上的振动速度有效值，mm/s；

N_x, N_y, N_z—— 三个互相垂直方向上的测点数。

15.3.2.3　舰船结构噪声

舰船结构噪声的测量系统与设备结构的测量系统相同，舰船结构噪声的测点布置根据测量对象而定，在测量舰船总体结构噪声时，测点应布置在沿舰船中线面或主甲板附近的舱壁上或肋骨上，方向为垂向或纵向（见图 15－23）；在测量局部结构噪声时，测点应布置在横向和纵向加强筋交点处的壳板上，方向与所测的局部结构平面垂直（见图 15 － 24）；在测量机电设备基座的结构噪声时，测点应布置在安装螺栓附近的基座面板上以及基座腹板或肘板上，方向与所测平面垂直（见图 15 － 25）。

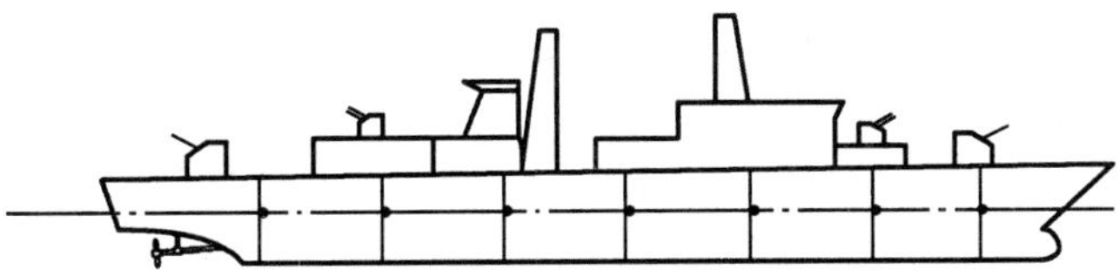

图 15 － 23　舰船总体结构噪声测点布置示意图

在舷外水下结构中测量结构噪声时，应使用符合测量要求的水密传感器，若在受水流冲击部位安装传感器时，应采用导流罩保护。

15.3.2.4　由机械设备引起结构噪声的激振力测量

舰船机械设备在运行工作中，其内部的不平衡力通过设备安装连接结构的途径，传递至船体结构，从而产生结构噪声。在对舰船机械设备引起的结构噪声进行估算和预报时，需要知道机械设备的激振力特性。

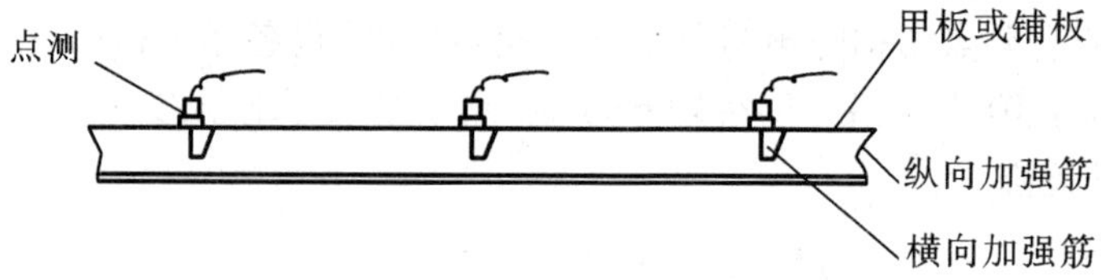

图 15 - 24　局部结构噪声测点布置示意图

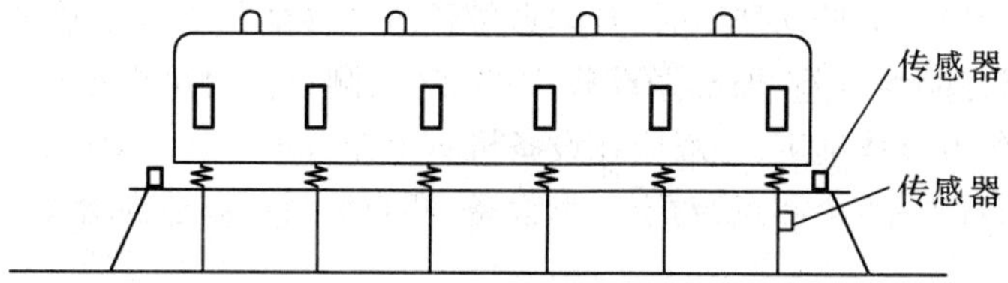

图 15 - 25　机电设备基座结构噪声测点布置示意图

根据设备重量、拆装难易程度和工程实施可能性,可选择直接测量法和间接测量法。直接法精度高,测量程序简单,但需拆卸设备以便安装测力传感器,适合实验室、车间平台环境或者实艇易拆装小型设备。间接测量无须拆装设备,测量程序较复杂,精度可靠,适合实艇环境和实验室、车间平台的重型设备。

1. 直接测量法

直接法是将力环传感器装于机脚固定螺栓上测量设备激励力。对刚性安装的设备,传感器位于机脚和安装基础之间。对弹性安装的设备,传感器位于机脚和减振器之间,传递到基座上的力由减振器衰减系数和测得的力相乘进行估算。图 15 - 26 为安装示例。设备共有 s 个安装机脚,则每个机脚处的力为:

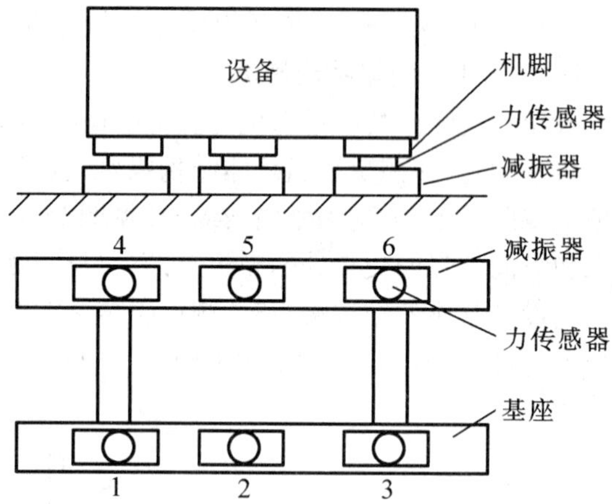

图 15 - 26　直接测量法测点示例

$$F_{xs} = F_{xrs} + jF_{xis} \tag{15-62}$$

式中　F_{xs}——s 点 x 方向激励力,N;

F_{xrs}——s 点 x 方向激励力频谱实部,N;

F_{xis}——s 点 x 方向激励力频谱虚部,N。

设备机脚 x 方向的合力 F_x 为:

$$F_x = \sum_{s=1}^{s} F_{xs} \tag{15-63}$$

对每个机脚都应测量三个方向,其中应包括安装面的垂直方向。

2. 间接测量法

间接测量法是通过测量机脚处振动加速度和输入机械阻抗实现机脚处激励力的测量。

对刚性安装的设备，加速度和输入机械阻抗测点紧靠机脚安装螺栓并位于安装基座上。对于弹性安装的设备，测点也位于安装基座上靠近隔振器的固定螺栓处。图 15 - 27 为弹性安装间接测点示例。

在一般振动分析中所用到的激振力 F_0 被认为是恒定的，不随安装条件改变的，而 F 是机械设备在安装机脚输出的力，它是随安装条件变化而改变的，即 F 与机械设备内部的负载和外部负载有关。所以 F_0 与 F 是有差异的，在测量结构的应用中应注意这一点。

间接法的两个间接测量量是振动速度 V 和阻抗 Z，这两者与激振力 F 的关系式为

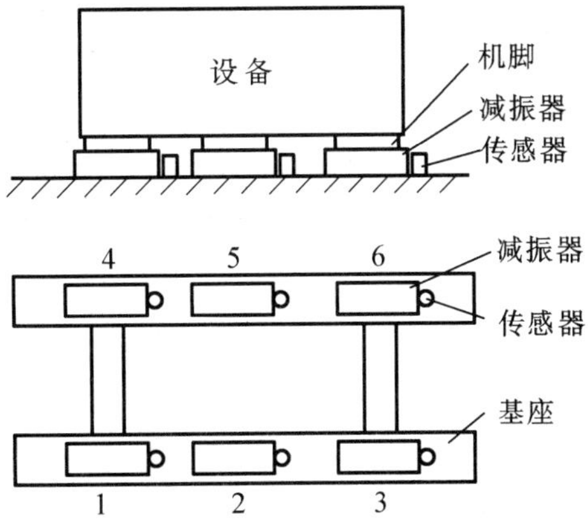

图 15 - 27　间接测量法测点示例

$$F = VZ \tag{15-64}$$

机械阻抗的具体测量后面介绍。在使用间接法测量结果时应注意，激振力 F 的作用点就是在机械阻抗测量中施加已知力的作用点。当施加的力与测量的振动速度 V 为同一点时，所获得的机械阻抗为输入阻抗；当施加的力与测量的振动速度不是同一点时，其阻抗为传递阻抗。

15.3.2.5　机械阻抗测量

机械阻抗是结构噪声计算和评估的一个重要参数。实际上，机械阻抗也是一个计算量，基本测量的量是激振力和振动响应，即利用定义或者说公式 $Z = \frac{F}{V}$，通过测量激振力 F 和振动速度 V 经计算处理得到阻抗 Z。机械阻抗测量框图见图 15 - 28。

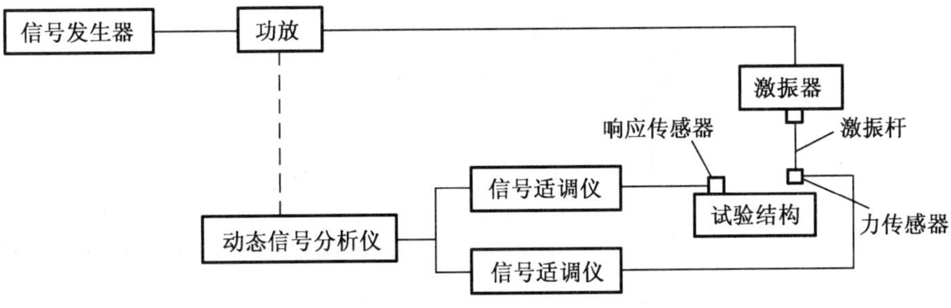

图 15 - 28　机械阻抗测量

在机械阻抗测量中，信号发生器或计算机的输出激励波形的谱应覆盖所需要的频率范围。若使用简谐信号，则对线性定常系统其稳态响应也是简谐信号，激励信号幅值与简谐响应幅值之比是在该特定频率下的阻抗的模，激励与响应信号的相位差是幅角。若使用瞬态随机或稳态随机激励力，由力谱和响应谱之比即可获得在限定频率范围内的阻抗值。

机械阻抗测量所用的激振器有电动式、电液式和压电式，其频率范围见图 15 - 29。

实船测量机械阻抗时，激振器通常采用柔性悬吊的方式，为避免产生约束附加力矩，激振连接杆应设计成轴向具有大刚度，而在其他方向具有足够的柔性，安装时应注意使激振器和连接杆与力传感器轴在同一直线上。

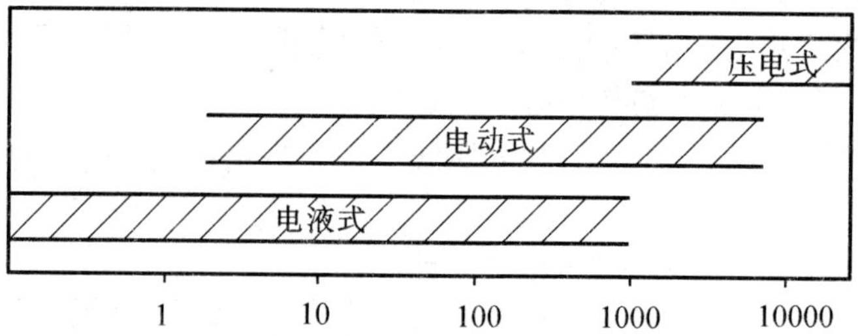

图 15 - 29 激振器频率范围

机械阻抗测量中的激励力也可以由力锤来产生,即采用带有力传感器或阻抗头(力传感器和加速度计组合)的锤来代替图 15 - 28 中的激振器,这时的激励信号为瞬态随机,对瞬态随机信号的处理通常要进行多次平均,为减少误差,每次力锤激励时应在同一点,且力锤运动应保持与激励点处的表面垂直。

机械阻抗的测量可采用一点激励多点测量的方式,此时,激励点处的力与该点的速度响应之比即为输入阻抗,而激励点处的激励力与其他各点的速度响应之比即为传递阻抗。

15.3.2.6 阻尼损耗因数测量

阻尼损耗因数的测量有多种不同的形式,典型的有共振测量方法和非共振测量方法。

1. 共振法

共振法中应用较为普遍的是振动梁法,见图 15 - 30。

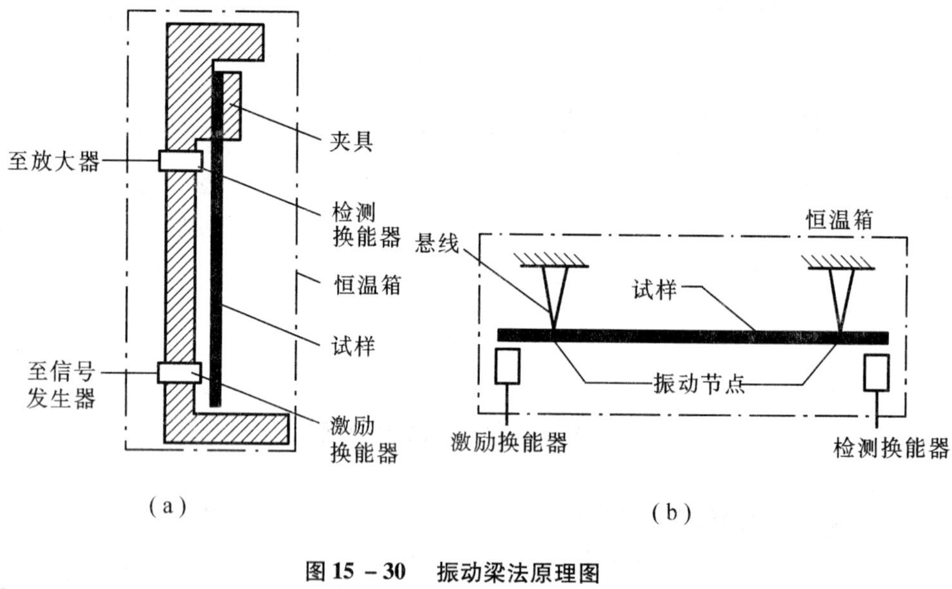

图 15 - 30 振动梁法原理图

(a) 悬臂梁法;(b) 自由梁法

测量仪器框图,见图 15 - 31。

阻振样条的尺寸为:长度:150 ~ 300 mm,宽度:10 ~ 20 mm,厚度:1 ~ 3 mm。

复合阻尼损耗因数:

$$\tan\delta_1 = \Delta f_1/f_1 \tag{15-64}$$

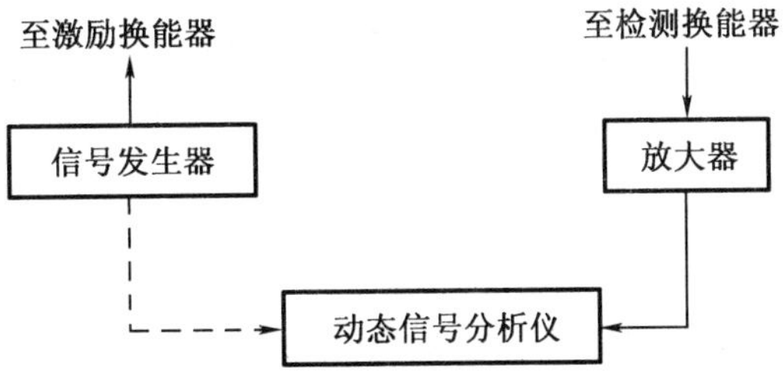

图 15－31　测量仪器框图

式中　f_i—— 第 i 阶共振频率，Hz；

Δf_i—— 第 i 阶共振峰 3 dB 带宽，Hz。

试验测量的主要参数即为 Δf_i 和 f_i，共振法只能测量共振频率处的阻尼损耗因数。由于共振法能够测量结构的复合损耗因数，所以在实际中应用比较普遍。

2. 非共振法

非共振方法是通过测量随频率而变化的相位值得到阻尼损耗因数的连续谱。非共振法主要用于测量材料的损耗因数。图 15－32 为测量系统框图。

图 15－32 中，被测阻尼材料样件系统的模型力与位移的关系为：

$$K'(1+\mathrm{j}\beta)x = F \qquad (15-66)$$

式中　K'—— 材料刚度的实部；

x—— 振动系统的位移；

F—— 传递力；

β—— 损耗因数。

设
$$K'' = K'\beta \qquad (15-67)$$

式中，K'' 为材料刚度的虚部。

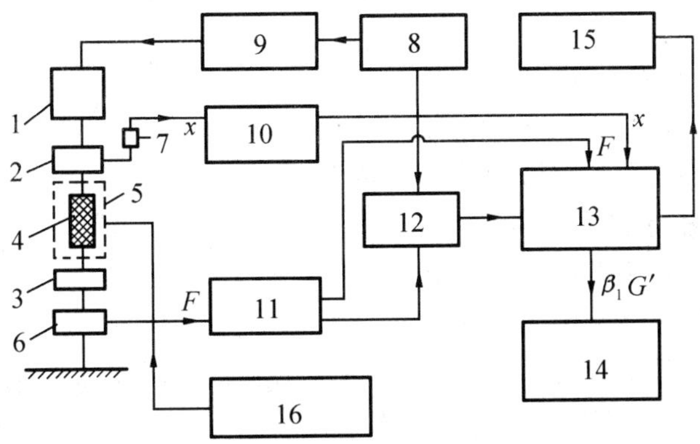

图 15－32　非共振法测量系统框图

1— 激振器；2— 上夹持器；3— 下夹持器；4— 试件；5— 控温炉；6— 测力传感器；7— 位移传感器；8— 信号源；9— 功率放大器；10— 放大器；11— 放大器；12— 比相计；13— 计算机或数据处理机；14— 打印机；15— 显示装置；16— 测温及控温系统

则

$$K'_x + jK''x = F\cos\alpha + jF\sin\alpha = F' + jF'' \tag{15-68}$$

$$K' = \frac{F\cos\alpha}{x}, K'' = \frac{F\sin\alpha}{x}$$

式中 α——F 与 x 的相位角；

$$\beta = \frac{K''}{K'} = \tan\alpha$$

即只要准确测量传递力 F 和振动位移 x 之间的相位角 α 就可得到材料损耗因数 β。

15.4 舰船水噪声测量

15.4.1 测量系统

典型的舰船水声场测量系统框图见图 15－33、图 15－34。

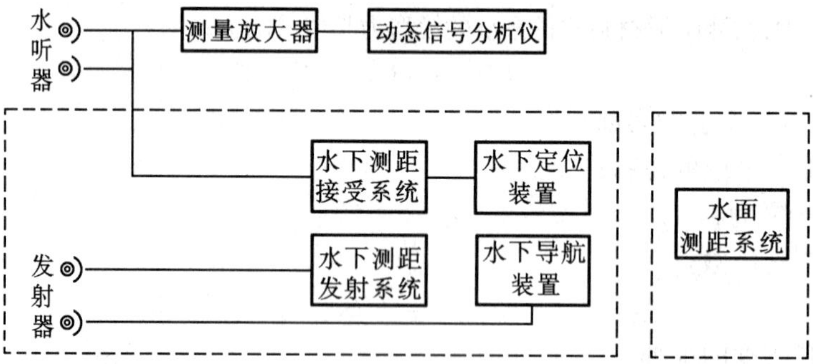

图 15－33 辐射噪声测量系统框图

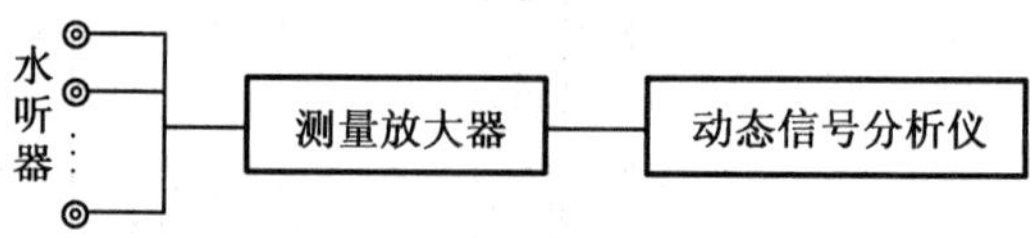

图 15－34 自噪声测量系统框图

水声场测量系统中的信号采集处理设备的原理与结构噪声测量系统中相同，只不过某些特性要求不同，如分析的频带宽度，结构噪声的上限为 10 kHz 左右，而水声可达50 kHz。测量放大器也与结构噪声测量中相似，主要用于放大微弱的电信号。在此仅对水声换能器介绍。

水声换能器作为接收器时称为水听器，当用于发射水声信号时称为发射换能器。水声换能器就换能形式来分有电声、化学声、机械声、磁声、热声、光声等等。就换能机理来分有动圈、静电、可变磁阻、磁致伸缩、压电、半导体等等。水声换能器也是组成声呐基阵的基本元件。在舰船声场的测量中，使用单个水听器来测量水中某点的水声大小。测量水听器通常由四部分组成：灵敏元件、辅助结构、前置放大器和输出电缆。有的水听器没有前置放大器，只包括其他三部分。灵敏元件在声压作用下产生与声压值成正比的开路电压。开路电压通过前置放大器后由电缆传输至输出端，或者直接由电缆传输至输出端。

灵敏元件通常是用压电晶体或铁电陶瓷材料构成的，铁电陶瓷也是具有压电性的材料。当在这些材料做成的器件的某特定方向受压时，在它们的表面之间将产生电压，这种效应称作“压电”。图 15－35 为压电陶瓷的频率响应。为了防止与水直接接触，水听器中的灵敏元件通常都用透声性良好的橡胶或聚氨酯材料层包覆，或者密封在充油的橡胶罩中。

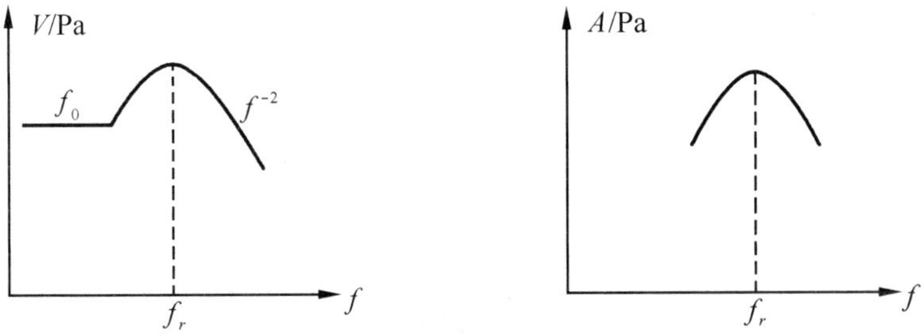

图 15－35　压电陶瓷的频率响应

辅助结构包括元件的固定支架、固定杆、托盘、外壳等。它们所用材料、形式和尺寸的选择主要考虑不影响或较少影响灵敏元件性能的发挥。

前置放大器的作用主要有两个：一是用于放大灵敏元件的开路电压信号，使电缆输出端处有较高的灵敏度；另一个作用是只起阻抗匹配的作用，使水听器灵敏元件的开路电压以较小的损失传输至电缆输出端。由于前置放大器的使用不仅大幅度增加水听器的造价，而且还带来很多麻烦，因此，有相当部分的水听器没有使用前置放大器。

电缆不仅用于传输来自灵敏元件或前置放大器的电压信号，而且对于带前置放大器的水听器来说还用于供给前放的源电压。水听器结构与电缆之间的连接有两种方式，一种是固定的，即水听器结构与电缆硫化在一起；另一种是活动的，即通过可插拔的水密接头相连接。显然，后一种形式比前一种形式更便于运输、使用和维修，但后者造价高，而且水密插头容易引起漏水和接触不良。

15.4.2　测量方法

15.4.2.1　测量参数

舰船水声场测量的参数有：频带声压级和宽频带声压级；频带声源级和宽频带声源级；声压谱级和声压谱源级。测量频率的上限通常为 20 ～ 50 kHz，必要时可至 100 kHz。

15.4.2.2　自噪声

测量自噪声的水听器安放位置通常为：声呐部位、螺旋桨部位、流水孔部位、结构振动大的部位以及振动敏感部位。测量水听器安装支架应耐腐蚀、抗冲击并采取隔振措施。典型安装支架见图 15－36。

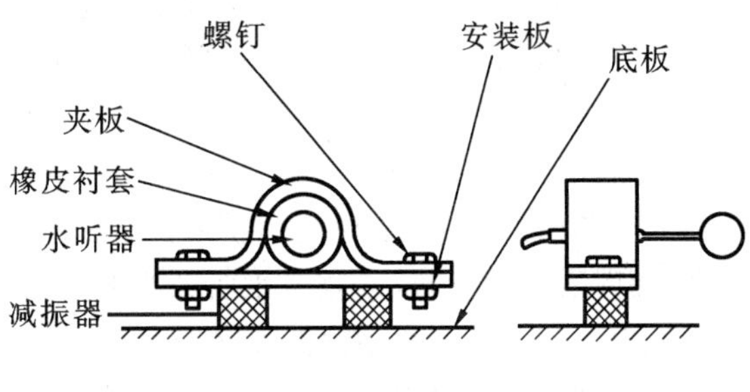

图 15－36　水听器安装支架结构图

在舰船壳体外部安装的水听器，其安装的相应部位应装有导流罩,见图 15 - 37。

在潜艇耐压壳与非耐压壳之间安装测量水听器时,应在非耐压壳体上开透声窗,在水面舰船船壳体内安装测量水听器,需在壳体上开透声窗,壳体内装吸声罩,见图 15 - 38。

舰船自噪声测量按规定的试验大纲进行,水面舰艇航行试验的工况为主机航行;潜艇航行试验工况为水下 25 m 主电机航行。自噪声测量的每种工况须测量两个以上有效单程的噪声。

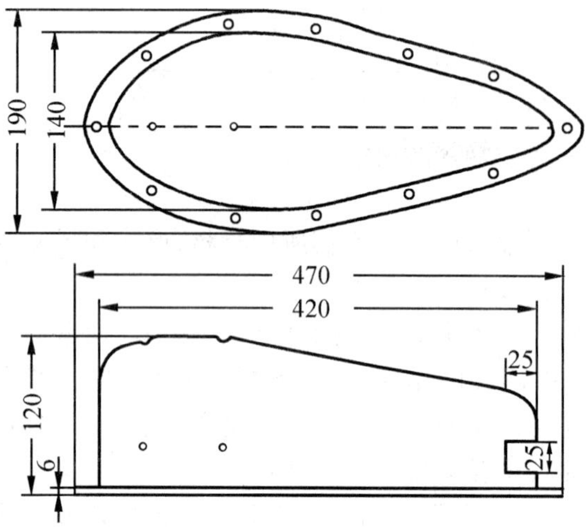

图 15 - 37 水听器导流罩结构形式图

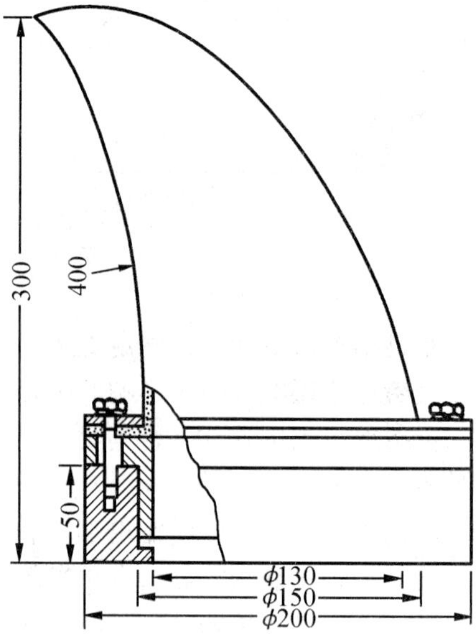

图 15 - 38 牛角形吸声罩结构形式图

为了便于对舰船的噪声源进行分析,通常还要进行舰船上设备的自噪声测量,此时舰船锚泊或漂泊状态,在舷外各设备相应的部位吊挂水听器,测量单台设备开启时的水噪声。

15.4.2.3 辐射噪声

舰船辐射噪声的测量方法有多种,目前在我国使用得较多的是采用测量船布放水听器的方式,见图 15 - 39。

另外,还有采用水听器阵的方式,见图 15 - 40 所示,在浅海海底排成一线,在深海中则垂直地挂成一串。前一种布设适用于测量水面舰船的辐射噪声,后一种布设适用于测量在深海中航行的潜艇及鱼雷的辐射噪声。

描述舰艇辐射噪声大小的量是辐射噪声宽带声源级,其定义为从远场中测量并折算到距离声源等效中心 1 m 处的声级。一艘舰艇长数十米以上,且有多个噪声源,很难确定等效声中心。通常认为尾部、螺旋桨和主机舱是主要噪声源,因此,取靠近尾部的某个点作为等效中心。在测量时为了有高的信噪比,并避免近场噪声的影响,一般取测量距离为 50 ~ 100 m。从这个距离折算到 1 m 需要对几何扩展进行修正,通常取球面扩展规律。显然,为了得到准确的舰船辐射噪声,必须获取测量水听器距舰艇的距离。因此,在图 15 - 33 中,还有水面测距系统和水下测距系统。水下测距系统是由安装在被测舰船上的发射换能器和测量船上布放的测量水听器组成,测量水听器接收到发射换能器发射的信号,经计算机分析处理后得

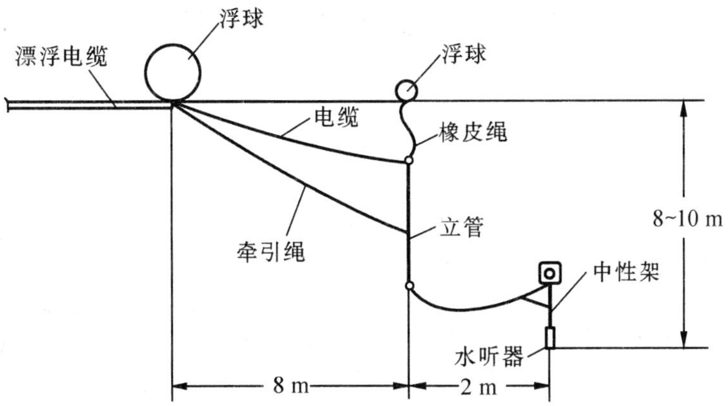

图 15 －39　测量船布放水听器

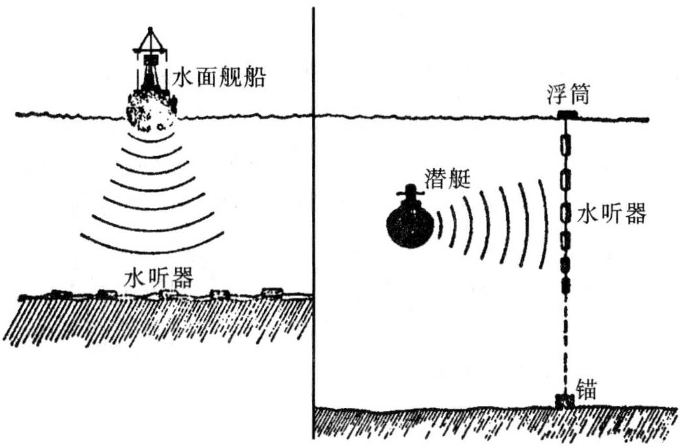

图 15 －40　水听器阵测量辐射噪声

到测量距离。

为了使被测量舰船航行的距离满足规定的距离要求,在测量潜艇水下辐射噪声中还使用了导航通信系统。当使用声导航信号时,被测量的潜艇可根据声呐接收到的导航水听器发出的导航信号,在未进入测量区时对航向进行修正(进入测量区后,导航信号停止)。当使用水下通信系统时,测量船根据测距系统得到的被测潜艇的航迹,通过水下通信系统向被测潜艇发送修正航向的指令。被测潜艇根据指令对航向作适当的修正。

为了保证测量数据的准确性,对同一工况应测量两个有效航行单程,测量的信噪比大于 6 dB 时为有效航行单程。为了达到规定的信噪比,要求测量时海况为 3 级以下,流速不大于 1. 5 kn,海水温度最好为等温层,若保证不了等温层,应记录不同深度海水温度。

舰船设备单机锚泊状态辐射噪声的测量,其测试系统是相同的。测量船按图 15 －39 方式布放水听器,被测量船在锚泊状态按规定启动被测单机,在测量由被测单机辐射噪声的同时,测量水听器到被测单机的距离,由此得到单机的声源级。

15.5 舰船目标强度测量

15.5.1 转化为 1 m 处回声级方法

这种方法是将在远距离处测得的信号峰值或不规则的回声包络的平均强度转化为在 1 m 处的值，在转化的过程中需要知道在测量回声的时间和地点声传播损失的大小，同时也要知道产生回声的声源级。见图 15－41。在一距离 r 处对目标的回声级进行多次测量，将平均回声级转化到 1 m 处，并把已知的或估算的传播损失值计算进去。那么被化到 1 m 处的回声级和已知的声源级的差就是所希望得到的目标强度。这种方法的不便之处是需要精确地知道传播损失值，为此，或是要求在简单的传播条件下进行测量，或是要求专门在现场进行一系列的测量。

15.5.2 应答器方法

这种方法是将一测量水听器和一应答器安放在目标潜艇上，使之彼此相距 1 m。在测量船上（水面舰艇）于靠近声源处悬挂一水听器测量由该声源所产生的回声，在水面舰艇上记录回声与应答脉冲的相对级。如图 15－42 所表明，潜艇的目标强度就是两条船上各自记下的两个信号级差的差值。应答器事实上起着“校除”两条船之间路程上传播损失的作用，对所用的换能器不需要进行绝对校准，也不需要知道两船之间的离开距离。

对于像潜艇这样形状和结构都非常复杂的反射体，在理论上计算其目标强度是非常困难的，因此做了大量实测研究。然而尽管如此，仍有许多问题有待深入，例如频率关系、舷角关系、艇型影响以及与传播条件的联系等。

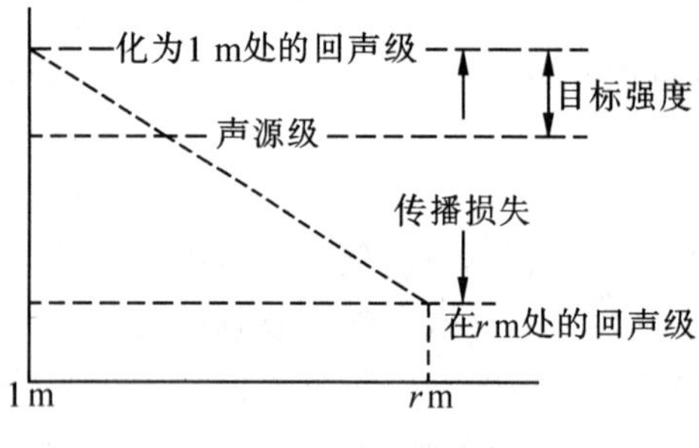

图 15－41 转化为 1m 处回声级方法

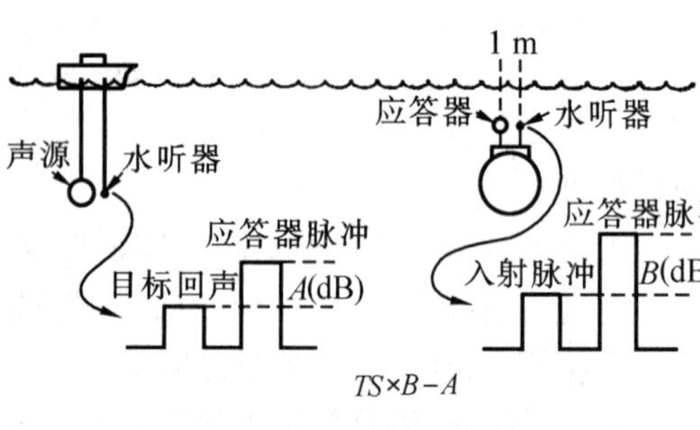

图 15－42 应答器方法

III

舰船其他物理场隐身技术

第 16 章　舰船红外场隐身技术

16.1　概　　述

16.1.1　引言

自从 1800 年 F. W 赫胥尔(Frederik William Herschel)发现了“不可见光”的红外辐射以来,红外技术已经广泛应用于很多领域,如表 16 - 1 所示。特别在军事方面应用于成像、跟踪、侦察、制导、预警、遥感、探测、测量、自动控制等。现代科学技术的迅速发展,又促进了红外技术向高、新方向发展。红外光电子技术是高新技术的一个重要分支,红外系统具有精度高、抗电磁干扰强、保密性好等特点,因此,受到世界各国的高度重视。在舰船中红外热成像技术、红外制导技术、红外警戒技术、红外隐身技术等方面也有了新的应用与发展。

表 16 - 1　红外技术在各领域的应用

应用类型	使用部门	应用
红外显微镜工作	生物学和动物学	光敏制品的鉴定
	冶金学和地质	金属或矿物断面的检查
使温度高于绝对零度产生的热辐射成为可见的工作	材料检查	机器上存在热应力部分的温度分布
	消防队	研究起火原因,寻找火的中心区域
	钢铁工业	炼钢、轧钢过程的监控,高炉料面温度的测定、热风炉破损的诊断,出炉板坯温度的测量等
	石化工业	输油管道状态检查,焦炭塔物料界面、HF 贮罐物料界面的检测,动力设备热泄漏及保温结构状况的检测等
	电力工业	输电线、电力设备热状态检查,故障诊断
	医学	癌症及与温度变化有关的病变早期诊断
	军事	对洲际导弹的探测、识别、跟踪,拦截武器的制导,大气层内外核爆炸的探测,战术侦察、观瞄、火控、跟踪、制导和报警
在红外光照明条件下,观察黑暗过程	照相工业	在照相乳胶不起作用的光谱区中进行目视工作,对乳胶和相纸进行试验,黑暗中修理发生故障的仪器
	动物学	研究动物,特别是夜间活动的动物的行为
	公安	管理某一地区,夜间巡视,工事的防御
	心理学和医学	研究某种行为

表 16-1(续)

应用类型	使用部门	应用
利用与可见光相比有不同折射、色散和透明度的红外照相或观察	材料检查	应变光学
	动物学	利用红外线发射(例如甲壳虫)的研究
	法律技术	伪造物的检查
	艺术史	伪造物的检查
	测量学	扩展浓雾大气的可见区
	光学	红外区双折射的研究
	天文学	行星和恒星的星象记录

16.1.2 红外热成像技术

红外热成像技术实质上是一种波长转换技术,即把红外辐射转换为可见光的技术,利用景物本身各部分辐射的差异获得图像的细节。通常采用 3~5 μm 和 8~14 μm 两个波段。这种热成像技术既克服了主动红外夜视仪需要人工红外辐射源,并由此带来容易自我暴露的缺点,又克服了被动微光夜视仪完全依赖于环境自然光的缺点。红外热成像系统具有一定的穿透烟、雾、雪等限制以及识别伪装的能力,不受战场上强光、闪光干扰而致盲,可以实现远距离,全天候观察。这些特点使热成像系统特别适合军事应用。

红外热成像技术可分为致冷和非致冷两种类型。前者又有第一代和第二代之分,后者又可分为采用热释电摄像管和热电探测器阵列两种。

第一代热成像系统主要由红外探测器、光机扫描器、信号处理电路和视频显示器所组成。红外探测器是系统的核心器件,决定了系统的主要性能。

目前,美国热成像通用组件采用多元 CMT 探测器,并扫体制,英国则采用 Sprite 探测器,串并扫体制。这两种热成像系统温度分辨力都可小于 0.1 ℃,图像清晰度可与像增强技术的图像相类比。美英法等国都实行了热成像的通用组件化。

第二代热成像系统要求其性能优于第一代通用组件热像仪所达到的水平,即更高的响应度,更高的分辨力和更大的视场;同时还要尺寸小、重量轻、可靠性好、能耗小、自动化程度更高且应用范围更扩大,以适应未来战争中夜间观察,搜索跟踪,导弹寻的,光电对抗和卫星侦察等要求。

鉴于第一代热像仪太笨重(约 5 kg),体积也大;而第二代用红外焦平面阵列的热像仪成本又太高,技术难度大,人们便从非致冷途径探索热成像技术,试图在轻型、低成本上有所突破。

非致冷热成像技术采用热(释)电探测器,利用其热释电效应而工作。它的主要优点是可在一般环境温度下工作,不需要致冷;缺点是热灵敏度低和响应速度慢。总体性能不如采用光子探测器的致冷的光机扫描热成像系统。

目前,用多元热电探测器阵列制成的热像仪的温度分辨力和空间分辨力已接近第一代前视红外热像仪的水平。

红外热成像技术的探测机理是基于一切高于绝对零度(-273 ℃)的物体都有自身的热

辐射，借助于红外探测器，把目标的自身辐射差（热图像）转为可见光图像，如图 16－1 所示。

图 16－1　GEC 航空电子公司通用的Ⅱ级热成像模型（TICMⅡ）

英国的一种标准的船舶反射图像。在该图像上，反光强烈处为黑色的热源，其烟囱、机舱区、局部的开孔及烟囱后部的桅顶都是强光部位。应用图像的偏光特性也可转换成白色的热辐射源。

红外成像技术常用于热像仪和跟踪仪。一般由红外望远镜、光学扫描器、红外探测器与致冷器、信号放大器和处理电路、显示器等组成。其特点是被动操作，具有隐蔽性，抗电子干扰，可全天候工作，具有良好的穿透云雾能力和揭示伪装的能力，具有较高的分辨能力和灵敏度。

16.1.3　舰用红外警戒系统

16.1.3.1　地位和作用

舰用红外警戒系统从 20 世纪 80 年代中后期开始在少数国家海军舰船中使用，属于正在开发的大型军用红外设备。它的主要作用是向舰船红外目标跟踪系统提供目标指示数据。此外，还执行早期警戒、救援、目标搜索、救火和舰船编队等多种任务。

与电视系统相比，红外警戒系统具有的优点是：(1)它按目标与背景的温差进行工作，可在黑夜对热目标探测，而此时微光电视则完全失效；(2)它的工作波长较长，穿透烟雾能力较强，能探测出电视系统难以探测出来的伪装热目标；(3)在同样夜天的光的情况下，它的探测率也高于微光电视系统。

与雷达相比，具有抗电磁干扰和海面杂波干扰能力，不产生多路效应，能在小仰角情况下探测出弱小掠海导弹等目标的优点。

因此，海军舰载红外警戒系统的发展日益受到重视。但是，它在探测距离和全天候能力等许多方面还远不及雷达。总的来说,它仍是雷达的辅助设备,两者的作用是相辅相成、互为补充的。

目前舰船上红外设备主要用来搜索和跟踪目标。这种跟踪系统和电视摄像机、激光测距仪等光电设备组成各种各样的光电跟踪仪,用于对付空中、海上、尤其是掠海飞行目标。由于红外跟踪昼夜均可使用,且隐蔽性好,因而在夜间、黄昏及烟幕等弱能见度情况下,也能以被动方式跟踪所要攻击的目标,所以备受欢迎。红外搜索的主要特点是:覆盖角大、搜索速度快、作用距离远。水面舰船红外搜索系统的作用距离已达到15 km左右,潜艇红外搜索系统作用距离已达10 km左右。只是图像处理和自动化技术等方面较为复杂。

16.1.3.2 国外红外警戒系统及性能

目前,美欧一些国家已研制出一批性能先进的红外警戒系统,有的已装舰使用。

在这些系统中,最有代表性的应首推美国和加拿大联合研制的AN/SAR-8舰用红外搜索和跟踪系统。这是世界上第一台采用最新一代红外焦平面列阵探测器件的红外搜索和跟踪系统。这个系统已在完成定型产品研制,预计能装在美国、加拿大多数大型水面舰船上。

法国研制舰用红外警戒系统已有近20年的历史,并于1986年在舰船上正式装备由法SAT公司研制的“旺皮尔”红外警戒系统。据称,这是世界上第一台实用型舰用红外警戒系统。为了满足中小型水面舰船对付反舰导弹的需要,在“旺皮尔”基础上,SAT公司与CSEE公司在近年又联合推出“旺皮尔”轻型模块系列舰用红外警戒系统。与此同时,法国SAGEM公司也不示弱,近年来也研制成功别具一格的“双光合一”(即两个红外探测通道采用同一光学系统)的“斯皮亚尔”红外警戒系统。

据悉,“旺皮尔”已装在法海军“卡萨尔”级驱逐舰和“戴高乐”号航母上,它可与著名的“萨莫斯”近程光电反导系统配用。

另外,荷兰的“艾尔斯坎”、意大利的SIR-3被动舰载红外警戒系统也在加紧研制和试验中。

与上述各国相比,英国在舰红外警戒系统研究方面起步较晚。直到1990年,桑思EMI公司受英皇家海军的委托,才完成舰用红外搜索和跟踪系统的可行性论证。下一步的计划是与法SAT公司合作,联合开发法英共用的高级舰用红外警戒系统。不过,英国有研制单通道陆基防空红外警戒系统的经验,因此行家们普遍认为,英国研制舰用型红外警戒系统的速度将是很快的,不久将跃升到这项研究的前列。

红外警戒系统一般的战术性能是:(1)探测对象包括掠海导弹、俯冲导弹这类小型飞行目标及其他各种空中平台。(2)警戒距离大于10~15 km,俯仰角多在0°~+20°间,但根据要求,一些系统的俯仰角在-40°~+80°间。(3)有较短的系统反应时间(几秒级)和较高的探测概率。(4)目标指示精度多为1 m rad。

16.1.3.3 原理及工作特点

为利于远程警戒(又称探测头)通常装在舰船的较高处甚至桅杆上。系统的工作原理是(见图16-2)根据指令,探测头绕方位轴高速旋转(1~2转/秒),并在俯仰镜配合下,做全景或区段景象扫描。被扫描的红外景象,经光学系统和红外探测器转换为串行输出的红外视频信号。随后,多级处理器对视频信号进行处理并检测出全部的目标信号。这些目标信号,一方面以数字形式经接口装置输送到火控系统中去,供目标指示用,另一方面也可显示在监视器上,或记录在磁盘或光盘上,供操纵手控制使用或作战情况分析用。

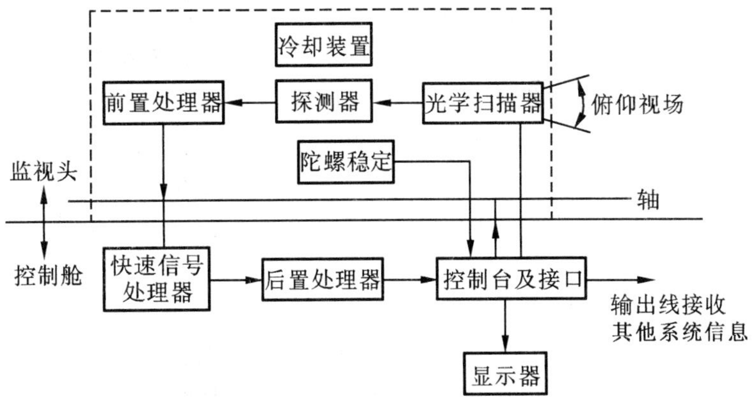

图 16-2　红外警戒系统工作原理

16.1.3.4　发展趋势

舰载红外警戒系统今后的发展趋势综述如下。

1. 发展红外搜索和跟踪组合系统，做到一机多用。这不仅有利于减少体积、重量和制造成本，而且还进一步增加系统的可靠性。美国、加拿大联合研制的 AN/SAR-8 就是属于这类系统。英国也准备走这条路。

2. 采用双波段探测器及共用扫描系统的光学系统，并将两个波段的红外图像重叠在一起（目前多数为分开显示）。法 SAT 公司已研制出具有上述特点的红外探测系统。据称，利用该系统可提取更多的目标信息。

3. 今后的舰载红外警戒系统很可能是目前采用的被动成像红外系统和正在研制的主动红外成像系统的组合，甚至有可能与毫米波雷达、激光测距仪等构成多传感器及其数据融合系统。这个系统将极大地拓宽获取目标信息的范围。

4. 解决测距问题。目前的红外警戒系统，只能给出目标的方位和俯仰角，而不能给出目标的距离数据。目前，英桑思 EMI 公司正试验各种测距方法。这些方法除无线电雷达和激光测距仪等主动测距方式外，也在研究各种被动测距方法。一种方法是安装两台红外系统采用共同的处理器，利用双目标的三角测距推算出目标距离。另一种方法是利用人工智能技术，即将所接收到的 2～3 个目标像素与所存储的目标数据进行比较，根据外插计算给出目标距离。

总之，警戒系统的发展方向是：警戒与跟踪相结合，扩大“智能”功能，一机多用；提高探测距离，扩大警戒视场，缩短全景警戒时间，提高目标指示精度，降低伪警率；有更广泛的适应性和更强的接口能力，高速化和自动化。

16.1.4　红外制导技术

16.1.4.1　红外制导的作用

未来海战要求导弹武器系统要具备抗任何一种干扰、在极其复杂的背景和众多目标下识别和选择攻击目标、提高末制导精度等诸项能力。红外成像末制导技术为实现上述要求提供了一条有效的途径。大家都知道，红外成像末制导是一种自主式“智能”化精密制导技术,红外成像导引头可感受目标温度的微小差异,形成红外辐射图形,提供制导信息。正因为红外成像末制导技术探测的是目标和背景之间的微小温差或自辐射率差产生的热分布图像,可以分辨出目标的形状,因此抗干扰能力极强,它可以在夜间、雾天探测识别目标,实施准确的制导。虽然可采用烟幕和红外弹干扰,但目前效果并不显著。红外干扰虽然是一种有效的光电干扰设备,但红外成像系统利用频率识别、形状识别等措施,也会令其无能为力。红外成像末制导系统的分辨率为 0.1 mrad,可“看”出相距十几公里远目标形状,并能排除模拟假目标。因此它具有识别能力强、命中精度高、隐蔽性好、不易受干扰的特点,是当前世界上最先进的导引技术之一。

红外制导技术之所以受重视有下列原因。

1. 短时期内,红外隐身技术不可能对红外成像制导系统构成有效的干扰,而其他的人为干扰和自然干扰对其几乎无影响,因而红外成像反舰导弹能够在比较恶劣的条件下,特别在各种干扰比较复杂的条件下使用,其攻击效果可靠。

2. 红外成像制导具有人为选择命中目标部位的能力,其命中精度在有效作用距离内可达0.5m 左右。这是任何一种无线电雷达制导系统所不能相比的。尽管电视与激光制导系统可以达到这一精度,但由于可见光穿透雾、雪的能力大大低于红外(3 ~6 倍),所以红外成像制导系统极适用于反舰导弹,以便对大型舰艇的要害部位实施致命攻击。甚至可以在目标的同一个创口,同时塞进几发导弹。

3. 红外成像制导系统可以不受地面回波的影响,因而红外成像反舰导弹能够成功地用于狭窄海域作战,特别是在多目标和复杂背景条件下,可以完成目标的识别,有选择地攻击重要目标。这是任何一种激光制导或雷达制导的反舰导弹无法相比的。

4. 红外成像制导的重要特征是自主性。海上作战时,这种制导系统发射后可不管,便于舰艇或其他发射母体的机动,因而可提高自己的生存能力,也可提高再次攻击的能力。

16.1.4.2 国内外红外制导技术的现状

红外成像末制导技术具有可实现全向攻击,发射后自动目标搜索和捕获多目标,实时识别和选择、精确的目标跟踪(其精度比雷达制导方式高 1 ~2 个数量级)及命中点选择等诸多优点。红外成像末制导技术的这些突出优点恰好为满足未来海战对导弹武器系统的要求提供了有效的途径。为此,国外许多国家都在竞相发展这一技术,并且投入了大量的人力、物力和财力,取得了令人瞩目的成绩。以美国小牛 AGM - 65F、挪威企鹅 MK Ⅱ为代表的反舰导弹已成功地装备了第一代红外成像末制导系统(光机扫描型),并已形成批生产能力,装备了部队。20 世纪 80 年代中期,以采用红外焦平面阵列探测器为标志的第二代红外成像末制导技术迅速崛起,先后已有美国战斧 AGM - 109L、鱼叉 AGM - 84A 改进型、日本 SSM - 1B、英国海鹰等众多的反舰导弹装备了这一代红外成像末制导系统。第二代红外成像末制导系统的问世,使得系统完全摒弃了第一代红外成像末制导系统中采用的光机扫描方式。特别是在系统性能保持第一代的水平时,第二代系统的体积、重量下降了 50%~80%,成本下降了 70%~90%,从而为广泛应用创造了条件。如果第二代系统的成本保持第一代系统的水平时,第二代系统的性能则可提高 80%~100%,这也就是为什么国外大力发展第二代红外成像末制导技术的原因。

目前,红外成像末制导技术的水平主要体现在两个方面:(1) 红外成像器。第一代红外成像器以采用各种类型的通用探测器组件作为传感器,系统温度分辨率一般可达 0.2 ~0.3 ℃,空间分辨率为 0.5 mrad 左右。第二代红外成像器普遍采用焦平面阵列探测器作为传感器,其系统综合性能进一步提高。(2) 视频信息处理器。其作用是对来自红外成像器的视频信号进行实时分析、鉴别,排除混杂在其中的背景噪声、系统内部噪声和人为干扰,提取真实的目标信号,计算目标在视场中的位置和命中点,向系统和弹上提供控制信号。视频信息处理器的性能受数字信息处理、模式识别、大规模集成电路和计算机等技术水平的限制。由于红外成像末制导系统要求预处理要有每秒 5 亿次的运算速度,视频处理要有 5 千万次的运算速度,因此,目前仍不具备这样高速的全可编程能力的计算机技术,对预处理一般采用专用处理板实现,对视频处理则采用只有一定编程的计算机实现或对不同的模式识别单元采用不同的专用硬件实现。由于受结构方面的限制,视频处理器往往不允许做得太大,故大规模集成电路被广泛采用。可以预见,今后的红外成像末制导系统将普遍采用大规模红外焦平面阵列探测器,并配以超高速微处理机和更大规模的集成专用处理板,使系统性能更趋于完善。

国内开展红外成像末制导技术的研究始于 20 世纪 80 年代初,研究工作在理论方面做了一些探索。到了 20 世纪 80 年代中期,先后开展了具有型号背景的导弹红外成像末制导系统、导弹红外跟踪器的预研工作,同时红外跟踪器完成了原理样机的试制工作。在成像原理、目标特性、识别和跟踪的信息处理方面都取得了可喜成果。关于识别和跟踪软件,国内也已有相当水平。总之,我国红外成像末制导系统已进入赶超世界先进水平的研制阶段。

16.1.4.3　红外制导技术的发展

从未来战争对海战的要求看,未来红外制导技术应具备下列性能:

(1)探测远程目标的能力;

(2)抗红外干扰的能力;

(3)在极复杂的人造背景和自然背景条件下,识别目标的能力;

(4)在目标众多的情况下,敌我识别的能力;

(5)极高的精确制导和跟踪精度。

红外制导系统将朝着智能化的方向发展。红外反舰导弹也不再单纯地局限在战术系统范围内,而是紧密地与空间系统联系起来。为满足这些要求,红外制导系统必须在以下两个方面有大的突破。

1. 焦平面阵列探测器和 CCD 技术

未来的焦平面阵列必须是大规模的,其像元数要达到几十万个以上,以满足系统的要求。但这样大规模的焦平面阵列,仅靠镶嵌拼接的方法是不行的,因而 CCD 技术将是实现这一目标的关键。CCD 技术就是把几十万个像元集成起来,使其各自具有敏感热辐射和信号处理能力。这种探测器一旦成功,将使红外制导系统发生重大变化。导弹在飞行中段就可识别大量目标,其成像的清晰度要比目前的电视高 1 ~2 个数量级。到那时,红外探测器能在外层空间探测到1 600公里以外的相当于人体辐射的热量;能够探测和跟踪 500 公里射程的导弹和3 000公里射程的弹头。用这种焦平面阵列制定的天基红外长波段探测器用于反舰导弹的制导系统,将会在常规战争中发挥巨大作用。可以使反舰导弹的视距扩大到几百公里,并从根本上解决超视距目标跟踪问题。

2. 图像识别与信息处理所需的计算机系统

大规模平面阵列探测器的应用,将使图像信息量大大增加,从而对用于图像识别和信息处理的计算机提出了更高的要求。一般来讲,一个 450 ×450 像元的焦平面探测器的图像预处理计算速度要达到 5 亿次/秒。一个 1 500 ×1 500 像元的焦平面探测器,则要求计算机的运算速度高达1 000亿次/秒。对于微处理器来讲,这样的要求似乎不现实,不过随着超导材料的问世和光计算机的出现,这一目标是完全可能实现的。美国现已开展了光计算机的研究,完成1 000亿次/秒的光计算机。制造出用于红外制导系统的超级微处理机,红外制导系统完成从光机扫描成像到凝视系统的转变。

16.1.5 舰船红外辐射场

16.1.5.1 舰船红外辐射源

任何发热物体都会产生热辐射,热辐射效应在红光光谱之外的"不可见光辐射"即称红外辐射。舰船是发热物体,是具有红外辐射的目标,其红外辐射能量经过大气传播而被红外探测器或红外制导导弹接收。

舰体红外辐射源主要是动力设备从烟囱排出的大量热能。其次是船体,特别是甲板形成良好的辐射面。还有舰船高速前进时形成的舷流和艉流与海面造成温差的辐射。从红外遥感成像可清楚地测量出舰船的外形和航迹。一般中型导弹护卫舰全舰航行时,发动机总功率约为1 760千瓦,每小时排出大量废气,可带出大量热能。这个巨大的红外辐射源的能量,已超过红外探测器和红外制导导弹发现目标能量的几十倍。红外探测距离的平方与红外辐射源强度成正比。

16.1.5.2 舰船红外辐射的传播

舰船红外辐射后,经大气扩散和传播。除几何扩散外,红外辐射在大气中传播会有衰减,主要是大气中各种气体,如氮气、氧气、水汽、二氧化碳、臭氧等对不同波段的红外辐射有不同的吸收和影响。但有三个波段范围(1 ~2.5 μm,3 ~5 μm,8 ~13 μm)的红外辐射能透过大气,即所谓"大气窗口"。另一个特征是红外辐射在高空传播衰减小,而在低空海面传播衰减大。

由于舰船红外辐射源辐射,而在空气中传播便产生舰船红外辐射场,利用舰船红外辐射场可以通过红外探测器的探测和红外制导导弹,发现、跟踪舰船。

16.1.6 舰船红外隐身技术

舰船红外隐身技术是对抗红外探测、跟踪的一项综合技术,也是舰船隐身技术之一。通过采用一系列技术方法降低舰船红外热辐射或采用红外对抗技术等,以减少被敌方红外探测器的发现概率和红外制导导弹的命中概率。

舰船红外隐身的基本原则,在于设法降低舰船热辐射源的温度,使其辐射热能量减少,改变辐射频率,使其产生的辐射波长偏离红外探测、跟踪系统最敏感的窗口。

舰船红外隐身也是一种通过改变装备自身的红外辐射特性,并使其温度与周围温度相接近,从而降低被发现和跟踪概率的措施,因此,舰船红外隐身技术的基本思路是降温和屏蔽。

舰船的红外隐身技术主要包括:改变红外辐射特性;降低红外辐射强度;光谱转换等。

16.2　舰船红外场特性

16.2.1　舰船红外光谱

在电磁波谱中,热辐射的波长范围在 0.1 ~ 1 000 μm 之间,其辐射强度和波长都取决于能源的温度。一般来说,能源以一定的波长辐射,能源越热,它所辐射的能量就越多,能量辐射的平均波长也就越短。

电磁波谱中,波长为 0.1 μm 到 1 000 μm 的区域可分成如图 16 – 3 所示的紫外区(从0.1 μm 到 0.4 μm),可见光区(从 0.4 μm 到 0.75 μm)及红外区(从 0.75 μm 到 1 000 μm)。通常,红外区可进一步分为四个部分,每一部分根据它们距可见光区的相对位置命名如下:

* 近红外区	0.75 ~ 3 μm
* 中红外区	3 ~ 6 μm
* 远红外区	6 ~ 15 μm
* 超远红外区	15 ~ 1 000 μm

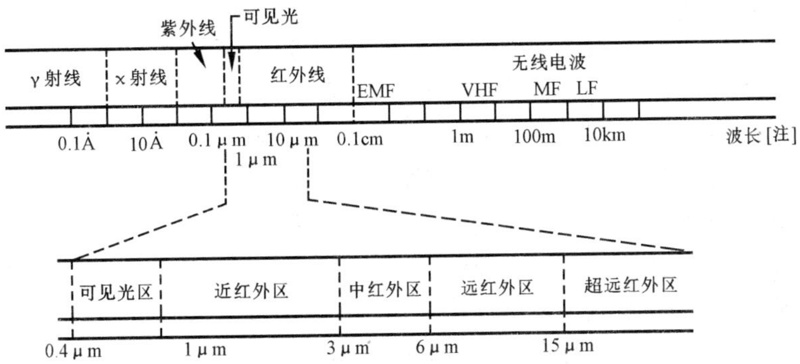

图 16 – 3　电磁波谱中的红外区

[注]Å(埃) = 10^{-10} m

光辐射是一种电磁波,在整个电磁波谱中只占一小部分。

整个电磁波谱是由长电振荡、无线电波、微波、红外辐射、可见光、紫外辐射、x 射线、γ 射线和宇宙射线所组成。其波长可由 10^{14} μm 到 10^{-10} μm 间变化。为了更加清楚,将光辐射部分加以放大,通常,光辐射包括红外辐射、可见光和紫外辐射。

所有电磁辐射都具有以下共同特点,都以横波形式进行传播,即电磁的振动方向与传播方向垂直;在真空中的传播速度相同,都等于光在真空中的传播速度 c。

$$c = \lambda f$$

式中,λ 为波长;f 是频率;在真空中 $c = 2.98 \times 10^{10}$ cm/s。电磁波谱的不同部分在真空中都有不同的频率与波长。通常认为各种电磁波具有一定的频率,它们在不同的介质中有不同的传播速度,此时认为改变的是电磁波的波长。正是由于电磁波间有着频率的差别,使得电磁波的产生以及电磁波与物质的相互作用都有很大差别。

由于红外光谱属电磁波谱的一部分,因此应具有上述电磁波谱的特性。

16.2.2 热辐射定律

物体因温度而辐射能量的现象叫热辐射。热辐射是自然界中普遍存在的现象，一切物体，只要其温度高于绝对零度，都要程度不同的产生辐射，辐射是遵守一定规律的。

16.2.2.1 基尔霍夫定律

通常，一个物体向周围放出辐射能的同时，也吸收周围物体所放出的辐射能。如果某物体吸收的辐射能多于同一时间放出的辐射能，则其总能量增加，温度升高；反之能量减少，温度下降。

当辐射能入射到一个物体表面时，将发生三种过程，即一部分能量被物体吸收，一部分能量从物体表面反射，一部分透射。对于不透明物体，一部分能量被吸收，另一部分能量从表面反射出去。被吸收的能量与入射总能量之比，称为物体的吸收本领，用 a_λ 表示；被反射的能量与入射总能量之比，称为物体的反射本领，用 ρ_λ 来表示。显然，对于不透明物体来说，物体的吸收本领与反射本领之和为 1，即

$$\alpha_\lambda + \rho_\lambda = 1 \tag{16-1}$$

实验指出，物体的发射本领（即辐射出射度）和吸收本领之间有一定关系。如图 16－4 所示，把物体 A 和 B 放在恒温 T 的密闭容器内，令容器内部为真空，则物体与容器之间及物体与物体之间，只能通过光的辐射和吸收来交换能量。实验证明，这种系统经过一定时间后便达到热平衡，容器内的物体与容器温度相等，均为同一温度 T。但是，A 和 B 的表面状况不一样，它们辐射出去的能量也不一样。虽然，只有当辐射出去的能量多的物体吸收的能量也多时，才能和其他物体一样保持温度 T 不变。这说明，物体的发射本领和吸收本领之间有确定的比例关系。

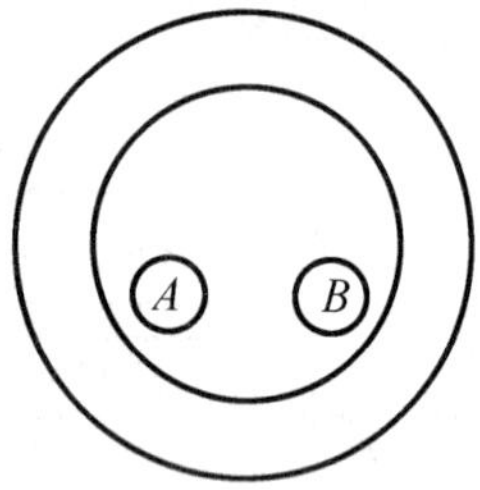

图 16－4 真空密闭容器内的物体

1859 年基尔霍夫指出：物体的辐射出射度 M 和吸收本领 a 的比值 M/a 与物体的性质无关，都等于同一温度下绝对黑体的辐射出射度 M_0。则基尔霍夫定律的表达式为

$$\frac{M_1}{a_1} = \frac{M_2}{\alpha_2} = M_0 = f(T) \tag{16-2}$$

基尔霍夫定律不但对所有波长的全辐射是正确的，而且对波长为 λ 的任何单色辐射也是正确的，这时基尔霍夫定律可写为

$$\frac{M_{1\lambda}}{a_{1\lambda}} = \frac{M_{2\lambda}}{a_{2\lambda}} = M_{0\lambda} = f(\lambda, T) \tag{16-3}$$

依照能量守恒观点，基尔霍夫定律的正确性很容易证明。

设图 16－4 中的物体 A 和 B 均为不透明物体，且 A 为黑体，而 B 为一般物体，经过一定时间的热交换达到热平衡，物体和容器达到同一温度。此时容器内仍存在热交换，但每一物体在单位时间内发射的辐射能等于吸收的辐射能。因此可以看到，对于波长为 λ 的辐射，黑体 A 在单位时间单位面积上发出的辐射能 $M_{A\lambda}$ 入射到 B 物体上，物体 B 吸收 $M_{A\lambda}\cdot a_{B\lambda}$，同时反射一部分 $M_{A\lambda}\cdot\rho_{B\lambda}$，这部分反射回到黑体 A 上，并被黑体 A 全部吸收。同时由物体 B 发出的辐射 $M_{B\lambda}$ 到达黑体 A 表面也被全部吸收。按照热平衡条件，物体 A 发射的辐射能应等于同一时间内吸收到的辐射能。则

$$M_{A\lambda} = M_{B\lambda} + M_{A\lambda}\rho_{B\lambda}$$

于是

$$M_{A\lambda} = \frac{M_{B\lambda}}{1 - \rho_{B\lambda}} \tag{16-4}$$

对于不透明物体 $1 - \rho_\lambda = a_\lambda$，于是可将式(16－4)写成一般形式

$$\frac{M_\lambda}{a_\lambda} = M_0\lambda \tag{16-5}$$

基尔霍夫定律是一切物体热辐射的普遍定律，不论各物体自身的性质如何都适用。该定律表明，吸收本领大的物体，其发射本领也大，如果物体不能发射某波长的辐射能，则它也绝不能吸收该波长的辐射能。反之亦然。而绝对黑体，对于任何波长，在单位时间、单位面积上发出或吸收的辐射能都比同温度下的其他物体要多。

自然界中，并不存在绝对黑体，但是根据黑体黑度的要求，可以制造出一定波长范围的实际黑体。按照基尔霍夫定律，非黑体的发射本领为 $e_\lambda = a_\lambda e_{0\lambda}$。式中 α_λ 为非黑体的吸收本领，是波长和温度的函数，其值必然小于 1。

为了描述非黑体的辐射，引入"辐射发射率"的概念，用 ε_λ 表示。

$$\varepsilon_\lambda = \frac{e_\lambda}{e_0} = \frac{M_\lambda}{M_0} \tag{16-6}$$

辐射发射率或称比辐射率的定义为，在相同温度下，辐射体的辐射出射度与黑体的辐射出射度之比。也是波长和温度的函数，还与辐射体的表面性质有关。其值在 0 ~ 1 之间变化。按照 ε_λ 的不同，将辐射体分为三类：

(1) 黑体，$\varepsilon_\lambda = 1$；

(2) 灰体，$\varepsilon_\lambda = \varepsilon < 1$，与波长无关；

(3) 选择体，$\varepsilon_\lambda < 1$ 且随波长和温度而变化。

图 16－5 给出三种辐射体的典型光谱辐射曲线。

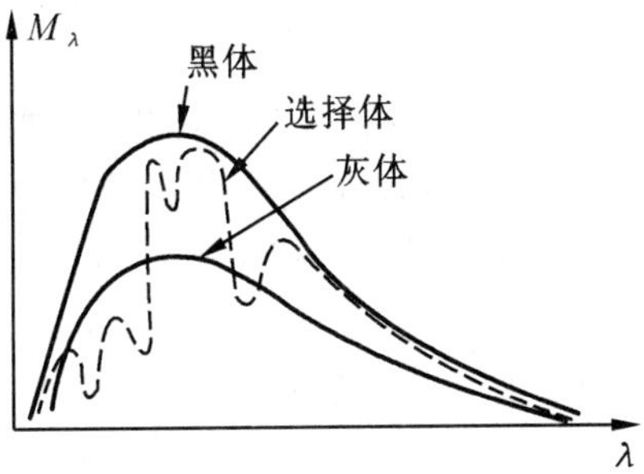

图 16－5　三种辐射体的光谱辐射曲线

表 16－2 列出了常用材料的辐射发射率。

表 16－2　一些常用材料及地面覆盖物的辐射发射率

材料	温度(℃)	ε	材料	温度(℃)	ε
毛面铝	26	0.55	平滑的冰	20	0.92
氧化的铁面	125 ~ 525	0.78 ~ 0.82	黄土	20	0.85
磨光的钢板	940 ~ 1 100	0.55 ~ 0.61	雪	－10	0.85
铁锈	500 ~ 1 200	0.85 ~ 0.95	皮肤·人体	32	0.98
无光泽黄铜板	50 ~ 350	0.22	水	0 ~ 100	0.95 ~ 0.96
非常纯的水银	0 ~ 100	0.09 ~ 0.12	毛面红砖	20	0.93
混凝土	20	0.92	无光黑漆	40 ~ 95	0.96 ~ 0.98
干的土壤	20	0.90	白色瓷漆	23	0.90
麦地	20	0.93	光滑玻璃	22	0.94
			牧草	20	0.98

16.2.2.2 普朗克辐射定律

基尔霍夫定律中的黑体辐射出射度是波长和温度的函数。那么它到底是什么样的函数呢?因此,找到黑体辐射出射度的具体表达式,成为研究热辐射理论的最基本问题。历史上曾作了很长时间的理论与实验研究。然而,用经典理论得到的公式始终不能完全解释实验事实。直到1900年,普朗克提出一种与经典理论完全不同的学说,才建立起辐射出射度 M_λ 的正确公式,并得到与实验完全符合的结果。

1. 普朗克量子假说

普朗克对黑体作了如下两点假设:

(1) 黑体是由无穷多个各种固有频率的简谐振子构成的发射体,而每个频率的简谐振子的能量只能取一些分立的值,它们是最小能量 $\zeta = h\nu$ 的整数倍:$1\zeta, 2\zeta, 3\zeta, \cdots n\zeta$,其中 h 为普朗克常数,ν 是简谐振子的频率。

(2) 简谐振子不能连续的发射或吸收能量,只能以 $\zeta = h\nu$ 为单位一份一份地跳跃式进行。因此,谐振子只能从一个能级跃迁到另一能级,而不能处于两个能级间的某一能量状态,谐振子跃迁时伴随着辐射能的发射或吸收。

2. 普朗克公式的推导

普朗克的量子假说是推导 M_λ 表达式的基础。在热平衡时,谐振子能量分布应满足麦克斯韦-玻尔兹曼统计,即谐振子的能量为 $E_n = n\zeta$ 的几率与 $\exp(-n\xi/kT)$ 成正比,其中 k 为玻尔兹曼常数。所以能量为 $n\xi$ 的谐振子数为

$$A\exp(-n\xi/kT) \tag{16-7}$$

式中,A 为能量等于零的谐振子数。

现假设频率为 ν 的简谐振子数为 N,能量 $n\xi = 0$ 时的谐振子数为 $A = n$。则具有能量为的谐振子数按式(16-7)可知,它们分别为

$$n, n\mathrm{e}^{-\xi/kT}, n\mathrm{e}^{-2\xi/kT} n\mathrm{e}^{-3\xi/kT}, \cdots$$

所以频率为 ν 的谐振子总数 N 为

$$\begin{aligned} N &= n + n\mathrm{e}^{-\xi/kT} + n\mathrm{e}^{-2\xi/kT} + n\mathrm{e}^{-3\zeta/kT} + \cdots \\ &= (1 - \mathrm{e}^{-\xi\ /kT})^{-1} \end{aligned} \tag{16-8}$$

全部谐振子的总能量 W 为

$$\begin{aligned} W &= \xi n\mathrm{e}^{-\xi/kT} + 2\xi\mathrm{e}^{-2\xi/kT} + 3\xi\mathrm{e}^{-3\xi/kT} + \cdots \\ &= \frac{\xi\mathrm{e}^{-\xi/kT}}{(1 - \mathrm{e}^{-\xi/kT})^2} \end{aligned} \tag{16-9}$$

于是从式(16-8)和式(16-9)得到每个谐振子的平均能量为

$$\begin{aligned} \bar{\xi} &= \frac{W}{N} = \frac{\xi\mathrm{e}^{-\xi/kT}}{(1 - \mathrm{e}^{-\xi/kT})^2}(1 - \mathrm{e}^{-\xi kT}) \\ &= \frac{\xi\mathrm{e}^{-\xi/kT}}{1 - \xi\mathrm{e}^{-\xi/kT}} = \frac{\xi}{\xi\mathrm{e}^{\xi/kT} - 1} \\ &= \frac{h\nu}{\mathrm{e}^{-h\nu/kT} - 1} \end{aligned} \tag{16-10}$$

按照三维空间振动的驻波理论可以证明,在单位体积内和频率间隔 $\mathrm{d}\nu$ 中,可以存在的稳定振动的频率数目为

$$\mathrm{d}n = \frac{8\pi\nu^2}{c^3}\mathrm{d}\nu \tag{16-11}$$

把 dn 乘上 $\bar{\xi}$,就得到在 $d\nu$ 内的辐射能密度 ω_ν 为

$$\omega_\nu = dn\bar{\xi} = \omega_{0\nu}d\nu \tag{16-12}$$

考虑到辐射能以光速 c 传播,因此 $c\omega_{0\nu}$ 就是黑体在单位面积上单位时间内辐射的光谱辐射功率。由于辐射能是均匀地向周围空间传播的,所以分配到单位立体角中的数量为 $c\omega_{0\nu}/4\pi$。这样黑体在单位频率、单位面积、单位立体角中传播的辐射功率 $L_{0\nu} = c\omega_{0\nu}/4\pi$,由于绝对黑体是朗伯体,光谱辐射出射度与光谱辐亮度之间的关系为 $M_{0\nu} = \pi L_{0\nu}$,因此

$$M_{0\nu}d\nu = \frac{c}{4}\omega_{0\nu}d\nu = \frac{c}{4}\frac{8\pi\nu^2}{c^3}\frac{h\nu}{e^{h\nu/kT-1}}d\nu = \frac{2\pi}{c^2}\frac{h\nu^3}{e^{h\nu/kT-1}}d\nu \tag{16-13}$$

式中各符号的脚标“0”表示绝对黑体的各量,可以省略,所以式(16－13)写为

$$M_\nu = \frac{2\pi}{c^2}\frac{h\nu^3}{e^{h\nu/kT-1}} \tag{16-14}$$

该式就是以频率表示的普朗克公式。

如采用波长表示时,需要从频率单位换算成波长单位。换算时必须使光谱间隔不变,才能保证其辐射出射度不变。即

$$M_\lambda d\lambda = M_\nu d\nu$$

因为

$$\nu = \frac{c}{\lambda}, |d\nu| = \frac{c|d\lambda|}{\lambda^2}$$

则

$$M_\lambda = \frac{c}{\lambda^2}M_\nu \tag{16-15}$$

将式(16－15)代入式(16－14)得

$$M_\lambda = 2\pi hc^2\lambda^{-5}\frac{1}{e^{hc/\lambda kT}-1} \tag{16-16}$$

该式就是以波长表示的普朗克公式。有时为了简化公式的系数,引入两个常数 c_1 和 c_2。其中 $c_1 = 2\pi hc^2 = 3.7418\times10^{-16}$(W·m^2)叫第一辐射常数;$c_2 = hc/k = 1.438\,8\times10^{-2}$(m·K)叫第二辐射常数。因此式(16－16)又可简化为

$$M_\lambda = c_1\lambda^{-5}\frac{1}{e^{c_2/\lambda T}-1} \tag{16-17}$$

普朗克公式也可采用辐亮度表示,则式(16－17)可写为

$$L_\lambda = 2hc^2\lambda^{-5}\frac{1}{e^{hc/kT\lambda}-1} \tag{16-18}$$

普朗克公式还可写成多种形式。普朗克公式计算的结果与实验结果完全符合,因此公认普朗克的理论是正确的。

图16－6给出了根据普朗克公式(16－18)计算得到的200 ~ 6 000 K黑体的光谱曲线,该组曲线绘制于双对数坐标中。

这组曲线有以下几个特点:

(1)光谱辐亮度 L_λ 随波长 λ 连续变化,只有一个极大值;

(2)温度 T 愈高,L_λ 愈大,曲线下面的面积等于 σT^4;

(3)随着温度 T 的升高,辐射的极大值所在位置 λ_m 向短波方向移动;

(4)波长小于 λ_m 部分的能量约占25%,波长大于 λ_m 部分的能量约占75%。

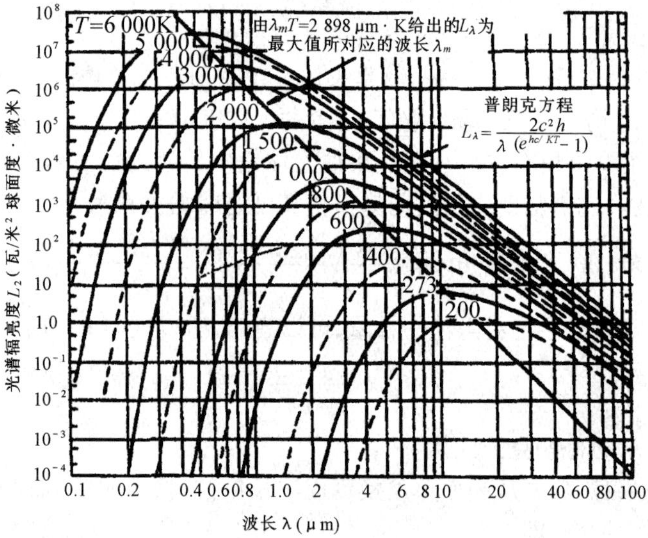

图 16 – 6 典型黑体辐射曲线

从上述分析看出,普朗克定律描述了黑体辐射的光谱分布规律,它揭示了辐射与物质相互作用过程中和辐射波长及黑体温度的依赖关系,因此它是黑体辐射的理论基础。由这个定律很容易推导出其他黑体辐射定律。

16.2.2.3 其他黑体辐射定律

曾经在经典物理学基础上得到并为实验证实了的黑体辐射定律,在实际工作中很重要。这些定律都可以由普朗克公式推导出来。

1. 斯蒂芬 – 玻尔兹曼定律

在全部波长范围内对普朗克公式积分,就得到黑体辐射出射度与温度之间的关系。

$$M = \int_0^\infty M_\lambda \mathrm{d}\lambda = \int_0^\infty c_1 \lambda^{-5} (\mathrm{e}^{-c_2/\lambda T} - 1)^{-1} \mathrm{d}\lambda \tag{16-19}$$

令
$$x = \frac{c_2}{\lambda T}, \lambda = \frac{c_2}{xT}, \mathrm{d}\lambda = -\frac{c_2}{x^2 T}\mathrm{d}x$$

代回式(16 – 19)则得

$$M = \int_0^\infty c_1 \left(\frac{c_2}{xT}\right)^{-5} \frac{c_2}{x^2 T} \frac{1}{\mathrm{e}^x - 1}\mathrm{d}x = \frac{c_1 T^4}{c_2^4}\int_0^\infty \frac{x^3}{\mathrm{e}^x - 1}\mathrm{d}x \tag{16-20}$$

其中积分部分可按下述方法计算

$$\int_0^\infty \frac{x^3}{\mathrm{e}^x - 1}\mathrm{d}x = \int_0^\infty x^3\left(\frac{\mathrm{e}^{-x}}{1 - \mathrm{e}^{-x}}\right)\mathrm{d}x = \int_0^\infty x^3(\mathrm{e}^{-x} + \mathrm{e}^{-2x} + \mathrm{e}^{-3x} + \cdots)\mathrm{d}x$$
$$= \int_0^\infty \sum_{n=1}^\infty x^3 \mathrm{e}^{-nx}\mathrm{d}x = \sum_{n=1}^\infty \int_0^\infty x^3 \mathrm{e}^{-nx}\mathrm{d}x = 6\sum_{n=1}^\infty \frac{1}{n^4}$$

其中 $\sum_{n=1}^{\infty} 1/n^4$ 的严格值为 $\pi^4/90$，代回式(16－20)得

$$M = \frac{c_1 \pi^4}{15 c_2^4} T^4 = \sigma T^4 \tag{16-21}$$

其中
$$\sigma = \frac{c_1}{15}\left(\frac{\pi}{c_2}\right)^4 = 5.669\,6 \times 10^{-8} \quad (\mathrm{W \cdot m^{-2} K^{-4}})$$

该常数称为斯蒂芬－玻尔兹曼常数。

该定律指出，黑体在单位面积上单位时间内辐射的总能量与黑体温度的四次方成正比。

2. 维恩位移定律

该定律用于讨论黑体光谱辐射峰值波长与温度间的关系，可以通过对普朗克公式求极值的方法求得。

$$\frac{\mathrm{d}M_\lambda}{\mathrm{d}\lambda} = -5c_1\lambda^{-6}(\mathrm{e}^{c_2/\lambda T}-1)^{-1} + c_1\lambda^{-5}\mathrm{e}^{c_2/\lambda T}\left(-\frac{c_2}{T\lambda_2}\right)(-1)(\mathrm{e}^{c_2/\lambda T}-1)^{-2} =$$

$$c_1\lambda^{-6}(\mathrm{e}^{c_2/\lambda T}-1)\left[-5(\mathrm{e}^{c_2/\lambda T}-1) + \frac{c_2}{\lambda T}\mathrm{e}^{c_2/\lambda T}\right]$$

令 $\frac{\mathrm{d}M_\lambda}{\mathrm{d}\lambda} = 0$，求极值点的条件，则

$$5(\mathrm{e}^{c_2/\lambda T}-1) = \frac{c_2}{\lambda T}\mathrm{e}^{c_2/\lambda T}$$

令 $c_2/\lambda T = x$，则上式变为

$$5(\mathrm{e}^x - 1) = x\mathrm{e}^x, \quad \frac{x}{5} = 1 - \mathrm{e}^{-x}$$

该函数关系为超越函数，可用图解法求解。令 $y_1 = x/5$，$y_2 = 1 - \mathrm{e}^{-x}$，作图 16－7，两曲线的交点，就是 x 的解。由图得 $x = 4.965\,1$，所以

$$\frac{c_2}{\lambda_m T} = 4.965\,1$$

$$\lambda_m T = \frac{c_2}{4.965\,1} = b \tag{16-22}$$

式中，b 为常数，其值等于 2 898 μm·K。该定律指出，当黑体的温度升高时，其光谱辐射的峰值波长向短波方向移动。

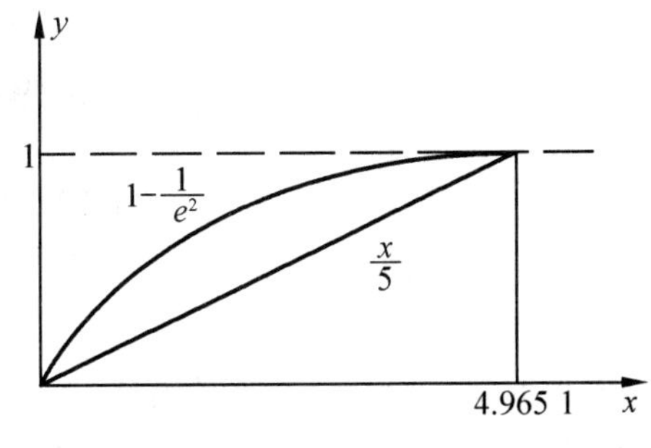

图 16－7　作图求 1/5 ＝ 1 － e^{-x} 的解

3. 最大辐射定律

峰值波长对应的最大辐射出射度 $M_{\lambda m}$ 也可由普朗克公式导出。

将 $\lambda_m = b/T$ 代入式(16－17)，就可得到 $M_{\lambda m}$ 与温度间的关系。

$$M_{\lambda m} = c_1\left(\frac{b}{T}\right)^{-5}(\mathrm{e}^{c_2/b}-1)^{-1} = BT^5 \tag{16-23}$$

式中 $B = c_1 b^{-5}(\mathrm{e}^{c_2/b})^{-1} = 1.286\,2 \times 10^{-11}(\mathrm{W \cdot m^{-2} \cdot \mu m^{-1} \cdot K^{-5}})$。该定律指出，一定温度下，对应最大辐射波长的最大辐射出射度与温度的五次方成正比。

16.2.2.4 黑体辐射的计算

虽然普朗克公式给出了黑体辐射出射度随温度及波长变化的明显函数关系,但用于实际的黑体辐射计算十分繁琐。因此,工程实践中常采用几种简便的计算方法,一是黑体函数表,一是辐射计算尺,一是图表曲线。本节着重介绍两个黑体函数表。

1. 黑体函数表

黑体函数表是根据简化的普朗克公式列出的,常用的黑体函数有两个。

(1) 黑体函数 $y = f(x)$

已知普朗克公式

$$M_\lambda = c_1\lambda^{-5}(e^{c_2/\lambda T} - 1)^{-1}$$

对于某一温度下最大辐射波长的辐射出射度为

$$M_{\lambda m} = c_1(\lambda_m)^{-5}(e^{c_2/\lambda_m T} - 1)^{-1}$$

将两式相除得

$$\frac{M_\lambda}{M_{\lambda m}} = \left(\frac{\lambda}{\lambda_m}\right)^{-5}\left(\frac{e^{c_2/\lambda_m T} - 1}{e^{c_2/\lambda_m T} - 1}\right)^{-1} \tag{16-24}$$

令

$$y = \frac{M_\lambda}{M_{\lambda m}}, x = \frac{\lambda}{\lambda_m}$$

并以 $\lambda = x\lambda_m, \lambda_m T = 2\,898$ 代回式(16-24)得

$$y = 142.32\frac{x^{-5}}{e^{4.965/x} - 1} \tag{16-25}$$

这就是普朗克公式的简化形式,y 是单变量 x 的函数,即 $y = f(x)$。预先给定一系列 x 值,计算出对应的一系列 y 值,并列表,即黑体函数表。

应用该表可以方便地计算给定温度下黑体辐射的光谱分布。具体步骤是:

① 从关系式 $\lambda_m = 2\,898/T$ 中,求出 λ_m 值;

② 从关系式 $M_{\lambda m} = BT^5$,求出 $M_{\lambda m}$ 值;

③ 按待求光谱范围的一系列 λ 值,从关系式 $x = \lambda/\lambda_m$,求出对应的 x 值;

④ 按已求得的 x 值,从 $y = f(x)$ 的黑体函数表中查出相应的 y 值;

⑤ 按已求出的 $M_{\lambda m}$ 和 y 值,从关系式 $M_\lambda = yM_{\lambda m}$ 中求出温度 T 时,各个波长处的单色辐射出射度 M_λ 值;

⑥ 根据 $M_\lambda = f(\lambda)$ 的关系作图,可得到黑体在温度 T 时的光谱辐射曲线。

(2) 黑体函数 $z = f(x)$

利用普朗克公式的简化形式,还可以得出另一黑体函数 $z = f(x)$,用以计算给定温度下,黑体在规定波段内的辐射出射度。大多数探测器都是在一个或两个波段内工作,因此计算某一波段内的总辐射出射度是有实际意义的。

现引入温度为 T 的绝对黑体在 λ_1 到 λ_2 波段范围内辐射出射度对全波段总辐射出射度之比,以 f 表示,则

$$f = \frac{\int_{\lambda_1}^{\lambda_2} M_\lambda \mathrm{d}\lambda}{\int_0^\infty M_\lambda \mathrm{d}\lambda} \tag{16-26}$$

令　$y = \dfrac{M_\lambda}{M_{\lambda m}}, x = \dfrac{\lambda}{\lambda_m}$

代入式(16－26)，并简化得

$$f = \frac{\int_{x_1}^{x_2} y\mathrm{d}x}{\int_0^\infty y\mathrm{d}x} = \frac{\int_0^{x_2} y\mathrm{d}x - \int_0^{x_1} y\mathrm{d}x}{\int_0^\infty y\mathrm{d}x} = z(x_2) - z(x_1)$$

$z(x)$ 可预先制成表待查。这样黑体在 λ_1 到 λ_2 波段内的辐射出射度为

$$M_T = \int_{\lambda_1}^{\lambda_2} M_\lambda \mathrm{d}\lambda = [z(x_2) - z(x_1)]\sigma T^4 \tag{16-27}$$

计算步骤如下：

① 确定 $\lambda_m = 2\,898/T$；

② 求出 $x_1 = \lambda_1/\lambda_m$ 和 $x_2 = \lambda_2/\lambda_m$；

③ 查出对应的 $z(x_1)$ 和 $z(x_2)$；

④ 利用公式(16－27) 计算出黑体在 λ_1 到 λ_2 波段范围内的辐射出射度。

2. 计算黑体辐射的近似公式

对于规定波段的辐射出射度可以通过对普朗克公式积分求得。

即

$$M_T = \int_{\lambda_1}^{\lambda_2} M_\lambda \mathrm{d}\lambda = \int_{\lambda_1}^{\lambda_2} \frac{c_1}{\lambda^5(\mathrm{e}^{c_2/\lambda T} - 1)}\mathrm{d}\lambda$$

通常的方法是积分法，很繁琐。对于在红外波段的很多计算而言，$\mathrm{e}^{c_2/\lambda T} > 1$，所以可将上面的公式简化为

$$M_\lambda \approx \int_{\lambda_1}^{\lambda_2} \frac{c_1 \mathrm{e}^{c_2/\lambda T}}{\lambda^5}\mathrm{d}\lambda$$

这个近似积分有一个用分部积分法求出的近似解。

即

$$M_t \approx \frac{c_1}{(c_2/T)}\mathrm{e}^{-c_2 x/T}\left[x^3 + \frac{3}{\left(\frac{c_2}{T}\right)}\left[x^2 + \frac{2}{\left(\frac{c_2}{T}\right)}\left[x + \frac{1}{\left(\frac{c_2}{T}\right)}\right]\right]\right]_{x=1/\lambda_1}^{x=1/\lambda_2} \tag{16-28}$$

此公式可从最里的括号内的算式开始向外计算，$1/\lambda$ 和 c_2/T 反复使用，计算是很简便的。由于这是正确答案的近似解，所以预先应有对近似解的精度要求。只要计算出 $\lambda_m T$ 的值，就可以估计计算结果的精确度。

当 $\lambda_m T < 6\,249$，则近似计算的预期误差 $< 10\%$，当 $\lambda_m T < 3\,124$，误差便 $< 1\%$。

利用类似的简化方法，可以得到计算辐射出射度对温度的微分公式的近似解。

即

$$\frac{\mathrm{d}M}{\mathrm{d}T} \approx \frac{c_1}{T}\mathrm{e}^{-c_2 x/T}\left[x^4 + \frac{4}{\left(\frac{c_2}{T}\right)}\left[x^3 + \frac{3}{\left(\frac{c_2}{T}\right)}\left[x^2 + \frac{2}{\left(\frac{c_2}{T}\right)}\left[x + \frac{1}{\left(\frac{c_2}{T}\right)}\right]\right]\right]\right]_{x=1/\lambda_1}^{x=1/\lambda_2} \tag{16-29}$$

计算热成像系统噪声等效温差时，需要计算$\dfrac{\mathrm{d}M}{\mathrm{d}T}$。采用式(16－29) 产生的误差为：

当 $\lambda_m T < 4\,845$ 时，误差 $< 10\%$；

当 $\lambda_m T<2\ 717$ 时,误差 $<1\%$。

16.2.3 热辐射定律的应用

红外光谱的划分是依据不同能源的温度而定的。

对于理想的辐射源或具有高效辐射率的黑色体而言,其温度遵循维恩位移定律:

$$\lambda = 2\ 898/T \tag{16-30}$$

该式对辐射源所产生的辐射峰值波长 λ(μm) 与辐射源的绝对温度(K) 有如下关系:

波长范围	辐射源温度(K)
近红外区	3 900 ~ 1 000
中红外区	1 000 ~ 500
远红外区	500 ~ 200
超远红外区	200 ~ 3

辐射源的辐射能量密度 I 是指单位时间内的辐射能量或单位能源面积上的辐射功率,它可以通过特定波长的光谱值 I_λ 或特定波长范围的波段值 I_W 或所有波长的总值 I_t 来进行计算,对于黑色体可应用以下的公式:

$$I_\lambda = 2\pi c^2 h\lambda^{-5}(e^{hc/kT\lambda}-1)^{-1} \quad \mathrm{Wm^{-2}\mu m^{-1}} \tag{16-31}$$

其中,c—— 光速;

h—— 普朗克常数;

k—— 玻尔兹曼常数。

红外能量辐射率对辐射源温度的敏感度可用公式(16 - 31) 进行计算并可得到一系列黑色体的曲线(见图 16 - 8)。这些曲线清楚地显示出峰值辐射密度和总辐射能的密度,其二者都随着辐射源温度的上升而迅速上升(它们分别按 T^5 和 T^4 的比例变化),显然平均波长与能源温度成反比(见维恩位移定律)。

例如:黑色体在300 K(27 ℃) 时峰值辐射能量密度产生在波长 10 μm 处,而 1 000 K(727 ℃) 时在 3 μm 处,则辐射能量密度增大了近 400 倍。

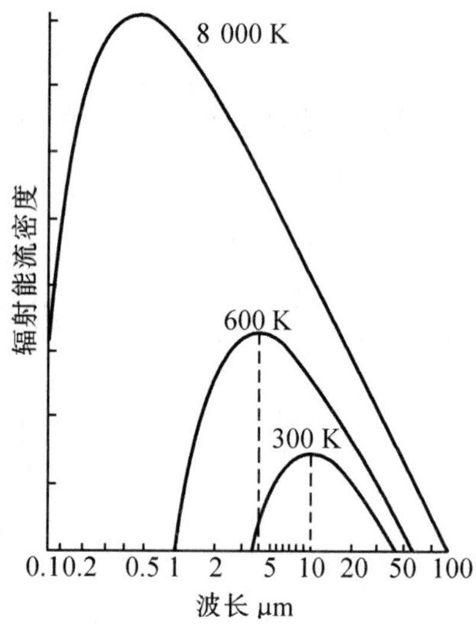

图 16 - 8 黑色体曲线

实际上,与黑色体具有同样特性的物体很少。虽然有一些物体与黑色体相似的辐射能量密度曲线,但它们在相同温度下只能发出黑色体所能辐射的一小部分能量,它们被称为灰色体,在相同温度下,灰色体的辐射能量密度 I 与黑色体辐射能量密度 I_t 的比值称为辐射率 ε。

$$\varepsilon = I/I_t \tag{16-32}$$

或

$$I = \varepsilon I_t = \varepsilon\sigma T^4$$

或应用波段值:

$$I = \varepsilon I_W \tag{16-33}$$

在式中,定义黑色体的 ε 等于 1,而灰色体的 ε 值小于 1。

在理想情况下,灰色体的辐射取决于 ε 而与波长无关。实际上大多数物体都是选择性的辐射体，其辐射系数取决于温度和波长，通常由温度变化产生的影响要比波长变化产生的影响小得多。

对固体而言，由波长决定的 ε 值的变化同气体物质具有选择性辐射的很快变化的特性曲线相比是十分平稳的。因此，对大多数普通的工程件来说，ε 随波长的变化可以忽略不计，尤其是如果物体辐射在所关注的一个狭窄波段中更可以忽略波长的影响。

对于不透明材料，辐射系数是一个表面特性参数。因而任何表面涂有这种材料的物体都可以用它的辐射系数。大多数标准油漆涂层当波长大于 3 μm 时，其辐射系数非常接近于 1。因此，它们在中红外和远红外区中相对比较“黑”。特殊的油漆制品会产生一个衰减的 ε 值，但它们具有很强的反射能力，该结论可以从入射的辐射能守恒原理导出（见图 16 – 9）。在吸收、反射（包括散射）和透射过程中，考虑了所有入射辐射的特殊情况，因而吸收率 α，反射率 ρ 和透射率 τ，三者之和为 1。

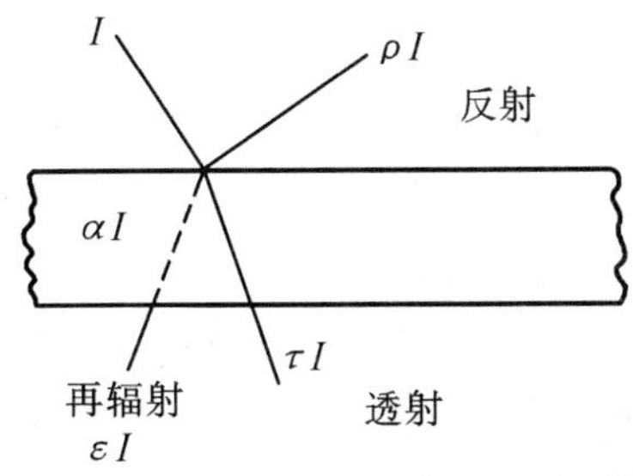

图 16 – 9　入射的辐射能量守恒原理示意图

$$\alpha + \rho + \tau = 1 \tag{16-34}$$

对于不透明材料，则上式简化为：

$$\alpha + \rho = 1 \tag{16-35}$$

应用基尔霍夫定律，物体的吸收率 α 始终等于辐射系数 ε，故可导出以下关系：

$$\varepsilon = 1 - \rho \tag{16-36}$$

这样证实了一个有低辐射系数的表面具有较高的反射性能。

另外，物体的红外辐射能、大气吸收和散射的能量对辐射系数的影响可排除许多波长，实际上红外波谱可划分为不同的波带。图 16 – 10 所示为海平面上在电磁波谱中的近红外、中红外、远红外区域的大气吸收特性。红外辐射能量相对透射率最高的区域称为“气窗”（atmospheric window）区。图 16 – 10 中显示了两个这样的区域，它们大约在中红外区和远红外区的中间，即波长分别为 4 μm 和 10 μm 处。在这两个“气窗”上的相对散射率随着通过大气层路线长度的增加而减小。

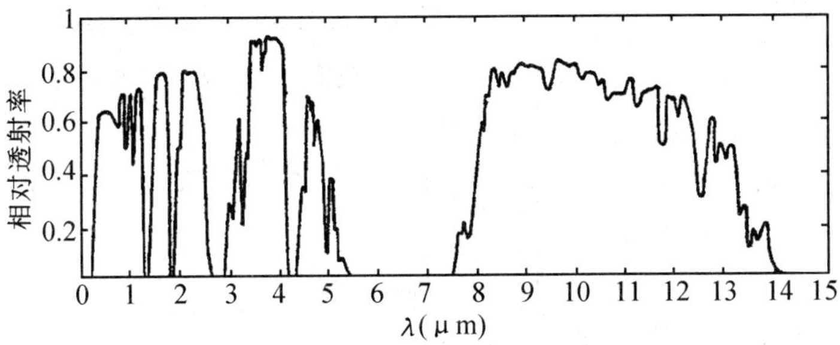

图 16 – 10　海平面上大气对红外的吸收特性

应用维恩位移定律，可看出温度为 725 °K 的区域内的辐射“热”源在中红外区域内辐射最强；同时接近室内温度的“暖”源主要在远红外区域辐射。工程材料根据不同温度在这两个区域内辐射,而气体只能在特定的波长下有选择性的辐射。因为维恩位移定律是在理想化的黑色体基础上推导出来的,所以上述温度和波长之间的关系仅仅是实际辐射源的近似计算公式。

16.2.4 红外辐射

16.2.4.1 目标与背景的辐射

微光与红外热成像系统能否发现和识别所观察的目标,不仅取决于系统本身的性能,还与目标及其背景的辐射特性密切相关。实际上,目标和背景是相对的,一辆军车既可能是系统要探测的目标,又可能是另一目标的背景。自然辐射源有时形成系统对目标探测的干扰,有时又是系统赖以工作的光源。因此,了解和掌握目标与背景的辐射特性对系统设计至关重要。

军事目标按其所处位置可分为三类:空中目标、地面目标和海上目标。地面目标包括机场、发射场、军工厂等固定军事设施和坦克、运输车、火炮等活动目标。这些目标的特点是温度低,辐射能量小,且辐射多集中在 8 ~ 14 μm 波段内,海上目标包括各种军舰、运输船等。这些目标排气筒部分温度较高,其他部分温度低。但其辐射特性与背景辐射特性差异大,有利于探测。空中目标有各种类型的飞机、导弹、照明弹、曳光管和其他飞行器。这些目标的特点是速度高、体积小、温度高,能发射很强的红外辐射。下面介绍几种典型的军事目标的辐射特性。

1. 飞机的辐射

飞机的辐射主要来自尾喷管、排出气流和蒙皮的热辐射,随发动机类型的不同而有所不同。以涡轮喷气发动机为例来讨论。

典型的涡轮喷气发动机包括压缩机、燃烧室、涡轮、排气喷嘴等部分,某些情况下还有后燃烧室(加力燃烧室),其原理图示于图 16 - 11。到发动机去的空气,经过气流扩散器进气道,进行压缩,压缩空气和燃料混合后进入燃烧室,在接近不变的压力下燃烧。热的燃烧物通过涡轮。最后,气体通过尾喷管端部的喷嘴,向外膨胀的压力产生高速排出的气流。考虑到涡轮叶片材料的热极限和强度极限,进入涡轮的气体温度的最大值控制在 900 ℃ 左右。这一温度通常以监视离开涡轮的温度来限制,排出气流的温度,最高达 700 ℃,而在长时间飞行时,能经受的最高温度为 500 ~ 600 ℃。气流温度从涡轮出口到排气喷嘴间几乎不变。由于热交换,喷气管的温度接近气流温度。因此,尾喷管和排出气流的热辐射是涡轮喷气发动机的两个重要热源。

在工程计算上,尾喷管假设为灰体,辐射发射率 $\varepsilon = 0.9$,温度等于排出气流温度,辐射面积等于排气喷嘴的面积。这样可方便地计算出尾喷管的辐射特性,正交于单发动机的尾喷管端面的辐射强度为

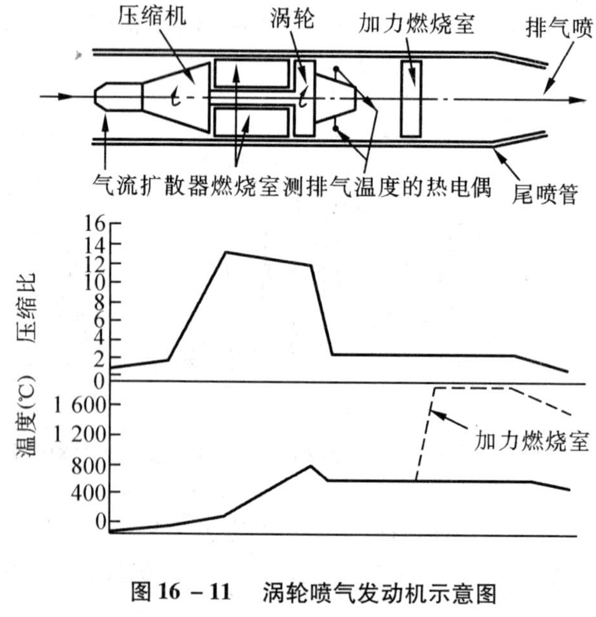

图 16 - 11 涡轮喷气发动机示意图

$$I = \frac{\varepsilon\sigma T^4}{\pi}A \qquad (\mathrm{W \cdot sr^{-1}}) \tag{16-37}$$

式中，T 为尾喷管温度；A 为尾喷管端面积。飞机的辐射具有很强的方向性，因为主要辐射源都集中于机身的后部，所以飞机后部辐射能量较多。

图 16－12 给出了实测的波音 707、三叉戟和伊尔 62 飞机喷口辐射强度的角分布。测试时用了 2.8 μm 起波的滤光片。

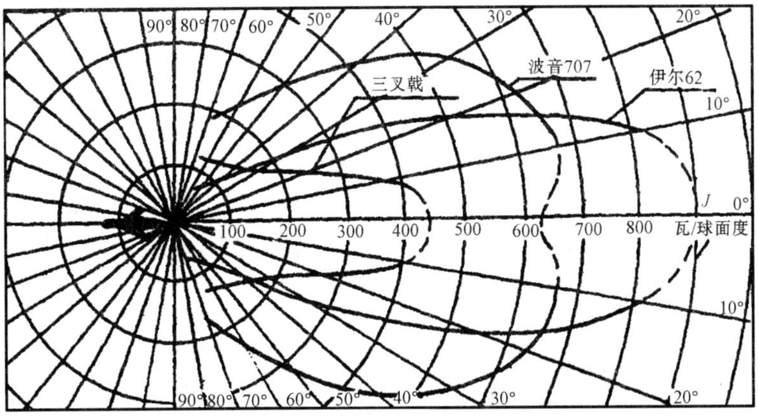

图 16－12　三种飞机喷口 2.8 ～ 5.2 μm 波段辐射强度的角分布

飞机辐射的峰值波长在 4.0 μm 左右，三叉戟飞机辐射的光谱分布示于图 16－13。

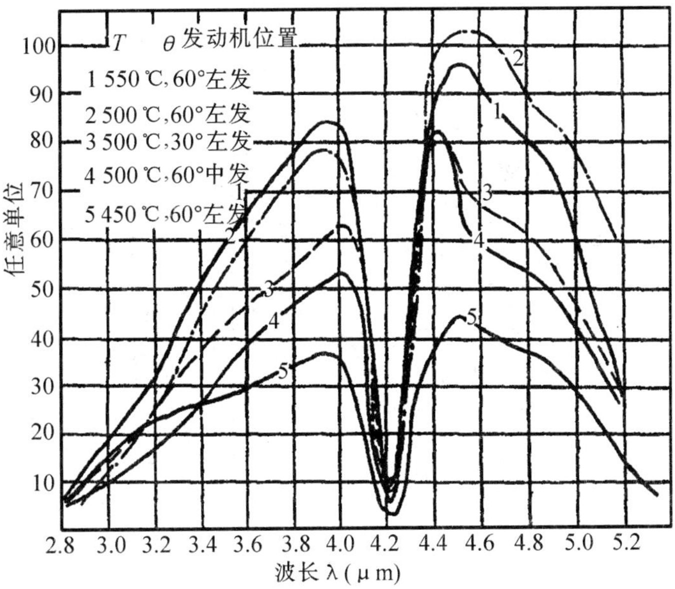

图 16－13　三叉戟飞机喷口的辐射光谱

排出气体中主要是二氧化碳和水蒸气。这些气体在一定波段内，如 2.7 μm 和 4.3 μm 左有很强的辐射。从涡轮排出的气体温度为 T_1 经排气嘴膨胀后的气体温度变为 T_2，对亚音速飞机有 $T_2 = 0.85T_1$ 的关系，即喷嘴处的温度，约比涡轮排出气体温度低 15%。排出气体的温度随离开尾喷管距离的增加而迅速降低。图 16 – 14 给出了波音 707 的涡轮发动机和涡轮风扇发动机的排出气流的等温线。

波音 707 排出气流的辐亮度与距喷嘴距离的关系曲线示于图 16 – 15。

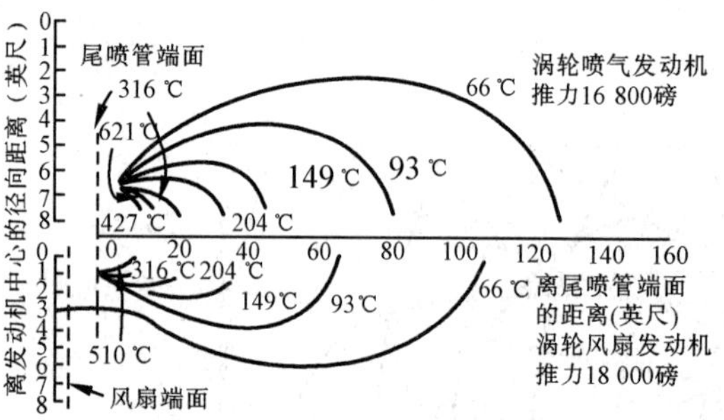

图 16 – 14　波音 707 排出气体等温线

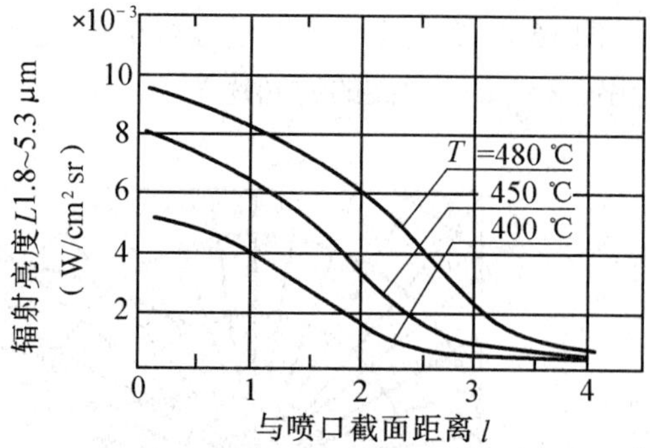

图 16 – 15　波音 707 排出气流辐射分布图

2. 海上目标的辐射

军舰和运输船的烟囱是较强的红外辐射源。从烟囱冒出来的燃烧产物具有很高的温度,舰船越大,烟的温度越高。小吨位军舰,烟的温度约 200 ℃,烟囱外壳经废气加热后,温度升高,一般具有水冷设备的烟囱外壳温度为 40 ℃。由烟和烟囱外壳辐射的能量大部分集中于 2 ~ 20 μm 波段内,峰值波长大约位于 8 μm 附近。舰体的温度虽然与海水温度相近,但二者的辐射发射率差异很大,海水的辐射发射率随海浪大小不断变化。这种辐射差异增加了目标与背景的对比度,正好为热成像系统所利用。

3. 炮口闪光

炮口喷出的热燃气,除了一些气体杂质外,还含有大量可燃成分,如 CO、CH_4、H_2 和温度相当高的水蒸气,使伴随的微粒物质在高温条件下发出可见光辐射,同时包含大量的红外辐射,称为初次闪光。可燃气体与大气混合而点燃,产生亮的火焰,称为二次闪光。为了抑制二次闪光,往往在炮口上套一装置,以阻挠冲击波的形式。在某些情况下,推进剂中加入某种化学抑制剂,以防止炮口处可燃气体点火。

炮口闪光中,包含大量的红外辐射。在 60 米的距离上,对 155 mm 口径的火炮进行测量,得到的炮口闪光的相对光谱曲线示于图 16 – 16。

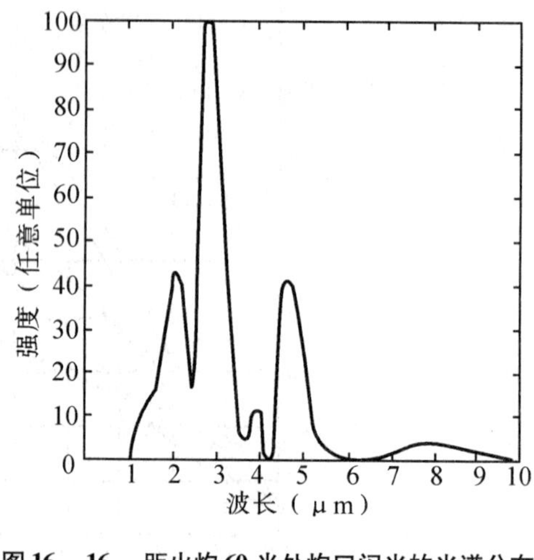

图 16 – 16　距火炮 60 米处炮口闪光的光谱分布

16. 2. 4. 2　舰船红外辐射

一个物体的红外辐射无疑主要取决于它的表面温度、表面(或投影)面积及其辐射系数。实际上,红外辐射还与周围环境有关,特别是与所对应的背景有关。这是一个十分复杂的问题,因为物体的热传递与其环境有关,而环境又决定了物体的初始表面温度。

一些可能与物体表面温度有关的因素是:外界对物体的辐射,物体本身的吸收率、反射率和热传导率，热容量或热惯量。在外界条件中，诸如由风引起的对流冷却或加热，由降雨引起的冷却，或其他降水，冷凝及随后的蒸发都起了重要的作用。如果物体是运动的，其速度将对对流冷却率产生很大的影响。在高速时，由于表面摩擦将产生热量。对于一个复杂的物体，其表面特性会有变化。如果它含有许多散热源，那么其表面温度将是不均匀的，并在某种程度上取决于物体的内部结构。流动的气体或液体传播到物体的表面区域即改善了物体表面的温度，因而需要认真考虑。

另外，还必须考虑天空、海洋或陆地，以及三者综合的表面温度和辐射系数。当确定一艘舰艇的红外辐射时，上面所述的许多因素都要考虑。图 16 - 17 表示了一艘典型的舰艇在海洋环境中的辐射情况。在此环境中，舰艇的红外辐射处于中红外和远红外两个区域中。

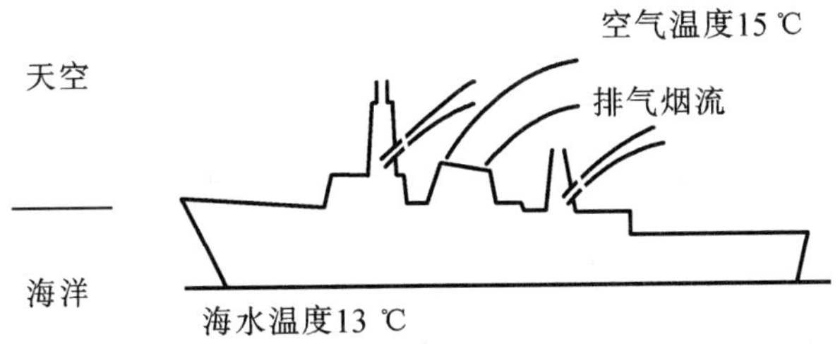

图 16 - 17　舰艇在海洋环境中的红外辐射示意图

如果舰艇处于适温的海水中，海水温度 T_s 为13 ℃ 左右，空气温度 T_a 为15 ℃ 左右。在图中，为了简化起见，假定天空是阴天，这样可不考虑因阳光照射或从舰艇表面相应的平面上引起的反射等问题。

以海洋、天空或海面为背景，能否看到舰艇主要取决于视角。为了更简化起见，假定的视角能使舰艇以海洋为背景显示出整个侧向投影。

一般，从舰艇的表面，排气烟道附近的表面局部暖热区，围阱和机舱区，烟囱壁和主推进系统的热终端部件以及辅机的排气道与排气烟流都会产生热辐射。在这些条件下，舰艇红外辐射或反射的预测首先要进行热平衡，以确定舰艇表面的温度变化，鉴别高温差区域。为此，舰艇通常分成许多与舰艇内部结构有关的相应表面部件，这些部件能进行独立的热平衡。

对于有关的舰艇操作特殊工况，首先要确定每个舱室的设计操作温度 T_0，这些数据可以从设计计算中得到。否则，就有必要进行每个舱室的热平衡。每个表面部件的最终外部温度 T_0 可以通过如下方程式迭代求解：

$$A - BT_0 = T_0^4 \qquad (16-38)$$

式中的定值 A、B，考虑了内部温度 T_i，空气温度 T_a 和海水温度 T_s，可能用的每一种绝缘体的厚度和热传导率，以及舰艇和周围环境之间的界面上的方向性对流和辐射热传递。这样就可得到表面部件的辐射率（见图 16 - 18）。

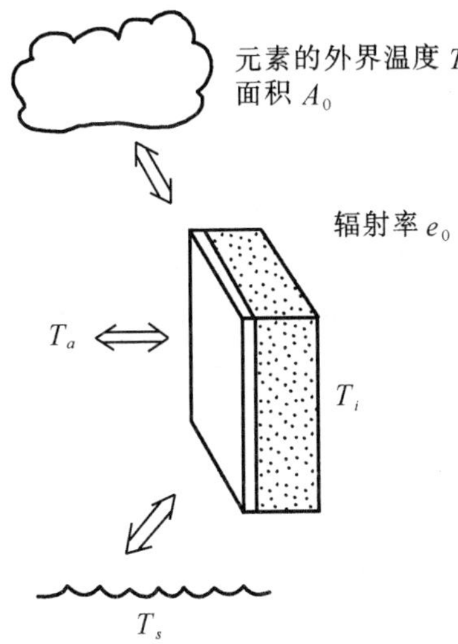

图 16 - 18　热平均示意图

另外,还有许多其他的因素对部件的表面温度也有影响。例如:在干燥的环境条件下,舰艇的上层建筑中的非受热部件及露天的部件例如舷墙和救生筏等与大气温度十分接近。该表面的水分也会引起蒸发、冷凝而达到局部环境温度。又例如:进气格栅或滤器的温度与大气环境温度非常接近,排气格栅产温度与它们所在的舱内温度相同。

船体浸湿部位和溅水区域总是存在潮湿的表面和低温状态,这些区域的范围大小取决于海况和有效波高。

靠近船壳的液舱处,海水温度通常对水线以上的液舱的表面温度起主要的影响。一般,如果舰艇的船体和上层建筑的所有表面部件都能应用方程(16 - 38)来进行分析,那么可以发现平均表面温度与环境空气温度非常接近。这是因为在此条件下,舰艇的基本热传递方式是对流,同时也是由于有关的热负荷非常小,而且舰艇的隔热标准很高,因此船体和上层建筑壳板的红外辐射主要处于远红外区域。

然而,上述辐射能随着外界条件的改变。例如,在晴朗的天气条件下,受阳光的照射使波长峰值为0.5 μm左右,它能对低辐射率(或高反射率)产生光线反射作用,出现很高的表面温度,因而在瞬时存在明显的中红外辐射区。又例如,在北极区,海水温度接近0 ℃,空气温度在0 ℃以下,这就可能使船体和上层建筑的表面温度比海水更低。

若已知外界温度 T_o,那么每个表面部件的单独辐射能 Wm^{-2} 应用方程式(16 - 31)、(16 - 34)来求解。在这些计算中,有必要考虑海水及云层对舰艇特征的反射以及云层对海水环境的反射(见图 16 - 19)。例如:对海水环境中部件的单位面积上的 I_o 值可通过任意选择的波段极限值 λ_1 和 λ_2 来表示:

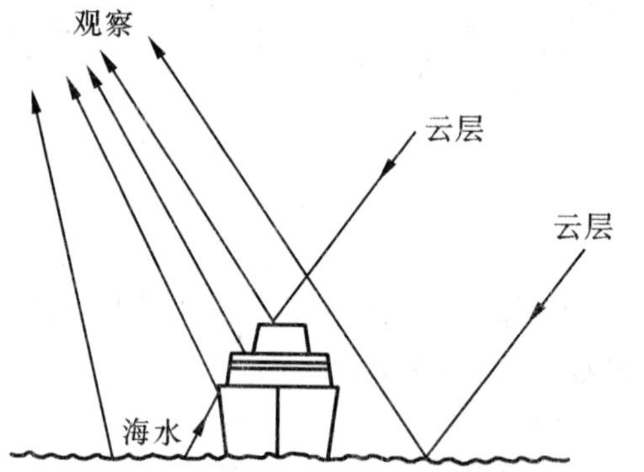

图 16 - 19 舰艇、海水、运层的反射

$$I_o = \varepsilon_1 I(T_0) + \rho_0\varepsilon_s I(T_s)\cdot C_1 + \rho_0\varepsilon_c I(T_c)\cdot C_2\cdot C_3 - \varepsilon_s I(T_s)_{\lambda_2} - \rho_s\varepsilon_c I(T_c)\cdot C_4\cdot C_5 \tag{16 - 39}$$

式中

$$I(T) = \lambda_1 \cdot I_\lambda(T)\cdot a_\lambda$$

上式中的下标“o”、“s”和“c”分别指舰艇、海水和云层,定值 C_1 到 C_5 由表面的取向性和风力减小对云层入射能的影响所决定,它还可以进一步考虑舰艇热源和红外探测器之间的通道长度而引起的大气阻尼,它还可选用不同的方法来考虑气象条件。

若已知部件的辐射率 I_0,则单个辐射体的辐射强度 J_0 就可简单地通过如下方程式求解得:

$$J_0 = A_0 I_0/\pi \tag{16 - 40}$$

其中面积 A_0,表示从特殊考虑的视角所观察到的部件投影面积。由于船体线型或上层建筑倾斜角引起的透视收缩有必要进行一些修正。J_0 的单位是[瓦特/单位立体角或球面角](把它定义为在半径 r 的情况下,面积 r^2 所对应的立体角)。

另外,船体和上层建筑板能产生部件远红外辐射或暖体辐射,可见的排气烟道部件和炭微粒以及推进装置和辅机舱排气烟流中的燃烧气体主要产生中红外辐射。全船在中红外区域的极大部分辐射都是由这些辐射源产生的,就有必要用特殊的方法来估算辐射强度。

在理论上，综合所有的从船体、上层建筑、烟道部件和排烟流的红外辐射将在某一感兴趣的波段中给出舰艇的特征，这种可靠的实用数据对舰艇外形探测技术是十分必要的。

16.3 舰船红外场的控制

16.3.1 舰船红外场的控制概述

在进行舰船红外场控制中，有必要先说明一下舰上不同红外辐射源的相对重要性。烟道表面和排气烟流的辐射能在中红外区达到全船辐射信号的99%，在远红外区达到全船辐射信号的48%，而烟道表面积和排气烟流的投影面积还不到上层建筑和主船体的2%。这是由于热烟道表面辐射强度相对较高而引起的。

由于从烟道的热源辐射出来的强度较高，所以可忽略大部分环境的影响，在中红外区应用的探测器与远红外探测器相比，体积小，结构简单，而远红外探测器必须具有在更低的入射强度下工作并能区分目标与环境之间的辐射能力。因此，中红外探测器通常用于红外末端制导系统。

显然，红外抑制的首要任务是必须消除高强度中红外辐射源。如果消除了上面提到的这些在舰艇上面积相对较小的辐射源，那么舰艇就成为一个相当大的具有低辐射率，低热反差的目标，因而大大地增加了使用诱饵干扰的范围。

舰艇是海军的主要作战武器装备，因此舰艇采用红外场控制技术更具有重要意义。这就要求降低舰艇的红外辐射能量或改变红外辐射方向，考虑到现在红外波吸收材料的生产现状，针对舰船的特点，应着重从结构布置及降低红外辐射能量入手。

一个温度为T的物体，单位面积所辐射的辐射功率为$W=\varepsilon\sigma T^4$，这里$\sigma=5.673\times10^{-12}$ $\mathrm{W/cm^2\cdot K^4}$，ε一般取0～1之间的值。当$\varepsilon=1$时物体即为黑体。舰艇的红外辐射源主要是温度较高的主辅机排放气管道、发电机及空压机排放气管道、厨房的排放烟气管道以及由这些管道排放的大量废气，另外就是设备工作时由电能或其他能量转换成的红外热以及人体的红外辐射等。由表达式中可以看出，降温是一项有效的措施。对舰艇实施红外隐身，可采取如下几种措施：

1. 可使用红外诱饵和红外烟幕，如应用烟火剂类红外诱饵、凝固油类红外诱饵、红外气球诱饵和红外综合箔条等实施欺骗；

2. 可采用在目标内热红外对抗措施，降低或改变目标的红外辐射特征；

3. 在舰船机动性允许的条件下，用柴油机代替燃气轮机；

4. 采用双层烟筒，烟筒底部开有冷空气进孔，使燃气轮机的热气与大量的冷空气混合，从而降低烟筒排气与废气的温度；

5. 采用多个出气口烟筒，并使烟筒尽量低矮于周围舰艇上层建筑，达到遮挡、消散排气温度的目的；

6. 采取舷侧排气的方式，在排气管道出口处设置喷水系统，以求水和气体充分接触达到降低红外辐射的目的；

7. 如厨房排气管道之类的设备可采用水套加在管道上的方式，用循环水吸收并带走热量；

8. 在主要舰体与甲板涂覆隔热涂料;

9. 采取其他新技术、新措施。

16.3.2 降低舰船红外辐射的主要技术措施

16.3.2.1 结构技术

机舱水冷以降低机舱的温度,导管排气以改变红外辐射的方向,燃气轮机水下排气,烟囱水冷和过滤以减弱红外辐射能量,以及将其他红外辐射源屏蔽起来,如用挡板、罩套等。

1. 红外抑制装置的要求

大多数类型的工程材料都能辐射出整个红外光谱中的射线。各种气体(如排出的烟)往往会有选择地在电磁频谱的窄带上辐射出射线。高温物体一般能高频辐射,而较低温度的物体,例如大部分的船壳和上层建筑趋向于低频辐射。

低温物体主要在 8 ~ 12 μm 范围内辐射(大气中通过发射红外射线的两个范围之一)。而高温物体主要在 3 ~ 5 μm 的范围内。从舰船排出的烟,其 3 ~ 5 μm 的射线,主要来自水蒸气和二氧化碳,而水蒸气和二氧化碳又具有很强的选择辐射的特性。在排出的烟中,有特别强的 4.4 μm 的辐射频带(由于二氧化碳)和 2.7 μm 的辐射频带(由于二氧化碳与水蒸气)。

如果在 3 ~ 5 μm 和 8 ~ 12 μm 频带上,对一艘典型舰船的不同红外辐射源相比较,那么,通过分析就可知道,从热点而言,一个烟筒所具有的辐射强度比船体的辐射强度大 700 倍,而比在 3 ~ 5 μm 频带上所排出的烟大 13 倍。于是对于红外抑制方面最重要的波段是 3 ~ 5 μm,红外抑制装置的主要任务是冷却排气烟筒的可见部分,同时也冷却烟气本身。

为消除强的热辐射的辐射源而设计的各种红外抑制装置已用了好几年(图 16 – 20 为 DRES 球红外抑制装置),把这种红外抑制装置装在排气烟道中。为了把强的辐射源降低到一个认可的水平,就必须把上烟筒的金属表面冷却到接近周围的环境温度,而排出烟的温度必须冷却到在 3 ~ 5 μm 频带中所选择的辐射温度,使其与冷却后的金属表面温度相同。

若红外抑制成功,则舰船给红外寻的只是一个没有热点的热辐射反差小的目标,万一舰船在受到攻击的情况下,红外假目标的有效性得到大大增强,否则,这种假目标就会以冷背景的热点出现。

2. DRES 球和喷射扩散器

DRES 球是由加拿大阿尔伯塔(Alberta)的防御研究机构(Defence Research Establish – ment Suffield, 即 DRES)根据红外抑制系统的概念在 1975 年研制的,并已装在"哈利法克"号(HMCS Halifax)巡逻护卫舰上。

由 W. R. Davis 公司制造的 DRES 球(见图 16 – 20),它提供了全方位的红外抑制,而 DRES 球是由一个围着用对冷却的薄膜和光学装置中心体的薄膜冷却外管以及一个薄膜冷却的扩散器组成,中心体(即球)处于排气烟道的下端,这样就避开了热金属表面的视线。所有可见的金属表面均要冷却,其冷却方法或者采用对流冷却或者采用薄膜冷却。该薄膜冷却层最后与排出的蒸汽混合并冷却成排气尾流。

排气烟筒的中心部分是通过空气把它引到中心体使其冷却,通过四个中孔支柱控制冷却空气进入中心体。

"部族"(Tribal)级驱逐舰现代化改装方案可以看到 4 艘加拿大皇家海军"Iroquois"、"Huron"、"Athabaskan"和"Algonquin"号上的两个有角度的排气管代替原来的双排气管而集中为单一的比较大的上层建筑，它们采用了一个可替换的红外抑制装置（IRSS）即喷射扩散器（见图 16－21）。

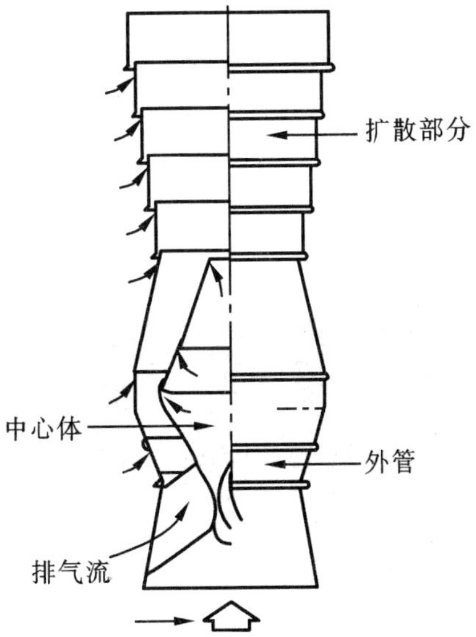

图 16－20　DRES 球红外抑制装置

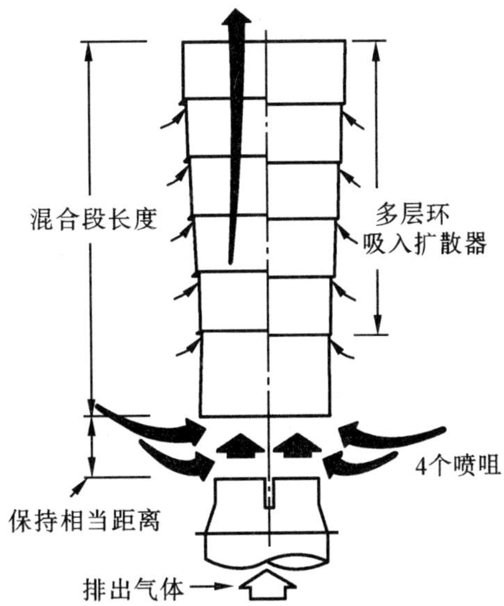

图 16－21　喷射扩散器

喷射扩散器是由一个以空气冷却排气流的喷射泵和一个以冷却金属表面的冷却薄膜喷射器组成，它不同于 DRES 球，该喷射扩散器在所有视角对金属表面不会造成红外抑制，但已把它设计建造成使金属表面在水平以上达 70 度视角的红外抑制（从水平向垂直的排气导管俯视）。

因为把冷却空气送到导管的四周而不在排气流的中心，所以合成的排气流温度分布在排气流的中心线上出现一个温度峰值。这样，对于一个给定的排气流温度，喷射扩散器比发动机完全停车的舰装有 DRES 球产生更大的排气特征。

对舰船设计的影响

DRES 球现有两种形式：一种是完全被动系统形式；另一种是强制通风形式，即把空气强制鼓入排气管以起到助推的作用。同时，必须很小心地确保使冷却空气顺利地通过百叶窗以使气流能进到该装置。DRES 球中的百叶窗和风机也必须处于不影响临界区内的噪声辐射的状况。

从图 16－20 可以很清楚地看到：空气通过不同的冷却缝隙进入 DRES 球。这些空气流对排气通风筒的金属表面提供了一个薄膜冷却的空气层，并且也是排气流的冷却空气源。该空气流引起动量传输，从而就产生排气系统内背压的增加，同时也有一些摩擦损耗，而该摩擦损耗还会增加一点背压。然而，这两种结果对机器的性能均不会引起很明显地降低。

为安装红外抑制系统（IRSS）要考虑的另一个重要的设计要素是它所占空间的尺寸以及设备重量的限制。因为红外抑制系统（IRSS）要装在舰船的最高部位，所以其重量和重心是非常重要的，特别是对比较老的舰船来说，如果再要装上 IRSS 装置，那就会超过原来的重量极限。

对于一个典型的装有 LM 2500 燃气轮机的舰船。W. R. 戴维斯已作了估算，其喷射扩散器比一个标准的排气管要轻得多,一个 DRES 球增加了一些舰船的顶部重量。在这两种情况下,红外抑制系统是采用不锈钢金属片和加强筋制造而成。

另一个必须考虑的是对排气流冷却速度的影响因素。一个已经冷却的排气流比热的排气流漂浮能力要小一些,这样它就没有足够向上的冲量以飘离舰船。

上述装置将燃气轮机和柴油机排出的高温气体从薄板制内体和外套之间通过,与大气混合达到冷却。经波长 3 ~5 μm 和 8 ~ 14 μm 的红外测试,辐射出的红外能量比一般烟路少 90%~95% ,但主机功率遭到百分之几的损失。

3. 柴油机水下排气装置(图 16 – 22)

Blohm – Voss 公司和 MTU 公司正在研制舰艇柴油机的水下废气排放系统。目前除了研究该系统对红外抑制的影响外,还研究它对水下噪声级的影响。所有柴油机推进系统均可采用该图中这一系统的布置。

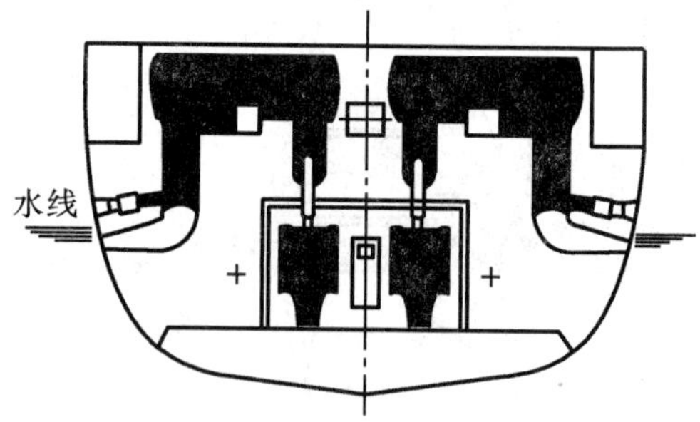

图 16 – 22 柴油机水下排气装置

4. 燃气轮机排气烟囱

由于燃气轮机排气温度高,所以为了降低导弹对红外探测器的敏感程度,要在烟囱顶部装设降低排气管出口附近温度的红外线降低装置。图 16 – 23(a)是 ASME 中所示装有排泄器的多级圆筒扩散口式红外线降低装置的实例。图中 16 – 23(b)表示其排气和冷却空气流。因为装有排泄器,所以只要在出口里面就能够降低排气温度。

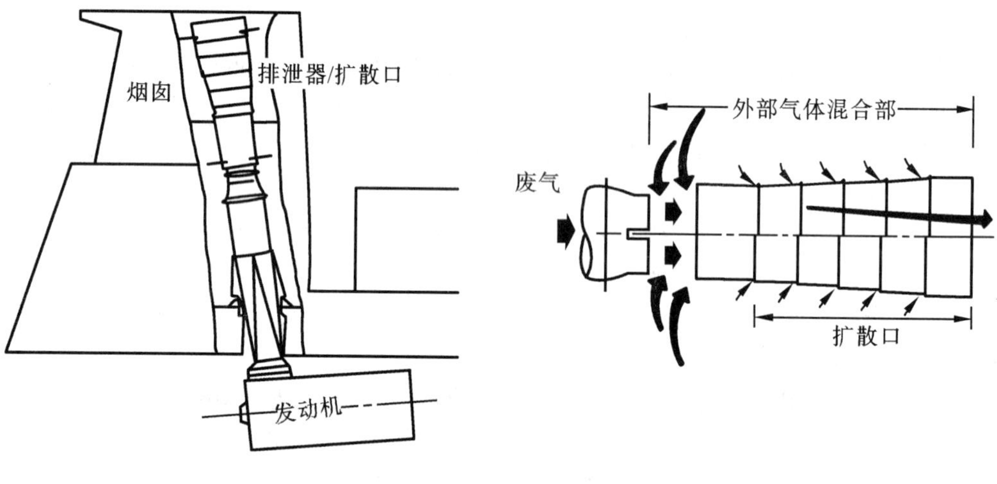

(a) (b)

图 16 – 23 红外线降低装置

如上所述,由于燃气轮机排气阻力对功率有直接影响,所以排气管出口不设置如柴油机舰那样的固定式雨罩,而是与蒸汽轮机舰相同,设置帆制篷布。

5. 法国“拉斐特”级护卫舰的烟囱不用易于产生红外辐射的钢板而用玻璃钢制造,再涂一种低辐射的涂料。对发动机排气口和玻璃钢排气管做了隔热处理。

瑞典“维斯比”级轻型护卫舰和德国“梅科”A－200 轻型护卫舰的烟囱出口设在舰艇的尾部，将废气从舰尾排出至海上冷却，废气温度降至 100 ℃以下，排出的废气大部分被舰尾的波浪所掩盖，因此红外特征信号很小。

16.3.2.2　燃料技术

在燃料中加入特殊元素，在燃烧过程中直接吸收红外波，或者利用化学元素的特殊性质，通过吸热反应降低红外辐射，或改变红外辐射波长，避开敏感波长带。

16.3.2.3　利用隔热材料隔热和采取屏蔽措施降低辐射透射率

在机舱，排气管道及舰内外结构的发热部位可以敷设绝热材料以限制它们的红外辐射能量。最新的方法是利用一种隔热垫来降低导热率，将热量控制在机构内部，从而减小热反差，同时也能减少雷达波信号。1991 年海湾战争期间，英国皇家海军舰艇的“飞鱼”导弹发射装置和弹药舱就铺盖了此种隔热垫。这种隔热垫是在标准的伪装材料和液体防护剂之间塞满了绝缘纤维，由 12 μm 宽的金属化聚酯软片带组成，软片的热稳定性达 265 ℃，可发散 95% 的辐射热。隔热垫每平方米重约 250 g，外面的纤维是一种标准覆盖物质，它的一边还涂有带颜色的聚氨酯涂层，这种涂层具有 45.5% 的红外线反射率。当纤维温度在 200 ℃时，涂层的颜色可以变化以适应要求。

有些国家的海军隐身舰艇采用喷淋水幕技术，将舰艇笼罩起来，得到降温、屏蔽的红外隐身效果。英国研制的“海魂”隐身护卫舰上安置了特制的喷雾自卫系统，能即刻喷出细密的水雾，几秒钟内便可把舰体全部笼罩在薄雾之中，并与海面和天空的背景融为一体，降低舰艇红外辐射的透射率。

16.3.2.4　采用红外吸波涂料

1. 吸波涂料

利用涂料减小或消除红外反射特性和吸收红外波，把辐射能转化为其他形式，这种吸波涂料应具有漫反射、透射和吸收红外波的效能，既可以吸收雷达波又可宽带吸收红外辐射能量。

2. “变色龙”涂料

为防止可见光及近红外辐射侦察，舰船还可采用“变色龙”式涂料，这种涂料要求在晴天呈浅灰色，阴天呈绿色，夜间及在红外辐射下呈黑色。呈黑色颜料主要是炭黑、黑色氧化铁、铁淦氧和钛酸盐，呈绿色颜料是含酞菁基的有机颜料或氧化铬绿和其水合物的无机颜料，呈灰色颜料是锌和镉的硫化物、硒化物和碲化物的结晶体混合物，用铜或锰活化，用钴或镓或铟催化，再加上附加色并用白色填料调制而成，使用时将这三种成分的颜料用合成物质硅有机聚合物，橡胶为基料调制即成，这种涂料涂在舰船上在海上特有照明条件下，其颜色可随周围环境颜色的改变而自动变化，无论是在白天和黑夜还是在近红外辐射大都能得到隐身效果。

3. 热隐身涂料

涂料具有制造和应用简便、坚固耐用、价格低廉等优点，是现有热隐身材料中最重要的品种。涂料一般由黏合剂、掺杂入各向异性强的金属微粒组成。金属微粒的形态、尺寸、含量和种类均显著影响涂层的光学性能。美国研究的一种远红外（8～14 μm）热隐身涂料是在聚四氟乙烯基质中加入被氧化物包覆的 Ag 粒子而形成，其中银粒子起吸收作用。另一些学者研制的一种低发射率热隐漆是用直径为 70 μm 的片状铝（质量比占 38%），掺杂到无机磷酸盐黏合剂中,获得了 10.6 μm 频谱区发射率为 0.18 的良好效果。

另外,德国也研制出一种涂覆材料,其组成中含有碳化硼、石墨导电性炭黑、碳化硅或聚乙炔等。该涂料在波长≤14 μm 范围内可提供红外隐蔽,而且本身具有较强的防腐能力。

4. 宽频谱兼容的热隐身材料

目前美国已研究出一种由红外热隐身的面漆(厚 4 ~ 8 μm)加雷达吸波底涂层构成的材料。据报道,美、俄正加紧研究含有放射性同位素的等离子涂料和半导体涂料,它们不但吸收频带宽、反射衰减率高,而且还具有吸收红外辐射和声波、消除静电荷等优点。

5. 几种涂料

特殊的涂料可以改进物体表面的辐射和反射特性,舰的外表面特别是上层建筑采用特殊的涂料处理后,光反射可减少至 70%。

在自然背景中,人们发现绿色植物对红外线反射率很突出。据美国报道,用下列成分组成的绿色无机颜料在 1 050 ℃高温下煅烧 1 小时,所得深绿色颜料配制成伪装漆,其红外光谱曲线与叶绿色近似。该颜料组成如下:

$n(Cr_2O_3) = 1 \sim 3$ mol

$n(Co) = 1 \sim 3$ mol

$n(TiO_2) = 5$ mol

$n(ZnO) = 0.1 \sim 3$ mol

另有一种配方,也可以得到类似于天然叶绿色的红外反射特性,其配方为:

$n(Cr_2O_3) = 0.5 \sim 5$ mol

$n(CoO) = 0.5 \sim 5$ mol

$n(TiO_2) = 5$ mol

$n(Sb_2O_3) = 0.1 \sim 2.7$ mol

另外,美国海军舰艇使用了一种具有良好防红外辐射性的涂层,它用电镀铬方法制备一种具有稳定散射的灰色表面,镀铬层具有目视的伪装性能,在红外光范围内是一种低的辐射体。据介绍,这种涂层只辐射 10% 左右的红外线,电镀液配方和工艺参数如下:

250 g Cr_2O_3

21.5 mL H_2SO_4(相对密度 1.84)

加水组成 1 升溶液

温度:45 ~ 55 ℃

电流密度:0.7 ~ 0.88 A/cm^2

此外,泡沫塑料具有良好的隔热性能,因此,将泡沫塑料喷涂在目标上,厚度约 1 ~ 4 mm,可使红外成像混乱,改变其厚度和密度可以调节隔热性能。可用的泡沫塑料有聚苯乙烯、聚氨酯、硅橡胶等,在泡沫塑料中加入和背景具有相同颜色的颜料,还能够防止可见光侦察。

16.3.2.5 其他类型的红外抑制系统

至于其他几种类型的红外抑制系统已经研究过了,包括水冷却喷射系统(由于腐蚀问题该系统最终未取得成功),这种系统是为美国海军“斯普鲁恩斯”级驱逐舰上配备的。德国 209 潜艇上使用了水冷却喷射消音器。这种系统通过喷射水幕,增大对噪音的衰减,同时降低排气温度,抑制红外辐射。

日本海上自卫队相当坚信地开发了风机式强制冷却系统,该系统引起较小的压力损失并得到适当的冷却。

英国皇家海军是第一个选用红外抑制系统的海军。皇家海军最早用的系统是“胡椒瓶”型的系统。Darchem 公司已为皇家海军设计和制造了排气烟筒,并成功地生产出红外抑制系统。

马岛海战对英国设计红外抑制系统提供了新的信息,并导致研制 MK2 型的设备。

据说 MK1 型设备已经获得批准并交付给日本海上自卫队和荷兰皇家海军。最近又据说英国皇家海军认为 DRES 球和喷射扩散器再加上一个新的风机式花瓣型喷嘴系统(一个喷射型装置)与薄膜冷却装置一起装备后续 23 型护卫舰。其基本的喷射系统很轻,但遗憾的是至今尚未造出特别有效的冷却系统。

16.3.2.6　增加主动冷却技术

舰艇主动冷却技术主要通过喷头网络、海水泵、管路、反馈控制系统等利用液膜换热,用喷淋的方式在舰艇高温表面布一层连续流动的海水液膜,并根据舰艇表面与背景的温度对比,对冷却液膜进行主动控制,直至舰艇表面与背景温度减小到某一定值,使舰艇与背景的红外辐射图像难于分辨。

16.3.2.7　改变几何形状

在雷达波隐身中,改变几何形状是一个重要手段,同样在红外隐身中也可以通过改变军事平台的几何形状来达到红外隐身的目的。

前苏联海军的“勇敢”级驱逐舰,为降低红外信号特征,减小了前后烟囱的倾斜度,从而使烟囱—空气界面处总是水平的,对来袭导弹自动寻的弹头不产生大的热视线目标,同时还减小了烟囱最高部分的横截面积。

德国 MEKO 舰改进了排烟管出口的几何形状,使排烟的迅速扩散均匀化,从而降低了总的红外辐射级。

意大利 1987 年完工的新一代小型护卫舰“智慧女神”级,为减少乱流的热红外辐射,改变了烟囱的形状,替代了 20 世纪 50 到 60 年代建造的“信天翁”级和“克里斯托法罗”级小型护卫舰。

16.3.2.8　红外抑制中存在的困难

舰艇应用上述红外抑制技术,基本上能相当直接地抑制中红外辐射。但由于背景和环境因素对远红外辐射的影响,以致该波段的红外抑制显得更加困难。从根本上讲,主要的问题是找到一种适合于舰艇低散热用的散热装置。改进舰艇的红外辐射比进行红外抑制更切合实际,为此目前正在试验以干扰舰艇反射图像为目标的表面处理,即绝热技术。

由于远红外辐射在许多方面类似于可见光,所以舰艇和其他一些物体产生了非常类似于那些在可见光波段中的反射图像(图 16-24)。通过对这类远红外辐射图像的实际观察,不但能识别舰艇的一般外形,而且还可看到舰艇布置和结构的许多细节。另外在远红外区增加了排出烟流的范围和持续时间,这样更扩大了舰艇的探测范围。

将来,有效的远红外探测器会做得更小、更廉价,并能探测温度与温差。舰艇远红外辐射的有效抑制将因此变得更为重要和更加困难。

16.3.3　红外对抗技术

红外技术愈发展,应用愈广泛,必然要产生相应的对抗措施,削弱敌方红外系统的效能,从而加强己方运用红外系统的能力。红外干扰技术分为两类:有源干扰和无源干扰。

图 16 - 24 舰艇远红外辐射图像

有源干扰包括红外干扰机和红外曳光弹两种。

红外干扰机主要由高功率红外辐射源和调制器组成,有强光灯、电热式红外源和喷油延燃式干扰机等多种类型,用以欺骗敌方红外制导导引头,使之跟踪目标混乱,如美国的 AN/ALQ - 144、144A 和 AN/ALQ - 147、147A。

红外闪光弹干扰是通过引爆红外闪光弹而施放红外干扰。发光材料是镁—铝—氧化铁、镁—亚硝酸钠—聚氧乙烯等混合物,可产生波长为 1.8 ~ 5.4 μm 的红外辐射(燃烧时间为 5 ~ 30 秒),形成假目标,欺骗红外制导导弹使其跟踪诱饵,如美国的 AN/ALA - 17(B - 52、FB - 111 轰炸机用)、MJU - 7B(F - 15 战斗机用)。具体应用如下:

由于红外线自导的导弹不发射电磁波,因此,对于被攻击的水面舰艇来说,事实上不可能判断红外线自导头处于正在搜索目标,或已经捕捉到了目标,或者正在跟踪中,作为水面舰艇的红外闪光弹的应用,就是依靠某种手段(例如依靠警戒雷达、红外线探测器探测导弹本身,或依靠雷达监视装置来探测导弹发射母体的火控系统雷达波)来发现来袭的导弹,及早地向威胁方向发射红外闪光弹,然后迅速地脱离危险区进行回避。这里当然还必须考虑风向、风速对吊在降落伞上的红外闪光弹的影响。

向威胁方向发射红外闪光弹,必须确保在导弹红外自导头范围内能产生假目标诱饵。如发射时间过早,则导弹到达探测目标的距离时,诱饵已飘出该范围以外了。因此,红外闪光弹的发射必须根据警戒人员的观察或导弹的航迹情报,按照认为确实可靠的时间间隔进行。

众所周知,红外线自导头的目标检测,有影像和非影像两种方式。非影像方式不是按影像来捕捉目标的,而是把目标高温部所产生的红外线能量作为点目标来捕捉自导的,因此放射出比目标高温部更大能量的红外闪光弹作为诱饵,可期待取得很大的效果。但是最近研制出来的影像方式是像电视机一样,把目标作为影像检测出来的。因此,与舰艇相比小得多的诱饵,作为假目标是很容易被识破排除的。

但是影像方式和非影像方式相比,自导头的结构复杂,成本也高。随着红外装载耦合技术的飞快发展,对舰导弹中的红外自导头的比重将越来越大。对付影像方式红外自导头,燃烧面积小的红外闪光弹作为电子干扰器材还是有效的。但必须要有能产生极强的红外能量的热源,这样才能在舰艇被探测到前来欺骗导弹的红外自导头。另外还必须研制不仅具有红外诱饵机能,而且还有着红外干扰机能的红外闪光弹。

无源干扰物体不辐射能量,而是利用干扰物体反射或吸收对方的红外辐射,手段有施放烟幕、投放箔条、隐身等。

烟幕干扰是利用红外穿透烟幕后其强度被衰减的特性,通过施放烟幕来改变介质的传输特性,简单、成本低,被广泛应用。

在目标上空投放箔条,类似于电子对抗中的投放干扰丝、干扰条,用以产生假目标进行欺骗干扰。

16.3.4　反红外探测技术的未来发展趋势

反红外探测技术的未来发展趋势主要体现在以下五个方面。

1. 红外伪装涂料和涂层

(1)在可见光、近中远红外波段范围内,未来的涂料和涂层的频谱性能都能与周围背景相适应,并具有防毫米波雷达和防化学沾染的效果。

(2)未来的涂料和涂层应具有合理的图案和表面组织特点。

(3)未来的涂料和涂层将成为目标热的重新设计的一个有机组成部分,从而与目标一体化。

2. 红外伪装网和遮障

(1)红外伪装网在中远红外波段的伪装性能与现在伪装网在可见光近红外波段上的伪装性能相同或更好,并具有良好的雷达伪装性能。

(2)在伪装有源的高温目标时,红外伪装网应与所需的热抑制器和散热器高度协调,并成为一个有机的整体。

(3)伪装衣的伪装效果应与现在光学伪装衣的光学、近红外伪装效果相同。

3. 红外隐身技术

红外隐身技术的发展趋势:一是新型隐身材料;二是全波段隐身技术。

(1)新型隐身材料

目前各国正在研制的新型隐身材料主要包括:手性材料、纳米隐身材料、导电高分子聚合物材料、陶瓷类吸收剂、盐类吸收剂、多晶铁纤维吸收剂、等离子吸波材料等。

(2)全波段隐身技术

全波段隐身技术,即要兼顾红外隐身、可见光隐身、激光隐身、雷达隐身。任何武器装备在交付使用前,自身都将具有良好的红外伪装性能,并考虑降低目标的雷达、激光、可见光、声、磁等特征,使目标具有综合的、整体的伪装性能。

4. 红外气溶胶

未来的红外气溶胶既具有多波段屏蔽性能,又具有多种作战用途和较小的副作用,其布撒、施放和成形器材应具有探测、告警、屏蔽与干扰的性能,并能连续大面积地形成红外气溶胶,成为整个防御系统的一个有机组成部分,这也是整个烟幕式武器的发展方向。

5. 红外假目标

(1)成像式热假目标不仅能对各种武器装备的红外特征进行逼真的模拟,而且还具有光学、激光、雷达等波段的欺骗性能。

(2)红外诱饵系统与目标一体化,与其他软硬防护手段一体化,从而成为整个目标和整个防御系统中的一个有机组成部分。最明显的方向是红外诱饵系统与烟幕等电子对抗手段一体化,从而成为机载、舰载和陆基的一体化电子战系统,这种一体化电子战系统能及时提供攻击告警,并能在整个电磁频谱范围内自动对抗威胁。

可以预计,“隐身性”将成为武器装备必不可少的战术技术性能之一,各种反隐身探测设备和系统也将装备部队,这是今后发展的必然趋势。反红外探测技术是隐身技术的一个方面,应与其他隐身技术整体协调综合地发展。

总之,随着科学技术的发展,反红外探测技术将向更高、更深、更广的领域进军,并将普遍应用于武器装备中。

第 17 章　舰船磁场隐身技术

17.1　概　　述

现代舰船一般用钢铁建造，舰船内的主机、辅机及各种设备、锚、舵、武备等也均是由钢铁建造，且分布在各个舵室内或甲板上。整个舰船形成了一个具有复杂结构的庞大的铁磁体。这种由强磁性材料所构成的钢壳舰船，建造和航行在地磁场中，受到了地磁场的磁化，使船体周围产生了舰船磁场，这种舰船磁场和地磁场同时存在，在局部空间形成了叠加于地磁场的附加磁场。这样便使本来均匀分布的地磁场，在船体附近的局部空间产生了畸变，现代的测磁技术能较容易的在空间单独测量出舰船所产生的磁场，即合成磁场减去地磁场，于是便有纯属船体本身产生的所谓舰船磁场的概念。

正是由于舰船磁场的存在和可测量，便产生了用于攻击或摧毁舰船的磁性水雷或感应水雷（现代水雷一般采用联合引爆装置，即磁、声、水压引信），显然要避免舰船遭到磁性水雷的攻击，必须减小或消除舰船磁场。因而便引出磁性隐身的概念，即如何使舰船磁场尽可能小或消除舰船磁场，从而使舰船遭受磁性水雷攻击的几率尽可能小或完全避免之。

了解舰船磁场特性是为了更好、更有效地消除舰船磁场，从而达到磁隐身的目的。要了解舰船磁场，掌握一定的测量技术是有必要的。因此，本章从舰船磁场特性、舰船消磁以及舰船磁场的测量等几个方面进行介绍。

17.2　舰船磁场特性

17.2.1　舰船磁场分量

一般而言，实际舰船总是对称的，且舰体内部铁磁物体为均匀分布的理想化的舰船。

为了描述舰船磁场，选定以下坐标：x 轴平行于艏艉线，以指向船艏为正（纵向），y 轴为径向（或对水面舰船平行于甲板面但垂直于艏艉线），以指向右舷为正（横向），z 轴与 xy 平面垂直，向下为正（垂向），见图 17 -1。按照地磁场对舰船不同方向所进行的磁化，可将舰船总磁性分为三部分：

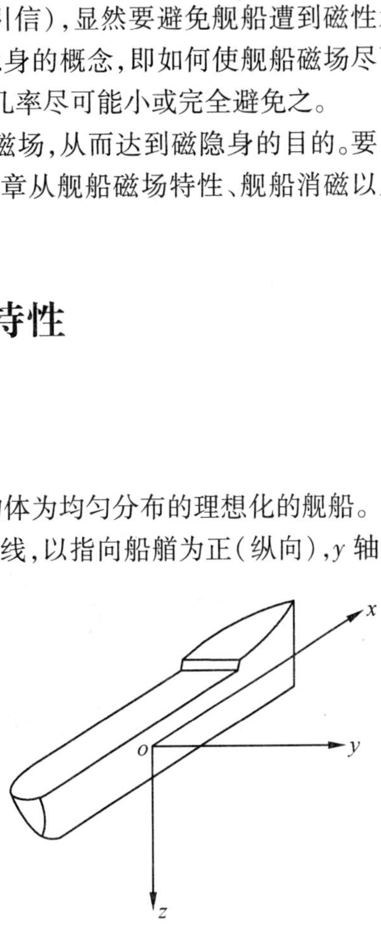

图 17 -1　舰船坐标系

舰船垂直磁性 —— 地磁场垂直分量 $\boldsymbol{Z}$ 作用于舰船而形成的磁性以 $\boldsymbol{T}_z$ 表示。

舰船纵向磁性 —— 地磁场水平分量沿舰船纵向的分量 $\boldsymbol{H}\cos\varphi$，作用于舰船而形成的磁性，以 $\boldsymbol{T}_x$ 表示，φ 为磁航向角（舰船航向与磁北方向之间的夹角）。

舰船横向磁场 —— 地磁场水平分量沿舰船横向

的分量 $\boldsymbol{H}\sin\varphi$,作用于舰船而形成的磁性,以 $\boldsymbol{T}_y$ 表示。

上述三种磁性都包括固定磁性与感应磁性两部分,分别以下标 p 和 i 表示:

$$\boldsymbol{T}_\Sigma = \boldsymbol{T}_x + \boldsymbol{T}_y + \boldsymbol{T}_z = \boldsymbol{T}_{px} + \boldsymbol{T}_{ix} + \boldsymbol{T}_{py} + \boldsymbol{T}_{iy} + \boldsymbol{T}_{pz} + \boldsymbol{T}_{iz} \tag{17-1}$$

即舰船磁性可用图 17 - 2 表示。

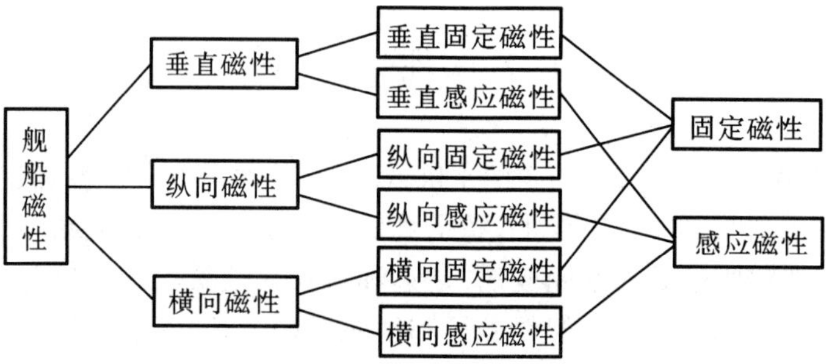

图 17 - 2 舰船磁性分解图

17.2.1.1 舰船垂直磁性磁场

它是由舰船垂直磁性产生的磁场。在北半球,$\boldsymbol{Z}$ 指向地心,故舰船磁化后龙骨为 N 极,甲板为 S 极,其磁力线分布如图 17 - 3 所示。

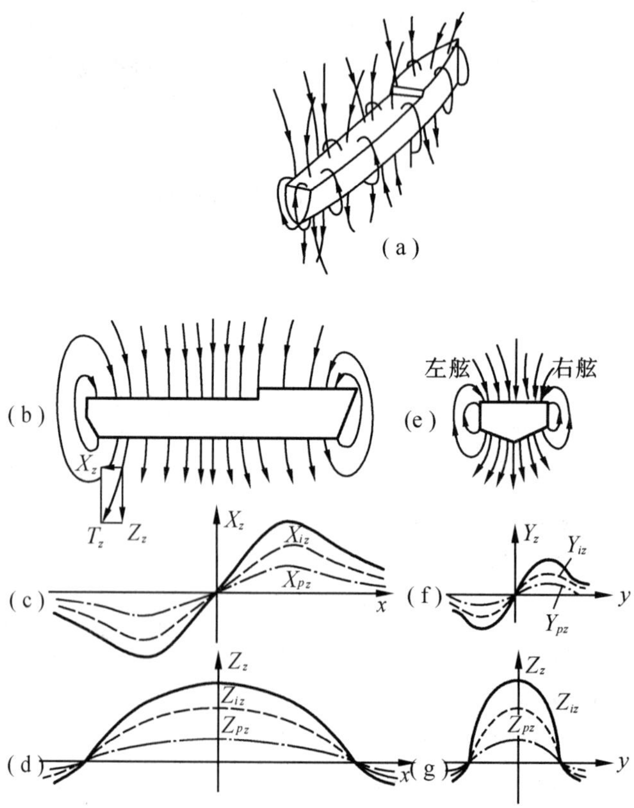

图 17 - 3 舰船垂直磁性磁场

舰船的垂直磁性磁场 $\boldsymbol{T}_z$ 不是舰船磁场的垂直分量，它是地磁场沿舰船垂直方向磁化时由舰船产生的附加磁场。因此，在空间任一点上舰船的垂直磁性磁场 $\boldsymbol{T}_z$ 都可以分解为三个分量 $\boldsymbol{X}_z$、$\boldsymbol{Y}_z$、$\boldsymbol{Z}_z$，每个分量又包括感应磁性和固定磁性两部分，所以

$$\boldsymbol{T}_z = \boldsymbol{X}_z + \boldsymbol{Y}_z + \boldsymbol{Z}_z = \boldsymbol{X}_{pz} + \boldsymbol{X}_{iz} + \boldsymbol{Y}_{pz} + \boldsymbol{Y}_{iz} + \boldsymbol{Z}_{pz} + \boldsymbol{Z}_{iz} \tag{17-2}$$

式中　$\boldsymbol{X}_z$—— 为舰船垂直磁性磁场的纵向分量；

$\boldsymbol{Y}_{pz}$—— 为舰船固定垂直磁性磁场的横向分量；

$\boldsymbol{Z}_{iz}$—— 为舰船的感应垂直磁性磁场的垂直分量，余类推。

图 17 - 3 是在北半球 $\boldsymbol{Z}$ 为正的地区建造并航行在该地区舰船的情况。如果舰船在南半球建造，则磁化方向相反，$\boldsymbol{X}_{pz}$、$\boldsymbol{Y}_{pz}$、$\boldsymbol{Z}_{pz}$ 均将反号。

舰船的感应垂直磁性磁场与舰船所在航区的地磁垂直分量有关，在舰船外部任一空间点有

$$\boldsymbol{T}_{iz} = \boldsymbol{K}_z\boldsymbol{Z} \tag{17-3}$$

式中 $\boldsymbol{K}_z = \boldsymbol{K}_z(x,y,z)$，$Z$ 为地磁场垂直分量。

由式(17 - 2)可知，$\boldsymbol{X}_{iz}$、$\boldsymbol{Y}_{iz}$、$\boldsymbol{Z}_{iz}$ 都正比于地磁场垂直分量。例如，舰船由磁赤道向北航行时，$\boldsymbol{T}_{iz}$ 及其分量都将由零逐渐增加到最大。

由图 17 - 3 可见，在舰体艏艉面内 $\boldsymbol{X}_z$ 和 $\boldsymbol{Z}_z$ 都出现最大值。$\boldsymbol{X}_z$ 的纵向特性具有一正一负与舰体中剖面成反对称的波形，在中剖面上 $\boldsymbol{X}_z = 0$，而舰体艏艉附近出现最大绝对值。$\boldsymbol{Z}_z$ 的纵向特性在舰船中剖面的龙骨下方取得最大值，且向舰体艏艉逐渐减小成负值。在对称舰船的艏艉面上，垂直磁性磁场的横向分量为零。

17.2.1.2　舰船纵向磁性磁场

它是舰船纵向磁性所产生的磁场，其磁力线分布如图 17 - 4 所示。图为舰首朝南建造的情形。

与 $\boldsymbol{T}_z$ 类似，舰船纵向磁性磁场 $\boldsymbol{T}_x$ 也可以分解为三个分量 $\boldsymbol{X}_x$、$\boldsymbol{Y}_x$、$\boldsymbol{Z}_x$，每个分量也有固定、感应两个部分，故有

$$\begin{aligned}\boldsymbol{T}_x &= \boldsymbol{X}_x + \boldsymbol{Y}_x + \boldsymbol{Z}_x \\ &= \boldsymbol{X}_{px} + \boldsymbol{X}_{ix} + \boldsymbol{Y}_{px} + \boldsymbol{Y}_{ix} + \boldsymbol{Z}_{px} + \boldsymbol{Z}_{ix}\end{aligned} \tag{17-4}$$

由于舰船的固定纵向磁性磁场 $\boldsymbol{T}_{px}$ 与建造时地磁沿其纵向的分量 $\boldsymbol{H}\cos\varphi$ 密切相关，因此，在不同地点不同方向建造的舰船固定纵向磁场都是不同的。

在舰体外部任一空间点上，舰船的感应纵向磁性磁场

$$\boldsymbol{T}_{ix} = \boldsymbol{K}_x\boldsymbol{H}\cos\varphi \tag{17-5}$$

式中 $\boldsymbol{K}_x = \boldsymbol{K}(x,y,z)$。由此可知，$\boldsymbol{X}_{ix}$、$\boldsymbol{Y}_{ix}$、$\boldsymbol{Z}_{ix}$ 既决定于舰船的航向，又决定于航行纬度区。航向北时可获得最大值，这时 $\boldsymbol{Z}_{ix}$ 在艏部为正，艉部为负。航向转向东或西时，各值逐渐减小至零。

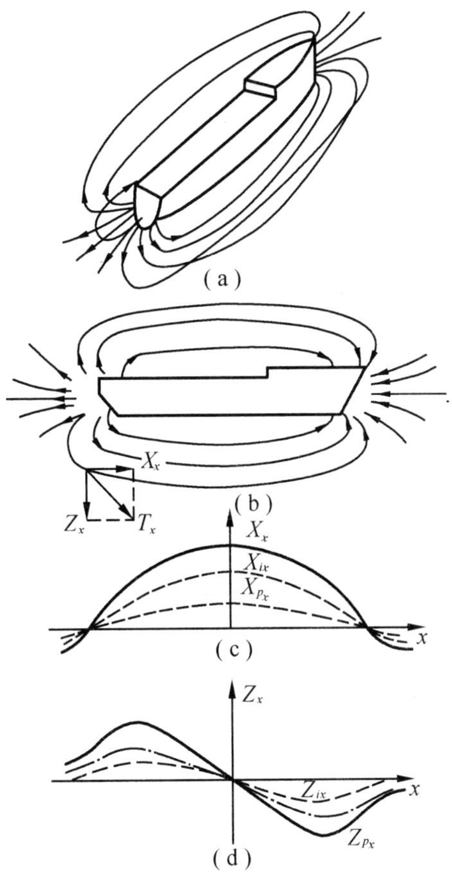

图 17 - 4　舰船纵向磁性磁场

舰船 $\boldsymbol{X}_x$ 分量的纵向特性在舰船中剖面龙骨下方取得最大绝对值,向艏艉则逐渐减小。$\boldsymbol{Z}_x$ 分量的纵向特性则以舰船上剖面形成反对称,在艏艉面上 $Y_x = 0$。

17.2.1.3 舰船横向磁性磁场

它是舰船横向磁性所产生的磁场,其磁力线分布如图 17 - 5 所示。图中给出了在东航向建造并向东航行的舰船的 $\boldsymbol{Y}_y$ 和 $\boldsymbol{Z}_y$ 横向特性。

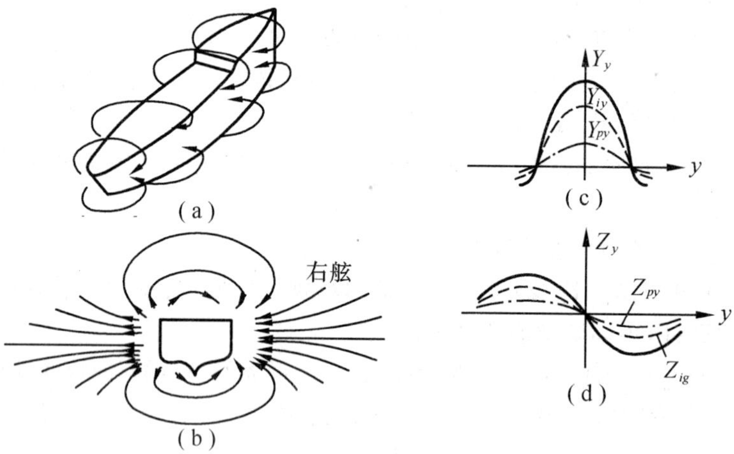

图 17 - 5 舰船横向磁性磁场

同理,$\boldsymbol{T}_y$ 也可分解为

$$\boldsymbol{T}_y = \boldsymbol{X}_y + \boldsymbol{Y}_y + \boldsymbol{Z}_y = \boldsymbol{X}_{py} + \boldsymbol{X}_{iy} + \boldsymbol{Y}_{py} + \boldsymbol{Y}_{iy} + \boldsymbol{Z}_{py} + \boldsymbol{Z}_{iy} \tag{17-6}$$

固定横向磁性磁场的大小和方向与地磁水平分量的大小和舰船在建造期间的方向有密切关系。

舰体外任一点的感应横向磁性磁场 $\boldsymbol{T}_{iy}$ 由下式决定

$$\boldsymbol{T}_{iy} = K_y H \sin\varphi \tag{17-7}$$

式中,$K_y = K_y(x,y,z)$。$\boldsymbol{T}_{iy}$ 将随航区及航向作相应的变化。

由图 17 - 5 还可以看到 $\boldsymbol{X}_y$ 和 $\boldsymbol{Z}_y$ 在舰船艏艉面内都等于零。

17.2.2 舰船磁场的分布特性

前面分析了舰船各磁性磁场诸分量及其特点。现研究舰船总磁场沿纵向和垂向分量 $\boldsymbol{H}_x$ 和 $\boldsymbol{H}_z$ 的纵向特性和 $\frac{\partial \boldsymbol{H}_x}{\partial t}$ 和 $\frac{\partial \boldsymbol{H}_z}{\partial t}$ 的通过特性。这是水雷磁引信和电磁扫雷具设计所关心的问题。

在舰船周围的任一空间点上,舰船总磁性磁场 $\boldsymbol{T}_\Sigma$ 可由(17 - 2)、(17 - 4)、(17 - 6)式相加得出,即

$$\begin{aligned}\boldsymbol{T}_\Sigma &= \boldsymbol{T}_x + \boldsymbol{T}_y + \boldsymbol{T}_z \\ &= \boldsymbol{X}_x + \boldsymbol{Y}_x + \boldsymbol{Z}_x + \boldsymbol{X}_y + \boldsymbol{Y}_y + \boldsymbol{Z}_y + \boldsymbol{X}_z + \boldsymbol{Y}_z + \boldsymbol{Z}_z \\ &= (\boldsymbol{X}_{px} + \boldsymbol{X}_{ix} + \boldsymbol{X}_{py} + \boldsymbol{X}_{iy} + \boldsymbol{X}_{pz} + \boldsymbol{X}_{iz})\boldsymbol{i} + (\boldsymbol{Y}_{px} + \boldsymbol{Y}_{ix} + \boldsymbol{Y}_{py} + \boldsymbol{Y}_{iy} + \boldsymbol{Y}_{pz} + \boldsymbol{Y}_{iz})j + \\ &\quad (\boldsymbol{Z}_{px} + \boldsymbol{Z}_{ix} + \boldsymbol{Z}_{py} + \boldsymbol{Z}_{iy} + \boldsymbol{Z}_{pz} + \boldsymbol{Z}_{iz})\boldsymbol{k} \\ &= \boldsymbol{H}_x \cdot i + \boldsymbol{H}_y \cdot j + \boldsymbol{H}_z \cdot k\end{aligned} \tag{17-8}$$

式中，$\boldsymbol{H}_x = \boldsymbol{X}_{px} + \boldsymbol{X}_{ix} + \boldsymbol{X}_{py} + \boldsymbol{X}_{iy} + \boldsymbol{X}_{pz} + \boldsymbol{X}_{iz}$

$\boldsymbol{H}_y = \boldsymbol{X}_{px} + \boldsymbol{X}_{ix} + \boldsymbol{X}_{py} + \boldsymbol{X}_{iy} + \boldsymbol{X}_{pz} + \boldsymbol{X}_{iz}$

$\boldsymbol{H}_z = \boldsymbol{X}_{px} + \boldsymbol{X}_{ix} + \boldsymbol{X}_{py} + \boldsymbol{X}_{iy} + \boldsymbol{X}_{pz} + \boldsymbol{X}_{iz}$

$\boldsymbol{H}_x$、$\boldsymbol{H}_y$、$\boldsymbol{H}_z$ 分别称为舰船磁场的纵向分量、横向分量和垂直分量，它们各由六个分量相加而成。

17.2.2.1　舰船磁场纵向分量的分布特性

为了简化起见，只分析舰船艏艉面的情况。在舰船艏艉面内，X_{py} 和 X_{iy} 都等于零，故

$$\boldsymbol{H}_x = \boldsymbol{X}_{px} + \boldsymbol{X}_{ix} + \boldsymbol{X}_{pz} + \boldsymbol{X}_{iz} \tag{17-9}$$

根据前面分析的 $\boldsymbol{X}_{px}$、$\boldsymbol{X}_{ix}$、$\boldsymbol{X}_{pz}$ 和 $\boldsymbol{X}_{iz}$ 纵向特性的一般形状以及它们随航区和航向的变化，便可以对 $\boldsymbol{H}_x$ 进行研究。

1. $\boldsymbol{H}_x$ 的纵向特性

图 17-6(a)、(b) 和图 17-7(a)、(b) 作出了一艘在东(或西) 航向上建造的舰船在北航向和东航向航行时 $\boldsymbol{H}_x$ 的纵向特性。图 17-6 是舰船位于高纬度的情况，图 17-7 是位于磁赤道的情况。从图中可见，由于在不同航向上舰船的纵向磁化不同，因此，即使在同一地区，舰船磁场分量也是不同的。在舰体艏艉面上的某点的舰船磁场纵向分量 $\boldsymbol{H}_x$ 在相差 90° 的两主要航向(主要航向是指磁北、磁东、磁南、磁西) 上的差值称为该点舰船磁场纵向分量 $\boldsymbol{H}_x$ 的纵向航向差，显然它就是舰船感应纵向磁性磁场的纵向分量 $\boldsymbol{X}_{ix}$。

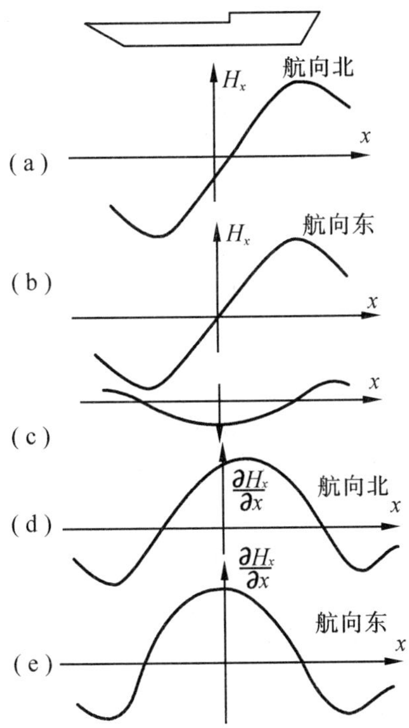

图 17-6　艏舰面内舰船磁场纵向分量 $\boldsymbol{H}_x$ 及其梯度 $\frac{\partial \boldsymbol{H}_x}{\partial \boldsymbol{x}}$ 的纵向特性(舰船在东或西航向建造，在高纬度区航行)

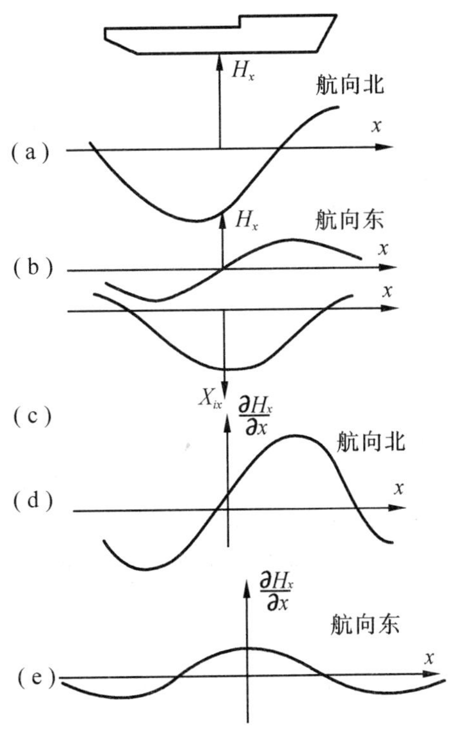

图 17-7　艏舰面内舰船磁场纵向分量 $\boldsymbol{H}_x$ 及其梯度 $\frac{\partial \boldsymbol{H}_x}{\partial \boldsymbol{x}}$ 的纵向特性(舰船在东或西航向建造，在磁赤道区航行)

$\boldsymbol{H}_x$ 的纵向特性的波形通常具有正、负峰各一个。因为对于在不同地区、不同航向上建造并以不同航向在不同地区航行的各舰船，组成其 $\boldsymbol{H}_x$ 分量的各量($\boldsymbol{X}_{px}$，$\boldsymbol{X}_{ix}$，$\boldsymbol{X}_{pz}$ 和 $\boldsymbol{X}_{iz}$)之间的比例关系和符号正负都不同，因此，对于 $\boldsymbol{H}_x$ 的纵向特性曲线中的波峰位置和 $\boldsymbol{H}_x=0$ 的位置很难下一个统一的结论。它们的位置必须根据各分量的相互关系对其进行具体分析后才能确定。一般说，在高纬区(地磁 $\boldsymbol{Z}$ 较大，$\boldsymbol{H}$ 较小)建造且在高纬区航行的舰船，由于 X 较大而 $\boldsymbol{X}_x$ 较小，因此，$\boldsymbol{H}_x=0$ 的点多出现在舰船中部附近，而 H_x 的两个峰值则多出现在艏艉附近(见图 17－6a、b)。但对于在低纬区建造且在低纬区航行的舰船，情况就不同了。这时，与高纬区相比，$\boldsymbol{X}_z$ 减小，$\boldsymbol{X}_x$ 增大，而 $\boldsymbol{X}_x$ 将随航向发生较大的变化。因此，在舰体中部附近既可能出现 $\boldsymbol{H}_x=0$，也可能出现 $\boldsymbol{H}_x$ 的峰值。

2. $\frac{\partial \boldsymbol{H}_x}{\partial x}$ 的纵向特性和 $\frac{\partial \boldsymbol{H}_t}{\partial t}$ 的通过特性

图 17－6(d)、(e)和图 17－7(d)、(e)分别给出了在高纬区和磁赤道以北航向或东航向航行的舰船的 $\frac{\partial \boldsymbol{H}_x}{\partial x}$ 的纵向特性。

不论在高纬区或低纬区，$\frac{\partial \boldsymbol{H}_x}{\partial x}$ 的纵向特性一般具有正负交替的三个峰值。通常在舰艏前方或其附近出现第一个峰值，在舰船中部附近出现与第一个峰值异号的第二个峰值，而在舰艉附近或其后方出现与第一个峰值同符号的第三个峰值。一般来说，第二个峰的绝对值较大。

由于

$$\frac{\partial \boldsymbol{H}_x}{\partial t}=\frac{\partial \boldsymbol{H}_x}{\partial x}\cdot\frac{\partial \boldsymbol{H}_x}{\partial t}=\frac{\partial \boldsymbol{H}_x}{\partial x}\cdot v \tag{17-10}$$

式中 v 为舰船航速，是常量。因此，$\frac{\partial \boldsymbol{H}_x}{\partial x}$ 的纵向特性和 $\frac{\partial \boldsymbol{H}_x}{\partial t}$ 的通过特性有完全相似的波形。

17.2.2.2 舰船磁场垂直分量 $\boldsymbol{H}_z$ 的分布特性

在舰船艏艉面内，由于 $\boldsymbol{Z}_y=0$，所以

$$\boldsymbol{H}_z=\boldsymbol{Z}_{px}+\boldsymbol{Z}_{ix}+\boldsymbol{Z}_{pz}+\boldsymbol{Z}_{iz} \tag{17-11}$$

根据 $\boldsymbol{Z}_{px}$、$\boldsymbol{Z}_{ix}$、$\boldsymbol{Z}_{pz}$ 和 $\boldsymbol{Z}_{iz}$ 纵向特性的一般形状以及它们随航区和航向的变化，就可对 $\boldsymbol{H}_z$ 进行分析。

1. $\boldsymbol{H}_z$ 的纵向特性

图 17－8(a)、(b)和图 17－9(a)、(b)给出了一艘在东(或西)航向上建造的舰船在北航向和东航向上的 $\boldsymbol{H}_z$ 的纵向特性。图 17－8 和图 17－9 分别为舰船位于高纬度和磁赤道的情况。两图的 c 为对应地区 $\boldsymbol{H}_z$ 的纵向航向差 $\boldsymbol{Z}_{ix}$。

与 $\boldsymbol{H}_x$ 相似，各舰船 $\boldsymbol{H}_z$ 的各分量之间的比例关系和符号正负也是不同的，很难得出关于 $\boldsymbol{H}_z$ 纵向特性波峰位置的统一结论。一般说，在北半球高纬区建造并在该区航行的舰船，$\boldsymbol{Z}_x$ 的强度及纵向航行差 $\boldsymbol{Z}_{ix}$ 均较小。这时，在舰船下方的大部分区域都是正值，且峰值出现在舰船中部附近图 17－8(a)、(b)。在低纬区建造和航行的舰船，由于 $\boldsymbol{Z}_x$ 的强度较大，因此，$\boldsymbol{H}_z$ 的纵向特性曲线的峰值位置随航向变化较大。但对于在北半球建造且在北半球航行的舰船，在舰船下方都会出现峰值。

2. $\frac{\partial \boldsymbol{H}_x}{\partial x}$ 的纵向特性和 $\frac{\partial \boldsymbol{H}_z}{\partial z}$ 的通过特性

图 17－8(d)、(e)和图 17－9(d)、(e)中分别绘出了高纬区和磁赤道以北航向或东航向

航行的舰船的$\frac{\partial \boldsymbol{H}_z}{\partial x}$纵向特性，它具有正负交替的两个峰值，峰值一般出现在舰船的首尾附近。

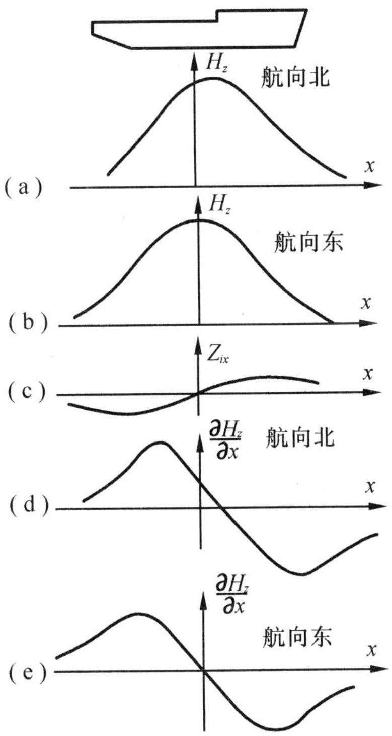

图 17－8　艏舰面内舰船磁场纵向分量 $\boldsymbol{H}_z$ 及其梯度$\frac{\partial \boldsymbol{H}_x}{\partial x}$的纵向特性（舰船在东或西航向建造，在高纬度区航行）

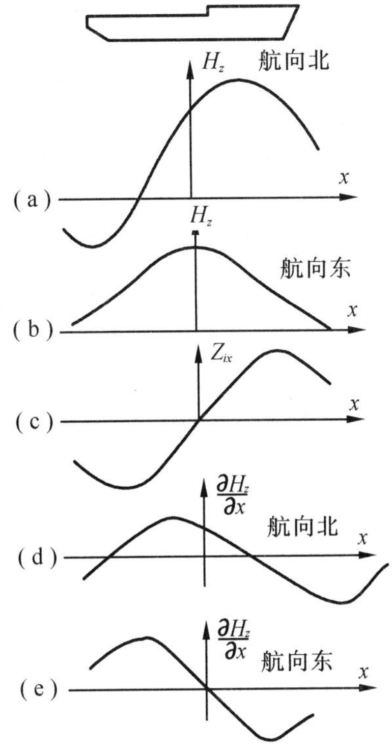

图 17－9　艏舰面内舰船磁场纵向分量 $\boldsymbol{H}_z$ 及其梯度$\frac{\partial \boldsymbol{H}_z}{\partial x}$的纵向特性（舰船在东或西航向建造，在磁赤道区航行）

显然，$\frac{\partial \boldsymbol{H}_z}{\partial x}$通过特性曲线的形状与$\frac{\partial \boldsymbol{H}_z}{\partial x}$纵向特性曲线的形状相同。

以上分析虽只是在舰船艏艉面内舰船磁场 $\boldsymbol{H}_x$、$\boldsymbol{H}_z$、$\frac{\partial \boldsymbol{H}_x}{\partial x}$、$\frac{\partial \boldsymbol{H}_z}{\partial x}$的纵向特性$\frac{\partial \boldsymbol{H}_x}{\partial t}$和$\frac{\partial \boldsymbol{H}_z}{\partial t}$、的通过特性曲线的一般规律，但测量和计算的结果表明，这些结论也适用于距艏艉面有一定正横距离的地方。

上述特性分析，是以往确定具有单轴磁传感器的水雷静磁引信和动磁引信的工作制度和动作参数的主要依据之一。例如利用舰船磁场强度绝对值而动作的静磁引信一般利用 $\boldsymbol{H}_z$。这是因为在舰船下方（在高纬度区一般都在中部下方）$\boldsymbol{H}_z$ 出现最大值，利用 $\boldsymbol{H}_z$ 的绝对值动作的静磁引信就可在舰船下方引爆水雷击中要害。若静磁引信利用 $\boldsymbol{H}_x$ 的绝对值动作，则有可能使水雷在舰艏或舰艉附近爆炸，减弱了破坏作用。又如利用舰船磁场强度对时间的变化率而动作的动磁引信一般都利用$\frac{\partial \boldsymbol{H}_x}{\partial t}$，因为$\frac{\partial \boldsymbol{H}_x}{\partial t}$在舰船下方（且多数情况为舰船中部下方）有最大值。有的动磁引信采用两次异号脉冲工作制，它就是根据舰船磁场$\frac{\partial \boldsymbol{H}_x}{\partial t}$的通过特性在舰艏附近和舰船中部下方各出现一次峰值且符号相反的特点而确定的,这种工作制对抗水中爆炸干扰也很有效。

17.2.3 舰船磁场的频谱特性

一般而言,水雷磁引信主要利用舰船磁场的空间特性和时域特性而工作。为了进一步利用舰船磁场进行目标识别,还需要研究舰船磁场的频域特性。对舰船磁场的通过特性进行快速傅立叶变换(FFT),即可获得舰船磁场的频谱特性。通过对若干艘舰船磁场的频谱特性的统计分析,可将舰船磁场频域的特征归纳如下。

1. 舰船磁场的频率成分属极低频范围,一般为 0.004 ~ 1.00 Hz,中低速时上限不超过 0.05 Hz,高速时,上限约为 1 Hz。在龙骨下,$\boldsymbol{H}_x$、$\boldsymbol{H}_z$ 分量的频率成分相近,能量较多,占据主要地位;$\boldsymbol{H}_y$ 分量带宽较窄,能量较少,占据次要地位。随着正横距离的增加,$\boldsymbol{H}_y$ 所占的比重有所增加,而 $\boldsymbol{H}_x$、$\boldsymbol{H}_z$ 所占的比重有所减少。

2. 当水深不变,在低速时,舰船磁场的频率成分较少,带宽较窄,谱峰在低频方向。随着航速的增加,带宽变宽,出现多个谱峰,且向高频方向扩展。

17.3 舰船消磁技术

17.3.1 舰船消磁概述

舰船消磁是对舰船磁场进行抵消和补偿的统称,所谓抵消,系指舰船磁场通过强大电流进行磁性处理,从某种初始状态变化到另一种预期状态,或是尽可能接近于零状态。补偿则是指对舰船磁场进行中和的措施,它可以在舰船上安装消磁线圈,产生线圈磁场进行中和,也可通过临时线圈磁性处理,产生固定磁场进行中和。

舰船消磁的目的,主要从舰船磁隐身的角度考虑。由于舰船磁性磁场的存在,威胁到舰船的航行安全,此外,装有高灵敏度磁性探测器的飞机在高空也能探测出水下的潜艇,使其丧失隐蔽性。为了减少(或消除)舰船遭受磁性水雷、鱼雷和其他水中兵器的攻击和防止空中磁性探测,因而采取一种防御性措施 —— 舰船消磁。

从磁隐身角度而言,舰船消磁的主要任务是设法减小舰船磁性,力求使舰船磁性磁场及舰船磁场梯度减小到最低程度,从而提高舰船磁性防护能力。

17.3.2 舰船消磁方法

舰船消磁通常有两种方法,即临时线圈消磁法、固定绕组消磁法。

17.3.2.1 临时线圈消磁法

临时线圈消磁法按消磁原理又分为一般消磁法和综合消磁法。一般消磁法利用直流电流在各消磁线圈中产生的磁场分别处理舰船磁场的各个分量;综合消磁法则是利用交变衰减的电流和直流电流在不同的线圈中同时作用于舰船,使舰船磁场各个分量同时得到综合的处理。

1. 一般消磁法

用临时纵向线圈通以短时的直流电流消除 $\boldsymbol{Z}_{px}$ 的方法称为纵向消磁法，如图 17 – 10 所示。

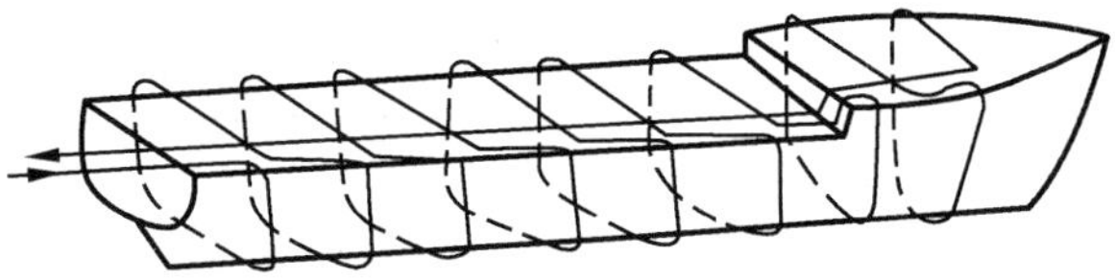

图 17 – 10　纵向消磁法

用临时舷侧线圈通以短时的直流电流消除 $\boldsymbol{Z}_{py}$ 的方法称为横向消磁法，如图 17 – 11 所示。

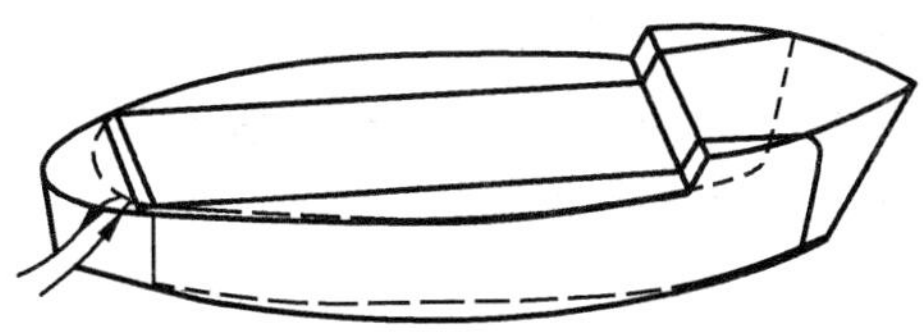

图 17 – 11　横向消磁法

用临时水平线圈通以短时的直流电流消除 $\boldsymbol{Z}_z$ 的方法称为垂直消磁法，如图 17 – 12 所示。

上述三种方法统称一般消磁法。舰船在消磁前，需先进行原始磁场的测量和分析计算，以确定应采用什么方法消磁，是采用某一种、某两种或三种全用，但均应按先横向、纵向，后垂直的顺序依次进行。每个分量通电处理过程，一般是先进行磁场颠倒，然后再把颠倒后的磁场抵消到标准内。

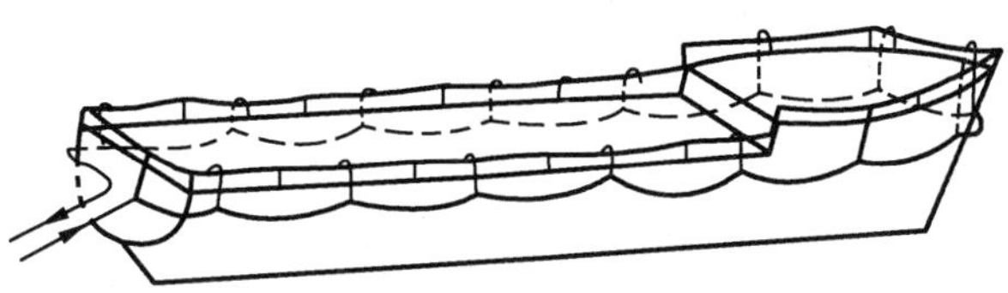

图 17 – 12　垂直消磁法

有时舰艇某些部位上铁磁物质很集中，或舰艇因改装修理引起某部位的磁场变化太大，或在一般垂直消磁中各测量点的磁场变化效率不同等，均要采用局部消磁以抵消舰艇的某些局部磁场。局部消磁主要有局部垂直消磁、局部纵向消磁、局部特殊纵向消磁和局部横向消磁。除局部垂直消磁采用水平线圈提缆或放缆的办法外，其余均采用局部线圈通电消磁，原理与一般消磁法相同。

2. 综合消磁法

在铁磁材料实验中，用一个振幅逐渐衰减到零的交变磁场作用于铁磁材料试品，当没有其他恒定磁场作用时，则铁磁材料将被退磁；若还存在直流恒定磁场时，则在该磁场方向上将得到较强的磁化结果。综合消磁法就是利用这个原理进行舰艇消磁的。临时线圈消磁主要是处理 $\boldsymbol{Z}_z$、$\boldsymbol{Z}_{px}$、$\boldsymbol{Z}_{py}$，对于 $\boldsymbol{Z}_{px}$、$\boldsymbol{Z}_{py}$，利用交变磁场的退磁作用就行了，而 $\boldsymbol{Z}_z$ 分量是 $\boldsymbol{Z}_{pz}$ 与 $\boldsymbol{Z}_{iz}$ 之和，必须有一个直流恒定磁场产生一 $\boldsymbol{Z}_{pz}$ 使之与 $\boldsymbol{Z}_{iz}$ 相抵消，再加上交变磁场的退磁作用，才能消除 $\boldsymbol{Z}_z$。因此，综合消磁是要在 x、y 方向不存在恒定直流磁场，z 方向上存在一个适当的恒定直流磁场的条件下,在舰船上作用一个振幅逐渐衰减到零的交变磁场来进行的。交变磁场的作用方向可以是任意的,但一般均在 x 方向上。

综合消磁法至少需绕三组线圈,如图 17 - 13 所示。通常是在南(或北)航向上进行,在 y 方向上没有地磁场作用,不必采取措施;而 x 方向有地磁场 H 的作用,需绕一纵向线圈,使其产生一补偿 H 的磁场,达到 x 方向上无恒定磁场的程度,该线圈称为纵向补偿线圈;在 z 方向,有地磁场 Z 的作用,为了消除 Z_z,需绕一水平线圈,产生一 Z_{pz} 以抵消 Z_{iz},该线圈称为水平补偿线圈;另外还需绕一组产生交变磁场的线圈(一般绕成纵向线圈),称为工作线圈。工作线圈和纵向线圈绕在一起,形式与一般消磁法的纵向线圈一样,水平补偿线圈则与一般消磁法的水平线圈一样。

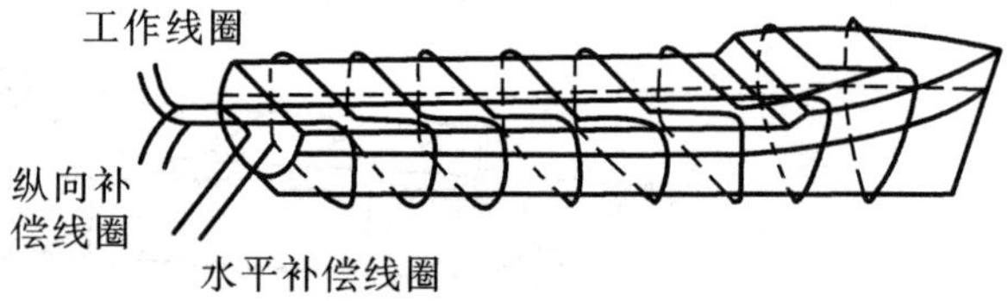

图 17 - 13　综合消磁法

工作线圈也由直流电源供电,由人工或自动控制,使其振幅交变衰减,如图 17 - 14 所示,具体要求如下:

(1) 最大振幅应尽量大些,目前我国在综合消磁中,最大电流为2 500 ~ 5 000 A;

(2) 正负相间,每次衰减 50 ~ 100 A,最后一个振幅应小于纵向补偿线圈电流数值;

(3) 每次脉冲通电 5 s 左右,断电 10 ~ 15 s。

舰艇消磁,特别是首次消磁(包括安装消磁装置的舰艇),一般均采用综合消磁法,以求获得满意的效果。

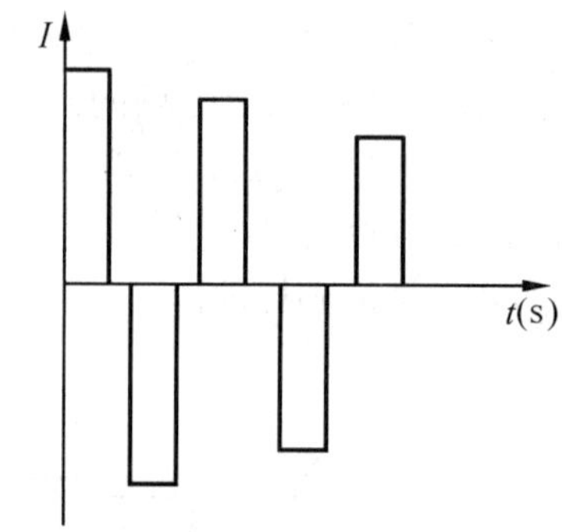

图 17 - 14　交变电流振幅

17.3.2.2　固定绕组消磁法

固定绕组是固定安装在舰船内部的消磁绕组,它与供电机组和控制仪器共同组成消磁装置。

1. 消磁绕组的分类

(1) 主绕组

主绕组在舰船内水平布设,如图 17 - 15 所示,用以补偿舰船垂直磁性磁场,符号为 ZH。

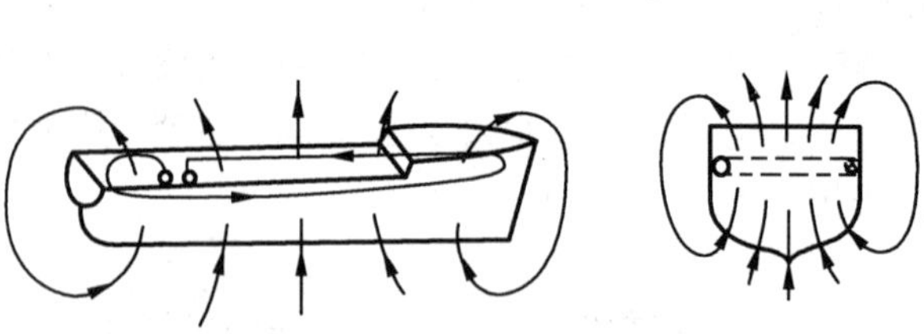

图 17 - 15　主绕组

(2) 航向肋骨绕组和航向水平绕组

舰船纵向磁性磁场可用航向肋骨绕组来补偿,如图 17 - 16 所示,符号为 HL。

有些舰船不采用航向肋骨绕组而采用航向水平绕组,如图 17 - 17 所示,符号为 HP,用

以补偿 Z_{ix}。显然，其效果不如 HL。

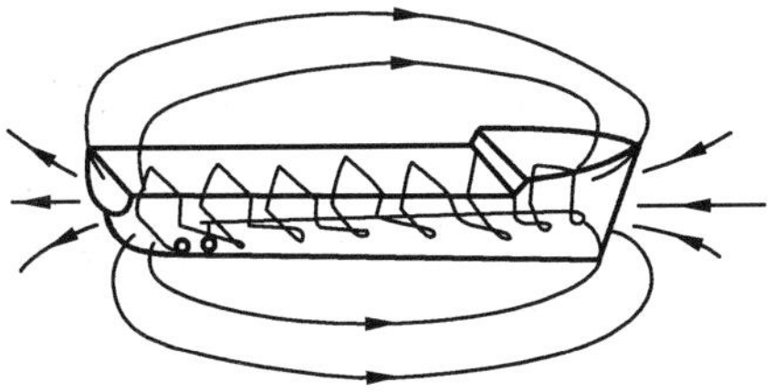

图 17 - 16　航向肋骨绕组

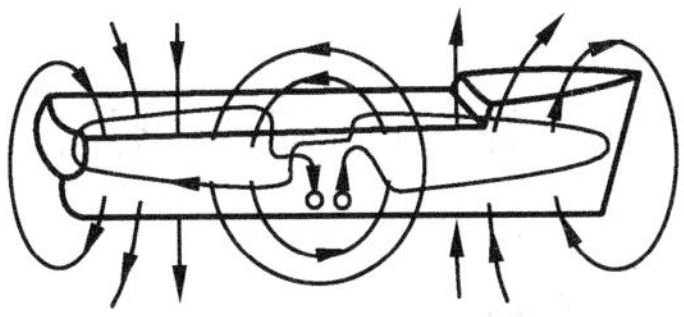

图 17 - 17　航向水平绕组

(3) 航向舷侧绕组

航向舷侧绕组用来补偿舰船横向磁性磁场，符号为 HZ，如图 17 - 18 所示。

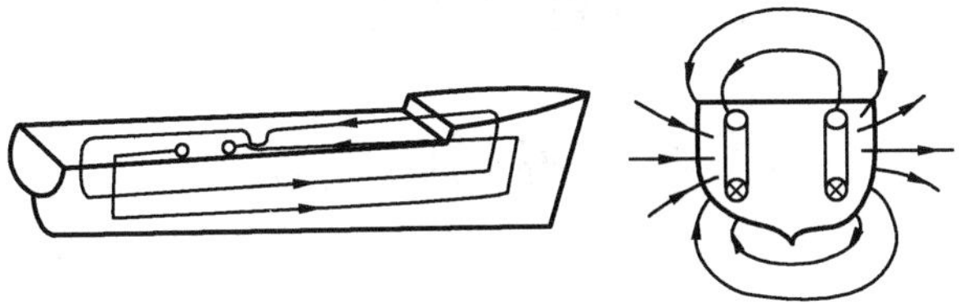

图 17 - 18　航向舷侧绕组

(4) 轻型绕组

上述三种基本绕组中，主绕组的安匝数往往是最多的，为了减少消磁绕组的重要和电能的消耗，在一些小型舰船上采用轻型绕组来代替主绕组。

$\mathbf{Z}_z$ 与地磁场成直线关系，其中 $\mathbf{Z}_{pz}$ 不随地磁场变化，而 $\mathbf{Z}_{iz}$ 与地磁场垂直分量 Z 成正比，如图17 - 19 所示。

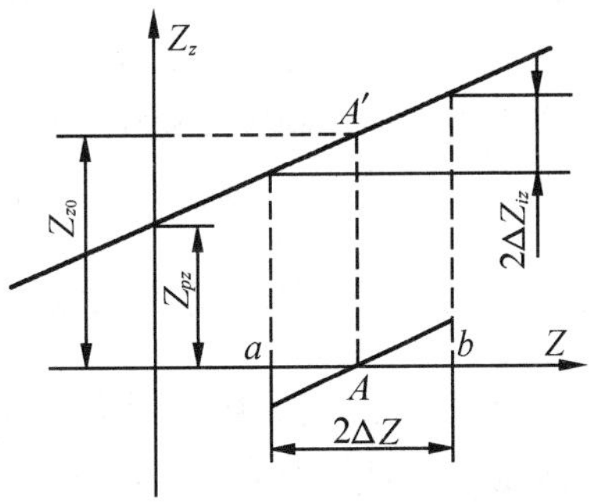

图 17 - 19　轻型绕组的原理

由于小型舰船的航行区域较小，因而其 $\mathbf{Z}_{iz}$ 变化范围也较小，可以看成在 $\mathbf{Z}_{z0}$ 的基础上有 $\pm\Delta\mathbf{Z}_{iz}$ 的变化量(如图 17 - 19 的 $a \sim b$)。这样，$\mathbf{Z}_{z0}$ 中所包含的一部分与 Z 成正比的感应分量 $\mathbf{Z}_{iz}$，可以看成是相对不变的。如果先用临时线圈消磁法消除 $\mathbf{Z}_{z0}$(即将图 17 - 19 中的 A' 点消到 A 点)，再用消磁绕组补偿随 Z 而变化的 $\pm\Delta\mathbf{Z}_{iz}$，那么，主绕组就可不必补偿 $\mathbf{Z}_z$ 而只补偿 $\Delta\mathbf{Z}_{iz}$，这样安匝数可大为减少，这就是轻型绕组的基本原理。

轻型绕组的布设方式与主绕组相似。

为了使消磁绕组磁场的补偿效果良好，还必须适当选择各绕组的布设方式、区段划分和布设位置。

2. 消磁绕组的调整

实际使用时,需对消磁绕组进行电流调整和安匝调整,以期获得良好的消磁效果。

(1) 电流调整

电流调整是指当舰船磁场感应分量随舰船航行纬度和航向变化时,对消磁绕组中的电流进行调整,故又称为纬度调整和航向调整。

主绕组是补偿舰船垂直磁性磁场的,由于 Z_z 与航向无关,故主绕组只进行纬度调整。

舰船的 Z_{ix} 和 Z_{iy} 随航向和纬度而变化,因此,航向肋骨绕组(或航向水平绕组)和航向舷侧绕组的电流,既需要纬度调整,也需要航向调整。

(2) 安匝调整

安匝调整是指绕组磁场分布曲线不能良好地补偿舰船磁场分布曲线时所进行的调整。通常对新造舰船要进行首次安匝调整,在航后,则定期或根据需要进行。安匝调整要在消磁站进行。

必须指出,对舰船实行消磁只能在一定程度上提高舰船对各种磁性水雷的防护能力,不能从根本上免除舰船遭受磁性水雷损伤的可能性。

17.4 舰船磁场测量

17.4.1 概述

舰船结构和形体复杂,装有大量带铁磁性的机件、军械等,磁化是不均匀的。舰船消磁后,其磁化情况更为复杂。因此,舰船磁场分布的原始资料只能靠实际测量获得。

舰船磁场测量对于舰船消磁绕组设计,舰船磁性处理以及关于磁性防护性能的研究有着直接的意义。舰船磁场的测量结果是设计消磁线圈,确定消磁方法,检查消磁效果和检验舰船是否符合消磁标准的依据,舰船磁场测量对水中兵器设计也有密切关系,目标舰船磁场各分量和总矢量在不同深度上的分布,它们的通过特性和频谱特性,是论证鱼、水雷,深水炸弹磁引信工作制度及动作参数的主要依据,也是论证非接触电磁扫雷具磁场因素值和工作制度的根据之一。本节介绍舰船磁场测量方法和磁场测量仪器。

17.4.2 舰船磁场测量方法

舰船磁场测量有:悬挂探头法、敞开式检测站、移动式测量架、磁探头矩阵、水下行车、自动测量系统等几种测量方式。

1. 悬挂探头测量法

被测舰船在消磁场地按规定方向系水鼓,磁探头按规定悬挂在舰船下方,用手提式磁强计测量各点磁场。测量点的分布及探头悬挂方式分别如图 17 - 20 及图 17 - 21 所示。图中数字表示船长的倍数。

这种测量工作是由消磁船在一定海区的测量场地上进行的。对于这种场地有一定的要求,归纳起来有:

(1) 有足够的水深,至少应大于各类舰船中的最大标准测量深度。

(2) 潮差小,流速应小于 0.5 节,背风避浪。

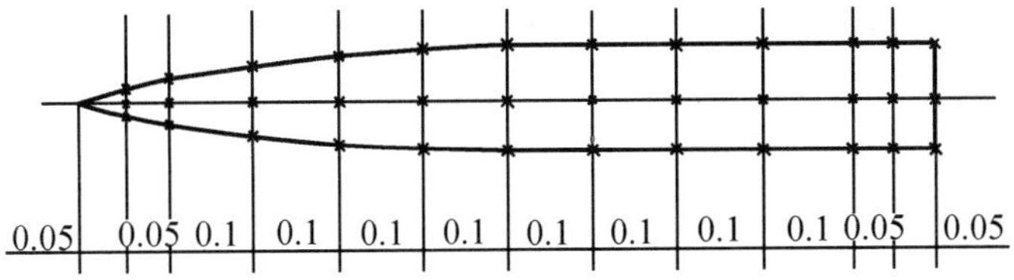

图 17 – 20　测量点分布图

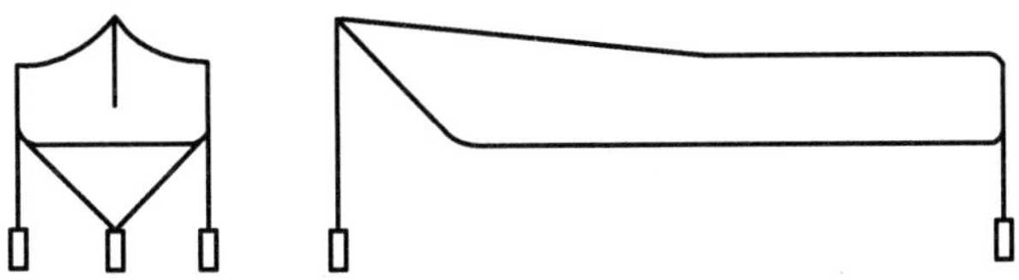

图 17 – 21　测磁探头悬挂方式图

(3) 不要选在地磁异常区内。

(4) 场地内无沉船等铁磁物质,无电力电缆通过,地磁场不失真。

(5) 避开舰船集中地,防止其他舰船的磁场影响,但为便于各类舰船消磁,也不能离开基地太远。

(6) 避开主航道,不影响其他船舶的航行。

(7) 场地内,在互成 90° 的主航向上设有水鼓,以便将舰船固定在四个主航向中的任一航向上。

悬挂探头测量法的优点是设备简单,主要设备是手提式磁强计,投资少,机动性好,便于操作和维修,缺点是测量受海情、气象影响很大,只能在平潮时测量。流速大时,磁探头发生倾斜和位移,偏离预定点,并且摇摆不定,仪器无法读数。吊绳受探头重力作用后伸长,偏离预定深度。这些都使测量误差增大,此外占用较多人力,劳动强度也大。

2. 敞开式检测站

在近岸海底敷设一排磁探头或磁通计探测线圈,岸边仪器室内装有测磁仪器、记录器及各种控制设备。各探头通过水下电缆与仪器连接。被测舰船以某一航向通过探头上方时,记录器记下舰船磁场分布曲线及艏艉标记。检测站布置示意图见图 17 – 22。如果磁探头布设在南北及东西两个方向上,则可以测量四个主航向上的磁场。磁探头布设的深度、间距及数量应根据被测舰船的类型及要求取得的数据来决定。往往一个深度不能满足各类舰船的

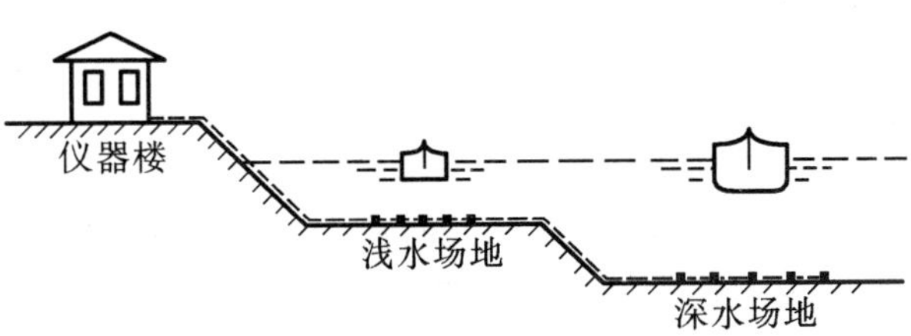

图 17 – 22　敞开式检测站

深度要求,则必须分别设置浅水场地和深水场地。

一般浅水场地水深 6 ~ 8 m,探头间距 2 ~ 3 m,用以测量小船。深水场地水深 10 ~ 13 m,探头间距 3 ~ 5 m,用以测量中大型船只。敞开式检测站对场地的要求是:

(1) 水深适当;

(2) 距岸上建筑不太远,最好在 1 000 m 以内;

(3) 海域开阔,保证舰船以中速航行时有足够的提前量和回旋余地;

(4) 地形允许时,最好能敷设互相垂直的两排探头阵列;

(5) 岸上设叠标导航,引导舰船准确通过;

(6) 场地内地磁场均匀,无沉船或其他铁磁物质,无电力电缆通过,附近无其他磁场干扰源;

(7) 潮差小,流速小,背风避浪;

(8) 靠近基地,交通方便,易于补给及人员休整。

敞开式检测站的优点是测量迅速,可以测量动态磁场和磁场的三个分量,特别适用于对舰船进行例行检查。因为探头是固定的,不受流速影响,准确度较悬挂探头测量法高,并可配备自动数据处理系统,提高自动化水平。

缺点是理想的场地不容易找到,建站投资较大,探头水下安装难度大,不容易保证安装精度和长期稳定性。探头的深度、间距等都是固定的,无法兼顾各种舰船。水下部件发生故障时维修困难。舰船通过磁探头阵列时,由于风浪和海流影响,舰船难免偏离预定的航向与航迹,致使不能直接得到舰船龙骨下和舷下的磁场曲线,给数据分析增加困难。(尽管利用计算机可以进行航向纠偏) 为了确定航迹,还必须装配高精度的航迹测量系统,使整个站技术装备复杂,对操作人员水平要求较高。

3. 移动式测量架

把磁探头安装在一种测量桁架上,桁架由非磁性材料建造,长 20 m 左右,由消磁船携带到预定地点,用起吊装置把它吊放至海底。消磁船在桁架附近适当距离处锚泊,各探头的电缆拉到消磁船上与仪器连接。被测舰船通过测量桁架上方,实施测量和记录。

这种方法有一定的机动性。但是因测量深度决定于海区水深,且海底不平、风浪、舰船偏航等因素都对测量结果有影响,只能进行比较粗略的磁场测量。

4. 磁探头矩阵

在无磁码头的海底布设一个探头矩阵,被测舰船停泊在磁探头矩阵上方。岸边有仪器室,并有电缆与各探头相连。控制器依次切换以测量各点磁场,数据经计算机处理后自动打印输出,如果磁场超过标准,则对舰船消磁绕组进行调整,直到所有测量点满足要求为止,见图 17 - 23。

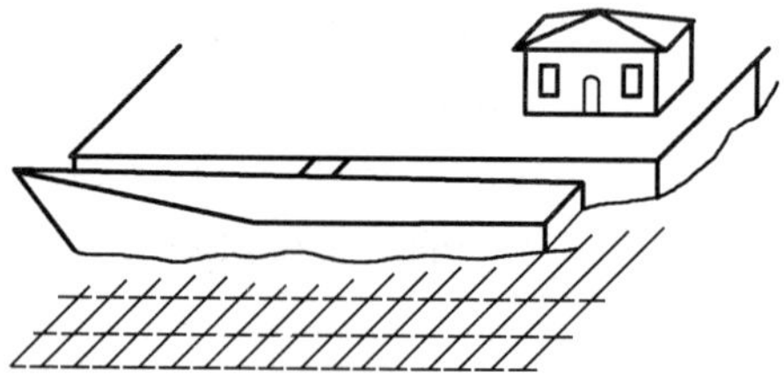

图 17 - 23 用磁探头矩阵测量舰船磁场

磁探头矩阵测量的优点是测量准确、迅速,可以测量三分量磁场,自动化程度高,有利于提高消磁水平。

缺点是造价昂贵,投资大,水下施工工作量大,施工精度要求高,探头布设的深度、密度、范围等都是固定的,要兼顾各类舰船势必增加探头数量,又使投资增加。舰船受风及海流影响,舰位可能有偏移,影响定位精度。水下部分发生故障,更换或维修困难。整个系统装置复杂,须要相当熟练的人员方才能操作。

5. 水下行车测量

在无磁性双码头中间架设一部 ∪ 形行车见图 17 - 24 所示。行车由电动机驱动可以在轨道上往返运行。探头固定在行车的升降横梁上。岸上设有仪器室。测量时,被测舰船系泊在双码头中央,横梁下降到预定测量深度,开动行车,匀速通过舰艇下方,测量设备记录下舰船的磁场分布。

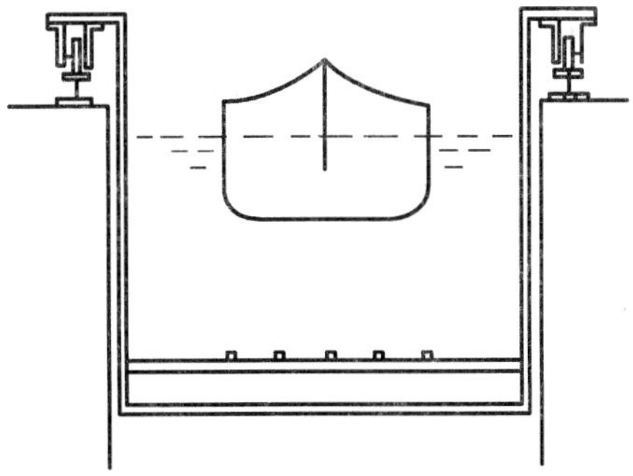

图 17 - 24　水下磁场测量行车

这种行车测量法的优点是快速、准确、不受潮水和流速影响,可以测量三分量磁场,测量深度及探头间距可以调节,可以测连续曲线,配计算机后可进行数据分析,自动化程度高。只要采取严格措施并进行妥善安装,行车运行过程中由于振动、倾斜等产生的误差可以相当小。

缺点是造价高,要建造非磁性码头,行车也必须用无磁或低磁材料建造。码头的长期稳定性要好,行车及轨道安装精度要求高。

6. 磁场测量自动化系统

在检测站和磁性船模实验室都可以装备以计算机为中心的自动数据处理系统。该系统具有原始数据测量、分析、绘图、制表、显示、消磁绕组最佳安匝数配置以及消磁绕组设计等多种功能。对于提高舰船防护性能,促进消磁研究工作具有实际意义。这种测量系统的方框图如图 17 - 25 所示。

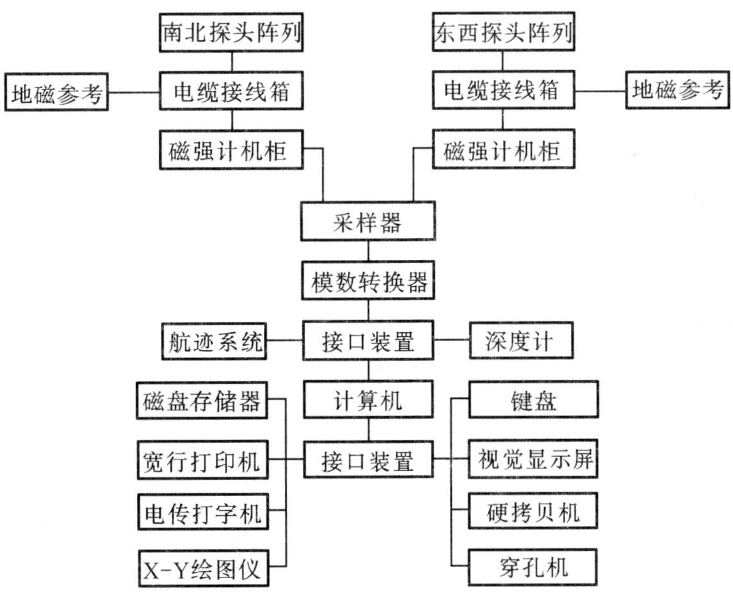

图 17 - 25　磁场测量自动化系统方框图

磁探头有南北及东西两个阵列,每个探头配备一套电子线路将磁场信号变成电信号。采样器依次采集各点电压,经模 - 数转换器变成数字量后输入计算机,该系统应用于敞开式检测站时，航迹系统用来确定舰船经过探头阵列的航迹，以确定舰船与探头的相对位置。深度计测量实时水深。地磁参考探头用来监视地磁场的变化。以上信息全部输入计算机，输入计算机的还有被测舰船的消磁绕组分布，绕组效率等数据。计算机根据预编程序进行分析、运算、最后将结果显示或打印。

整个系统具有以下功能：

(1) 测量舰船的原始磁场和结果磁场；

(2) 进行磁场分析，求解各个磁场分量；

(3) 进行深度换算，计算任一平面上的磁场；

(4) 舰船偏航时进行数据校正；

(5) 进行消磁绕组安匝调整，求出最大安匝数，用计算机模拟方式分析船上消磁绕组位置变化的影响；

(6) 计算任意航向时的磁场；

(7) 绘制和显示舰船磁场等强线图、磁源位置及航迹；

(8) 运算结果可打印输出或输入存储器。

17.4.3　舰船磁场测量仪器

以下介绍两类舰船磁场测量仪器，一类只能测量舰船磁场的垂直分量；另一类可测量舰船磁场的三个分量，并连续记录各分量的变化曲线。

17.4.3.1　舰船磁场垂直分量测量仪

这类磁强计是一种饱和式磁力仪，它是利用铁磁性材料的磁导率在磁化场中非线性变化的特点进行测磁的，它主要由两部分组成：控制台和磁探头。测量时控制台置于船上，磁探头置于水下，因重力作用，磁探头垂直向下，若开启仪器便可测出该点的舰船磁场垂直分量。

1. 典型磁强计主要性能指标

用途：在水下 40 m 内的任意点上测量舰船磁场的垂直分量（地磁补偿后）

灵敏度：0.25 mOe[①]

测量范围：0 ~ ±12.5、±25、±50、±250、±500 mOe，测量误差 ≯ ±1%，地磁补偿范围：≮ +140 ~ +460 mOe

磁探头旋转 360° 时，仪器零位变化 ≯ ±0.5 mOe。

控制台配转换箱后，可接 4 只或 10 只磁探头。

控制台功耗：12 V，0.1 A。

2. 磁强计原理框图

磁强计的原理框图如图 17 - 26 所示。

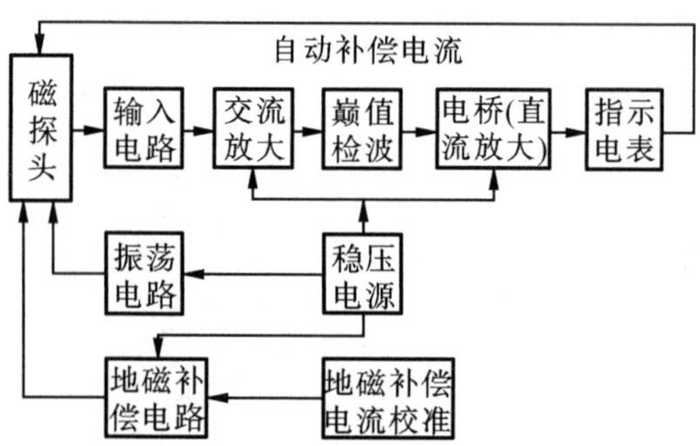

图 17 - 26　磁强计原理框图

---

① [注]1Oe（奥斯特）= 79.577 5 A/m

磁探头主要是一个具有高磁导率的铁镍合金开口铁芯的电感线圈，由振荡电路提供的 1 kHz 交流电压激励，回路产生交流电流 $i_{\sim}$。当外磁场为零时，$i_{\sim}$ 为正负半波对称的非正弦波；当外磁场不为零时，波形畸变，正负半波不对称，出现峰值差，经检波器输出直流电压 U，其大小和正负与外磁场强度的大小和极性成正比。电桥（直流放大）用以放大 U，以推动指示电表。磁探头采用深度负反馈系统，以提高测量的准确性和抗干扰性。地磁补偿电路提供地磁补偿电流以抵消地球磁场垂直分量。地磁补偿电流校准电路用来校准地磁补偿电流，保证地磁场垂直分量能被准确抵消。稳压电源为各部分提供需要的电源。

17.4.3.2　舰船三维磁场测量仪

这类测量仪能测量舰船磁场三个分量，并能连续记录各分量变化曲线。

1. 典型三分量磁强计的主要性能指标

灵敏度：0.2 mOe

量程：电表指示有 6 档 0 ~ ±10、±25、±50、±100、±250、±500 mOe

记录器配三笔记录仪有三档测量误差 0 ~ ±25、±100、±500 mOe

精度：±2%

稳定性：开机 15 min 后零位漂移 ≤ 0.2 mOe/h

传输电缆长度 ≤ 250 m（分布电容 < 0.022 μF）

环境温度：-20 ~ +40 ℃

2. 原理框图

三维型磁强计的原理框图如图 17-27 所示。振荡器产生 3 000 Hz 的正弦波，经滤波后，送入磁探头及输入回路。在外磁场作用下，电流波形发生畸变，正负半波不对称，产生二次谐波。该电流经输入回路变换后由放大器放大，检波器进行检波，再经电桥直流放大后由指示电表及记录器输出。该磁强计也有地磁补偿电路。24 V 稳压电源和 3 000 Hz 振荡器是公用的。垂直、南北、东西三个分量各自构成一个系统，每个系统包括滤波、磁探头、放大、检波、电桥、地磁补偿等电路，各对应的元件参数相同。

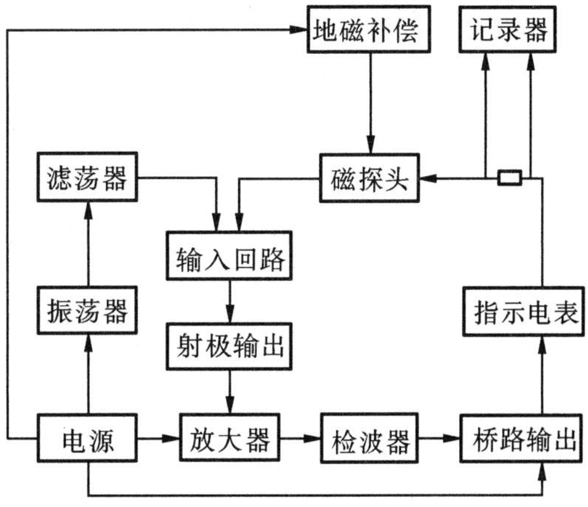

图 17-27　典型三维磁强计原理框图

第 18 章　舰船水压场隐身技术

静浮于水中的舰船，除了排开与其重量相当体积的水以外，不对周围的水介质产生任何扰动。舰船航行时，船体水下部分将对周围的流体质点产生扰动，从而使舰船周围空间点的流体速度发生改变。由流体力学一般原理可知，空间点的速度变化，将带来压力变化。这种由舰船与水流间的相对运动所引起的舰船周围水域的压力变化，称为舰船水压场。舰船水压场的压力大小，是以舰船运动所引起周围水域压力变化的大小来度量的。

由于中型以上舰船以正常速度航行时，在数十米深的海底引起的压力变化的峰值，通常可达数百甚至数千帕斯卡的可观数值，更由于舰船水压场与舰船磁场、舰船声场不同，其辐射功率通常在数百万瓦以上，极难人工模拟，因此，舰船水压场一经发现，就引起了广泛的重视。早在第二次世界大战末期，德、美、苏等国就先后研制成了借助舰船水压场的作用而动作的水压水雷，并投入实战，收到了良好的效果。与此同时，为保障己方舰船的航行安全，还研究了舰船对水压水雷的防护措施，这些措施在盟军诺曼底登陆等战斗行动中，经受了实战的考验。

本章将研究舰船水压场的一般规律、理论计算、测量方法及其控制技术，从而为舰船水压场隐身设计提供必要的基础知识。

18.1　舰船水压场

计算舰船水压场的理论公式较多，有简有繁，适用条件、计算精度亦各不相同，本节将选择有代表性的计算方法，作简要介绍。同时还将研究舰船水压场的特性及测量方法。

18.1.1　运动舰船的流体力学模型

静浮于水中的舰船，因其船体水下部分不对周围水质点产生任何形式的扰动，因而不产生舰船水压场。但当舰船向前运动时，船首排开前方的水而占有这部分原由水所占有的空间，而船尾周围的水，则聚向船尾前进后所留下的空间，这就形成了运动舰船对周围空间水质点的扰动。船体周围的扰动流线，如图 18 - 1 所示。由图可见，在船首处，水质点的流动相当于流体力学中的“源”所引起的流动，而在船尾处，水质点的流动则相当于流体力学中的“汇”所引起的流动。因此，在研究舰船水压场时，通常都以一系列适当强度的源与汇的分布来代替运动着的船体表面对水质点的扰动，并以此作为运动舰船的流体力学模型。这样，就把研究由舰船表面引起的扰

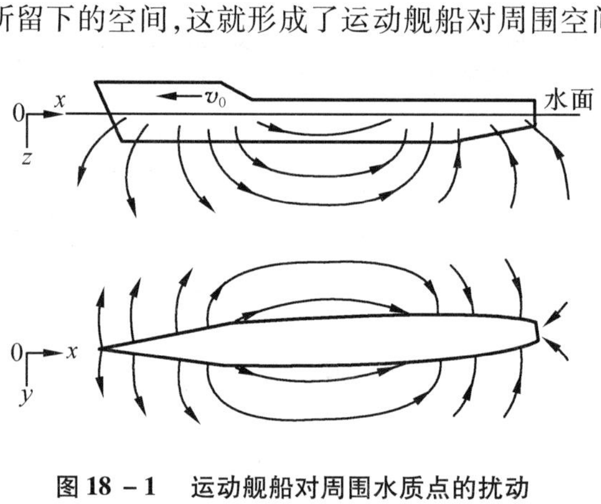

图 18 - 1　运动舰船对周围水质点的扰动

动问题,转化成了研究由一系列适当强度、适当分布的源与汇所引起的扰动问题。不过这一系列源汇必须满足与舰船运动相同的边界条件。

在研究舰船水压场时,若取固连于地面的坐标系(如图 18 - 1),舰船在其间以速度 v_0 做匀速直线运动。则空间点 A 的流体运动速度,在舰船远离 A 点时,舰船对 A 点的扰动速度 ω_A 等于零;当舰船靠近 A 点时,ω_A 增长至某一有限值;而当舰船又远离后,A 点的扰动速度又逐渐减小到零。可见空间点的扰动速度是时间的函数,由流体力学知,这是一种非定常运动,一般不易求解。

为便于求解上述问题,可对整个体系(舰船和水体)赋予一个与舰船航速相反的速度,即使原来静止的流体作速度为 V_0 的匀速直线运动,而舰船则变为静止不动了。取固连于舰船上的坐标系统,这时由于舰船与流体间的相对运动速度仍是 v_0,所以由舰船与流体间的相对运动所引起流体质点的附加速度,在两种情况下(流体静止、舰船以速度 v_0 运动和舰船静止,流体以速度 $-v_0$ 运动)是相同的。由于所叠加的流动是等速均匀直线运动,它不影响由舰船存在所引起的流体压力场的变化,但在这种情况下,空间点相对舰船的位置变成恒定,其流速也不随时间而变,问题转化成了较为便于处理的定常运动问题,这种情况下的流动如图 18 - 2 所示。

在研究舰船水压场时,取固连于舰船的坐标系,如图 18 - 2 所示。其原点位于自由水面与中线面(过船体中心线的纵剖面)的交线上、舰船水线长的中点处。ox 轴为自由水面与中线面的交线,以指向船尾为正;oy 轴为自由水面与中剖面(过舰船水线长中点且与船体中心线成正交的横剖面)的交线,以指向左舷为正;oz 轴垂直于自由水面,以指向下方为正。

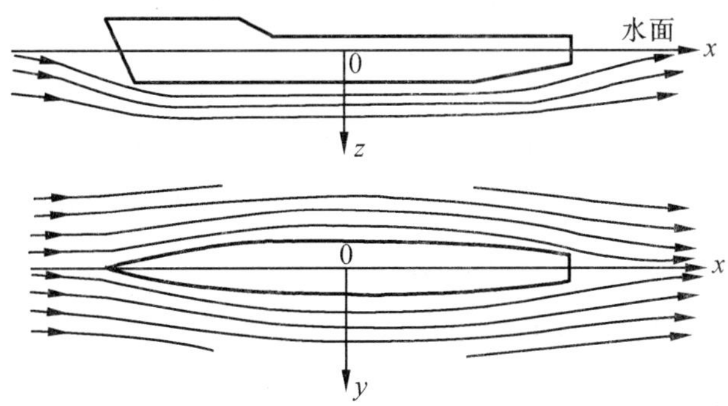

图 18 - 2　流体绕舰船作定常运动

18.1.1.1　绕船体流动必须满足的条件

绕船体流动的流体,通常可忽略其内部黏性而视为理想流体,且由于源汇流动和等速均匀直线流动都是势流,因此由它们合成的绕船体流动便是理想势流。理想势流的速度势满足拉普拉斯方程

$$\nabla^2\phi = \frac{\partial^2\phi}{\partial x^2} + \frac{\partial^2\phi}{\partial y^2} + \frac{\partial^2\phi}{\partial z^2} \tag{18 - 1}$$

在本节只讨论舰船航行引起水面兴波较弱的情况。由于在研究舰船水压场时,感兴趣的问题是舰船在远离海面的海底所产生的水压场,故在兴波较弱情况下,由微小的表面兴波在海底所产生的压力变化(显然,这也是舰船水压场的组成部分),实际上它可以略去不计。亦即在此情况下,可以假设自由水面为平面进行舰船水压场的工程计算。

船舶阻力学的理论和实验研究都表明,在非浅水条件下,对于船型较丰满的运输船,当表征舰船航速的弗劳德数 $Fr = v/\sqrt{gl} < 0.10 \sim 0.15$ 时,实际上可以认为兴波阻力等于零;而对船型较为细长的高速船,当 $Fr < 0.15 \sim 0.20$ 时,兴波阻力实际上也可认为等于零。亦即当 Fr 对运输船和高速船分别低于上述数据范围时,实际上可认为没有兴波现象,因而自

由水面为平面的假设是符合实际的。但随着 Fr 高出上述数据范围愈多,兴波将愈显著,这时如仍采用自由水面为平面假设下导出的公式进行舰船水压场计算,将导致计算结果严重偏低。理论和实验研究都表明,在最不利的条件下,其误差可达数倍。

在引进自由水面为平面假设后,绕船体流动除满足式(18－1)外,还必须满足以下边界条件。

在自由水面($z=0$)上,由于不考虑船体运动引起的兴波,所以在自由水面上的流体质点,垂直方向上的速度分量为零,即

$$\left.\frac{\partial\phi}{\partial z}\right|_{z=0}=0 \tag{18-2}$$

在无限远处,只有匀速直线流动,即

$$\left.\begin{aligned}\left.\frac{\partial\phi}{\partial x}\right|_{\infty}&=v_0\\ \left.\frac{\partial\phi}{\partial y}\right|_{\infty}&=0\\ \left.\frac{\partial\phi}{\partial z}\right|_{\infty}&=0\end{aligned}\right\} \tag{18-3}$$

在海底($z=d$)处,水流不能穿透海底,即

$$\left.\frac{\partial\phi}{\partial z}\right|_{z=d}=0 \tag{18-4}$$

由于流体不能穿过船体表面 S,故沿船体表面的法线 n 方向的速度

$$\left.\frac{\partial\phi}{\partial n}\right|_{s}=0 \tag{18-5}$$

原则上,根据方程(18－1)及边界条件式(18－2)～式(18－5),即可求解绕舰船流动的速度势 ϕ,由速度势即可求出各点速度分布,再应用拉格朗日积分求解压力场。但由边界条件代入拉普拉斯方程直接求解速度势,通常较困难,因而一般都是寻找一些已知势流的组合,使它们满足边界条件。对上述问题,即为寻找满足上述边界条件的等速均匀直线流动及源汇分布,使其能够代替舰船运动所引起的流体扰动。

18.1.1.2　代换舰船的源汇分布及其强度

为满足自由水面边界条件式(18－2),可将流体扩充到自由水面以上空间,并在船体水线面以上叠加一个对称的水下船体(图18－3)。这时由于对称关系。流体在 $z=0$ 的平面内必然保持平面流动,即满足式(18－2)。上述结论利用源汇场也不难解释。设水下船体可以用图18－3所示的若干点源(+)和点汇(－)代替,则在 $z=0$ 的平面以上叠加一个与水下船体相对称的船体后,每一对点源,如 A 和 A' 在 xoy 平面上任意点 M 所产生的诱导速度 w 与 w' 大小相等,而方向则分别为 AM 与 $A'M$,它们对称于 xoy 平面,故 M 点只有沿水平方向的速度分量而无沿垂直方向的速度分量。

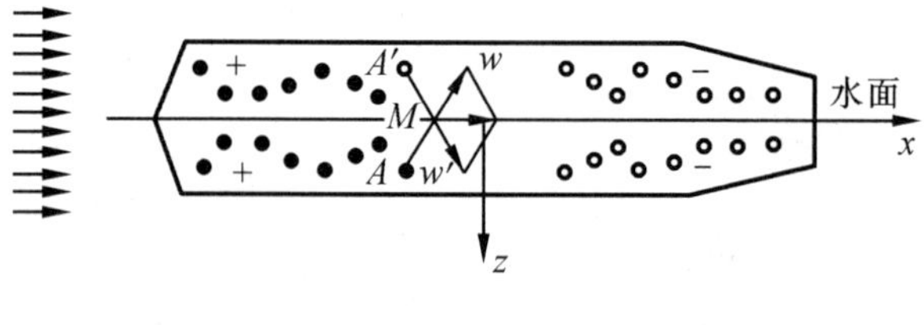

图18－3　满足自由水面边界条件

源汇和等速均匀直线流动的合成流动,将自动满足无限远边界条件(18－3)。这是因为

一个流量为 Q 的点源，在距离为 r 的空间点上所产生的径向诱导速度为 $w_r = \dfrac{Q}{4\pi r^2}$。当 $r \to \infty$ 时，$w_r \to 0$，故在无限远处，有 $w_x = w_y = w_z = 0$。

因而，由等速均匀直线流动与源汇场在无限远处合成速度各分量为：

$$v_x = \frac{\partial\phi}{\partial x} = \frac{\partial\phi_1}{\partial x} + \frac{\partial\phi_2}{\partial x} = v_0 + w_x = v_0$$

$$v_y = \frac{\partial\phi}{\partial y} = \frac{\partial\phi_1}{\partial y} + \frac{\partial\phi_2}{\partial y} = 0 + w_y = 0$$

$$v_z = \frac{\partial\phi}{\partial z} = \frac{\partial\phi_1}{\partial z} + \frac{\partial\phi_2}{\partial z} = 0 + w_z = 0$$

满足无限远边界条件，以上各式中 ϕ_1、ϕ_2 分别为等速均匀直线流动和源汇场速度势。

为满足海底边界条件式(18－4)，可像处理自由水面边界条件一样用镜像法解决。

为满足船体表面边界条件式(18－5)，必须使代换舰船的源汇在船体表面上任一点所产生的诱导速度 w_p 与迎面流动 v_0 在该点的合成速度(即实际绕船体的流动)，只有沿船体表面的切向分量 w_t，而没有法向分量，即满足等式

$$w_p + v_o = w_t \tag{18-6}$$

为简化讨论，在本节中进一步假定船体较为细长，即船体表面与 ox 轴的夹角较小。这样，可近似地认为船体表面的法线近似垂直于船体的纵轴。这时，在某一微元区间 Δx 内，由源汇引起的出流，可以近似地认为仅仅是由分布在该区间内的源或汇所产生的，而与区间外的源汇无关。也就是说，在船体表面所包围的空间内，流动可以近似地看成垂直于 ox 轴的平面流动，即垂直于船体表面的流动。故在船体细长条件下，代换舰船的源汇在船体表面上任一点所产生的诱导速度 w_p 可近似地当作该点的法向速度 w_n。

$$w_p = w_n$$

根据在船体表面上合成速度的法向分量为零的条件，即根据式(18－6)有

$$w_p = w_n = v_0\cos\alpha \tag{18-7}$$

式中，α 为 ox 轴与船体表面法向的夹角(见图 18－4)。

如以 Δx 表示沿 x 方向两肋骨平面间的距离，Δl 表示船体表面上两肋骨平面间的距离，则在 Δx 区间里源汇的出流量

$$\Delta Q = \int_0^u w_n \mathrm{d}\omega$$

式中，u 为船体水下部分沿肋骨线的长度，积分面积元 $\mathrm{d}\omega = \Delta l \mathrm{d}u$。

将式(18－7)代入上式得

$$\Delta Q = \int_0^u v_0 \Delta l \cos\alpha \mathrm{d}u = v_0 \int_0^u \Delta l \cos\alpha \mathrm{d}u$$

因积分 $\int_0^u \Delta l \cos\alpha \mathrm{d}u$ 的含义为间隔 Δx 的相邻两肋骨面积之差，令

$$\int_0^u \Delta l \cos\alpha \mathrm{d}u = \Delta A$$

即得

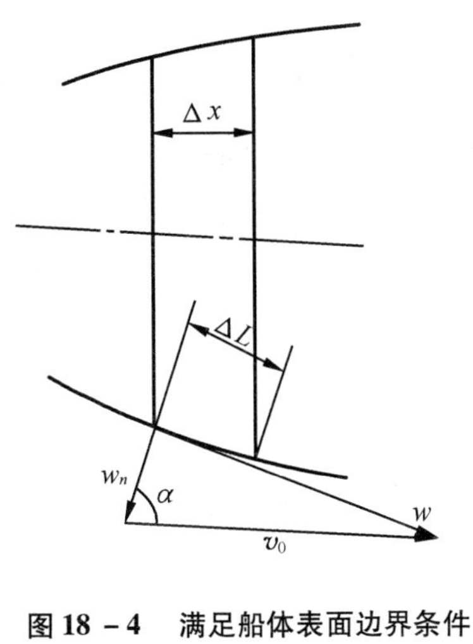

图 18－4　满足船体表面边界条件

$$\Delta Q = v_0 \Delta A \tag{18-8}$$

式(18 - 8)表明,由迎面流动 v_0 流入 Δx 段船体表面的流量 $v_0\Delta A$ 必须等于该段内源汇的出流量 ΔQ,实际上这只是保证没有流体流入船体表面所必须满足的条件。

令 $\Delta x \to \mathrm{d}x$,则单位长度船体上源汇的强度

$$W = \frac{\mathrm{d}q}{\mathrm{d}x} = v_0 \frac{\mathrm{d}A(x)}{\mathrm{d}x} \tag{18-9}$$

式中,$A(x)$ 表示舰船水下部分横剖面积沿 x 轴的分布。$A(x)$ 曲线的形状,随船型不同而异,除少数特殊用途舰船(如登陆舰)外,曲线基本对称于船中。

因源汇在舰船内部横向的分布情况,对舰船在海底所产生水压场的影响较弱,故可进一步近似地认为分布在舰船内部的那些代换舰船的源汇,都分布在舰船的中线面上、从水线到舰船吃水深度的一个长方形区域里,该区域长即舰船水线长 L,高即舰船吃水深度 T,而且还假设这些源汇沿 z 方向是均匀分布的,于是代换舰船的源汇面密度

$$q_s = \frac{W}{T} = \frac{v_0}{T} \cdot \frac{\mathrm{d}A(x)}{\mathrm{d}x} \tag{18-10}$$

应用式(18 - 10),对给定舰船,只要知其航速及横剖面积沿舰船纵向分布,即可确定代换舰船的源汇面密度及其分布。

18.2 舰船水压场特性

舰船水压场的理论与实验研究表明,舰船水压场有以下特性。

18.2.1 纵向特性曲线形状有明显的规律性

与舰船磁场、特别是消磁舰船磁场的纵向特性无明显的规律性相反,舰船水压场的纵向特性有十分明显的规律性。中、低速航行舰船水压场纵向特性的典型曲线,如图 18 - 5 所示,由图显见纵向特性有三个明显的区域:在船首附近,压力升高。随后在船体中部下方压力降低为负值,而在船尾附近,压力又升高。理论计算和实际测量都表明,在船体水下部分前后对称的情况下,纵向特性也以船中为中心前后对称。

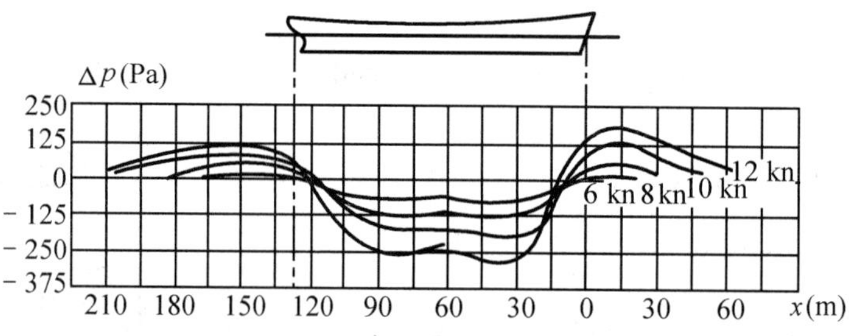

图 18 - 5 舰船水压场纵向特性

注:这些曲线是由 1/17 比例的船模试验结果引申出来的,舰船水线长 130.5m,吃水 8.7 m,宽 15.5 m,排水量 14 000 t,水深 20.7 m,正横距 0 m

当舰船以低亚临界速度航行时,理论计算结果表明,舰船水压场纵向特性曲线负压区

长度，将不小于0.7倍船长，且随海深及正横距增大而增大，如图18－6所示。图中x_{00}为负压区长度与舰船水线长之比。

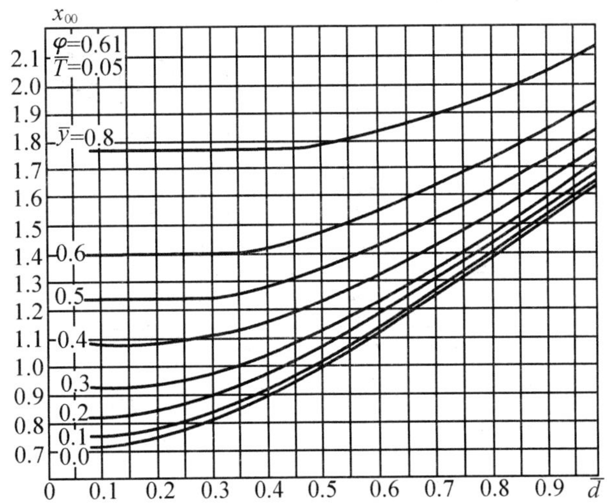

图 18－6　负压区长度海深及与正横距关系

负压区形状有两种模式，如图18－7所示。负压区形状关系最密切的因素是离船体的远近，舰船的棱形系数及吃水大小也有一定的影响。在棱形系数和吃水较大、而正横距和海深较小时，舰船水压场纵向特性曲线底部比较平坦，甚至出现向上突起的现象，即有两个负峰（图18－7(b)）；而在棱形系数和吃水较小，特别是正横距及海深变大后，纵向特性底部比较尖削（图18－7(a)）。计算表明，在亚临界航行条件下，只要$\bar{y} \geqslant 0.2$或$\bar{d} > 0.1 \sim 0.25$（其值随φ增大而增大），纵向特性曲线就只在$x = 0$处出现一个负峰。

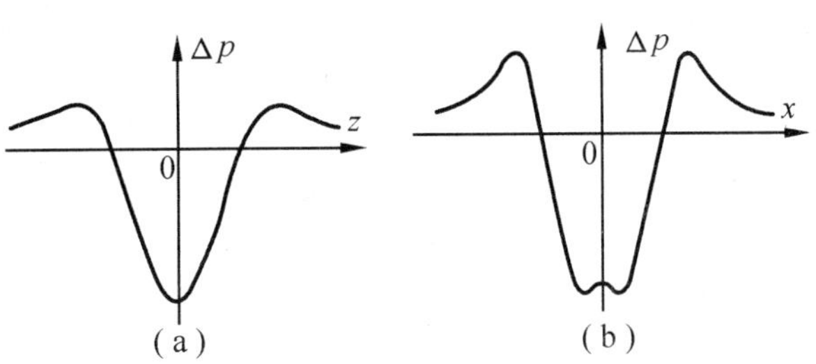

图 18－7　负压区的两种典型模式

当舰船以低亚临界速度航行时，舰船水压场纵向特性曲线正峰将出现在距船中0.5倍船长之外，即位于舰船首尾之外，并随正横距及海深的增大而增大，如图18－8所示，图中$x_{\max}$为正峰坐标与舰船水线长之比。

当舰船以低亚临界速度航行时，舰船水压场纵向特性最大吸力（负压幅值）与最大压力（正压幅值）之比恒大于1，

$$R_\alpha = \frac{|C_{p\min}|}{C_{p\max}} > 1$$

这说明最大吸力在数值上大于最大压力。计算表明，比值R_α随棱形系数的增大而下降，随正横距的增大而增大，当$\bar{y} > 0.4$后，$R_\alpha > 5$。与海深的关系较为复杂，但总的来说，在近场，随α增大，R_α亦增大。比值R_α随$\bar{y}$、$\bar{d}$的变化情况，如图18－9所示。

试验结果表明，不同型号的舰船都存在着各自的特征量，当表征舰船航行兴波情况的

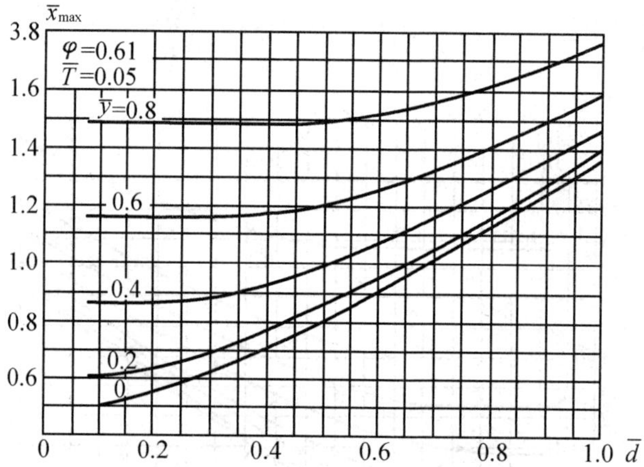

图 18－8　正峰位置与海深及正横距的关系

参数 F_H 超过该特征量后,舰船水压场正、负峰点位置都将明显后移,且随航速和正横距的增大、随水深的减小而越来越显著。在 F_H 超过特征量,负、正峰幅值比也将逐渐变小,以致在航速进一步提高后正峰幅值终将超过负峰幅值。对于船体细长的快速舰船,该特征值并不大,仍在亚临界速度范围里,因而在浅水区舰船即使以不高的速度航行,水压场纵向特性正负峰点亦开始后移,而一旦以超临界速度航行时,峰点后移将十分严重,甚至可能使负峰移到船尾以外。高速型舰船的船模试验结果表明,在 $\overline{d}=0.1$ 的浅水区,当船模以 $F_H=1.08$ 的超临界速度航行时,在 $\bar{y}=0$ 处,负峰移到舰尾前 0.08L 处、而在 $\bar{y}=0.4$ 处,已移到舰尾后 0.15L 处。

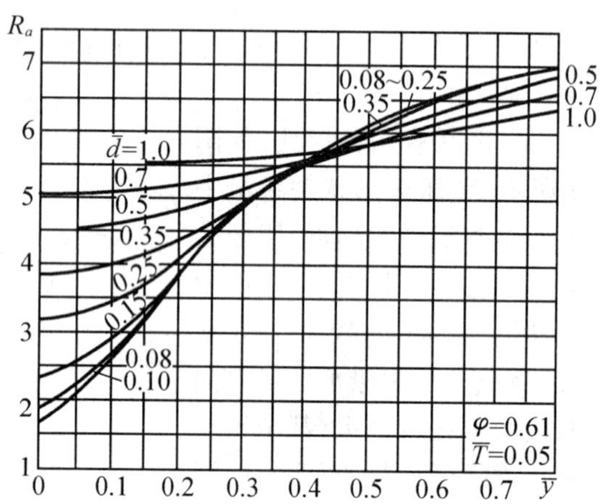

图 18－9　比值 R_a 随水深、正横距的变化

18.2.2　舰船水压场压力幅值与航速密切相关

在亚临界速度范围内,舰船水压场压力 Δp 与表征舰船浅水兴波情况的特征量 F_H 密切相关。在 F_H 较小时,因

$$\gamma=\sqrt{1-f_H^2}\rightarrow 1$$

故水压场压力系数 C_P 基本上与航速无关,即 ΔP 与航速平方成正比。因此,只要使舰船航速足够地低,即可使舰船水压场的幅值降到水雷水压引信动作阈值以下。在第二次世界大战期间,盟军舰艇在诺曼底登陆战中,就是以低速航行的办法,保证舰艇安全通过德军水压水雷障碍的。

当大、中型水面舰船队正常速度航行时,其水压场幅值,可达到相当可观的程度。例如

3 000 t 级驱逐舰以 18 kn 速度航行时，在 50 m 深的海底，水压场负峰值仍可达 400 Pa，而 25 000 t 级货轮以 16 kn 速度航行时，在 35 m 深处，负峰值超过 2 500 Pa。

当舰船以高速航行时，由于兴波引起的水压场已成为舰船水压场的主要成分，所以舰船水压场幅值可达相当大的数值。例如一艘3 000 t 级的驱逐舰以 24 kn 速度在 13 m 浅水区航行时，舰船水压场正负峰幅值可分别达到10 000 Pa 和8 000 Pa 之巨。

18.2.3　舰船水压场的频率特性

图 18 - 10 为舰船水压场功率谱的典型曲线。理论计算和对实测结果所作的分析都表明：舰船水压场功率谱呈多个波瓣状，绝大部分能量集中在频率最低的那个波瓣中，并依次迅速衰减，大量分析结果表明，第三瓣以后的能量往往不足第一瓣的 1‰，所以实际上可略去不计。

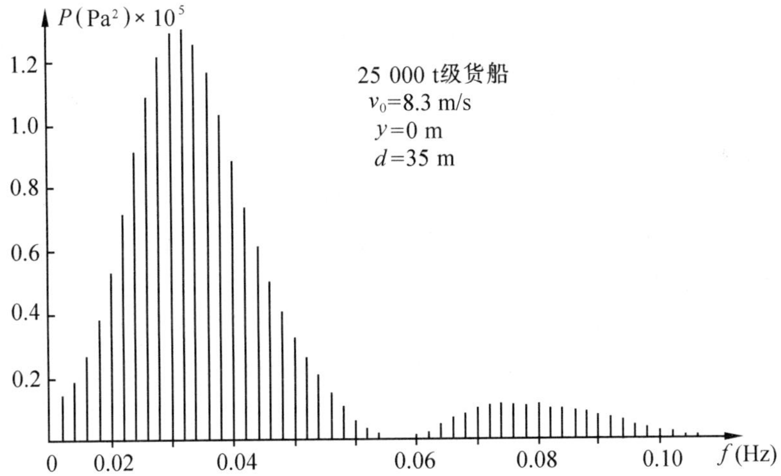

图 18 - 10　舰船水压场功率谱

在对大中型水面舰船通过特性作谱分析后，可知舰船水压场在频域上有以下特点。

1. 舰船水压场是一个低频场。对中型快速舰船，即使以 30 kn 以上的高速航行，其水压场能量的 90% 仍集中在0. 15 Hz 以下；而对大型运输船，当以正常速度航行时。其能量的 95%，集中在 0 ~ 0. 1 Hz 范围里。

2. 随航速增长，舰船水压场的最大能谱频率（与频谱峰点所对应的频率）增大，这表明舰船水压场的频谱随舰船航速的增长而展宽，如图 18 - 11 所示。

3. 随航速的增长，舰船水压场各频段的功率都获得增长，但相比之下频率较高部分的功率，获得了更大的增长。

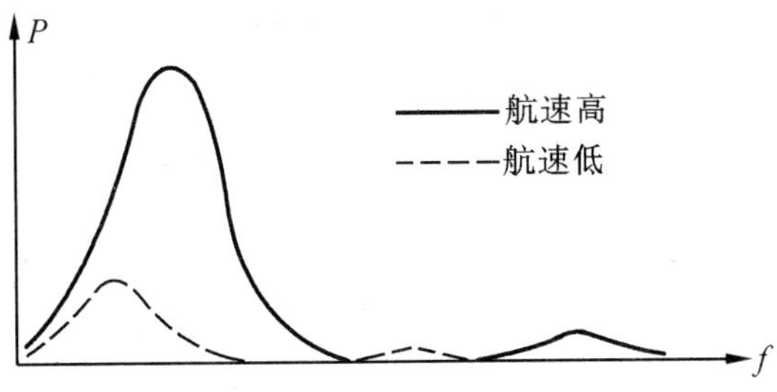

图 18 - 11　舰船水压场功率谱随航速的变化

18.3 舰船水压场的测量

为检验现有的舰船水压场理论计算公式的可靠性和适用范围,为弥补由理论计算公式的局限性所带来的舰船水压场理论计算上的某些空白,以及为探索舰船水压场新的计算方法,有必要对舰船水压场进行测量方法研究。舰船水压场的测量方法研究有实船测量和船模模拟测量研究两类。实船测量还用来检验船模模拟研究所得结论的可靠性。

18.3.1 实船水压场测量

在海上实测舰船水压场,是一项重要而又复杂的工作。测量时,除必须满足一般物理场测量的要求(如准确定位等)外,还必须满足舰船水压场测量的特殊要求。在舰船水压场的一般性测量工作中,这些要求主要包括以下几方面。

18.3.1.1 对海区的要求

所选海区必须开阔,海底平坦且等深,以致在实际上可当作无限宽阔、处处等深的水域。通常不宜选择江河作测量场地,因江河一般较狭窄、水底截面又往往呈锅底形,从而使水底边界条件发生变化,更加上狭窄处岸壁的影响,将使舰船水压场增强,影响测量结果的准确性。一般说,测量海区宽度(等深区宽度)应在4 ~ 6倍船长以上,才能得到较为理想的、没有附加边界条件影响的测量结果。

所选海区海洋自然环境水压场应较弱,至少在测量时应较弱。因此,应选择海浪、海流等干扰因素都较小的海区作测量场地,否则测量结果中将包含较强的自然干扰背景噪声,给测量结果的分析带来麻烦。

18.3.1.2 对测量设备外形的要求

测量设备的外形,应进行专门的设计,以保证将它安置于海底后,不会在仪器周围引起舰船水压场的局部畸变,保证测量结果的准确性。

舰船水压场是由舰船运动时在海底引起的诱导速度场所产生的。图 18 - 12(a) 为没有舰船运动时(舰船在远处) 的情况,这时海底某处流速为零;图 18 - 12(b) 为舰船运动到某一位置时,在该处引起的速度场;图 18 - 12(c) 为在该处安置了一个外形显著的测量装置,结果使该处由舰船运动所引起的流场发生了改变,流场改变将使测出的水压场压力失真,这是测量工作中所不希望出现的现象。因此必须设计合理的测量仪器外形并在海底按预定方式布设,以保证由测量设备所引起的速度场畸变较小,能准确地测定舰船水压场。

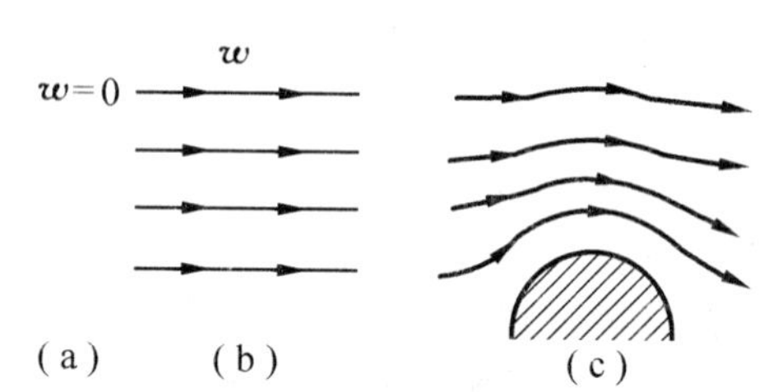

图 18 - 12 由测量设备外形所引起的测量误差

18.3.1.3 对测量传感器的要求

传感器应有较高的分辨率和较大的动态测量范围。由于舰船水压场的幅值在某些情况下仅300 ~ 500 Pa甚至更小,为使测得数据能满足一般数据分析需要,测量传感器的最高分辨率应能达到5 ~ 10 Pa 以上。在传感器测量范围方面,因舰船水压场的最大幅值,已能达 1×10^4 Pa,若再考虑在强干扰背景下测量的特殊需要,测量传感器最大测量范围应达

$\pm(4\times10^4 \sim 5\times10^4)$ Pa。

舰船水压场海上实测工作的难点之一是在巨大静压($1\times10^5 \sim 1\times10^6$ Pa)背景上进行动压小信号测量。为保证测量精度,应对传感器进行静压补偿。由于海洋中还存在潮汐,故补偿工作不能在测量设备布放后只进行一次即告完成,而应进行连续自动补偿或在测量前接控制信号进行补偿。具有连续自动补偿功能的传感器因对舰船水压场信号也有一定的补偿作用,因而传感器输出波形会相对输入产生较大的畸变,为此必须根据系统传递函数对输出波形进行计算,以确定舰船水压场数据,这就比较麻烦也容易引进分析误差,但具有连续自动补偿功能的传感器,通常结构较为简单。在测量前接控制信号完成静压补偿的传感器虽在测量结果处理方面引进的误差一般较小,但传感器的结构较为复杂。

18.3.2　舰船水压场的模拟测量

在海上实测舰船水压场,虽可获得舰船水压场数据,但海上试验却是一件需要动用众多的舰船,花费大量人力、物力、财力和时间的事情。因此海上实测虽有必要,但一般说来,此法不可能用来测量各种类型的舰船在不同航速、不同水深条件下的水压场分布,而只能通过海上试验,测量少数曲线,用以校验舰船水压场模拟试验结果的可靠程度。为了以较少的人力、物力和财力在较短的时间里就可对各种类型的舰船在不同速度、不同海深条件下的舰船水压场分布有全面了解,同时也是为了能方便地避开实船试验中各种干扰因素的影响,在实验室中对舰船水压场进行模拟测量,将是十分必要的。因此模拟测量和实船测量是舰船水压场实验研究中相辅相成的两个侧面。

舰船水压场的模拟测量,是在一定的相似判据基础上进行的,模拟测量可有不同的方法;但目前最主要的是船模水池模拟测量。

18.3.2.1　水池模拟测量的相似判据

模拟试验的基本依据是相似理论,应用方程分析法,即可求得舰船水压场模拟试验的相似判据。

计算舰船水压场的基本方程是

$$\Delta p = \frac{1}{2}C_p\rho v^2 \tag{18-11}$$

尽管 C_p 有许多种不同的计算公式或计算方法,但只要保持几何相似并保持描述兴波的水深弗劳德数 F_H 相等,即可使模型和实船的水压场压力系数 C_p 相等,弗劳德数 F_H 的计算式

$$F_H = v_0/\sqrt{gd} \tag{18-12}$$

联立式(18-11)和式(18-12),并考虑到 F_H 相等,即可求出舰船水压场模拟试验相似判据如下:

$$\begin{cases} M_{\Delta p} = M_p M_L \\ M_L = M_{v_0}^2 \end{cases} \tag{18-13}$$

式中,$M_{\Delta p}$、M_L、M_{v_0} 分别表示实船和船模的水压场压力比、几何尺寸比以及航速比,M_p 表示实船航区水体密度与试验水池水体密度比。

由式(18-13)知,在建造以模拟舰船水压场为目的的船模进行试验时,应该遵守以下两条原则。

1. 船模和实船应保持几何相似,由于对舰船水压场分布有影响的只是船体水下部分及

对兴波可能产生影响的水线以上部分,因此船模和实船几何相似的意义,应理解为保持船体水下部分及对兴波可能产生影响的水线以上部分几何相似。试验水池的水深与实际海深的比例,应和船模与实船的长度比例尺相同。对船模水压场进行测定时,所取的空间点位置应与实船保持几何相似。

2. 试验时,船模航速应与实船保持弗劳德数相等,即船模航速由下式决定

$$v_{02} = v_{01}\sqrt{L_2/L_1} \tag{18-14}$$

式中,v_{01}、v_{02} 分别表示实船和船模的航速,L_1、L_2 分别表示实船和船模的船长。

由模拟试验测得的水压场压力,可按(18-13)式推广到实船,若取 $M_p=1$(这与实际出入不大),则

$$M_{\Delta p} = M_L \tag{18-15}$$

即从模拟试验测出的压力,可以直接引用长度比例尺推广到实船中去。

18.3.2.2 对试验水池及压力测量装置的基本要求

1. 试验用水池应建在远离公路的僻静处,以防机动车辆从附近通过时所产生的微小震动对测量结果的干扰。水池必须建在室内,以防风力扰动引起的干扰。

2. 试验水池应有足够的长度,以使船模在加速段完成加速后以均匀的速度通过测量段。为使水池侧壁对船模水压场分布不产生显著影响,水池测量段必须有足够的宽度。或者必须限制船模尺寸,使它与水池尺寸相适应。

3. 水池若使用人造海底,则人造海底必须固定好,否则大型船模在浅水以高速通过时,有可能引起人造海底垂直方向的微小运动,从而影响测量结果的准确性。

4. 测量装置的压力传感器必须平嵌在船模水池底面上或人造海底上,以便不影响舰船运动所引起的速度场分布。

5. 测量装置对船模水压场信号应有较宽的频率响应,以保证测量结果不失真。

6. 压力传感器应有较高的分辨率和宽的压力测量范围。由于水池尺度限制,船模比例尺不会太大,特别在研究大型舰船的水压场时更是如此。如船模比例尺为1/50,则为反映出10 Pa的压力变化,压力传感器的分辨率必须在0.2 Pa以上。在传感器测量范围方面,若舰船水压场最大幅值为 1.5×10^4 Pa,则即使船模比例为1/50,传感器的测量范围仍应达到300 Pa。

18.3.2.3 船模水压场压力测量装置简介

船模水压场测量系统由试验水池、拖曳系统、系列船模队及压力测量装置组成。

压力测量装置由压力传感器、放大器、记录设备、校准装置及船模位置标志器组成,其框图如图18-13所示。

为在一次试验中获得更多的信息,测量装置通常都安装多个压力传感器,以便同时测量若干条通过特性曲线。

1. 压力传感器

用于测量船模水压场压力,有电阻应变式传感器、电容式传感器、变磁阻式传感器、半导体力敏器件等,都可作为测量装置的压力传感器使用。图18-14为可用于测量船模水压场的电阻应变式压力传感器结构示意图。该传感器里装有一应变梁,它是一个由铍青铜制造的悬臂梁,其上下方各贴一电阻应变片,组成测量电桥中的两个桥臂。应变梁的自由端通过一支杆与有硬芯的接收膜相连。在传感器内部通过接头充以一定压力的气体,以平衡试验水池的静水压力,使接收膜保持在平衡位置附近,应变梁处于不受力状态。测量电缆通过连接在接头上的硬橡皮管引出。船模通过时,薄膜上的压力变化引起应变梁变形,使贴在应

变梁两侧的应变片分别产生正、负应变，破坏了电桥的平衡，使传感器产生与水压场压力变化成比例的电压输出。

2. 放大器

对使用应变式压力传感器的测量装置，可直接使用电阻应变仪测应变，一台应变仪可接多个压力传感器，应变仪的输出电压即反映了船模水压场信号。

3. 记录设备

使用微型计算机多路数据采集系统作记录设备是一种很好的选择。再配以适当的绘图机、打印机便可输出图形信息和采样值数据。测量数据存入磁盘有利于数据的使用、保管和交流。记录设备除记录水压场信息外，还应记录船模首尾通过信息，以确定船模航速及测量数据与船模的相对位置。

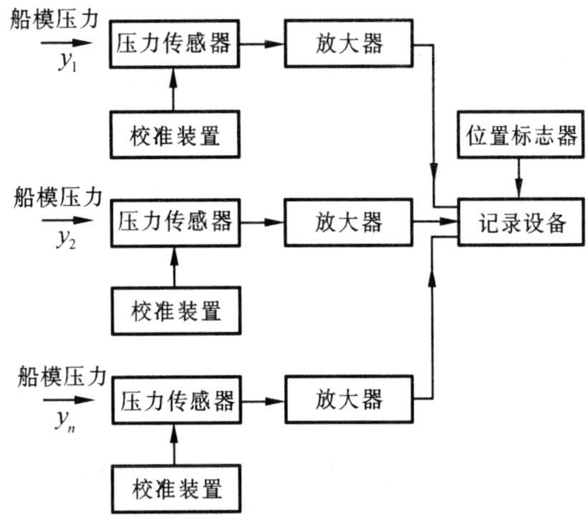

图 18 - 13　压力测量装置框图

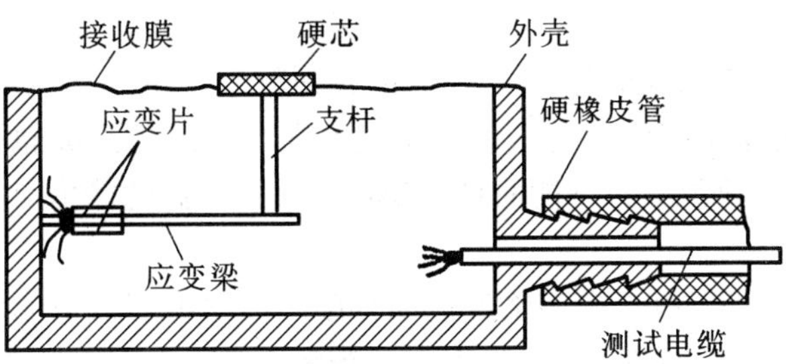

图 18 - 14　应变式压力传感器结构示意图

4. 校准装置

用来产生标准压力对测量系统进行标定。校准装置是一个空腔，通过改变其体积产生压力变化。

5. 船模位置标志器

其功能为绘出船模首尾通过信息。该信息可通过触丝或光电管给出一脉冲信号。

第19章　舰船尾流场隐身技术

19.1　概　　述

19.1.1　引言

舰船在海洋中航行时，会在其尾部留下踪迹，称之为尾流。由于舰船尾流的范围大，持续时间长，这种舰船尾流不容易消除，不容易伪装，进行人工干扰检测更困难。研究尾流场的主要目的是为探测潜(舰)艇和鱼雷等水中兵器服务，这也是舰艇隐身技术研究范畴。

19.1.2　舰船尾流场及其探测

舰船在海水中航行时所产生的尾流是多种多样的，按其物理效应划分，主要有声尾流、磁尾流、热尾流等。

空气以气泡形式沿水面舰船吃水线散开，聚到螺旋桨产生的涡流中以及舰首划开的波浪下方，还有舰船螺旋桨桨叶的空化效应产生气泡在舰船尾部形成轨迹。这种由于舰船运动而产生的大量气泡不仅能吸收声能而且有较强的反射声波的能力，以此为特征的称之为声尾流。

舰船在海水中航行时，由于螺旋桨的搅动打破了海水的温度分布，将下层较热或较冷的海水翻到上面，把上面较冷或较热的海水压入较深的下面。这样，舰船通过海水的温度与周围海水的温度就有了一个分布梯度的变化。由于温度的传递是较慢的，在舰船的尾部就形成了一条长长的具有热特性的尾流，称之为热尾流。

海水是一种等离子体，运动的等离子体由于存在电流密度就会产生磁场。舰船在海洋中运动会带动带电荷海水流动，形成磁场，从而引起空间磁场的变化。这种舰船尾流导致的磁场量级较小，但衰减相对较慢，称之为磁尾流。

根据尾流的物理特性，也就产生了各种探测方法，即声探测、热探测、磁探测等等。针对潜艇隐身的探测主要是声探测，声探测研究的历史较长，研究也较为充分，而热探测和磁探测主要以对艇体本身的探测为主。由于潜艇隐声技术的发展，潜艇的噪声级大大地下降，国外的新型安静型潜艇的噪声级已接近或达到了海洋背景环境噪声级。为此，非声探测技术也日益受到了重视，尤其雷达、卫星遥感探测技术也得到了较大的发展，基于合成孔径雷达技术的尾迹探测在第四节介绍。

19.1.3　舰船尾流场控制

舰船尾流是由于船体的运动、螺旋桨或喷水推进器对海水的扰动产生的，只要有扰动，就不可能消除尾流，但是，采取一些措施来减小尾流却是可能的。例如优化船体线型(对潜艇还包括指挥台围壳及其他附件)、设计性能优良的螺旋桨、控制巡航速度(对潜艇还包括下潜深度等)。

另一方面,随着边界层控制技术发展越来越成熟,可以采用边界层控制技术来减低舰船产生的尾流。边界层控制技术是利用活性覆盖层、聚合物添加剂、高分子喷射和汽化等方法,抑制尾流的湍流度,也可通过涡流消除器、减振器和吸除装置进行涡流控制,改进流场特性,从而达到减小尾迹场的目的。

19.2　舰船尾流场特性

19.2.1　尾流场的几何特性

舰船尾流的俯视图如图 19 - 1 所示,该图是参照驱逐舰在 20 ~ 30 kn 时的空中摄影绘制的示意图。由图及观测可知,描述舰船尾流的几何特性的参数有:

19.2.1.1　扩展角

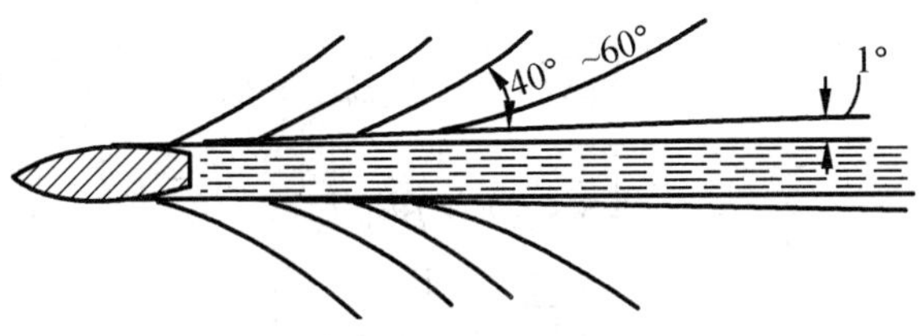

图 19 - 1　尾流的几何形状

尾流在螺旋桨后的扩展角,对于驱逐舰约为 50°,按舰船类型不同,该角约为 40° ~ 60°,且与航速关系不大。在离船一定距离之后,这一扩展角就突然减小到 1° 左右。该距离与舰速关系很大,如航速为 16 kn 时,这一距离为 20 m,而在全速航行时,这一距离达 84 m。总之,在舰尾处尾流迅速扩展,而在 100 m 以外扩展角大为减小,一般不超过 1°。

19.2.1.2　宽度

尾流的宽度是变化的,它随舰船距离 r 的增加而增加,在较近距离内尾流的扩展是无规律的,其宽度可近似表示为

$$W = \frac{W_0}{r_0} \cdot r = 0.85r, \quad r < r_0 \tag{19-1}$$

或

$$W = W_0 + 0.017(r - r_0), \quad r > r_0 \tag{19-2}$$

式中,W_0、r_0 可取表 19 - 1 中的值。

表 19 - 1　W_0 与 r_0 的取值

航速 /kn	r_0/m	W_0/m	航速 /kn	r_0/m	W_0/m
16	19	16.5	25	68.5	58.5
20	35.5	30	33	85	73

对于驱逐舰的测量表明,上式可给出满意的结果。舰船尾流宽度的扩展速度,对 10 min 以内的尾流其平均值约为 4.5 m/min, 对于 30 ~ 40 min 内的尾流, 其扩展速度约为1.8 m/min。

19.2.1.3　厚度

尾流的厚度开始为舰船吃水深度的 2 ~ 4 倍,上限为小型舰艇,下限为大中型水面舰

艇。其厚度随远离舰船的变化规律不详,但有的资料认为与宽度的变化相类似。

19.2.1.4 长度

大中型舰船的尾流长度可达2 000 m 以上,而在潜望镜深度航行的潜艇尾流约在 90 m 左右远处上浮到水面。

19.2.2 尾流的声学特性

19.2.2.1 含气泡的水中声速

当空气溶于水中,即使已达饱和程度,测量表明,它对声速也没有一点影响。但是,当空气以小气泡形式悬浮于水中时,即使很少量空气,也会使声速显著地减小。当气泡的尺寸比共振气泡尺寸小很多时,含气泡的水中声速可用简单的混合液体理论给出。假设 k、k_a、k_0 分别代表混合液体、空气和水的压缩系数,而 ρ、ρ_a、ρ_0 为相应的密度,在体积内含有 β 成空气,当 β 很小时,因 $k_a \gg k_0$、$\rho_a \ll \rho_0$ 和 $\beta \ll 1$,则混合液体的声速为

$$c = \left(\frac{1}{\rho k}\right)^{1/2} = \left\{\frac{1}{[\beta\rho_a + (1-\beta)\rho_0][\beta k_a + (1-\beta)k_0]}\right\}^{1/2}$$
$$= \left[\frac{1}{\rho_0 k_0(1+\beta k_a/k_0)}\right]^{1/2} = c_0\left[\frac{1}{1+\beta k_a/k_0}\right]^{1/2}$$
$$= c_0\left(\frac{1}{1+2.5\times 10^4\beta}\right)^{1/2} \tag{19-3}$$

这个公式表明,水中的空气体积只有0.01%($\rho = 10^{-4}$)时,声速将减小到无气泡时的53%。当声波频率高于混合液体中的气泡共振频率时,根据气泡的声学理论可得

$$c^{-2} = c_0^{-2} - \frac{4\pi n a_0}{(2\pi f)^2} \tag{19-4}$$

式中 a_0—— 气泡半径;

n—— 单位体积中的气泡数。

当声波频率与气泡共振频率相接近时,声速将发生很大的变化,已知气泡平均半径 $a_0 = 0.005\ 5$ cm,海水含气量 $\beta = 2\times 10^{-4}$,实测声速的变化曲线如图 19-2 所示。由图可见,在共振频率时,声速曲线通过无气泡时的声速值。

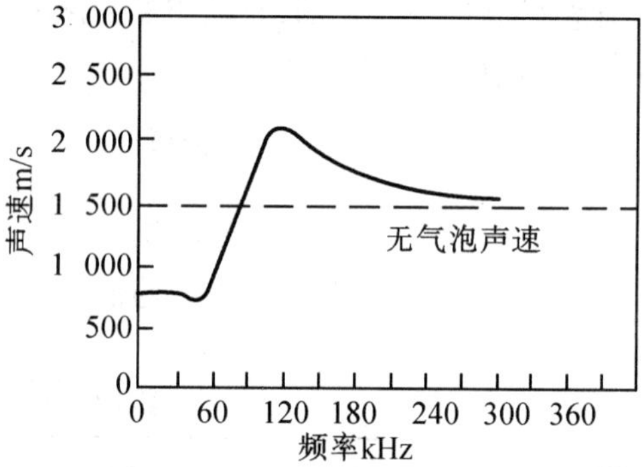

图 19-2 含气泡的水中声速与频率的关系

由此可见,尾流中的气泡将引起声传播速度的变化,从而引起声在尾流层的分界面上产生反射和折射。

19.2.2.2 水中气泡的声散射和吸收

当声波射到气泡上时,会使气泡发生强迫振动,从而辐射二次声波,这就是声散射,它使入射声波转变为空间压力分布不同的另一种波。与此同时,入射声波还有一部分能量消耗在气泡振动时的内部摩擦上,使声能转变为热能,这就是声吸收。

半径为 a_0 或共振频率为 f_0 的单个气泡在入射声波频率为 f 时的散射和吸收的等效截面积分别为

$$散射截面积:\sigma_s = \frac{4\pi a_0^2}{(f_0^2/f_2^2 - 1)^2 + \delta^2} \tag{19-5}$$

$$吸收截面积:\sigma_a = \frac{4\pi a_0^2(\delta/ka_0 - 1)}{(f_0^2/f^2 - 1)^2 + \delta^2} \tag{19-6}$$

式中 f_0—— 气泡共振频率;

f—— 入射声波频率;

δ—— 水中气泡振动时的阻尼常数,是频率的函数;

$k = 2\pi/\lambda_0 = 2\pi f_0/c_0$,波数。

而消声截面积等于散射和吸收截面积之和

$$\sigma_0 = \sigma_s + \sigma_a \tag{19-7}$$

图 19 - 3 是水中气泡声学截面积与几何截面积之比对归一化频率关系的理论曲线,当入射声频率等于气泡共振频率时,气泡的消声截面积为最大。图中的“理想”气泡指只通过散射从声波中吸收能量,而“实际”气泡还有经过热传导和周围液体的黏滞阻力造成的附加损失,“小”气泡为 $a_0 \ll \lambda$,“大”气泡为 $a_0 \gg \lambda$。由图19 - 3 可见,在远低于共振频率时,小气泡的声学截面积随 f^4 而增加,而在共振频率 f_0 时达到峰值。

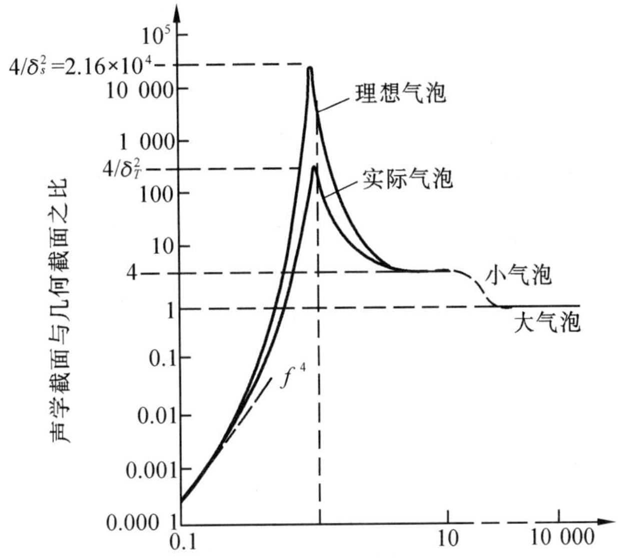

图 19 - 3 水中气泡声学截面积与几何截面积之比对归一化频率关系的理论曲线

在共振点,理想气泡的声学截面积与几何截面积之比为 $4/\delta_s^2 = 2.16 \times 10^4$,式中 $\delta_s = 1.36 \times 10^{-2}$ 为散射的阻尼常数。而实际气泡的声学截面积比理想气泡的为小,因为阻尼较大,它的截面比为 $4/\delta_T^2$,式中 δ_T 为总阻尼常数,其值与频率有关。偏离共振点后,截面比降为 4,该值仅适用于小气泡。对于大气泡,其截面比为 1,即其声学截面积等于其几何截面积。

19.2.2.3 尾流中的声散射和衰减

单个气泡的目标强度为

$$TS = 10\lg\frac{\sigma_s}{4\pi} = 10\lg\frac{a_0^2}{(f_0^2/f^2 - 1)^2 + \delta^2} \tag{19-8}$$

设每气泡的散射面积为 $\sigma_s$yd²①,则对每 yd³ 中含有 n 个气泡的单位体积的水(1yd³)的散射强度(忽略多次散射)为

$$S_v = 10\lg\frac{n\sigma_s}{4\pi} = 10\lg\frac{na_0^2}{(f_0^2/f^2 - 1)^2 + \delta^2} \tag{19-9}$$

① [注]1 yd(码) = 3 ft(英尺) = 0.9 14 4 m

式中,a_0 应以 yd 为单位。

一平面波在含气泡的水中传播时的衰减可定义为

$$a = 10\lg\frac{I_1}{I_2} \tag{19-10}$$

式中 a—— 衰减系数;

I_1, I_2—— 传播方向上相距单位距离的两点上的波的强度。

设每个气泡的消声截面为 $\sigma_e \text{yd}^2$,每 yd^3 中有 n 个共振气泡,则衰减系数为

$$a = 4.34n\sigma_e \quad \text{dB/yd} \tag{19-11}$$

一般说,气泡尺寸大小不一时,必须在所有的气泡大小范围内求积得到有效截面积。设以 $n(a)$ 表示半径在 a 和 $a + da$ 之间每 yd^3 中的气泡数,则有效截面积为

$$\sigma = \int_0^\infty n(a)\sigma(a)\,\mathrm{d}a \tag{19-12}$$

式中 $\sigma(a)$—— 消声、吸收或散射截面积;

$n(a)$—— 气泡群按尺寸的分布函数。

由于只有接近共振尺寸的气泡对 σ 才有大的贡献,而且 $n(a)$ 随 a 没有急剧变化,所以,对于给定的气泡分布函数可用近似计算法求出此积分。

尾流的声散射用尾流强度来描述,它是每 1yd 尾流长度的散射强度。尾流强度为 W 的回声级 EL 等于

$$EL = SL - 40\lg r + W + 10\lg L \tag{19-13}$$

式中 $L = \phi r$—— 尾流发生回声的长度;

ϕ—— 等效平面角束宽;

r—— 距离,单位为 yd;

$40\lg r$—— 没有吸收的球面衰减。

此式只适用于长脉冲宽度的情况。

产生尾流的舰艇后面几百 yd 处测得的 W 的典型值如表 19 - 2 所示。

表 19 - 2 各种舰艇和潜艇的尾流强度 W

舰 艇	W/dB	频率/kHz	速度/kn	深度/m
水面舰艇				
护航航空母舰和运输舰	-9	24		
驱逐舰	-11	24		
实验艇(Scripps 号和 Jasper 号)	-15	24		
汽艇				
潜艇				
USS - S23(SS - 128)	-13	60	9.5	水面航行
	-21	60	6	27.4
USS - S34(SS - 139)	-8	45	9.5	水面航行
	-18	45	6	27.4
USS“Tilefish”(SS - 307)	-8	45	9.5	水面航行
	-15	45	6	27.4
USS - S18(SS - 123)	-28	45	6	13.7

测量结果表明,尾流目标强度 W 随尾流的存在时间(即离舰后的距离)以 1 dB/min 的速度减小,对水面舰艇则随舰船尺寸的增大而增加。在 15 ~ 60 kHz 频率范围内,W 值与频率基本上无关。

19.3　舰船尾流场探测

19.3.1　舰船尾流场声学测量

从上一节的尾流的声学特性分析中可知,舰船尾流的声散射可用尾流的声目标强度来描述,因此,对体现舰船的声隐身即检测尾流是否存在,其方法就是 15.5 中介绍的舰船目标强度测量方法。由于尾流的声散射作用,其回声也可能成为鱼雷主动声自导、水雷主动声引信的假目标,故尾流的声探测也关系到水声武器对抗的效果。

舰船尾流是由大量气泡组成的,这些气泡由于螺旋桨湍流的搅动而不断翻滚,且气泡在水中的上浮速度还不一样,其回波信号也具有非平稳随机过程的特征。当主动声呐发射窄带信号,其回波的相位与时间的倒数,即“瞬时频率”含有较为丰富的目标信息,通过对回波信号的瞬时频率序列估计和瞬时频率方差序列估计可以作进一步的研究。

尾流自导鱼雷对目标的跟踪就是利用舰船尾流的轨迹,通常是采用交替转向,反复穿越尾流的方式来跟踪,见图19 - 4。

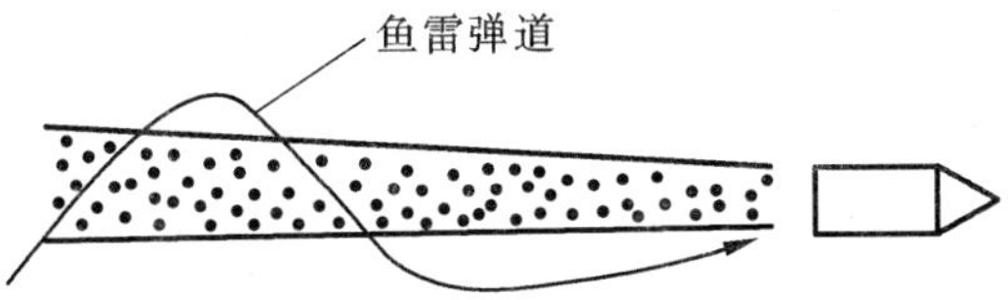

图 19 - 4　尾流自导鱼雷跟踪形式

无论从舰船声隐身或水声武器对抗的观点来看,都应对诸如不同舰艇、吨位、航速的尾流宽度、厚度、深度、持续时间等尺度数据进行积累,对尾流内水平和垂直坐标上气泡大小及分布规律进行研究,最大限度地利用舰船尾流中的声信息。

19.3.2　基于合成孔径雷达成像技术的尾迹检测

在尾流探测技术中,探测手段主要有:声探测、光探测、电探测和磁探测。其中电探测技术是在卫星遥感技术发展到一定程度,特别是合成孔径雷达(SAR)技术得到普遍应用之后才开始的,基于合成孔径雷达成像技术形成的 SAR 图像既不同于用光学照相机拍摄到的照片,也不同于传统意义下的雷达扫描图像,SAR 图像是建立在多普勒频移这一概念之上的大量雷达扫描数据合成的结果。

舰船在航行过程中,舰船尾流形成的尾迹从卫星上使用 SAR 探测,其长度为几公里至几十公里,所以尾迹提供出的舰船信息,远比舰船本身要大得多。对于水面舰船而言,SAR 反映的尾迹主要有以下几种:

(1) Kelvin 波尾迹

(2) 窄 V 型波尾迹

(3) 一般湍尾迹

(4) 内波尾迹

对于潜艇而言,SAR 图像反映出的尾迹主要有两种:

(1) 湍尾迹;

(2) 内波尾迹。

考虑雷达照射的某一海区(图 19 - 5),该照射区的散射截面 σ 定义为 4π 乘以朝向发射天线散射的微波辐射强度 I_s 与电磁波入射到该照射区上的功率密度(瓦/单位面积)的比值:

$$\sigma = 4\pi A \cdot \cos\theta \cdot \frac{I_s}{\Phi_i} \quad (19-14)$$

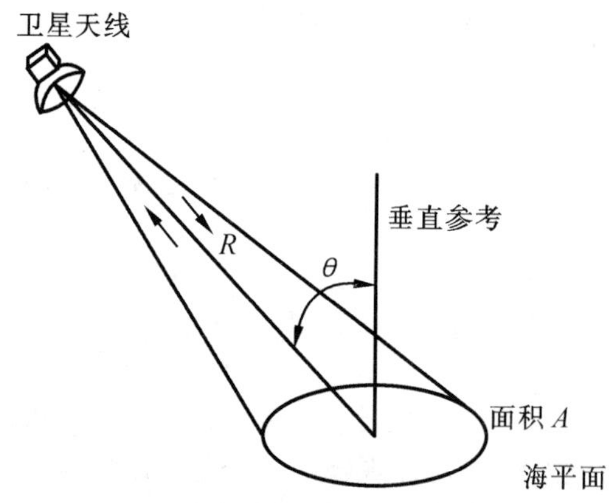

图 19 - 5 描述表面散射的雷达几何图

在(19 - 14)中,该波束的功率密度写成辐射通量 Φ_i 除以投影面积 $A\cos\theta$。对于垂直方向附近的入射角($\theta \approx 0$),散射来自海面的成一直线的镜面状小面,使能量散射回接受天线(图 19 - 6),这就是镜面点散射或小面散射。镜面点散射仅适用于海浪斜率垂直方向附近小入射角范围。在大入射角的情况下,几乎不存在镜面点散射,但在所有的角度上仍然能够观测到强度较大的散射存在,这种现象称为 Bragg 共振散射。具有规则栅格的粗糙面,其作用如同衍射光栅,散射能从间隔与雷达波长有关的栅格几何图形给出的角度内辐射出来。由于栅格图的散射在远场(远离该面)相干叠加,该散射发生共振,强度加强。由于只有那些与海浪波长处于同一量级的雷达波才能发生强烈的散射,对于目前使用的大部分 SAR 来讲,因其工作频率所对应的雷达波长为厘米至分米量级,故其散射强度直接反映了海浪中的小尺度波动情况。

散射雷达的工作原理决定了其分辨率在飞行方向和垂直于飞行方向上具有不同的空间分辨率。垂直于飞行方向上的分辨率称为距离分辨率(它主要取决于发射无线电的脉冲长度),一般来讲可以达到很高。沿飞行方向上的分辨率称为方位向分辨率,未处理之前很低。SAR 正是为解决这一点而研制的,它可利用只有 1° 方位向分辨率的低分辨率雷达生成分辨率达千分之几度的高分辨率雷达。

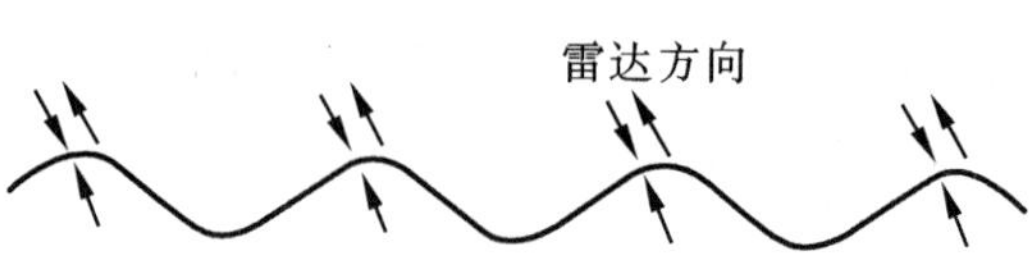

图 19 - 6 小面散射

SAR 是一种脉冲 —— 多普勒雷达,它以发射无线电短脉冲获得距离向分辨率,利用散射信号的多普勒频移获得方位向分辨率,由于一个雷达的分辨率是由其天线的尺寸(通常称为雷达的孔径 D_R)决定的,标准天线理论给出天线以外远视场的波束宽度 $\beta = \frac{\lambda_R}{D_R}$,所以,在垂直于距离方向的平面内,距离 R 处的分辨率为 $\rho_R = \frac{R\lambda_R}{D_R}$。

对于斜视观测,这一分辨率在地面距离方向上就变得更大。一般来讲,雷达工作在 50 mm 到 1 m 波长范围,在此情况下,即使是 R 大约为 750 km 的低轨道卫星,100 m 的地面分辨率也将要求天线的孔径在 375 m 至 7. 5 km 之间,显然这是不可能的。为此,就要利用合成孔径原理,即通过雷达沿其路径移动而构成相当于非常大孔径的雷达所得到的高分辨率图像(见图 19 - 7)。

当雷达经过 t 点时,它发射一个脉冲并接收到来自 a、b、c、d、e 等点的反射。当雷达经过 u、v、w 等点时,情况与经过 t 点时是一样的,并将结果储存起来。最后在数据处理阶段,从 t、u、v 等点收到的来自 a 点的发射信号相加合成的效果与沿着一个非常宽的真实孔径天线自动积分的结果是一样的。

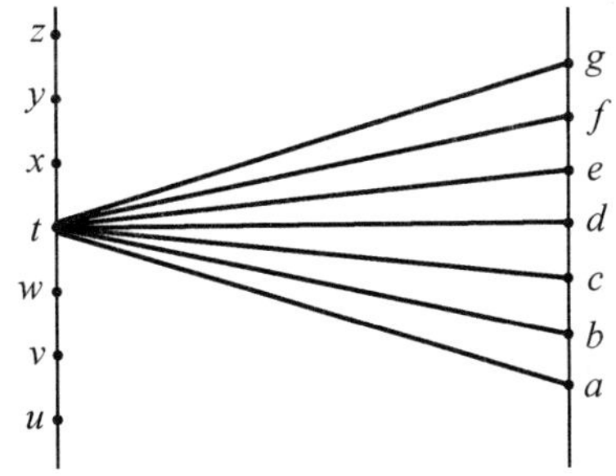

图 19 - 7　孔径合成图解

由于雷达本身在方位方向上平稳运动,因而在回波信号的频率上产生了一个多普勒频移的入射信号。当雷达接近一个目标时,由于多普勒频移,该点对反射信号的贡献应在比发射频率高的频率上,然后逐渐地呈线性下降,直到卫星已经飞过该目标时,其频率才小于发射信号的频率。在任一已知时刻,对一已知的距离沿方位方向上每点的贡献只能由其多普勒频移来确定。依照这一原理,现有的 SAR 卫星的分辨率已经达到 12.5 m,照射面积为一宽度为 100 km 的条带,而机载 SAR 的分辨率为 3 m 或更小,但其扫描范围也相应减小。

对于水面舰艇,SAR 探测到的最常见的是湍流尾迹。一般而言,湍尾迹的可探测性只受海况条件的限制,不同大小的舰船、不同的航速,只会影响湍尾迹的长度。通常海况下,即使是吨位只有百吨量级的小型渔船在海面上留下的湍尾迹也至少有几公里长,远比船体本身的特征明显。在美国利用机载 SAR 在阿拉斯加附近海域观测到的最长的湍尾迹近 50 km。

对于水下航行的潜艇,SAR 探测到的主要是内波尾迹。内波是由于海水分层结构决定的,当上下两层海水密度差别变小时,若界面受到哪怕是较小的扰动,其界面本身就会形成大幅振荡并向外传播的运动形态,这就是所谓的内波。通常情况下,内波的振幅远比表面风浪的振幅大得多,在十几米至几十米量级,最高可达百米量级。从 SAR 的原理可知,SAR 只能探测到海表面的信息,但有关的研究表明,内波与表面海浪产生相互作用,海洋内波通过其自身在海表面形成的水平流场改变了海浪中小尺度波在空间的分布形式,进而被 SAR 探测到。潜艇在航行时,就充当了一个极好的内波强扰动源角色。潜艇产生的内波在垂直于潜艇行进方向的左右两组内波可以不受干扰地自由传播形成 V 型尾迹图案,V 型尾迹的夹角在海洋内部环境参数不变的情况下反映了潜艇航行速度,V 型尾迹的角分线反映了潜艇行进的方向。

第 20 章　舰船电场隐身技术

20.1　概　　述

由于电场探测技术的发展和电场引信水中兵器的存在，需要尽量减小舰船在海水中产生的电场（包括静电场和低频电场），实现舰船电场隐身，降低舰船电场给自身带来的威胁。在电场隐身技术方面，前苏联（俄罗斯）相当成熟，1961 年服役的 257 – Д 型基地扫雷艇比前一型（265 – A）扫雷艇的电场降低了 4 倍，而 1963 年服役的 266 型海洋扫雷舰比前一型（264 – A）海洋扫雷舰，其电场约减小了 10 ~ 15 倍，1974 年服役的 1265 型基地扫雷艇又进一步降低了电场；苏俄海军经过多年研究和实践，已经形成了较为完善的电场防护标准和技术措施，以俄现代级驱逐舰为例，该型舰对船体防腐以及静电场、低频电场的抑制上极为重视，在船体结构工艺上尽量避免不同金属材料之间的电连接，并对电隔离状态进行监测，同时还安装了主动消电场装置 Каскад – э 系统。加拿大的 DAVIS 公司与国家防卫部太平洋防卫研究所联合研制的有源轴接地系统不仅装备了加拿大海军而且装备了两艘英国潜艇，该装置不仅有效地解决了腐蚀问题，还大大降低轴频电磁场。Vickers 造船工程技术有限公司也研制了用来抑制轴系极低频电磁场的主动轴接地（ASG）系统。波兰海军技术研究发展中心同样研制了能有效减小轴系极低频电磁场的短路滑环装置。北约国家海军大量采用了减小舰船电场的措施，并写进了舰船建造规范。由此可见，研究舰船的电场隐身技术具有极其重要的军事意义。舰船电场的抑制主要依靠两个途径来实现，一是通过合理的舰船防腐系统以及造船材料电磁保护工艺的设计，使得舰船的总电场降到最低；二是采用电场隐身技术，研制装备电场防护系统，来尽量消除已形成的舰船电场。

20.2　舰船电场的形成与特性

舰船是由不同的金属材料所构成，而海水又是电的良导体，因此不论是运动的还是静止的舰船，在其周围海水中均会产生电场，称为舰船电场。舰船电场通常可分为两部分：静电场和极低频交流电场。描述电磁场的基本方程是麦克斯韦方程组：

$$\nabla\times \boldsymbol{E} = -\frac{\partial \boldsymbol{B}}{\partial t} \tag{20-1}$$

$$\nabla\times \boldsymbol{H} = \boldsymbol{J} + \frac{\partial \boldsymbol{D}}{\partial t} \tag{20-2}$$

$$\nabla\cdot \boldsymbol{B} = 0 \tag{20-3}$$

$$\nabla\cdot \boldsymbol{D} = \rho \tag{20-4}$$

其中　为自由电荷密度，$\boldsymbol{J}$ 为电流密度。在介质中，一般有：

$$\boldsymbol{D} = \varepsilon_0\boldsymbol{E} + \boldsymbol{P};\quad \boldsymbol{B} = \mu_0(\boldsymbol{H} + \boldsymbol{M})$$

$\boldsymbol{P}$ 为极化强度，$\boldsymbol{M}$ 为磁化强度，在线性介质里上两式可写成：

$$\boldsymbol{D} = \varepsilon_r \varepsilon_0 \boldsymbol{E} = \varepsilon \boldsymbol{E}\ ;\quad \boldsymbol{B} = \mu_r \mu_0 \boldsymbol{H} = \mu \boldsymbol{H}$$

由(20 - 2)和(20 - 4)两式可得出电荷守恒方程：

$$\nabla \cdot \boldsymbol{J} = -\frac{\partial \boldsymbol{\rho}}{\partial \boldsymbol{t}} \tag{20 - 5}$$

如果线性导电媒质电导率为 σ，欧姆定律为：

$$\boldsymbol{J} = \sigma \boldsymbol{E} \tag{20 - 6}$$

20.2.1 因电化学腐蚀作用产生的静电场

不同种类的金属因其化学活性不一样，会在海水中产生不同的电极电位。当它们浸泡在海水中形成闭合回路时，会因电化学反应而在不同材料金属之间维持一定的电位差，使得电极电位较低的金属不断溶解腐蚀，从而在海水中产生腐蚀电流。例如，在用不同材料制成的船体（碳钢）、螺旋桨（青铜）和轴系（合金钢）、导流罩（钛合金）以及船体舷侧附件和管路等之间，在存在内部电接触（形成电流通路）的情况下形成的电解偶系统是舰船静电场产生的主要原因。

20.2.2 舰船防腐系统产生的静电场

为了防止舰船的船壳、螺旋桨和其他水下部件发生腐蚀，一般都安装有舰船阴极保护系统，包括牺牲阳极被动阴极保护系统（PCP，Passive Cathodic Protection System）和外加电流阴极保护系统（ICCP，Impressed Current Cathodic Protection System）。这些防腐系统均会在舰船周围的海水中施加很强的电流，如一艘中型舰船的外加保护电流可高达上百安培，因而会在海水中产生很强的静电场。

在工程技术应用中，常使用偶极子电场来模拟实际静电场，舰船静电场也可用一系列电偶极子产生的电场叠加获得。在深海条件下，一般可把海水 - 空气界面看成是两层模型，在该模型下，位于点(x',y',z')的单个垂直偶极子在点(x,y,z)产生的静电场可以表示为：

$$E_{2x} = \frac{p_w}{4\pi\sigma}\left[\frac{3(x-x')(z-z')}{R_1^5} - \frac{3(x-x')(z+z')}{R_2^5}\right] \tag{20 - 7}$$

$$E_{2y} = \frac{p_w}{4\pi\sigma}\left[\frac{3(y-y')(z-z')}{R_1^5} - \frac{3(y-y')(z+z')}{R_2^5}\right] \tag{20 - 8}$$

$$E_{2z} = \frac{p_w}{4\pi\sigma}\left[\frac{3(z-z')^2 - R_1^2}{R_1^5} - \frac{3(z+z')^2 - R_2^2}{R_2^5}\right] \tag{20 - 9}$$

其中：$R_1 = \sqrt{(x-x')^2 + (y-y')^2 + (z-z')^2}$，$R_2 = \sqrt{(x-x')^2 + (y-y')^2 + (z+z')^2}$。

单个水平偶极子产生的静电场可以表示为：

$$E_{2x} = \frac{p_u}{4\pi\sigma}\left[\frac{3(x-x')^2 - R_1^2}{R_1^5} + \frac{3(x-x')^2 - R_2^2}{R_2^5}\right] \tag{20 - 10}$$

$$E_{2y} = \frac{p_u}{4\pi\sigma}\left[\frac{3(x-x')(y-y')}{R_1^5} + \frac{3(x-x')(y-y')}{R_2^5}\right] \tag{20 - 11}$$

$$E_{2z} = \frac{p_u}{4\pi\sigma}\left[\frac{3(x-x')(z-z')}{R_1^5} + \frac{3(x-x')(z+z')}{R_2^5}\right] \tag{20 - 12}$$

上述式中，p_w、p_u 分别为垂直和水平偶极子的极矩，σ 为海水的电导率。

20.2.3 工频交变电场

外加电流阴极保护系统输出的保护电流通常由船上交流供电系统经整流滤波后得到，在滤波效果差的时候，它包含有较高的脉冲成分，会在海水中产生 50 Hz 或 60 Hz 及其谐波成分的工频交变电场。另外，当船体内部电力系统接地不良时，产生的漏电流及船体内部大电流设备对外的电磁辐射也会产生以 50 Hz(或 60 Hz) 和 400 Hz 为基础的交变电场。安装消磁装置的舰船中，消磁电流脉冲成分也会产生交变电场。

20.2.4 轴频电场

无论是舰船不同金属结构之间因电化学腐蚀而产生的腐蚀电流，还是采用阴极保护系统而外加的防腐电流，都会有部分电流经海水从船壳流向螺旋桨，然后通过各种轴承、密封和机械线路从螺旋桨返回到船壳，从而形成完整的电流回路，如图 20 - 1 所示。一方面，当螺旋桨 - 主轴转动时，由于接触不恒定，会引起图 20 - 1 中螺旋桨 — 轴承 — 船体回路中的等效接触电阻 R_B 发生周期性变化，从而使流经主轴的腐蚀或防腐电流发生内调制，产生以轴转动速率为基频的极低频轴频电场及其谐波成分；另一方面，当辅助阳极靠近螺旋桨时，螺旋桨叶片不能看作一个整体，辅助阳极和桨叶之间的电阻也会随着螺旋桨的转动而发生变化，从而导致流经螺旋桨的腐蚀或防腐电流发生外调制，产生以轴转动速率和桨叶数目的乘积为基频的极低频轴频电场。

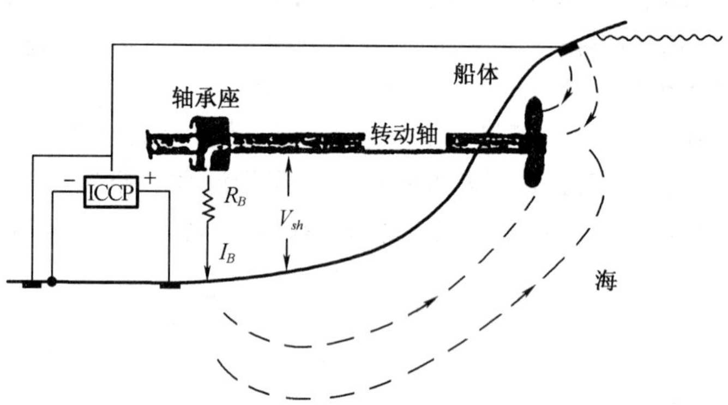

图 20 - 1 螺旋桨转动调制 ELF 信号源

20.2.5 舰船感应电场

舰船航行时，金属船体由于切割地球磁场而产生感应电场，包括螺旋桨转动切割地磁场产生的涡流电场、船体切割地磁场产生的电场、尾流区中的海水在地磁场中运动产生的电场、绕船体运动的海水切割地磁场产生的电场以及舰船在地磁场中的振荡产生的电场。

磁性船体运动也会产生感应电场，铁磁性船体因地磁场的作用而具有磁性，一般可分为固定磁性和感应磁性。舰船的固定磁性是在建造时形成的，是舰船的剩磁；而舰船的感应磁性则是舰船在航行过程中受地磁场的感应磁化形成的。当舰船航行时，相对于海水导体发生运动，会引起船体周围海水空间磁通量的变化，从而产生感应电场。运动感应电场可用磁偶极子阵列拟合其电场。对于运动的单磁偶极子或者一列沿运动方向排列的磁偶极子阵列，其感应电场可由磁场的高斯定理计算得到，当磁偶极子以速度 v 做匀速运动时，根据电磁感应定律，磁偶极子沿极距方向运动的感应电场是一族垂直于轴线的同心圆，有

$$\oint \boldsymbol{E} d\boldsymbol{l} = -\iint \frac{\partial \boldsymbol{B}}{\partial \boldsymbol{t}} \cdot d\boldsymbol{S} \tag{20-13}$$

可以求得感应电场的大小为

$$E' = \gamma v \frac{\mu m_m}{4\pi} \frac{3xp}{(x^2 + y^2 + z^2)^{\frac{5}{2}}} \tag{20-14}$$

其中，μ 为介质的磁导率，$\boldsymbol{m}_m$ 为磁偶极矩，$p = \sqrt{y^2 + z^2}$，为观察点(x, y, z)到磁偶极子运动轴线的距离。

另外，船体的运动以及尾流气泡浮起时与海水之间发生的摩擦也会产生电场。

20.2.6　舰船水下电场特性

已有的研究表明，舰船水下电场的主要来源是腐蚀相关电场，舰船水下电场主要具有以下特性：

(1) 舰船电场频率丰富，频段集中。舰船电场包含了直流到上千赫兹的丰富的频率成分，但能量主要集中在准静电场（一般在 0 ~ 0.1 Hz）、轴频（一般在 0.5 ~ 10 Hz）和工频及其谐波成分等。

(2) 舰船电场各频段信号均有足够的强度，电场信号的通过特性曲线的波形比较确定，且各频段通过特性具有相关性。

(3) 舰船电场和舰船航速、消磁水平以及舰船尺度有关。

20.3　舰船电场的防护与控制

20.3.1　舰船静电场防护

舰船静电场防护的主要技术为电场补偿技术和阴极保护系统优化技术。产生舰船静电场的腐蚀电流主要由船体流向螺旋桨，采用电场补偿技术，通过施加补偿电流，人为产生一个反向电场来补偿抵消螺旋桨与船体之间的电解偶产生的电场，并对螺旋桨和船体的水下部分进行防腐保护，从而实现静电场防护。阴极保护系统优化技术是指优化 ICCP 系统的电源、输出电流以及辅助阳极的个数、位置等，在保证阴极保护效果的情况下，尽量降低舰船水下电场的量级。采用静电场补偿技术时，需关闭 ICCP 系统，对原始腐蚀静电场进行抵消，电场防护效果好；采用阴极保护系统优化技术，主要是在实现腐蚀保护的前提下兼顾电场防护，静电场防护效果一般。

俄制 Каскад – э 系统就是基于电场补偿技术实现电场防护功能的。该系统的基本原理是，通过轴上的磁性调制换能器 ПММ 获得与螺旋桨初始电流成正比的电压信号进入调节器控制仪 ПУР，在调节器控制仪中形成电源调节器 PC 控制信号，电源调节器通过该信号来调节输出到阳极上的补偿电流，如图 20 – 2 所示。补偿电流通过阳极流入海水中，一部分电流分流到螺旋桨上，沿转轴经电刷装置 КЩУ 和补偿调节器 КР 流到船体上，在由船体回到

电源调节器,形成回路,该电流使螺旋桨的初始电流得到补充,从而防止螺旋桨的腐蚀;另一部分电流直接从阳极流向船壳,然后由船壳回到电源调节器,形成回路,其所形成的电场正好与螺旋桨 - 船壳电解偶的初始电场相反,由此达到了补偿抵消电场的目的,从而减小了舰船电场,低频电磁场也就相应减小。

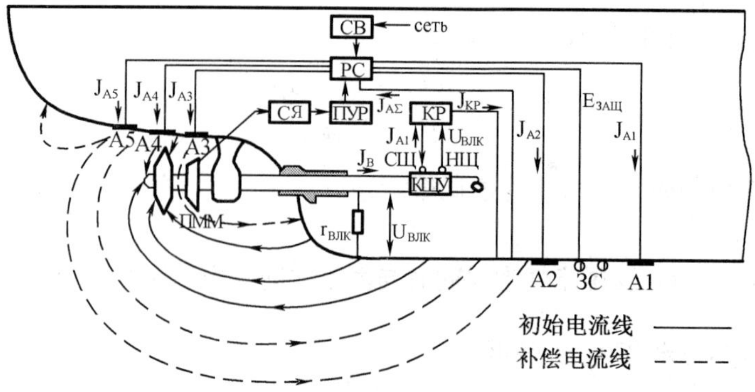

图 20 - 2 电场补偿系统原理图

需要指出的是,俄制 Каскад - э 系统具有电场防护和阴极保护两种功能,其电场防护功能不仅可实现静电场防护,还同时实现轴频电场抑制。

20.3.2 轴频电场的抑制

对于轴频电场,须用电场防护系统来对其进行抑制。目前,欧美一些国家多采用被动轴接地系统和主动接地系统来减小螺旋桨调制的极低频电场;前苏联采用电场补偿系统(内补偿技术)来削弱舰船的极低频电场,同时还研制了舰船电场补偿系统来抵消舰船电场。

20.3.2.1 被动轴接地系统

如前文所述,舰船的不同金属结构之间在海水中产生的腐蚀电流以及采用防腐措施产生的电流,会因螺旋桨转轴转动引起轴承座的阻抗变化而受到调制,从而产生基于转轴转速的极低频电磁场,如图 20 - 1 所示。如果轴承座的阻抗 R_B 减小,那么电流 i_B 和海水中的电场将增大;反之,当 R_B 增大,电流和电场都将减小。R_B、i_B 以及转轴相对船体的电位差 V_{sh} 三者之间的关系,可用简单的欧姆定律来描述。

理想情况下,可采用隔离转动轴的办法来消除这些变化,但是出于对转轴和螺旋桨的腐蚀等其他因素的考虑,转轴必须接地。因此许多国家都在船上安装被动轴接地系统,该系统是通过一组电刷和集电环将转轴与船壳相连,如图 20 - 3 所示。由于接地电刷的低阻抗避免了轴承阻抗的波动,使得该被动轴接地系统可以减小舰船的极低频电场,但其效果较差,若不勤于维修保养,则该系统的可靠性很差。

20.3.2.2 主动轴接地系统

为了大幅度地削弱舰船的极低频电磁场,可采用转轴主动接地系统该系统在轴承座阻抗增大的瞬间,采用电子电路及时地将转动轴接地,如图 20 - 4 所示。

为了便于理解这个主动轴接地系统的工作原理,我们忽略了此系统的反馈特性,并假设 R_B 较大。在没装主动接地系统时,仅有少量电流在轴上流动时,轴 - 壳电压就变得很大,在轴壳之间的海水阻抗的压降很小。当使用主动轴接地系统时,高的 V_{sh} 值将能驱动电源输

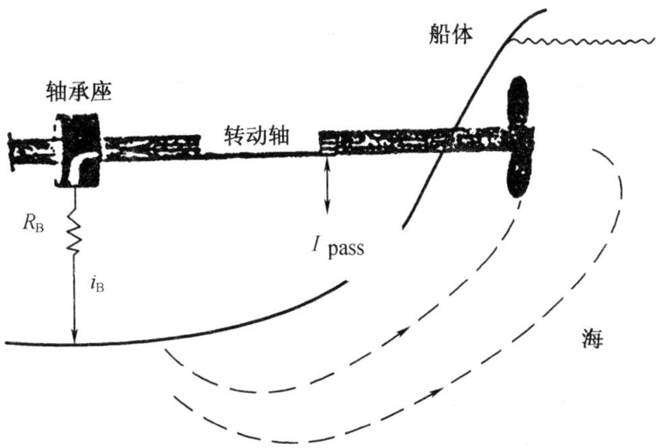

图 20－3　被动轴接地系统

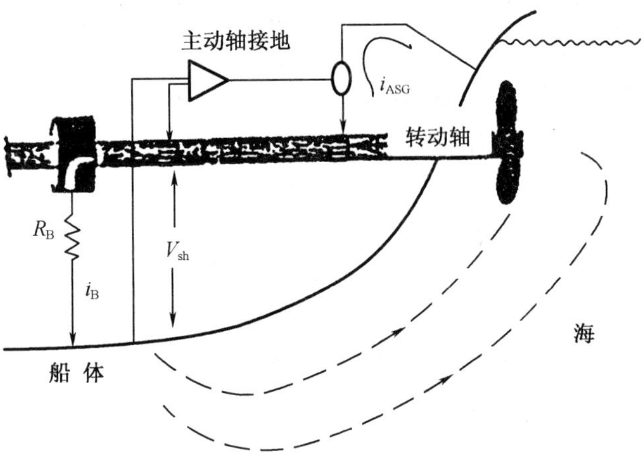

图 20－4　主动轴接地系统

出更大的电流 i_{ASG}，导致 $i_{转轴}$ 增加，V_{sh} 降低。反之，当 $i_{转轴}$ 高而 V_{sh} 低时，电流 i_{ASG} 减小，因而 $i_{转轴}$ 减小. 因此，主动轴接地系统可以消除转轴中电流的起伏，从而减小因转轴旋转产生的极低频电场。

由于主动轴接地系统的有效并联电阻 R_{ASG} 依靠系统的环路增益，其值小于典型的轴承座阻抗，这使得在主动轴接地系统上通过了全部轴电流，从而消除了由于轴承座阻抗变化而引起的转轴上的电流波动。同时，用来测量 V_{sh} 的电路有很高的输入阻抗 Z_{in}，流过它的电流很小。因此，只要保证 Z_{in} 远大于电刷阻抗，电流就不受电刷阻抗变化的影响。此外，由于输出电路是一个电流驱动器，使得系统不受大电流集电环阻抗变化的影响。因此，在舰船 *ELF* 的抑制能力上，主动轴接地系统要优于被动轴接地系统，并且该系统对维护保养的要求不是很高。

20.3.3　工频电场的消除

为了消除ICCP系统中电源滤波不良产生的工频电场，可采用高性能直流电源和电源滤波器,先通过提高电源频率(如采用工作频率为 30kHz 的脉冲转换器将 50Hz 输入电压转化成高频方波信号),然后再进行整流滤波,可得到纹波系数很小的直流信号,从而很好地消除了输出直流电源的波纹,降低工频电场信号。惠得尼·爱舍(WAL)公司研制了线性电源和开关型电源(SMPS),用它们取代 ICCP 系统原来的电源能有效减小输出保护电流的脉动,有效消除海水中的电源纹波电场。

对于船体内的电力系统要尽量保证其接地良好并加以屏蔽,减小因其电流泄露产生工频电场。

20.3.4 电磁保护结构工艺

根据舰船电场和极低频电磁场的产生机理,采用电保护和电磁保护工艺,切断船上不同种类金属之间的内部和外部的电连接,使得形成舰船电场所需的闭合回路不能形成,同时对各电分离部件的电隔离状态进行实时监控,从而达到减小电场的目的。其主要的结构工艺如下:

(1) 切断螺旋桨和艉轴衬套同艉轴以及艉轴同中间轴的电连接;

(2) 在螺旋桨和艉轴架之间使用有电介质制成的屏蔽和护罩;

(3) 让船底 - 舷侧附件和海水系统管路的法兰接头同船壳板实现电绝缘;

(4) 通过电绝缘法兰接头,让球鼻首导流罩同船体实现电绝缘;

(5) 让计程仪吸入管和楔形阀同船体实现电绝缘;

(6) 让回声测深仪换能器同船体实现电绝缘;

(7) 用电绝缘漆涂覆船体水下部分及全部凸出结构;

(8) 按照电绝缘方案,涂覆艉轴管和艉轴架导流罩衬套内表面;

(9) 让艏、艉侧推器螺旋桨同船体实现电绝缘;

(10) 让侧推器柱同船体实现电绝缘。

参 考 文 献

[1] James R W. Electromagnetic Wave Theory, Harper and Row[M]. Publishers, Inc. ,1985.

[2] David Foxwell. Stealth: The Essence of Modern Frigate Design[J]. International Defense Review, 1990(9).

[3] Simpson G B. Infra-Red Emission from ships[J]. Naval Forces, 1991(4).

[4] David Foxwell. Signature Reduction: Smart Materials for Active Control[J]. International Defense Review, 1991(11).

[5] Norman Freidman. Stealth in Naval Warfare[J]. Naval Forces, 1991(4).

[6] Goddard C H, Kirkpatrick D G. How Much Stealth? [J]. Naval Engineers Journal, 1996.

[7] Miller D. Stealth in practice[J]. International Defense Review, 1995(7).

[8] Hewish M. Stealth at Sea Signature Management Enhances Attack and Defense [J]. International Defense Review, 1994(7).

[9] Leopold R. The Next Naval Revolution[J]. Jane s Naval International, 1996, 101(1).

[10] Shaeffer J F. EM Scattering from Bodies of Revolution with Attached Wires[C]. IEEE Trans Antennas Propag, Vol. Ap - 30, May 1982.

[11] Knott E F. RCS Reduction of Dihedral Corners[C]. IEEE Trans. Antennas Propag. Vol. Ap - 25 May 1977.

[12] McNamara D A, Malherbe J A G and Pistorius C W. Introduction to the Uniform Geometrical Theory of Diffraction[J], Artech House: Norwood, M A, 1989.

[13] Cornbleet B S. Microwave and Optical Ray Geometry[M]. John Wiley & Sons, NY, 1984.

[14] Jull E V. Aperture Antennas and Diffraction Theory[C], IEEE/PPL, IEEE Service Center, 445 Hoes Lane, Piscataway, NJ08854, 1981.

[15] Stutzman W L, Thiele G A,. Antenna Theory and Design[M]. Joho Wiley & Sons, Inc. ,1998.

[16] 蔡希尧. 雷达系统概论[M]. 北京:科学出版社,1983.

[17] 斯科尔尼克 M I. 雷达手册[K]. 北京:国防工业出版社,1978.

[18] 李严. 追踪新世纪的水面战舰[J]. 现代舰船,2000(12).

[19] 石蹊. 2000 全球海军回顾与展望(亚太部分)[J]. 现代舰船,2001(2).

[20] 剑海. 美国未来海上游击队员[J]. 现代舰船,2000(5).

[21] 郭硕鸿. 电动力学[M]. 北京:高等教育出版社,1998.

[22] 李杰. 粉墨登场的隐身舰艇——从'海幽灵'到'海魂'[J]. 现代舰船,2000(2).

[23] 林昌禄. 天线测量[M]. 成都:成都电信工程学院出版社,1988.

[24] 沈游. 论和平统一大业中的海上力量[J]. 现代舰船,2000(4).

[25] 刘祥正. 隐身技术在常规动力潜艇上的应用探讨[J]. 舰船工程研究,1986(4).

[26] 程宝根. ATB 隐身轰炸机[J]. 现代军事,1987(8).

[27] 斯科尔尼克 M I. 雷达是一项成熟的技术还是一项不断发展的技术[J]. 雷达与对抗,

1984(6).
[28] 范托尔. 舰载雷达的最新发展[J]. 雷达与对抗,1983(8).
[29] 皮德宝译. 飞机的隐身技术[J]. 系统工程与电子技术,1986(4).
[30] 许兆泽. 雷达目标特征分析的基础研究概况[J]. 国外电子技术,1980(2).
[31] 朱荣昌. AFT:美国追求的质量优势[J]. 现代军事,1987(5).
[32] 王力田. 无源干扰在海上电子战中的地位[J]. 舰船论证参考,1986(2).
[33] 邵开文,崔为耀. 欧洲新一代防空型护卫舰[Z]. 国外舰船工程水面舰艇专集,2001,增刊.
[34] 冰焰. 舰艇的隐身技术[J]. 舰船工程研究,1988(1).
[35] 毛乃宏,俱新德. 天线测量手册[K]. 北京:国防工业出版社,1987.
[36] 克拉特 E F . 雷达散射截面. 阮颖铮译[M]. 北京:电子工业出版社,1988.
[37] 孙玉衡. DD21 的最新容貌[J]. 现代舰船,2000(12).
[38] 刘凤景. DD21 走出 21 世纪[J]. 现代舰船,1999(2).
[39] 姜来根. 21 世纪海军舰船[M]. 北京:国防工业出版社,1998.
[40] 牟安成. 国防军工计量教材:声学卷[M]. 北京:原子能出版社,2001.
[41] 顾金海,叶学千. 水声学基础[M]. 北京:国防工业出版社,1981.
[42] 赵松龄. 噪声的降低与隔离[M]. 上海:同济大学出版社,1989.
[43] 任克明,李万君,林贺新. 水中兵器与战争[M]. 北京:国防工业出版社,1997.
[44] 张国良. 21 世纪的我国声学[J]. (武汉市科协特约稿)舰船工程研究,2001(1).
[45] 张国良. 在役舰艇噪声控制的若干问题探讨[J]. 海军装备,1988(2).
[46] 张国良. 舰艇噪声指标论证研究[J]. 论证与研究,1988(5).
[47] 张国良. 舰艇降噪方案论证与研究[J]. 论证与研究,1990(2).
[48]《张国良文集》. P19—P399 科研设计. 海军 XXX 总师办编印. 2009. 12.
[49] 刘朝晖,傅战平. 水声对抗技术[J]. 海军装备,1989(3).
[50] 孟昭文,徐韬,陆达人. 水声对抗装备技术[J]. 海军装备,1990(4).
[51] 伏同先. 俄国潜艇声学设计和噪声控制特点分析[J]. 舰船工程研究,1995(2).
[52] Mead D J. Wave propagation and Natural Modes in periodic systems: Ⅱ Multi-Coupled systems with and without Damping[J]. J. Sound and Vibration, 1975, 40: 19 – 39.
[53] Mead D J. Pyjara K K. Space-harmonic Analysis of Periodic ally supported Beam; Response to convected Random Loading[J]. J. sound & Vibration, 1971. 14(4): 525.
[54] Mace B R. periodically stiffened Fluided-loaded plate: Ⅰ. Respouse to convected harmonic pressure and Free wave propagation; Ⅱ. Response to line and point Forec[J]. J. sound & Vibration, 1980, 73(4) 473 – 486.
[55] Reddy E S, Mallk A K. Vibration of A Two layered Ring on Periodic Radial supports[J], J. sound & Vibration, 1982, 84(3): 417 – 430.
[56] Mead D J, Bardell N S. Free Vibration of A Thin Cylindrical shell with Discrete Axial stiffeners[J], J. sound & Vibration, 1986, 111(2): 229 – 250.
[57] 马力. 无限长加肋圆柱壳体中波动传播研究[D]. 哈尔滨船舶工程学院,1992.
[58] 张小铭. 周期性黏弹性复合圆柱壳的功率流[J]. 振动工程学报,1993,6(1): 1 – 9.
[59] Bernblit M Y. Sound radiation by a Thin Elastic Cylindrical shell with Reinforcing Ribs

[J]. Sov. Phys. Acousts. 1975,20(5).

[60] Bernblit M Y. Sound Radiation from a Ribbed Cylindrical shell[J]. Sov. Phys. Acousts., 1976,21(6).

[61] Burroughs C B. Acoustic Radiation from Fluid-loaded Infinite Circular Cylinders with Doubly periodic Ring Supports[J]. J. Acoust. Soc. Am., 1984,75(3): 715 - 722.

[62] Maymon G. Spectrum and RMS Levels for stresses in Closely Spaced Stiffened Cylindrical shells Subjected to Acoustic Excitation[C]. The 46th Symposium on shock and vibration at the Royal inn at Wharf, San Diego, CA. 20-23 Oct. USA., 1975.

[63] Mustafa B A J, Ali R. An Energy method for Free Vibration Analysis of Stiffened circular cylindrical shell[J]. Computers and structures, 1989,32(2): 355 - 363.

[64] 何祚镛.结构振动与声辐射[M].哈尔滨:哈尔滨工程大学出版社,2001.

[65] 刘伯胜,雷家煜.水声学原理[M].哈尔滨:哈尔滨工程大学出版社,1993.

[66] 张阿丹,姚起航.振动控制工程[M].北京:航空工业出版社,1989.

[67] 马广宗,蔡承德,虞锐辉.船舶振动基础与实用计算[M].北京:人民交通出版社,1981.

[68] 戴德沛.阻尼减振降噪技术[M].西安:西安交通大学出版社,1986.

[69] 戴德沛.阻尼技术的工程应用[M].北京:清华大学出版社,1991.

[70] 徐世勤.工业噪声与振动控制[M].北京:冶金工业出版社,1987.

[71] 蒋淦清.船舶噪声控制[M].北京:人民交通出版社,1985.

[72] 何祚镛.声学理论基础[M].北京:国防工业出版社,1981.

[73] 工业企业环境噪声预评价讲座(第二讲).声源声级的求取[J].噪声振动控制,1991(2).

[74] 田静.有源噪声控制的基本概念和发展前景[J].噪声与振动控制,1991(11).

[75] 卢文祥,杜润生.机械工程:测试·信息·信号分析[M].武汉:华中科技大学出版社,1990.

[76] 徐敏等.船舶动力机械的振动,冲击与测量[M].北京:国防工业出版社,1981.

[77] 汪德昭,尚尔昌.水声学[M].北京:科学出版社,1981.

[78] 王泽和.舰用红外警戒系统及其发展[J].海军装备,1993(8).

[79] 姜书品.舰艇降红外隐身技术措施[J].海军装备,1991(10).

[80] 李治江,迟家提.红外成像末制导技术发展现状和应用前景[J].海军装备,1991(12).

[81] 姜书品.舰艇常用的红外诱饵[J].海军装备,1993(6).

[82] 孙赫全.红外反射导弹的现状与未来[J].海军装备,1986(6).

[83] 马乐梅等.红外与微光夜视技术的应用[J].海军装备,1996(6).

[84] 程卫平.巡航导弹的红外隐身技术[J].海军装备,1995(3).

[85] 栾大龙.谈红外隐身技术与反红外隐身技术[J].海军装备,1995(1).

[86] 徐广润.谈舰艇降红外隐身技术[J].海军装备,1987(4).

[87] 刘化深.烟火药红外辐射器[J].海军装备,1996(11).

[88] 石长有,赵士杰.反红外探测技术在军事装备中应用的探讨[J].海军装备,1992(10).

[89] 浪迷,史朗.军舰烟囱的结构[J].国外舰船工程,1991(12).

[90] 马乐梅,杨绍清.红外技术在军事领域的应用[J].海军装备,1994(8).

[91] 张敬贤,李玉丹,金伟其.微光与红外成像技术[M].北京:北京理工大学出版社,1995.

[92] 句中.舰用红外搜索系统[J].论证研究,1989(2).

[93] 吴圣昌. 隐身技术在舰艇设计中的应用[R]. 船舶工业科技报告,1989(10).

[94] 叶平贤,龚沈光. 舰船物理场[M]. 北京:兵器工业出版社,1989.

[95] 左鹤声. 机械阻抗方法与应用[M]. 机械工业出版社,1987.

[96] 施丹华. 水声对抗技术发展及其概念拓展[J]. 舰船电子工程,2006(4).

[97] 孟晓宇,肖国林,陈虹. 国外潜艇声隐身技术现状与发展综述[J]. 舰船科学技术,2011,33(11).

[98] 高颂,乐洪宇. 国外红外隐身技术的发展[J]. 舰船电子工程,2010(10).

[99] BILAN DES ACTIVITES ANTHROPIQUES GENERATRICES DE BRUIT SOUS MARIN ET DE LEUR RÉCENTE ÉVOLUTION EN FRANCE METROPOLITAINE (VERSION 2.0). P13. SHOM. dul fevrier 2012.

[100] 王建,张迪超,蒲元远,等. 舰艇的红外隐身技术[J]. 舰船电子工程. 2008(3).

[101] 邵汉林. 结构声[M]. 北京:国防工业出版社,2012.

[102] 邵汉林,孙光甦. 振动传递分析基础[M]. 北京:国防工业出版社,2011.

[103] 龚沈光,周骏,刘胜道,等. 加强舰船水下电场研究,促进海军装备发展[C]//水中目标特性研究学术论文集. 大连:760 所,2002:205-207.

[104] 喻浩. 舰船电场和低频电场防护措施[J]. 舰船科学技术,2000,(3):37-39

[105] Harrison A S, Hubbard J C. An underwater electric potential (static electric) signature management toolkit for the non-specialist[C]. Conf. Proc. UDT Europe,1994,477-481

[106] Rawlins P G. The design of ICCP systems for stealth vessels [C]. Conf. Proc. UDT Europe,2000,548-550.

[107] Hoitham P. Electromagnetic signature modeling and reduction [C]. Conf. Proc. UDT Europe,1999, 97-100.

[108] 宋东安,邹忠栾. 舰船水下极低频电磁信号的控制[J]. 国外舰船工程,1999(8):22-24,40.

[109] Holtham P M, Jeffrey I G. ELF signature control[C]. Conf. Proc. UDT. Europe, 1996, 486-489.

[110] 龚沈光,卢新城. 舰船电场特性初步分析[J]. 海军工程大学学报,2008(2):1-4.